발견자들 1

발견자들

세계를 발견하고 인류를 발전시킨 탐구와 창조의 역사

대니얼 J. 부어스틴 지음 | 이경희 옮김

시간, 지구와 바다

THE DISCOVERERS

EBS BOOKS

마치 신의 첩자라도 되는 것처럼
사물의 신비한 비밀을 책임지리라.

– 셰익스피어Shakespeare, 『리어왕King Lear』〈5막 3장〉

루스에게 헌정하며

오히려 솔로몬 왕은 재물과 웅장한 건물, 선박 건조와 항해, 헌신과 배려, 좋은 평판과 명성 등에서 영예를 얻었지만 자신은 그런 영예를 한 번도 요구한 적이 없었다. 다만 그가 요구한 것은 진리 탐구의 영예뿐이었다. 그런 의미에서 솔로몬은 "일을 숨기는 것은 하나님의 영예요, 일을 살피는 것은 왕의 영예라"라고 분명히 말했다. 아이들의 보물찾기처럼, 하나님도 창조물을 숨겨 놓았다가 결국 발견되는 것에 기쁨을 얻는데, 그렇게 하나님의 놀이 상대가 되는 것보다 더 큰 영예는 없다는 의미였다.

– 프랜시스 베이컨Francis Bacon, 『학문의 진보The Advancement of Learning』(1605년)

8부 모든 곳으로 이어지는 바닷길

2권 **차례**

3권 차례

〈일러두기〉

- 각주는 독자의 이해를 돕기 위한 옮긴이의 주입니다. (국립국어원 표준국어대사전 참고)
- 본 도서의 원서는 1권으로 구성되었으나 한국어판은 3권으로 나누어 출간합니다.
- 이 책은 역사적인 인물과 인용문이 많이 등장하기 때문에 혼동을 일으키거나 앞뒤 맥락에서 의미를 파악할 수 없을 때만 원문과 달리 인물 정보를 구체적으로 모두 표기했고, 그 외에는 저자의 의미를 왜곡하지 않도록 주의하며 번역했습니다.
- 인용문에 쓰인 〔 〕는 저자가 인물을 구체적으로 명시한 부분입니다.
- 몇몇 도서명의 원어는 현재 잘 알려진 제목으로 표기했습니다.
- 중국의 역사 속 인물과 지명은 한자 표기도 함께 실었습니다.
- 원문의 역사적인 사건의 연도가 잘못된 부분은 사실을 확인하여 바로잡았습니다.
- 본문의 성경 구절 번역은 '개정 공동번역 성서'를 따랐습니다.

이 책의 주요 인물들은 모두 위대한 발견자들이다. 지금 우리가 서양의 지식 관점에서 바라보는 세계, 즉 시간에 대한 전망, 육지와 바다, 천체와 인체, 식물과 동물, 과거와 현재의 인간 사회와 역사 등은 무수한 콜럼버스 같은 존재들이 우리를 위해 펼쳐 놓은 것이다. 과거의 깊숙한 곳에서 그들은 여전히 이름도 알려지지 않은 채로 남아 있다. 현대에 가까워질수록 그들은 역사의 빛으로 나타나, 인간의 본성만큼 다양한 인물로 등장한다. 새로운 발견은 위대한 발견자들이 우리에게 펼쳐 놓은 새로운 세계들처럼 예측할 수 없는 개개인의 일대기 속 이야기들이 된다.

발견을 가로막는 지식의 환상이라는 방해물들도 역사의 일부분이다. 지금은 잊힌 그 시대의 인정된 상식과 신화들을 배경으로 할 때에야 비로소 우리는 위대한 발견자들의 용기와 과단성과 투지가 넘치고 상상력이 풍부한 추진력을 알게 된다. 그들은 당시에 지식인들이 내세우던 '사실들'과 독단론에 맞서 싸워야 했다. 나는 그러한 환상들을 상기하려고 했다.

예컨대 콜럼버스와 발보아를 비롯한 마젤란과 쿡 선장 이전의 지구와 대륙과 바다, 코페르니쿠스와 갈릴레오와 케플러 이전의 천체, 파라셀수스와 베살리우스와 하비 이전의 인체, 레이와 린네를 비롯한 다윈과 파스퇴르 이전의 식물과 동물, 페트라르카와 빙켈만을 비롯한 톰센과 슐리만 이전의 과거, 애덤 스미스와 케인스 이전의 부, 뉴턴과 돌턴과 패러데이를 비롯한 클러크 맥스웰과 아인슈타인 이전의 물리 세계와 원자 등을 생각해 내려고 했다.

나는 이런 몇 가지 낯선 의문들이 생겼다. 왜 중국인들은 유럽이나 아메리카를 '발견'하지 않았을까? 왜 아랍인들은 아프리카와 세계를 일주하는 항해를 하지 않았을까? 왜 사람들은 지구가 태양 주위를 돌고 있다는 사실을 알아내는 데 그토록 오랜 기간이 걸렸을까? 왜 사람들은 식물과 동물의 '종'이 있다고 믿기 시작했을까? 왜 선사시대의 사실들과 문명 발달의 발견을 그토록 천천히 알아냈을까?

이 책에는 발견의 필수적인 도구가 된 몇 가지 중요한 발명들, 예컨대 시계, 나침반, 망원경, 현미경, 인쇄기와 주조 활자 등에 관한 이야기만 담았다. 정부의 형성, 전쟁, 제국의 흥망성쇠 등은 이야기하지 않았다. 그리고 인간 경험의 즐거움을 몇 배로 높여 주었지만 건축, 그림, 조각, 음악, 문학 등에 관한 창조자로서 인간의 이야기인 문화의 연대기도 싣지 않았다. 나는 잘 알려지지 않은 그곳에 무엇이 있는지를 인류가 알아야 할 필요성에 중점을 두었다.

이 책은 전체적으로 연대순으로 이루어져 있고, 세부적으로는 서로 겹치도록 배열되어 있다. 고대에서 현대로 이야기가 전개되면서 15부가 각각 연대순으로 앞부분과 겹친다. 맨 먼저 경험의 원초적인 차원들 중에서 가장 규정하기 힘들고 신비로운 '시간'으로 시작한다. 그 다음으로 지구와 바다에 관한 서양인의 확대되는 전망을 살펴본다. 또 다음으로는 하늘과 땅의 물리적 대상, 식물과 동물, 인체와 그 작용 등 자연을 탐구한다. 마지막으로 인간의 과거가 이전에 상상했던 것과 다르다는 사실을 알아내고, 발견자인 인간의 자아 발견과 원자 속 암흑 대륙에 관해 살펴보며 사회를 다룬다.

이 책은 끝이 없는 이야기다. 세상 전체는 여전히 아메리카와 같다. 인간 지식의 지도 위에 지금까지 쓰인 가장 기대되는 말은 '미지의 영역terra incognita'이다.

DISCOTHE VERERS

1편 시간

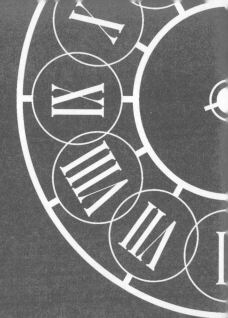

시간은 가장 위대한 혁신자이다.
- 프랜시스 베이컨Francis Bacon, 『혁신에 관해Of Innovations』(1625년)

최초의 위대한 발견은 시간, 즉 경험의 조망이었다. 인류는 달과 주일과 해, 날과 시간, 분과 초로 나누고서야 자연의 단조로운 주기에서 자유로워질 수 있었다. 그림자와 모래와 물의 이동과 시간 자체가 시계의 일정한 똑딱거림으로 바뀌면서 바로 이것이 인간이 지구에서 살아가는 유용한 척도가 되었다. 시간과 공간의 발견은 하나의 연속적인 차원이 되었다. 시간의 공동체들이 미지의 공동 영역을 발견하여 함께 공유할 방법을 알아내는 지식의 공동체를 최초로 이끌어 냈다.

1부

하늘의 왕국

하느님은 인간을 지배하라고 모든 별들을 창조한 것이 아니라
다른 피조물들과 마찬가지로 인간에게 복종하고 기여하라는
의도로 창조했다.

– 파라셀수스Paracelsus, 『사물의 본질에 관하여Concerning the Nature of Things』(1541년경)

01

달의 유혹

그린란드의 북서쪽 끝에서 파타고니아의 남쪽 끝에 이르기까지 사람들은 초승달을 기쁘게 맞이한다. 초승달이 뜨면 노래하고 기도하고 먹고 마시는 때가 된다. 에스키모인들은 잔치를 벌이고, 주술사들이 의식을 치르고 등을 끄면 여인들을 바꾸는 관습을 따른다. 아프리카 부시맨들은 "초승달이여!… 만세, 만세, 초승달이여!"라고 외치며 기도한다. 달빛 속에서는 모두가 춤추고 싶어 한다. 그리고 달은 여러 미덕도 갖추고 있다. 약 2,000년 전 타키투스에 따르면, 고대의 게르만 공동체들은 초승달이나 보름달이 뜨면 '일을 시작하기에 가장 상서로운 시기'로 여기며 함께 모였다.

우리는 어디에서나 달과 관련된 신화적이고 신비로우며 낭만적인 의미를 지닌 흔적을 찾을 수 있다. 이를테면, '정신이 이상한'이라는 의미의 'moonstruck'과 'lunatic'(라틴어 'luna'는 달을 의미한다)이 있고, '달빛'이라는 의미의 'moonshine'이 있다. 그리고 연인들이 만나는 달빛 배경 속에도 달의 낭만적인 의미가 담겨 있다. 그런데 달이 시간 측정과 관련된 의미로 사용되기 시작한 것은 그 뿌리가 훨씬 더 깊다. 영어의 '달moon'과 어원이 같은 다른 언어의 낱말을 보면, 측정하다를 의미하는 'me'에 근거를 두고 있어서(예컨대 그리스어에는 측정하다는 뜻의 'metron', 영어에는 계량기라는 뜻의 'meter'와 측정하다는 뜻의 'measure'가 있다) 달이 최초로 보편적인 시간 측정의 도구로 오래전부터 사용되었음을 떠올리게 한다.

달은 시간의 척도로 쉽게 사용되었음에도 혹은 쉽게 사용되기 때문에 고지식한 인류에게 덫이 되어 버렸다. 달의 위상*은 전 세계적으로 누구나 편리하게 볼 수 있었으므로 매력이 있으면서도 막다른 길 같았다. 사냥꾼과 농부들은 절기를 구분할 수 있는 역법, 즉 비나 눈이 오거나 더위와 추위가 다가오는 시기를 예상할 수 있는 방법이 가장 필요했다. 농작물을 심으려면 얼마나 오래 기다려야 할까? 첫서리는 언제 내릴까? 또 장마철은 언제일까? 등의 이런 시기를 예측하고 싶어 했다.

이런 절기를 예상하는 데 달은 거의 도움을 주지 않았다. 사실, 달의 주기는 여성의 월경주기와 신기하게도 일치했다. 달이 하늘의 동일한 위치로 되돌아오는 데 걸리는 시간이라는 항성월은 28일 조금 안 되는 기간이었고, 임신부는 이런 달을 기준으로 열 달을 보내면 아기가 태어난다고 예상할 수 있었기 때문이다. 하지만 태양년(한 절기가 다시 돌아올 때까지 걸리는 시간)은 365 1/4일이다. 달의 주기는 달이 지구 주위를 도는 운동으로 일어나고, 그와 동시에 지구는 태양 둘레를 돌고 있다. 달의 궤도는 타원형이며 태양을 도는 지구의 궤도와 약 5도 기울어져 있다. 이런 현상 때문에

---

* 지구에서 볼 때 달 표면이 태양의 빛을 받아 나타나는 달의 여러 가지 모습

일식이 달마다 일어나지 않는 것이다.

사람들은 달의 주기와 태양의 주기가 일치하지 않는다는 혼란스러운 사실에 자극을 받아 많은 생각을 하게 되었다. 단순히 달의 주기를 곱해 나가는 방식으로 한 해와 계절의 순환을 계산할 수 있었더라면 인류는 많은 수고를 덜었을 것이다. 그러면 또 우리는 하늘을 연구하고 수학자가 되려는 자극이 부족했을 것이다.

지금은 잘 알듯이, 한 해의 계절은 지구가 태양 주위를 도는 운동으로 결정된다. 계절이 같은 시기가 돌아올 때는 지구가 태양의 둘레를 돌면서 같은 위치로 되돌아오는 지점을 나타낸다. 예컨대 한 춘분과 추분(또는 하지와 동지)에서 다음 춘분과 추분(다음 하지와 동지)까지의 운동을 말한다. 인간은 이런 계절의 정확한 시기를 파악할 역법*이 필요했다. 그렇다면 어떻게 시작해야 했을까?

고대의 바빌로니아인들은 태음력을 역법으로 사용하기 시작하며 이를 계속 활용했다. 그들은 달력을 만들어 내려고 달의 주기를 계속 끈기 있게 연구하여 중요한 결과를 이끌어 냈다. 달의 주기를 곱하여 계절의 주기를 계산하는 방법을 찾던 바빌로니아인들은 결국 기원전 432년경에 메톤 주기Metonic cycle(그리스의 천문학자 메톤이 만든 역법)라는 19년 주기를 알아냈다. 그들은 7년은 13개월씩 구성되고 12년은 12개월씩 구성된 19년 주기를 이용했다. 그러면 눈으로 편리하게 볼 수 있는 달의 위상을 역법의 기반으로 계속 사용할 수 있었다. 그리고 바빌로니아인들은 1년에 1개월을 더하

• 천체의 운행 등을 바탕으로 한 해의 주기적 시기를 밝히는 계산법

는 '윤달' 방식으로 '방황하는' 해의 불편을 피할 수 있었다. 그렇게 하지 않으면 계절이 점점 태음력의 여러 달을 따라 이어지므로 어느 달에 새로운 계절이 시작되는지 쉽게 알 길이 없었다. 19년을 한 주기로 하는 이 메톤 역법은 일상에 이용하기가 너무 복잡했다.

기원전 5세기에 저술 활동을 하던 그리스의 역사가 헤로도토스는 이 복잡한 역법을 한 유명한 구절에서 설명했다. 헤로도토스는 부자이면서 화를 잘 내는 크로이소스 왕이 세상에서 가장 행복한 사람이 누구냐는 질문에 현인 솔론이 어떻게 대답했는지를 전했다. 솔론은 행운이 얼마나 예측하기 어려운가를 크로이소스 왕의 마음에 새겨 주려고 당시에 쓰이던 그리스 역법에 따라 인간 수명의 한계라고 여긴 70년의 날짜를 계산했다. 솔론에 따르면 "인간의 일생을 가령 70년이라고 하면, 70년은 윤달을 빼고도 25,200일이 됩니다. 계절이 태양력과 일치하도록 거기에 한 해 걸러 1번씩 한 달을 덧붙이면 70년에 35개의 윤달이 추가되는데, 이 윤달들은 1,050일이 됩니다. 그러면 70년은 모두 26,250일인데, 그중 똑같은 일이 일어나는 일은 단 하루도 없습니다. 따라서 인간이란 전적으로 우연의 산물입니다. 보아하니, 왕께서는 엄청난 부자에다 수많은 백성을 다스리는 왕이십니다. 하지만 왕께서 행복하게 생을 마감했다는 것을 알기 전에는 저로서는 그 물음에 답할 수가 없습니다."

이집트인들은 웬일인지 달의 유혹에서 벗어났다. 우리가 알기로 그들은 태양년의 길이를 최초로 알아내고 유용하고 실용적인 방식으로 분명히 밝혀냈다. 여러 다른 인간의 중대한 업적과 마찬가지로 우리는 그것이 무엇인지를 알고 있지만 왜, 어떻게, 언제 이루어 냈는지에 관한 수수께끼는 여전히 풀지 못하고 있다. 왜 이집트인들이 태양년의 길이를 최초로 알아냈느냐가 첫 번째 수수께끼다. 그들은 고대에 이미 알려져 있던 것 외에 천문 관측기구는 없었다. 또 수학에 특별히 뛰어난 천재성을 보이지도 않았다. 이집트인들의 천문학은 지중해의 그리스나 다른 나라의 천문학과 비교해 미숙했고 종교의식에 지배를 받았다. 그런데 기원전 2500년경에 이집트인들은 일출이나 일몰이 어느 때에 특정한 오벨리스크의 꼭대기를 황금빛으로 빛나게 하는지를 예측할 방법을 알아낸 듯 보인다. 그 예측은 종교의식이나 기념제가 더욱 빛을 발하는 데 도움을 주었다.

바빌로니아의 역법은 달의 주기를 따르면서 '윤달'로 계절이나 태양년에 맞추려고 했기 때문에 불편했다. 그래서 지역마다 역법이 변덕스러웠다. 산맥이나 해만과 비옥한 지역으로 나눠져 있는 그리스에서는 도시 국가마다 자체적으로 역법을 만들고 지역 축제나 정치적 목적에 맞추어 '윤달'을 마음대로 끼워 넣었다. 그 결과, 가장 큰 목적에 맞는 역법을 만드는 데 실패했다. 그들은 사람들을 하나로 단결시키고 농작물을 심거나 수확물을 운반하기 위한 합의 같은 공동 계획을 세우기에 편리한 일정을 만들어 낼 수 없었다.

이집트인들은 그리스인들만큼 수학적인 재능이 없었음에도 실용적인 문제를 해결했다. 그들은 전국 곳곳에서 일상의 필요성을 채울 수 있는 역법을 발명했다. 이집트는 이미 기원전 3200년에 나일강 계곡 전체가 나일강 삼각주와 결합해 하나의 왕국을 이루었다. 이 왕국은 클레오파트라가 집권할 때까지 3,000년 동안 지속되었다. 그들의 정치 통합은 자연의 힘으로 더 강해졌다. 하늘의 천체들처럼 나일강도 규칙적이지만 더욱 과장되고 극단적인 자연의 변화를 보여 주었다. 아프리카에서 가장 긴 나일강은 먼 수원지에서 4,000마일(약 6,437킬로미터)이나 이어져 있어 에티오피아 산악 지대와 아프리카 북동 지역의 강우와 해빙으로 생긴 물이 모여 하나의 거대한 물길이 되어 지중해로 흘러 들어간다. 그래서 거기에 어울리게 파라오의 통치 영역은 나일강의 제국으로 불렸다. 헤로도토스의 단서에 따르면, 고대인들은 이집트를 '나일강의 선물'이라고 했다. 성배를 찾는 일처럼 나일강의 근원을 찾는 일은 신비로운 의미가 담겨 있었고 19세기까지 죽음을 불사하는 탐험가들을 유혹했다.

이집트인들은 나일강 덕분에 농사, 무역, 건축이 가능했다. 무역의 주요 통로였던 나일강은 거대한 신전과 피라미드 건설에 쓰는 건축 자재의 화물 운송로이기도 했다. 이집트인들은 3,000톤에 달하는 오벨리스크의 화강암 자재를 아스완에서 채석하여 2,000마일(약 3,219킬로미터)의 하류를 지나 테베까지 옮겼다. 또 나일강은 강둑을 따라 모여 있는 도시들을 먹여 살렸다. 그래서 성서에는 '그 강'으로 나오는 나일강을 이집트인들이 '그 바다'라고 불렀던 것은 조금도 이상하지 않다.

나일강의 규칙적인 변화는 이집트인들에게 삶의 규칙적인 변화였다. 해마다 나일강의 불어나는 수위로 범람, 성장, 추수라는 세 절기에 따라 파종과 수확의 일정이 정해졌다. 6월 말부터 10월 하순까지 나일강이 범람하면 비옥한 토사가 유입되었다. 이집트인들은 그 비옥한 토사에 10월 하순부터 2월 하순까지 씨를 뿌리고 농작물을 재배하여 2월 하순부터 6월 말까지 수확했다. 나일강의 범람은 일출만큼 규칙적이고 삶에 필수적이었으며 나일 역년Nile year*의 시작을 알렸다. 매우 자연스럽게도 이집트의 원

• 나일강의 규칙적인 범람에 따라 날짜가 계산된 1년

시적인 역법은 나일강의 범람 수위가 해마다 표시되는 간단한 수직 눈금이 있는 측정기인 '나일강의 수위계nilometer'였다. 나일 역년을 몇 년만 계산해 보더라도 달의 위상과 맞지 않는다는 사실이 드러났다. 그런데 매우 일찍부터 이집트인들은 각 30일의 12개월에서 연말에 또 5일을 더하여 1년을 365일로 만들면 계절의 일정에 유용하다는 사실을 알아냈다. 이것이 이집트인들이 이미 기원전 4241년에 사용하기 시작한 '역년' 또는 '나일 역년'이었다.

마음이 끌릴 정도로 편리한 달의 주기를 피한 이집트인들은 한 해를 나타내는 또 다른 징표도 이미 알아냈다. 그 징표는 하늘에서 가장 밝은 별, 시리우스Sirius, 바로 큰개자리Dog Star였다. 1년에 1번 시리우스는 아침에 태양과 일직선으로 떠올랐다. 이런 현상은 나일강이 한창 범람할 시기에 해마다 일어났다. 그래서 시리우스가 '태양과 함께 뜨면' 이집트의 '나일 역년'이 시작되었다. 그리고 이 시기에 5일의 '윤날(어느 달에도 속하지 않는 날)' 축제가 벌어졌고, 오시리스Osiris, 오시리스의 아들 호루스Horus, 오시리스의 적이자 악의 신 세트Set, 오시리스의 아내이자 여동생 이시스Isis, 세트의 아내 네프티스Nephthys의 탄생일을 기념했다.

물론 태양년은 정확히 365일이 아니므로 이집트의 역년 365일은 수 세기가 지나면서 '방황하는 해'가 되어 각 이름이 붙여진 달이 점점 다른 계절로 넘어갔다. 그 차이는 너무 작아서 한 사람의 일생보다 훨씬 오랜 세월이 걸려야 일상생활에 방해될 정도로 오차가 났다. 달 하나가 모든 계절을 거치려면 1,460년이 걸렸다. 그러나 이집트 역법은 당시에 알려진 그 어느 것보다 훨씬 뛰어나 율리우스 카이사르가 채택하여 율리우스력을 만든 계기가 되었다. 이집트 역법은 중세까지 이어져 16세기에 코페르니쿠스가 행성표를 작성할 때에도 사용되었다.

이집트인들은 그들의 일상 역법에서 달에 의존하지 않는 데 성공했지만, 달은 태고부터 이어져 온 매력을 계속 간직하고 있었다. 이집트인들을 비롯한 많은 종족들이 달의 주기에 따라 종교 축제와 신비로운 기념제를 열었다. 오늘날에도 종교의 지배를 받는 사람들은 달의 주기에 따라 제한을 받고 살아간다. 태음력으로 일상을 불편하게 사는 방식이 날마다 종교적 믿음을 입증하는 일이 되었다.

예컨대 유대인들은 태음력을 보존하고 있으며, 유대인의 한 달은 여전히 초승달이 떠오르면서 시작된다. 유대인들이 태음력을 절기와 맞추려고 윤년에 한 달을 추가한 유대력 Jewish calendar은, 즉 유대의 역법은 랍비들이 비법으로 배워야 할 중심이 되었다. 유대교의 1년은 12개월로 이루어졌고 1개월은 29일이나 30일로 전체 약 354일로 되어 있었다. 태양년과 생기는 차이를 채우려고 바빌로니아의 메톤 주기를 따르는 유대교의 윤년은 19년 주기의 세 번째, 여섯 번째, 여덟 번째, 열한 번째, 열네 번째, 열일곱 번째, 열아홉 번째 해에 1개월이 추가된다. 그 외에도 축제가 제철에 돌아오도록 가끔씩 다시 조정을 해야 한다. 예컨대 봄 축제인 유월절은 춘분 뒤에 오도록 조정해야 한다. 성서에는 대부분의 달들이 히브리가 아닌 바빌로니아 명칭을 그대로 간직하고 있다.

그리스도교는 대부분의 종교 기념일을 유대교에 따랐기 때문에 태음력의 관련성을 유지해 왔다. 교회에서 날짜가 고정되어 있지 않은 '이동 축제일'은 축제를 달 주기에 맞추려고 했기 때문에 태양력에서는 이리저리 옮겨졌다. 그런 축제일은 밤하늘의 가장 뚜렷한 빛이 태곳적부터 가진 매력을 여전히 떠올려 준다. 달 주기에 따라 결정된 그리스도교의 축제들 중에 가장 중요한 축일은 당연히 그리스도의 부활을 기념하는 부활절이다. 영국의 성공회 기도서에는 이렇게 쓰여 있다. "부활절은 항상 3월 21일이나 그 다음에 보름달이 뜨고 난 뒤의 첫 일요일이다. 그리고 보름달이 우연히 일요일에 뜬다면 부활절은 그 다음 일요일이 된다." 그 외에 최소 12개의 교회 축제일들은 부활절과 음력 날짜를 참조하여 정해지고, 그에 따라 부활절이 교회력의 약 17주일을 좌우한다. 부활절의 날짜를 정하는 일은, 다시 말해 역법을 정하는 일은 대단히 큰 쟁점이면서 하나의 상징이 되었다. 신약 성서에서 예수 그리스도가 유월절에 십자가에 못 박혔다고 했기 때문에 부활절 기념일은 유대력과 분명한 관련성을 갖는다. 그 결과, 예상대로 부활절의 날짜는 유대교의 최고 재판권을 지닌 의회, 산헤드린 Sanhedrin이 유월절을 규정한 복잡한 음력 계산으로 결정되었다.

초기 그리스도교들은 대부분 독자적으로 성서를 문자 그대로 해석하여 예수 그리스도의 죽음을 금요일로 정했고, 부활절은 다음 일요일로 정했다. 그러나 이 기념일을 유대교의 태음력에 따르기로 했다면 부활절이 반드시 일요일이 된다는 보장이 없었다. 이런 역법을 둘러싼 심한 논쟁은 동방 정교회와 로마 가톨릭 사이에 생긴 최초의 종파 분열이 되었다. 태음력을 고수하는 동방 정교회 사람들은 요일에 상관없이 음력 14일에 부활절을 계속 지켰다. 325년 소아시아의 니케아에서 그리스도교의 전 세계 공의회가 최초로 열렸다. 여기서 결정을 내려야 할 세계를 통합하는 문제 중 하나가 부활절 날짜였다. 결국 전통적인 태음력을 계속 유지하면서 부활절을 항상 일요일로 지킬 수 있는 방식으로 일정한 날짜가 정해졌다.

하지만 그렇게 해서 문제가 완전히 해결되지는 않았다. 그리스도교 공동체가 계획을 세우기 위해서는 누군가가 계속 달의 위상을 예측하고 태양력으로 그 위상의 정확한 위치를 찾아내야 했다. 니케아 공의회는 이 과제를 알렉산드리아의 주교에게 맡겼다. 고대 천문학의 중심지였던 알렉산드리아에서 그는 앞으로 해마다 달의 위상들을 예측했다. 그러나 달의 주기를 명확하게 예측하는 방법을 둘러싸고 의견이 분분하여 교회에서 분열이 일어났다. 그 결과, 세계의 여러 지역에서는 서로 다른 일요일에 부활절을 계속 지켜 나갔다.

율리우스 카이사르가 이집트에서 도입했고 그때부터 서구 문명을 다스린 율리우스력이 태양 주기를 정확하게 측정할 수 없었기 때문에 교황 그레고리우스 13세는 역법을 개정해야 했다. 실제로 태양년, 즉 지구가 태양 둘레를 한 바퀴 도는 데 필요한 시간은 365일 5시간 48분 46초다. 이 길이는 이집트 나일 역년의 365 1/4일보다 대략 11분 14초가 짧았다. 그 결과, 이집트에서 비롯된 율리우스력으로 계산된 날짜들은 점점 태양 현상과 절기들과 잘 들어맞지 않게 되었다. 부활절의 기준이 된 중요한 날짜인 춘분은 제1차 니케아 공의회에서 3월 21일로 정해졌다. 하지만 율리우스력, 즉 율리우스 역법의 늘어나는 오차로 1582년이 되면 춘분은 실제로 3월 11에 해당되었다.

교황 그레고리우스 13세는 성 바돌로매 축일Saint Bartholomew's Day에 파리에서 개신교를 잔인하게 학살한 사건(1572년)에 대해 공개적으로 감사제를 지낸 일로 오늘날에는 악명이 높지만 어떤 문제에서는 활력 있는 개혁가였다. 그는 역법을 바로잡기로 결심했다. 적어도 1세기 동안 이어져 온 역법 개혁 운동이 절정에 이른 1582년에 교황 그레고리우스 13세는 10월 4일 다음 날을 10월 15일이 되도록 달력을 개정하라고 명했다. 이런 개정은 또한 다음 해의 춘분이 태양력의 계절에 맞추어 3월 21일에 해당된다는 의미였다. 이런 식으로 한 해의 절기는 325년의 상황으로 복원되었다. 옛 율리우스력의 윤년은 재조정되었다. 다시 1년마다 11분의 오차가 누적되는 현상을 막기 위해 그레고리력, 즉 그레고리 역법은 400으로 나누어지지 않고 100단위로 끝나는 해를 윤년에서 제외시켰다. 그리하여 서구에서 여전히 존재하는 근대의 역법이 생겨났다.

그 개혁이 로마에서 비롯되었다는 이유만으로 영국의 개신교와 미국 식민지의 개신교는 그레고리력에 따르기를 완강하게 거부했다. 1752년에야 그들은 설득되어 그레고리력으로 바꾸었다. 그때까지 그들을 지배한 구식 역년은 3월 25일에 새해가 시작되었지만, 새로운 역년은 1월 1일에 새해가 시작되었다. 개정에 필요한 11일을 추가하자 조지 워싱턴의 생일은 구력 1731년 2월 11일에서 신력 1732년 2월 22일로 바뀌었다.

1582년에 교황 그레고리우스 13세가 달력에서 10일을 뺐을 당시에는 사람들의 불평과 혼란이 있었다. 하인들은 날짜가 줄어든 달이라도 평소에 받던 그대로 월급을 달라고 요구했지만 고용주들은 이를 거부했다. 또 사람들은 교황의 칙령으로 자신들의 수명이 줄었다고 항의했다. 그러나 영국과 미국 식민지는 마침내 역법의 개정을 받아들이기로 했다. 그리고 당시에 수명이 10일 줄었다고 했을 때, 46세였던 벤저민 프랭클린은 자신의 저서 『가난한 리처드의 달력Poor Richard's Almanack』에서 평소와 다름없이 유쾌한 재치로 감사해야 할 중요한 일을 독자들에게 설명했다.

친애하는 독자들이여, 그런 줄어든 날짜 때문에 놀라거나 경멸스러운 눈길을 보내지도 말고, 그런 많은 시간들을 잃어버렸다고 애석해할 필요도 없습니다.

오히려 그 문제를 위로로 삼는다면, 여러분의 대가는 더 가벼워질 것이고 마음은 더욱 편안해질 것입니다. 그리고 정말 관대한 일이 아닐 수 없습니다. 베개를 사랑하는 사람들이 이달 2일에 편안하게 잠이 들면 14일 아침까지 깨어나지 않을 수 있을 테니 말입니다.

그리스도교 세계는 그레고리우스의 개혁을 완전히 받아들이지 못했다. 동방 정교회는 로마 가톨릭의 규율에 지배를 받을 우려로 율리우스력을 이용하여 독자적인 계산법으로 부활절의 날짜를 지켜 왔다. 그래서 평화의 예언자를 통해 하나로 뭉쳐져 있다고 하는 그리스도교의 세계는 구세주의 부활을 기념하는 날짜조차 합의를 못 보고 있었다.

그럼에도 불구하고 일상의 세속적인 일들을 위해 그리스도교 세계 전체는 농부와 상인의 편리에 도움을 주는 태양력을 함께 이용해 왔다. 하지만 이슬람 세계는 예언자 무함마드의 말과 신성한 코란의 규정을 그대로 복종하기로 고집하여 계속 달의 주기에 따라 살고 있다.

이슬람 국가들의 국기에는 초승달 문양이 등장한다. 초승달 상징의 기원을 둘러싼 학계의 논쟁에도 불구하고 신이 명령한 달의 척도에 삶의 일정을 순순히 맡긴 사람들에게는 분명 초승달 상징이 매우 타당할 것이다. 그리고 자연물을 상징하는 것을 금지하는 이슬람교에서 이는 뚜렷한 예외가 되므로 더욱 특별한 의미가 있다. 적어도 이미 13세기에 초승달 문양은 오스만 제국의 군대와 종교의 상징이 되었다. 이 문양이 이슬람교의 상징으로 채택되고 계속 존재하는 것은 초승달의 지배적인 특징에서 비롯되었다고 믿을 만한 이유가 있다. 초승달은 1개월 동안 계속되는 이슬람교 금식 기간의 시작과 끝을 알릴 뿐만 아니라 역법 전체에 규칙적으로 구두점을 찍는 역할을 한다.

코란에 따르면, 초승달은 "사람들과 성지순례를 위한 지정된 시간이다." 정통성을 신중하게 따르는 이슬람 세계는 달의 주기에 따라 살아가려고 노력해 왔다. 카이사르가 자신의 세계를 태양년의 편리성에 완전히 맡겨 달들이 계절의 지표 역할을 했듯이 무함마드도 자신의 일상 세계를 달의 주기에 맡겼다. 이런 달의 주기는 주요한 종교적 의무(메카를 향하는 성지순례와 라마단 금식 기간)를 신이 지시한 날짜로 지키도록 신도들을 인도했다. 이슬람교의 1년은 29일과 30일을 번갈아 사용한 12개월의 음력으로 이루어져 있다. 1년을 달의 주기에 맞추려고 1년 중 열두 번째 달의 길이를 바꾸었다. 이슬람의 30년을 1주기로 규정하여 그중 19년은 마지막 달을 29일로 정했으며 나머지는 30일로 정했다.

이슬람력Muslim calendar, 즉 이슬람의 역법은 1년이 354일이나 355일로만 되어 있으므로 달과 절기 사이에는 규칙적인 관계가 없다. 9월을 나타내는 라마단Ramadan(금식의 달이며, 진정한 이슬람교도를 나타내는 의식이다)과 12월을 나타내는 둘히자Dhu'l-Hijja(처음 2주 동안에는 신자들이 메카를 향해 성지순례를 한다)는 여름이나 겨울에 올 수 있다. 해마다 라마단과 성지순례의 축제는 지난해보다 10일이나 11일 앞당겨진다. 이런 역법의 일상적인 불편함은 착한 이슬람교도들이 알라의 뜻에 복종한다는 사실을 일깨워 주는 또 다른 일일 뿐이다. 다른 사람들에게는 세속적인 일을 하기 위한 일정표에 불과한 역법이 이슬람교도에게는 믿음을 확인하는 역할을 한다.

이슬람교도들이 말 그대로, 달 주기에 복종하여 어떤 흥미로운 결과가 생겨났다. 신이 부여한 달의 뚜렷한 위상에 따라(초승달이 언제 뜰지를 예상하는 인간의 계산이 아니라) 살아간다는 것은 당연히, 축제를 기념하기 위해 실제로 달의 모습이 보이기를 기다려야 한다는 의미였다. 대부분의 이슬람교도들은 이런 견해를 지키며, 전통적으로 받아들인 예언자 무함마드의 이런 말을 따르고 있다. "초승달을 볼 때까지 금식을 하지 말고 초승달을 볼 때까지 금식을 중단하지 말라. 그러나 〔구름이나 안개로〕 초승달이 보이지 않을 때는 다시 초승달을 볼 수 있을 때까지 기다려라." 어떤 마을에서는 구름이나 안개가 끼어 초승달을 볼 수 없으면 이웃들과 전혀 다른 시기에 라마단의 시작과 끝을 따라야 한다.

이슬람교에서 가장 뜨거운 논쟁이 되는 쟁점 중 하나는 눈으로 관찰하는 것이 아니라 '계산에 의존'하여 기념일의 시작과 끝을 규정할 수 있느냐는 것이다. 이렇게 하여 분열된 이스마일파Ismaili의 신도들은 대부분 동료 이슬람교도들을 설득하는 데 실패했다. 동료 이슬람교도들은 여전히 '관찰'하는 것, 즉 실제로 초승달을 보아야 한다는 생각을 버리지 않는다. 태음력을 엄격하게 지키는 일은 전통 이슬람교를 충실하게 믿느냐의 기준이 되었다. '계산에 의존한다는 것'(달 주기의 눈에 보이는 단순한 지시보다 태양년의 정교한 계산에 의존)은 전통에 대한 현대의 반항을 나타냈다. 1926년에 케말 아타튀르크Kemal Atatürk(본명 무스타파 케말)는 터키에서 술탄 통치의 종식을 선언했고, 새로운 법전을 채택하고 종교의식을 하지 않는 민간 결혼을 의무화하고 남자의 페즈 모자와 여자의 베일을 폐지하여 국가를 현대화했다. 그는 또한 이슬람교의 태음력을 버리고 서구의 태양력을 채택했다.

역법은 서구의 많은 사람들에게는 시간 순서대로 계산하는 방식에 불과할 수도 있지만, 지금까지 인간이 만들어 낸 가장 엄격한 제도의 하나로 입증되었다. 그 엄격함은 어느 정도 태양과 달의 강력하면서 신비로운 기운에서 비롯되고 또 어느 정도는 변치 않는 계절의 경계에서 비롯된다. 혁명가들은 흔히 역법을 다시 만들려고 했지만 그런 성공은 얼마 가지 못했다. 프랑스 혁명의 국민 의회는 (수학자, 교육자, 시인, 위대한 천문학자 라플라스 등으로 구성된) 역법 개정 위원회를 설립하여 매우 멋지고 합리적인 균형을 갖춘 새로운 역법을 만들어 냈다. 1792년에 그들이 만든 십진 역법 decimal calendar은 1주일 7일을 1주일 10일로 바꾸었고, 이를 데카드 décade라고 불렀다. 데카드의 하루마다 라틴어의 숫자 명칭이 순서대로 주어졌고 데카드 3개가 합쳐져 1개월로 구성되었다. 그리고 하루는 10시간으로 나뉘었고 1시간은 100분, 1분은 100초로 이루어져 있었다. 이런 12개월 360일 외에 추가된 5일이나 6일은 교훈적인 명칭이 주어졌다. 이를테면 덕의 날 Les Vertus, 수호신의 날 Le Génie, 근로의 날 Le Travail, 여론의 날 L'Opinion, 보상의 날 Les Récompenses 등이 있었고 또 기념일과 스포츠를 즐기는 상퀼로티드 Sans-culottide라 불리는 윤날이 있었다. 일상생활과 사상에서 교회의 통제를 완화하려고 만든 이 역법은 불안 속에 겨우 13년간 이어졌다. 나폴레옹이 프랑스 통치자가 되자 전통적인 성자의 날과 기념일과 함께 그레고리력을 부활시켰고, 그 때문에 교황의 축복을 받았다.

중국에서는 1911년에 일어난 혁명으로 역법 개혁이 일어나 서구의 태양력을 도입하여 전통적인 중국의 태음력과 함께 사용했다.

1929년에 소비에트 연방은 그리스도교 역년을 해체할 목적으로 그레고리력을 혁명의 역법으로 대체했다. 1주일은 5일로 되었고 4일은 일하고 5일째는 휴식을 취하고, 한 달은 6주로 이루어졌다. 해마다 365일이나 366일을 채워야 할 추가의 날들은 휴일이 되었다. 달마다 그레고리력의 명칭은 그대로 사용되었지만 한 주의 요일은 간단히 숫자로 나타냈다. 1940년에 소비에트 연방은 익숙한 그레고리력을 다시 사용했다.

02

주일: 과학으로 향하는 길

인간이 자연의 주기(계절의 변화, 달이 차고 기우는 현상 등)만으로 삶을 나타냈다면 자연의 속박에서 벗어날 수 없었다. 인간은 자신의 독자적인 길을 가고 세상을 인간의 새로움으로 채우려고 나름대로의 시간의 척도를 만들어 내야 했다. 그리고 인간이 만든 이런 주기들은 놀랍도록 다양하곤 했다.

주일(또는 이와 비슷한 것)은 이런 인간이 만든 시간 다발 가운데 최초였을 것이다. 영어의 주일 'week'는 고대 고지 독일어Old High German 중에 '변하다' 또는 '되돌아보다'라는 의미의 단어(영어의 'vicar'와 독일어의 'Wechsel'과 마찬가지로)에서 나온 것처럼 보인다. 그러나 주일은 서양에서 처음 만들어 낸 시간 다발도 아니고 어디에서나 7일로 된 주일이 있었던 것도 아니다. 세계 곳곳의 사람들은 여러 날을 한데 모아 5일에서 10일까지 적어도 15가지 서로 다른 방식으로 주일을 만들었다. 전체적으로 보면, 어느 특정한 날짜들의 다발이 아니라 어떤 종류의 시간 다발을 만들기를 요구하고 바라느냐에 따라 주일을 나타냈다. 인류는 자연이 만들어 낸 것보다 더 많이 만들어 내기 위해 시간을 갖고 놀 강력하고 절박한 욕구를 드러냈다.

서구의 1주일 7일 방식은 가장 인위적인 제도 가운데 하나로, 어느 정부의 법률이나 명령이 아닌 대중의 요구와 자발적인 합의로 만들어졌다. 그렇다면 어떻게 그런 일이 일어났을까? 그리고 왜, 언제 일어났을까?

왜 1주일을 7일로 했을까?

고대 그리스인들에게는 주일이 전혀 없었던 것 같다. 로마인들은 1주일을 8일로 살았다. 들판에서 일하던 농부들은 7일 동안 일하고 8일째 장날 (또는 눈디나이nundinae)에 소도시로 나갔다. 쉬는 날이었던 8일째는 축제, 학교 휴일, 공공 발표의 날, 친구를 접대하는 날이기도 했다. 로마인들이 언제, 왜 1주일을 8일로 정했다가 결국 7일로 바꾸었는지는 분명하지 않다. 거의 모든 곳에서 7이라는 숫자는 특별한 매력이 있었다. 일본인들은 행복을 가져오는 일곱 신들을 찾아냈고, 로마는 7언덕 위에 세워졌고, 고대인들은 세계의 7대 불가사의를 정했으며, 중세 그리스도교는 7대 죄악을 열거했다. 로마에서 1주일이 8일에서 7일로 바뀐 변화는 공식적으로 이루어진 일은 아닌 것 같다. 이미 기원후 3세기에 로마인들은 1주일을 7일로 살고 있었다.

분명 그 당시 대중 사이에 새로운 개념이 널리 퍼져 있었을 것이다. 그 중에서 안식일이라는 개념이 유대인을 통해 로마에 들어온 것 같다. 성서의 제4계명을 보면 "안식일을 기억하여 거룩하게 지켜라"라는 말이 나온다. 이와 관련하여 〈출애굽기 20장, 8-11절〉에는 이런 내용이 이어 등장한다. "엿새 동안 힘써 네 모든 생업에 종사하고 이렛날은 너희 하느님 야훼 앞에서 쉬어라. 그날 너희는 어떤 생업에도 종사하지 못 한다. 너희와 너희 아들 딸, 남종 여종뿐 아니라 가축이나 집 안에 머무는 식객이라도 일을 하지 못 한다. 야훼께서 엿새 동안 하늘과 땅과 바다와 그 안에 있는 모든 것을 만드시고, 이레째 되는 날 쉬셨기 때문이다. 그래서 야훼께서 안식일에 복을 내리시고 거룩한 날로 삼으신 것이다." 주일마다 하느님의 피조물들은 하느님의 창작을 재현했다. 유대인들은 주일을 노예 신분에서 해방된 기념으로도 이용했다. 〈신명기 5장 15절〉을 보면 이런 내용이 나온다. "너희는 이집트 땅에서 종살이하던 일을 생각하여라. 너희 하느님 야훼가 억센 손으로 내리치고 팔을 뻗어 너희를 거기에서 이끌어 내었다. 그러므로 너희 하느님 야훼가 안식일을 지키라고 너희에게 명령하는 것이다." 유대인들은 안식일을 지키면서 그들의 세상에 반복되는 특징을 극적으로 표현했다.

그런데 거의 종교적이지 않은 다른 원동력, 몸과 마음에 새로운 활력을 주려는 인간의 욕구 같은 힘도 있었다. 일곱째 날에 쉰다는 생각, 안식일이라는 바로 그 말 Sabbath(바빌로니아의 사바투Sabattu에서 유래)는 유대인들이 바빌로니아의 포로가 되었던 시기에서 이어져 온 것 같다. 바빌로니아인들은 왕에게 특정한 활동을 금지한 일정한 숫자로 나열된 날들(달마다 일곱 번째, 열네 번째, 열아홉 번째, 스물한 번째, 스물여덟 번째)을 지켰다.

토요일Saturday이라는 명칭에 또 다른 단서가 있다. 이 명칭은 유대인과 로마인들과 그 이후의 사람들이 안식일에 사용했다. 로마인들 사이에서 토성의 날Saturn's Day 또는 토요일은 모든 일이 실패하는 흉조의 날로, 전투를 해서도 안 되며 여행을 시작해도 안 되는 날이었다. 신중한 사람이라면 토성이 가져올 불행을 무릅쓰려고 하지 않았을 것이다. 타키투스에 따르면 "토성은 인간사를 지배하는 7개의 별들 중에 가장 높은 영역이고 최고의 힘이 있으므로" 그 토성을 기념하여 안식일을 지켰다.

3세기에 1주일 7일 방식은 로마 제국 전체에서 개인의 일상에 흔한 일이 되었다. 각 요일은 일곱 행성들 하나씩에 헌정되었다. 당대의 천문학에 따라 그 일곱 행성에는 태양과 달이 들어갔지만 지구는 들어가지 않았다. 행성들이 한 주의 요일들을 다스린 순서는 태양, 달, 화성, 수성, 목성, 금성, 토성이었다. 이런 순서는 당시에 생각했던 지구에서 떨어진 거리에 따른 것이 아니었다. 예컨대 단테가 이후에 하늘의 영역을 묘사했던 '정상적인' 순서였으며, 코페르니쿠스의 시대까지 이어져 학교에서 행성들의 이름을 낭송했던 순서이기도 했다.

우리에게 이미 익숙한 주일 명칭의 순서는 차례대로 요일의 첫 시간을 '다스렸다'고 로마인들이 생각한 행성의 순서에서 비롯되었다. 그때의 점성술사들은 세상사에 미치는 각 행성의 '영향'을 계산하기 위해 당시에 생각했던 지구에서 떨어진 거리에 따라 행성들의 '순서'를 이용했다. 그들은 각 행성이 1시간을 다스리면 다음 시간에는 지구와 더 가까운 다음 행성의 영향력으로 넘어갈 것이라는 식으로 일곱 행성들이 모두 한 주기를 이루며 순환한다고 믿었다. 7시간의 한 주기가 끝나면 행성의 영향력은 똑같은 순서로 다시 반복된다는 것이다. 각 요일을 '다스리는' 행성은 해당 요일의 첫 시간을 주재하는 행성이었고 따라서 주일의 각 요일은 첫 시간을 다스리는 행성의 이름이 붙여졌다. 이런 방식의 계산으로 오늘날 익숙하게 알고 있는 주일의 명칭이 된 것이다.

우리가 지금 사용하는 주일은 여전히 초기 점성술의 힘을 보여 주는 생생한 증거가 되고 있다. 그 주일의 명칭들이 2,000년 전 로마에서 알려졌던 '행성들'의 이름을 따서 지어진 사실을 우리는 쉽게 잊고 산다. 유럽의 여러 언어는 한 주의 요일들을 여전히 행성의 이름으로 표기한다. 그 흔적은 영어 외에 다른 언어에서 훨씬 더 분명하게 남아 있다. 각 요일을 다스리는 행성들의 이름이 붙여진 몇 가지 사례들은 다음과 같다.

영어	프랑스어	이탈리아어	스페인어
Sunday (Sun) 일요일 (태양)	dimanche	domenica	domingo
Monday (Moon) 월요일 (달)	lundi	lunedì	lunes
Tuesday (Mars) 화요일 (화성)	mardi	martedí	martes
Wednesday (Mercury) 수요일 (수성)	mercredi	mercoledí	miércoles
Thursday (Jupiter) 목요일 (목성)	jeudi	giovedì	jueves
Friday (Venus) 금요일 (금성)	vendredi	venerdì	viernes
Saturday (Saturn) 토요일 (토성)	samedi	sabato	sábado

사람들은 고대의 우상숭배를 없애려고 행성들의 명칭을 간단한 숫자로 바꾸었다. 그래서 퀘이커교도의 요일은 첫째 날First Day, 둘째 날Second Day, 이런 식으로 불리며 일곱째 날Seventh Day까지 이어진다. 그들은 종교 모임을 일요일이 아닌 '첫째 날'에 열었다. 현대 이스라엘에서도 요일에 서수를 붙인다.

행성의 이름을 붙인 위세에서 더욱 예상 밖으로 흘러간 사례 하나가 안식일을 토성의 날인 토요일에서 태양의 날인 일요일로 바꾼 그리스도교의 태도였다. 그리스도교가 처음에 로마 제국에 정착을 했을 때 신앙심이 깊은 교부Church Father들은 그리스도교의 주일을 지배한 행성의 명칭에 이교도의 신들이 남아 있다는 점을 우려했다. 동방 정교회는 이런 이교도의 영향력을 없애는 데 어느 정도 성과를 이루었다. 예컨대 현대 그리스어와 러시아어에서는 요일의 명칭을 행성과 관련시키지 않았다. 그러나 서구의 그리스도교는 그들만의 목적으로 로마의 신념과 편견을 바꾸려는 의시가 더욱 강했다. 교부이며 순교자인 유스티누스(100년~165년경)는 안토니누스 피우스 황제와 왕자들에게 그리스도교들이 복음서를 읽고 성찬식을 기념하기 위해 특정한 날을 선택한 이유를 이렇게 빈틈없이 설명했다(150년경). "일요일이라 불리는 날에 도시나 시골에 사는 모든 사람들은 한 장소에 모입니다… 그런데 일요일은 우리 모두가 공동 모임을 갖는 날입니다. 왜냐하면 바로 이 첫째 날에 하느님은 어둠과 물질로 세상을 창조하셨고, 또한 우리 주 예수 그리스도께서 같은 날 죽은 자들 가운데서 일어나셨기 때문입니다. 그들이 예수 그리스도를 토요일 전날 십자가에 못 박았으나, 토요일 다음 날 예수 그리스도께서 사도들과 제자들에게 나타나 보이시고 가르치신 날이 일요일입니다."

토성의 날은 전통적으로 불운한 날이었고 유대인들은 이날은 일을 하지 않는 것이 현명하다고 생각했다. 그렇게 어쩌다 토성의 날은 한 주의 길흉이 바뀌는 중심으로 남았다. 그러나 여전히 다른 영향력들도 있었다. 로마 제국에서 그리스도교의 가장 강력한 경쟁자들 중 하나였던, 태양의 신 미트라Mithras를 숭배한 페르시아 신비 종교의 추종자 미트라교도들은 1주일 7일의 방식을 채택했다. 그들은 당시에 모두가 태양의 날이라 부른 날을 자연스럽게 특별한 경외심을 느끼며 숭배했다.

그리스도교들은 또한 한 주를 보낼 때마다 예수 그리스도의 극적인 사건을 재현할 수 있도록 주의 날Lord's day을 정했다. 그리스도교는 모두 성찬식에 참여하여 최후의 만찬에 참석했던 제자들의 한 사람이 되었을 것이다. 물론 이런 신비한 극적인 사건의 대본은 미사 전례서였다. 다른 성례들처럼 성찬식은 교회의 역사에서 중요한 상징적 사건을 되풀이하는 행사가 되었다. 태양의 날이 이미 기쁨과 부활의 날로 알려진 사실은 정말 다행스러운 우연의 일치가 아니었던가! 토리노의 교부 막시무스Maximus of Turin는 5세기에 이렇게 설명했다. "우리는 주의 날을 숭배한다. 그날 떠오르는 태양처럼 세상의 구세주가 지옥의 어둠을 없애고 부활의 빛으로 빛나셨기 때문이다. 또 세상 사람들은 그날을 태양의 날이라 부른다. 정의의 태양, 그리스도가 그날을 비추기 때문이다." 첫 번째 왕 다윗처럼, 태양의 날은 진정한 구세주로 나타나는 태양의 눈부신 빛을 예시했다. 교부들은 이런 우연의 일치를 세상이 구세주의 도래를 위해 오랫동안 준비해 오고 있었다는 또 다른 증거로 삼았다.

인간이 주일을 만들어 낸 일은 과학을 향해 나아가기 위해 세상을 정복하는 또 하나의 진보였다. 행성의 영향력은 눈에 보이지 않았기 때문에 주일은 눈에 보이는 자연의 힘에 이끌려서가 아니라 인간이 독자적으로 만들어 낸 결실이었다. 별의 규칙성을 탐구하고, 또한 멀리서 규칙적으로 순환하는 세력, 그 영향으로만 판단될 수 있는 세력이 세상을 지배할 것이라고 상상함으로써 인류는 반복의 속박에서 벗어나는 새로운 사고의 무기를 준비하고 있었다. 이 세상이 아닌 천상의 세력인 행성들이 인류를 역사의 세계로 이끌게 되었다.

행성 기준을 이용한 주일은 점성술로 통하는 길이었다. 그리고 점성술은 새로운 예언으로 나아가는 한 걸음이었다. 초기의 예언 유형들을 보면 왜 점성술이 과학의 세계로 향하는 한 걸음이었는지를 알 수 있다. 고대의 의식들은 희생된 동물의 일부를 사용하여 제물을 바친 사람의 미래를 예언하는 복잡한 '과학'을 야기했다. 예컨대 희생된 동물의 뼈를 살펴보고 예언하는 '뼈 점술osteomancy'이 있었다. 19세기 중반에 리처드 버턴 경Sir Richard Burton은 인더스강 계곡의 신드Sindh에서 희생양의 어깨뼈로 점을 치는 정교한 점술이 널리 사용되었다고 전했다. 뼈 점술가들은 그 뼈를 12개의 영역area, 즉 '하우스house'*로 나누어 각각 미래에 대한 서로 다른 문제에 해답을 주었다. 이를테면 첫째 하우스에서 뼈가 맑고 매끄러우면 징조가 좋았고, 점을 보러 온 이가 착한 사람임을 증명한다고 여겼다. 가축과 관련 있는 두 번째 하우스에서 뼈가 맑고 깨끗하면 가축이 번성할 테지만 붉고 흰 줄무늬층이 있다면 분명 강도가 들 징조였다.

그런 식으로 점술은 계속 이어졌다. 제물이 된 동물의 간을 살펴보고 예언하는 '간 점술hepatoscopy'은 아시리아와 바빌로니아인들 사이에서 가장 초기에 널리 알려진 예언 방법의 하나였다. 이런 점술은 청동기 시대에 중국에서도 사용되었던 것으로 보인다. 또한 로마인들을 비롯한 여러 종족에서도 그런 관습을 계속 이어 갔다. 동물의 간은 커다란 크기, 흥미로운 모양, 피를 담은 묵직함 등으로 점술가들에게 깊은 인상을 주었다. 이탈리아의 피아첸차Piacenza에는 양의 간으로 보이는 정교한 청동 모형이 예부터 만들어져 지금까지 남아 있다. 그 청동 모형은 각 부분의 상태에 따라 어

---

* 삶의 여러 측면에 대해 고유의 상징적인 의미를 갖는 분할 구간을 뜻하는 점술 용어

떤 예언을 하는지를 알려 주는 새김글로 덮여 있다. 상상할 수 있는 모든 인간의 활동이나 경험(끈의 매듭에서 꿈의 해석에 이르기까지)이 일종의 신탁이 되어, 미래를 확인할 단서를 찾으려는 인간의 필사적인 열망을 입증해 왔다.

이런 종류의 예언과 대조적으로 점성술은 진보적이었다. 점성술은 멀리 있는 어떤 세력의 지속적이고 규칙적인 영향력을 강조한다는 점에서 달랐다. 점성술은 지상의 일에 미치는 천체의 영향력을 과학 정신을 지배하는 것들처럼 주기적이고 반복되며 보이지 않는 힘으로 설명했다.

초기에 인간이 하늘에 경외심을 갖고 별에 매료된 사실은 놀랍지가 않다. 고대 바빌로니아의 신관들에게 영감을 준 밤의 첫 빛들은 대중의 상상에도 불을 지폈다. 지상에서 변함없는 삶의 리듬이 하늘의 변화하는 불꽃을 과장된 사건으로 만들었다. 별들이 하늘에서 오고 가고, 뜨고 지며, 이동하는 움직임은 신들의 싸움과 모험이 되었다.

태양의 일출과 일몰이 지구에 매우 많은 영향을 주었다면 다른 천체의 운동도 당연히 지구에 영향을 미치지 않았을까? 바빌로니아인들은 하늘 전체를 신화 속 상상력을 펼치는 무대로 삼았다. 자연의 다른 부분들처럼 하늘도 생생한 극적인 사건이 펼쳐지는 현장이었다. 희생된 제물의 내장처럼 하늘도 여러 영역으로 나누어져 있었고 그 안에 환상적인 존재들이 살고 있었다. 훗날 금성으로 불리는 저녁별(태양과 달 다음으로 가장 밝은 천체)은 동쪽에서 서쪽으로 하늘을 떠돌아다니는 빛나는 사자로 알려졌다. 매우 밝고 높이 떠 있는 발광체를 시기한 위대한 신 엘(El)이 새벽마다 그 사자를 죽였다. 구약성서에는 이런 상상을 자만심으로 무너진 루시퍼(새벽별)의 모습으로 다음과 같이 표현하고 있다. "웬일이냐, 너 새벽 여신의 아들 샛별아, 네가 하늘에서 떨어지다니!… 네가 속으로 이런 생각을 하지 아니하였더냐? 내가 하늘에 오르리라. 나의 보좌를 저 높은 하느님의 별들 위에 두고…. 나는 저 구름 꼭대기에 올라가 가장 높으신 분처럼 되리라.〈이사야 14장 12-14절〉" 이 낮 동안의 암살은 엘(하느님)의 사자, 미가엘Michael('누가 하느님과 같은가?'라는 뜻)이 수행했다. 하늘에서 신들은 전쟁을 하고, 사랑을 하고, 동맹을 맺으며, 음모를 꾸몄다. 이런 우주의 사건들이 지구의 삶에 영향을 미치지 않았다는 것은 상상도 할 수 없는 일이다! 농부라면 누구든 하늘의 구름과 태양의 열기와 하늘이 내려 주는 선물인 비가 농작물의 운명을 결정하므로 농부의 삶을 실제로 지배한다고 생각했다. 물론 더욱 섬세하고 이해하기 힘든 하늘에서 일어나는 일들은 신관들의 적절한 해석이 필요했다.

하늘의 이런 매력으로 하늘을 둘러싼 풍부한 설화가 생겨났다. 태양과 비의 영향력처럼, 하늘에서 일어나는 일과 지상에서 일어나는 일의 유사성이 또 다른 유사성을 찾는 데 자극이 되었다. 바빌로니아인들은 이런 보편적인 유사성을 찾으려고 신화의 틀을 정교하게 만들어 낸 최초의 사람들이었다. 그들의 생생한 상상의 산물은 그리스인, 유대인, 로마인들, 그리고 다른 종족들을 통해 이후 수 세기 동안 계속 이어져 왔다.

그런 유사성의 이론은 공간과 시간 사이를 비롯해, 물체의 운동과 인간이 펼치는 모든 경험 사이의 새로운 연관성을 찾는 점성술이 되었다. 과학의 성장은 사실일 것 같지 않은 일을 믿으며 상식에 따르기를 거부하려는 인간의 의지에 따라 결정되었다. 점성술을 통해 인간은 커다란 과학의 첫걸음을 내딛었다. 가장 먼 거리에서, 하늘의 가장 깊은 곳에서 나오는 보이지 않는 힘이 일상의 사소한 일들을 이루는 방식을 설명할 체계를 만들어 내려고 했던 것이다. 그렇게 하여 하늘은 인류 최초의 과학 실험실이 되었고 인체의 내부, 인간 의식의 은밀한 내부 영역과 같은 세계가 되었다. 그리고 원자 내부의 어두운 대륙들은 이후 인간의 최신 과학이 펼쳐질 현장이 된다. 인간은 반복되는 경험 유형들로 생기는 늘어나는 지식을 반복의 쇠사슬을 끊으려는 인간의 끝없는 투쟁에 활용하려고 했다.

사회 전체의 예언이나 대규모의 예언은 바빌로니아에서 번성했다. 그런 예언으로 공동체 전체에 영향을 미치는 큰 사건들(전쟁, 가뭄, 전염병, 수확)을 예측하기도 했다. 수 세기가 지나도 그런 점성술은 교리가 아닌 구전설화로 남아 있었다. 그리스인들은 점성술을 하나의 학문으로 만들었다. 탄생의 순간에 천체의 위치에서 개인의 운을 점친 '개인 점성술(판단 점성술judicial astrology, 또는 탄생 점성술genethlialogy)'은 더욱 천천히 발전했다. 점술의 대상이 된 사람을 '출생인native'이라 불렀고 그 예언을 '탄생 천궁도nativity 또는 별점horoscope'이라 불렀다.

그리스인들도 좋은 소식을 알고 싶은 욕구와 나쁜 소식을 알기를 두려워하는 불안 사이에서 망설였다. 그리스의 의학 점성술사는 하늘을 황도 십이궁에 따라 나누었고, 특정한 별의 힘을 인체의 각 부분에 할당했다. 그때 그리스의 점성술 반대론자들은 현대까지 영향력을 미치게 되는 논리로 별의 힘을 내세우는 전반적인 독단론을 맹비난했다. 별에 붙여진 명칭은 아주 우연히 그렇게 되었을 뿐이라고 점성술 반대론자들은 주장했다. 이 행성을 왜 화성이라 불러야 하고, 또 저 행성들을 왜 토성이나 금성이라 불러야 할까? 그리고 왜 점성술사들은 12궁도를 인간에게만 사용했을까? 똑같은 별의 운명이 모든 동물에게 영향을 주려고 하지 않을까? 그리고 점성술사들은 쌍둥이의 서로 다른 운을 어떻게 설명할 수 있을까?

인간의 자유가 운명을 만든다는 신념에 기반을 둔 에피쿠로스파는 점성술이 인간을 별의 단순한 노예라고 생각하게 하는 방식이라고 비난했다.

　고대의 로마에서는 점성술이 이후 여러 세기에 보기 드문 영향력을 미쳤다. 점성술의 기원인 칼데아 또는 바빌로니아를 따라 칼다에이Chaldaei 또는 천문학 계산에서 비롯된 마테마티치Mathematici라 불리는 점성술사들은 격동의 시대에 따라 평판이 다양한 인정된 직업이었다. 로마 공화정 시대에는 점성술사들이 너무 강력하고 평이 매우 좋지 않아 기원전 139년에 로마에서뿐만 아니라 이탈리아에서 완전히 추방당했다. 이후 로마 제국에서는 위험한 예언들 때문에 몇몇 점성술사들이 반역죄로 재판을 받으면서 잇달아 추방당했다. 그러나 불길한 예언을 한 몇몇 점성술사를 추방했던 바로 그 황제가 왕가를 이끌어 줄 다른 점성가들을 고용했다. 어떤 분야에 대해서는 점성술사들이 예언을 하지 못하도록 되어 있었다. 로마 제국 말기에 점성술사들이 용인되고 격려되었을 때에도 황제의 생명에 대해 예언하는 일은 금지했다.

　그리스도교 황제들은 점성술을 억제시키려는 노력에 실패했다. 콘스탄티누스 대제가 공식적으로 로마 제국을 그리스도교로 개종한 후 4세기 말에 역사가 아미아누스 마르켈리누스Ammianus Marcellinus는 이렇게 설명했다. "수많은 사람들이 점성술의 규칙에 따라 수성의 상황과 달의 위상을 열심히 살피고 나서야 식사를 하거나 대중 앞에 나타난다. 하늘의 힘을 불경스럽게 의심하거나 그 존재를 부정하는 세속적인 회의론자들 사이에서 흔히 이런 헛된 믿음을 발견하니 매우 이상한 일이다." 그 무렵 1주일은 8일에서 7일로 조용히 바뀌어 일곱 행성의 힘을 입증하게 되었고, 그때부터 각 하루는 일곱 행성들 중에 하나씩 지배를 받았다. 로마인들이 황제의 경기장에 참석하면 어디에서나 일곱 행성의 힘을 볼 수 있었다. 전차들이 경주를 시작하는 12개의 마구간 위에는 황도대 12별자리의 기호가 하나씩 표시되어 있었다. 7개의 경주 트랙은 7개 행성 각각의 궤도를 나타냈다.

03

신과 점성술사

점성술은 이후 수 세기가 지나 과학과 종교로 분리되는 인간의 욕구들을 하나로 결합시켰다. 역사가들이 흔히 말하듯이, 고대 로마의 점성술은 단순히 미신을 믿는 운명론이며 비이성의 승리를 의미했던 것일까? '눈에 보이는 신들'이라고 여긴 별에 대한 외경심이 점성술사들에 대한 경외감을 불러일으켰던 사실만은 부인할 수 없다. 아우구스투스 황제 시대의 유명한 수사학자, 아우렐리우스 푸스쿠스Arellius Fuscus는 점성술사에 관해 이렇게 주장했다. "신들에게서 직접 미래를 알며 뜻대로 왕과 백성을 움직이는 그는 우리 무식한 사람들을 태어나게 했던 그런 모태에서 형성될 수 없다. 그는 초인적인 신분으로 태어난다. 신들을 믿는 그는 자신이 신성한 존재다… 우리에게 미래를 알려 주는 과학으로 우리의 정신을 높여 주고 정해진 죽음에 이르기 전에 축복의 기쁨을 맛보게 한다."

그러나 천체 종교는 천체 과학과 분리될 수 없었다. 주요 과학자들은 당연히 별들이 인간에게 일어나는 여러 일들에 영향을 미친다고 생각했다. 그들은 별이 어떻게 힘을 발휘하는지에 관해서만 의견이 분분했다. 플리니우스는 그 시대의 위대한 과학 백과사전이었던 저서 『자연사Natural History』에서 어디에서든 별이 영향을 미친다는 사실을 밝혀 점성술의 기초를 널리 알렸다. 그런데 세네카만 점성술사들이 별에 관한 포괄적이 지식이 부족하다며 이렇게 불만을 나타냈다. "도대체 무슨 말인가? 저 수많은 별들이 헛되이 빛나고 있다고 생각하는가? 또 어찌하여 우리 위에 떠 있는 저 모든 별들이 우리의 운명을 지배하는 데 한몫을 하고 있는데도, 탄생 천궁도에 능숙한 사람들이 몇 개의 별들만 우리에게 배정하는 잘못을 저지르게 되었는가?… 하지만 움직이지 않는 별들도, 또는 우주의 다른 부분과 똑같은 속도를 유지하고 있어 움직이지 않는 듯 보이는 별조차도 우리를 억제하고 지배하고 있다."

고대 로마의 모든 과학자들 중 가장 영향력 있는 사람이 가장 지속적인 점성술의 권위자였음이 드러났다. 알렉산드리아의 프톨레마이오스(클라우디오스 프톨레마이오스)는 견실한 논문을 저술하여 이후 1,000년 동안 이 과학 분야의 중요성과 훌륭함을 전해 주었다. 그러나 결정적으로 잘못된 그의 2가지 이론이 지나치게 알려진 숙명 탓에 그의 명성은 지금까지 시련을 겪어 왔다. 그 2가지 이론은 당시에 널리 사용되었고 그의 저서에서 발전되어 영원히 남았다. 우주의 지구중심설, 즉 천동설은 천문학에서 저지른 실수를 상징하는 현대의 대명사다. 그와 마찬가지로 지구 표면의 대부분이 육지라는 '육지 지배론land-dominant view'은 지리학에서 저지른 실수를 상징하는 대명사다. 이런 2가지 널리 알려진 오해가 프톨레마이오스의 엄청난 업적을 모호하게 할 운명이 되었다. 그러나 프톨레마이오스 이후 그 누구도 한 시대의 전체적인 과학 지식을 연구하여 그렇게 포괄적으로 제시한 사람은 없었다.

　그렇지만 이 해박한 천재의 삶은 여전히 수수께끼로 남아 있다. 아마도 그리스 이주민들의 자손이었을 프톨레마이오스(90-168년)는 황제 하드리아누스와 마르쿠스 아우렐리우스의 통치 기간에 이집트에서 살았을 것이다. 그가 살던 시대의 알렉산드리아는 그 유명한 도서관이 기원전 48년에 카이사르에게 파괴된 이후에도 계속 학문의 대중심지였다.

　프톨레마이오스는 중세를 통틀어 우주에 관한 대중적이고 학문적인 관점을 지배했다. 단테의 『신곡Divine Comedy』에 묘사된 세상은 바로 프톨레마이오스의 『알마게스트Almagest』에서 나왔다. 여러 면에서 프톨레마이오스는 예언자 같은 태도로 말했다. 그리고 프톨레마이오스는 과학에 도움을 주도록 수학의 사용을 확대했다. 그는 자신보다 앞서 이루어진 가장 뛰어난 관찰 결과를 이용하면서도 반복으로 정확한 관찰을 늘릴 필요가 있다고 강조했다. 사실 프톨레마이오스는 과학 정신의 선구자였고, 널리 알려지지 않아도 실험 방법의 개척자였다. 예컨대 삼각법에서 그의 '현의 표table of chords'는 소수점 이하 다섯 자리까지 정확했다. 구면기하학에서는 해시계 문제에 명쾌하게 제시한 그의 해결책이 기계시계가 나오기 이전 시대에서 중요한 의미였다. 프톨레마이오스가 새로운 유용한 방식으로 조사하여 체계화하지 못한 물리 과학 분야는 하나도 없었다. 그는 지리학, 천문학, 광학, 화성학 등을 각각 하나의 체계로 상세히 설명했다. 이 중 가장 알려진 저서가 그의 천문학에 관한 논문 『알마게스트』였다. 이미 알려진 세계를 모두 지도로 그려 넣으려고 했던 그의 『지리학Geography』은 장소들을 위도와 경도에 따라 체계적으로 나열하는 길을 개척했다. 거기에서 또한 프톨레마이오스는 평면 지도에 구면을 투영하는 자신만의 개선된 방법을 제시했다. 이용할 수 있었던 실제 자료가 얼마 되지 않았다는 점에서 프톨레마이오스의 '알려진 세계'인 로마 제국의 지도는 놀라운 업적이었다. 프톨레마이오스는 유용한 사실에 맞는 이론을 만들고 새로운 사실로 오랜 이론들을 시험하는 중요한 과학적 재능을 보여 주었다.

아랍인들은 프톨레마이오스가 이루어 낸 업적의 장엄함을 인정하고 그를 서양에 알렸다. 프톨레마이오스의 천문학은 아랍어 명칭이 붙여졌고 (알마게스트는 '가장 위대한 책'이라는 뜻의 알마지스티al majisti에서 유래되었다), 그의 『지리학』은 9세기 초에 아랍어로 번역되었다. 프톨레마이오스가 『알마게스트』의 자매서로 여긴 자신의 점성술에 관한 4권의 책 『테트라비블로스Tetrabiblos』도 아랍을 통해 서구에 알려졌다.

프톨레마이오스는 "나는 한갓 인간으로서 하루 살고 곧 죽을 목숨임을 잘 안다. 그러나 빽빽하게 들어찬 저 무수한 별들의 둥근 궤도를 즐겁게 따라 가노라면, 어느새 나의 두 발은 땅을 딛지 않게 된다. 나는 제우스 앞에 서서 수많은 신들이 주는 음식, 암브로시아 요리를 배불리 먹는다"라는 글을 남겼다. 그는 다른 사람들이 지상의 순환에서 벗어나 하늘의 신비에서 위안을 찾도록 해 주었다. 프톨레마이오스의 『테트라비블로스』는 점성술의 주요 교과서가 되었고 우리가 중세의 과학을 이해할 수 있는 가장 좋은 안내서다. 프톨레마이오스의 『알마게스트』는 천체의 변화하는 위치를 예측한 반면에, 그의 점성술은 지상의 사건에 미치는 천체의 영향력을 예측했다. 태양과 달의 주기가 지상의 현상에 분명 영향을 미치지 않았는가? 그런데 왜 그보다 작은 천체들은 이 아래 지상에서 일어나는 일에 영향을 미치지 않는 것일까? 문명의 선원들이 하늘의 날씨를 예측할 수 있다면 박식한 점성술사들은 하늘의 자료를 이용하여 인간사를 예측할 수는 없을까? 이런 의문을 품으며 프톨레마이오스는 별들의 영향력을 수많은 힘들 중 하나인 순전히 물리적인 힘에 불과하다고 보았다. 그는 점성술이 다른 과학과 마찬가지로 매우 간단하다는 사실을 인정했다. 그러나 지상의 사건과 하늘의 사건의 일치성을 신중하게 관찰하여 수학적으로 확실하지는 않더라도 쓸모 있는 예측을 만들어 내지 못할 이유는 없다고 생각했다.

이런 실용적인 정신으로 프톨레마이오스는 가장 지속적인 신비학의 초석을 마련했다. 4권의 책 『테트라비블로스』 중에서 '점성술 지리학'과 날씨 예측에 관한 첫 2권은 지상의 물리 현상에 미치는 천체의 영향력을 다루고 있고, 나머지 2권은 인간사에 미치는 천체의 영향력을 다룬다. 프톨레마이오스는 인간이 태어나는 순간에 별자리에서 인간의 운명을 예측하는 12궁도를 자세히 설명한다. 프톨레마이오스의 저서는 1,000년 동안 점성술의 주요 교과서가 되었지만 프톨레마이오스가 '순간 점성술catarchic' (질문 받을 당시의 천체들의 위치에 따라 그 문제의 미래를 풀어 주는 점성술)을 무시했기 때문에 점성술사들의 요구를 완전히 만족시키지는 못했다.

프톨레마이오스가 점성술이라는 신비의 세계로 뛰어든 모험은 현대 과학의 더욱 친숙한 영역에 있는 그의 권위 있는 저서들보다 더 오래전해지고 있다. 태양계의 중심을 바꾼 코페르니쿠스의 획기적인 저서 『천구의 회전에 관하여De Revolutionibus Orbium Coelestium』(1543년)도 여전히 형식과 대부분의 내용에서 프톨레마이오스가 저술한 『알마게스트』의 우세한 영향력을 그대로 확인해 주었다. 이후 반세기가 지나 튀코 브라헤Tycho Brahe의 『새로운 천문학 운동론Astronomiae Instauratae Mechanica』(1598년)이 프톨레마이오스의 천체 목록을 완전히 독자적인 관측에 근거한 새로운 목록으로 바꾸었을 때 프톨레마이오스의 이론과 자료는 마침내 구식이 되었다. 유럽에서 멀리 떨어진 다른 세계와 미지의 영역에 대한 프톨레마이오스의 지리적 추측은 그리스어에서 라틴어로 번역된 그의 『지리학』이 1406년에 서유럽에 도달했을 때 이미 시대에 뒤떨어지기 시작했다. 그렇지만 프톨레마이오스의 『지리학』은 서구에서 '알려진 세계'의 가장 좋은 안내서로 오랫동안 인기가 있었다. 1554년에 등장한 메르카토르Mercator의 독자적인 훌륭한 유럽 지도를 비롯한 15세기와 16세기에 발간된 지도들은 흔히 프톨레마이오스에 기반을 두고 있었다. 그리고 프톨레마이오스의 지도 투사법은 16세기를 통틀어 지도 제작에 계속 자극이 되었다. 한편, 프톨레마이오스의 『테트라비블로스』는 점성술의 가장 중요한 책으로 남았다. 이 저서는 여전히 유용하다고 여겨져 제2차세계대전에 두 차례(영국과 독일에서 각각) 발간되었다.

점성술은 육지로 제한된 시대에 인간 감정의 변화를 표현하는 중요한 역할을 했다. 에우리피데스Euripides가 자신의 저서 『바쿠스의 여신도들Bacchae』에서 묘사한 포도주에 영감을 받은 디오니소스의 도취라는 오랜 방식과, 별에 영감을 받은 새로운 황홀감이라는 천체의 새로운 신비주의 사이에는 전혀 다른 세계가 있었다. 현대의 종교 역사가, 프란츠 퀴몽Franz Cumont은 이렇게 주장한 적이 있다. "이성은 오직 순수한 빛으로 진리의 갈증을 해소한다. 그리고 별들로 칭송하는 '그 절제된 도취'는 신성한 지식의 열정적인 열망 외에는 어느 열정에도 불을 붙이지 못한다. 신비주의 원천은 지상에서 하늘로 바뀌었다."

이교도 점성술사들의 인기 있는 주장들은 그리스도교의 초기 예언들을 불안하게 했다. 내세의 인간 운명을 예측할 힘이 있다고 선언한 그리스도교의 교부들은 이 세상의 인간 운명을 아는 체하는 사람들의 예언 능력을 시기했다. 점성술사들의 별점이 말한 대로 이루어진다면 악을 버리고 선을 자유의지로 선택하고, 재물의 신이나 카이사르를 버리고 예수 그리스도를 자유의지로 선택할 여지는 어디에 있는 것일까?

이렇듯 그리스도인이 되려는 노력(그리스도교의 자유의지를 위해 이교도의 미신을 버리려는 노력)은 점성술에 대한 투쟁인 것처럼 보였다. 성 아우구스티누스Saint Augustine (354-430년)는 저서 『고백록Confessions』에서 이렇게 떠올린다. "나는 수학자들[점성술사들]이라 불린 그 사기꾼들에게도 아무런 거리낌 없이 조언을 구하였는데, 그들은 점을 치기는 하지만 제물을 전혀 사용하지 않았고, 어떤 신령에게 기도를 하지도 않았기 때문이었다." 그래서 그는 점성술사들의 조언에 이렇게 유혹되었다. "당신이 죄를 짓게 되는 원인은 필연적으로 하늘에서 결정됩니다. 이 일은 금성이나 토성이나 화성으로 일어났습니다. 피와 살을 가진 교만하고 부패한 저 사람에게는 참으로 죄가 없을 수 있는데, 창조자와 하늘의 명령자와 별들이 그 책임을 져야 합니다."

성 아우구스티누스는 '점성술사들의 거짓된 점술과 불경한 망언'을 거부하려고 했다. 두 명의 지인들이 그에게 이렇게 일깨워 주었다. "그러므로 다가올 일을 예측하는 그런 기술은 존재하지 않고, 다만 사람들의 추측은 일종의 운이었습니다. 많은 말을 하다 보면 그중에서 더러는 나중에 실제로 일어나는 경우가 있지만, 그런 말을 한 사람들도 알지 못한 채 자주 그런 말을 하여 우연히 일치했을 뿐입니다."

아우구스티누스는 점성술에 관한 의심이 늘어나는 이런 섭리의 순간에서 또 이렇게 기록했다. "주님은 그때 나에게 점성술사들의 점술에 어느 정도 의지하던 친구 1명을 더 붙여 주셨는데, 그 친구는 점성술에 아주 조예가 깊은 사람은 아니었지만… 호기심에 이끌려서 점성가들을 자주 찾아다니는 사람이었다. 그 사람은 자기는 아버지에게 들어서 점성술에 대하여 어느 정도 알고 있었지만, 그것이 점성술에 대한 평가를 반박하여 뒤집을 것이라곤 생각하지 못했다."

피르미누스라는 그 친구가 들려 준 이야기는 젊은 아우구스티누스를 이교도 신앙에서 벗어나게 했다. 점성술의 열렬한 실험가였던 피르미누스의 아버지는 늘 별의 위치에 주목했고 "가장 꼼꼼하게 정성을 들여 집 강아지들의 출생까지 정확히 파악했다." 피르미누스의 아버지는 피르미누스의 어머니가 출산 예정이었던 같은 시간에 그의 여종도 아이를 출산할 예정이란 사실을 알았다. "두 아이는 거의 같은 시간에 태어났다. 그래서 둘은 똑같은 별자리를 따를 수밖에 없었고 심지어 자세한 특징까지 그의 아들과 새로 태어난 종의 아이에게 주어졌다. 여자들이 산통을 하기 시작하는 즉시 그들은 자기 집에서 나와 서로에게 무슨 일이 일어나고 있는지를 알렸다. 그리고 쉽게 알려 줄 수 있었던 실제 출산 소식을 즉시 전할 수 있도록 서로 심부름꾼을 두어 바로 그 정보를 알렸다. 그래서 두 심부름꾼들은 양쪽 집에서 똑같은 거리의 지점에서 만났다고 피르미누스의 아버지가 주장했다. 따라서 두 아이는 별자리 위치나 다른 미세한 점까지 전혀 차이가 없었다. 그런데도 높은 신분이었던 부모의 집안에서 태어난 피르미누스는 인생의 출세 가도를 달려서 승승장구하여 부와 명예를 차지했다. 그와 달리 여종에게 태어난 사람은 종의 멍에를 벗지 못하고 계속 주인을 섬기며 종으로 살아갔다고 그를 알고 있던 피르미누스가 내게 알려 주었다." 쌍둥이의 서로 다른 운명을 들은 아우구스티누스는 점성술에 대한 가장 명백하고 흥미로운 반론이라고 생각했다.

아우구스티누스는 자전적 『고백록』에서 뿐만 아니라 자신의 위대한 신학서 『신국론The City of God』에서도 점성술사에 관한 장황한 반론을 애써 제기하고 한다. 아우구스티누스는 로마 제국을 비롯한 다른 모든 왕국들은 별들이 아니라 신의 뜻으로 운명이 결정된다고 경고하고 있다. 그는 성서에 나오는 결정적인 논거로 야곱Jacob과 에서Esau의 사례를 들었다. "이 쌍둥이는 거의 시간 차이 없이 연달아 태어나서 둘째가 첫째의 뒤꿈치를 잡고 나왔다. 그렇지만 그들이 살아가는 태도와 행동은 너무 달라서 그 차이로 두 사람은 서로 적이 되었다." 그리고 아우구스티누스는 다른 쌍둥이들의 사례까지 상세히 설명하고 있다.

점성술은 그리스도교의 교부들에게 혐오의 대상으로 계속 남아 있었다. 별의 기록으로 결정되는 운명에 대한 믿음 때문에 티베리우스 황제 같은 로마인들은 신에게 예배를 올리는 의식을 단념하는 일도 있었다. 테르툴리아누스Tertullian(160-230년경)는 '별들의 변함없는 중재로 우리의 운명이 결정된다고 생각하는 사람들이 하느님을 찾을 필요가 없다고 생각하기 때문에' 점성술에 넘어가서는 안 된다고 경고했다.

중세의 영리한 신학자들은 별의 힘에 대한 널리 퍼진 믿음을 성스러운 목적에 이용했다. 알베르투스 마그누스Albertus Magnus와 성 토마스 아퀴나스Saint Thomas Aquinas는 별의 강한 지배적인 영향력을 인정하면서도 인간의 자유가 바로 그 영향력을 저항하는 힘이라고 주장했다. 아퀴나스는 점성술사들이 종종 정확한 예언을 했더라도 이는 대체로 많은 사람들이 관련된 사건에 관한 일이었기 때문이라고 설명했다. 아퀴나스에 따르면, 그런 경우에는 많은 사람들의 격렬한 감정이 소수 사람들의 이성적인 지혜를 압도했을 뿐, 개별적인 그리스도교의 자유의지는 실천되지 못했다.

중세의 위대한 신학자들은 점성술의 널리 퍼진 믿음을 이용하여 그리스도교의 진리를 강조하려고 애썼다. 그들은 예수 그리스도의 처녀 잉태에 관한 점성술의 예측을 즐겨 상기시켰다. 예수 그리스도가 별의 지배에 영향을 받지는 않았더라도 별들은 구세주가 나타날 것이라는 징조를 보여 주었다. 베들레헴의 별은 그 외에 무슨 의미가 있었을까? 그 별을 따라갈 정도로 현명한 사람들, 동방박사들은 실제로 박식한 점성술사들일 가능성은 없었을까?

2부

태양에서 시계 안으로
들어온 시간

신들은 시간을 구별하는 법을 처음 알아낸 사람을 저주한다.
또한 이곳에 해시계를 세운 사람도 저주한다.
나의 나날들을 비참하게 깎고 쪼개어
작은 조각들로 만들었다고!
– 플라우투스Plautus (기원전 200년경)

04

어두운 시간을 측정하다

인류가 농작물을 재배하고 가축을 몰고 다니며 사는 동안은 시간을 작은 단위로 나누어 잴 필요가 거의 없었다. 다만 계절은 매우 중요했다. 언제 비나 눈이 오고, 더위나 추위가 닥치는지를 아는 것만 중요했다. 그런데 왜 귀찮게 시간과 분을 구분하고 더 나누려고 했을까? 해가 떠 있는 시간만이 유일하게 중요한 시간이었고, 인간이 일할 수 있는 유일한 시간이었다. 그때는 유용한 시간을 잰다는 것이 태양의 시간을 잰다는 의미였다.

일상적인 경험의 변화에서 낮과 밤, 빛과 어둠의 차이를 느끼지 못하는 것보다 더 공허한 일은 없다. 우리가 살고 있는 시대에서 인공조명은 밤의 의미를 잊도록 부추긴다. 현대 도시의 삶은 늘 빛과 어둠이 뒤섞인 시간이다. 그러나 인류가 살아 온 수 세기 동안 밤은 미지의 온갖 위협을 초래하는 어둠과 같은 말이 되었다. 탈무드(기원전 200년경)에서는 "밤에는 이방인을 맞아들이지 마라. 그가 악마일지도 모르기 때문이다"라고 경고했다. 그리고 예수는 이렇게 말했다. "우리는 해가 있는 동안에 나를 보내신분의 일을 해야 한다. 이제 밤이 올 터인데 그때는 아무도 일을 할 수가 없다. 내가 이 세상에 있는 동안은 내가 세상의 빛이다.〈요한의 복음서 9장 4-5절〉" 문학의 상상 속에서 밤은 가장 매력적인 주제로 이용되었다. 이를테면 셰익스피어를 비롯한 여러 극작가들은 "그 아득하고 고요한 한밤중에"라는 식으로 밤을 범죄의 장소로 표현했다.

> 오, 위안을 앗아가는 밤, 지옥의 형상이요,
>
> 치욕의 어두컴컴한 기록이고 공증인이요,
>
> 잔혹한 비극과 살인의 시커먼 무대요,
>
> 죄를 숨기고 있는 아득한 혼돈, 책망의 유모이니라.

밤을 더욱 낮처럼 만들어 내려는 첫걸음은 사람들이 인공조명에 익숙해지기 오래전에 시도되었다. 그때 인간은 시간을 갖고 놀면서 더욱 작은 부분으로 나누어 재기 시작했다.

고대인들이 해와 달을 측정하고 우리가 사용하는 주일의 형태를 정하는 동안, 시간의 더 짧은 단위들은 모호한 상태로 남아 있었고 지난 수 세기까지 일반적인 인간의 경험에 거의 어떤 역할도 하지 못했다. 정확하고 일정한 시간은 근대의 발명이며, 분과 초는 그보다 더욱 최근에 생겨난 단위다. 자연스럽게도, 일하는 날이 햇빛이 비치는 낮이었을 때는 시간을 나누려는 최초의 노력으로 하늘을 가로질러 지나가는 태양을 측정했다. 이런 목적으로 해시계, 또는 그림자 시계가 최초의 측정 장치로 등장했다. 지금까지 수많은 의미로 쓰이고 있는 영어 단어 'dial(눈금판)'의 어원이(라틴어에서 '낮'이라는 의미의 'dies' 또는 중세 라틴어 'dialis'에서 유래되었다) 바로 해시계sundial였다. 원시사회에서는 수직 기둥(그노몬gnomon, 그리스어 '알다'에서 유래되었다)의 그림자가 태양이 하늘에 떠오를수록 짧아지고 태양이 질수록 다시 길어진다는 사실에 주목했다. 고대 이집트인들이 그런 장치를 사용했고, 지금도 투트모세 3세Thutmose III(기원전 1500년경) 시대부터 현존하는 유물 하나를 여전히 볼 수 있다. 길이 약 1피트(약 30센티미터)의 수평 막대의 한쪽 끝에 T형의 작은 구조물이 달려 있었는데, 이것이 수평 막대의 눈금에 그림자를 드리웠다. 아침이 되면 그 수평 막대는 T형이 동쪽을 향하도록 설치되었고, 정오가 되면 T형이 서쪽으로 향하도록 반대로 설치되었다. 예언자 이사야는 시간을 거꾸로 돌려 히스기야Hezekiah왕을 치료하기로 약속했을 때 태양의 그림자를 줄어들게 하여 시간을 거꾸로 가게 하겠다고 단언했다.

수 세기 동안 태양의 그림자는 보편적인 시간의 척도가 되었다. 그리고 간단한 해시계는 특별한 지식이나 장비 없이 누구나 어디에서든 만들 수 있었으므로 편리한 측정 기구이기도 했다. 하지만 근대의 해시계에 새겨진 "나는 태양이 떠 있을 때의 시간만 잰다"는 쾌활한 자랑의 구절은 시간을 재는 해시계의 한계를 분명히 알려 준다. 해시계는 태양의 그림자를 측정하지만 태양이 없으면 그림자도 없다. 그림자 시계는 햇빛이 내리쬐는 날이 많은 지역에서만 유용했고 또 태양이 실제로 비추고 있을 때만 효과가 있었다.

태양이 밝게 빛나고 있을 때도 태양의 그림자 운동은 너무 느려서 분을 표시하기에는 그리 도움을 주지 않았고 초를 나타내기에도 쓸모가 없었다. 어느 한 장소에서 낮의 경과를 나타내는 해시계는 이를테면 오늘날의

60분이 1시간인 보편적인 표준 단위를 측정하는 데는 적합하지 않았다. 적도를 제외한 다른 곳에는 낮 시간의 길이가 날마다 그리고 계절에 따라 다르기 때문이다. 어느 장소에서든 태양의 그림자를 그리니치 표준시에 따라 시간을 확인하도록 사용하려면 천문학, 지리학, 수학, 역학 등이 결합된 지식이 필요하다. 16세기에 이르러서야 해시계는 제대로 된 시간을 나타낼 수 있었다. 이런 '해시계 측정 과학'이 발달되자 주머니에 해시계를 넣고 다니는 일이 유행이 되었다. 하지만 그때에는 이미 큰 시계가 존재했으며, 모든 면에서 더욱 편리하고 유용한 회중시계도 있었다.

초기의 해시계는 또 다른 한계들이 있었다. 투트모세 3세의 수평 도구는 수평 T막대의 그림자가 이른 아침이나 늦은 오후에는 무한하게 늘어나 시간 척도로 사용할 수 없었다. 보편적인 시간을 나타내는 데는 도움을 주지 않았어도 고대의 해시계는 설계에서 대단한 진보를 이루어 낮 시간을 동일한 부분으로 나누기가 훨씬 쉬워졌다. 이것이 반원형 해시계였으며 그 반구의 내부는 한쪽에서 중심으로 시곗바늘이 뻗어 있었고 열린 부분이 위를 향하고 있었다. 그러면 낮 동안 태양의 그림자는 하늘의 반구에 그려지는 태양의 이동 경로를 완벽하게 그대로 나타냈다. 태양의 이동에 따라 반구 안쪽에 둥근 모양으로 표시되는 호가 12등분으로 나눠졌다. 태양의 이동 경로가 여러 날들로 그려진 다음, 각 하루의 12 '시간' 구분선들이 곡선으로 합쳐져 낮 시간의 변화하는 12등분의 길이를 가리켰다.

기하학에 능숙한 그리스인들은 해시계 설계에서 많은 진보를 이루는 데 성공했다. 그중 흥미로운 사례 하나가 아테네의 '바람의 탑Tower of the Winds' 안에 지금까지 남아 있다. 이 팔각형 탑에는 8개의 주요 방향이 각각 바람을 나타내는 인간으로 표현되어 있고 각 면마다 해시계가 있었다. 그래서 아테네 사람이 그 탑을 보면 한꺼번에 3개의 해시계에서 시간을 확인할 수 있었다. 로마에서는 해시계가 정착물로 널리 알려져서 기원전 1세기에 건축가 비트루비우스는 13종류의 해시계를 파악할 수 있었다. 그러나 로마인들이 해외에서 약탈해 별장에 장식하던 많은 아름다운 기념비적인 해시계는 로마의 위도에서는 시계로서 거의 쓸모가 없었다. 플라우투스(기원전 184년에 사망)의 다음과 같은 글이 맞는다면 로마인들은 식사 시간을 정할 때도 해시계를 이용했다.

신들은 시간을 구별하는 법을 처음 알아낸 사람을 저주한다.
또한 이곳에 해시계를 세운 사람도 저주한다.
나의 나날들을 비참하게 깎고 쪼개어
작은 조각들로 만들었다고!
어렸을 때는 나의 배가 해시계였다.
어느 누구의 배보다 확실하고 진실하며 정확한 시계였다.
이 해시계는 내게 밥 먹을 때를 말해 주었다.
그러나 지금은 태양이 허락하지 않으면
왜, 언제 밥을 먹어야 할지 알 수 없다.
주민들 가운데 많은 사람들이
배고픔에 움츠러든 몰골로 거리를 느릿느릿 걸어간다.

낮 시간을 똑같은 부분들로 나눌 수 있도록 해시계가 설계된 이후에도 계절마다 시간을 비교할 경우에는 별로 도움을 주지 못했다. 여름의 낮은 길었고 또 그래서 여름의 시간도 길었다. 황제 발렌티니아누스 1

세 Valentinian I(364-375년)의 통치 기간에 로마 군사들은 '여름의 5시간 동안 20마일(약 32킬로미터) 속도로' 행군하도록 훈련을 받았다. 한 장소의 어느 특정한 날의 '1시간'(낮 시간의 12분의 1)은 또 다른 장소나 다른 날의 1시간 과 아주 달랐을 것이다. 이렇듯 해시계는 변동이 심한 척도였다.

　인류는 어떻게 태양에서 자유로워졌을까? 사람들은 어떻게 밤을 정복 하여 이해할 수 있는 세계의 일부로 만들었을까? 태양의 독재를 벗어난 뒤에야 우리는 보편적으로 일정한 분량으로 시간을 나누는 법을 터득할 수 있었다. 그때서야, 만들고 실천하기 위한 행동의 비결을 언제 어디에 서나 이해할 수 있었다. 플라톤Plato에 따르면, 시간은 '영원의 움직이는 형 상'과 같았다. 시간의 경과를 측정하는 일이 지구상의 모든 인류를 애태우 게 했던 것은 전혀 놀랄 일이 아니었다.

　흐르는 것을 비롯해 소모되거나 소모하는 것은 무엇이든 어느 곳에서 나 시간의 척도로 시험을 받아 왔다. 모두 태양의 독재를 벗어나 시간을 더욱 확고하고 더욱 예측할 수 있도록 파악하여 인간에게 도움이 되도록 이용하려는 노력이었다. 매일 필요한 간단한 보편적인 척도, 삶 자체를 나 타내는 척도는 변덕스럽고 덧없고 느리게 움직이면서 흔히 분명하지 않 은 그림자보다 더 나은 뭔가가 되어야 했다. 인간은 그리스인들이 '그림자 사냥이라 칭한 시계'보다 더 나은 것을 찾아야 했다.

　경이로운 흐르는 매개물이며 지구의 행운인 (여러 면에서 인류에게 도움을 주고 우리의 행성에 특징을 부여하는) 물은 인간이 암흑의 시간을 측정하는 문 제에서 최초로 작은 성공을 거둘 수 있게 해 주었다. 어떤 작은 그릇에도 담길 수 있는 물은 태양의 그림자보다 더욱 다루기가 쉬웠다. 인류는 물을 시계로 사용하기 시작하면서 지구라는 행성을 편리한 가정처럼 만들기 위한 또 다른 작은 한 걸음을 내딛었다. 인간은 물을 가두어 놓고 빠르게 또는 느리게 밤낮으로 흐르게 할 수 있었다. 그리고 물의 흐름을 규칙적이고 일정한 단위로 측정할 수 있어서 적도나 툰드라에서든, 겨울이나 여름이든 똑같은 단위로 이용할 수 있었다. 하지만 이런 장치를 완벽하게 만들기에는 시간이 오래 걸리고 많은 노력이 필요했다. 물시계가 거의 정확한 도구로 정교하게 만들어졌을 무렵에는 이미 훨씬 더 편리하고 더욱 정확하고 더욱 흥미로운 도구로 대체되기 시작했다.

그러나 역사에서 대부분의 시기에 물은 태양이 비치지 않을 때만 시간의 척도가 되었다. 그리고 1700년경에 진자시계가 완성되어 나타나기까지는 가장 정확한 시계가 물시계였을 것이다. 그 수백 년 동안 물시계는 인간의 일상적인 경험을(정확히 말하면 매일 밤의 삶까지도) 지배했다.

인간은 이미 오래전부터 항아리에서 똑똑 떨어지는 물의 양으로 시간의 경과를 측정할 수 있다는 사실을 알아냈다. 첫 해시계를 만든 지 500년도 안 되어 고대 이집트인들은 물시계를 사용하고 있었다. 햇빛이 잘 내리쬐는 이집트에서 낮에는 해시계가 이집트인들의 욕구를 잘 채워 주었지만, 밤에는 물시계가 시간을 측정하는 데 필요했다. 배움과 글쓰기와 측량의 신이기도 했던 밤의 신 토트Thoth는 물시계의 유입과 유출 모형을 모두 지배했다. 물시계의 유출 모형은 설화 석고 그릇으로, 안쪽에 눈금이 표시되어 있고 물이 흘러나가는 구멍이 밑바닥에 하나 있었다. 시간의 경과는 물방울이 떨어져 안쪽 물 수위가 눈금 하나에서 다음 눈금으로 내려가는 것을 살펴보는 방식으로 측정되었다. 이후에 나온 물시계의 유입 모형은 용기 안에 물이 차오르면서 시간의 경과를 측정하는 방식이었는데, 조절이 된 물이 일정하게 공급되어야 했으므로 더욱 복잡해졌다. 그런 간단한 장치도 문제가 없지는 않았다. 추운 기후에는 물의 점성도가 변하여 골칫거리였다. 그런데 어느 기후에서든 시계가 일정한 속도로 계속 유지하려면 물이 흐르는 구멍이 막히거나 닳아서 더 커지지 말아야 했다. 물시계의 유출 모형은 흐름의 속도가 물의 압력에 따라 변했고 용기 안에 남은 물의 양은 늘 달랐기 때문에 또 다른 사소한 문제가 되었다. 그래서 이집트인들은 용기의 벽을 비스듬히 기울여서 동일한 시간에 일정한 양으로 물 높이를 줄어들게 했다.

유용한 물시계를 설계하는 문제는 현대의 달걀 삶는 시간 측정용 시계처럼 짧은 일정한 시간 단위를 재는 것이 유일한 목적이라면 매우 간단했다. 하지만 물시계를 낮이나 밤 시간을 똑같은 부분으로 나눌 도구로 사용한다면 눈금을 매기는 어려운 문제가 제기되었다. 물론 이집트의 겨울밤은 여름밤보다 길었다. 이집트의 척도에 따르면, 테베에서 물시계는 여름밤의 시간을 12손가락 깊이의 물로 측정할 수 있었던 반면에, 겨울밤의 시간은 14손가락 깊이의 물이 필요했다. 이처럼 변동하는 '시간들'(낮이나 밤의 전체 시간을 똑같이 나눈 단위)은 사실 정밀도가 높은 시간이 아니었다. 그 시간들은 다만 임시적이었고 다음 날에는 똑같지 않았기 때문에 '임시적' 또는 '일시적' 시간이라 불렸다. 변하지 않는 일정한 단위로 시간을 측정하는 물시계를 만들려고 했다면 훨씬 더 쉬웠을 것이다. 그런데 수 세기가 지나서야 추상적인 시간은 낮이나 밤의 단편이 아닌 다른 뭔가를 측정하는 기계로 파악되었다.

낮 시간을 측정하려고 해시계를 완성했던 그리스인들은 또한 물시계를 일상의 시간 기록 장치로 사용했다. 그들이 물도둑이라고 흥미롭게 붙인 이름 '클렙시드라klepsydra'가 그 뒤 수 세기 동안 이 장치를 가리키게 되었다. 그리스인들은 아테네의 법정에서 변론하는 시간을 제한하기 위해 물시계를 사용했다. 지금까지 남아 있는 그런 법정 물시계는 약 6분 동안 물이 흐른다. 물시계에서 소모되는 시간에 관해, 데모스테네스Demosthenes는 법 조항이나 조서를 읽는 동안에는 변론 시간이 낭비되지 않도록 물의 흐름을 정지시켜 달라고 종종 요구하기도 했다. 그 우아한 바람의 탑에는 물시계에 사용하는 물의 저장고로 원형의 물탱크를 부착했다. 재주가 많았던 그리스 물리학자이자 발명가인 알렉산드리아의 크테시비우스Ctesibius of Alexandria(기원전 2세기)는 수력 오르간과 공기총을 고안하기도 한 사람으로, 물에 떠 있는 지표가 위쪽에 설치된 수직 눈금의 시간을 알려 주는 물시계를 고안했다.

로마인들은 토목과 제작 기술에 능숙했지만 시간을 측정하기 위해서는 해시계 외에 오직 물시계에 의존했다. 로마인들은 그리스어 클렙시드라klepsydra를 라틴어 'clepsydra 또는 horologium ex aqua'로 바꿔 표기한 이 장치를 정교하게 만들어 대중화하여 일상의 편리한 도구로 사용했다. 그들은 주머니에 넣고 다니려고 지름이 1.5인치(약 4센티미터)밖에 안 되는 소형 해시계를 만들었다. 그와 동시에 웅장한 것을 좋아하는 로마인들의 성향은 몬테치토리오의 거대한 오벨리스크(방첨탑)에 있는 캄푸스 마르티우스Campus Martius에 잘 나타나 있었다. 이곳에서는 오벨리스크가 해시계의 거대한 바늘 역할을 하여 주변을 둘러싸고 있는 대리석 인도의 청동 줄들이 그림자를 측정할 수 있게 해 두었다.

로마인들은 물시계로도 그와 비슷한 여러 재주와 재능을 보여 주었다. 현실적이고 상업적인 다른 사람들처럼 그들도 시간의 가치에 매우 민감

했다. 하지만 로마인들이 낮을 더 작은 부분으로 나누는 방식은 아주 느렸고 게다가 매우 조악했다. 그들은 편리하게 시간을 세분화할 수 있는 기계 시계는 결코 발명하지 못했다. 기원전 4세기 말에도 로마인들은 공식적으로 낮을 두 부분, 오전(ante meridiem, A.M.)과 오후(post meridiem, P.M.)로만 나누었다. 집정관의 보좌관은 해가 자오선을 지나갈 때를 확인하고는 그 사실을 포럼*에 알리는 임무를 맡았다. 변호인들이 정오 이전에 법정에 나타나야 했기 때문이었다. 결국 그들은 오전과 오후를 더 세분화했다. 처음에는 오전과 오후를 각각 다시 두 부분으로 나누어 이른 아침mane과 오전ante meridiem, 오후de meridie와 저녁suprema이라 칭했다. 또 그들은 시칠리아의 카타니아에서 가져온 해시계에 따라 '임시적인' 시간을 나타내려고 했다. 그 해시계는 다른 위도에 맞추어 만들어져 있어서 거의 정확하지 않았다. 마침내 기원전 164년에 감찰관, 마르키우스 필리푸스Q. Marcius Philippus가 로마의 위도에 적합한 해시계를 설치하여 인기를 얻었다. 해시계 외에 물시계는 안개 긴 낮과 밤에 시간을 알리기 위해 설치되었다.

로마인들은 해시계를 이용하여 물시계의 눈금을 매기고 설치했는데, 이 물시계가 로마 제국에서 널리 쓰인 시계가 되었다. 물시계는 여전히 '임시적인' 시간만 알려 주었고 한 달의 모든 날들을 하나로 포괄하여 낮과 밤의 시간을 측정하고 있었다. 그런데 이 시간들은 사실 날마다 달랐다. 로마에서는 아무도 정확한 시간을 알지 못했으므로 신속함은 불확실하면서 칭찬 받지 못하는 미덕이 되었다. 지혜로운 세네카(기원전 4세기경-기원후 65년)가 언급했듯이, 로마의 철학자들 사이에 의견의 일치를 찾기

---

* 고대 로마에서 공적인 집회 장소로 쓰이던 광장

힘든 것처럼 로마의 시계 사이에도 시간이 일치하기는 불가능했다.

로마인들이 사용하던 일상생활의 '시간들'(그들의 임시적인 '시간'은 그날의 낮이나 밤 시간의 12분의 1이었다)은 우리가 지금 상상할 수 있는 것보다 더욱 탄력성이 있었다. 동지에 태양이 하루 종일 비추고 있을 때에도 현대의 측정법으로 보면 햇빛이 내리쬐는 낮 시간은 불과 8시간 54분이 되고, 나머지는 15시간 6분의 긴 밤이 된다. 하지에서 시간은 현대의 시간으로 보면 정확히 그 반대가 된다. 그러나 로마인들의 관점에서 보면 1년 내내 낮과 밤은 늘 정확히 12시간씩이었다. 로마에서는 동지에 하루의 첫 시간(라틴어로 호라 프리마hora prima)이 오늘날의 기준으로 오전 7시 33분이라는 시간에 시작되어 오전 8시 17분까지 지속되었다. 반면에 낮의 열두 번째 시간(라틴어로 호라 두오데시마hora duodecima)은 오늘날의 기준으로 오후 3시 42분에 시작되어 오후 4시 27분에 끝났는데, 이때부터 보다 긴 밤 시간이 시작되었다. 시계 제조공들에게는 정말 이해하기 힘든 문제였을 것이다! 그들이 더욱 정확한 시계를 만들지 못해서가 아니라 그런 상황에서도 어떻게든 일상의 필요에 도움을 주는 장치를 제공할 수 있었다는 사실에 놀라지 않을 수가 없다.

시계 제조공들은 정교한 측정 방법으로 달마다 바뀌는 시간의 길이를 나타내는 물시계를 만들었다. 날마다 바뀌는 시간의 길이를 나타낼 장치를 만들기가 너무 복잡했기 때문이었다. 이는 또한 하루의 경과 시간을 세분화할 수 있는 인정된 방식이 없다는 의미였다.

사람들의 일상생활에 더 짧은 표준 단위가 필요하자 간단한 물시계가 달걀 삶는 시간 측정용 시계 같은 정확성으로 도움을 주었다. 예컨대 로마의 법정에서는 양측의 변호인들이 똑같은 변론 시간을 갖기로 되어 있었는데, 간단한 물시계가 좋은 효과가 있었다. 이런 목적에도 그들은 아테네의 사례를 따라 밑바닥에 구멍을 낸 용기를 사용했다. 이 시간 기록 장치는 약 20분 만에 끝났다. 어느 변호인이든 변론을 하기 위해 재판관에게 현대의 2시간 정도에 해당하는 '6개의 물시계'를 추가로 허용해 달라고 요청할 수 있었다. 한번은 특히 장황하게 변론을 하는 변호인에게 실제로 16개의 물시계를 허용한 일도 있었다. 무려 5시간이나 되었다! 로마인들은 분명 "시간은 돈이다"라는 우리의 관념에 동의했겠지만 종종 시간과 물을 동등하게 여겼다. 로마에서는 '물을 허용하다'의 'aquam dare'라는 말이 변호인에게 시간을 할당한다는 의미였고, '물을 잃다'의 'aquam perdere'라는 말은 시간을 낭비한다는 의미였다. 원로원에서 한 의원이 자기 차례가 아닐 때 말을 하거나 너무 길게 발언을 하면 동료 의원들이 그의 물을 빼앗아야 한다고 소리치곤 했다. 다른 상황에서는 물을 좀 더 허용해 달라고 청원할 수도 있었다.

변호인들은 오늘날 못지않게 그때에도 변론이 장황했다. 유달리 지루한 변호인을 보고 로마의 지혜로운 마르티알리스Martial(40-102년경)는 이렇게 말했다.

카에킬리아누스Caecilianus, 당신이 큰 소리로 물시계 7개를 허용해 달라고 요청했고 재판관은 마지못해 그것을 승인했소. 그러나 당신은 너무 오랫동안 말을 많이 하고 머리를 뒤로 젖히고 유리병의 미지근한 물을 모두 벌컥벌컥 마셔 버렸소. 카에킬리아누스, 간청하건대, 당신의 웅변과 갈증을 영원히 만족시키도록 이제는 물시계를 모두 마셔 버리시오!

그 변호인이 한 사발의 물을 마실 때마다 재판관은 지루한 시간이 20분씩 줄어들었을 것이다.

간단한 물시계는 로마인들의 재능에 도전이 되었다. 물이 흘러나가는 구멍이 닳아 커지거나 막히는 것을 막기 위해 그 구멍을 보석으로 박았는데, 이후 기계시계의 제조공들이 '보석'을 사용했던 것과 거의 같았다. 건축가 비트루비우스가 묘사한 로마 물시계의 일부는 정교한 부유물이 달려 있어 조약돌이나 달걀을 공중으로 던지거나 휘파람을 불어 로마의 '시간'을 알렸다. 19세기에 유럽의 중산층 가정에 있던 피아노처럼 물시계는 신분의 상징이 되었다. 네로 황제 시대의 벼락부자 트리말키오Trimalchio의 찬미자들은 이런 말을 했다. "그의 식당에 시계 하나가 있지 않았어요? 그래서 제복을 입은 트럼펫 연주자를 불러 자신의 생명이 얼마큼씩 없어지고 있는지를 계속해서 알려 주게 한 겁니까?"

이후 수 세기가 지나 사람들은 어디에서나 그들 방식으로 삶의 부분들을 구별하기 위해 물을 사용하는 방법을 알아냈다. 9세기에 색슨족들은 특유의 개성대로 시골풍의 우아하면서 튼튼한 그릇을 물시계에 사용했다. 밑바닥에 작은 구멍이 있는 그 그릇은 물에 떠 있다가 늘 똑같은 시간을 나타내면서 물이 채워지면 바닥에 가라앉았다. 아득한 옛날부터 고유의 간단한 물시계가 있었던 중국인들은 서양으로 여행했다가 종을 울리는 복잡한 물시계의 놀라운 이야기를 듣고 돌아왔다. 그들은 특히 다마스쿠스의 이슬람 대사원의 동문에 장식된 거대한 물시계를 찬미했다. 낮이나 밤의 '시간'마다 밝게 빛나는 2개의 황동 추가 2마리의 황동 매 입에서 나와 황동 잔으로 떨어졌고, 거기에는 그 추들이 제자리로 돌아가도록 구멍이 나 있었다. 매의 위쪽에는 열린 문들이 한 줄로 늘어서 있었고 각 문들은 낮의 '시간'을 하나씩 나타내고 있었으며 그 위에는 불이 켜지지 않은 램프가 있었다. 낮의 1시간마다 추가 떨어지면 종이 울리고 그 시간이 끝나면 문이 닫혔다. 그러다가 해 질 녘이 되면 그 문들은 모두 자동으로 열렸다. 밤의 각 '시간'을 알리려고 추가 떨어지면 그 시간의 램프에 붉은 빛을 발하며 불이 켜졌고, 그렇게 해서 마침내 새벽이 되면 모든 램프에 불이 켜졌다. 날이 밝아오면 램프는 모두 꺼지고 낮 시간의 문들이 열려 다시 낮의 주기가 시작되었다. 이 기계가 순서대로 계속 작동하려면 11명의 남자들이 하루 종일 일해야 했다.

흐르는 시간의 물이 아니라 떨어지는 시간의 모래는 근대 시인들에게 흘러가는 시간을 표현하는 가장 좋아하는 은유를 제공했다. 영국에서는 삶의 시간이 다 되었다는 상징으로 관 속에 흔히 모래시계를 넣었다. 찬송가에는 "시간의 모래는 가라앉고, 천국의 새벽이 밝아 오네"라는 가사도 있었다.

그러나 모래가 떨어지면서 시간을 재는 모래시계는 우리의 이야기에서 늦게 등장한다. 물론 모래는 물처럼 잘 흘러내리지 않아서 초기에는 낮과 밤의 변수가 많은 '시간들'을 섬세하게 측정하기에 거의 적합하지 않았다. 모래에는 지표를 띄울 수가 없었다. 하지만 모래는 물이 얼어 버릴 기후에도 흘러내릴 수 있었다. 실용적이고 정확한 모래시계는 유리 제조공의 뛰어난 기술이 필요했다.

8세기에 유럽에서 모래시계를 사용했다는 이야기가 있는데, 전설에 따르면 샤르트르의 한 수도사가 그 모래시계를 발명했다고 한다. 유리 제조술이 발전하면서 모래시계를 밀봉하는 것이 가능해져 모래가 떨어지는 속도를 느리게 하는 습기가 들어가지 않게 되었다. 유리병 안에 모래를 넣기 전에 정교한 과정을 거쳐 모래를 건조시켰던 것이다. 중세의 한 논문에서는 모래 대신에 곱게 갈린 검은 대리석 가루를 포도주로 아홉 번 끓인 뒤에 쓰라는 처방이 있었다. 끓일 때마다 나오는 거품을 걷어 내고 마지막으로 가루는 햇빛에 말렸다.

모래시계는 하루 종일 시간을 측정하기에 적합하지 않았다. 그것은 편의를 위해 너무 크게 만들어지거나(너무 커서 12시간에 한 번씩 돌려놓도록 만들라고 샤를마뉴가 주문한 모래시계처럼) 마지막 모래 한 알이 떨어지는 정확한 순간에 자주 거꾸로 돌려놓아야 할 정도로 작게 만들어졌다. 어떤 모래시계는 유리병을 돌릴 때마다 앞으로 나가는 지침이 달린 작은 눈금판이 붙어 있었다. 그러나 모래시계는 다른 장치가 아직 발명되지 않았던 시대에 가장 짧은 시간을 측정하기에는 물시계보다 더 성능이 좋았다. 콜럼버스는 배 위에서 30분용 모래시계로 시간의 경과를 확인했는데, 그 모래시계를 정확히 돌려가면서 '하루 일곱 번의 기도 시간'을 계속 파악했다. 16세기에는 모래시계를 이미 주방에서 짧은 시간을 측정하는 데 사용했다. 또는 설교자(와 그의 신자들)가 설교의 길이를 조절하는 데 도움을 주었다. 1483년의 영국법에는 신자들이 '설교용 모래시계'를 볼 수 있도록 설교단에 시계를 놓아두어야 한다는 규정이 있었다. 영국 하원에서는 표결 결과를 알리는 종이 울리는 시간을 정하려고 2분용 모래시계를 사용했다. 석공을 비롯한 여러 장인들은 일하는 시간을 재기 위해 모래시계를 사용했다. 교사들은 강의 시간과 학생들의 정해진 공부 시간을 재기 위해 모래시계를 들고 왔다. 엘리자베스 여왕 시대에 옥스퍼드 대학의 한 교수는 게으른 학생들에게 이렇게 위협한 적이 있었다. "학생들이 공부를 더 잘하지 않으면 두 시간짜리 모래시계를 가져오겠네."

16세기 이후에는 모래시계가 독특하게도 배의 속도를 재는 데 사용되고 있었다. 예컨대 선미에 띄울 통나무 토막에 묶어 놓은 줄을 7패덤(약 12.8미터) 간격으로 매듭을 지었다. 선원이 달리는 배의 끝에 통나무 토막을 떨어뜨려 작은 모래시계로 30초를 재는 동안 물에 띄운 매듭의 수를 세었다. 그 사이에 5개의 매듭(5노트)을 물에 띄웠다면 배는 시간당 5해리(약 9.26킬로미터)의 속도를 내고 있었던 것이다. 19세기에 걸쳐 항해하는 선박들은 여전히 배의 속도를 확인하려고 시간마다 '통나무를 배 밖으로 던졌다.'

결국 모래시계는 밤 시간을 측정하는 데 그리 유용하지 못했다. 모래시계를 계속 거꾸로 돌려야 하는 불편함 때문이었다. 가끔 이런 문제를 해결하는 방법으로 사람들은 시계에 점등 장치를 결합하려고 했다. 수 세기 동안에 사람들은 밤을 밝히는 불을 사용하여 어둠 속에서 흘러가는 시간을 재려는 노력에 재능을 아낌없이 쏟았다. 그러나 발명품이 아무리 독창적이더라도 실용적이지는 않았다. 발명품들은 비용이 많이 들고 때로는 위험했으며, 밤 시간을 낮 시간과 동일한 시간 단위로 맞추는 데 성공한 적이 없었다. '시간' 단위의 변동성이 계속 남아 있는 한, 모래시계와 마찬가지로 점등시계도 짧고 정해진 시간을 측정했을 뿐 온종일 시간을 재는 데 널리 사용할 수 없었다.

양초시계에 관한 유명한 이야기도 있었다. 양초시계는 웨스트 색슨의 신앙심 깊은 앨프레드 대왕Alfred the Great(849-899년)이 고국에서 피신했을 때 했던 서약을 지키는 데 도움을 주었다고 전해진다. 앨프레드 대왕은 자신의 왕국을 되찾으면 날마다 하루의 3분의 1을 하느님을 위한 예배에 헌신하겠다고 맹세했다. 전설에 따르면, 앨프레드 대왕은 잉글랜드로 돌아왔을 때 양초시계를 주문했다. 밀랍 72페니웨이트pennyweight로 12인치(약 30센티미터) 길이의 양초 6개가 만들어져 있었고 두께는 모두 같고 각각 1인치(약 2.5센티미터)씩 표시가 되어 있었다. 차례대로 불을 붙인 양초 6개는 24시간 동안 계속 불이 붙어 있었다고 했다. 양초들은 바람이 불어도 불이 꺼지지 않도록 나무틀에 끼운 투명한 뿔 판자들로 보호되었다. 앨프레드 대왕은 양초 2개가 완전히 타는 시간을 종교의 의무에 헌신한다면 자신의 서약을 충족시킬 수 있었다.

그 외에도 시간을 잴 목적으로 양초나 등잔 기름을 사용할 수 있었던 군주들, 예를 들어 카스티야의 왕 알폰소 10세King Alfonso X of Castile(1276년경), 프랑스의 왕 샤를 5세King Charles V of France(현명왕, 1337-1380년), 스페인의 왕 펠리페 1세King Philip I of Spain(1478-1506년)는 시계 램프로 실험을 했다. 밀라노의 의사 지롤라모 카르다노Girolamo Cardano(1501-1576년)는 실용적인 휴대용 시계 램프를 연구하다가 기름을 공급하는 장치를 발명하게 되었다. 이 장치는 기름을 일정하게 빨아들이기 위해 진공의 원리를 사용했다. 카르다노의 램프는 18세기 말까지 편리하고 인기 있는 점등 장치의 역할을 했다.

기계시계가 일반적으로 사용되기 시작한 이후에도 가만히 있지 못하는 발명가들은 같은 장치로 밤과 시간을 모두 정복하기 위해 온갖 종류의 방책을 내려고 계속 노력했다. 예컨대 어떤 사람들은 시계 장치를 작동시키려고 기름 램프의 불을 이용했고, 다른 사람들은 기름의 소모량을 눈금을 매긴 투명한 용기 속에 나타나게 했으며, 또 다른 사람들은 밤의 시간 변화를 나타내는 척도에 줄어드는 양초의 그림자를 드리워 눈금으로 사용했다.

중국과 일본이나 한국에서는 전혀 다른 방식으로 시간을 재기 위해 불을 이용했다. 그들은 향불을 피우는 관습으로 독창적이고 아름다운 여러 장치를 만들어 내는 단서를 마련했다. 그들은 정교한 도장 문자와 같은 문양 안에서 가루로 된 향이 그 문양을 따라 타면서 기분 좋은 향을 내는 장치(향시계)를 만들어 냈다. 이때 시간은 불이 도달하는 문양 속의 위치에 따라 나타냈다. 그중에서 가장 복잡한 향시계('100개의 문양을 따라 향이 타들어 가는 향시계')는 1073년 중국에서 발명되었다. 당시에 가뭄으로 우물이 말라서 늘 사용하던 물시계를 더 이상 쓸 수 없었다. 중국의 향시계는 후대의 사람들에게 영감을 주어 불시계를 사용하기 위한 새롭고도 활기차며 정교한 방식을 알아내게 했다. 불시계의 사용은 계절에 따라 변하는 임시적인 시간을 측정하기 위해서였다. 이와 같은 중국의 매력적이고 복잡한 구조들은 변화하는 시간 덕분에 만들어 내려고 쏟은 노력의 유쾌한 부산물이었다.

값싼 인공조명이 보편적으로 이용되기 전까지 사람들은 밤 시간을 측정할 방법을 알아내려고 필사적으로 재능을 끝없이 쏟아부었던 것으로 보인다. 기계시계가 발명된 이후, 시간을 알리는 시계의 종소리가 어둠을 정복하는 분명한 방법이었다. 17세기 말에 프랑스의 영리한 발명가 빌라이에M. de Villayer는 미각을 이용하려는 시도를 했다. 그의 시계는 매우 잘 설계되어서 밤에 시계의 시침을 더듬으면 숫자 대신에 삽입된 향료를 담은 작은 용기에 손이 가도록 되어 있었고, 그 용기에는 시간의 숫자에 따라 서로 다른 향료가 있었다. 따라서 시계를 볼 수 없을 때에도 늘 향기를 맡아 시간을 알 수 있었다.

05

균등한 시간의 등장

    인간이 변화하는 낮의 주기에 따라 시간을 분석하는 동안에는 태양의 굴레에서 벗어날 수 없었다. 시간의 주인이 되고 낮과 밤을 동일한 시간으로 바꾸고 삶을 정돈하여 쓸 수 있는 부분들로 나누기 위해, 인간은 정확하고 작은 부분들로 나누어 표시하는 방법을 찾아야 했다. 시간을 똑같이 나눌 뿐만 아니라 분과 초로 나누고 그 초를 다시 세분화해야 했다. 그래서 인간은 기계를 만들어 내야 했다. 시간을 측정할 기계들을 만들어 내는 데 그토록 오랜 시간이 걸린 것은 놀라운 일이다. 14세기가 되어서야 유럽인들은 기계시계를 고안했다. 이미 살펴보았듯이 그때까지 시간 측정은 해시계, 물시계, 모래시계, 그리고 여러 종류의 양초시계와 향시계 등에 맡겨졌다. 5,000년 전에 1년을 측정하기 위한 놀라운 발전이 있었고 날들을 주일이라는 유용한 단위로 묶어서 쓴 지는 오래되었지만, 하루를 세분화하는 일은 전혀 다른 문제였다. 근대에 이르러서야 우리는 시간 단위로 생활하기 시작했고 더구나 분이라는 시간 단위는 거의 사용되지도 않았다.

시간을 기계로 측정하려는 첫걸음이었던 유럽의 근대 시계의 출발점은 농부나 양치기도 아니고 상인이나 장인도 아닌, 하느님을 향한 의무를 신속하고 규칙적으로 수행하려고 애쓴 신앙인들에게서 비롯되었다. 수도사들은 정해진 기도 시간을 알아야 했다. 유럽에서 만들어진 최초의 기계 시계는 시간을 보여 주기 위해서가 아니라 들려주기 위해 설계되었다. 최초의 제대로 된 시계는 자명종이었다. 서양에서 사람들을 시계 제조의 길로 들어서게 한 최초의 시계들은 정해진 간격으로 종을 치는 추가 달린 기계였다. 이런 목적으로 두 종류의 시계가 만들어졌다. 그중에서 먼저 등장한 것은 수도원에서 사용하던 작은 자명종, 또는 실내용 시계였을 것이다. 이런 시계를 시계 관리인custos horologii의 방에 설치한 '깨우는 시계horologia excitatoria'라 칭했다. 이런 시계들이 작은 종을 울리면 그 소리에 수도사 1명이 잠에서 깨어나 다른 이들을 기도실로 모이게 했다. 그런 다음 그 수도사는 탑 위로 올라가 그곳에 매달려 있는 커다란 종을 쳐서 모든 사람들에게 시간을 알렸다. 거의 같은 시기에 훨씬 더 큰 탑시계가 만들어져 탑에 설치되었고 그곳에서 자동적으로 커다란 종을 울렸다.

이런 수도원 시계들은 성무일도canonical hours, 즉 교회의 규범이나 계율에 따라 헌신을 하도록 규정된 기도 시간을 알렸다. 물론 이런 시간들의 횟수는 교회의 변화하는 규범, 지역마다 다른 관습, 그리고 특정한 교단들의 규칙에 따라 달라졌다. 6세기에 성 베네딕트가 등장한 이후, 성무일도는 7번의 기도 시간으로 표준화되었다. 서로 다른 7번의 기도들은 동틀 무렵의 조과Matins나 찬과Lauds, 일출의 제1시과Hora Prima, 오전 중반의 제3시과Hora Tertia, 정오의 제6시과Hora Sexta 또는 Meridies, 오후 중반의 제9시과Hora Nona, 일몰의 저녁기도인 만과Vespers 또는 Hora Vesperalis, 일몰 후의 종과Compline

또는 Completorium로 명시되었다. 종을 치는 횟수는 일출의 4번에서 정오의 1번을 거쳐, 다시 해 질 녘의 4번으로 바뀌었다. 현대의 계산에 따르면, 이런 각 기도의 정확한 시간은 주어진 장소의 위도와 계절에 따라 달랐다. 그 문제가 복잡했더라도 수도원의 시계들은 계절에 따라 종을 치는 시간 간격의 변화에 맞추어졌다.

그 이전에는 시간 측정 장치를 소리를 내는 시계로 맞추려던 노력이 전혀 성공하지 못했다. 파리에서 한 영리한 사람이 해시계에 렌즈를 달아 화경으로 사용했는데, 이 장치가 정확히 정오가 되면 대포의 점화 구멍에 맞추어져 태양이 절정에 이를 때 자동적으로 대포를 발사하도록 했다. 1786년 루아얄Royal 궁전의 정원에 오를레앙 공작이 설치한 이 우아한 대포시계가 프랑스 혁명의 시작을 알리는 포탄을 발사했다고 한다. 그보다 몇 세기 전에는 조약돌을 던지거나 휘파람을 불어 시간을 나타내려는 복잡한 물시계가 설계된 적이 있었다. 그런 몇몇 장치들은 수도원에서 시험되었을 것이다.

그러나 새로운 종류의 시계, 기계로 측정되는 제대로 된 시계는 새로운 기계적인 요구에 훨씬 더 잘 적응했을 것이다. 영어로 시계라는 단어 'clock'은 수도원에서 기원이 비롯되었음을 알려 주는 흔적이 남아 있다. 중세 영어의 시계 'clok'은 중세 네덜란드어의 '종bell'에서 유래했으며, 또한 '종'이라는 의미의 독일어 'Glocke'와 같은 어족에 속한다. 엄격히 말하면, 초기에는 종이 울리지 않으면 시계로 여기지 않았다. 나중에서야 흘러가는 시간을 측정하는 장치는 무엇이든 시계라는 의미가 되었다.

이런 최초의 기계시계들은 햇빛으로 삶과 활동의 시간에 제약을 받고 인공조명으로 아직 밤과 낮이 혼란스럽지 않았던 시대에 생겨났다. 종을 울리던 중세의 시계들은 어두운 밤 시간에는 침묵을 지켰다. 밤의 기도 시간인 종과를 알리는 4번의 종을 치고 나면, 다음 날 새벽의 기도 시간인 조과를 알릴 때가 되어서야 종이 울렸다. 그러나 결국 기계시계의 제조에서 비롯된 예상 밖의 결과이면서도 기계시계 자체의 숨겨진 의무는 밤 시간과 낮 시간을 하루 24시간이라는 하나의 균등한 시간 방식으로 통합하는 일이었다. 특히 시간을 소리로 알리도록 설계된 수도원 시계는 시간에 관한 새로운 사고방식으로 향하는 길을 알려 주었다.

해시계와 물시계나 모래시계는 모두 단순히 흘러가는 시간을 주로 보여 주기 위해 만들어졌다. 눈금판을 가로질러 뚜렷한 그림자가 서서히 흘러가고, 그릇에서 물이 흘러내리고, 또 유리병 안에서 모래가 흘러내리는 것을 볼 수 있었다. 그러나 수도원에 기원을 둔 기계시계는 망치가 종을 치게 하는 결정적인 기계 역할을 하도록 만들어졌다. 기계적인 시간 측정의 요구, 즉 기계 자체의 논리가 새로운 느낌을 받아들이게 했다. 계절의 주기와 마찬가지로 일정하지 않은 태양의 반복되는 주기나 다른 흘러가는 매개물의 더 짧은 주기와 달리, 이제 시간은 기계의 스타카토staccato • 방식으로 측정될 수 있었다. 성무일도를 소리로 알리는 기계를 만드는 것은 그 후 수 세기 동안 시계 제조의 초석이 될 새로운 기계장치들을 필요로 했고, 결국 만들어 내는 데 성공했다.

종을 치는 가로대를 움직이는 힘은 떨어지는 추로 생겨났다. 이 기계가 정말 새로운 이유는 추의 자유낙하를 막고 추를 일정한 간격으로 떨어뜨리게 하는 장치 때문이었다. 해시계는 태양의 그림자가 계속 이동하는 운

• 한 음씩 또렷하게 끊는 듯이 연주하는 일

동으로 이루어졌고 모래시계는 물이나 모래의 자유낙하로 작동했다. 하지만 이 새로운 기계에는 기계를 오랫동안 작동하게 하고 시간 단위를 측정하게 하는 매우 간단한 장치가 있었지만 이 장치는 역사상 거의 유명하지 않은 채로 남아 있었다. 그 장치는 동력이 시계 안으로 '달아나도록' 조절하는 방식이었으므로 '탈진기escapement'라 불렸다. 그리고 이 탈진기는 인간의 경험을 위한 획기적인 중요성을 지니게 되었다.

가장 위대한 발명이 단순하듯이 탈진기는 떨어지는 추의 힘을 규칙적으로 차단하는 배열 장치에 불과했다. 그 탈진기는 매우 잘 만들어져 있어서 시계의 움직이는 기계장치에 추의 힘을 번갈아 가며 억제했다가 다시 풀어놓는 기능을 했다. 이것이 현대의 모든 시계를 가능하게 한 기본적인 발명이었다. 이제 짧은 거리를 떨어지는 추는 몇 시간 동안 계속 시계를 작동시킬 수 있고, 떨어지는 추들이 규칙적으로 아래로 당기는 힘이 시계의 짧게 끊어지는 스타카토 방식의 움직임으로 바뀌었다.

가장 초기의 간단한 형태는 '굴대verge' 탈진기였다. 알려지지 않은 한 기계 천재가 떨어지는 추를 교차하는 톱니바퀴에 수직축으로 연결하고 이 수직축이 추가 달린 수평 막대나 굴대를 움직이는 방식을 처음 생각해 냈다. 이런 추들이 그 움직임을 조절했다. 이를테면 추들이 바깥으로 움직일 때는 시계가 더욱 느리게 갔고, 추들이 안쪽으로 움직일 때는 시계가 더 빨라졌다. 수평 막대의 앞뒤로 흔들리는(떨어지는 큰 추들로 움직이는) 운동은 시계 장치의 톱니바퀴들을 번갈아 가며 맞물리게 하다가 풀리게 했다. 이런 비연속성 운동이 마침내 시간을 분으로 나누었고, 그리고 이후에는 초로 나누었다. 적절한 시기가 되어 시계가 흔해지자 사람들은 시간을 더 이상 흘러가는 물줄기가 아니라 개별적으로 측정된 순간들이 축적된 것이라고 생각하게 되었다. 일상생활을 다스리는 최고 권력을 가진 시간은 더 이상 햇빛의 부드럽게 흐르는 탄력 있는 주기가 아니었다. 기계화된 시간은 이제 계속 이어지는 흐름이 아니었다. 시계 속의 탈진기가 똑딱거리는 소리가 시간의 목소리가 되었다.

그런 기계는 분명히 태양이나 행성 운동과 전혀 관련이 없었다. 그 자체의 법칙들이 끝없이 이어지는 균일한 단위를 제공했다. 측정 단위의 균일성을 의미하는 시계의 '정확성'은 탈진기의 정밀성과 규칙성에 달려 있었다.

낮 시간을 예배를 보는 신축성 있는 단위로 적절히 나누었던 성무일도는 14세기에 이르러 그 시간들이 시계에 기록되었다. 시간이 오늘날 우리가 사용하는 현대 시간, 하루의 균일한 24분의 1이 된 것은 약 1330년이 되어서였다. 이 새로운 '하루'에는 밤이 포함되었다. 그 하루는 한 정오와 다음 정오 사이의 시간으로 측정되었는데, 더욱 정확하게 말하면 현대의 천문학자들이 말하는 '평균 태양시'였다. 역사상 처음으로 1'시간'이 세계 어디에서나 1년 내내 정확하게 동일한 의미로 받아들여졌다.

인간의 경험에서 이처럼 계절적 또는 '임시적' 시간에서 균일한 시간으로 바뀐 일보다 더 위대한 획기적인 일은 거의 없다. 이 일은 인간이 태양에서 자유로워진 독립 선언이었고 인간이 자신과 환경을 지배하게 된 새로운 증거였다. 이후가 되어서야 인간은 이 지배를 달성하면서 결국에는 마음대로 온갖 오만한 요구를 하는 기계의 지배를 받게 된 사실을 깨달았다.

최초의 시계에는 문자판이나 바늘이 전혀 없었다. 그 시계들은 그냥 소리를 내어 시간을 알리는 용도로 쓰였으므로 문자판이나 바늘이 필요 없었다. 문자판을 읽지 못하는 문맹의 대중이라도 종소리를 잘 못 알아들을 수는 없었다. '균일한' 시간이 등장하여 '임시적'이거나 '성무일도'의 시간을 대체하면서 소리로 알리는 시간이 단순한 기계로 측정할 수 있는 이상적인 방식으로 맞추어졌다. 태양의 시간이 시계의 시간으로 바뀐 것이다.

14세기가 되자 유럽에서는 교회와 시청의 종탑에 커다란 탑시계들이 등장하여 균일한 시간을 소리 내어 알리며 새로운 시간 의식을 예고했다. 하느님을 경배하고 천국을 향한 인간의 열망을 나타내려고 지은 교회의 탑들이 이제 시계탑이 되었다. 그리하여 탑이 종탑이 된 것이다. 이미 1335년에 밀라노의 성모 마리아 성당의 종탑에는 많은 종이 달린 경이로운 시계가 있었다. 그것에 관해 연대기 작가 갈바노 델라 피아마Galvano della Fiamma가 이렇게 찬미했다. "매우 커다란 망치가… 낮과 밤의 24시간의 숫자에 따라 종 하나를 24번 친다. 따라서 밤의 첫 시간이 되면 한 번 소리가 나고 2시에는 2번, 3시에는 3번, 4시에는 4번의 소리가 난다. 그러므로 시간마다 구분이 되고 인간의 온갖 상황에 필요한 최고의 수준을 제공한다." 그런 균등한 시간을 알리는 시계들은 유럽의 소도시에서 흔히 볼 수 있게 되었다. 이제 시계들은 전체 사회에 도움을 주면서 새로운 종류의 공익 유용물이 되었고 시민들은 도저히 제공할 수 없는 봉사를 했다.

사람들은 낮이든 밤이든 상관없이 시간을 언급하면서 '그 시계의 시간a time of the clock'으로 아홉 번째라는 뜻을 담아 'nine o'clock(9시)'이라고 했다. 그들은 자신도 모르게 이런 새로운 시대를 인정하게 되었다. 셰익스피어의 작품에서는 등장인물들이 '시계의' 시간을 언급하면 방금 울리는 소리를 들었던 시간을 떠올리는 장면이 나온다. 예컨대 심벨린Cymbeline의 딸,

이머전Imogen은 정절을 지키는 여인은 자신의 연인을 위해 '시계와 시계 사이에 우는 데' 익숙하다고 설명한다. 대중은 이제 '시간'을 알기 시작하고 수 세기가 지나서야 '분'을 이야기할 수 있었다. 14세기에 걸쳐 시계의 기능은 여전히 소리를 내어 시간을 알리는 일이었기 때문에 문자판이 있는 시계는 거의 찾기 힘들었다. 런던의 세인트 폴 대성당에는 문자판이 있는 시계가 있었던 것으로 보이지만(1344년) 이탈리아의 종탑에서는 찾을 수기 없었다. 초기의 문자판들은 현대에서 사용하는 것과 달랐다. 어떤 시계에는 I(1)에서 VI(6)까지만 시간이 표기되어 있었고 시곗바늘은 24시간에 문자판을 네 바퀴 돌았다. 그리고 조반니 데 돈디Giovanni de'Dondi(1318-1389년)의 유명한 작품처럼 24시간의 시간이 문자판에 모두 표기되어 있는 시계도 있었다.

이미 시간 단위의 소리를 낼 수 있어서 15분마다 소리를 내는 시계로 개선하기는 그리 어렵지 않았다. 시간이 1에서 4까지 표시되어 있는 문자판에는 때로는 15분 단위의 시간을 표시하기도 했다. 이후에는 이 표시들이 15, 30, 45, 60이라는 숫자로 분을 나타내는 방식으로 바뀌었다. 그렇지만 분침은 여전히 없었다.

1500년경에는 영국의 웰스 대성당Wells Cathedral의 시계가 15분마다 소리를 내며 시간을 알리고 있었지만 문자판에 분을 표시하지는 않았다. 분을 측정하기 위해서는 그때도 여전히 모래시계를 사용해야 했다. 진자를 성공적으로 시계에 적용했을 때가 되자 시침 외에 동일한 중심을 갖는 분침을 따로 사용했다. 또 진자 때문에 초를 나타낼 수도 있었다. 1670년경에 이르러 초침이 있는 시계는 드물지 않게 되었다. 그 초침은 1초의 주기로 진동하는 39인치(약 1미터)의 추로 움직였다.

이전의 어떤 발명품보다 기계시계는 밤의 어두운 시간을 낮의 시간으로 통합하여 시간을 나타내는 데 큰 도움을 주었다. 동이 틀 무렵에 정확한 시간을 알려 주기 위해 이 시간의 기계는 밤새 계속해서 움직여야 했다.

언제 '하루'가 시작되는 걸까? 이 질문에 대한 해답은 1주일이 며칠이 되어야 하는가에 관한 대답만큼이나 많았다. 구약성서의 〈창세기 1장 5절〉에는 이렇게 쓰여 있다. "이렇게 첫날이 밤, 낮 하루가 지났다." 따라서 그 첫째 '하루'는 실제로 밤이었다. 아마도 이 구절은 하느님이 어둠 속에서 기적의 창작을 행한 창조의 신비를 묘사하는 또 다른 방식이었을 것이다. 바빌로니아인들과 초기 힌두교도들은 일출에서 하루를 계산했다. 유대인들처럼 아테네인들도 일몰에 '하루'를 시작했고, 이런 관습은 19세기까지 이어져 왔다. 경전을 문자 그대로 따르는 정통 이슬람교도들은 지금도 계속 일몰을 하루의 시작으로 잡고, 그때를 12시로 정하고 있다.

앞에서 살펴보았듯이, 역사에서 대부분 동안 인류는 하루를 24시간 단위로 생각하지 못했다. 오로지 기계시계의 발명과 보급과 함께 그런 시간 개념이 흔히 생기게 되었다. 초기 색슨족은 하루를 '조석tides'에 따라, 'morningtide(아침)', 'noontide(한낮)', 'eveningtide(저녁)'로 나누었고, 가장 초기에 등장한 영국 해시계 일부에는 그렇게 표시가 되어 있다.

또한 하루를 나누는 널리 퍼진 방법들 중에는 낮과 밤을 세분화하는 '임시적인' 시간 체계보다 훨씬 더 간단한 경우도 있었다. 콜럼버스와 그의 선원들은 성무일도의 일곱 번의 기도 시간으로 흐르는 시간을 구분했다.

기계시계의 출현 이후에도 태양은 시간을 측정하는 흔적을 남겼다. 미국인들이 오늘날 시간을 세는 데 사용하고 있는 '12의 2배(12×2)' 시간 방식이 바로 그런 유산에 속한다. 밤 시간과 대조적으로 낮 시간을 측정하고 나누었을 때에는 그 두 부분의 시간들이 각각 분리되어 숫자가 매겨졌다. 그래서 지속적으로 시간을 측정하는 기계가 나온 뒤에도 그런 방식이 남아 있었다. 균일한 기계의 시간이 일정하지 않은 성무일도나 '임시적인' 시간을 대체했던 24시간용 시계들은 처음에 나왔을 때 여전히 이상하게도 태양과 관련이 있었다. 그 시계들은 보통, 일몰을 24시간의 끝으로 사용했다.

우리가 어떻게 하루, 시간, 분, 초에 이르게 되었는지 알아보려면 일상생활을 고고학으로 깊이 연구하게 된다. 영어의 날 'day'(라틴어 'dies'와 관련이 없다)는 색슨의 고어 'to burn(불타다)'에서 어원이 비롯되었고, 이는 또한 뜨거운 계절이나 따뜻한 시기를 의미했다. 영어의 'hour(시간)'는 '계절이나 낮의 시간'이라는 의미의 라틴어와 그리스어에서 어원이 비롯되었다. 이 단어는 계절과 위도에 따라 변하는 낮 또는 밤의 12분의 1('임시적인' 또는 계절적 시간)을 의미했으며, 그 후 오랜 시간이 지나 춘분이나 추분의 24분의 1이라는 현대의 의미를 갖게 되었다.

그런데 왜 24시간일까? 역사가들은 그 의문을 밝혀내지 못했다. 이집트인들은 날을 24'시간'(물론 '임시적인' 시간)으로 나누었다. 그들은 60을 한 단위로 자릿수를 셈하는 60분법을 사용했기 때문에 그 숫자를 선택했다. 바빌로니아인들이 발전시킨 이 숫자의 신비는 수 세기 더 이전으로 거슬러 올라간다. 바빌로니아인들이 왜 그런 계산법을 만들어 냈는지 명확하게 설명할 수가 없기 때문이다. 그러나 그들이 60이라는 숫자를 사용한 것은 천문학이나 천체의 운동과 전혀 관련이 없었던 것처럼 보인다. 앞에서 확인했듯이, 이집트인들은 규칙적인 1년을 360일, 즉 각 30일로 된 12개월로 정했고 해마다 마지막 달에 5일을 추가했다. 그들은 또한 원을 360도로 나누었는데, 이는 태양의 1년 주기에서 유추했을 것이다. 60은 360의 6분의 1이며 60분법의 자연스러운 분할점이기 때문에, 원의 편리한 분할점이고 또한 각도나 시간 단위의 분할점이기도 했다. 어쩌면 5개의 행성(수성, 금성, 화성, 목성, 토성)에 주목하고 있던 칼데아의 바빌로니아인들이 12(달의 숫자이며 6의 배수)에 행성의 숫자 5를 곱하여 의미 있는 60에 이르렀을 수도 있다.

고대에 태양 둘레를 완전한 원으로 파악한 결과가 일상의 유물로 남아 있는 것이 우리가 현재 '도degree'를 표시할 때 사용하는 기호이다. 현재 도를 나타낼 때 사용하는 작은 원은 태양을 표현하는 상형문자일 수 있다. 도의 기호(°)가 태양의 그림이었다면 360°(완전한 원)는 당연히 360일 주기나 1년을 의미했을 것이다. 고대 바빌로니아와 이집트의 천문학자들은 원을 분할하는 방법으로써 도를 처음으로 황도대의 원에 적용했다. 1개월 동안 지나가는 천체 공간을 묘사하는 기호로 사용하는 것처럼 매일 태양이 이동하는 단계나 거리를 가리키는 기호로도 사용하기 위해서였다.

중세 라틴어 'pars minuta prima(첫째 분, 또는 첫째 작은 부분)'에서 유래된 영어의 분, 'minute'는 원래 바빌로니아의 60분법에서 한 단위의 60분의 1을 나타냈다. 그리고 'partes minutae secundae(둘째 작은 부분)'에서 유래된 'second'는 60을 바탕으로 한 번 더 세분한 단위였다. 바빌로니아의 산술은 그런 단위에 기반을 두었으므로 그들의 십진법 방식이었고, 다른 상분수vulgar fractions*(minutae)보다 그들의 과학적 계산법에서 다루기가 더 쉬웠다. 프톨레마이오스는 이런 60단위 방식을 원둘레를 세분화하는 데 이용했고 또한 날을 나눌 때에도 사용했다. 그 후 많은 시간이 지나 13세기 무렵에 기계시계가 등장했을 때 분이 시간 분할의 기준이 되었을 것이다. 여기서 다시 그 언어가 시간을 재는 기계의 요구와 능력을 풀어 주는 단서가 된다. '초'는 처음에는 '두 번째 분second minute'의 약자였으며 원래 60분법의 두 번째 연산에서 나오는 단위를 가리켰다. 오랫동안 원을 분할할 때 쓰인 초는 16세기 말 시계 제조법이 정교해지면서 시간 측정에 적용되었다.

하지만 시계는 태양에서, 그리고 빛과 어둠의 명령에서 완전히 자유로워진 것은 아니었다. 서유럽에서는 시계에 표시된 시간들이 태양이 자오선에 있는 정오에서, 또는 두 정오 사이의 중간인 자정에서 차례대로 번호가 매겨졌다. 유럽의 대부분 지역과 미국에서는 아직도 새 날이 시계를 통해 자정에 시작된다.

일상생활의 고고학은 세계 곳곳으로 우리를 이끈다. 현재 사용되고 있는 1년 365일은 고대 이집트의 신관들에게서 이어받은 유산이고, 달 명칭(1월, 2월, 3월 등)과 1주일 7일의 명칭들(토요일, 일요일, 월요일 등)은 초기 히브리인들과 그리스 로마의 점성술사들과 우리가 연관되어 있음을 보여 준다. 하루 24시간의 각 시간을 나타내고 그 시간 다음으로 분을 지정할 때 우리는 고대 과학을 연구하는 한 역사가가 일깨워 주듯이, '바빌로니아의 계산법과 결합한 이집트의 관행을 헬레니즘 문화가 수정한 결과'로 살고 있는 것이다.

중세 소도시의 정보 전달 매체는 종이었다. 사람의 목소리만으로 공적

• 소수로 표시될 수 없는 분수

인 알림을 사람들에게 모두 전달할 수 없었기 때문에 종이 시간을 알리고, 화재를 진압하도록 사람들을 모으고, 적이 쳐들어온다는 사실을 경고하여 사람들에게 전투 준비를 시키고, 일터로 가도록 알리고, 잠자리에 들게 했다. 또한 왕의 죽음에 공식 애도를 알리고, 왕자의 탄생이나 대관식의 기쁨을 전했으며, 교황의 선출이나 승전을 축하했다. 로버트 월폴Robert Walpole 경은 1739년에 런던에서 스페인에 대한 선전포고를 알리는 종소리를 듣고 이렇게 말했다. "그들은 지금 종을 울릴 수 있겠지만 머지않아 고통으로 손을 부들부들 떨 것이오." 미국인들은 필라델피아에서 독립을 알렸던 자유의 종Liberty Bell에 종이 유행하던 시대의 유산을 소중히 간직하고 있다.

전염병이나 폭풍을 막으려고 울리는 종소리에는 힘과 치유력이 있는 것으로 여겨졌다. 1481년에 프랑스 리옹의 시민들은 시의회에 이렇게 청원서를 냈다. "우리들은 이 도시의 모든 지역에 있는 시민들 모두가 들을 수 있을 정도로 커다란 시계가 필요하다는 것을 절실하게 느꼈습니다. 그런 시계가 만들어진다면 더 많은 상인들이 시장에 나올 것이고, 시민들은 큰 위로를 받고 기뻐하고 행복해하며 더욱 질서 있는 생활을 하고, 이 도시는 장식품이 하나 더 늘어나게 될 것입니다."

공동체의 자부심은 종의 자부심과 같았다. 교회와 수도원이나 도시 전체는 종탑의 종소리가 도달하고 울리는 정도에 따라 평가되었다. 한 오래된 종에 새겨진 글에는 이렇게 자랑하고 있었다. "나는 죽음을 애도하고, 번개를 소멸시키고, 안식일을 알리고, 게으른 자를 일깨우고, 바람을 흩어지게 하며, 피에 굶주린 자를 달래노라Funera plango, fulmina frango, Sabbath pango, Excito lentos, dissipo ventos, paco cruentos." 미국 혁명의 전령이었던 폴 리비어Paul Revere는 자부심이 강한 뉴잉글랜드의 도시들을 위해 종을 만들어 명성과 부를 얻었다. 종을 만드는 기술과 타종 장치의 실험으로 시계 제조공의 기술이 발달했고, 시계의 정교함은 더욱 촉진되었다.

공공 시계의 표면에 문자판이 등장하는 것이 늦어지는 이유는 널리 퍼진 문맹률 때문이었다. 모두가 시계 문자판의 간단한 숫자들을 읽을 수 있는 것도 아니었다. 숫자가 표시된 문자판의 생산을 지연시킨 바로 그 요인들이 또한 시계 장치 기능에 실험과 재능과 재미를 추가하도록 고취시켰다. 중세의 거대한 공공 시계들은 시계 장치의 정밀성이 그리 발달되지 않아 진자가 나오기 전까지는 하루에 1시간 정도 빠르거나 느렸다. 기계 속에 숨겨져 있으며 기계 작동의 정확성을 조절하는 탈진기를 개선하기가 기술적으로 어려웠다. 그러나 바퀴에 다시 바퀴를 추가하여 겉으로 보여주기 위한 자동 장치를 개선하기는 쉬운 일이었다.

요즘에는 골동품 시계의 달력이나 천체 표시들이 시간과 분과 초를 알리기만 하면 되는 기계 위의 불필요한 장식물로 보인다. 거대한 기계시계들이 유럽에서 만들어지기 시작한 이후 적어도 200년 동안 그 상황은 아주 달랐다. 1350년경 스트라스부르 대성당Cathedral of Strasbourg에 만들어진 웅장한 시계는 대중에게 달력과 점성술 보조 도구의 역할을 모두 해냈다. 또한 교훈과 즐거움을 주는 장난감 역할을 한 그 시계는 시간을 알리면서 다양한 볼거리를 제공했다. 태양과 달과 행성들의 운동을 나타내는 지침이 있는 아스트롤라베astrolabe*와 움직이는 달력 외에도 그 위에 있는 작은 방에서는 차임벨의 곡조에 맞추어 동방박사 3사람이 절을 하며 성모 마리

• 과거 천문 관측에 쓰이던 장치

아의 조각상 앞을 지나갔다. 동방박사의 행렬이 끝나면 구리 볏을 달고 연철로 만들어진 거대한 수탉 1마리가 황금을 입힌 지지대 위에 앉아 부리를 벌리고 혀를 내밀며 날개를 펄럭이며 울었다. 1574년에 다시 세워졌을 때 이 스트라스부르 시계에는 이동 축제일을 알리는 달력, 행성들의 공전을 보여 주는 코페르니쿠스의 플라네타륨planetarium, 달의 위상들, 일월식, 시태양시와 항성시, 춘분점 세차, 태양 및 달의 지표를 지역 시간으로 변환하는 방정식 등이 포함되어 있었다. 어떤 특별한 문자판에는 성자의 기념일을 나타내기도 했다. 그리고 15분마다 유년기, 청년기, 장년기, 노년기라는 인간의 4기를 보여 주는 형상이 나와 종을 쳤다. 매일 정오가 되면 12사도가 그리스도 앞을 지나며 축복을 받았다. 주일의 요일들은 각각 적합한 이교도 신을 태우고 구름 속을 달리는 수레들로 나타냈다. 스트라스부르 시민들은 독일의 7대 불가사의 하나를 만들어 냈다고 자랑했다. 19세기 말에는 독일계 이민자들인 시계 제조공들이 네덜란드인이 살고 있는 펜실베이니아의 농촌 지대에서 미국식 형태의 '사도 시계apostolic clock'를 만들어 냈다. 이 시계에는 동방박사와 사도들의 전통적인 행렬에 미국 대통령들의 애국적인 행렬이 추가되었다.

중세의 가장 인기 있는 연극은 극장 무대도 아니고 장터나 교회의 뜰도 아닌 시계탑에서 널리 알려졌다. 거대한 탑시계가 공공장소에 설치되면서 일요일과 기념일을 비롯해 날마다 매 정시에 탑시계에서 공연이 이루어졌다. 웰스 대성당의 시계는 1392년에 처음 건설되었고 이후 수 세기에 걸쳐 개선되어 널리 인기 있는 공연을 보여 주었다. 문자판에는 시간, 연도, 달의 위상이 표시되어 있었다. 달의 반대편에는 추를 달아 똑바로 세워 놓은 태양신 포이보스Phoebus 형상이 있었다. 또 다른 문자판에는 시침과 중심이 같은 분침이 있었고, 시침은 태양의 형상이 그려져 있었으며 24시간마다 한 바퀴를 돌았다. 위쪽 벽감에는 두 쌍의 무장한 기사들이 서로 반대 방향에서 전투 자세로 원을 이루며 돌아갔다. 그러다가 종이 시간을 알리면, 기사 1명이 말에서 내린 다음 사라졌다가 다시 말에 올랐다. 전통 제복을 입은 형상, '잭 블랜디페트Jack Blandifet'가 시간마다 망치로 종을 치지만 15분마다 발뒤꿈치로 더 작은 종 2개를 차서 소리를 냈다.

시계 제조공들은 드라마를 연출할 기회를 놓치지 않았다. 그들은 종 안에 숨겨진 추 대신에 시간과 15분 간격으로 종을 치는 생생한 자동인형을 선호했다. 종을 울리는 인형은 자크마르Jacquemart에서 유래한 '잭'으로 의인화되었다. 자크마르는 자크Jacques와 마르토marteau(망치)를 결합시켜 줄인 단어였다. 이후 이 단어는 노력을 절약하는 도구를 의미하는 'jack(잭)'으로 일반화되었다. 1499년에 그런 잭 1쌍이 청동으로 된 건장한 남자들 형상으로 만들어졌으며, 지금도 여전히 베네치아의 산마르코 광장Piazza San Marco에서 공연을 보여 주고 있다. 그리고 모든 사람들을 위한 편리성도 생겨났다. 1431년에 파르마의 한 연대기 작가가 말했듯이, 이 도시의 시계는 전체 민중al popolo에게는 단순히 시간만 알려 주었던 반면에, 이해할 수 있는 소수의 사람들agli intelligenti에게는 달의 위상과 온갖 종류의 천문학적 세부 요소들을 보여 주었다.

시계의 문자판은 글을 아는 사람들에게는 편리했고 귀로 듣는 것보다 눈으로 시간을 확인할 수 있는 최초의 기계장치였다. 이 장치는 1344년에 이탈리아 키오자의 야코포 데 돈디Jacopo de' Dondi가 발명했다고 전해진다. 이 발명으로 야코포는 '시계학자Del Orologio'라는 칭호를 받는 영예를 누렸고 그 뒤로 이 칭호가 그의 성이 되었다. 야코포의 묘비명에는 이런 자랑이 적혀 있었다. "자애로운 독자들이여, 저 높은 탑 꼭대기에서 그 숫자가 바뀌어도 때와 시간을 읽을 줄 안다면 내 발명을 인정하리라…" 야코포의 아들, 조반니 데 돈디는 1364년에 플라네타륨과 시계를 결합하여 그 시대에서 가장 복잡한 시계 하나를 완성했다. 이 시계는 비록 사라졌지만 조반니는 상세한 세부 기록과 완벽한 설계도를 남겨 놓았다. 그리고 이를 토대로 그 유명한 조반니의 '천문시계astrarium'가 복원되었으며, 지금도 워싱턴 D.C.의 스미소니언 연구소에서 이 시계를 볼 수 있다. 황동으로 우아하게 만들어진 이 7각형의 시계는 떨어지는 추로 작동하며 높이는 약 5피트(약 1미터)에 이른다. 여러 면에서 이 시계는 약간 타원형을 이루는 달의 궤도와 같은 섬세함을 고려했기 때문에 시대를 몇 세기나 앞섰다. 수많은 문자판에는 평균시와 분, 일몰과 일출 시간, 평균시의 항성시 전환, '임시적인' 시간, 당해의 월일, 교회력의 고정 축제일, 매일의 낮 길이, 당해의 주일 문자dominical letter*, 태양과 달의 주기, 황도에서 태양과 달의 연간 운동, 5개 행성들의 연간 운동 등이 기록되어 있었다. 그 외에도 조반니는 일월식을 예측할 방법을 제공했고, 교회력의 이동 축제일들을 나타냈으며, 부활절을 계산할 수 있는 영구적인 역법을 만들어 냈다. 모든 곳에서 사람들이 파도바Padua로 몰려와 조반니의 시계를 구경하고 그 시계를 제작하느라 16년을 보낸 천재 조반니를 만났다.

그 시대에는 천체의 자료와 일상생활의 필요성 사이에는 이후와 달리 뚜렷한 경계선이 거의 없었다. 밤은 더욱 어둡고 위협적이며 어둠, 더위, 추위 등을 막아 줄 현대의 기계적인 해결책이 아직 발명되지 않았다. 해안

---

* 교회력에서 일요일을 표시하는 A-G의 일곱 글자 중 하나

이나 강가에 사는 사람들은 조수의 때가 중요했다. 인간을 비롯한 만물 위로 행성들의 영향력(천체의 힘)이 지배했다. 1352년의 스트라스부르 시계는 천체의 자료를 이용하여 그 사회에 의학적인 자문을 제공하기도 했다. 예컨대 전통적인 인간의 형상을 황도십이궁이 둘러쌌다. 황도십이궁의 각 별자리의 별에서 해당 신체 부위와 선을 그어 그 별이 지배할 때에만 해당 신체 부위가 치료되어야 했다. 또 스트라스부르 시계는 황도십이궁의 지배 정도의 변화를 알려 주는 정보를 제공하여 시민들과 의사들이 치료에 가장 좋은 시기를 선택할 수 있도록 했다. 이탈리아 만토바Mantua의 공공 시계에 적혀 있는 점성술의 지시문들은 1473년에 한 방문객에게 깊은 인상을 주었다. 그곳에는 '방혈, 수술, 토지 경작, 여행, 세상에서 매우 유용한 여러 일들 등에 적합한 시간'을 알려 주는 정보가 담겨 있었다.

06

휴대용 시계의 제작

전해지는 이야기에 따르면, 1583년에 19세의 젊은이였던 갈릴레오 갈릴레이Galileo Galilei(1564-1642년)는 피사 대성당의 세례당에서 기도를 하고 있다가 제단 위에 흔들리고 있던 램프에 마음이 쏠렸다고 한다. 램프가 흔들리는 폭에 상관없이 한쪽 끝에서 다른 쪽 끝으로 이동하는 데 걸리는 시간은 똑같아 보였다. 물론 시계가 없었던 갈릴레오는 자신의 맥박으로 램프가 흔들리는 시간 간격을 재어 보았다. 그의 말에 따르면, 이런 일상적인 궁금한 수수께끼에 빠져들어 아버지가 강요하는 의학을 멀리하고 수학과 물리학에 관심을 갖게 되었다고 한다. 그 세례당에서 갈릴레오는 이후에 물리학자들이 '진자의 등시성isochronism'이라고 부르는 현상, 즉 진자의 주기가 진폭이 아닌 진자의 길이에 따라 변한다는 사실을 알아냈다.

이런 간단한 발견이 새로운 시대를 상징하게 되었다. 갈릴레오가 입학한 피사 대학교의 천문학과 물리학은 아리스토텔레스Aristotle의 저서에 관한 강의로 이루어졌다. 하지만 자신이 직접 본 것을 관찰하고 측정하는 갈릴레오의 독자적인 학습 방법은 미래의 과학을 나타냈다. 갈릴레오 자신은 완전히 활용하지 못했지만 그의 발견은 시간 측정의 새로운 시대를 열었다. 갈릴레오가 세상을 떠난 지 30년도 안 되어 가장 뛰어난 시계의 평균 오차는 하루에 15분에서 겨우 10초로 줄어들었다.

다른 곳의 수많은 시계와 완벽하게 시간이 들어맞는 시계의 등장으로 시간은 공간을 초월하는 하나의 척도가 되었다. 피사의 시민들은 바로 그 순간에 피렌체나 로마에서 몇 시인지를 정확히 알 수 있었다. 그 시계들은 같은 시간에 한 번 맞추어지면 그 뒤로도 계속 같은 시간을 유지했다. 장인들의 근무 시간을 측정하거나 예배 시간이나 시의회의 회의 시간을 정하는 등 한 지역의 편리한 실용 도구로만 사용되지 않고 그때부터 시계는 보편적인 척도가 되었다. 균등한 시간이 어느 특정한 도시에서 낮과 밤, 여름과 겨울의 단위를 표준화했던 것처럼 이제 정밀한 시계가 지구 전체에서 시간 단위를 표준화했다.

지구라는 행성의 어떤 특성이 이런 마술을 가능하게 했다. 지구가 축을 중심으로 자전하기 때문에 지구의 모든 곳에서 360도를 돌때마다 24시간이라는 하루를 경험하게 된다. 경도선이 이런 각도들을 나타내고 있다. 지구가 돌아가면서 정오가 되는 장소는 계속 바뀐다. 이스탄불에서 정오가 되면 서쪽에 있는 런던은 아직도 오전 10시밖에 안 된다. 1시간에 지구는 15도를 회전한다. 따라서 런던은 이스탄불의 서쪽, 경도 30도 또는 2시간의 거리에 있다고 말할 수 있고, 이런 경도가 공간과 시간의 척도가 된다. 이를테면 정확한 시계를 런던 시간에 맞추고 이스탄불로 가져가 그곳의 지방시와 비교하면 동쪽으로 얼마나 여행했는지, 또는 이스탄불이 런던에서 동쪽으로 얼마나 떨어져 있는지를 정확히 알 수 있다.

어떤 장거리 여행자가 자신이 있는 위치를 정확히 알고 싶다면 육지보다 바다 위에 있을 때 확인하기가 훨씬 어렵다. 육지에서는 주요 지형지물(산과 강, 건물, 도로와 도시 등)로 자신의 주위를 살필 수 있다. 그러나 바다 위에 있을 때는 해상 표지물이 거의 없고 주로 예전에 그곳을 많이 다녀간 노련한 관찰자만이 구분할 수 있다. 겉보기에 바다는 텅 비어 있고 광활하게 똑같이 펼쳐져 있어서 선원들은 자연스럽게 하늘의 태양과 달과 별들과 별자리로 그들의 위치를 확인했다. 그들은 바다의 위치를 알아내려고 하늘의 표식들을 찾으려고 했다. 천문학이 선원의 부속물이 되고, 콜럼버스 시대가 코페르니쿠스 시대의 도래를 알렸다는 사실은 전혀 놀랍지가 않다. 새로이 발명한 망원경으로 하늘을 주시하고 달과 목성과 금성에 관한 갈릴레오의 새로운 관점을 이용하여 사람들은 바다를 발견했고, 해도를 만들어 냈으며, 새로운 대륙들을 밝혀냈다.

사람들은 대양을 탐험하기 시작하면서 여느 때보다도 더 천체를 알아야 한다고 생각했다. 그들은 적도의 남쪽이나 북쪽의 위도와 어떤 합의점의 동쪽이나 서쪽의 경도에서 자신들의 정확한 위치를 찾아내야 했다. 하지만 늘 위도(남북 관계)보다 경도(동서 관계)를 판단하기가 훨씬 더 어려웠다. 그래서 신세계가 왜 그토록 오랫동안 발견되지 않은 채로 남아 있었고, 콜럼버스가 왜 발견을 위한 항해를 시작할 용기가 필요했으며, '동쪽'과 '서쪽'이 왜 그렇게 오랫동안 격리되어 있었는지를 알 수 있다. 지구에서 동서 간의 위치를 파악하기 위해 항해자는 시간의 차이, 예컨대 태양이 장소에 따라 달라지는 정오가 되었을 때를 측정해야 했다.

위도를 파악하는 일은 지평선 위에서 태양의 고도가 결정적인 요인이 되기 때문에 훨씬 더 간단하다. 적도에서는 춘분이나 추분에 정오의 태양이 바로 머리 위쪽 또는 90도의 고도에 있고, 반면에 북극에서는 겨울이면 태양이 전혀 보이지 않고 여름에는 늘 볼 수 있다. 그 중간에서는 정오에 지평선 위 태양의 고도를 측정한 다음 국립 천문대의 역서 천문표와 비교하면 적도에서 북쪽이나 남쪽으로 얼마나 떨어져 있는지를 알 수 있다. 이런 목적을 위해 꼭 필요한 장치는 지평선 위 태양의 고도를 각도로 측정할 간단한 관측 도구이다. 그리스인들이 위도를 결정하는 방식(단순히 주극성의 높이를 살펴서 계산)은 실제로 기구가 전혀 필요 없었다. 중세의 항해 안내서에 있는 천문표는 이미 너무 정확해서 태양의 기울기를 제대로 알아낸 사람이라면 0.5도 또는 그 이하의 오차로 위도를 측정할 수 있었다.

중세의 선원들은 필요한 위도 관측을 위해 직각기, 즉 고도 측정기Jacob's Staff를 사용했다. 한쪽 끝에 경첩을 달아 연결된 2개의 막대는 관찰자가 한쪽 막대를 수평으로 놓고 다른 막대로 태양이나 별을 가리키면 그 기울기의 각도를 잴 수 있었다. 이 직각기는 고대 그리스인들에게는 디옵트라dioptra, 아랍인들에게는 카말kamal로 알려졌으며, 서유럽에서는 1342년에 이미 적용되었다. 영국인 존 데이비스John Davis는 1595년에 더욱 유용한 천체 고도 측정기인 후방기backstaff나 영국식 4분의quadrant를 고안했다. 이 도구는 관찰자가 해를 등지고 서서 측정할 수 있기 때문에 눈부심을 방지할 수 있었다.

광활한 대양을 항해하는 선원들은 지구라는 행성에 관해 거의 알지 못한다는 사실을 깨닫기 시작했다. 그들은 경도의 문제를 해결해야 했다. 갈릴레오는 네덜란드 연합주 의회에서 항해자들이 이 문제를 해결할 필요성이 절박하다는 이야기를 들었다. 그는 이미 1610년에 같은 해에 앞서 발견한 목성의 4개의 위성들을 관찰하면 바다 위에서 경도를 알아낼 수 있다고 네덜란드 의회에 제안했다. 그러나 그렇게 하려면 바다 위에서 흔들리는 배 갑판에 긴 망원경을 설치하여 오랫동안 관찰해야 했는데, 그 일은 분명 실행할 수 없는 방법이었다. 그래서 갈릴레오는 망원경이 달린 투구를 만들어 냈고 관찰자는 그 투구를 쓰고 배의 나침반을 수평으로 유지하는 데 사용하는 장치와 유사한 짐벌gimbal에 고정시킨 의자에 앉아 하늘을 관측할 수 있었다. 이 방법은 결국 육지에서 측량할 때는 실용성이 있었지만 바다에서는 효과가 없었다. 마침내 갈릴레오는 정확한 항해용 시계를 만들기를 권고했다. 그는 진자가 간단하고 자연스러운 시간 측정기가 된다는 사실을 알아낸 후, 인간의 맥박을 잴 수 있었던 것처럼 정확한 항해용 시계를 만들어 낼 계기가 되지 않을까 하고 생각했다. 갈릴레오는 은퇴를 강요당했던 생애 마지막 10년에 이르러서야 그런 가능성을 찾아냈지만 눈이 멀어 자신이 설계했던 시계를 조립하지 못했다.

아시아 대륙 해안에 이미 전초기지들을 차지했던 네덜란드인들은 여느 때보다 더욱 경도를 밝혀내는 좋은 방법과 항해용 시계의 필요성을 느꼈다. 총명한 젊은이 크리스티안 하위헌스Christiaan Huygens(1629-1695년)가 그 문제를 해결하려고 방법을 찾아내기 시작했다. 그는 27세에 처음으로 진자시계를 개발하여 반복해서 시험을 했다. 하지만 진자는 이리저리 흔들리는 배 위에서 정확한 시간을 가리킬 수 없었기 때문에 그는 전혀 성공을 이루지 못했다.

정확한 항해용 시계가 나오기 전에는 바다 위에서 자신의 위치를 알아내야 했던 항해자들은 훈련을 받은 수학자가 되어야 했다. 바다에서 경도를 찾아내는 인정된 방법은 달의 정확한 관측으로 이루어졌으며, 여기에는 정교한 도구와 섬세한 계산이 필요했다. 달을 관측하는 데 겨우 5분의 오차가 나면 경도에서는 $2\frac{1}{2}$도의 오차가 생긴다는 의미였고, 바다에서는 무려 150마일(약 241킬로미터)의 차이가 나서 뜻밖의 위험한 모래톱에 걸려 배가 난파될 수 있을 정도였다. 미숙한 장비, 항해표의 오차, 또는 선박의 흔들림으로 치명적인 계산 착오가 생길 수 있었다.

이런 일 때문에 경도를 알아내는 문제는 기술뿐만 아니라 교육의 문제가 되기도 했다. 위대한 해양 국가들은 낙관적으로 일반 항해자들을 위한 수학 교육과정을 체계화했다. 영국의 찰스 2세가 런던의 유명한 '블루코트Bluecoat'● 자선 학교였던 크라이스트 호스피털Christ's Hospital에서 40명의 학생들을 가르칠 수학 교육과정을 개설했을 때 교사들은 항해자들과 수학자들을 모두 만족시키기가 어렵다는 사실을 알게 되었다. 학교의 교사들은 드레이크와 호킨스를 비롯한 여러 위대한 항해자들이 수학을 배우지 않고도 일을 잘 해냈다는 점을 특별히 언급하면서 미래의 항해자들에게 과연 수학이 필요하겠느냐는 의문을 제기했다. 수학의 필요성을 지지한 뉴턴은 옛날의 주먹구구식으로는 이제 제대로 항해를 할 수 없다고 주장했다. "크라이스트 호스피털의 꽃이라 할 수 있는 수학적 재능이 있는 아이들은 학습에 더욱 뛰어난 능력이 있다. 그 아이들이 교육을 잘 받고 유능한 교사들을 만난다면 바다와 육지를 통틀어 프랑스가 현재 자랑하는 그 이상의 뛰어난 선원, 선박 제조자, 건축가, 기술자, 온갖 분야의 수학 명인들을 앞으로 이 나라에 제공할 것이다." 그때 해군 장관이었던 새뮤얼 피프스Samuel Pepys는 이미 해군 장교 시험 제도를 실시했다. 여기에는 항해술이 포함되었고 또한 뉴턴의 조언에 따라 해군의 교사들이 실제로 승

● 고아를 위한 양육원에서 시작되어 붙인 명칭

선하여 해군 병사들에게 수학을 가르치도록 했다.

그럼에도 불구하고 달을 기준으로 경도를 찾아내는 계산법은 실망스럽게도 복잡했다. 반문맹의 선원들이 경도를 찾아내기 위해서는 가급적이면 기계를 사용할 수 있는 방법을 찾아내야 했다. 1604년에 스페인의 펠리페 3세Philip III는 해결책을 찾아내는 사람에게 1만 더컷ducat의 상금을 걸었고, 이후 프랑스의 루이 14세는 10만 플로린florin을 상금으로 제시했다. 그리고 네덜란드 의회에서도 상금을 발표하자 갈릴레오가 그에 호응했다.

영국에서는 경도 측정 문제를 해결하기 위한 절박한 마음이 먼 대양의 선원들이 아니라 남서쪽 해안의 땅끝, 랜즈엔드Land's End 근해에서 발생하는 재난을 피하려는 욕구에서 비롯되었다. 1707년에 영국의 함대가 해안에서 40마일(약 64킬로미터)도 안 되는 140여 개의 작은 섬 무리인 실리 제도Scilly Islands의 암초에 걸려 침몰되었다. 그때 훌륭한 해군 함장의 귀감이었던 해군 총사령관 클로디슬리 쇼벨Clowdisley Shovell 경이 선원들과 함께 목숨을 잃었다. 영국 해군의 영예로운 전성기에 적군과 교전도 없었던 고국과 매우 가까운 곳에서 그렇게 많은 해군 병사들을 잃은 사건은 치욕적인 일이 되었다. 그 사건은 대중의 의식에 경각심을 일으켰다. 2명의 저명한 수학자들이 해군들이 경도에 무지하지 않았더라면 난파는 막을 수 있었을 것이라고 공개적으로 표명했다. 그때 필요했던 것은 '난해한 천문학 계산을 할 필요 없이 일반 선원들이 이해하고 실천하기 쉬운' 경도 측정 방법이었다.

이 사건에 자극을 받은 영국 의회는 1714년에 '해상의 경도 측정 방법을 알아내는 개인 또는 단체에게는 공공 보상을 제공하는' 법령을 통과시켰다. 선원과 학자들이 포함된 경도 위원회Board of Longitude는 전망 있는 실험을 지원하기 위해 총 2,000파운드를 승인했고, 또한 문제를 해결하는 사람들에게는 2만 파운드의 상금을 주기로 했다. 물론 이 제안은 괴짜들에게 보내는 초대장이 되어 버렸다. 그 뒤 얼마 지나지 않은 1736년에 호가스Hogarth의 그림, 「방탕자의 타락 과정Rake's Progress」에 나오는 정신병원에서 한 정신병자가 경도의 수수께끼를 풀려고 애를 쓰는 장면을 볼 수 있다. 한 가지 제안으로 세계 곳곳에서 이미 알려진 위치에 침몰한 배를 확인한 다음 그곳에서 신호를 보내자는 방안이 나왔다. 또 다른 제안으로는 전 세계의 조석표table of the tides를 발행한 다음, 휴대용 기압계를 이용하여 선원들이 특정 장소에서 예측되는 간조와 만조에 따라 위치를 알아낼 수 있다는 방안이었다. 그리고 또 등대를 이용하여 구름에 필요한 시간 신호를 보내자는 제안도 있었다. 많은 사람들이 해결 방안이 있었는데도 다른 사람이 보상금을 가로챌까 봐 두려워 공개하지 못한다고 주장했다. 상금을 받으려면 방안을 제시하여 서인도 제도까지 왕복 여정에서 오차가 경도 30분 또는 시간으로 2분 이하가 되는 성공을 입증해야 했다.

추의 진동 운동으로 작동하는 진자시계로도 분명 상금을 탈 수 없었을 것이다. 상하좌우로 요동을 치는 배 위에서 정확한 간격으로 움직이는 시계를 만들기 위해서는 다른 방법이 있어야 했다. 시계는 추와 진자 운동에서 자유로워야 했다.

누군가가 얇은 금속 조각을 감아 스프링을 만든다면 그 스프링이 풀리면서 기계를 작동시킬 수 있을 것이라는 생각을 떠올렸다. 이탈리아 건축가 브루넬레스키Brunelleschi는 1410년경에 스프링으로 작동하는 시계를 만들어 낸 것으로 보인다. 그 후 100년도 채 안 되어 독일의 한 자물쇠 제조공이 스프링으로 작동하는 작은 시계들을 만들고 있었다. 그러나 스프링도 나름대로 문제가 있었다. 떨어지는 추는 시작이든 끝이든 동일한 힘을 냈지만 스프링은 풀리면서 힘이 줄어들었다. 이 문제를 해결하는 기발한 해법은 '균력 원뿔 활차fusee'라는 원뿔 모양의 도르래 장치였다. 원뿔 모양의 실감개처럼 생긴 이 장치는 스프링이 풀리면서 장치의 연결 줄이 풀어지도록 설계되어 있었고 실감개 형태 자체가 기계에 가하는 힘을 증가시켰다. 이 장치는 무거운 석궁에 줄을 감는 일을 쉽게 하려고 원뿔 축을 발명한 군사 기술자들에게서 차용되었다. 그리고 시계 제조공들이 그것을 '균력 원뿔 활차'라고 부르기 전에 군사 기술자들이 풍부한 경험으로 이미 그 장치를 '처녀'라는 명칭으로 부르고 있었다. 그들에 따르면, 활이 느슨했을 때는 저항이 가장 적었고, 팽팽해졌을 때는 저항이 가장 컸기 때문이었다.

처음에는 이런 새로운 휴대용 시계들의 형태들이 초기의 공공 시계들의 극적인 공연만큼이나 기상천외했다. 그 시계들은 두개골, 달걀, 기도서, 십자가, 개, 사자, 비둘기 등의 형태를 띠기도 했다. 그리고 어떤 시계들은 태양과 달과 별들의 운동을 보여 주는 천문 역서를 제공하도록 설계되었다.

그러나 이런 초기의 스프링으로 작동하는 시계들은 이전의 진자 운동으로 작동하는 시계들보다 더 정확하지 않았다. 처음에 문자판은 시계 위에 수평으로 놓여 있었고 시침 하나만 있었다. 17세기 초까지 시계의 기계장치는 밀폐되어 있지 않아서 먼지와 습기를 막을 수 없었다. 시계의 기계장치들은 똑바로 세워진 이후 문자판이 앞으로 향하고 놋쇠로 만든 상자 안으로 들어갔다. 그러나 그 시계들이 원시적인 굴대 탈진기에 의존하는 한 정확성은 형편이 없었다. 리슐리외 추기경이 자신의 시계 수집품들을 보여 주고 있었을 때 어떤 조심성 없는 방문객이 그중 2개를 한꺼번에 바닥에 떨어뜨린 일이 있었다. 그러자 추기경은 차분하게 이렇게 말했다. "2개의 시계가 똑같이 가는 건 이게 처음이군요!"

더욱 정확한 휴대용 시계에는 좀 더 정확한 조절 장치가 필요했다. 낡은 굴대 탈진기나 갈릴레오의 진자 탈진기도 새로운 목적에 적합하지 않았다. 솜씨 좋은 닻 제조공에서 시계 제조공으로 옮겨간 윌리엄 클레멘트William Clement는 뒤집어 놓은 닻의 갈고리를 응용하여 '닻' 탈진기를 고안해 냈다. 윌리엄은 진자를 이용하여 이런 갈고리를 앞뒤로 움직이게 했고 톱니바퀴의 방탈 장치의 이빨이 한 번에 하나씩 풀려나도록 했다. 그는 1671년에 케임브리지 대학교의 킹스 칼리지King's College에 설치하기 위해 이런 설계로 시계를 제작했다. 굴대 탈진기는 40도의 회전이 필요했지만 닻 탈진기는 진자의 진폭을 3에서 4도의 작은 원호로 제한했다. 이 작은 원호에서 진자의 자유 진동이 진정한 주기성을 띤 사이클로이드cycloid*의 호와 정확하게 일치했다. 그런데도 클레멘트의 닻 탈진기는 항해자의 문제를 해결하지 못했다.

항해용 시계는 추진력뿐만 아니라 조절 장치도 중력의 영향에서 벗어나야 했다. 시계를 작동시키는 데 스프링의 힘을 사용할 수 있다면 시계 장치를 조절하기 위해 진자 대신에 스프링의 탄력을 사용할 수 있지 않을까? 이것이 로버트 훅Robert Hooke의 간단한 발상이었다.

로버트 훅(1635~1703년)은 열 살도 채 되기 전에 시계 하나를 분해했고

• 한 원이 일직선 위를 회전할 때. 이 원의 원둘레 위의 한 점이 그리는 자취

나무로 시계를 직접 만들기도 했다. 옥스퍼드의 크라이스트처치 칼리지에 다닐 때 다른 학생들보다 나이가 많았던 로버트 훅은 한 과학 토론 단체에 가입했다. 그곳에는 경제학 분야의 개척자 윌리엄 페티William Petty, 건축가 크리스토퍼 렌Christopher Wren, 물리학자 로버트 보일Robert Boyle도 있었다. 로버트 훅은 다른 사람들이 발전시킨 이론을 시험할 기계를 만들었다. 1662년에 왕립학회가 설립되었을 때 현명하게도 회원들은 겨우 27세였던 로버트 훅을 실험 관리관Curator of Experiments이라는 새로운 자리에 선발하여 회원들이 제안하는 실험을 시행하는 임무를 맡겼다. 훅은 자신의 저서 『마이크로그라피아Micrographia』(1665년)에서 새로운 시대의 주안점을 이렇게 제시했다. "자연과학은 두뇌와 공상의 작업에만 이미 너무 오래 집중되어 왔다. 이제 물질과 명백한 사물에 중점을 둔 명료하고 견실한 관찰로 돌아가야 할 때가 되었다."

로버트 훅은 겨우 23세였던 1658년에 '어떤 상태에서도 물체를 진동할 수 있도록 중력 대신에 스프링을 사용'하여 항해용 시계의 조절 장치를 만들어 낼 수 있다는 추측을 이미 한 적이 있었다. 평형 바퀴에 결합한 스프링은 자체의 무게중심을 바탕으로 바퀴를 앞뒤로 진동시키고, 그에 따라 시계 장치들을 정지하고 가동하는 데 필요한 주기운동을 제공하여 시간 단위를 나타낼 수 있었다. 이런 중요한 통찰력으로 항해용 시계가 만들어질 수 있었다.

로버트 훅이 그 장치의 특허를 냈다면 엄청난 돈을 벌었을 것이다. 동료 과학자들은 그 계획을 후원하려고 했다. 그중에는 로버트 보일과 왕립학회의 초대 회장이었던 윌리엄 브롱커William Brouncker도 있었고 두 사람은 모두 부자였다. 그러나 로버트 훅은 동료들이 자신의 요구 전부를 충족시켜 주지 못하자 손을 떼고 말았다. 1674년에 네덜란드의 경쟁자, 하위헌스가 실제로 균형 스프링balance spring을 이용하여 휴대용 시계를 만들었을 때 로버트 훅은 격노하여 자신의 발명을 훔쳤다고 하위헌스를 비난했다. 로버트 훅은 자신이 앞섰다는 사실을 주장하려고 다음 해에 시계 하나를 만들어 왕에게 바쳤다. 그 시계에는 1658년에 자신이 그 중요한 장치를 발명했다는 주장이 새겨져 있었다. 훅은 반박의 여지가 없는 훅의 법칙Hooke's Law(스프링이 펴지면 그 늘어난 길이에 비례하는 저항력이 생긴다)을 만들어 낸 인물이 되었다. 그러나 균형 스프링을 비롯하여 그의 수많은 특정 발명품들은 거의 모두가 처음이었는가를 두고 널리 논란이 되었다. 누가 그 '첫 발명가'가 되었든 간에 동력이 되는 주요 스프링과 조절 장치의 균형 스프링이 결합하여 마침내 항해용 시계가 만들어졌다.

정부의 포상과 점점 발전되고 있는 특허법이 첫 발명가에게 공개적이고 풍부한 보상을 제공하는 출발점이 되었다. 과학과 기술의 발전을 위해 가장 효과적으로 사용한 공공 기금의 하나가 앞서 살펴보았듯이 1714년에 영국 의회가 발표한 포상이었다. 바다에서 경도를 알아내는 실용적인 방법을 찾는 일이었다. 그 행운의 우승자는 영국 요크셔의 어느 목수의 아들로 능력과 끈기가 뛰어난 존 해리슨John Harrison(1693-1776년)이었다. 그는 영국 의회의 제안에 즉시 호응했다. 그리고 영국의 유명한 기계 제작자, 조지 그레이엄George Graham의 무이자 대출로 자금을 마련한 해리슨은 거듭되는 노력 끝에 마침내 성공을 거두었다. 1761년에 해리슨의 4호 모델이 시험을 충족시키는 듯 보였다. 자메이카로 가는 9주일의 항해 중에 해리슨의 시계는 불과 5초, 경도로는 1.25분이 늦었으므로 경도 위원회가 허용했던 경도 30분의 오차보다 훨씬 적었다. 2차 시험에서 그 시계의 정확성이 확인되어 해리슨은 상금의 절반인 1만 파운드를 받았다.

더욱 값싼 항해용 시계들이 나올 때까지 선장들은 계속 달을 이용한 경도 측정 방법을 사용했다. 하지만 결국 수학 교육을 받은 선원들을 양성하기보다는 값싼 시계를 만들어 내는 편이 훨씬 쉬웠을 것이다. 해리슨의 해상용 시계는 사실 대형 휴대용 시계였으므로 이 편리하고 새로운 시계를 사용하게 된 사람들은 선원들만이 아니었다. 스프링 원리를 이용한 시계는 바다뿐 아니라 육지에서도 휴대용으로 갖고 다닐 수 있었다. 이런 휴대용 시계(더욱 작고 중력의 영향을 받지 않는 회중시계나 손목시계)는 새로운 시간 의식을 생겨나게 하여 삶의 모든 작은 틈을 채워 주었다.

3부

선교사의 시계

중국의 현자들이 이 단계에 이르지 못했다고 놀랄 필요가 없다.
놀라운 일은 이런 발견들이 어쨌든 이루어졌다는 사실이다.
− 알베르트 아인슈타인Albert Einstein (1953년)

07

중국으로 향하는
손쉬운 길

이제 어느 곳에서든 사람들은 지구에서 자신의 위치를 확인하고 그들이 찾아낸 새로운 장소로 돌아갈 수 있는 것이 기술적으로 가능해졌다. 그러나 기술적으로 가능해졌다고 반드시 사회적으로도 가능해진 것은 아니었다. 전통, 관습, 제도, 언어를 비롯한 수많은 작은 습관들(사고와 행동 양식)이 방해물이 되었다. 서양에서 일어난 시계의 드라마가 동양에서는 재현되지 않았다.

1577년에 로마의 예수회 대학에서 25세의 사제였던 마테오 리치Matteo Ricci(1552-1610년)는 인도의 예수회 전초기지에서 돌아온 한 신부를 만났다. 그때 마테오는 '복음의 씨를 뿌리고 많은 수확을 거두어들여 가톨릭교회의 곡물 창고에 모으기 위해' 세상의 저편에 있는 사절단에 들어가기로 했다. 젊은 마테오는 가장 위대한 선교사에 속할 정도의 독립 정신을 이미 보여 준 적이 있었다. 그의 아버지는 법학을 공부시키려고 마테오를 17

세에 로마로 보냈다. 마테오가 사제직에 유혹당할까 봐 두려웠던 아버지는 그에게 분명 종교 과목에 관심도 두지 말라는 명령을 내렸다. 아버지의 그런 노력에도 불구하고 마테오는 20세가 되기 전에 예수회에 가입한 후, 아버지에게 허락해 달라는 편지를 보냈다. 예수회 수련원에서 아들을 빼내려고 로마로 급히 달려간 아버지는 도중에 병이 나고 말았다. 결국 아버지는 하느님의 부르심을 따르도록 마테오를 허락하라는 신의 계시임을 받아들이게 되었다. 그 뒤 로마를 떠나 제노바에 도착한 마테오 리치는 그곳에서 배를 타고 포르투갈로 가서 해마다 인도로 떠나는 무역선 하나에 올랐다. 1578년 9월 마테오 리치는 인도의 남서쪽 해안에 있는 포르투갈의 식민지, 고아Goa에 도착했고 그곳에서 4년 동안 신학을 배우고 가르쳤다. 그 다음에 마테오는 예수회의 고위 사제들의 지시로 마카오 사절단으로 파견되어 그곳에서 중국어를 배우기 시작했다. 큰 상업 도시인 광둥에서 만을 가로질러 해안가에 위치한 마카오는 선교 활동의 이상적인 출발점인 듯 보였다.

마테오 리치는 동료 신부 미켈레 루기에리Michele Ruggieri와 함께 광둥 서쪽의 도시 자오칭에서 7년 동안 머물렀다. 그곳에서 전도관을 세운 그들은 주민들이 의심하고 때로는 돌을 던지는 행동에도 불구하고 결국, 박식한 사람으로 인정을 받았다. 마테오는 전도관의 응접실 벽에 세계지도를 붙여 놓았다. 그는 그때의 상황을 이렇게 전했다.

거대한 나라들 가운데 중국은 거의 무역을 하지 않았고, 사실 외국과 거의 교류가 없었다고 할 수 있다. 따라서 그들은 전체적으로 세계가 어떤 모습을 하고 있는지 전혀 모른다. 사실 그들이 전 세계를 나타내고 있다는 세계지도 비숫한 지도가 있었지만 그들의 세계는 중국의 15개 주에 한정되어 있었다. 그리고 그 주변에 그려 넣은 바다에는 몇 개의 섬이 들어가 있고 그 섬에 그들이 들은 적이 있는 여러 왕국들의 이름이 붙어 있었다. 이 섬들을 모두 합쳐도 중국의 가장 작은 주보다 더 작았다. 그런 제한된 지식으로, 그들이 왜 중국을 전 세계라고 자랑하며 하늘 아래의 전부를 뜻하는 천하天下라고 부르는지 충분히 알 수 있다. 그들은 중국이 거대한 동방의 일부에 불과하다는 사실을 알았을 때, 그들의 생각과는 아주 다른 그런 개념은 완전히 불가능한 것이라고 여겼다. 그래서 그 사실에 관해 읽고 좀 더 적절한 판단을 할 수 있기를 바랐다….

우리들은 여기서 중국인의 호감을 살 수 있었던 또 다른 사실을 밝혀 두어야 한다. 그들에게 하늘은 둥글고 땅은 평평하고 네모났으며, 그들의 제국이 바로 그 땅 한가운데 자리 잡고 있다고 굳게 믿고 있다. 그들은 중국을 동양의 한쪽 구석으로 몰아넣는 우리의 지리학 개념을 못마땅해한다. 그들은 지구가 땅과 물로 이루어진 구체라는 사실과 그런 성질의 구체가 시작도 끝도 없다는 사실을 입증하는 설명도 이해하지 못했다. 따라서 지리학자는 그의 도안을 바꾸지 않을 수 없었고, 극락도Fortunate Islands의 기준 자오선을 빼고 지도의 양쪽에 여백을 두어 중국이 바로 중심에 있는 것처럼 보이게 했다. 이런 지도가 중국인의 사상과 더욱 가까워 중국인들은 크게 기뻐하고 만족해했다. 사실 그때의 특별한 상황에서 그 민족에게 신앙을 받아들이도록 하기에 그보다 더 적절한 방법은 떠오르지 않았다….

중국인들은 지구의 크기를 전혀 몰랐고 자신들에 관해 과장된 견해를 지니고 있었으므로 여러 나라들 가운데 중국만이 찬미를 받을 가치가 있다고 생각한다. 그들은 자신들의 제국과 행정 체계의 웅장함과 학문의 명성과 비교해 다른 모든 민족을 야만인뿐만 아니라 이성이 없는 동물로 여긴다. 그들의 관점에서는 지구상의 어디에도 왕과 왕조와 문화를 자랑할 만한 곳이 없다. 이런 무지로 그들의 자부심이 과장될수록 진실이 드러날 때 그들의 굴욕감도 더욱 커지게 된다.

마테오 리치의 학문과 재치로도 주민들의 공포를 잠재우지 못했다. 어느 날 밤에는 주민들이 전도관에 돌을 던지고 마테오 리치가 포르투갈인들을 데려와 도시를 약탈할 음모를 꾸민다고 비난했다. 또 주민들은 마테오 리치가 연금술을 알고 있어도 자기들에게 그 비법을 알려 주지 않는다고 비난하고 그의 집까지 부수어 버렸다. 마테오 리치 신부는 중국의 중심부인 북쪽 베이징으로 옮겨 갔다.

전통에 따라 중국 황제들은 신하들한테도 모습을 드러내지 않고 궁궐 깊숙한 곳에 몸을 숨기고 있었다. 명나라 말기 몰락해 가는 시기에 병적으로 은둔 생활을 하던 황제 만력제(신종)는 자금성의 '구중궁궐'에 몸을 숨기고 수많은 내시들의 시중을 받으며 황후와 후궁들과 함께 지냈다. 고관들조차 황제를 거의 볼 수 없었고 환관들을 통해 문서를 전달해야 했다.

베이징에 도착한 마테오 리치와 동료 예수회 사제들은 중국 관원들에게 붙잡혀 소지품을 몰수당했다. 그들을 심문한 관원은 리치에게 '십자가에 못 박힌 사람의 모습을 한 물건은 가루로 만들고 가능하면 죄다 없애버릴 것'이라고 특히 경고했다. 중국 관료들은 십자가에 못 박혀 피를 흘리는 형상에 몸서리를 쳤고 그것이 마술의 도구라며 두려워했다. 6개월 동안 감옥에 갇힌 예수회 신부들은 다른 희망을 찾지 못하고 '하느님을 향해 생각을 돌려 그들이 맡았던 대의를 위해 어떤 어려움, 심지어 죽음까지 단

호하면서도 즐겁게 맞이할 각오를 했다.'

20년 동안 마테오 리치 신부는 황제에게 직접 의사를 전달하려고 노력하면서 황제만이 복음을 전파할 길을 열 수 있으리라고 생각했다. 하지만 그는 자신의 선교 활동이 베이징의 한 감옥에서 끝나지 않을까 하는 두려움이 들기 시작했다. 그러다가 느닷없이 황제에게서 궁궐로 들어오라는 전갈을 받았고 유럽에서 가져온 선물을 가져오라는 요청까지 받았다. 그에 관한 마테오 리치의 설명은 놀라웠다. "어느 날, 갑자기 황제는 자신에게 보냈던 탄원서를 기억하고 '여봐라, 그 시계는 어디에 있느냐? 저절로 울린다는 그 시계가 어디에 있느냐? 외국인들이 탄원서에서 짐에게 가져왔다는 그 시계 말이다'라고 말했다."

그렇게 마테오 리치는 감옥에서 풀려났고 그의 선물들은 궁궐로 전해져 황제가 그 공물을 방금 받았다는 대포가 울렸다. 먼저 자문을 위해 그 선물들은 예부禮部로 보내졌고 그곳의 관료들은 다음과 같은 자문을 했다.

서쪽 해양 국가들은 우리와 아무런 연관이 없었고 우리의 예법을 받아들이지 않습니다. 이마두[마테오 리치]가 공물로 바친 천주Lord of Heaven와 성모의 형상과 그림들은 큰 가치가 없습니다. 그는 불사신의 뼈가 들어 있다는 지갑을 제공했는데, 그것은 불사신이 하늘로 올라갈 때 뼈를 함께 가지고 가지 않는다는 것과 같습니다. 이와 비슷한 일을 보면, 한유[석가모니의 손가락으로 알려져 있는 공물을 제공할 때 자문했던 불교를 반대하는 학자였습니다]는 불운을 가져올까 두려워 그런 괴상한 물건을 궁궐로 들여서는 안 된다고 했습니다. 따라서 저희들은 그의 공물을 받아서도 안 되고 이 수도에 두도록 허락해서도 안 된다는 권고를 드립니다. 그를 자기 나라로 돌려보내야 합니다.

이런 자문에도 불구하고 황제는 선물을 받아들이고 마테오 리치를 궁궐로 불러들였다.

마테오 리치의 선물에는 이탈리아에서 제작된 최신의 우아한 시계 2개(하나는 추로 작동하는 대형 시계이고, 다른 하나는 스프링으로 작동하는 작은 시계였다)가 들어 있었다. 리치가 궁궐로 들어가기 며칠 전에 시계 2개는 이미 궁궐로 전달되었고, 리치가 들어갔을 때 작은 시계는 계속 작동하고 있었다. 대형 시계는 추가 바닥에 닿은 채 멈춘 상태로 있었다. 다시 말해, 황제를 그토록 기쁘게 했던 '자명종'이 울리지 않았던 것이다. 부서진 장난감을 가진 아이가 되어 버린 황제는 태감*을 통해 리치에게 시계를 다시 작동하게 하는 데 3일을 주겠다고 전했다.

다행히 리치는 로마에서 외국의 선교 활동을 위한 교육을 받은 적이 있었을 때 시계 제조 기술도 세심하게 제대로 배울 수 있었다. 이제 그는 시계를 수리하는 단기 과정을 가르칠 준비가 되어 있었다.

열심히 배운 덕분에 시계 수리에 배정된 수학자 4명은 마침내 시계를 조절할 충분한 지식을 얻었고, 그들은 행여 잘못을 저지를까 봐 두려워 시계의 설명과 원리를 상세히 모두 받아 적었다. 환관이 황제 앞에서 실수를 저지르는 것은 목숨을 내놓는 일과 같다. 이런 면에서 황제는 그들에게 너무 엄격해서 사소한 실수를 하더라도 그 가엾은 환관은 맞아서 죽는 경우도 있다고 한다. 그들은 먼저 모든 톱니바퀴와 스프링과 부속품의 중국어 명칭을 물었고 리치는 그 모든 명칭을 중국어로 알려 주었다. 어느 부속품이든 잃어버리면 그 부속

---

* 환관의 우두머리

품의 명칭을 곧 잊어버리기 때문이었다….

가르쳐 주라고 지정된 3일이 지나기도 전에 황제는 시계를 가져오라고 명했다. 명령에 따라 시계를 들여가자 황제는 크게 기뻐하여 곧바로 환관들을 승진시키고 급료를 올려 주었다. 그 환관들은 기뻐서 이 사실을 신부들에게 알렸다. 특히 그날부터 그들 중 두 사람은 황제 앞으로 나아가 작은 시계의 태엽을 감는 허락을 받았고 황제는 그 시계를 늘 앞에 두어 바라보고 종이 울리는 소리를 듣는 것을 즐겼다. 이 두 사람은 황제의 궁궐에서 매우 중요한 인물이 되었다.

황제는 자신과 몇몇 특권이 있는 고위 관료만이 들어갈 수 있는 안뜰 한쪽에 목탑을 세워 큰 시계를 설치하라고 명령했다.

황제는 이 자명종이 있는 시계를 가져온 이방인들을 보고 싶어 했다. 하지만 황제는 직계 가족, 황후, 후궁, 환관 외의 사람과는 함께 있지 못하는 관례를 감히 깨뜨릴 수 없었다. 황제는 자신의 재상들보다 외국인들에게 호의를 베풀 수는 없었다. 황제는 그 신부들을 직접 만나는 대신에 가장 뛰어난 화가 2명을 그들에게 보내 전신 초상화를 그려 오게 했다.

그 후 9년 동안 마테오 리치 신부는 자신의 의도와는 전혀 다른 특사가 되었다. 리치의 설명에 따르면, 황제의 시계가 '종을 울리며 시간을 알리자 중국인들은 모두 놀라서 말문을 잃었다.' 그 이유는 간단하게도 '중국 역사상 본 적도 들은 적도 없었고, 심지어 상상도 하지 못한 작품이었기' 때문이었다. 그러나 리치의 이 말은 틀렸다. 그 신부들은 알지 못했지만 중국에서 기계시계는 이미 오래되고 놀라운 역사가 있었다. 이 예수회 사제들이 중국에 도착하기 500년 전에 중국의 궁궐에서 특권을 누리던 몇몇 신하들이 화려한 천문시계Heavenly Clockwork에 감탄한 일이 있었다. 예수회 신부들이 중국에 도착했을 무렵 그 천문시계는 골동품 연구에 관심 있는 소수의 학자들에게 알려진 전설로만 남아 있었다.

북송의 재상이자 과학자인 소송蘇頌이 천문시계*를 만든 사실 자체가 하나의 모험담이었다. 1077년에 북송의 황제(신종)가 북쪽의 '야만족' 황제*의 생일 축하 사신으로 박식한 신하 소송을 보냈다. 그해의 야만족 황제의 생일은 우연히 동짓날이었다. 목적지에 도착한 소송은 하루 일찍 왔다는 사실에 매우 당황했다. 야만족의 역법이 중국의 역법보다 더 정확한 듯 보였다. 소송은 중국의 역법이 뒤떨어진다는 사실을 인정할 엄두를 내지 못했기에 상대측을 설득하여 원래 예정된 날짜에 외교 임무를 수행했다.

중국에서는 역서를 펴내는 일이 유럽 왕실에서 주화를 제조하는 일처럼 새로운 왕조의 권위를 선포하는 역할을 했다. 역서를 위조하거나 승인받지 않은 역서를 사용하면 대역죄로 다스려졌다. 또한 부정확한 역서도 농민들에게 재앙을 초래할 수 있었다. 천문학과 수학은 허가를 받은 사람들만 활용해야 했다. 다른 사람들이 이런 과학의 도움으로 점성술을 이용하여 정권을 타도할 유리한 별자리를 알아낼 수 있었기 때문이었다. 황제는 지상에서 생기는 일들의 질서를 바로 잡아 하늘을 기쁘게 할 책임이 있었다.

황제는 돌아온 사절단에게 중국과 야만족의 역서 중 어느 것이 정확한지를 물었다. 여기에 관한 중국의 연대기에는 이렇게 적혀 있다. "소송은 황제에게 사실 그대로 고했고 그 결과, 황실 천문 기구의 관료들은 모두

---

* 소송이 제작한 대형 천문시계는 '수운의상대'로 알려져 있음
* 거란족이 세운 요나라의 도종 황제

처벌을 받고 벌금을 냈다." 그 뒤 소송은 이전의 어느 것보다 유용하고 아름다운 천문시계를 만들라는 황제의 명을 받았다.

소송은 대중의 편의를 위한 시계가 아니라 천자天子(중국의 황제)를 위한 '천문시계'를 만들어 내야 했다.

소신의 견해에 따르면, 과거 여러 왕조를 거치면서 천문시계의 여러 체계와 설계가 있었고 이는 모두 서로 조금씩 달랐습니다. 하지만 기계를 작동하는 데 수력을 사용하는 원리는 늘 같습니다. 하늘은 끊임없이 움직이고 물도 마찬가지로 계속 흐르고 [떨어집니다]. 그러므로 물을 완전히 균일하게 흘러 보낸다면 [하늘과 기계의] 회전 운동과 비교해 보아도 차이나 모순이 전혀 나타나지 않을 것입니다. 쉬지 않는 것은 끊이지 않는 것을 뒤따르기 때문입니다.

소송의 저서 『신의상법요新儀象法要』는 설명이 아주 상세하여 이에 따라 사람들은 도면을 작성하고 실제로 작동할 수 있는 모형을 만들어 낼 수 있었다.

『신의상법요』의 설명에 따르면, 30피트(약 9미터) 높이의 천문시계 탑은 사찰 탑 모양의 5층 구조물이었다. 바깥에 따로 세워 놓은 계단으로 오를 수 있는 꼭대기 받침대에는 청동으로 만든 거대한 혼천의*가 있고 그 안에 자동으로 돌아가는 장치가 있었다. 그리고 각 층마다 종과 징을 들고 있는 인형들이 바깥으로 행진하며 적합한 시간을 울리도록 되어 있었다. 지면에서 3층까지 이르는 중심 탑 안에는 거대한 시계가 있었다. 그 시계

---

* 천체의 운행과 그 위치를 측정하던 천문 관측기

는 지면에서 흐르는 물이 수직으로 회전하는 바퀴의 물통에 번갈아 물을 채우고 비우는 원리로 작동되었다.

천문시계 탑의 구조 전체는 15분마다 종과 징, 철썩거리는 물, 삐걱거리는 거대한 바퀴, 행진하는 인형들 때문에 뒤흔들리고 소리가 떠나갈 듯했다. 물론 시간 단위를 구분하면서 기계를 멈추고 작동시키는 탈진기가 중요한 요소였다. 소송의 독창적인 물 탈진기는 물의 흘러가는 성질을 이용하여(훗날에는 훅과 하위헌스가 금속의 탄력을 활용했다) 기계시계에 필요한 짧게 끊어지는 스타카토 방식의 움직임을 생기게 했다.

소송의 천문시계를 볼 수 있는 특권을 누렸던 소수의 사람들은 환상적인 기계를 목격했고, 소송은 그 시계를 이렇게 묘사했다.

거기에는 96개의 남자 인형들이 있다. 그들은 이 탑의 종과 북이 있는 바닥에서 '각刻'*을 소리 내어 알리는 시간에 맞추어 배열되어 있다….

일몰에는 붉은 옷을 입은 인형이 나타나 시간을 알리고 나서, 2각 반 뒤에는 푸른 옷을 입은 다른 인형이 나타나 어둠을 알리다. 야경*은 각각 5경으로 나누어진다. 야경의 처음에는 붉은 옷을 입은 인형이 나타나 초경을 알리고 나머지 4경에는 모두 푸른 옷을 입은 인형이 나타난다. 이런 식으로 5경 동안 25개의 인형이 나타난다. 10'각'으로 되어 있는 새벽을 기다리는 시간이 되면 푸른 옷을 입은 인형이 시간을 알리려고 나타난다. 그 뒤 2각 반의 새벽은 푸른 옷을 입은 다른 인형이 나와 시간을 알리고 일출은 붉은 옷을 입은 인형이 나와 시간을 알린다. 이 모든 인형들은 중앙 출입문에서 나타난다.

• 하루의 100분의 1에 해당되는 14분 24초 동안을 나타내던 옛 단위
• 옛날의 밤 시간 구분 단위

1090년에 이 시계는 궁궐 내에서 황제와 몇몇 고관들을 즐겁게 하고 시간을 알려 줄 준비가 되어 있었다.

1094년에 새 황제가 집권하자 그의 신하들이 관례에 따라 이전 황제의 역법에 결점이 있다고 알렸다. 그래서 더 이상 황실의 보호를 받지 못한 소송의 천문시계는 청동을 노리는 공공기물 파괴자들의 사냥감이 되었고 또 학자들의 기억에서 사라져버렸다. 마테오 리치가 베이징에 도착했을 때 중국의 궁정 학자들은 '유럽'의 경이로운 발명품에 매우 놀라워했고 이제까지 본 적이 없는 새로운 발명품으로 여겼다.

마테오 리치와 그 뒤를 따라온 예수회 선교사들은 역법을 연구하는 학문과 천문학의 지식을 이용하여 중국의 정권 안에서 영향력을 확보할 수 있었다. 리치는 도착하자마자 중국의 태음력이 수 세기 동안 그랬듯이 잘못이 있다는 사실을 지적했다. 황실의 천문학자들은 반복해서 일식을 제대로 예측하지 못했고 그 때문에 사람들은 하늘의 뜻을 따를 수 있는 황제의 능력에 의심을 품게 되었다.

1629년 6월 21일 오전에 일식이 예상되었을 때 예수회 선교사들에게 큰 기회가 찾아왔다. 황실의 천문학자들은 오전 10시 30분에 일식이 시작되어 2시간 동안 지속될 것이라고 예측했다. 하지만 예수회 선교사들은 일식이 11시 30분에 시작되어 겨우 2분 동안 지속될 것이라고 예측했다. 그 중요한 날에 10시 30분이 되어도 태양은 눈부시게 빛나고 있었다. 황실의 천문학자들은 예측이 빗나갔지만 예수회 선교사들은 제대로 맞혔을까? 그러다가 11시 30분 정각에 예수회 선교사들이 예측한 대로 일식이 시작되고 2분이라는 짧은 시간 동안 지속되었다. 그때부터 예수회 선교사들은 황제의 신임을 얻었고 리치가 약간 열어 둔 중국의 문이 서양 과학을 향해 개방되었다. 중국의 예부는 황제에게 역서의 개정을 명하라고 청했고 9월 1일에 황제는 예수회 선교사들에게 그 일을 시작하라는 명령을 내렸다. 우연히 중국의 공동 연구가들과 함께 예수회 선교사들은 수학, 광학, 수리학, 음악에 관한 서양 서적들을 번역했고 중국에서 사용할 망원경을 만들기 시작했다. 로마에서 갈릴레오가 자신의 이단 학설로 교황에게서 재판을 받던 바로 그 시기에 베이징에서는 예수회 선교사들이 갈릴레오식 복음을 전도하고 있었다.

이와 같이 중국을 방문한 예수회 선교사들과 천문학자들은 기술과 재치로 중국의 천자인 황제들과 친분을 맺었다. 그들은 19세기에 아시아 통치자들의 유럽인 고문들이 나타나기 전까지 외국인으로서 누구와도 필적할 수 없는 권력을 얻었다. 예수회 선교사들이 중국의 궁정으로 들어가는 길을 열어 놓은 계기는 그들의 역법 지식 때문이었다. 하지만 서양과 동양 사이에 새로운 무역의 길을 열어 놓은 것은 역법이 아니라 시계였다. 서양에서는 곧 시계가 일상의 편리한 물건이 되었지만 중국에서는 오랫동안 장난감으로 남아 있었다.

18세기에 유럽인들은 중국의 황실과 거래를 할 때 대형 시계, 회중시계, 태엽 장치가 되어 있는 장난감 등을 귀중한 화폐로 이용했다. 페르디낭 페르비스트Ferdinand Verbiest 신부의 후원자였던 젊은 황제 강희제는 예수회 신부 가브리엘 드 마갈랑이스Gabriel de Magalhães에게서 태엽으로 움직이는 자동 병정을 받고 매우 기뻐했다. 이 자동 병정은 한 손으로 칼을 휘두르고 다른 손에는 방패를 들고 있었다. 그리고 시간을 알리는 종을 울린 다음 음악이 연주되는 시계도 있었다. 명석한 프랑스 선교사 장 마티외 드

방타봉Jean Matthieu de Ventavon은 황제를 위해 만주어, 몽골어, 티베트어를 쓸 수 있는, 전설적인 태엽 장치가 달린 자동 기계를 만든 인물로 알려졌다. 1760년대에 이르러 황제의 수집품을 담당하던 예수회 신부가 황실에 관해 이렇게 전했다. "온갖 종류의 시계들… 회중시계, 편종, 반복해서 종을 울리는 시계, 오르간, 천구와 천문시계 등이 가득 채워져 있다. 파리와 런던의 가장 뛰어난 장인들이 만든 4,000개가 넘는 작품들로 가득하다."

중국의 황제들은 이런 흥미로운 장난감을 만들려고 자체의 공장과 작업장을 세웠다. 18세기 중반까지 황실은 시계를 만들려고 100여 명의 장인들을 고용했지만 그들의 제품은 유럽의 수준에 미치지 못했다. 중국인들은 고품질의 시계 스프링을 만들어 낼 수 없어서 추시계의 시대로 뒤처진 채 머물러 있었다. 1809년에 마침내 중국어로 된 최초의 시계 제조 안내서가 나왔고 그 무렵 중국에는 수백 명의 수리공들이 바쁠 정도로 중고 시계들이 많았다.

유럽인들은 중국에서 태엽 장치가 인기가 있다는 사실을 알자 그 수요를 충족시키려는 일에 착수했다. 인간이 상상할 수 있는 온갖 모양을 하고 별의별 재주를 다 부리는 태엽 장치 장난감들이 중국으로 흘러들어 갔다. 1769년에 예수회 신부 장 마티외 드 방타봉은 이런 불만을 토로했다. "나는 원래 황제에게 시계 제조공으로 임명되었다. 그런데 나는 지금 여기서 다른 기계 제조공 노릇을 하고 있다고 해야겠다. 황제는 내게 진짜 시계가 아니라 별난 기계와 자동 인형을 만들기를 바라고 있기 때문이다."

18세기 말에 베이징에 온 네덜란드의 동인도 회사의 사절이 본국에 이런 자문을 보냈다. "베이징으로 들어오는 제품은 특히 유럽 소년들이 즐겨 사용하는 장난감이어야 한다. 여기서는 그런 제품들이 과학 기구나 예술품objets d'art들보다 훨씬 더 관심을 끌고 있기 때문이다."

　이런 상황이 유럽 상인들의 독창성(과 속임수)을 자극했고 미래의 서양과 중국의 관계에 기조를 이루었다. 왕립지리학회의 설립자이며 당대의 위대한 탐험가에 속했던 자수성가한 존 배로John Barrow(1764-1848년)는 자신의 저서 『중국 기행Travels in China』(1804년)에서 서양 상인들이 중국에서 경시를 당하는 이유를 이렇게 설명하고 있다.

　중국 시장에서만 팔려고 서투른 솜씨로 만든 저속한 시계들은 한때 수요가 많았지만 이제는 요청하는 사람들이 거의 없다. 영예로운 동인도 회사에서 일하는 한 신사가 중국에서 뻐꾸기시계가 잘 팔리는 품목이 될 것이라는 생각을 해냈다. 그에 따라 뻐꾸기시계는 다양한 종류를 갖추어 가장 낙관적인 기대 이상의 호응을 얻었다. 그러나 이 나무로 만든 기계는 팔기 위해서만 만들어졌지 사용할 수가 없어서 이 신사가 다른 짐을 싣고 두 번째로 도착하기 오래전에 뻐꾸기시계는 모두 입도 벙긋 못하게 되고 말았다. 그의 시계들은 이제 팔리지 않았을 뿐만 아니라, 이전의 구매자들이 되돌려 주겠다고 을렀다. 분명 그런 상황에 이르자 그 신사의 머리에 생각이 하나 떠올랐는데 그로 인해 이전의 고객들을 달랬을 뿐 아니라, 두 번째 실어 온 물품들을 살 고객들까지 구할 수 있었다. 그는 명백한 권위를 내세우며, 뻐꾸기가 매우 특이한 새여서 1년 중 특정한 계절에만 노래를 하고 그때가 되면 이전에 구매한 뻐꾸기들도 '아름다운 목소리로 노래를' 할 것이라고 그들을 설득했던 것이다. 그 이후로 중국인들이 간혹 유럽 구매자를 속여 진짜가 아닌 나무로 만든 햄을 팔도록 허용하는 일은 공평할 수밖에 없는 것이다."

중국에서는 이 '별난 값싼 물건'의 취향을 만족시킬 여유가 있는 사람은 하나만 소유하는 데 만족하지 않았다. 어쨌든 시계를 소유했다면 수집가가 될 가능성이 있었다. 그리고 시계를 시간을 재는 도구로 사용할 가능성은 없었다. 공공 시계가 거의 없었고 회중시계를 들고 다니는 사람들도 거의 없던 시기였으므로 시계는 일상의 사회적 교류에 그리 사용되지 않았다. 베이징에 머물고 있던 한 예수회 시계 제조공은 중국 신사들이 회중시계 몇 개를 한꺼번에 들고 다니는 습관이 있고 늘 그 시계들의 시간을 맞추느라 불안해 보인다고 전했다. 존 배로가 중국에 있었을 때, 황제의 손자 1명은 적어도 10여 개의 회중시계를 모았다. 19세기 중반에 중국에 있던 어느 영국 의사는 관청 외에는 시계를 보기 어려웠고 있다면 한꺼번에 6개 정도까지는 흔히 볼 수 있었으며 제대로 작동하는 시계는 드물었다고 지적했다.

08

기계의 기원, 시계

시계는 정확히 하나의 목적을 위한 실용적인 도구로 시작하지 않았기 때문에 기계의 기원이 될 운명이었다. 시계는 여러 지식, 창의력, 기술 사이의 벽을 허물었고, 시계 제조공들은 최초로 기계학과 물리학 이론들을 기계 제작에 의식적으로 활용했다. 갈릴레오, 하위헌스, 훅 등의 과학자들이 장인들이나 기계공들과 협력하며 진보가 이루어졌다.

시계는 최초의 근대적 측정 기계였으므로 시계 제조공들은 과학 기기 제작의 개척자가 되었다. 선구적인 시계 제조공들의 불후의 유산은 그들의 뜻과 전혀 상관이 없는 일이었을지라도 공작기계machine tools*의 기초 기술이었다. 2가지 아주 좋은 사례는 기어(또는 톱니바퀴)와 나사이다. 갈릴레오와 뒤이어 하위헌스가 진자를 도입하여 시계는 이전보다 10배는 더 정확해졌지만, 이도 정확히 나눠지고 잘려진 톱니바퀴가 있어야만 성취될

---

* 기계나 기계 부품을 제작하는 기계

수 있었다. 시계 제조공들은 둥근 금속판의 둘레를 동일한 단위로 나누고 톱니바퀴를 효율적인 단면으로 잘라 낼 수 있는 새롭고 더 간단하고 정확한 기술을 개발했다. 또한 시계는 정밀 나사가 필요했고, 이 정밀 나사가 있으려면 금속 선반을 개량할 필요가 있었다.

물론 톱니바퀴는 기계시계에 필수적인 연결 조직이었다. 시계 안에 있는 바퀴들의 톱니를 손으로 자른다면 정확하게 간격을 띄우거나 깨끗하게 잘라 내기가 쉽지 않았다. 현재까지 기록으로 남아 있는 최초의 톱니 절단기는 이탈리아 크레모나의 장인, 후아넬로 투리아노Juanelo Torriano(1501-1575년)가 만들어 낸 작품이었다. 그는 1540년에 스페인으로 가서 황제 카를 5세CharlesV를 위한 크고 우아한 행성 시계도 만들었다. 투리아노는 1,800개의 톱니바퀴를 가진 시계를 설계하느라 20년을 보내고 난 뒤, 그 시계를 만드는 데 또 3년 반을 보냈다. 그런 세월에 관해 투리아노의 친구는 이렇게 전했다. "그래서 날마다(휴일은 제외하고) 그는 톱니의 크기나 수와 형태가 다른 톱니바퀴 3개 이상을 만들어 배치하고 맞물리게 해야 했다. 이런 속도가 놀랄 만한데도 그보다 더욱 놀라운 사실은 그가 발명한 매우 기발한 선반lathe*이다… 그 선반을 사용하여 줄칼로 필요한 크기의 균일한 톱니바퀴를 만들어 냈고… 늘 처음부터 톱니바퀴가 제대로 나왔기 때문에 다시 만들어 낼 필요가 없었다." 투리아노가 살아 있는 동안에 그가 만든 '선반'은 다른 시계 제조공들이 벌써 사용하고 있었다. 이 선반은 시계 시장이 더 넓어지고 있던 17세기에 영국과 프랑스의 시계 제조공들이 사용하던 '톱니바퀴 절단기'의 본보기가 되었던 것으로 보인

• 나무나 쇠붙이 절단용 기계

다. 그런 장치가 없었다면 큰 시장에 내놓을 상당수의 시계를 만들어 내기는 불가능했을 것이다. 그런 톱니바퀴 절단기 때문에 수많은 다른 기계와 과학 기기를 만들어 낼 수 있었다.

톱니바퀴와 마찬가지로 나사도 기계라는 새로운 세계에 반드시 필요했다. 톱니바퀴의 원형처럼 나사의 원형도 아르키메데스 시대나 그 이전으로 거슬러 올라간다. 고대 그리스의 과학자 헤론이 나사 절단기를 만들어 냈을 수도 있다. 하지만 간단한 나사를 만드는 일은 오랫동안 매우 어려운 작업으로 남아 있었다. 19세기 중반에 이르러 마침내 끝이 뾰족한 나사가 만들어졌는데, 그 이전에는 늘 나사의 길이에 맞는 구멍을 미리 뚫어 놓아야 했다.

중세에는 금속 나사를 보기 힘들었다. 수 세기 동안 나사는 포도주 틀과 관개용으로 사용되었다가 이후 인쇄와 주화 제작에 활용되었다. 포도주 틀의 나선형 홈을 낸 나무통은 무척 애를 써서 만들어졌다. 우선 대각선의 홈을 표시한 다음 손으로 파낸 것이다. 기록에 처음으로 등장하는 나선형 홈을 만들어 내는 기계장치는 시계 제조공들의 작품이었다. 1480년경에 독일의 한 시계 제조공이 놀랄 만한 작은 선반을 만들어 냈다. 이 선반은 크랭크 손잡이로 작동되었고 훗날 '복식 미끄럼 공구대compound slide rest'라고 알려지는 장비를 갖추고 있었다.

최초의 금속 선반은 시계 제조공들이 자신들을 위해 만들었다. 공작기계 산업의 기초가 된 이후의 선반들은 시계 제조공들의 초기 설계의 정교함과 마찬가지였다. 17세기에서 18세기의 선구적인 시계 제조공들이 선반 제조의 개척자임이 입증되었다.

시계를 개량하려면 선반을 개량해야 했다. 예컨대 스프링으로 작동되는 시계는 동력 스프링이 풀리면서 나오는 힘의 변화를 보충할 기어로 특별한 원뿔형 나사 장치(균력 원뿔 활차)를 사용했다. 그러나 이 균력 원뿔 활차의 나선형 홈은 손으로 잘라 내면 필요한 정확도를 얻을 수 없었다. 1741년에 프랑스의 시계 제조공들은 원뿔형 통에 나선형 홈을 만들어 내는 '균력 원뿔 활차 제작 기계'를 발명하여 시장에 내놓을 큰 시계와 회중시계를 많이 생산할 수 있게 되었다. 균력 원뿔 활차 제작 기계는 회전하는 원뿔형 통에 홈을 파는 도구의 방향 지시 기술이 여전히 필요했다. 1763년에 스위스의 유명한 시계 제조공 페르디낭 베르투드Ferdinand Berthoud가 완전히 자동화된 균력 원뿔 활차 제작 기계를 만들어 냈다. 이 장치는 우연히 '기술을 기계 안으로 넣은' 최초의 사례들 중 하나가 되었다. 시계 제조 기술을 다음 단계로 발전시킨 사람은 제시 램즈든Jesse Ramsden(1735-1800년)이었다. 그는 영국의 기계 발명가로 정밀성에 대한 열정으로 유명해졌다. 그는 초기 시계 제조공들의 기술을 이용하여 '분할기 dividing engine'에 필요한 주요 나사를 만드는 선반을 개발했다. 그리고 이 '분할기'로 다른 무수한 새로운 과학 기기들(육분의, 경위의, 마이크로미터, 양팔 저울, 기압계, 현미경, 망원경 등)을 만들어 낼 수 있었다.

거대한 솔즈베리 시계Salisbury clock(1380년)는 영국에서 지금까지 작동하고 있는 가장 오래된 시계이며, 세상에 현존하는 가장 오래된 기계시계라고 전해진다. 이 시계는 나사를 전혀 사용하지 않고 만들어졌다. 이 시계의 철제 뼈대는 리벳이나 쐐기로 연결되어 있었다. 그 구조물의 대부분은 대장장이가 손으로 만들었고, 회전하는 작은 축arbor pivots, 리벳, 웨지 볼트 등의 구멍을 뜨거운 철판에 뚫었을 것이다. 시계는 더욱 작고 휴대할 수 있는 제품들이 만들어지고 나서야 보급되었다. 시계가 수도원과 시청과 귀족들의 궁전뿐만 아니라 일반 시민들에게도 공급되려면 보통의 가정이나 장인의 가게에 알맞은 크기로 만들어져야 했다. 그러기 위해서는 시계의 형태를 줄여야 했으므로 정밀 기계 제조술이라는 완전히 새로운 기술이 생겨났다.

작은 시계는 분명 대장장이가 망치로 두들기고 쇠를 연마해 만들어 낼 수 있는 것이 아니었다. 시계를 두들기지 않고 조립해서 만들려면 나사가 필요했다. 작은 시계는 나사가 필요했고 또 나사가 있으면 다른 수많은 휴대용 기계들을 만들어 낼 수 있었다. 물론 더 작은 시계들은 시장을 넓히는 계기가 되었고, 또 그런 넓혀진 시장의 수요가 대중이 구매할 수 있는 더 값싼 시계를 만들어 낼 자극제가 되었다.

17세기가 되어 시계 제조공들은 그 시대의 다른 기술을 앞서는 눈부신 발전을 이루어 냈고 분업의 원리를 이용하기 시작했다. 1763년에 페르디낭 베르투드는 큰 시계를 만드는 데 16종류의 서로 다른 기술자들을, 휴대용 시계를 만드는 데 21종류의 서로 다른 기술자들을 작업에 참여시킬 수 있었다. 그중에는 기계 부품 제조, 끝손질, 구멍 뚫기, 스프링 제조, 놋쇠 바늘 조각, 진자 제조, 문자판 조각, 놋쇠 부품 연마, 문자판 법랑, 놋쇠 문자판 은도금, 용기 조각, 청동 금도금, 금도금 모방 채색, 바퀴 주조, 종 제조용 선반 및 연마 등의 기술자들이 있었다.

그 시계는 새로운 재능이나 새로운 이해력과 상상력을 자극했다. 프랑스 혁명 시기에 수학자이자 철학자이며 백과사전 집필자였던 콩도르세 Condorcet는 개량 견직기 발명가를 찬미하면서 이렇게 말했다.

일반적으로 말하면, 사람들은 이상적인 기계공에 적합한 재능의 유형에 관해서 아주 잘못된 생각을 갖고 있다. 그런 사람은 운동 이론과 현상의 범주를 철저히 조사하고 새로운 기계 원리를 만들어 내거나 생각지도 못한 자연법칙을 발견하는 기하학자가 아니다….

다른 과학 분야에서는 대부분 변함없는 원리들이 발견된다. 하지만 기계의 천재에게는 아주 많은 방법들이 무궁무진한 가능성을 제공한다. 어떤 학자가 새로운 문제를 제기하면 그의 모든 선임자들이 모은 지식으로 강화하여 그 문제를 대처할 수 있다. 어느 기초적인 교과서에도 이 〔새로운〕 과학의 원리들이 들어 있지 않다. 아무도 그 역사를 습득할 수 없다. 작업장과 기계 자체가 무엇을 이루었는지 보여 주지만 결과는 개별적인 노력에 결정된다. 기계를 이해하기 위해서는 기계를 예측할 줄 알아야 한다. 그런 이유로 기계학의 재능은 매우 드물고 쉽게 사라질 수 있다. 또 그런 이유로 과학의 요람기에 천재성을 특징짓는 대담성과 착오 없이는 기계공이 나타나기가 어렵다.

시계는 종교와 언어와 정치의 경계를 넘어 사람들을 유혹했다. 엄청난 사람들이 식민지로 이주하고 신세계로 정착하기 전부터 숙련된 장인들의 이동은 그 수에 비해 훨씬 더 많은 영향력을 행사했다. 동력 운송 수단과 대량생산이 나타나기 전에 다른 지역으로 이동한 쪽은 장인들이 만든 제품이 아니라 흔히 장인들 자신들이었다. 시계가 공공 탑의 꼭대기에 설치된 거대한 기계였을 때는 사용될 장소에 세워 두어야 했다. 처음에는 한 사회에 시계 1개 이상은 필요 없었으므로 전문 시계 제조공은 여기저기를 떠돌아다녀야 했다. 스위스 바젤 출신의 한 시계 제조공은 1350년대 초에 프랑스의 스트라스부르 대성당의 시계를 만들고 나서 스위스 루체른에서 최초의 공공 시계를 제작했다. 독일의 한 시계 제조공은 파리 왕궁에서 최초로 시계를 만들었다. 또 파리의 한 시계 제조공은 1374년에 아비뇽으로 가서 교황을 위한 시계를 만들었다. 한 장소에서 커다란 시계를 만들어 다른 장소에서 사용하는 일은 드물었지만 몇 가지 잘 알려진 예외가 있었다. 제노바 최초의 기계로 된 공공 시계는 사실 1353년에 밀라노에서 만들어 졌고, 베네치아의 산마르코 광장에서 지금도 볼 수 있는 우아한 시계는 레지오에서 옮겨 온 작품이었다. 시계가 축소되어 작고 약한 기계가 된 이후에도 고객들 가까이에서 시계를 만들 새로운 이유들이 있었다.

수 세기가 지난 뒤 유럽의 한 지역에서는 기계 제조공들이 충분히 모여 독점권을 보호하기 위해 길드를 결성했다. 초기의 시계 제조공들은 대장 장이나 자물쇠 제조공, 또는 총포 주조공들에서 비롯된 사람들이었다. 시계 제조공들의 길드는 파리에서 1544년, 제네바에서 1601년에 시작되었다. 영국에서는 1630년이 되어서야 시계 제조공 조합Clockmakers' Company이 설립 허가를 받았다. 이 성과는 1627년에 "이 도시의 자유 시계 제조공들은 외부의 시계 제조공들이 침범하여 심한 압박감에 시달리고 있습니다"라는 항의를 제기한 결과였다. 16세기에서 17세기에 이르러 유럽 대도시의 지역 시장은 외부인들에 맞서 독점권을 실행하기 위해 조직된 시계 제조공 정착민 집단을 지지했다.

그 집단의 제품 시장이 일부 시계 제조공들의 마음을 사로잡았다. 정치와 종교의 격변과 전염병이 다른 시계 제조공들을 몰아내기도 했다. 15세기에는 이탈리아가 피렌체의 '위대한 로렌초'(로렌초 데 메디치, 1449-1492년)를 비롯한 밀라노, 제노바, 로마, 나폴리의 여러 가문을 위해 일하려고 온 장인들의 메카가 되었다. 16세기에는 독일에서 종교 박해의 희생자였던 숙련된 장인들이 다른 나라로 가서 그곳의 대도시를 풍요롭게 했다. 프랑스에서는 상당한 수의 시계 제조공들이 개신교도가 되었던 것으로 보이고, 그 때문에 가톨릭 정권의 표적이 되어 강제로 추방당했다.

15세기 말 이전에는 유럽에 시계 제조의 큰 중심지가 없었다. 한동안 아우크스부르크와 뉘른베르크가 금속 세공의 전통을 쌓으며 번창했다. 아우크스부르크의 시계 제조공 페터 헨라인Peter Henlein은 회중시계의 발명으로 전설적인 명성을 얻었다. 그러나 30년 전쟁(1618-1648년)의 혼란으로 아우크스부르크와 뉘른베르크의 시계 제조공들이 유럽 곳곳으로 뿔뿔이 흩어졌다. 18세기가 되어 제네바와 런던에서는 가장 정확하고 우아한 시계들이 만들어지고 있었다. 이 선구적인 기계의 미래는 2개의 섬(산이라는 장벽들로 고립된 스위스와 바다에 둘러싸인 영국)에 달려 있었다. 이곳은 유럽 곳곳을 돌아다니던 장인들이 모여 그들의 재능을 결합하고 교환할 수 있는 안전한 집결지가 되었다. 런던과 제네바는 다른 나라의 박해로 좋은 결실을 거두었다.

서양의 기독교 국가들을 분열시킨 종교개혁Protestant Reformation은 격변과 박해와 이동의 새로운 시대를 열 수 있게 했었다. 1517년에 루터는 비텐베르크의 올세인츠 교회의 정문에 95개조의 도발적인 반박문을 붙여 독일 종교개혁에 불을 붙였다. 2년도 채 안 되어 츠빙글리Zwingli가 취리히에서 종교개혁을 설교하고 있었다. 또 10년이 채 안 되어 칼뱅이 프랑스에서 종교개혁을 선언했다. 파리에서 추방된 칼뱅은 바젤로 몸을 피신하여 그곳에서 개신교 최초의 교과서인 『기독교 강요Institutes of the Christian Religion』(1536년)를 펴냈다. 그 후 몇십 년 동안 칼뱅을 따라 제네바로 간 수천 명의 사람들이 그 도시를 유럽 망명자들의 중심지로 만들었다.

그 뒤 400년이 지나 독일의 나치와 이탈리아의 파시스트 당원의 박해가 미국을 원자물리학의 세계 중심지로 만들었듯이, 독립된 제네바가 그 시대의 과학과 기술의 이익을 얻어 곧 시계 제조의 세계 중심지가 되었다. 그 두 시대에는 모두 특수한 기술이 있는 소수 난민들이 중요한 영향을 미칠 수 있었다. 1515년에 제네바의 성 피에르 대성당의 시계를 수리해야만 했을 때까지도 그 도시에는 시계 제조공의 자격이 있는 사람이 전혀 없었다. 그러나 1550년 직후, 개신교의 박해가 프랑스와 다른 지역에서 심해지자 시계 제조공들이 제네바로 모여들었다. 제네바로 온 사람들은 프랑스만이 아니라 북해 연안의 저지대와 독일과 이탈리아에서도 왔다. 1600년이 되었을 때 제네바는 기록에도 없는 많은 도제와 장인들 외에도 약 25명의 시계 제조의 명장들이 포함되어 있었다. 17세기가 끝나기 전에 100명이 넘은 명장들과 약 300명의 장인들이 그곳에서 해마다 5,000개의 시계를 만들어 내고 있었다.

개신교 영국도 망명지가 되었고 영국에서 시계 제조의 발전이 영국해협 건너편에서 일어나는 종교 박해의 척도가 되었다. 기계시계의 초기만 해도 영국은 시계 제조 개척자의 땅이 아니었다. 하지만 영국은 진취력을 갖춘 외국인들이 기꺼이 흘러들어 갈 기술의 공백을 제공했다. 헨리 8세가 논서치 궁전Nonsuch Palace의 시계를 수리할 필요가 있었을 때만 해도 프랑스 시계공들을 불러와야 했다. 또한 엘리자베스 여왕도 프랑스의 시계 제조공들을 고용했다. 1580년 이전에 영국에서 만든 휴대용 시계가 있었다는 기록은 남아 있지 않고, 그 후 20년 동안 영국의 시계들은 프랑스나 독일 제품을 맹목적으로 모방하여 만든 제품들이었다. 머지않아 수가 늘어난 영국 출신의 시계 제조공들은 '이 왕국을 침범하는 수많은 외국인들'에 대해 불평을 했고 국왕이 인가하는 독점 조합이 필요하다고 주장하여 마침내 1631년에 승인을 받았다.

이런 골칫거리 외국인들 중 1명이 루이스 쿠퍼Lewis Cuper였다. 독일 출신이었던 그의 가문은 프랑스 블루아의 시계 제조공들 사이에서 이름을 떨치다가 1620년경에 런던으로 이주했다. 17세기 초에도 영국은 계속해서 재능 있는 사람들을 빌려 왔다. 지금도 시계 수집가들 사이에서 유명한 런던의 프로맨틸 가문Fromanteel family은 네덜란드에서 왔다. 그들은 영국에서 최초로 진자시계를 만든 사람들이었다. 존 프로맨틸John Fromanteel이 네덜란드에 가서 하위헌스와 코스터Coster에게서 진자시계의 기술을 배웠다. 그러나 17세기가 끝나기 전에 영국인 로버트 훅이 시계 설계의 획기적인 개량을 하고 있었고, 18세기 초에 이르러 런던은 시계 제조에서 제네바에 뒤지지 않게 되었다.

영국에서는 시계 제조에 전문화와 분업의 이점을 보여 주고 있었다. 런던의 클러컨웰Clerkenwell 지역에는 자신들을 탈진기 제조자, 선을 정교하게 새기는 기술자, 균력 원뿔 활차 절단 기술자, 비밀 스프링 제조자, 또는 끝손질 기술자라고 부르는 다양한 장인 집단들이 거주하고 있었다. 영국의 시계 제조공 조합은 1786년 무역위원회Board of Trade에 그들이 해마다 약 8만 개의 큰 시계와 휴대용 시계를 네덜란드, 플랑드르, 독일, 스웨덴, 덴마크, 노르웨이, 러시아, 스페인, 포르투갈, 이탈리아, 터키, 동서 인도 제도, 중국과 그 외 지역에 수출하고 있다고 알렸다.

낭트 칙령(1598년)이 프랑스의 위그노교도의 신앙 자유를 승인한 이후부터 1685년에 폐지되기 이전의 관대한 시기에 프랑스 시계 제조는 성장하고 있었던 것으로 보인다. 그러나 프랑스 조합들은 여전히 새로운 인재를 제외시켰고, 새로운 직업으로 옮겨 가는 것을 금지했으며, 제한된 독점권을 수없이 강요했다. 한편 영국에서는 새로운 과학 기기 제조자들이(그들의 주된 관심사가 기계인지 광학인지에 따라) 시계 제조공 조합이나 안경 제조공 조합 중 어느 한쪽에 가입할 수 있었고, 어느 쪽에도 가입하지 않고 자신의 기술을 계속 이어 가는 사람도 있었으며, 많은 사람들이 식료품 잡화점 조합에 가입했다. 프랑스에서는 조합 회원 자격이 엄격히 시행되고 있었다. 1565년에 수학 기기들의 제작은 처음으로 프랑스의 독점 사업에 포함되었을 때 날붙이 조각가에게 배정되었다. 그때 프랑스의 왕 샤를 9세는 조합 회원들 외에는 관련 사업에 일하는 것을 이렇게 금지했다. "그 외의 어떤 사람도 절단기나 가위를 만들어 낼 수 없고… 금속 수술 기구나 매사냥을 위한 상자나 점성술과 기하학 기구를 넣는 상자도 만들어 낼 수 없다." 나중에 밝혀졌듯이, 그때는 섬세한 과학 기기들을 놋쇠로 만들어야 했고, 놋쇠를 만드는 데 필요한 구리의 제련은 오직 주물공 조합에게만 주어졌다. 그 결과, 이 특별한 독점권을 누가 차지하느냐를 두고 길고도 험악한 분쟁이 일어났다. 17세기 말에 기압계와 온도계가 프랑스에서 상업적으로 만들어지고 있었을 때 그 눈금이 법랑을 칠한 금속판에 새겨졌다는 이유만으로 그 제품의 독점권이 법랑 기술자들에게 넘어갔다. 유럽의 혁신 시대였던 18세기에는 프랑스 조합들이 회원들에게 과도한 회비를 부과하고 도제와 작업장의 수를 제한하고 있었고, 조합 자체는 또한 군림하려 드는 정부에게 과도한 세금을 내고 있었다. 그와 동시에 프랑스 기기 제조자들은 자신들을 육체 노동자나 상인들로만 생각하는 과학자들에게 무시당했으며 지식인 사회에는 들어가지도 못했다.

때때로 프랑스 정부는 기기 제조자들의 기술을 활성화하려고 몹시 노력했지만 소용이 없었다. 영국의 유명한 시계 제조공이자 시계 학자였던 헨리 설리Henry Sully(1680-1728년)는 오를레앙 공작이 시계를 제작하기 위해 프랑스로 데려왔다. 그러나 설리는 영국의 솜씨 좋은 장인들 60명을 데려오면서 온갖 노력을 기울였는데도 프랑스 사회의 방해 세력을 이겨 낼 수 없었고, 베르사유와 생제르맹에 있던 그의 작업장들은 곧 문을 닫았다.

영국의 삶이(조합의 제한이 좀 더 풀려 있고, 번창하는 중산층이 점점 늘어나면서 큰 시계와 휴대용 시계의 수요가 증가하고 있었다) 시계 제조공들의 직업에 훨씬 더 호의적이었다. 그리고 경쟁이 늘어나고 시장도 넓어졌다. 세계로 확대되는 여러 제국들의 선원들이 항해용 시계와 더욱 좋은 과학 기기들을 필요로 했을 때 영국 시계 제조공들이 개척자가 된 사실은 놀라운 일이 아니다.

철학자들은 늘 우주에 대한 새로운 이해력의 수단들(새로운 직유와 은유와 유추)을 찾고 있었다. 신학자들은 우주의 창조자를 인간의 모습으로 그려내는 사람들을 비난했지만 인간의 세공품에서 신의 단서를 세밀히 살펴보려는 행동을 그만둔 적이 없었다. 이제 인간은 자랑스러운 시계 제조공이었고, 자동으로 움직이는 기계의 제작자였다. 일단 움직이기 시작하면 기계시계는 살아 있기라도 한 듯 똑딱거리는 것 같았다. 우주 자체도 창조자가 직접 만들고 움직이게 한 거대한 시계가 아닐까? 기계시계가 생기기 전까지 상상할 수도 없었던 이런 흥미로운 가능성이 현대 물리학으로 향하는 주요 중간역이 되었다.

아리스토텔레스가 자세히 설명했듯이, 고대의 물체 운동 관념은 어떤 외부의 힘이 지속적으로 밀지 않는 한 어떤 물체도 움직이지 않는다는 것이었다. 그러나 유럽의 도시 종탑에서 최초의 기계시계가 종을 칠 때가 되자 예측 가능한 규칙성에 대한 관심이 늘어나 새로운 운동 이론으로 향했다. 이제 물체는 그 내부에 본래 각인되고vis impresa 계속 작용하는 힘 때문에 운동이 지속된다는 주장이 등장했다. 그 당시에 완성했던 데 돈디De' Dondi의 시계 장치 우주clockwork universe의 아름다운 모형은 벌써 학계를 놀라게 하고 있었다. 14세기 후반에 프랑스의 영향력 있는 과학 보급자였던 니콜 오렘Nicole d'Oresme(1330?-1382년) 주교가 "시계는 축소형 우주, 완벽한 시계 제조자 하느님!"이라는 잊을 수 없는 은유를 만들어 냈다. 그리고 니콜 오렘은 이런 질문을 했다. "누군가 기계시계를 만들어야 한다면 모든 바퀴가 최대한 조화롭게 움직이도록 만들지 않겠는가?"

이런 은유가 위대한 천문학자 요하네스 케플러Johannes Kepler(1571-1630년) 같은 과학자들을 이끌고 영감을 주었다. 그는 1605년에 이렇게 말했다. "내 목표는 천체 기계가 신의 유기체보다 오히려 시계와 닮았다는 사실을 증명하는 일이다." 그리고 철학자이면서 수학자였던 데카르트 또한 시계를 자신의 원형 기계로 여겼다. 정신과 신체가 독립적으로 기능한다는 데카르트의 이원론dualism은 유명한 시계 은유로 설명되었다. 데카르트의 네덜란드 출신의 제자 휠링크스Geulincx는 이렇게 주장했다. 시간이 완벽하게 일치하는 두 시계가 있다고 가정해 보자. 이때 한 시계가 시간을 가리키면 다른 시계는 늘 시간을 알리는 종을 친다. 그 기계의 기능과 제조 방법을 모른다면 한 시계의 작동이 다른 시계의 종 치는 작동을 일으켰다고 잘못 추측하게 될 것이다. 이것이 정신과 신체가 기능하는 방식이다. 시계 제조자, 하느님은 정신과 신체를 전혀 별개로 창조한 다음, 둘을 합쳐 완벽하게 조화를 이루어 작동하게 했다. 내가 팔을 들어 올리기로 하면 내 정신이 내 신체에 영향을 준다고 생각할 수 있다. 그러나 실제로 둘은 개별적으로 움직이고 있으며, 각각은 완벽하게 조화를 이룬 하느님의 시계에서

한 부분이다.

결실을 많이 낳는 기계들의 원천인 시계는 물리적 우주를 지배하려는 인간의 노력과 창조자에 대한 경외심 사이를 이어 주는 잃어버린 고리였다. 17세기에 청교도 물리학자이며 영국 왕립학회 설립자인 로버트 보일Robert Boyle(1627-1691년)은 우주를 '하나의 위대한 시계 장치'로 보았으며, 동시대의 가톨릭교도 케넬름 디그비Kenelm Digby(1603-1665년) 경도 그런 우주의 관념에 동의했다. 곧 뉴턴의 우주 관념이 하느님을 시계 제조자에서 기술자와 수학자의 대가로 승격시켰다. 가장 작은 휴대용 시계를 지배하던 우주 법칙들은 이제 지구와 태양과 모든 행성들의 운동을 지배했다.

시계가 우주에 대한 최고 은유의 역할을 그만둔 이후에도 시계는 이 지구라는 행성에서 그 어느 때보다도 일상생활을 지배하는 존재가 되었다. 시계는 유럽인들이 '시간을 지킬 수 있도록' 했다. 17세기 후반이 되자 시계는 지식층과 부유층 사이에서 흔한 물건이 되었고 '시간을 지키는punctual'이라는 말은 약속 시간을 정확히 지키는 사람을 가리키게 되었다. 이 말은 이전에는 행동의 중요한 요점들(영어의 'points'는 라틴어의 'punctus'에서 유래되었다)이나 세부 사항을 지켜야 한다고 주장한 사람을 가리켰었다. 18세기 후반에는 영어 'punctuality(시간 엄수)'라는 단어가 등장하여 시간을 잘 지키는 습관을 가리켰다. 셰리든Sheridan의 『추문 패거리School for Scandal』(1777년)에 등장하는 조지프Joseph는 이렇게 비난했다. "아, 부인, 시간 엄수는 일종의 지조입니다. 다시 말하면 부인들 사이에서는 아주 인기가 없는 관습이지요." 시계는 나름대로 도덕성을 가져다주었다. '시간 엄수'(시계가 창조한 덕목)는 벤저민 프랭클린이 스스로 완벽해지려고 목표로 삼은 12가지 덕목에는 들어가지 않았다. 1760년에 로런스 스턴

Laurence Sterne은 영웅을 풍자한 소설 『신사 트리스트럼 섄디의 생애와 견해 Life and Opinions of Tristram Shandy』를 펴내면서 영웅의 임신을 가장 현대적으로 방해할 수 있는 영웅 이야기를 시작했다. 트리스트럼의 어머니와 아버지가 침대에서 트리스트럼을 막 임신하려던 중요한 순간이었다.

"세상에, 여보, 시계태엽 감는 걸 잊지 않았어요?"라고 어머니가 물었다. "맙소사! 이 세상이 창조된 이후로 여자가 그런 어리석은 질문으로 남자를 가로막은 적이 있었을까?"라고 아버지가 소리쳤다.

09

왜 서양에서 일어났을까

유럽에서는 시계가 매우 이른 시기에 '공공의' 기계가 되었다. 교회는 교도들이 규칙적으로 반복해서 기도를 하러 모이기를 바랐고, 번창하는 도시는 사람들을 한데 모아 상업과 여흥의 삶을 함께 누리도록 했다. 시계는 교회의 첨탑과 도시의 종탑에 자리를 잡았을 때 공공의 무대에 발을 들여놓았다. 그곳에서 시계는 부자나 가난한 자 모두에게 스스로를 분명히 보여 주었고 시간을 구분할 개인적인 이유가 없는 사람들에게도 흥미를 불러일으켰다. 공공의 도구로 시작된 기계들은 가장 널리 퍼진 개인의 도구들로 점차 바뀌었다. 그러나 사적으로 생명을 시작한 도구들은 사회 전체의 바람과 요구로 보급되지는 않았을 것이다. 시계를 위한 최초의 광고는 시계 자체였고, 유럽 곳곳에서 새로운 대중을 위한 자신의 역할을 수행했다.

자존심이 있는 유럽 도시는 시민들이 모두 방어하고, 기념하고, 애도하라고 알려 주는 공공의 시계가 없을 수가 없었다. 하나의 눈부신 공공 시계에 자원을 쏟을 수 있는 사회는 그만큼 강한 공동체라는 사실을 의미했다. 1623년에 시인 존 던John Donne이 지적했듯이, 그 종은 모두와 개개인을 위해 울렸고, 그 사회의 종이 울린다는 것은 '나는 인류에 속해 있다'고 깨우쳐 주는 일이었다.

많은 도시에서는 오수 처리장이나 급수 시설을 만들기도 전에 도시의 공공 시계를 대중을 위해 제공했다. 적절한 때가 되자 시민들은 저마다 자신의 개인용 시계를 소유하고 싶어 했다. 처음에는 가정에서 사용할 시계를, 그 뒤에는 개인이 사용할 시계를 원했다. 개인용 시계를 소유하는 사람들이 많아지면서 교회와 직장과 공연장에서 이웃의 기대를 충족시키기 위해 시계가 필요한 사람들도 많이 생겼다.

그동안 계속 시계는 세속화되고 있었는데, 달리 표현하면 널리 알려지고 있었다. 이미 살펴보았듯이, 유럽 최초의 시계들은 세속과 격리된 수도자들에게 규칙적인 기도 시간을 알려 주었지만, 시계가 교회의 첨탑으로, 또 도시 종탑으로 옮겨 가면서 세속적인 세상으로 나왔다. 또 그렇게 늘어난 대중은 곧 일상생활의 모든 시간표를 알려 줄 시계를 필요로 했다. 유럽에서는 인위적인 시간, 즉 기계가 만든 시간이 시간 계산법을 역법의 세계와 점성술의 어두운 영역에서 일상의 밝은 빛 속으로 끌어냈다. 증기력과 전력과 인공조명이 24시간 내내 공장을 가동시키고 밤이 낮으로 동화되었을 때 인위적인 시간, 시계가 표시하는 시간이 모든 사람들의 일상을 늘 지배하게 되었다. 따라서 서양에서 시계가 성장하는 이야기는 선전의 새로운 방식과 넓어지는 활동 영역에 관한 이야기다.

그런 서양은 중국과 극적이면서 분명한 대조를 이룬다. 중국에서는 환경이 선전을 방해하려고 했다. 이미 살펴보았듯이, 중국 최초의 장대한 기계식 시계들은 시간을 알리기 위해서가 아니라 역법을 나타내기 위해서 만들어졌다. 그리고 역법을 연구하는 학문(제작법과 의미 모두)은 중국 왕실에서 비밀로 덮여 있었다. 중국 왕조는 각각 독자적인 새 역법으로 상징되고, 도움을 받았으며, 보호되었다. 기원전 3세기(221년경) 중국이 처음으로 통일되고 1911년에 청나라가 멸망한 사이에 약 100가지의 서로 다른 역법이 나왔고, 그 역법마다 특정 왕조나 황제를 나타내는 이름이 붙었다. 이런 역법들은 천문학이나 관측 기술의 발전에 따라 필요한 것이 아니라 새 황제의 권위에 하늘의 공인을 받기 위해 필요했다. 개인이 역서를 만드는 일은 일종의 위조 행위(황제의 안전을 위협하고 대역죄를 저지른 행위)로 처벌 받았다. 프랑스의 예수회 선교사이면서 마테오 리치의 번역가였던 니콜라스 트리고Nicholas Trigault는 17세기 초에 이렇게 전했다. 명나라 황제들은 "세습으로 정해진 사람 외에 누구도 이런 하늘이 내린 점성술을 배우지 못하게 하고 새로운 것을 도입하는 일도 금했다."

기계들의 원천인 시계가 중국에서는 왜 불모지가 되었는지에 관한 단서를 찾으려면 고대 중국의 생활에 나타나는 일부 커다란 특징을 떠올려 보아야 한다. 최초이며 가장 놀라운 중국인들의 업적 중 하나가 잘 조직된 중앙집권 체제였다. 이미 기원전 221년에 13세에 진나라의 왕좌에 오른 조숙한 '중국의 카이사르' 황제 정(진시황제)은 25년 동안 중국의 6개 나라를 통일했고, 방대한 관료의 계층 제도로 하나의 커다란 제국을 이루어 냈다. 그는 법률과 문자를 표준화했고, 도량형 제도를 통일했으며, 바퀴 자국에 바퀴가 잘 들어맞도록 바퀴 사이의 폭을 고정시키기도 했다.

이미 살펴보았듯이, 중국의 왕들은 역법을 규제했고, 나라의 종교는 계절의 순환과 강하게 연결되어 있었으며, 천문학은 '신관이기도 한 왕들의 비밀 학문'이 되었다. 중국의 농업은 관개에 달려 있었고, 관개에 성공하려면 강이 범람하고 수로를 채워 주는 우기와 해빙기의 반복되는 변화를 예측해야 했다.

중국에서는 이른 시기부터 천문 관측이 통치자가 하늘에 제를 지내는 신전의 필수적인 일부가 되었다. 중앙정부가 더욱 강해지고 잘 조직되면서 중국의 천문학은 고대 그리스나 중세 유럽의 천문학과 대조적으로 나라와 왕실 중심으로 계속 이어졌다. 물론 이런 체계는 중국의 천문학이 점차 관료화되고 비밀로 연구되어진다는 의미였다. 중국에서 시계의 기술은 점성술 지표의 기술이었다. 서양에서 주화 제조, 지폐 인쇄, 화약 제조 등의 기계들이 엄격하게 통제를 받았던 것처럼 중국에서는 역법 시계들이 통제를 받았다.

중국의 카이사르, 진시황제 시대에 있었던 황실의 의례에는 황제가 북극성과 태양의 관측으로 4개의 기본 방위(동서남북)를 분명히 밝혀야 하는 일이 있었다고 한다. 최고위 세습 관직 가운데 하나인 황실 천문학자는 황실의 관측소에 올라가 밤에 하늘을 관찰하도록 되어 있었다. 이를테면 그는 '12년[목성의 항성주기], 12개월, 12(의 2배)시, 10일, 28개의 별 위치 등에 관심을 갖는다. 그는 그것들을 구분하고 순서대로 배열해서 하늘의 전체적인 상황을 그려 낼 수 있다. 그는 동지와 하지에 태양을 관찰하고 춘분과 추분에 달을 관찰하여 4계절의 이어지는 순서를 밝혀낸다.'

또 다른 고위 세습 관직인 황실의 점성술사는 하늘이 전하는 의미를 풀이하여 사람들의 운명을 알아냈다.

그는 하늘의 별들에 관심을 갖고, 행성과 태양과 달의 변화와 운동을 계속 기록하고, 지상의 운동을 조사하여 행운과 불운을 구별해 낸다. 그는 의존하고 있는 특정 천체에 따라 제국을 9개 지역으로 나눈다. 모든 영주와 제후들이 각각 다른 별들과 관련이 있어서 그 별들을 통해 그들의 번영과 불운을 확인할 수 있다. 그는 12년[목성의 주기]에 따라 지상의 길흉을 예언한다. 5가지 구름의 색깔로 그는 홍수나 가뭄, 풍년이나 흉년이 올 것을 밝혀낸다. 12가지 바람으로 그는 하늘과 땅의 조화 상태를 결론짓고 조화나 부조화로 생기는 길조나 흉조를 알아낸다.

우연히 이런 황실의 점성술사들은 현대의 천문학이 나타나기 전까지 가장 놀랍고 지속적인 천체 현상을 기록해 두었다. 중국에서 기원전 1361년에 일어난 일식의 기록은 인간이 기록하고 입증할 수 있는 일식 중에 최초의 자료일 것이다. 중국의 다른 기록들은 그 외에 달리 정확한 역사 기록이 없는 오랜 기간의 천체 현상들을 다루고 있다. 20세기의 전파천문학자들radio-astronomers*은 신성과 초신성의 연구에 지금도 이런 기록들을 이용하고 있다.

이런 국가의 기록들은 남아 있지만 고대 중국의 천문학 문헌들은 대부분 사라져 버렸다. 중국의 천문학은 매우 나라 중심이고, 보안이 철저하며, 은밀하게 연구되었기 때문에 고대의 천문학 서적들은 거의 흔적이 남아 있지 않았다. 반면에, 상인과 건설 작업의 감독관이나 군대의 지휘관들이 사용했던 초기의 수학 서적들은 꽤 많이 남아 있다. 황실의 거듭된 칙령으로 역법을 연구하는 학문을 비롯한 천문학과 점성학의 국가 보안이

---

* 전파를 측정하여 천체나 성간물질 등의 물리적 상태를 연구하는 천문학자들

강화되었다. 예컨대 서기 840년에 황제는 당시에 혜성 몇 개가 나타나 나라가 혼란스러웠을 때 관측소의 모든 관원들에게 그들의 관측 사실을 비밀로 하라는 명령을 내렸다. "관측소의 관원들이나 그 하급자들이 다른 부서의 관원이나 여러 일반 백성과 소통을 하는 소식이 들리면 엄격히 지켜야 할 보안 규범을 어겼다고 여길 것이다. 그러므로 지금부터 관측소 관원들은 다른 관원들 그리고 일반 백성과 무슨 일이 있어도 함께 어울리지 말아야 할 것이다. 감찰 기관에서 이 일을 조사하도록 하라"라고 황제는 명했다. 제2차세계대전에 매우 악명이 높을 정도로 고통을 주었던 로스앨러모스와 하웰의 원자력 연구소의 보안 조치는 중국의 전례를 따른 것이었다.

소송이 황제가 점성술로 운명을 알 수 있도록 도와주는 고위 관료가 아니었더라면 소송의 유명한 천문시계는 만들어지지 못했을 것이다. 또한 이 사실이 몇 년 뒤에 소송의 굉장한 위업이 흐릿한 전설로만 남게 되어버린 이유를 설명해 준다. 만약 소송이 그 시계를 중국 황제의 사적인 정원이 아니라 유럽의 한 도시의 시청에 세웠다면 소송은 공익을 위해 헌신한 영웅으로 환영을 받았을 것이다. 또한 그의 작품은 널리 본받을 대상으로 시민의 자랑이 되는 기념비가 되었을 것이다.

황제는 특히 개인적인 이유로 역법을 이용한 시간 기록 장치가 있어야 했다. 밤마다 침실에서 황제는 매시간 별자리들의 운동과 위치를 알아야 했고, 그 사실을 소송의 천문시계로 정확히 알아낼 수 있었다. 중국에서는 개인의 나이와 점성술에 따른 운명이 태어난 시간이 아니라 임신 시간으로 결정되었다.

소송이 황실의 시계를 만들었을 때 황제는 다양한 지위의 많은 처첩들을 거느리고 있었다. 이 여인들은 모두 121명(365의 3분의 1에 가장 가까운 어림수)이었고 그중에는 황후가 1명, 부인夫人이 3명, 빈嬪이 9명, 세부世婦가 27명, 어처御妻가 81명이었다. 주례周禮*에 설명되어 있듯이 황제와 처첩들의 합방 규정의 순서는 다음과 같았다.

지위가 낮은 [여인]이 먼저 들어가고 지위가 높은 여인은 나중에 들어간다. 81명의 어처가 9명씩 한 무리가 되어 9일 밤을 황제의 침실에서 합방한다. 27명의 세부는 9명을 한 무리로 3일 밤이 주어진다. 9명의 빈과 3명의 부인은 각 하룻밤씩 주어진다. 황후는 혼자 하룻밤을 차지한다. 매달 열다섯 번째 날에 이 순서가 끝나고 그때부터 반대 순서로 반복된다.

이런 배열로 지위가 가장 높은 여인이 보름날에 가장 가까운 밤에 황제와 합방을 했다. 그때가 음기, 즉 여성의 영향력이 가장 강하므로 천자의 남성적인 힘, 양기와 가장 짝을 잘 맞출 수 있었을 것이다. 그렇게 때맞추어 합방하여 생긴 아이는 가장 강력한 덕성을 갖추리라 확신했다. 지위가 낮은 여인들의 주된 역할은 그들의 음기로 황제의 양기를 더욱 높여 주는 일이었다.

시녀들 무리가 황실의 주홍빛 물감에 찍은 붓으로 황제의 합방 기록을 남겼다. 황제의 침실에서 이런 올바른 순서를 지키는 일이 나라의 큰 질서와 행복에 꼭 필요하다고 여겨졌다. 9세기의 무질서한 시기에 문인들은

• 황제의 부부 생활에 관한 유교적 전범

"매일 밤 9명의 일상적인 반려자들과 함께하고 보름달이 뜨는 이틀 밤을 황후와 함께 지낸다는 옛 전통은 더 이상 지켜지지 않고 아아, 이제는 3천 (궁녀들)이 모두 혼란스럽게 경쟁하는 결과를 낳았구나." 하고 한탄했다.

당시에는 가장 훌륭한 자격을 갖춘 황제의 계승을 위해 낮이나 밤의 매 순간마다 천체의 위치를 알려 주는 정확한 천문시계가 반드시 필요했다. 중국의 지배 왕가는 장자 상속제를 따르지 않았다. 원칙적으로 황후의 아들들만이 황제가 될 수 있었지만 그렇더라도 대체로 황제는 그 많은 왕자들 중에서 상속자를 선택해야 했다. 신중한 황제는 각 왕자가 왕후의 뱃속에서 임신된 정확한 시간에 점성술의 징조를 반드시 세밀하게 살펴보았다. 이런 사실들을 정확하게 기록하는 것이 주홍빛 물감에 찍은 붓을 사용하던 시녀들의 의무였다. 소송의 천문시계를 사용한 천문 관측과 기계식 계산법은 이런 기록과 예언의 자료를 제공했고, 그에 따라 정치적인 중요한 의미도 있었다. 그러나 이런 궁정의 진기한 일들은 농민의 삶과 거의 관련이 없었다. 사회 전체는 황실의 점성술의 깊이를 헤아리거나 역법 시계의 자료에서 이익을 얻으려고 기대를 하거나 엄두도 내지 못했다.

그에 반해서 서양에서는 사회에서 필요했으므로 시계가 확산되었는데, 다시 말해 널리 알려지고 휴대할 필요가 있었다는 의미다. 앞에서 살펴보았듯이, 추로 작동하는 시계에서 스프링으로 작동하는 시계로 바뀐 변화는 중대한 발전이었다. 무거운 추와 그에 따른 진자가 있는 시계는 처음에 설치된 자리에 계속 고정되어 있었다. 그러나 스프링으로 작동하는 시계는 옮길 수 있어서 장소의 변화가 많았다. 18세기 유럽인들에게 항해용 시계는 지도 제작자, 여행자, 상인, 식물 학자, 항해자 등의 사람들에게 촉매 역할을 한 탐험 기계였다. 그리고 선원들에게는 더 멀리 항해하도록 장려하고, 그들의 위치를 알려 주는 데 도움을 주며, 다시 돌아올 수 있게 해주는 장치였다. 결국 회중시계와 그 뒤에 나온 손목시계가 수백만 명의 사람들이 들고 다니는 시계가 되었다.

궁정 경내에 유폐되었던 중국 최초의 거대한 시계는 증기로 작동했다. 소송이 만든 '천문시계'의 중심부였던 탈진기는 계속 증기가 필요했고, 당연히 한 자리에 단단히 고정되어 있었다.

중국이 시계 제조의 불모지가 되었다는 의미에서 '동양적'이거나 '아시아적'이라고 할 수 없는 증거로 일본의 흥미롭고 대조적인 사례를 들어 보자. 중국인들은 완고하게 고립주의 태도를 계속 유지했고 외부의 모든 것에 끈질기게 의혹을 품었던 반면, 일본인들은 그들만의 예술과 제도를 보존하려는 결단을 해외에서 들어온 것은 무엇이든 모방하고 포함하려는 놀라운 능력과 결합했다. 17세기 말이 되기 전에 일본인들은 유럽의 시계들을 자신들의 방식대로 모방해서 만들고 있었다. 18세기가 되어 일본인들은 시계 제조 산업을 발달시키기 시작했고 조절 가능한 문자판과 고정된 시곗바늘이 달린 독자적인 시계를 만들어 냈다. 그들은 낮과 밤의 '시간'이 같지 않기 때문에 낮 시간의 첫 번째 균형 바퀴와 밤 시간의 두 번째 균형 바퀴가 각각 달린 이중 탈진기 시계를 완성했다.

1873년까지 일본인들은 '자연적인' 낮 시간을 일출과 일몰 사이에 균일한 6시간으로 나누고 있었다. 그들의 '시간'은 계속 날마다 달랐지만 1년 내내 이런 균일하지 않은 시간을 정확히 나타내는 시계를 만들어 내는 데 성공했다. 일본 주택의 벽지는 유럽의 무거운 벽시계를 견디기에는 너무 약했으므로 일본인들은 '기둥 시계'를 만들어 냈다. 이 시계는 일본 주택의 목재 구조에 걸려 수직 눈금으로 시간을 나타냈다. 수직 눈금 위에 이동하는 표시기가 쉽게 움직여서 날마다 변하는 시간 간격을 제대로 표시할 수 있었다. 일본인들이 유럽에서 버린 지 오래된 방법을 간직하고 있었던 이유는 분명 그들의 창의력에 자극제가 되었기 때문이었다.

일본은 주요 스프링을 만들어 내기가 어려워 1830년대까지 스프링으로 작동하는 시계를 제조하지 못했다. 머지않아 일본인들은 일본의 전통적인 인롱(약상자)에 꼭 맞는 우아한 인롱 회중시계를 만들어 냈고, 그 시계를 호주머니가 없는 일본의 의상에 사용할 수 있도록 줄에 달아 목에 걸거나 오비(일본 옷의 띠)에 끼워 넣었다. 일본인들은 방바닥에 앉는 관습이 있었으므로 '대형 괘종시계'를 개발하지 않았다.

번창하는 도심지와 진취력 있는 상인들로 혼잡한 일본은 예술과 공예를 널리 알리고 있었고, 물품의 유통이나 사람들은 활력이 넘쳤다. 교통량이 많은 도로망과 수많은 항구가 온갖 상품들을 여러 곳으로 끊임없이 운반했다. 시계 제조업은 중국보다 일본에서 먼저 발달했다. 일본의 다이묘daimyo(일본의 봉건 영주)나 장군shogun, 또는 지방 영주들이 자신들의 성에 설치할 시계를 주문했지만, 19세기가 되어서야 대중은 시계를 좋아하게 되었고 수백만 명의 사람들이 시계를 구매할 기회가 생겼다.

DISCOVERERS

THE

2편 지구와 바다

항해할 수 없는 바다는 없으며,
사람이 살 수 없는 육지도 없다.
– 상인이자 지리학자, 로버트 손Robert Thorne(1527년)

인류는 이 지구를 발견하기 위해 먼 옛날의 희망과 두려움에서 자유로워야 하고 경험에 뛰어들 출입구를 열어야 했다. 광활한 우주와 대륙과 바다는 서서히 모습을 드러낼 뿐이었다. 서양은 분명 유리한 입장에 있었고 역사의 대부분 동안 서양은 발견자였고, 동양은 발견된 자였다. 서양에서 지구의 반대편을 향한 최초의 도달은 부지런하고 외로웠던 육지의 여행자들이 이루었다. 그러나 지구의 전체 규모는 바다를 모험하는 조직 공동체들만이 잠시 볼 수 있었다. 그런 바다가 위대한 놀라운 일들을 만나는 주요 경로가 되었다.

상상의 지리학

당신의 지평선이 날마다 넓어졌으면 좋겠습니다.
스스로 제도에 속박된 사람들은 모든 진리를 제대로 볼 수 없으며
꼬리로 보려고 합니다.
제도란 진리의 꼬리와 같지만 진리는 도마뱀과 같습니다.
도마뱀은 잡히면 당신의 손에 꼬리를 남겨 놓고 달아납니다.
눈 깜짝할 사이에 새 꼬리가 자란다는 사실을 잘 알고 있기 때문입니다.
– 이반 투르게네프Ivan Turgenev가 레프 톨스토이Leo Tolstoy에게 (1856년)

10

산을 향한 경외심

인간이 산을 정복한다고 생각하기 훨씬 이전에 산은 인간을 정복했다. 산은 매우 높은 권능을 지닌 성곽으로 오랫동안 남아 있었다. 이를 두고 마터호른산을 최초로 정복한 에드워드 휨퍼Edward Whymper는 '인간의 자연 정복에 대한 저항'이라고 말했다. 높은 산은 모두 그 그늘에 살고 있는 사람들에게 숭배를 받았다. 경외의 눈으로 바라보는 히말라야산맥에 영감을 받은 인도 북부의 사람들은 북쪽으로 더 멀리 가면 더욱 높은 산이 있다고 생각했고 그 산을 메루산Mt.Meru이라고 불렀다. 힌두교도와 이후 불교도들은 이 상상 속에 나오는 8만 4,000마일(약 13만 5,185킬로미터) 높이의 최고의 산을 그들이 믿는 신들이 사는 곳으로 여겼다. 세상의 중심에 있는 산이며 타원형 우주의 수직축인 메루산은 7개의 산이 원으로 둘러싸고 있었고 그 주위를 태양과 달과 행성들이 회전했다. 원을 이루는 7개의 산과 그 외부에 있는 여덟 번째 원 사이에 지구의 대륙들이 있었다.

힌두교의 경전에 따르면, 메루산에는 "감로수 강들이 흐르고 신성한 존재 데바Deva와 천상의 악사 간다르바Gandharva와 간다르바의 아내 아프사라스Apsaras가 살고 있는 아름다운 황금빛 집들이 있다." 이후 불교의 전통에서는 이렇게 전하고 있다. "메루산은 4개의 주요한 방향으로 갈라진 4개의 세계들 사이에 있고 밑바닥은 네모나고 꼭대기는 둥글다. 그리고 그 길이는 8만 요자나yojana이고, 그 절반은 하늘로 솟아 있으며, 그 나머지 절반은 땅속으로 뻗어 있다. 우리 세계의 바로 옆에 있는 측면은 푸른 사파이어로 이루어져 있는데 그런 이유로 하늘은 푸르게 보이고, 그 반대편은 루비와 노랗고 하얀 보석으로 이루어져 있다. 따라서 메루산은 지구의 중심부이다." 길이 1,600마일(약 2,575킬로미터)이고 폭이 150마일(약 241킬로미터)이나 되는 신성한 히말라야는 그 높은 곳의 보이는 부분에 불과했다. 에베레스트, 칸첸중가, 고드윈오스턴, 다울라기리, 낭가파르바트, 고사인탄 등을 포함한 2만 5,000피트(약 7,620미터)가 넘는 봉우리들은 등산의 시대가 찾아온 이후에도 등반가들을 감히 도전하지 못하게 했다. 이 산들은 또한 감사하는 마음을 불러일으키게 했다. 생명을 주는 인더스강, 신성한 갠지스강, 브라마푸트라강의 숨겨진 원천이 그 산들(후세의 일반 지리학자들은 '분수령'이라고 불렀다) 사이에 깊이 숨겨져 있었기 때문이다.

또한 일본인들에게도 지상의 풍경을 지배하고 예술에서 늘 찬양이 끊이지 않는 여신, 후지야마(후지산)가 있었다. 일본의 인기 있는 풍속 판화 우키요에*의 대가, 호쿠사이Hokusai는 「후지산 36경」(1823-1829년)을 그려 그 신성한 산의 여러 모습을 보여 주었다.

----

* 에도 시대의 일상생활과 풍경, 풍물을 주로 그린 풍속화

서양에서는 그리스인들이 에게해 위에 9,000피트(약 2,743미터) 높이로 우뚝 솟아 있는 올림포스산을 갖고 있었다. 흔히 구름으로 뒤덮여 분명히 드러내지 않는 올림포스산 정상은 신들의 은둔처였다. 사람들은 신들이 회의를 열고 있는 둥근 바위 계단의 원형 극장을 구름 사이로만 잠시 엿볼 수 있었다. 그곳에 관해 호머는 이렇게 읊었다. "그곳은 바람도 지나가지 않고 눈도 닿지 않는다. 깨끗한 공기로 둘러싸이고 하얗고 맑은 기운이 감싸고 있다. 그리고 그곳의 신들은 영원한 생명만큼 끝없이 이어지는 행복을 맛보고 있다." 그리스인들은 올림포스산이 세상에서 가장 높은 산이라고 확신했다. 태초에 크로노스가 세상의 창조를 끝낸 후 그의 아들들이 세상을 나누려고 제비뽑기를 했다. 제우스는 천상을 차지했고, 포세이돈은 바다를 받았고, 하데스는 어두운 지하의 땅을 얻었다. 하데스는 혼자 아래에 남았지만 제우스는 다른 여러 신들을 올림포스산에 있는 그의 집에서 함께 살도록 해 주었다.

유대인의 신은 시나이Sinai산 정상에서 모세에게 율법을 새긴 석판들(십계명)을 주었다.

셋째 날 아침, 천둥소리와 함께 번개가 치고 시나이산 위에 짙은 구름이 덮이며 나팔 소리가 크게 울려 퍼지자 진지에 있던 백성이 모두 떨었다. 모세는 백성들로 하여금 하느님을 만나 보게 하려고 진지에서 데리고 나와 산기슭에 세웠다. 시나이산은 연기가 자욱하였다. 야훼께서 불 속에서 내려오셨던 것이다. 가마에서 뿜어 나오듯 연기가 치솟으며 산이 송두리째 뒤흔들렸다. 나팔 소리가 점점 크게 울려 퍼지는 가운데 모세가 하느님께 말씀을 올리자 하느님께서 천둥소리로 대답하셨다. 야훼께서 시나이산 봉우리에 내려오셔서 모세

에게 산봉우리로 오르라고 하시자 모세가 올라갔다. 〈출애굽기 19장 16-20절〉

사람들은 자연으로 생긴 산이 없는 곳에서는 인위적으로 산을 만들었다. 현존하는 가장 오래된 그런 사례는 기원전 2200년경으로 거슬러 올라가 고대 메소포타미아에서 만들어진 피라미드 형태의 계단식 신전, 지구라트ziggurat이다. '지구라트'는 산의 꼭대기라는 의미와 인간이 만든 계단식 탑이라는 의미 모두를 나타냈다. 바빌로니아의 엄청난 피라미드는 295제곱피트(약 27.4제곱미터)와 295피트(약 90미터) 높이의 '바벨탑'으로 유명해졌다. 기원전 460년경에 헤로도토스가 설명했듯이, 지구라트는 멀리서 보면 계단식 피라미드와 같았지만 위로 올라가면서 아래층보다 조금씩 더 작아지도록 쌓은 단단한 탑이었다. "탑의 맨 꼭대기에는 큰 사원이 있고 그 사원 안에는 화려하게 꾸며 놓은 커다란 침대가 있고 그 옆에는 황금빛 탁자가 있다. 그곳에는 우상도 전혀 없다. 신이 지정한 그 지역의 여인 외에는 밤에 아무도 잘 수 없다고 그 사원의 신관인 칼데아 사람에게 나는 들었다."

4세기에 고대의 지구라트가 무너지고 있었을 때 한 이집트인은 이런 전설을 전했다. 지구라트는 "천상에 올라가기를 바란 거인들이 세웠다. 이런 불경한 어리석은 행동으로 일부 거인들은 벼락을 맞았고 다른 거인들은 신의 명령에 따라 이후 서로를 알아볼 수 없게 되었다. 나머지 거인들은 모두 분노한 신에게서 내던져져 크레타섬으로 곤두박질쳤다." 바빌로니아의 성전에 따르면, 지구라트는 '하늘과 땅을 연결하는 하나의 고리'였다.

바벨탑은 인간이 천상에 도달하여 신의 영역을 침입하려는 노력의 상징이 되었다. 지구라트는 메소포타미아인 아브라함의 손자, 야곱 족장이 본 사다리의 지상 형태라고 전해지고 있었다. "그리고 그는 꿈을 꾸었고 천상에서 지상으로 이어져 있는 사다리를 보았다. 그리고 하나님의 천사들이 그곳을 오르내리는 광경을 보았다." 메소포타미아는 곳곳이 평지로 되어 있어서 그곳 사람들은 신에게 다다를 수 있고 또 신이 더욱 쉽게 인간에게 내려올 수 있도록 인위적으로 산을 만들 필요성을 느꼈다. 메소포타미아의 주요 도시마다 적어도 높은 지구라트 하나는 있었고 가장 인상적인 구조로 보이도록 최대한 높이 만들었을 것이다. 그와 관련된 33개의 유적이 20세기에도 그대로 남아 있었다. 어쩌면 지구라트는 바빌로니아의 신왕 마르두크Marduk가 부활할 수 있는 무덤이었을 지도 모른다. 아니면 신이 도시로 내려오고 또 인간이 신에게 부탁을 하려고 올라가는 그냥 계단이었을 수도 있다.

하下이집트의 나일강 계곡에서는 가장 오래된 인위적으로 만든 산들을 여전히 볼 수 있다. 생명의 발상지인 태고의 산은 특히 이집트인들에게 뚜렷하게 남아 있었다. 해마다 나일강의 홍수로 불어난 물이 빠지면 새로운 생명과 함께 비옥한 흙더미가 물 위로 나타났다. 그러면 매년 이집트인들은 창조의 역사를 다시 체험했다.

초기 이집트의 피라미드는 메소포타미아의 지구라트와 비슷한 계단식 피라미드였다. 하이집트의 사카라에 있는 조세르Zoser(기원전 2980년경 이집트 제3왕조의 첫 왕)의 거대한 피라미드는 6개의 계단으로 되어 있었다. "[왕]이 하늘로 올라갈 수 있도록 왕을 위한 천상으로 가는 계단이 놓여 있다." '올라가다'라는 이집트어는 계단식 피라미드라는 의미가 담겨 있다. 이후의 피라미드에는 계단이 전혀 없었고 신성한 태양신을 나타내는 부드러운 경사면으로 되어 있었다. 고대 이집트인들은 신왕 페피Pepi가 "이 빛을 계단처럼 그의 발밑에 내려놓았다… 하늘로 올라가는 계단은 그를 위해 준비되어 있다"라고 설명했다.

티베트에서는 라마승들이 땅의 상징으로 여긴 쌀을 부처에게 바쳤다. 이 작은 쌀더미는 메루산을 나타냈다. 부처는 자신이 죽은 뒤 화장을 하고 그 뼈를 4개의 길로 갈리는 교차로의 언덕에 묻으라고 지시했다. 이런 지시는 그의 가르침이 널리 퍼져 나가는 것을 상징했다.

힌두교가 오랫동안 지배하는 동안, 수많은 '사리탑stupas'(메루산을 모방하여 인위적으로 만든 산)이 타원형 우주의 수직축을 상징했다. 기원전 약 273년에서 232년까지 나라를 다스린 아소카Asoka왕은 불교를 자신의 광대한 제국의 종교로 삼았을 때 힌두교의 사리탑을 불교도를 위한 사리탑으로 간단히 바꾸어 놓았다. 아소카의 사리탑 가운데 2개는 아직도 남아 있다. 하나는 인도 중부의 산치Sanchi에 있는 거대 사리탑Great Stupa이고 다른 하나는 네팔의 카트만두Katmandu에 있는 보드나트 사리탑Bodhnath Stupa이다.

메소포타미아의 지구라트처럼 불교의 사리탑도 우주를 본보기로 삼았다. 사리탑의 견고한 반구형 돔은 네모나거나 둥근 토대 위로 솟아 있었다. 이 돔은 지상에서 하늘로 솟은 세상의 가장 높은 산을 둘러싼 천상의 돔을 모방했다. 세상에서 가장 높은 산이 꼭대기에 작은 발코니 모양을 하고 천상의 돔을 뚫고 위로 솟아 있었다. 돔의 중심에는 세상의 축인 기둥이 밑바닥을 상징하는 바다 위로 죽 뻗어 있었다.

이런 불교도의 인위적으로 만들어진 산 가운데 가장 인상적이고 크고 복잡한 것은 자바에 있는 보로부두르Borobudur의 거대한 사리탑(서기 8세기경)이다. 5개의 벽으로 둘러싸인 직사각형의 테라스 위로, 72개의 작은 종 모양의 사리탑들이 있는 3개의 둥근 연단이 솟아 있다. 각 연단에는 부처 하나와 갓돌을 얹힌 커다란 견고한 사리탑 하나가 놓여 있다. 실론Ceylon의 불교도 서사 시인이 이 거대한 사리탑의 완성에 관해 읊은 시에 공감이 간 다. "따라서 부처는 이해하기가 어렵고, 또 이해하기 어려운 것은 부처의 본성이며, 또 이해하기 어려운 것은 이해하기 어려운 것을 믿는 사람들이 바라는 보상이다."

인도에서 불교가 쇠퇴하고 힌두교가 다시 생겨난 후, 많은 거대한 사원 들은 흰 눈으로 쌓인 신성한 히말라야를 상징하기 위해 흰색으로 칠해졌 다. 메소포타미아의 지구라트와 이집트의 피라미드와 그 태고의 메루산 을 재현한 다른 구조물들처럼, 그러나 그리스도교의 성당과 달리, 힌두교 의 사원들은 신자들이 모일 수 있는 피신처가 없었다. 인위적으로 만든 산 은 자연의 산처럼 숭배의 대상이었고 교도들이 올라갈 수 있는 가장 탁월 한 성스러운 땅이었다. 신이 만든 창조물을 모방한 건축가는 마력 같은 힘 이 있었다.

힌두교의 왕조들은 돔, 첨탑, 6각형이나 8각형탑 등 태고의 메루산을 모 방한 많은 화려한 유형들을 만들어 냈다. 돌로 만든 이런 기념물의 표면, 벽판, 벽감, 프리즈frieze*에는 식물, 원숭이, 코끼리, 남자, 여자 등의 형상 들이 새겨져 있었다. 그중 가장 웅장한 작품은 인도 중남부의 엘로라Ellora 에 있는 힌두 사원 카일라시Kailasa(시바신의 낙원)이다. 카일라시 사원은 신 성한 산의 모형을 만들어 내려고 카일라시산 자체를 정교하게 이용한 것

---

* 고전 건축에서 기둥머리가 받치고 있는 건물의 윗부분

이다. 산을 깎아서 만든 산 카일라시는 먼저 276피트(약 84미터) 길이, 154
피트(약 47미터) 폭, 100피트(약 30미터) 높이의 바위 덩어리로 산을 깎아 냈
다. 석공들은 산을 꼭대기에서 아래쪽으로 깎아 내려왔기 때문에 발판이
필요 없었다. 200년의 힘든 과정을 거쳐 완성한 이 산은 시바신의 낙원인
히말라야의 카일라시산의 훌륭한 복제품이 되었다. 힌두교도 건축가와
조각가들은 인도 중부의 카주라호Khajraho에서 (1000년경) 오랜 기간의 노력
으로 메루산을 재현했고 인간과 신의 관능적인 재결합의 형상을 조각하
는 데 엄청난 열정을 쏟았다. 힌두교의 사리탑 꼭대기를 장식하고 있는 첨
탑, 시카라sikhara는 산봉우리를 의미하기도 했다.

어쩌면 세상에서 가장 웅장한 종교 기념물은 앙코르와트의 복잡한
사리탑 사원일 것이다. 앙코르와트는 캄보디아의 왕 수리야바르만 2
세Suryavarman II(1113-1150년)가 자신의 무덤과 신성한 사원으로 건설한 것이
다. 환상적으로 정교하고 다면적으로 만들어진 그곳의 사리탑은 금사나
은사로 세공된 방대한 계단식 피라미드, 즉 조각된 산이다.

세상의 다른 편에서도 산에 대한 널리 퍼진 외경심의 상징으로 더욱 단
순하면서도 꾸밈이 없는 피라미드가 세워졌다. 멕시코 계곡의 테오티우
아칸Teotihuacan에는 바벨탑 높이의 3분의 2가 되는 태양의 피라미드가 세워
졌다. 평평한 유카탄반도에서는 마야족이 욱스말Uxmal과 치첸이트사Chichen
Itza에 피라미드 사원들을 세웠다.

11

천국과 지옥의 세계

육지와 대륙과 바다의 형태를 밝혀내는 데 큰 장애물은 무지가 아니라 지식의 환상이었다. 지식이 느리게 성장하며 반박하는 증거들로 나아가는 동안에 상상은 즉시 희망과 두려움을 채우면서 대담한 노력으로 뻗어 갔다. 산 정상에 오르기를 두려워하는 마을 사람들은 죽은 이들이 머물 곳을 불가해한 천상으로 정했다.

천체는 소멸과 재생을 나타내는 뚜렷한 본보기였다. 태양은 매일 밤 죽고 매일 아침에 다시 태어났지만 달은 매달 새로 태어났다. 이 달은 '재생'할 때마다 다시 나타나는 달과 동일한 것이었을까? 일몰 때마다 새로 반짝이는 별들은 새벽마다 사라지는 별들과 실제로 같은 별들이었을까? 어쩌면 이 천체들처럼 우리 인간도 죽었다가 다시 태어났을 지도 모른다. 천체, 특히 달은 죽은 자의 부활과 매우 관련되어 있었다는 사실은 놀라운 일이 아니다. 그런 관념들이 지중해나 유럽 세계에만 한정되어 있지 않았다는 것을 고대 그리스와 로마의 사례에서 확인해 보자.

고대 그리스 초기에 달의 여신, 헤카테Hecate는 지옥의 여왕으로 유령들을 소환하는 신이었다. 잘 알려진 동양의 점성술에 따르면, 차갑고 축축한 달빛은 죽은 자의 몸을 부패시키고 그 영혼을 지상의 감옥에서 벗어나 천국에 이르도록 도왔다고 한다. 고대 시리아인들은 달빛이 가장 밝은 밤에 무덤에 제물을 바쳐서 그런 의식의 과정을 촉진시키려고 했다. 동방 정교회에서는 그런 희망을 이루기 위해 죽은 자들을 위한 제사 의식의 날짜가 정해졌다.

고대의 한 힌두교 경전인 우파니샤드Upanishad에는 이런 말이 기록되어 있었다. "지상을 떠나는 이들은 모두 달로 간다. 그 달은 처음 보름 동안은 죽은 자들의 한숨으로 부풀어 오른다." 페르시아의 현자인 마니Manes(서기 216?-276?)가 창시한 마니교 신봉자들은 그들의 신비주의 교리에서 달의 역할을 중요하게 여겼고, 조로아스터교와 그리스도교의 교리를 통합하여 흥미로운 새로운 종파를 만들었다. 그 새로운 종파는 성 아우구스티누스를 비롯한 초기 그리스도교도들의 마음을 끌었다. 그들의 설명에 따르면, 달이 지상에서 끌어온 빛을 내는 영혼을 통해 부풀어 오를 때 초승달 모양을 한다고 했다. 달은 이런 영혼들을 태양으로 보낼 때 이지러진다. 하늘을 건너가는 달의 배는 매달 새로운 영혼을 가득 싣는다. 그리고 그 영혼을 태양의 더 큰 배에 규칙적으로 옮겨 싣는다. 불멸의 상징인 초승달은 고대 바빌로니아와 켈트의 여러 부족과 아프리카 곳곳에서 장례의 기념물을 돋보이는 역할을 했다. 로마 공화국에서는 원로원 의원들이 상아로 만든 초승달로 장식된 신발을 신었다. 왜냐하면 죽은 뒤 고귀한 영혼들은 하늘로 옮겨 가 그곳에서 달 위를 걷기 때문에 그 신발을 그들의 순수한 영혼의 상징으로 여겼다.

영혼이 달로 날아간다는 의미는 단순한 은유가 아니었다. 스토아학파에 따르면, 어떤 특별한 물질 영역이 달을 둘러싸고 있었다. 불타는 생명력인 영혼은 자연스럽게 공기를 뚫고 하늘의 불덩이를 향해 올라갔다. 영혼은 달의 주변에서 영혼의 본질과 매우 비슷한 물질인 에테르ether*의 '입구Porch'를 발견하여 그곳에서 평형 상태로 떠다니며 머물렀다. 영혼은 각각 지성이 주어진 불덩어리가 되었고, 모든 영혼들은 빛나는 달의 주변을 돌면서 영원한 합창을 했다. 이런 경우에 천국Elysian Fields은 피타고라스 학파가 주장했듯이, 달에 있는 것이 아니고 달을 감싸고 있는 에테르 안에 있으며, 그 안에는 오직 순수한 영혼만 들어갈 수 있었다.

민간에 널리 퍼진 천문학에 따르면, 7개의 행성 중에서 가장 낮은 순서는 달이었고 그 달의 에테르는 지구의 깨끗하지 못한 대기에 가장 가까웠다. 피타고라스학파와 스토아학파는 영혼이 달의 둘레를 지난 후 바로 지구로 돌아온다고 생각했다. 따라서 '달 아래sublunary'라는 말은 지상이나 속세, 또는 덧없음 등을 의미할 때 사용되었다.

어쩌면 유럽의 민간설화가 전했듯이, 사람은 모두 태어날 때 빛을 내고 죽을 때 사라지는(그의 지위와 운명에 따라 빛이 밝아지거나 흐려지는) 고유의 별을 갖고 있었을 것이다. 또 유성은 어떤 사람의 죽음을 의미했을 수 있다. "아담과 이브의 시대에는 오직 2개의 별만 있었고, 대홍수 이후 노아와 그 밖의 7명의 사람들만 방주 안에서 살아남았을 때는 오직 8개의 별이 있었던 것일까?"라고 5세기에 알렉산드리아의 에우세비우스Eusebius 주교는 생각했다. 모든 사람들은 행운이나 불운의 별 중 하나를 갖고 태어났다. 라

---

* 고대인이 상상한 하늘의 정기

4부 상상의 지리학 173

틴어 '아스트로서스astrosus'는 불운을 의미했고, 오늘날 우리도 여전히 '행운의 별'을 갖기를 바란다.

사람들은 대부분, 만일 이승을 떠나는 영혼이 새가 되어 지상에서 날아간다면 그 영혼은 천체에 내려앉지 않을까라는 생각을 했다. 그리고 수많은 별들은 수없이 많은 죽은 자들이라고 해석될 수 있었다. 어떤 사람들이 죽은 자의 영혼이 떠나는 주요 경로라고 믿었던 은하수는 그런 무수한 죽은 자의 영혼들이 모이는 곳이었다. 오비디우스Ovid의 이야기에 따르면, 비너스가 원로원으로 눈에 띄지 않게 들어가 피를 흘리며 쓰러진 카이사르의 몸에서 영혼을 데리고 나와 하늘로 올라갔고, 또 그 영혼이 불덩이가 되어 달을 지나 멀리 날아가 꼬리가 달린 혜성이 되었다고 한다. 가족을 잃은 유족들은 지상에서 떠난 죽은 가족이 별이 되어 하늘을 밝게 비춘다는 생각으로 위로를 삼았다. 총애하던 안티노우스Antinous를 잃고 슬퍼한 로마 황제 하드리아누스Hadrian는 그때 막 나타난 별을 보고 자신의 벗은 그 별이 되었다고 단언했다. 키케로Cicero는 "거의 하늘 전체가 인류로 가득 차 있다"라고 말했다.

중력이 발견되기 전 수천 년 동안, 천체에서 가장 강한 태양은 다른 천체를 지배하고 '세상의 중심이며, 새로 태어난 영혼의 근원'이라고 전해졌다. 피타고라스학파(기원전 2세기)에 따르면, 태양은 뮤즈신의 합창 지도자인 아폴로 무사게테스Apollo Musagetes였고 그의 음악은 천체의 화성 harmony of the spheres*이었다.

---

* 천체의 운행으로 생기는, 인간에게는 안 들리는 미묘한 음악이라고 함

지구의 외진 다른 세계에 관한 몇 안 되는 사실을 믿는 사람들은 사후 세계가 있다는 생각에도 동의했다. 지구 표면의 형태가 여전히 알려지지 않았던 시기에도 지하 세계는 생생하게 세부적으로 묘사되었다. 사람들은 죽은 자들이 지하 세계에 살고 있다는 것을 꽤 당연하게 생각했으므로 죽은 사람을 매장하는 관습을 실천해 왔다. 어떤 지하의 지형도를 보면 사후 세계가 가능하고 그럴듯하게 보이기까지 했다. 전설에 따르면, 로마인들은 도시를 설립할 때 고대 에트루리아의 관습을 따라서 지하 세계의 조상들이 살아 있는 사람들의 세상과 더욱 쉽게 소통할 수 있도록 도시 중심부에 구멍을 팠다. 그들은 죽은 자들이 편히 지낼 수 있고 후손들이 계속 번영하기를 빌기 위해 한 해의 첫 수확물인 과일과 고향에서 가져온 흙더미 등의 선물을 그 구멍 속에 던졌다. 구멍은 하나의 수직 통로가 하늘처럼 둥근 지붕이 갖춰진 방으로 만들어져 있어서 그 자체는 지하의 영역을 하나의 세계mundus로 부르기에 타당했다. 사람들은 이 지하 무덤의 쐐기돌lapis Manalis(죽은 자의 영혼의 돌)을 죽은 자들이 자유롭게 지상으로 돌아올 수 있는 기념일로 1년에 3번 들어 올렸다.

　처음에는 지하 세계의 삶을 단순히 지상에서 보내는 삶의 연장이라고 여겼다. 그래서 많은 사람들 가운데 전사가 죽으면 그의 이륜 전차와 말과 무기와 아내들까지 함께 매장되었고, 장인이 죽으면 그가 사용하던 도구들도 무덤에 함께 묻혔고, 또 가정주부가 죽으면 뜨개질 도구와 요리 그릇들도 함께 묻혔다. 그렇게 해서 지상의 삶은 지하 세계에서도 계속 이어질 수 있었다.

　그리스에는 신화에 나오는 최고의 시인 오르페우스Orpheus의 이름을 딴 한 종파가 생겼다. 오르페우스는 사랑하는 아내 에우리디케Eurydice를 지하 세계에서 구하려고 지상과 지하의 위험한 여정을 오가는 데 능숙해졌다. 기원전 약 6세기에 이 오르페우스교를 믿는 그리스인들과 그들을 따르는 에트루리아인들은 최후의 심판일이라는 근거 없는 믿음을 발전시켰다. 그 흥미로운 종말론은 그들이 화병에 검은색으로 고상하게 묘사한 그림에서 오늘날에도 여전히 확인할 수 있다.

많은 사람들이 하데스의 지하 세계에 관해서 쓴 책들은 등장인물은 서로 다르지만, 지옥의 지형은 마치 가까운 풍경을 묘사하고 있는 것처럼 거의 유사하다. 그리스인들은 삼도천Styx*으로 경계를 이루고 플루톤Pluto과 페르세포네Proserpina가 지배하는 지하 왕국을 주요 특징으로 내세웠다. 그곳에는 재판관인 미노스Minos, 아이아코스Aeacus, 라다만토스Rhadamanthus와 사형 집행관인 에리니에스Erinyes(복수의 여신), 그리고 높은 담으로 둘러싸인 감옥 타르타로스Tartarus가 있었다. 삼도천을 건널 때는 다리가 없었으므로 죽은 자들은 모두 카론Charon의 배를 타고 가야 했다. 뱃사공의 검은 망토를 입은 소름끼치는 노인 카론은 뱃삯으로 1오볼로스obolos를 받았고 죽은 자들은 그때의 관습으로 그 동전을 입에 물고 있어야 했다. 삼도천을 건너면 죽은 자들은 모두 재판소로 향했다. 그런 죽은 자들의 재판은 당연히 이집트인들에게는 친숙했으므로 왕들의 계곡에 있는 무덤에 흔히 묘사되어 있다. 그리스의 지하 세계에서는 애원도 통하지 않고 모든 것을 꿰뚫어 보는 재판관들이 악한 자는 불의 강을 건너 어둠의 고통이 있는 타르타로스를 향해 왼쪽으로 보내고, 선한 자는 천국으로 향하는 오른쪽 길로 보냈다. 여기에는 어느 정도 미묘한 물리학의 문제들이 있었다. 스토아

* 저승에 있는 강

학파가 알려 주었듯이, 만일 모든 영혼이 위로 향하는 불타는 생명력이었다면 그 어떤 영혼도 지상으로 내려올 수가 없었다. 그러나 천국을 하늘로 다시 배치시켰기 때문에 악한 영혼은 지하의 지옥으로 보내졌다.

지구는 태초 이후, 벌을 받을 만한 사람들을 가둘 타르타로스를 포함할 정도로 충분히 넓었을까? 어쩌면 지옥은 지하 세계가 아니라 지구 남반구의 어느 낮은 지대에 있어야 하지 않을까? 베르길리우스Virgil는 아이네이아스Aeneas가 지옥으로 떨어지는 이야기를 쓰려고 했을 때 전통적인 지하 세계의 지리를 따랐다. 그러나 키케로, 세네카, 플루타르크 같은 깨우친 로마인들은 신화 속 지옥의 모습을 믿지 않았다. 예컨대 현실적인 플리니우스는 깊은 구덩이나 넓은 지하 통로를 파는 광부들이 한 번도 지옥을 보지 못했다는 사실이 얼마나 이상한 일인지를 지적했다.

고대 그리스와 로마에서는 대중이 지하 세계에 대한 전통적인 관념을 널리 받아들이거나 적어도 적극적으로 믿었다. 얼마나 많은 무덤의 비문들이 단순한 은유였는지는 분명하지 않다. 에테르에서 글을 보낸 하늘의 영웅이 되었다고 단언한, 아우구스투스 시대의 한 젊은 로마인의 무덤에는 이런 글이 쓰여 있다. "나는 슬픔에 잠겨 타르타로스의 홍수로 가지 않으리라. 나는 유령으로 아케론Acheron강을 건너지 않고, 음울한 배의 노를 젓지 않으리라. 나는 무시무시한 얼굴을 한 카론을 두려워하지 않고, 늙은 미노스는 나를 심판하지 못하리라. 나는 우울의 집에서 방황하지 않고 치명적인 강둑에서 포로가 되지 않으리라." 석관들의 경우에는 익숙한 지역과 관련된 신화의 특성들을 지하 세계의 지도 위에 흔히 묘사하고 있었다.

플라톤주의와 그리스도교는 수많은 신조에서 서로 모순되었지만 서로 다른 방식으로 천국과 지옥의 전형적인 모습을 인정했다. 신플라톤주의

자들은 3세기에 플라톤의 가르침을 신성한 교리로 부활시켰을 때 영혼이 지하에서 어떻게 사는지에 관한 플라톤의 생생한 설명을 옹호했다. 그리스도교의 강력한 반대자인 포르피리오스Porphyry(서기 232?-304?)는 각각의 영혼은 본래 '불의 기운'이며 하늘로 올라가려는 성향이 있지만 지상으로 떨어지면 습기가 차고 무거워지기 쉽다고 설명했다. 그리고 영혼이 지상에 있는 동안 죽은 육체의 감각적인 삶으로 방해를 받으면서 더욱 무거워지고 결국 자연스럽게 지하로 끌려 들어가게 된다고 했다. 그리스의 마지막 주요 신플라톤주의자이며 또한 그리스도교의 격렬한 반대자인 프로클로스Proclus(410?-485년)는 이렇게 주장했다. "영혼은 본성의 힘으로 원래의 거처로 올라가려고 하지만, 열정이 영혼을 침해하여 아래로 끌어당기고, 또한 영혼 안에 생겨난 미개한 본능이 적당한 장소, 즉 지상으로 끌어들인다." 그러므로 사악한 영혼이 지하 세계로 가게 된다는 것은 이해할 만도 했다. 그렇다면 지옥은 단순한 은유가 아니고, 강과 섬과 감옥과 고문실로 뒤얽힌 방대한 지하 세계였고 땅의 악취가 가득하고 햇빛이 전혀 비치지 않는 곳이었다.

앞으로 다가올 새 1,000년 동안, 그리스도교는 고대의 천국과 지옥의 모습에 새로운 믿음과 생동감을 부여했다. 의지가 강한 빙겐의 성 힐데가르트Saint Hildegard of Bingen(1099-1179년)는 그 누구보다 통찰력이 돋보였다. 그녀는 8세 때 속세의 죽음을 상징하는 마지막 의식들을 모두 마치고 수녀원에 들어갔다. 힐데가르트는 성인들의 감동적인 삶, 자연의 역사, 의학, 창조의 신비 등에 관한 글을 썼다. 그녀는 죄를 뉘우치지 않는 죄인들에게 일어난 일들을 정확하게 관찰하고 묘사했다.

나는 끓고 있는 역청과 유황이 가득한 깊고 넓은 우물을 보았고, 그 주변에 있는 말벌과 전갈들은 그곳의 영혼들을 겁주지만 해치지는 않았다. 그 영혼들은 죽임을 당하지 않으려고 남을 죽인 이들이었다.

맑은 연못 가까이에서 나는 커다란 불덩이를 보았다. 이곳에서 불에 타고 있는 영혼들이 있었고 또 뱀에 감긴 영혼들도 있었으며, 또 숨을 쉬듯이 불을 들이마시고 다시 내뿜는 영혼들도 있었다. 그리고 악령들이 그 영혼들을 향하여 빛이 나는 돌을 던지고 있었다. 영혼들은 모두 그들의 형벌이 물에 반사되는 것을 보았고 그 때문에 더욱 고통을 받았다. 이 영혼들은 지상에서 인간들을 죽이거나 그들의 유아를 죽인 이들이었다.

그리고 나는 커다란 늪을 보았다. 그 위에는 늪에서 솟아 나온 검은 연기의 구름이 떠 있었다. 그리고 늪 속에는 작은 벌레 떼가 우글거리고 있었다. 이곳에는 속세에서 어리석은 쾌락에 빠져 있던 사람들의 영혼들이 있었다.

성 힐데가르트뿐만 아니라 다른 많은 사람들에게도 지옥의 생생한 공포는 온화한 천국의 기쁨보다 훨씬 더 관심이 컸다.

그리스도교 측면에서 천국과 지옥에 관해 가장 설득력 있게 묘사한 사람은 당연히 이탈리아의 가장 위대한 시인 단테 알리기에리Dante Alighieri(1265-1321년)였다. 그의 사후 세계의 여정은 하나의 순례였으며 고대의 친숙한 장면으로 돌아가는 일이었다. 단테가 저술한 『신곡』은 당대의 유럽에서 대부분의 순수 문학과 달리, 라틴어나 다른 학자들의 언어가 아니라 '미천하고 소박한 이탈리아어로 쓰였고 또 가정주부들도 쉽게 이용할 수 있는 일반 대중의 언어'로 쓰였기 때문에 그 영향력이 갈수록 커져갔다. 단테의 삶에서 감정이 가장 강렬했던 시기는 그가 25세가 되던 1290년에 사랑하는 베아트리체가 죽었을 때였다. 베아트리체의 죽음으로 단테는 그녀가 떠난 사후 세계에 관한 서사시를 쓰는 데 대부분의 삶을 바쳤다.

단테의 위대한 업적은 그가 죽음의 세계를 여행하는 모습을 묘사한 여행 서사시를 저술한 일이었다. 그 여행 서사시의 100편의 시(1만 4,233행)는 단테가 지옥, 연옥, 천국을 여행하는 과정에서 '죽은 이후의 영혼들의 상황'을 다루었다. 단테는 1307년경부터 『신곡』을 쓰기 시작하여 바로 그가 죽는 날까지 계속 쓰고 있었다. 『신곡』을 완성하게 한 마지막 13편의 시는 단테가 죽은 후에 그의 아들 야코포Jacopo에게 나타나 숨겨 둔 곳을 알려 주지 않았다면 영원히 찾지 못했을 것이다.

단테는 중세의 지식을 사후 세계의 전경으로 옮겨 놓았다. 사후 세계의 여정을 단테가 받아들이자 베르길리우스는 단테를 지옥으로 안내하고, 베아트리체는 단테를 천국으로 안내하여 신이 있는 곳에 이르렀을 때 성 베르나르Saint Bernard에게 안내를 양보한다. 단테의 지하 세계에 관한 묘사는 전통적인 모습이다. 지하 세계의 9개의 크게 갈라진 수렁을 통해 베르길리우스는 단테를 아래쪽으로 안내한다. 각각의 수렁에는 종류가 다른 죄인들이 벌을 받고 있었다. 두 사람은 최후에는 사탄이 있는 곳까지 간다. 그들은 연옥산의 기슭으로 향하는 굴을 올라가면서 7개의 평지를 지나간다. 평지마다 7가지 대죄 중 하나의 죄를 지은 각각의 죄인들이 있었다. 천국에는 9개의 하늘이 있고 열 번째의 하늘에는 신과 그의 천사들이 살고 있었다.

12

균형의 매력

지식 자체보다 더욱 흥미로운 것은 알려고 하는 감정이다. 그리고 인간의 상상으로 지구를 가장 단순한 균형의 형태로 보았다는 사실은 놀랄 일이 아니다.

지구의 가장 흥미로운 형태 중 하나는 알 모양이었다. 고대 이집트인들은 지구 전체를 밤에 달이 보호하고 있는 하나의 알이라고 여겼다. 그 달은 '알을 품고 있는 거위 같은 1마리의 거대한 흰 새'였다. 1세기와 2세기의 기독교 신비주의자인 그노시스주의자Gnostic들도 하늘과 땅을 우주의 자궁 안에 있는 세계의 알World Egg로 보았다. 그리고 거대한 뱀이 이 알을 휘감고, 따뜻하게 하고, 보호하고, 부화시키며, 때로는 먹이로 삼는다고 여겼다. 성 비드Venerable Bede는 7세기에 이런 글을 썼다. "알의 중심에 노른자가 있는 것처럼 지구는 우주의 중심에 있는 원소이다. 지구 주위에는 물이 있는데, 이것은 마치 노른자를 둘러싸고 있는 흰자와 같다. 지구의 외부에는 공기가 있는데, 이것은 마치 알의 얇은 막과 같다. 그리고 이 모든 것들의 주위에는 불이 있다. 그 불은 조개의 껍데기가 입을 다물듯이 안쪽으로 오므리고 있다."

1,000년이 지난 뒤에 영국의 신학자 토머스 버넛Thomas Burnet(1635?~1715년)은 플라톤학파의 신학, 과학, 그리고 알프스산을 여행한 경험을 모두 결합하여 유명한 『지구의 신성한 이론Sacred Theory of the Earth』(1684년)이라는 책을 펴냈다. 그러나 그는 '세계의 알Mundane Egg, 또는 세계가 알 모양이라는 개념은 라틴인, 그리스인, 페르시아인, 이집트인 등 모든 고대인들의 생각과 표현이었다는 것'을 인정해야 했다. 버넛의 '신성한 이론'은 천지 창조, 대홍수, 대화재, 완성이라는 4가지 단계에서 지구가 형성되고 다시 형성되는 개념에 관해 설명하고 있다. 대홍수가 지나고 대화재를 준비하는 현 단계에서는 태양이 지구를 메마르게 하고 지구 전체를 태워 버릴 내부 변화가 일어나고 있었다. 그리고 대화재가 지나간 뒤에는 새로운 하늘과 새로운 땅을 갖춘 새 1,000년이 오고, 새 1,000년 이후에는 지구가 빛나는 별이 되고 모든 성경의 예언이 실현된다는 것이다.

고대 그리스의 지도는 현존하지 않지만 그리스 문학은 균형에 대한 탐구를 설명하고 있다. 그리스인들은 지구가 구체라는 사실을 믿기 훨씬 전에 지구가 어떤 다른 형태를 이루고 있지 않을까 하고 논쟁을 하고 있었다. 헤로도토스는 지구가 오케아노스Oceanus강으로 둘러싸인 원반이라는 호메로스의 주장을 비웃었다. 헤로도토스는 분명 지구가 거대한 사막으로 둘러싸여 있다고 확신했다. 어떤 '적도'에 관한 믿음(지구가 2개의 똑같은 부분으로 나뉘어져 있다는 믿음)은 지구가 구체라는 일반적인 믿음 이전부터 있었다. 헤로도토스에 따르면, 나일강과 다뉴브강은 그리스의 지도를 가르는 중앙선에서 좌우 대칭으로 위치하고 있었다. 아이스킬로스Aeschylus

와 역사가 에포로스Ephorus를 비롯한 그리스 작가들은 지구가 간결한 평행 사변형으로 이루어져 있다고 생각했다. 이오니아 지도에서 지중해의 세로축을 따라 있는 '적도'는 여러 상황을 설명해 주는 듯 보였다. 예컨대 그 세로축을 따라 위치하고 있고 있는 소아시아는 여름과 겨울, 즉 태양이 뜨고 지는 극점 사이의 중간에 있어서 자연히 이상적인 기후를 갖추고 있다는 것을 보여 주었다.

또한 지구가 사각형이라고 생각한 사람들도 많았다. 고대의 페루 사람들은 지구를 한쪽이 길게 솟은 지붕이 있는 상자 모양으로 상상했고 그 지붕 쪽에는 위대한 신이 살고 있다고 여겼다. 아즈텍 사람들은 그들의 세계를 5개의 사각형(중앙의 사각형을 중심으로 4개의 사각형이 사방으로 뻗은 모양)으로 이루어져 있다고 생각했다. 각 사각형은 중심부에서 이어지는 4개의 기본 방위 중 하나를 갖고 있었고 그 중심부는 불의 신, 시우테쿠틀리Xiuhtecutli가 사는 곳이었다. 그 외 다른 신들의 어머니와 아버지는 땅의 중앙에 살고 있다고 여겨졌다. 어떤 민족들은 우주를 바퀴로 여기거나 사면체로 여기기도 했다.

어느 곳에서든 웅장한 신화와 은유는 세계를 이해하기 쉽고 아름답고 합리적으로 보이도록 하는 데 도움을 주었다. 세상을 떠받치고 있는 주역들의 성격은 놀라울 정도로 다양했다. 지구를 두 어깨에 짊어지고 있는 그리스 신화에 나오는 아틀라스는 유럽인들에게 잘 알려져 있다. 멕시코에는 하늘을 떠받치고 있는 적어도 4명의 신이 있었는데, 그중에 케찰코아틀Quetzalcoatl이 가장 중요했다. 고대 힌두교의 어떤 그림에는 반구형의 지구가 4마리의 코끼리 등에서 떠받쳐지고 있는데, 그 코끼리들은 세상의 바다 위에 떠 있는 거대한 거북이의 반구형 등 껍데기 위에 서 있었다.

원시적인 세계관을 나타내는 가장 흥미로우면서 가장 보편적인 도해는 '세계수World-Tree'*였다. 베다의 시인은 작은 나무가 커지면서 바위를 들어 올릴 수 있다면 분명 매우 거대한 나무는 하늘을 떠받칠 수 있을 것이라고 설명했다. 그래서 에덴의 동산에 있었던 것처럼 '생명의 나무Tree of Life' 또는 '선악과 나무Tree of Knowledge'와 같은 관념이 커졌고, 많은 사람들은 자신들의 신성한 나무를 갖게 되었다는 것이다. 고대 북유럽의 서사시집 『에다Edda』는 그들의 '세계수'인 '우주의 물푸레나무 위그드라실Yggdrasil'을 이렇게 찬양했다.

> 최고이며 가장 성스러운 신들의 자리… 그곳에서 신들은 매일 회의를 연다. 그것은 모든 나무들 가운데 가장 위대하고 가장 훌륭한 나무이다. 그 나무의 가지들은 세상 위로 뻗어서 하늘에 이른다. 3개의 뿌리가 나무를 지탱하고 넓게 뿌리를 내린다. 한 뿌리는 아사Asa와 함께 있고… 두 번째 뿌리는 서리의 거인에게 뻗고 있으며, 그 뿌리 아래에는 지식과 지혜가 숨겨진 미미르Mimir 신의 우물이 있다. 세 번째 뿌리는 하늘에 있으며, 그 아래에는 신성한 우르드Urd의 샘이 있다. 이곳에서 신들은 운명을 다스리고 있다.

기원전 5세기인 매우 이른 시기부터 그리스 학자들은 지구가 둥글다고 생각했다. 그에 관한 최초의 분명한 증거로는 플라톤의 『파이돈Phaedo』에 등장한다. 그때 진지한 그리스의 사상가들은 지구가 바다 위에 떠 있는 평

---

* 세계의 중심에 있다는 하늘을 떠받치는 거대한 나무

평한 원반 모양이라는 생각을 버렸다. 피타고라스학파와 플라톤은 그들의 신념을 미적인 근거에 두었다. 구체는 가장 완벽하고 정확한 모형이었으므로 지구도 당연히 구체가 분명할 것이라고 여겼다. 그런 생각을 반대하는 것은 천지창조의 질서를 부정하는 일이 되었다. 아리스토텔레스(기원전 384-322년)는 순수수학이라는 이유로 지구가 구체라는 개념에 동의했고, 거기에 어떤 물리적인 증거를 덧붙였다. 아리스토텔레스에 따르면, 우주의 중심에서 지구는 자연스럽게 구체가 되고 구체로 계속 존재한다. 모든 낙하하는 물체는 중심으로 향하고 있으므로 지구의 입자들도 사방에서 모여들어 구체를 형성하게 된다는 것이다. "더욱이 지구가 구체라는 사실은 우리들의 지각으로 입증된다. 그렇지 않으면 월식은 이런 형태를 이루지 않을 것이다. 즉, 매달 달의 위상을 보면 반달, 철월*, 초승달 등 여러 모양이 나타나지만 월식에는 달의 가려지는 경계선이 늘 둥글다. 따라서 월식이 지구가 태양과 달 사이에 끼어들기 때문에 생긴다면 달의 둥근 선은 지구의 둥근 형태로 인해 생기는 것이다."

아리스토텔레스가 살아 있는 동안에 천문지리학은 그리스인들 사이에서 놀라운 발전을 이루었다. 그들은 아직은 유용한 세계지도를 그릴 정도로 지구의 표면에 관한 상세한 지식을 충분히 알지 못했지만 순수수학과 천문학을 이용하여 놀라울 정도로 정확한 예상을 했다. 아리스토텔레스 이후의 고대 그리스 저술가들, 예컨대 대★플리니우스Pliny the Elder(서기 23-79년)와 프톨레마이오스Ptolemy(서기 90-168년) 같은 위대한 철학자이자 과학자들뿐만 아니라 대중적인 백과사전 집필자들도 지구를 구체로 생각하고

---

* 반달보다 크고 보름달보다 작은 달

정교하게 발전시켰다. 이런 발견은 고전 지식이 현대에 남겨 준 가장 중요한 유산에 속한다.

지구가 구체라는 생각은 미적인 상상에 매우 유혹적인 기회가 되었다. 구체는 여러 면에서 균형 있게, 그리고 아름답게 세분화될 수 있었다. 고대의 철학자이자 지리학자들은 재빨리 그런 사실을 알아냈다.

우선, 구체가 평행선으로 둘러싸여 있다는 생각이 그리스인들의 마음을 사로잡았다. 이 평행선들이 어떤 규칙적인 방식으로 구분되어 있다면 그 사이의 공간들은 특별한 의미가 있는 것이 아닐까 하고 그들은 생각했다. 그래서 그리스인들은 구체 전체의 주위에 평행선을 그려 지구를 평행하는 여러 지대로 세분화했고, 이 지대를 클리마타climata라고 불렀다. 현대의 '풍토climate'라는 의미와 달리, 이 지대는 기상학적 의미가 아닌 지리학적 또는 천문학적인 의미가 있었다. 가장 긴 날의 길이는 한 지대 내의 모든 지역에서는 거의 같았다. 하루의 길이가 각 장소에서 볼 수 있는 태양의 기울기로 늘 결정되었기 때문에 클리마타는 '기울기'를 의미하는 그리스어 '클리마clima'에서 생겨난 것이다. 극지에 가까운 지대에서는 1년 중 가장 긴 하루가 20시간 이상이나 지속되었지만, 적도에 가까운 지대에서는 해가 떠 있는 시간이 12시간 이상은 지속되지 않았다. 그 사이에서는 가장 긴 하루의 길이가 지대마다 차이가 있었다.

고대의 학자들은 그런 지대를 얼마나 많이 구별해 두어야 하는지를 두고 의견이 분분했다. 어떤 이들은 3개 정도가 있다고 생각했고 또 어떤 이들은 10개 이상 있다고 생각했다. 가장 긴 하루가 14시간에서 15시간까지 계속되는 지대는 폭이 632마일(약 1,017킬로미터)이었지만 가장 긴 하루가 19시간에서 20시간까지 계속되는 지대는 폭이 173마일(약 278킬로미터)밖에 되지 않았기 때문에 이런 지대 배열의 균형론은 혼란을 야기했다. 가장 널리 알려진 지구의 분할 방식은 그리스인과 로마인들에게 잘 알려진 플리니우스의 분할법이었다. 그는 적도의 북쪽에(즉 북위 46도 위로) 7개의 평행하는 지대들로 지구를 나누었다. 그리고 북쪽으로 더 올라가 '황무지 지대'가 3개 더 있다고 지적했다. 프톨레마이오스는 북반구에 21개의 평행하는 지대들로 그 수를 더욱 늘렸다.

그런 제멋대로 나누어진 선들은 궁극적으로 인간이 지구의 표면을 이해하는 데 중요한 의미가 되었다. 그러나 그 의미는 고대의 학자들이 예상했던 것과는 달랐다. 예컨대 그리스의 영향력 있는 지리학자 스트라본Strabo(기원전 64?–서기 25?)은 매년 반달 동안 태양이 바로 머리 위에 떠 있는, 적도 양쪽의 몹시 더운 클리마타에는 고유의 식물군과 동물군이 있다고 주장했다. 스트라본에 따르면, 그곳은 몹시 건조한 모래흙이 있어서 "실피움(silphium, 테레빈 기름을 채취하는 작은 테레빈 나무)과 열 때문에 메말라 버리는 일부 자극성 있는 열매밖에 자라지 못한다. 이 지역은 주변에 산이 없어서 구름이 산에 부딪혀 흩어져서 비를 내릴 수 없고, 따라서 강도 흐르지 않는다. 이런 이유로 이곳에는 털이 수북하고, 뿔이 뒤틀리고, 입술이 튀어나오고, 코가 납작한 동물들(동물들의 사지는 열에 뒤틀리고 있다)이 살고 있다." 고대 에티오피아인들의 검은 피부는 열대 클리마타의 몹시 뜨거운 태양 때문에 생겼고 북쪽 맨 끝에 사는 거주민들의 금발과 야만성은 북극 클리마타의 냉혹한 추위 때문에 생긴 것이라고 전해졌다.

지구의 클리마타와 균형에 관한 탐구 과정에서 '프톨레마이오스의 지구학설 Ptolemaic System of the Earth'이 나왔다. 초등학생들도 잘못되었다고 알고 있는 '프톨레마이오스의 천체학설 Ptolemaic System of the Heavens'보다 잘 알려지지는 않았지만 '프톨레마이오스의 지구학설'은 여전히 이 지구에서 우리의 상대적 위치를 알려 준다. 헤로도토스를 비롯한 초기의 여러 그리스인들은 지구의 균형을 탐구하면서 지중해를 사이에 두고 동서의 선을 그어 세계를 두 갈래로 나누었다. 그들이 발견한 새로운 구체를 지구에 맞추려고 정성을 들인 이런 단순한 방법은 결정적인 시작점이 되었다.

어쩌면 가장 위대한 고대 지리학자였을 에라토스테네스Eratosthenes(기원전 276?-195?)는 주로 그에게 가장 많이 혜택을 받은 자들의 맹비난과 전해지는 이야기로 우리에게 알려져 있다. 율리우스 카이사르는 에라토스테네스의 『지리학Geography』에 의존했던 것처럼 보인다. 알렉산드리아에서 에라토스테네스는 서양에서 가장 큰 도서관의 차위 사서second librarian로 일했다. '지리학자들 중에 수학자'였던 에라토스테네스는 지구의 둘레를 측정하는 방법을 알아냈는데, 그 방법은 지금도 사용되고 있다.

에라토스테네스는 여행자들에게서 6월 21일 정오에 태양이 시에네Syene(오늘날의 아스완)의 한 우물에 그림자를 전혀 드리우지 않고 바로 머리 위에 떠 있다는 이야기를 들었다. 그는 태양이 알렉산드리아에서는 늘 그림자를 드리운다는 사실을 알고 있었다. 에라토스테네스는 자신이 아는 모든 지식을 통해 시에네가 알렉산드리아의 정남쪽에 있다고 생각했다. 그는 시에네에서 태양의 그림자가 생기지 않을 바로 그때 알렉산드리아에서 태양의 그림자 길이를 측정할 수 있다면 지구의 둘레를 계산할 수 있을 것이라는 생각이 떠올랐다. 에라토스테네스는 6월 21일에 알렉산드리아에 있는 오벨리스크의 그림자를 측정했다. 그리고 간단한 기하학으로 태양이 머리 위에서 7도 14분의 위치에 있다는 사실을 측정했다. 이 값은 완전한 원을 이루는 360도의 15분의 1에 해당한다. 이 측정은 놀라울 정도로 정확했다. 시에네와 알렉산드리아의 위도 차이는 실제로 현대의 최신 측정으로도 7도 14분이기 때문이다. 그리하여 지구의 둘레는 시에네에서 알렉산드리아까지 거리의 50배가 되었다. 그렇다면 이 거리는 얼마나 되었을까? 에라토스테네스는 여행자들에게서 낙타가 그 여정을 하는 데 50일이 걸렸고 낙타는 하루에 100스타디아stadia를 걷는다는 말을 들었다. 따라서 시에네에서 알렉산드리아까지 거리는 5,000스타디아(50×100)로 측정되었다. 그는 다음으로 지구의 둘레가 250,000스타디아(50×5,000)라는 것을 측정했다. 스타디아(원래는 그리스 단위로 약 183미터)를 현대의 길이로 환산하면 얼마인지 확실히 알 수 없지만 가장 정확하게 측정하면 그리스의 스타디움stadium *은 영국 단위로 약 607피트(약 185미터)에 이른다. 오늘날 우리가 그대로 부르고 있는 그리스의 '스타디움'은 정확히 그 길이의 도보 경주 코스였다. 이 계산으로 에라토스테네스는 지구의 둘레가 약 2만 8,700마일(약 4만 6,188킬로미터)이라는 사실을 알게 되었다. 그 수치는 오늘날 우리가 알고 있는 지구 둘레보다 약 15퍼센트 더 큰 값이었다.

에라토스테네스가 각도 측정을 거리 측정보다 더욱 정확하게 했다는 사실은 놀랄 일이 아니다. 측정의 역사를 통틀어 보면, 각도는 거리보다 훨씬 더 정확하게 측정되어 왔다. 에라토스테네스가 지구 둘레를 측정한 수치의 정확성은 현대에도 견줄 만한 것이 없었다. 일상의 경험에서 비롯된 증거와 천문학과 지리학을 성과 있게 결합한 에라토스테네스의 이론은 그의 시대가 지난 후 너무 오랫동안 잊어버린 본보기였다.

에라토스테네스의 지구 둘레 측정보다 더욱 중요한 업적은 지구 표면

---

* 스타디아의 단수형

을 도식화하는 그의 기법이었다. 이 사실은 당시에 그리스의 가장 위대한 천문학자였을 니케아의 히파르코스Hipparchus of Nicaea(기원전 165-127년경)가 에라토스테네스를 맹비난한 일에서 알 수 있다. 히파르코스는 세차운동을 알아냈고, 별 1,000개의 목록을 만들었으며, 삼각법의 발명자로 널리 인정받고 있다. 그러나 그는 자신이 태어나기 30년 전에 죽은 에라토스테네스를 이상하게도 개인적으로 싫어했다. 에라토스테네스는 평행하는 동서의 선과 남북의 선, 즉 자오선으로 지구를 세분화했다. 그는 로도스섬을 가로지르고 지중해를 양분하는 적도에 평행하여 동서의 선으로 지구를 북부 지역과 남부 지역으로 나누었다. 그런 다음에 수직으로 알렉산드리아를 가로지르는 남북의 선을 추가했다. 에라토스테네스의 지도에서 그 외의 선들(동서와 남북의 선)은 일정한 간격으로 정해진 것은 아니었다. 대신에 그는 고대의 친숙하고 유명한 장소들(알렉산드리아, 로도스, 메로에(고대 에티오피아 왕들의 수도), 헤라클레스의 기둥, 시칠리아, 유프라테스강, 페르시아만의 하구, 인더스강의 하구, 인도반도의 끝부분을 통하여 그 선들을 그었다. 그 결과 불규칙한 그물 모양이 되었지만 지구의 구형 표면에 깔끔한 격자 선을 그려 넣음으로써 인간의 편의에 도움을 주었다.

히파르코스는 다음 단계를 취했다. 지구 주변의 모든 클리마타 선을 주야 평분선equinoctial line*에 평행이 되도록, 그리고 적도에서 극지까지 균등한 간격으로 나누면 어떨까? 그리고 또 적도에서 똑같이 간격을 둔 선들과 다른 선들을 수직으로 나눈다. 그 결과 일정한 격자선이 지구 전체를 뒤덮게 될 것이다. 그러면 클리마타 선은 비슷한 각도에서 햇빛을 받는 지구의

---

* 밤낮 길이가 같은 춘분, 추분점

지역들을 단순히 기술하는 것보다 더 많은 역할을 할 것이다. 만일 클리마타 선에 번호를 붙이면 그것들은 지구의 모든 장소의 위치를 알아내는 간단한 좌표를 제공하게 된다. 그러면 지구의 어떤 도시나 강이나 산이든 정말 쉽게 알아낼 수 있을 것이다!

에라토스테네스는 그런 계획이 가능하다는 사실을 막연히 알고 있었다. 그러나 그가 살던 시대에는 사람들이 지도에서 찾고 싶어 하는 대부분의 장소들을 여행자들의 이야기와 구전으로만 찾았다. 에라토스테네스는 그런 방법이 썩 좋지 않다는 것을 알고 있었지만 자신이 만들어 낸 격자선을 어떻게 제대로 정확히 활용할지 알지 못했다. 히파르코스는 전 세계의 위도와 경도의 격자선을 이용한 정확한 천문학적 관찰로 모든 장소의 위치를 알아낼 수 있다고 주장했다. 그는 옳은 생각을 했을 뿐만 아니라 그 생각을 어떻게 하면 정확하고 실제적인 계획으로 적용할 수 있는지도 알고 있었다. 히파르코스는 지구의 장소들을 찾아내기 위해 지구 전체에 공통된 천체 현상을 이용하여 인간이 지구를 지도로 제작할 수 있는 본보기를 만들어 냈다.

우연히 히파르코스는 현대에도 여전히 사용되고 있는 수학 용어를 만들어 냈다. 에라토스테네스는 지구를 60개의 부분들로 나누었다. 그러나 히파르코스는 지구의 표면을 360개의 부분들로 나누었는데, 이것이 현대 지리학자들이 사용하는 '도degree'가 되었다. 그는 자오선(또는 경선)을 약 70마일(약 113킬로미터)의 간격으로 적도 위에 그었는데, 그 한 간격이 대략 1도의 크기가 된다. 히파르코스는 이런 기준과 전통적인 클리마타를 결합하여 위선과 경선의 천문학적 관찰을 토대로 하나의 세계지도를 생각해 냈다.

시계가 시간을 측정하는 역할을 했던 것처럼 위선과 경선은 공간을 측정하는 역할을 했다. 위선과 경선은 경험의 범위를 알아내고 표시하면서 자연을 다스리려는 인간의 우월성을 암시했다. 또한 우연한 천지 창조의 형태들을 인간의 편리성에 맞는 정확한 단위들로 바꾸는 데 도움이 되었다.

현대 지리학의 명백한 창시자인 프톨레마이오스가 더 이상 쓸모가 없는 천문학을 연구한 사람으로 영원히 인식되는 것은 얼마나 안타까운 일인가! 지리학자 프톨레마이오스가 역사에서 그리 눈에 잘 안 띄는 인물이 된 이유는 우리가 그의 삶을 거의 모르기 때문이다. 그리스계 이집트인 또는 이집트계 그리스인이었던 프톨레마이오스는 알렉산더 대왕이 통치하던 시대의 이집트에서 흔했던 이름을 갖게 되었다. 그런데 똑같은 이름의 프톨레마이오스가 있었는데, 그는 알렉산더 대왕의 가장 가까운 친구들 중 1명이었다. 이 프톨레마이오스는 알렉산더 대왕이 죽은 후 이집트의 통치자가 되었고 그 뒤 스스로 왕이라 선언하고 프톨레마이오스 왕조를 세웠다. 이 왕조는 3세기 동안(기원전 304-30년) 이집트를 통치했다. 그러나 이 프톨레마이오스는 왕이었고 우리가 여기서 언급하는 프톨레마이오스는 과학자였다.

프톨레마이오스는 다른 사람들의 작품을 개선하는 데 뛰어난 능력이 있었던 것으로 보인다. 수많은 지식의 조각들을 사용 가능한 개념들로 만들어 놓았기 때문이다. 앞에서 확인했듯이, 천문학에 관한 『알마게스트』와 『지리학』과 점성학에 관한 『테트라비블로스』는 음악과 광학에 관한 저서들과 전 세계의 왕들에 관한 연대표와 함께 프톨레마이오스가 당대에 최고의 사고를 모아 놓은 업적이었다. 그는 지리학에 관해서는 에라토스테네스와 히파르코스의 지식을 활용했다. 프톨레마이오스는 전설과 신화와 자신의 폭넓은 여행으로 세상을 관찰할 수 있었던 것이 그리스의 역사가이면서 지리학자인 스트라본의 덕택이라고 몇 번이고 인정했다.

가장 놀라운 일은 프톨레마이오스의 영향력이 그가 죽은 뒤 2,000년이 지난 지금도 강력하게 남아 있다는 사실이다. 우리는 세계지도에 여전히 프톨레마이오스가 만든 기본 체계와 용어를 사용하고 있다. 프톨레마이오스가 채택하고 개량한 격자 방식은 모든 현대의 지도 제작에서 기초가 되고 있다. 그는 위도와 경도를 최초로 보급하고, 또 그 용어를 실제로 창안했다. 그렇지만 프톨레마이오스에게 이 용어는 지금과 달리, 세계의 '넓이'와 '길이'를 의미했을 것으로 보인다. 그의 『지리학』에는 위도와 경도가 8,000개의 장소에 쓰이고 있었다. 프톨레마이오스는 지도의 방향으로 북쪽을 위쪽에 놓고 동쪽을 오른쪽에 놓는 관습을 확립했다. 그런 관습이 오늘날에도 아주 간단하고 자연스러운 일이 되었다. 어쩌면 그가 살고 있는 세계에서는 북반구에 더 잘 알려진 장소들이 있었고 또 평평한 지도에서 그 장소들이 오른쪽 위쪽 구석에 있다면 살펴보기가 가장 편리했기 때문이었을 것이다. 프톨레마이오스는 인구가 많은 지역에는 더욱 상세한 정보를 제시하려고 규모를 바꾸면서 세계지도를 26개의 지역으로 나누었다. 그는 현대 학자들 사이에서 나뉘는 지리학geography(지구 전체의 지도를 그리는 것)과 지방 지세도chorography(특정한 지역을 상세하게 지도로 그리는 것)의 구분을 확립했다. 히파르코스의 이론을 따른 프톨레마이오스는 원과 구를 360도로 나누고, 그 각도를 다시 분partes minutae primae으로 나누고, 또 각 분을 다시 초minutae secundae로 세분화했다.

프톨레마이오스는 지구를 구체로서 지도 제작할 용기가 있었다. 그리고 그는 지역 간의 거리를 알아내기 위해 히파르코스의 삼각법을 토대로 '현의 표*'를 개발했다. 또한 프톨레마이오스는 구체의 지구를 평면에 투영하는 방법을 고안해 냈다. 사람이 거주하는 지구의 사분원을 수정하여 구체로 투영하는 이 방법은 오늘날에도 여전히 많은 주목을 받고 있다. 프톨레마이오스의 오류는 어떤 비판 정신의 부족에서 비롯된 것은 아니었다. 프톨레마이오스의 주장에 따르면, 최고의 가설은 사실을 이해할 수 있는 가장 간단함에 있었다. 그는 다양한 증거의 비평을 받았던 자료만을 받아들여야 한다고 생각했다. 프톨레마이오스의 기본적인 약점은 극도로 부족한 사실 정보에 있었다. 결국, 세계지도를 만들기 위해서는 전 세계의 훌륭한 관찰자들에게서 만족스러운 자료를 모아야 했다. 따라서 프톨레마이오스가 한정된 자료 때문에 결정적인 오류에 빠졌다는 사실은 놀랄 일도 아니다.

이런 오류 중 하나는 어쩌면 역사에서 가장 중요한 계산 착오였을 것이다. 지구 둘레에 관해 프톨레마이오스는 놀랍게도 에라토스테네스의 정확한 추정치를 거부했다. 프톨레마이오스는 지구의 각 도degree를 70마일(약 113킬로미터) 대신에 오직 50마일(약 80킬로미터)로 계산을 했다. 그리고 그는 그리스의 박식가 포세이도니오스Posidonius(기원전 135-51년경)와 스트라본의 이론을 따라, 지구 둘레가 1만 8,000마일(약 2만 8,968킬로미터)이라고 분명히 말했다. 이런 과소평가와 함께 프톨레마이오스는 아시아의 위치를 실제의 130도가 아닌 180도로 생각했기 때문에 아시아를 실제 크기보다 동쪽으로 훨씬 더 확장되어 있다고 잘못 계산했다. 프톨레마이오스

---

* 프톨레마이오스가 자신의 삼각함수를 정의하기 위해 원의 현 길이를 사용하여 만든 표

의 지도에서는 이런 착오로 아시아의 동쪽 끝과 유럽의 서쪽 끝 사이의 미지의 세계 부분이 크게 줄어들었다. 프톨레마이오스가 스트라본이 아니라 에라토스테네스를 따랐다면 유럽인의 신세계 발견은 얼마나 더 미뤄질 뻔했을까? 그리고 그때 콜럼버스가 세계가 실제로 얼마나 큰지 알았더라면 어떻게 되었을까? 그러나 콜럼버스는 당시에 가장 뛰어난 지리학 권위자였던 프톨레마이오스를 따랐다. 그리고 그는 지구의 각도를 프톨레마이오스의 계산보다 10퍼센트 더 적게 측정하여 자신의 탐험 전망을 더욱 높였다.

그러나 콜럼버스의 위업에 프톨레마이오스가 어느 정도 인정받아야 하는 것은 프톨레마이오스의 실수 때문만은 아니다. 프톨레마이오스는 지구의 구체 특징을 확인하려고 가능한 모든 사실을 이용하고 또 앞으로 지식에 도움이 될 위도와 경도의 격자선을 확립하여 유럽이 세계를 탐험할 기반을 마련해 주었다. 프톨레마이오스는 사람이 살 수 없는 대양으로 둘러싸인 알려진 세계에 관한 호메로스의 관념을 거부했다. 대신에 그는 아직도 알려지지 않고 발견되어야 할 광활한 세계를 제시했고, 그에 따라 지식을 탐구할 정신을 일깨워 주었다. 사람들이 알고 있다고 생각하는 것을 지도로 만드는 일보다 미지의 세계를 상상하기가 훨씬 더 어려웠다.

고전 지식을 믿는 콜럼버스뿐만 아니라 아랍인들과 그 밖의 다른 사람들에게 프톨레마이오스는 세계 지리학의 원천이고 표준이며 또한 최고 권위로 남아 있었다. 프톨레마이오스 시대 이후 새로운 1,000년이 되어 항해자들과 왕실 후원자들이 프톨레마이오스가 중단한 업적을 자유롭고 모험적으로 계속 이어 갔다면 구세계와 신세계의 두 역사는 아주 달라졌을 수도 있다.

13

독단적인
그리스도교의 속박

유럽을 지배한 그리스도교는 프톨레마이오스의 업적을 계승하지 않았다. 대신에 정통 그리스도교 세계의 지도자들은 세계 지리에 관한 지식의 발전을 가로막는 엄청난 장애물을 만들어 냈다. 중세의 그리스도교 지리학자들은 이미 알려져 있거나 알려지기로 되어 있는 종교적인 어떤 홍미로운 모습을 솜씨 좋게 꾸미는 데 에너지를 쏟았다.

지리학은 중세의 '자유칠과'라는 7개의 교양과목에 들어설 자리가 없었다. 왜 그런지 지리학은 수리 분야의 4학과(산술, 음악, 기하학, 천문학)에도 적합하지 않았고 논리와 언어 분야의 3학과(문법, 논리학, 수사학)에도 들어맞지 않았다. 중세의 1,000년 동안 '지리학'은 일상에서 흔히 쓰는 비슷한 말도 없었고 'geography'라는 영어 단어조차 16세기 중반까지 사용되지 않았다. 학과에 걸맞은 위엄이 부족했던 지리학은 학문의 세계에서 외톨이 신세였다. 이 학과는 자질구레한 지식으로 가득한 잡동사니가 되었고 더욱이 성서의 가르침, 여행자들의 꾸며 낸 이야기, 철학자들의 추론, 신화 속 상상의 이야기 등으로 이루어진 사실이 아닌 지식이 되었다.

　이렇듯 일이 어떻게, 왜 일어났는지를 충분히 설명하는 것보다 무슨 일이 일어났는지를 이야기하기가 더욱 쉽다. 프톨레마이오스가 죽은 뒤, 그리스도교는 로마 제국과 유럽 대부분을 장악했다. 그때 학문 연구에 몰두해야 하는 학자다움을 잠시 망각하는 기이한 일이 유럽 전체에 퍼져 있었다는 사실을 알 수 있다. 그런 현상은 기원후 300년에서 최소한 1300년까지 유럽을 괴롭혔다. 그 시기에 그리스도교의 신앙과 교리는 고대 지리학자들이 많은 노력을 기울이며 아주 천천히 세심하게 그려 놓은 매우 실질적인 세계지도를 은폐시켰다. 프톨레마이오스가 세심하게 표현한 여러 해안선, 강줄기, 산의 능선들을 더 이상 찾아볼 수 없다. 그 지형들은 가장 잘 알려진 천문학 자료를 토대로 만든 격자 눈금을 사용하여 좌표로 나타낸 것이다. 그런 세계지도 대신에 간단한 도해들이 세계에 해당하는 형태를 권위적으로 나타내고 있다. 하지만 그 도해들은 경건한 체하는 우스꽝스럽게 묘사한 그림으로 보일 뿐이다.

　중세 그리스도교의 지리학자들이 무엇을 생각해 냈는지에 관한 증거는 충분히 남아 있다. 예컨대 중세의 세계지도 마파 문디mappae mundi가 현재 600장 이상 남아 있다. 크기가 각양각색인 그 지도들 중에는 7세기에 세비야의 이시도르Isidore of Seville가 편찬한 백과사전에 등장하는 가로 5센티미터에 불과한 지도들과 헤리퍼드 성당Hereford Cathedral에 있는 직경 1.5미터의 지도(기원후 1275년) 등이 있다. 인쇄기가 생기기 전까지 이런 지도들과 현재 남아 있지 않은 수천 개의 지도들은 각 장인들과 후원자들이 그 특별한 형태의 세계지도에 기꺼이 투자하려고 했다는 증거가 되고 있다. 가장 놀라운 일은 그런 지도들이 모두 오직 상상을 기반으로 만들어졌는데도 그때의 세계지도에 변화가 거의 없었다는 사실이다.

중세에서 흔히 사용하던 이런 풍자화 같은 지도들은 '바퀴 지도wheel-maps' 혹은 'T-O 지도'라고 불렸다. 이 지도는 둥근 접시 모양의 O자형 안을 T자형 물길로 나누어 인간이 살 수 있는 전 세계를 나타냈다. T-O 지도에서는 동쪽이 위로 오는데, 그때는 그것이 지도의 '실제 방위를 정하는' 의미였다. T자형의 위쪽은 아시아였고, 아래쪽에서 수직선의 왼쪽은 유럽이었으며 오른쪽은 아프리카였다. 유럽과 아프리카를 나누는 선은 지중해를 나타내며 유럽 및 아프리카와 아시아를 나누는 수평선은 다뉴브강과 나일강을 나타내는데 모두 하나의 줄기로 흘러간다고 되어 있다. 그리고 이 모든 대륙은 '대양'으로 둘러싸여 있다.

T-O 지도는 세계 그리스도교의 지도Ecumenical map였고 '인간이 거주하는 전 세계Ecumene'를 나타내는 것이 목표였다. 정통 그리스도교들이 믿을 내용을 표현하도록 제작된 T-O 지도는 지식을 알려 주기보다는 성서의 가르침을 나타냈다. 지리학자를 불쾌하게 하는 매우 간단한 그 지도는 그리스도교의 신앙을 단순 명료하게 분명히 드러내고 있다. 세비야의 이시도르가 설명했듯이 성서에 따르면, 인간이 거주하는 세계는 노아의 세 아들, 셈과 함과 야벳 사이에서 나눠졌다. 아시아는 "셈의 후손 중에 여왕 아시아에서 이름을 땄고 27족속들이 거주한다… 아프리카는 아브라함[함]의 후손 아페르에서 비롯되었고 360개의 소도시에 30족속들이 있다." 반면에 신화의 에우로페에서 명칭을 딴 유럽은 "야벳의 후손들로 15족속들이 거주하고 120개의 도시가 있다." 각 지도의 중심에는 예루살렘이 있었다. 〈에제키엘 5장 5절〉을 보면 "주 야훼가 말한다. 내가 예루살렘을 뭇 나라에 둘러싸여 뭇 민족들 한가운데 자리잡게 했건만"이라는 구절이 있

다. 선지자 에스겔(에제키엘)의 이 말은 세상 어디에도 위도나 경도가 전혀 필요하지 않다는 의미였다. 성서의 라틴어 번역판, 불가타 성서Vulgate에는 '세상의 배꼽umbilicus terrae'이라는 말이 있었다. 중세 그리스도교 지리학자들은 바로 그곳을 성도Holy City로 끝까지 고집했다. 종교와 지식의 새로운 갈등은 탐험가들이 지도를 동쪽으로 넓히고 그 다음에 서쪽으로 넓혔을 때 생겼을 것이다. 그렇다면 그리스도교들은 과감하게 성도 예루살렘을 바꾸었을까, 아니면 그 탐험가들을 무시했을까?

가장 신성한 장소를 세상의 중심으로 여기는 관점에 새로운 사실은 없었다. 이미 알고 있듯이, 그래서 힌두인들은 신성한 메루산을 '세상의 중심'으로 여긴다. 이집트와 바빌로니아나 그 외 다른 곳에서는 달라진 형태이지만 신성한 산이나 창조의 언덕에 대한 믿음은 지상에서 가장 중요한 장소가 세상의 배꼽이었다고 하는 또 다른 방식이었을 뿐이다. 동방의 도시들은 흔히 스스로 세상의 중심에 자리를 잡고 있었다. 예컨대 바빌론('신의 문' 바빌라니Bab-ilani라는 의미)은 신이 현실로 돌아온 곳이었다. 이슬람의 전통에서 카바Ka'bah는 지상에서 가장 높은 곳이었다. 그리고 북극성은 메카가 하늘의 중심과 마주하고 있다는 사실을 나타냈다. 중국의 완벽한 군주의 수도는 하지의 정오에 해시계가 그림자를 드리우지 않는 곳이었다. 그리스도교 지리학자들이 성지순례의 장소와 십자군 전쟁의 목적지로 만든 성도 예루살렘을 세상의 중심으로 여기는 사실도 전혀 놀랄 일이 아니었다.

놀라웠던 사실은 지리학에 대한 엄청난 방해였다. 사람들은 모두 세상의 중심에 있다고 믿고 싶어 했다. 하지만 전통적인 지리학이 점점 발전한 이후 늘어나는 지식의 양을 무시하고 신앙과 우스꽝스러운 묘사의 세계로 후퇴하기 위해서는 망각의 노력이 필요했다. 중국의 황제들이 서양의 어떤 비슷한 시계보다 앞선 소송의 천문시계를 제작한 뒤 그 지식과 기술을 세상과 어떻게 격리시켰는지 우리는 이미 확인했다. 우리가 앞으로 설명할 지리학에 대한 엄청난 방해는 훨씬 더 놀라운 후퇴의 행동이었다. 서양의 발전하는 지리학 지식은 이미 널리 퍼져 변화가 많은 대륙의 문화 틈새로 들어갔다.

그리스도교의 교리와 성서의 구전 지식은 세계지도에 종교적인 상상이 만들어 낸 여러 허구를 내세웠다. 그 지도들은 신앙 조항의 안내서가 되었다. 성서에 언급된 모든 일화와 장소는 하나의 위치 선정이 필요했고 그리스도교 지리학자들에게 매력적인 경쟁의 장이 되었다. 그중 가장 유혹적인 장소는 에덴동산이었다. 그때는 지도에서 위쪽에 해당하는, 세상의 동쪽 부분에 중세 그리스도교들은 아담과 이브와 뱀의 모습과 함께 높은 벽이나 산맥으로 완전히 둘러싸인 지상낙원을 흔히 나타냈다. 당대에 가장 박식한 사람이라고 평판이 난 세비야의 이시도르(560-636년)가 설명했듯이 "동쪽의 최고의 장소는 에덴동산이다. 에덴동산은 하늘까지 치솟은 불타는 벽이 둘러싸고 있기 때문에 인간이 들어갈 수 없는 환희의 정원이다. 그곳에는 불멸을 안겨 주는 생명의 나무가 있고 또 샘물이 솟아나 4개의 강으로 나뉘어 세상으로 흘러간다." 인간과 에덴동산을 갈라놓은 길 없는 황무지는 야수와 뱀들로 들끓었다. 이런 정통 그리스도교의 관점은 여전히 학계에 신학 논쟁의 여지가 충분히 남아 있었다.

초기의 성서 관점으로 세계를 채우기 위해서는 성서의 가르침을 아름답게 꾸미고 세계의 진짜 모습을 무시해야 했다. 이런 중세의 그리스도교 신자들이 자신들이 비난한 과학 발전 대신으로 무엇을 즐겼는지를 지금은 쉽게 잊히고 있다. 정말 풍부한 상상의 기쁨이며 공포가 아닐 수 없다!

에덴동산에 대한 믿음은 의무일 뿐 아니라 기쁨이 되었다. 히브리어에서 '에덴'은 즐거움의 장소를 의미한다고 신앙심 깊은 작가들은 설명했다. 신은 에덴을 대홍수에서 안전할 수 있도록 달 궤도에 닿을 수 있는 매우 높은 곳에 두었다. 중세의 가장 인기 있는 기행문학 중에는 『낙원으로 향하는 여행Iter ad Paradisum』이 있었다. 이 문학서에 따르면, 알렉산더 대왕은 인도를 정복한 뒤에 넓은 갠지스강에 도착하여 500명의 군사들을 이끌고 그 강을 건넜다. 1개월 후에 그들은 거대한 벽이 둘러싸인 도시에 도착했다. 그곳에는 올바른 삶을 사는 영혼들이 최후의 심판 날을 기다리며 살고 있었다. 그곳은 물론 지상의 낙원이었다.

이후 수 세기 동안 외부 세계를 찾아 떠난 항해자들처럼 낙원을 찾는 용감한 수도사들이 인기 있는 영웅이 되었다. 우주 모험이 공상과학소설이라는 장르가 되었듯이, 낙원에 관한 소설은 종교문학의 장르가 되었다. 한 대중소설에 따르면, 아담의 아들, 셋Seth은 '선악과 나무'에서 가져온 열매의 씨앗을 아담이 죽은 후에 아담의 입에 심었다. 이 씨앗에서 싹튼 나무는 예수 그리스도가 못 박힌 십자가의 나무가 되었다. 또 다른 소설에서는 수도사 3명이 티그리스와 유프라테스강 사이에 있는 수도원을 나와 '지구가 하늘에 닿는' 곳을 찾으러 떠난다. 마침내 그들은 인도의 어두운 황야에 도착하여 그곳에서 개의 머리를 한 사람들과 소인들과 뱀을 발견했고, 또 알렉산더 대왕이 가장 멀리 여행한 지역을 기념하려고 세운 제단을 보았다. 말하는 새들과 거인들이 사는 환상적인 지역을 지난 수도사들은 지상의 낙원에서 약 20마일(약 322킬로미터)을 더 걸어서 2마리의 다정한 사자들과 함께 동굴에서 살고 있는 늙은 성 마카리오스Saint Macarius를 우연히 만났다. 성 마카리오스는 수도사들에게 낙원의 경이로움에 관한 이야기로 즐겁게 해 주었지만, 에덴은 살아 있는 사람들이 들어갈 수 없는 곳이라고 경고하며 결국 수도사들을 되돌려 보냈다.

그러나 그리스도교 지리학자들은 에덴의 위치와 같은 기본적인 문제조차 의견이 일치하지 않았다. 낙원으로 갔던 가장 유명한 여행자 1명은 용감한 아일랜드 수도사 성 브렌던Saint Brendan(484-578년)이었다. 낙원이 대서양의 어딘가에 있다고 믿은 그는 서쪽으로 항해를 하면서 끔찍한 모험을 한 끝에 마침내 매우 비옥한 아름다운 섬에 도착했다. 성 브렌던은 이 섬이 바로 '성자들의 약속된 땅' 낙원이라고 확신했다. 그리고 다른 곳에서 낙원의 위치를 찾아내기를 원했던 사람들도 자신들의 지도와 해도에 '성 브렌던의 섬'이라고 기록했다. 이 용감한 수도사의 이야기는 라틴어, 프랑스어, 영어, 색슨어, 플랑드르어, 아일랜드어, 웨일스어, 브르타뉴어, 스코틀랜드 게일어 등으로 전해지고 또 전해졌다. 성 브렌던의 신성한 섬은 적어도 1759년까지 1,000년 넘게 지도 위에 분명히 표시되어 있었다. 그리고 근대의 지도 제작과 항해의 개척자들은 그 섬의 위치를 찾으려고 최선을 다했다. 가장 오래된 지구본을 만든 마르틴 베하임Martin Behaim은 1492년에 성 브렌던의 섬이 카나리아 제도 서쪽으로 적도 가까이에 있다고 주장했다. 반면에 어떤 사람들은 아일랜드 가까이에 있다고 주장했고 또 어떤 사람들은 서인도 제도에 있다고 주장했다. 200년 동안(1526-1721) 포르투갈인들이 성 브렌던의 지상낙원을 찾아다닌 끝에 그리스도교들은 결국 그 섬을 찾는 것을 포기했다. 그들은 에덴의 더 좋은 위치를 다른 곳에서 찾았다.

이런 에덴을 찾는 기쁨만큼 큰 관심을 끈 것은 곡Gog과 마곡Magog*의 위협이었다. 이와 관련하여 에스겔은 '마곡 땅에 있는 곡에게 맞서'라고 예언했다. 그리고 요한 계시록에는 이런 구절이 있었다. "1,000년이 다 되어 사탄이 그 옥에서 풀려나와서 땅의 사방 백성들, 곧 곡과 마곡을 미혹하고 모아 싸움을 붙이리니, 그 수가 바다의 모래 같으리라." 에덴을 동쪽 끝에 두었던 것처럼 곡과 마곡은 대체로 북쪽의 맨 끝에 놓여 있었다. 곡과 마곡의 존재가 신앙의 조항이 되어 있는 동안, 그들의 정확한 북쪽 위치는 오랫동안 논쟁이 되어 그 야만인의 침입 근거는 더욱 모호해지면서 더욱 위협적인 일이 되었다.

한 인기 있는 연대기 작가, 이스트리아의 아이티쿠스Aethicus of Istria는 어떻게 알렉산더 대왕이 곡과 마곡, 그리고 '악인들로 이루어진 22개 나라들'을 면 북쪽의 북부 대양 해안가로 몰아냈는지를 알려 주었다. 그곳에서 그들은 알렉산더 대왕이 신의 도움으로 세웠다는 철벽으로 된 '카스피해 관문Caspian Gates'(어쩌면 중국의 만리장성과 혼돈되었을 수도 있다) 너머에 있는 반도로 쫓겨났다. 어떤 사람들은 이 관문의 벽에 쓰인 시멘트는 지옥의 입구에 있는 역청질의 호수에서 가져왔다고 했다. 곡과 마곡의 무서운 침략은 언제 일어날까? 그리고 그들은 어디에서 올까? 그리스도교를 배척하는 시대에 곡과 마곡과 식인종들이 로마의 도시를 비롯해 모든 그리스도교 국가들을 황폐화할 것이라고 경고하는 전설적인 프레스터 존Prester John*의 서신이 널리 인용되었다. 중세의 과학 개척자, 로저 베이컨Roger Bacon은 지리학을 면밀히 연구해서 곡과 마곡의 위치를 알아내어 사람들이 그들

• 사탄에 미혹되어 하느님의 나라에 대항하는 두 나라
• 중세에 아시아와 아프리카에 그리스도교 왕국을 세웠다는 전설상의 왕

의 침략에 대비해야 한다고 충고했다.

곡과 마곡은 코란에서도 언급되었기 때문에 학식 있는 이슬람교도들은 이 문제에 특별한 관심을 기울였다. 아랍의 위대한 지리학자, 알이드리시 Al-Idrisi(1099-1166년)는 종말론에 나오는 이런 이교도 세력들을 저지한 성벽의 위치를 알아내는 탐험을 전했다. 다른 이슬람 학자들은 곡과 마곡이 무자비하게 약탈을 일삼는 바이킹족이라고 여겼다. 곡과 마곡의 종족과 장소를 찾아내는 일은 그리스도교 지리학자들의 좋아하는 취미가 되었다. 그들은 중앙아시아의 신비에 싸인 종족들 사이에 있지 않을까? 어쩌면 그들은 이스라엘의 사라진 10지파가 아닐까? 아니면 그들은 '고트족 Goths과 마고트족 Magoths'이 아닐까? 이런 계속되는 의심에도 불구하고 보통 커다란 성벽으로 둘러싸인 곡과 마곡의 땅은 중세 그리스도교 지도의 여러 곳에서 뚜렷하게 발견되었다.

신화를 찾아내는 모험에서 프레스터 존(사제왕 요한)의 신화 왕국을 탐구하는 것은 그 무엇보다 가장 매혹적인 일이었다. 12세기에 유럽의 그리스도교 국가들이 곡과 마곡의 침략 시기를 세고 있었을 때, 성지에서는 사라센 제국의 커지는 위협으로 이슬람 군단에 대항할 동맹국을 결성하는 문제가 대두되었다. 전설 속의 '인도 제국' 어느 곳에 있는 성직자 왕, 프레스터 존의 이야기가 서쪽에서 비롯되었다. 그는 이미 자신의 왕국에서 이슬람교도들을 물리치는 데 성공했다고 전해지고 있었다. 성 토마스가 묻힌 땅에서 프레스터 존은 기민한 군사적 판단, 성자 같은 경건함, 그리고 크로이소스 Croesus의 부를 모두 갖추었다고 전해졌다. 그렇다면 그는 군사력을 강화하여 몽골족의 침략을 미리 막았던 신의 사자였을까?

12세기에 프라이징의 오토Otto 주교의 연대기에는 프레스터 존이 '세 현자들'의 후손이었고 그들에게 물려받은 땅을 단단한 에메랄드로 만든 홀을 들고 다스렸다고 1145년에 교황청에 전달한 정보가 기록되어 있었다. "오래지 않은 옛날에 존이라는 군주이자 성직자가 페르시아와 아르메니아 너머 동양의 맨 끝에 살고 있었는데… 예루살렘의 교회를 차지하기 위해 싸움을 벌이려고 진군했다. 그러나 그가 티그리스강에 이르자 군사들을 건너게 할 방법이 없었다. 그는 북쪽으로 가면 겨울에는 그 강이 얼어붙는다는 말을 듣고 북쪽으로 방향을 바꾸었다. 그리고 그곳 강둑에서 강이 얼어붙을 때까지 몇 년을 기다리고 있다가 어쩔 수 없이 고국으로 돌아가야 했다."

　　운 좋게도 1165년경에 프레스터 존이 그리스도의 성묘Holy Sepulcher를 차지하도록 도움을 주기로 한 친구, 비잔틴 제국의 에마뉘엘 1세Emanuel I와 프랑스의 왕에게 보낸 서신의 원본이 서유럽에 신비스럽게 나타났다. 학자들은 누가 그 서신을 진짜로 썼고, 어디에서 왜 그런 서신을 썼는지 전혀 알아내지 못했다. 그 서신은 원래 어떤 언어로 쓰였는지 알 수 없어도 분명 가짜였다. '프레스터 존의 서신'은 전 유럽에서 엄청난 인기를 끌었다. 100개 이상의 라틴어 해석본이 나타났고, 그 외에도 이탈리아어, 독일어, 영어, 세르비아어, 러시아어, 히브리어로도 번역되어 나왔다.

　　이 10페이지 분량의 소책자의 인기는 신문이나 잡지가 생기기 전에 이미 뉴스의 갈증을 만족시키려는 원시적인 옐로 저널리즘yellow journalism*이 있었다는 사실을 말해 준다. 프레스터 존은 성묘*를 해방시키려고 동방에

* 흥미 위주의 선동적인 언론

서 온 황제였을까? 신비스러운 프레스터 존이 세력을 확장하는 이슬람제국을 막기 위해 그리스도교를 도운 결정적인 새로운 힘이었을까? 항해자 엔리케 왕자Prince Henry the Navigator는 프레스터 존의 왕국을 찾아내려는 관심이 커서 바다 모험을 나섰다. 1488년 이후 포르투갈인들이 아프리카 남단을 돌아 인도로 가는 새로운 동방 수로의 길을 열었을 때 프레스터 존이 실제로 존재하기를 바라는 상업적인 이유도 있었다. 200년이 지난 후, 러시아인들은 인도와 육로 교역을 시작했을 때 프레스터 존의 유명한 서신의 러시아어 사본을 찾아내려고 했다.

세상을 떠들썩하게 한 프레스터 존의 서신은 사도 성 토마스에 관한 보고서에서 날조된 것이었다. 시신이 인도에 매장되어 있는 성 토마스는 다른 성인들보다 더 많은 기적을 일으켰고 비록 11세기 전에 죽었지만 인도의 교회에서 설교를 하려고 해마다 인도로 돌아온 인물이었다. 프레스터 존의 서신에는 알렉산더 대왕의 연애 이야기와 뱃사람 신드바드의 모험에서 나온 재미있는 이야기들이 추가로 기록되어 있었다.

여러분은 또한 그리핀griffin이라는 새들이 있다는 사실을 알아야 한다. 그리핀은 황소나 말을 쉽게 잡아 둥지로 가져가서 새끼들을 먹인다. 또 세상의 모든 새를 다스리는 종류의 새들도 있다. 불과 같은 색을 띠고 날개는 면도칼처럼 날카로운 그 새들은 일레리온Yllerion이라 부른다. 세상에서 그 새들은 2마리만 있다. 그 새들은 60년 동안 살고 마지막에는 멀리 날아가 바닷속에 뛰어들어 죽는다. 그러나 그 전에 2~3개의 알을 낳는데, 40일이 지나면 새끼가 태어난

• 예루살렘에 있었던 그리스도가 부활할 때까지 누워 있었던 묘

다…. 또한 호랑이라고 부르는 새들도 있다. 그 새들은 매우 강하고 용감해서 갑옷을 입고 말을 탄 사람을 쉽게 들어 올려 죽인다.

그리고 이 나라의 다른 지역에는 황야도 있다. 그곳에는 앞에 눈이 하나 있고 뒤에는 눈이 서너 개가 있는 뿔이 달린 남자들이 살고 있다. 그곳에는 또한 그 남자들과 비슷하게 생긴 여자들도 살고 있다. 이 나라에는 또 다른 종류의 남자들도 살고 있다. 그들은 남자와 여자의 날고기만 먹고 살고 죽음도 망설이지 않는다. 그리고 그들은 죽으면 죽은 사람이 아버지나 어머니라도 요리 하지 않고 그대로 게걸스럽게 먹어 치운다. 그들은 인육을 먹는 것을 좋고 자연스러운 일로 여기며 속죄하기 위해 그렇게 한다. 신의 저주를 받은 이 종족은 곡과 마곡이라고 불리며 다른 종족들보다 수가 더욱 많다. 적그리스도가 나타나면 그 종족들은 전 세계에 퍼질 것이다. 그들은 적그리스도의 친구이며 협력자들이기 때문이다.

프레스터 존의 설명에 따르면, 자신의 왕국은 모두 '강하고 선한 그리스도교'인 42명의 왕들과 위대한 여성국이 포함되어 있었다. 위대한 여성국은 3명의 여왕들이 통치했고 10만 명의 무장한 여성들이 소인들과 궁수들과 함께 나라를 지키고 있었다. 소인들은 해마다 새들과 싸웠고 궁수들은 '상반신은 사람이고 하반신은 말의 모습을 하고 있다.' 어떤 놀라운 벌레들은 불 속에서만 살 수 있었으므로 프레스터 존은 4만 명의 사람들에게 그 불이 계속 살아 있도록 지키게 했다. 불 속에서 그 벌레들은 비단 같은 천을 만들어 내고 있었고 '그 천을 씻어 내고 싶을 때마다 불 속에 넣으면 그 천은 깨끗하고 새롭게 바뀌어 나온다.' 프레스터 존은 마법의 거울이나 샘과 지하에서 흘러나와 보석으로 변하는 물에 관해서도 설명했다.

이 날조된 서신은 사본이 늘어나고 세월이 흐를수록 더욱 신뢰를 받게 된 것처럼 보였다. 얼마나 많은 진실한 신도들이 이 허구의 왕국을 찾으려는 유혹에 넘어갔는지는 전혀 알 수 없다. 1573년 '대발견의 시대'의 몇몇 유명한 네덜란드 지도에서도 그때는 아비시니아Abyssinia*로 옮겨진 프레스터 존의 왕국을 여전히 볼 수 있다.

---

* 에티오피아의 옛 이름

14

평평한 지구로
되돌아가다

'그리스도교의 키케로'라고 알려진 존경 받는 락탄티우스Lactantius는 이렇게 물었다. "사람들의 발이 머리보다 크고, 물건들이 아래쪽으로 걸려 있고, 나무들이 거꾸로 자라고, 비가 위쪽으로 내리는 곳이 있다고 믿을 정도로 매우 어리석은 사람들이 있을까? 안티포데스Antipodes에 거꾸로 매달린 세계가 있다고 믿는다면 바빌론에도 거꾸로 매달린 놀라운 정원이 있다고 믿어야 하지 않을까?" 성 아우구스티누스와 크리소스토무스Chrysostom를 비롯한 지명도가 있는 다른 사람들은 안티포데스('anti'-'podes', 사람들의 발이 반대로 서 있는 장소)가 존재하지 않는다는 생각에 전적으로 동의했다.

고전 이론에서는 안티포데스가 적도를 둘러싸고 있는 사람이 살 수 없는 뜨거운 지대이며, 지구의 다른 편의 거주 지역과 우리를 갈라놓은 곳이라고 설명했다. 이런 이론은 지구의 구형에 관한 그리스도교의 사고에 심각한 의문을 제기했다. 그 뜨거운 지대의 아래쪽에 살고 있는 인종은 아담의 후손도 물론 아니고, 또 그리스도의 은혜로 구원된 사람들도 아니었을 것이다. 노아의 방주가 적도의 북쪽, 아라라트산Mt.Ararat에 얹혀 있었다면 살아 있는 생명들은 안티포데스에 도달할 수 없었다. 이단 가능성을 피하기 위해 충실한 그리스도교들은 안티포데스가 존재하지 않을 것이라고 믿기로 했고 필요하다면 지구가 구체가 아니라고 믿기까지 했다. 또한 노골적이고 독단적인 그런 생각을 했던 성 아우구스티누스도 이시도르, 성 비드, 성 보니파시오를 비롯한 여러 성직자들과 함께 그의 엄청난 권한으로 그리스도교에 분별없는 사람들을 멀리하도록 경고했다.

고대 그리스와 로마의 지리학자들은 그런 문제에 곤란을 겪지 않았다. 그러나 그리스도교는 어느 누구도 아담의 자손이 아니라는 생각을 할 수 없었고, 또는 뜨거운 지대로 분리되어 있는 사람들이라고 그리스도의 복음에 도달할 수 없을 것이라는 생각도 할 수 없었다. 이와 관련하여 〈로마인들에게 보낸 편지 10장 18절〉에는 "그들의 소리가 온 땅에 울려 퍼졌고 그들의 말이 땅끝까지 이르렀다"라고 쓰여 있었다. 신앙이나 성서는 아담이나 그리스도를 모르는 사람들에게는 소용이 없었다. 10세기의 보에티우스Boethius의 한 해석자는 이렇게 기술했다. "신은 우리가 안티포데스의 이야기를 인정하는 것을 금지한다. 그것은 모든 면에서 그리스도교의 신앙에 모순되기 때문이다." '안티포데스를 믿는다는 것'은 화형에 처하게 될 이단을 향한 또 다른 상투적인 비난이 되었다. 몇몇 타협적인 사람들은 지리학적 이유로 지구가 구체라는 사실을 받아들이려고 했지만 신학적인 이유에서는 안티포데스의 거주자들이 존재한다는 사실을 여전히 부정했다. 그러나 그런 사람들은 크게 늘지는 않았다.

제대로 완성된 『그리스도교 지형학Topographia Christiana』을 제공한 사람은 광신적인 개종자 알렉산드리아의 코스마스Cosmas였다. 그의 지형학은 수세기 동안 근대의 그리스도교들에게 놀라움과 당혹감을 주었다. 본명을 알 수 없는 그는 지리학 연구로 얻은 명성 때문에 코스마스라고 불렸고, 또 인디코플레우스테스Indicopleustes(인도의 여행자라는 의미)라는 별명이 있었다. 그가 홍해와 인도양 주변을 여행한 상인이었고, 아비시니아와 멀리 동쪽으로 실론섬까지 무역을 했기 때문이다. 코스마스는 서기 548년에 그리스도교로 개종한 후 수도사가 되어 시나이산의 수도원으로 들어갔다. 그곳에서 그는 자신의 회고록과 지구에 대한 그리스도교의 고전적인 관점을 옹호하는 글을 썼다. 그림이 삽입된 이 방대한 논문은 12권으로 되어 있고, 그리스도교에서 만들기 시작한 가장 초기의 현존하는 지도들이 수록되어 있다.

코스마스는 그리스도교들에게 이교도의 실수를 통렬하게 비판하고 놀라울 정도로 단순한 그리스도교 세계의 도해를 보여 주었다. 그의 초기의 저서는 지구의 구형을 주장하는 혐오스러운 이단설을 부정했다. 또한 그는 성서와 교부로 뒷받침하고, 또 나중에는 비기독교의 자료로 뒷받침한 자신의 이론을 상세히 설명했다. 코스마스가 제공한 것은 이론이라기보다 단순하고 명료하고 흥미로운 시각적인 모형이었다.

사도 바울은 〈히브리인들에게 보낸 편지 9장 1-3절〉에서 모세의 첫 성막Tabernacle(이동 신전)을 세상의 본보기로 삼도록 선언했을 때 자신의 상세한 계획을 코스마스에게 편리하게 전해 주었다. 코스마스는 성 바울의 말을 실제 상황으로 옮기는 데 어려움이 없었다. 이를테면 첫 성막은 "물론 먼젓번 계약에도 예배 규칙이 있었고 또 예배 장소가 있었습니다. 그러나 그 장소는 인간이 마련한 장소였습니다. 이렇게 세워진 천막 성전 앞 칸에는 촛대와 상이 있었고 그 위에는 빵을 진열해 놓았는데 이곳을 성소라고 합니다." 성 바울에 따르면 "속세의 성소는, 말하자면, 세상의 유형을 뜻하고, 촛대는 하늘의 빛을 뜻하고, 탁자는 지구를 뜻하며, 또 진설병은 해마다 열리는 과일을 뜻한다." 성서에는 성막의 탁자 길이가 2큐빗cubit●이고 폭이 1큐빗이라고 했는데, 이 말은 평평한 지구가 동쪽에서 서쪽으로, 길이가 폭의 2배라는 의미였다.

코스마스의 흥미로운 지도를 보면, 지구는 전체적으로 방대한 직사각형의 상자와 같고, 가운데는 불룩한 뚜껑이 있는 가방과 매우 흡사한 모양이었다. 그 불룩한 부분은 아치형의 하늘이고 그 위에서 창조주가 피조물을 살핀다고 했다. 북쪽은 거대한 산이 있었고 그 주위를 태양이 돌았다. 그리고 그 산이 햇빛을 막아 낮과 계절의 길이에 변화가 생긴다고 했다. 세상의 육지는 물론 균형을 이루었다. 동쪽에는 인도 사람들이 있었고, 남쪽에는 에티오피아 사람들이 살고 있었고, 서쪽에는 켈트족이 살고 있었으며, 북쪽에는 스키타이 사람들이 살고 있었다. 그리고 에덴동산에서 네줄기의 큰 강물이 흘렀는데, 그중에 인더스 또는 갠지스강은 인도로 흘렀고, 나일강은 에티오피아를 거쳐 이집트로 흘렀으며, 티그리스와 유프라테스강은 메소포타미아로 흘렀다. 물론 그곳에는 (신이 아담의 후손인 우리에게 제공한) 오직 하나의 '지형'만이 있었으므로 안티포데스를 떠올리는 일은 터무니없고 이단적인 생각이었다.

코스마스의 이론은 인간의 맹신에 한계가 있다고 생각하는 사람들에게는 여전히 유익한 활력 요소로 참고해야 할 많은 가치가 있다. 코스마스

● 고대의 척도로, 손가락 끝에서 팔꿈치까지의 길이로 약 45센티미터

시대 이후에도 성서의 지도에 관한 독자적인 변형을 내세우는 그리스도교의 지리학자들이 많이 나타났다. 그중에는 5세기의 스페인 성직자, 오로시우스Orosius가 있었다. 오로시우스는 자신이 저술한 유명한 백과사전인 『이교도에 반론하는 역사Historiae adversum paganos』에서 잘 알려져 있듯이 세계를 세 부분, 아시아와 유럽과 아프리카로 나누어 다음과 같이 자신만의 일반론으로 만들었다.

아프리카는 유럽보다 태양의 열기가 강하기 때문에 훨씬 많은 땅이 개발되지 않은 미개척지로 남아 있다. 그에 반하여 유럽은 매우 차가운 지역이기 때문에 거의 모든 동식물이 뜨거운 햇빛을 받는 것보다 더욱 쉽게 적응하여 자란다. 지세와 인구에 관해 말하면, 아프리카가 모든 면에서(즉, 유럽과 아시아와 비교하여) 왜 작게 보이는지에 관해서는 명백한 이유가 있다. 아프리카 대륙은 자연적인 위치 때문에 공간이 좁고 또 안 좋은 기후 때문에 사막이 많다.

7세기에는 더욱 영향력 있는 그리스도교 백과사전 집필자인 세비야의 대주교 이시도르가 지구는 바퀴처럼 원형orbis으로 되어 있어서 오르비스 테라룸orbis terrarum(둥근 지구)으로 알려져 있다고 설명했다. 이시도르에 따르면 "유럽과 아프리카 두 대륙이 세계의 절반을 차지하고 아시아 대륙이 세계의 다른 절반을 차지하고 있다는 사실은 매우 명백하다. 유럽과 아프리카는 지중해라고 불리는 큰 바다가 대양에서 흘러나와 그 대륙 사이를 갈라놓았기 때문에 두 대륙으로 나뉘어졌다." 이시도르의 '바퀴 지도'는 그때의 관습을 따라 동쪽을 지도 위쪽에 배치했다.

낙원은 동쪽 지역에 있는 장소이며, 그 명칭은 그리스어에서 라틴어로 번역한 '호르투스hortus'[정원]를 말한다. 이 말은 히브리어로 에덴이라 불리고 에덴은 우리 언어로는 '델리키아Deliciae'[즉, 기쁨의 땅]로 번역된다. 이 두 말을 합쳐서 '기쁨의 정원'이라 불린다. 그곳에는 온갖 종류의 숲이 있고 또한 생명의 나무라고 하는 과일이 달린 나무가 심어져 있다. 그곳은 추위도 더위도 없고 봄만 계속 존재할 뿐이다.

정원의 중심에는 샘물이 솟아 나와 모든 숲에 물을 흘려 보내고 네 줄기 강의 원천이 된다. 인간은 죄를 지어 이 장소에 갈 수 없다. 그곳은 사방이 칼과 같은 불길로 둘러싸여 있는데, 다시 말해, 그 불길의 벽이 거의 하늘까지 다다른다.

그리스도교의 지리학자들은 자신들의 이론을 채울 사실이 부족해서 고대의 환상에서 풍부한 원천을 찾아냈다. 그들은 이교도의 과학을 그리스도교의 신앙에 위협이 된다고 여기며 경멸하면서도 이교도의 신화에는 편견을 두지 않았다. 매우 다양하고 다채로우며 모순적이었던 그런 신화들은 가장 독단적인 그리스도교의 목적에 도움이 될 수 있었다. 그리스도교의 지리학자들은 에라토스테네스, 히파르코스, 프톨레마이오스 등의 이론에 접근하는 것을 우려하면서도 경건한 예루살렘 중심의 지도를 가장 열정적인 모험이 가득한 이교도의 상상으로 기꺼이 꾸며 놓았다. 박식가 또는 '다양한 이야기를 들려주는 이야기꾼'이라는 별명이 있는 율리우스 솔리누스Julius Solinus(서기 250년에 활약)는 4세기에서 14세기까지 지리학에 엄청난 방해가 이루어진 시기에 권위 있는 지리학 신화의 원천을 제공했다. 솔리누스는 그리스도교 신자가 아니었던 것으로 보인다. 서기 230-

240년경에 처음 나온 그의 저서 『경이로운 사물들의 수집물Collectanea rerum memorabilium』에서 10분의 9는 플리니우스의 저서 『자연사』를 그대로 인용한 것이었지만 그 저서에 플리니우스의 이름은 전혀 언급되지 않는다. 그리고 그 저서의 나머지 내용은 다른 고전주의 작가들의 글에서 인용되었다. 최근의 지리학 역사가에 따르면, 솔리누스는 '쓰레기를 뽑아내어 황금으로 만드는' 특이한 재능이 있었다. 솔리누스만큼 그렇게 오랫동안 '매우 심각하게, 또는 매우 해롭게' 지리학에 영향을 미친 사람도 없을 것이다.

그런데도 솔리누스의 쓰레기는 널리 인기를 끌었다. 중세의 다른 여러 주요한 그리스도교 사상가들이 그랬던 것처럼 성 아우구스티누스도 솔리누스의 주장을 따랐다. 솔리누스가 들려주는 이야기와 전설 속 상징들은 '발견의 시대'까지 그리스도교의 지도에 활력을 불어 넣었다. 솔리누스의 이야기들은 하나의 포괄적인 환상 세계가 되어, 잊어버리고 있었던 프톨레마이오스의 유산인 합리적인 위도와 경도의 격자 체계를 대신했다. 솔리누스는 멀고 가까운 곳에서 신비한 이야기들을 찾아냈다. 솔리누스에 따르면, 이탈리아에는 불타는 석탄 위에서 맨발로 춤을 추어 아폴로 신에게 희생된 사람들, 젖소의 젖을 먹고 길고 크게 자란 거대한 뱀, 오줌을 '끌어당기는 힘과 호박색을 띤 단단한 보석'으로 만든 스라소니 등이 있었다. 레기온Rhegium에 서식하는 메뚜기와 귀뚜라미들은 헤라클레스가 그들의 소리에 화를 내어 조용하라고 명령을 한 적이 있었기 때문에 지금도 소리를 내지 않는다고 했다. 더욱 이상한 경우는 에티오피아에 사는 개의 머리 모양을 한 시메안족Simeans으로, 이들은 개의 왕에게 지배되고 있었다. 에티오피아 해안가에는 눈이 4개 달린 사람들이 살고 있었고, 니제르강 연안에는 맹견 마스티프처럼 덩치가 큰 개미들이 살고 있었다. 독일에는 노새처럼 생긴 생물이 있었는데, 그 생물의 윗입술이 매우 길어서 '거꾸로 서서 걷지 않으면 먹이를 먹을 수 없었다.' 세상의 먼 곳에는 인간을 닮은 아주 크고 흉물스러운 괴물들이 살고 있었다. 그곳에서는 그 괴물들이 정상이었으며, 그중에는 8개의 발가락이 뒤쪽에 달린 종족, 개의 머리를 하고 '말할 때 짖어 대는' 날카로운 손가락을 지닌 인종, 다리가 하나이지만 너무 커서 뜨거운 태양이 내리쬐면 양산 같은 역할을 하는 발이 달린 인종들이 살고 있었다.

어쩌면 그 시대의 가장 오래 지속되는 유산은 우리에게 너무 익숙해서 그 중요성을 잃어버린 '지중해'였다. 로마인들은 그 바다를 아프리카와 아시아와 유럽 사이에 있는 '대륙에 둘러싸인 바다mare internum'(또는 '우리의 바다mare nostrum')라고 불렀다. 솔리누스는 이 바다를 '지중해'(지구의 중심에 있는 바다)라고 처음 부른 사람이었다. 세비야의 이시도르는 '지중해mediterranean'를 하나의 고유 명사로 바꾸어 놓았으니 이시도르의 권위는 부정할 수 없을 정도였다!

유럽의 그리스도교 지리학이 이처럼 환상과 독단론으로 뒤죽박죽이 되어 있었을 때. 다른 곳에 사는 사람들은 지구에 관한 지식과 지도를 만드는 능력을 계속 발전시켰다. 중국인들은 에라토스테네스나 히파르코스 또는 프톨레마이오스의 도움 없이도 지구의 불규칙한 표면을 포개 놓은 격자 모양으로 고안했다. 앞에서 살펴보았듯이, 시계가 시간 측정을 위해 필요했던 것처럼 직사각형의 지도 격자는 공간을 측정하기 위해 필요했다. 이 지도 격자는 수없이 다양한 육지와 강과 산과 사막을 구별하고 기술하고 발견하고 또 재발견할 수 있는 일정한 틀을 제공했다.

그리스의 지도 제작은 구체의 지구를 근거로 두었지만, 중국의 지도 제작은 평평한 지구를 근거로 두었다. 서양에서 프톨레마이오스가 업적을 이루어 낸 시기에 중국의 지도 제작자들은 독자적으로 유용한 지도의 격자 기술과 세계지도 제작의 귀중한 전통을 발전시켰다. 이 전통은 다행히 서양을 괴롭혔던 '학자다움을 망각한 지리학에 대한 방해' 없이 성장했다. 그리스인들은 구체의 지구 주위를 매우 쉽게 그은 위선과 경선으로 된 격자 체계를 발전시켰다. 그러나 구형의 표면을 평면도에 투영하기는 매우 어려웠기 때문에 실제로 그리스인들의 위선과 경선의 격자 체계는 지구 표면을 평평하게 여겼을 경우에 평면도에 투영했을 상황과 본질적으로 다르지 않았다.

그리스의 격자 체계는 지구를 구체로 여겼던 요건에서 발전했으므로 중국의 직사각형 격자 체계는 분명 전혀 다른 관점에서 출발했을 것이다. 과연 그 관점은 무엇이었을까?

진나라 시대(기원전 221-207년) 초기의 정치 관련 기록물에는 지도와 그 사용에 관한 수많은 자료들이 들어 있다. 기원전 221년에 통일된 중국은 방대한 관료 체제에서 지배당하고 지배하는 구조였기 때문에 광활한 지역의 특징과 경계선을 알아야 했다. 주나라(기원전 1120-256년)의 『주례周禮』에는 행정 관리관이 각 제후국의 지도를 작성하고 그 지역의 인구를 등록해야 한다는 규정이 있었다. 주나라 황제가 왕국을 순방할 때 황실 지리학자는 황제 곁에서 나라의 지형과 지역 생산물을 설명했다. 한나라 시대(기원전 202-서기 220년)에는 지도가 나라에 없어서는 안 될 기구로 몇 번이고 등장한다.

중국의 마지막 2,000년 동안은 지도 제작에서 수없이 많은 재능을 보여 주는 시기였다. 유럽에서 종교의 지도 제작에 전성기를 맞았을 때 중국인들은 수량으로 나타내는 지도 제작을 향해 앞으로 꾸준히 나아가고 있었다. 프톨레마이오스가 알렉산드리아에서 업적을 이루어 내기 전부터 중국에서는 발명가 장형張衡(서기 78-139년)이 '하늘과 땅에 관한 좌표 체계를 설정하고 그것을 기반으로 측량했다.' 그리고 200년 뒤, 서기 267년에 진나라(265-420년)의 첫 번째 황제에게 사공司空*으로 임명된 중국의 프톨레마이오스라 불리는 배수裵秀가 8장으로 된 중국의 세부적인 지도를 만들기 위해 장형의 좌표 체계를 활용했다. "위대한 진나라는 모든 6개의 방향에서 세상을 통일했다. 그리고 지도 제작자들은 오류에서 자유로울 수 있도록 일정한 비율로 그려진 포괄적인 지도를 만들어야 한다. 그리고 지도에는 산과 호수, 강줄기, 고원과 평원, 경사지와 습지, 9개의 고대의 지방들과 16개의 현재의 지방들의 경계선… 영지, 봉토, 현, 도시… 그리고 마지막으로 큰길, 작은 길, 배가 다닐 수 있는 강들을 나타내야 한다"라고 배수는 설명했다.

배수는 자신이 펴낸 지도책의 서문에서 직사각형 격자를 이용하여 적절한 크기의 지도를 만들기 위한 간단한 방향을 제시했다. "만일 눈금이 매겨진 구획선이 없는 지도를 그린다면 가까운 곳과 먼 곳 사이를 구별할 방법이 없다… 그러나… 거리의 정확한 크기는 눈금이 매겨진 구획선으로 정해진다. 그래서 또한 실제로 상대적 위치는 걸음의 수로 잰 직각 삼각형을 이용하여 측정된다. 그리고 각도와 형상의 정확한 크기는 높낮이의 결정, 각을 이룬 면적, 곡선과 직선 등으로 만들어진다. 따라서 높은 산

---

* 중국 주나라의 관직명으로, 수리와 토목을 관장하는 최고위 관직

이나 커다란 호수, 먼 거리, 또는 올라가고 내려오거나 되돌아가거나 우회해야 하는 낯선 장소 등의 큰 장애물이 있더라도 모든 것을 고려하고 측정할 수 있다. 직사각형 격자의 원리를 제대로 활용한다면 직선을 이루거나 곡선을 이루는 곳이든, 가까운 곳이나 먼 곳이든, 그 어떤 것도 우리 앞에서 모습을 감출 수 없다"라고 배수는 충고했다.

중국인들은 지구의 불규칙한 표면을 제대로 측정하기 위해 어떻게 그렇게 정교한 방법을 발전시켰을까? 매우 이른 시기부터, 중국인들은 좌표를 이용한 방식으로 땅을 구획한 듯 보인다. 진나라 시대부터 황제의 지도는 비단 위에 그려졌다. 진나라의 배수가 자신이 만든 지도의 좌표에 사용한 용어(經 jing, 緯 wěi)는 직물을 짤 때 오래전부터 날실(경선)과 씨실(위선)에서 쓰인 용어와 같았다. 그렇다면 지도에 직사각형 격자를 활용한다는 생각은 비단 위에 그려진 지도의 장소가 경선과 위선이 만나는 곳을 찾아 위치를 알아낼 수 있다는 사실을 찾아내어 생겨난 것이 아니었을까? 아니면 그 생각은 어쩌면 전체 세계를 상징하기 위해 좌표 체계를 사용한 한나라 시대의 점쟁이들의 점판에서 시작된 것이 아니었을까? 또 아니면 좌표에 따라 위치가 옮겨지는 초기 중국의 장기판과 어떤 관련이 있는 것이 아니었을까? 그 기원이 무엇이었든 결과는 매우 분명하다. 직사각형 격자의 체계를 잘 발전시켰고 널리 사용되었다는 사실이다. 801년, 당나라(618-907년) 시대에 황제의 지도 제작자는 1인치(0.0254미터) 대 100리(약 39,273미터) 비율(1/3마일 : 33⅓마일)로 30피트(약 9미터)의 길이와 33피트(약 10미터) 높이의 왕국 전체의 격자 지도를 완성했다. 지도는 매우 인기가 많아서 황제의 목욕탕에서도 볼 수 있었다.

지도 제작자들은 지리적 좌표를 천체의 좌표와 연결시키는 방법을 알아냈고 아무런 방해를 받지 않고 격자 체계를 계속 정교하게 발전시켰다. 그리스도교의 천지학자cosmographer들이 성서 교리에 맞추려고 지도를 환상적으로 만들고 있었을 때 중국의 지도 제작자들은 전례 없는 진보를 이루고 있었다.

인간의 편리를 위해 도입된 격자 모양은 중국에서는 더욱더 발전했다. 송나라 시대(960-1279년)에는 북쪽이 지도의 위쪽에 규칙적으로 놓이게 되었다. 13세기에 칭기즈 칸과 쿠빌라이 칸이 이루어 낸 몽골의 아시아 통일로 황실의 지도 제작자들은 수많은 새로운 지리학 정보를 얻을 수 있었다. 시간이 흐르면서 격자 모양은 중국의 지도에서 더욱 뚜렷한 특징이 되었다. 지도 제작은 완전히 새롭게 발전하여 몽골 방식으로 불렸다. 자체가 단순한 격자로 되어 있었던 이 몽골 방식의 지도는 지구의 불규칙한 형태를 애써 기술할 필요 없이 여러 장소와 종족의 명칭들을 알맞은 구획 안에 표시할 수 있었다.

12세기 중반에 유럽에서 프톨레마이오스가 널리 부활되기 전에 아랍의 지리학자 알 이드리시가 시칠리아의 노르만 왕, 로제르 2세Roger II에게 바치기 위해 1150년에 자신의 세계지도를 만들었다. 그때 알 이드리시 역시 중국의 지도처럼 곡선의 지구를 고려하지 않은 격자 체계를 사용했다. 조지프 니덤Joseph Needham이 주장했듯이, 어쩌면 오랜 전통을 지닌 중국의 격자 지도는 광둥의 아랍 식민지와 동양으로 온 수많은 아랍 여행자들을 통하여 시칠리아의 아랍인들에게 전해졌을 수도 있다. 또 어쩌면 중국인들은 지리학에 대한 방해를 종식하고, 다시 말해 유럽의 지리학자들을 지식의 길로 다시 인도하고, 그리스와 로마의 유산인 수량 측정 도구들을 재발견하는 역할을 했을 수도 있다.

5부

동양으로 향한 길

빛은 동방으로부터.
– 라틴 속담

너무 먼 동양은 서양이다.
– 영국 속담

15

순례자들과 십자군

    독단적인 지리학으로 지형에 환상을 품고 신도들을 그 속에 가두었던 그리스도교가 이번에는 유럽의 순례자들과 십자군을 유혹하여 동양을 발견하는 길로 이끌었다. 동방박사들을 이끈 베들레헴의 별은 이후 수 세기 동안 수많은 신도들을 성지로 안내했다. 성지순례는 그리스도교의 관례가 되었고 신앙의 길은 바로, 발견의 길이 되었다.

    예수의 죽음 이후 100년도 채 지나지 않았을 때는 소수의 용감한 신도들이 신에게 속죄를 하거나 감사를 드리기 위해, 또는 구세주가 걸어간 땅을 단순히 걷기 위해 예루살렘으로 여행을 하고 있었다. 콘스탄티누스 황제가 그리스도인이 된 후 그의 어머니, 헬레나 황후가 327년에 예루살렘으로 갔다. 그곳에서 헬레나 황후는 고고학자처럼 갈보리 언덕Mount of Calvary을 발견하고, 예수가 못 박힌 십자가의 나무로 추측되는 조각들을 모으고, 또 예수가 안장되었다고 하는 성묘를 알아내기까지 했다. 콘스탄티누스 황제도 그곳에 최초로 성묘 교회를 세웠다. 386년에는 박식한 성 제롬Saint

Jerome이 로마의 귀족이었던 성녀 바울라가 제공한 베들레헴의 한 수도원에 자리를 잡아 그곳에서 성지를 방문하고 나오는 순례자들을 가르쳤다. 5세기 초에는 예루살렘 근처에 수도원과 순례자 숙박소가 200개나 생겼다. 성 아우구스티누스와 다른 교부들은 성지를 방문하는 그리스도교 여행자들에게 성도Heavenly City를 찾으면서 정신이 산만해질 우려가 있다고 경고했다. 그래도 순례자들의 물결은 계속 늘어났고, 그 여정에는 수많은 안내자들이 있었고 방문객을 환대하는 숙박소도 늘어서 있었다.

순례를 떠나기 전에 사제에게 축복을 받은 순례자는 지팡이와 조개껍질을 들고, 차양이 넓은 평평한 모자를 쓰고, 목적지의 인식표를 달았다. 그런 순례자의 모습은 중세의 전경에서 그림같이 아름다운 상징이 되었다. 방랑을 의미하는 라틴어 'peregrinatio'와 순례자를 의미하는 라틴어 'peregrinus'는 '낯선 사람stranger'이라는 말과 동의어가 되었다. 그러나 순례자는, 적절히 말하면 직업이 무엇이든 성지를 찾아가는 사람을 가리켰고, 로마에서 종려나무 가지를 들고 왔기 때문에 이름이 붙여진 '성지 순례자palmer'는 여러 성지를 찾아다니면서 삶을 보내는 종교적인 방랑자를 의미했다.

서로마 제국의 쇠퇴는 해적과 반달족 등의 세력을 늘어나게 하면서 순례자들의 여정을 어렵고 위험하게 했다. 그리고 지중해 주변에서 확장하는 아랍의 정복 활동, 이슬람 세력의 대두, 이슬람교도 순례자들의 증가 등은 그리스도교 순례자들의 길을 더욱 힘들게 했고, 예루살렘에 대한 치열한 경쟁을 야기했다. 무함마드가 하늘로 오른 곳은 솔로몬의 신전이 있던 장소인 템플 마운트Temple Mount의 바위였다. 어떤 이슬람 전통에서는 메카가 아닌 예루살렘을 지구의 중심이며 배꼽, 즉 '모든 나라들 중에서 가장 높고 하늘에 가장 가까운 곳'으로 여겼다. 무함마드가 죽고 6년이 지난 뒤에 칼리프 우마르Omar는 흰 낙타를 타고 정복한 예루살렘으로 들어가 성지를 위한 천년 전쟁을 시작했다.

그리스도교의 성지순례의 위대한 시대는 10세기에 시작되었다. 이슬람교도는 이런 열성적인 '이교도들'에게 경멸하는 태도를 보이면서도 대체로 관대했다. 그러나 먼 성지가 점점 접근하기 어려워지면서 신앙이 깊은 그리스도교 신자들은 고향과 가까운 곳에서 성지순례의 위안을 찾았다. 그들은 역사, 사회학, 신화, 민속 등을 혼합한 문학을 만들어 냈다. 널리 알려진 『순례자 안내서 Guide de Pèlerin』를 보면, 한 순례자가 빌뇌브Villeneuve에서 빵을 굽고 있는 한 여자에게 빵 한 조각을 달라고 청하지만 거절당한다. 그 뒤 빵을 가지러 간 여자는 빵 대신에 둥근 돌덩어리 하나만 남아 있는 것을 알게 된다는 이야기가 담겨 있었다. 또 어떤 순례자들이 푸아티에 Poitiers에서 머무를 곳을 찾아 온 거리를 헤맸다. 그런데 바로 그날 밤에 그들을 따뜻하게 맞이해 준 집만 제외하고 거리의 모든 집들이 불에 타버렸다는 이야기도 있었다. 무훈시Chansons de Geste*와 같은 대중에게 널리 알려진 서사시는 영웅적인 순례자들을 찬미했다.

스페인의 북서부에 있는 산티아고 데 콤포스텔라Santiago de Compostela는 성 제임스Saint James(야고보)의 시신이 810년경에 그곳에서 기적적으로 발견되었기 때문에 성지가 되었다. 성 제임스는 예루살렘에서 처형되어 예루살렘에 매장된 것으로 알려졌다. 샤를마뉴Charlemagne 대제는 유럽 전역에서 몰려든 순례자들 중 최초의 순례자로 널리 알려져 있었다. 세력이 강해지

• 봉건 제후나 기사의 무용담을 노래한 중세 프랑스의 서사시

고 있는 무어인들이 이슬람교를 위해 스페인을 침략하기 시작했을 때 그리스도교 신자들은 성 제임스를 '무어 파괴자Santiago Matamoros'로 추앙했다.

유럽에서 순례자들의 마음을 강하게 끌어당긴 곳은 '12사도의 문턱', 로마였다. 성 비드(673-735년)는 영국의 '귀족과 평민, 평신도와 성직자, 남자와 여자 등 누구든 상관없이 모두가' 성지 가까이에서 '지상의 순례'를 하기를 열망하고 '하늘의 성자들에게서 따뜻한 환영을 받기를 바라면서' 로마로 여행을 했다고 전했다. 어쩌면 여기에서 영어의 동사 '떠돌아다니다roam'라는 말이 나왔을 수도 있다. 727년에 웨섹스의 이너Ina왕은 색슨족의 순례자들을 위하여 로마에 특별한 숙박소를 설립했다. 영국과 그 외의 다른 곳에서 온 순례자들의 물결은 예루살렘을 재탈환하려는 십자군의 실패 이후 더욱 늘어났다.

한편, 클루니Cluny의 수도사들은 동쪽으로 가는 순례자들을 돕기 위한 단체를 만들었다. 아이슬란드, 노르웨이, 덴마크에서 온 건장한 젊은 스칸디나비아인들은 콘스탄티노플에 있는 황제의 유명한 바랑 친위대Varangian Guard에서 몇 년을 근무하고 거기서 번 돈으로 고향으로 돌아가기 전에 예루살렘으로 갔다. 덴마크의 한 왕자는 자신이 저지른 살인을 속죄하려고 11세기 중반에 맨발로 순례를 시작했지만 성지에 도착하기 전에 도중에 산속에서 얼어 죽었다.

성지순례가 절정에 이르렀을 때 페르시아의 셀주크 왕조의 술탄, 알프 아르슬란Alp Arslan(1029-1072년)이 동쪽 시베리아까지 아시아 전역에 퍼져 있던 투르크계 민족들을 통치하며 서쪽 지역을 휩쓸었다. 그는 1071년에는 만지케르트Manzikert에서 비잔틴의 그리스도교 군대를 물리쳤고 성지로 가는 경로를 포함한 소아시아 대부분 지역을 점령했다. 그렇게 해서 그리스도교 순례자들과 모든 동방 그리스도교 국가들은 새로운 위험에 처했다.

그와 동시에, 멀리 서쪽에 있는 세력들의 새로운 상업 생활과 증가하는 인구는 순례자의 물결을 갑작스럽게 늘어나게 하고 있었다. 10세기에 프랑스의 북쪽 해안가에 있는 '노르망디'를 침략한 노르인Norsemen*의 후손인 노르만족이 그리스도교로 개종하고 그들의 정복 세력을 사방으로 파견했다. 정복자 윌리엄William the Conqueror은 그 정복 세력을 이끌고 1066년에 잉글랜드의 북쪽으로 진출했다. 그들은 지중해 주변을 휩쓸었고, 이탈리아 남부를 침략했으며, 1130년에는 시칠리아 왕국을 세웠다. 그 뒤 시칠리아 왕국은 그리스도인, 유대인, 아랍인들이 지식과 예술과 사상을 교류하는 중심지가 되었다.

우르바노 2세Urban II가 1088년에 교황이 되었을 때, 교회는 면죄부나 성직 매매로 생긴 부패와 대립 교황의 권리 요구에 의한 분열 등으로 개혁이 절실히 필요했다. 추문 폭로자로 유명한 개혁가인 우르바노 2세는 체계를 세우는 타고난 능력과 능변으로 교회를 깨끗이 정리하고 고쳐 나갔다. 그때 동로마 제국의 황제, 알렉시우스 1세 콤네누스Alexius Comnenus는 비잔티움의 수도가 호전적인 이슬람군의 위협을 받는 것을 보고 교황 우르바노 2세에게 사절을 보내 군사 지원을 요청했다. 활력이 넘친 우르바노 2세는 그 황제의 요청을 성지를 되찾으면서 동서 교회를 통합시킬 기회로 삼았다.

프랑스 남부 중앙의 클레르몽에서 열린 역사적인 공의회에 교황 우르

---

* 고대의 북유럽인

바노 2세는 프랑스의 주교들과 유럽의 평신도 대표들을 소집했다. 1095년 11월 18일에 열린 그 종교회의는 성당 안에 참석자가 너무 많아 대중 집회가 되었다. 그래서 회의 장소를 도시의 동쪽 문 밖에 있는 광장으로 옮겨야 했다. 그곳의 야외 장소에서 교황 우르바노 2세는 유창한 웅변으로 군중들의 마음을 흔들어 놓았다. 그곳에 참석했던 수도사 로버트Robert the Monk의 기록을 통해 그때의 생동감을 느낄 수 있다.

> 예루살렘은 세상의 배꼽이고, 그 어느 곳보다 풍요로운 땅이며, 기쁨을 주는 낙원 같은 땅입니다. 예루살렘은 인류의 구세주가 나타나 빛나고, 그의 생명으로 돋보이고, 그의 열정으로 신성해지고 그의 죽음으로 구원되며, 그의 매장으로 봉인되는 땅입니다. 세상의 중심에 위치한 이 고귀한 도시는 지금 하느님의 적들로 억류되어 있고 하느님을 모르는 사람들에게 이교도의 의식으로 노예가 되었습니다. 예루살렘은 자유를 바라고 있습니다. 그리고 여러분이 도우러 오기를 끊임없이 애원하고 있습니다. 예루살렘은 여러분의 도움을 바랍니다. 특히 여러분은 다른 어떤 민족보다 하느님의 영광을 더욱 많이 받고 있습니다. 그러므로 천국에서 '영원히 살 수 있는 영광'을 확신하며 여러분은 자신의 죄를 면죄 받기 위해 이 원정에 참여하십시오.

성지를 구하기 위하여 모든 그리스도인들은 다음 해 여름 수확이 끝나면 곧바로, 하지만 1096년 8월 15일 성모승천대축일Feast of the Assumption보다 늦지 않게 예루살렘으로 떠나기로 했다. 하느님이 그들을 인도할 것이고, 흰 십자가가 그들의 상징이었으며, 그들의 전투 함성은 "이것은 신의 뜻이다!Deus le volt!"였다. 그리고 고향에 있는 그들의 소유물은 교회의 보호를 받기로 되어 있었다.

이런 전투 준비를 요구한 교황 우르바노 2세는 유럽의 그리스도교 세력을 모아 순례자에서 십자군으로 바꾸어 놓았다. 중세의 라틴어 학자가 주장했듯이, 성지순례는 개개인의 '작은 여행passagium parvum'이었을 뿐인 반면에, 십자군은 '공동체나 집단 성지순례passagium generale'로 볼 수 있었다. 십자군에 참여한 사람들은 발견자가 되지 않을 수 없었다. 그러나 사람들은 대부분 찾으려고 했던 것을 찾지 못하고, 대신에 생각하지도 못한 것을 많이 발견했다.

십자군 원정은 역사상 가장 잡다하고 가장 제멋대로인 행동 중 하나였다. 앞으로 이런 행동을 보여 주는 사례 하나가 은둔자 베드로Peter the Hermit였다. 그는 은둔자의 외투를 입고 있었기 때문에 은둔자라 잘못 불리었다. 그는 사실, 군중을 좋아하고 그들을 움직이게 하는 방법을 알고 있었기 때문에 은둔자가 아니었다. 베드로는 십자군을 모집하는 자신의 인원들을 데리고 프랑스 중부의 베리Berry 지역에서 잡다한 십자군을 모으기 시작했다. 베드로가 1096년 4월 12일, 성 토요일Holy Saturday에 독일의 서부에 있는 쾰른에 도착했을 때, 1만 5,000명이나 되는 온갖 남녀노소의 순례자들이 그의 무리에 참여했다. 그와 관련하여 동로마 제국의 왕녀, 안나 콤네나Anna Comnena는 두려워하며 이렇게 전했다. "서양에서 온 사람들과 아드리아해를 넘어 멀리 헤라클레스의 기둥Pillars of Hercules*에서 온 야만족들이 온 가족을 데리고 한 무리가 되어 유럽에서 아시아로 이동하고 있었다."

---

* 지브롤터 해협의 양쪽에 생긴 바위 기둥

베드로의 무리가 콘스탄티노플에 도착하자 새로운 문제들이 생겼다. 그곳에서 그들은 무일푼의 발터Walter the Penniless라는 사람이 이끄는 세력과 결합하여 가는 곳마다 약탈을 하며 성도를 향해 나아갔다. 이탈리아의 귀족, 라이날드Rainald가 이끄는 무리는 예루살렘으로 가는 도중에 그리스도교의 마을을 약탈하고 그 마을 사람들을 고문했다. 그리고 그리스도교의 아기들을 꼬챙이에 꽂아 모닥불에 구웠다는 소문까지 있었다. 동로마 제국의 황제 알렉시우스 1세는 위험한 행동을 하는 기사들을 자신의 명령에 복종시키려고 설득했지만 더욱 야심만만한 기사들은 정복과 약탈로 자신만의 새로운 왕국을 설립했다. 이런 그리스도교의 군대는 몇몇 전투에서 투르크족을 물리쳤고 1099년 7월에 승리를 거두어 예루살렘에 입성했다. 따라서 이른바, 제1차 십자군 원정은 이렇게 끝이 났다.

예루살렘은 곧 새로운 라틴 왕국으로 조직되었다. 이는 그 후 순례자들의 길을 확보하기 위해 200년 동안 지속된 열광적인 십자군 원정의 시작에 불과했다. 그러나 어떤 의미에서는 첫 번째 십자군 원정이 십자군의 마지막이기도 했다. 성지를 되찾는 데 마지막으로 성공한 원정이었기 때문이다. 이후의 '십자군들'은 동양에서 이미 확실히 자리를 잡은 그리스도교 신도들을 돕기 위한 단순한 원정에 불과했다. 1187년에 예루살렘이 터키의 살라딘에게 함락된 후, 서양에서는 좀 더 쉽게 갈 수 있는 성지가 그리스도교 순례자들의 관심을 더욱 끌었다.

영국의 그리스도인들에게 가장 신성한 장소는 캔터베리Canterbury였다. 그 성소는 캔터베리 대성당 안에 있었다. 이 대성당은 성 아우구스티누스(604년 사망)가 초대 대주교였고, 토머스 아 베켓Thomas à Becket이 잉글랜드의 왕 헨리 2세에 반대하여 교회를 옹호하고 1170년 12월 29일에 순교자가 된 곳이었다. 헨리 2세는 베켓을 처형한 일로 공개적인 속죄를 하기 위해 그 대성당을 찾아가는 여정에서 직접 순례자의 길을 개척했다. 그와 관련하여 당시의 연대기 작가 호비든의 로저Roger of Hoveden는 이렇게 기록했다. "그는 축복 받은 순교자의 시신이 안치된 대성당이 보이자 곧 말에서 내렸다. 그리고 신발을 벗고 맨발로 털옷을 입은 채 순교자의 무덤까지 3마일(약 5킬로미터)을 걸었다. 그는 너무 순종적이고 깊이 뉘우치는 모습이어서 마치 신이 지상을 내려다보고 세상을 울리게 하는 것 같았다." 초서Chaucer는 31명의 다양한 순례자들의 묘사를 통해 캔터베리의 성 토마스의 무덤에 문학의 영원성을 부여했다.

이때 사람들은 순례를 갈망한다네,
순례자들은 낯선 곳을 찾아 나서서
곳곳마다 알려진 먼 성역을 향해 간다네,
특히 영국에서도 모든 지역 끝에서부터
캔터베리까지 사람들은 순례길에 오르는데…

십자군 전쟁이 끝난 후, 성지순례는 유럽의 그리스도교 세계에서 여전히 그대로 존재하고 있었고, 그리스도인들은 대부분 예루살렘 대신 로마를 성지로 삼았다. 1300년에 교황 우르바노 2세의 정신을 이어받은 교황 보니파시오 8세Boniface VIII는 최초로 희년Jubilee Year*을 선포하고 로마를 방문하는 그리스도인에게 특별한 면죄를 해 주어 2만 명 이상의 순례자

• 로마 가톨릭교회에서 기념하는 특별한 해. 성년(聖年, Holy Year)이라고도 부름

들을 찾아오게 했다. 로마로 가는 순례자들에게 면죄까지 해 준 희년은 50년마다 계속되었다가 1470년에 교황의 지시로 그 기간이 25년으로 줄었다.

이슬람에서는 처음부터 성지순례가 신성한 의무였다. 모든 선한 이슬람교도는 경제적 여유가 있고 자신이 없을 때에도 가족을 부양할 수 있다면 최소한 한 번은 메카를 방문해야 했고 지금도 그렇게 해야 한다. 이슬람 역년의 일곱 번째 달에서 열 번째 달까지의 하즈hajj* 동안에 순례자는 이음매가 없는 흰 옷 두 벌을 입는데, 이것은 신 앞의 평등을 상징한다. 순례자들은 수염과 머리털이나 손톱을 절대로 깎지 않고 카바 신전을 7번 돌고 고향으로 돌아가기 전에 메카 주변에서 행해지는 여러 의식을 따라야 한다. 그리고 고향으로 돌아가 순례자는 그 후부터 영원히 하지hajji라는 칭호를 갖게 된다.

메카는 무함마드 이전에는 수 세기 동안 아랍인들이 우상숭배를 하기 위한 성지순례의 장소였다. 그들은 그곳에서 해마다 축제를 열어 새해를 맞이하고, 태양이 다시 떠오르도록 모닥불을 피우고, 가뭄을 막도록 주문을 외웠다. 메카는 끊임없이 이슬람교 순례자들의 목적지가 되었으며, 서양의 표현으로 메카는 성지순례의 목적지와 동의어가 되었다. 20세기 후반에 '하즈(메카 순례)'는 매우 인기가 많아서 일부 이슬람 국가들은 외환 문제를 방지하기 위해 메카로 떠나는 순례자들의 수를 매년 제한했다. 1965년에는 약 150만 명의 순례자들이 메카를 방문했는데, 그 절반이 아

---

* 메카의 성지를 순례하며 종교적 의례에 참가하는 일

라비아 외부에서 온 사람들이었다.

중세의 가장 위대한 이슬람 여행가 이븐 바투타Ibn Battuta(1304-1374년)는 "몹시 강한 충동과… 유명한 성소들을 방문하려는 오랜 열망에 사로잡혀" 21세에 순례자가 되어 아프리카 북서쪽 끝의 탕헤르Tangier에 있는 집을 떠났다. 그는 평생을 여행하며 기록한 인기 있는 여행기로 일종의 이슬람의 마르코 폴로가 되어 '이슬람의 여행가'로 유명해졌다. 이븐 바투타는 "어떤 길이든 2번은 가지 않는다"는 자신의 원칙에도 불구하고 메카에 4번이나 성지순례를 다녀왔다. 그는 대략 총 7만 5,000마일(약 12만 701킬로미터)을 여행했는데, 그 수치는 그때까지 누구도 그를 따를 수 없는 여행 기록이었을 것이다. 모든 이슬람 국가와 이웃 나라들을 방문한 이븐 바투타는 멀리 델리와 몰디브 제도와 실론섬에 이르는 이슬람 사회에서 재판관cadi이 되었고, 또 술탄의 사절이 되어 중국의 이교도들에게 방문한 일도 있었다. 그렇지만 그의 광범위한 여행은 미지의 세계를 알고 싶은 유혹이 아니라 여러 기후와 지형이 있는 이슬람의 생활과 관습을 보여 주는 일종의 백과사전이 되었다. 이븐 바투타는 호기심과 활력이 넘치는 독실한 이슬람 사람은 누구나 세상의 발견자가 될 수 있음을 보여 주었다. 그런 사람은 기꺼이 세상을 여행할 수 있고 도적, 해적, 흑사병, 독재적인 술탄의 변덕 등을 감내할 수 있었기 때문이다. 따라서 이븐 바투타는 이슬람의 자유 교육을 습득했지만, 그의 생각은 이슬람교의 범위를 넘지 못했고 그의 학식도 이슬람교에 제약을 받았다.

또한 아시아의 중심에서도 자신의 성지를 찾는 신앙인들은 그 과정에서 그들의 세계를 발견하기 시작했다. 갠지스강 변에 있는 고대 베나레스Benares(어떤 사람들은 베나레스가 세상에서 가장 오래된 도시라고 했다)가 어떻게,

왜, 언제 최초로 성지가 되었는지 정확히 아는 사람은 없다. 하지만 7세기에 이 도시에는 시바Siva 신을 모시는 사원이 100개나 있었다. 11세기에 이슬람교도 알베루니Alberuni는 힌두교도들이 얼마나 베나레스를 숭배하는지에 관해 이렇게 전했다. "힌두교의 은둔자들은 베나레스에 가서 영원히 머물렀다. 마치 카바 신전의 거주자들이 영원히 메카에 머물듯이… 그들의 사후의 보답은 그곳에 머물수록 더욱 좋아질 것이라고 여긴다. 그들은 살인자라면 그 죄에 책임이 있고 죄의 대가로 벌을 받지만 그 살인자가 베나레스로 들어가면 용서를 받게 된다고 한다."

불교도들도 붓다(기원전 500년경)가 처음으로 설교를 한 사르나트Sarnath의 녹야원Deer Park은 천국으로 가는 사다리의 첫 계단이라고 했다. 기원전 200년경에 불교로 개종한 인도 북부의 황제 아소카는 순례자들을 이끌고 모든 불교의 성지를 찾아갔다. 그는 성지를 방문해 낡은 사원 스투파stupa를 고치고 또 새로운 사원을 세웠다. 그가 가는 곳마다 세운 기념 돌기둥은 대부분 지금까지도 남아 있다. 아시아의 외딴 곳에서 남자, 여자, 귀족, 농민, 학자, 문맹자 등이 아소카의 선례를 따라 성지를 순례했다. 중국 중부의 위하渭河 근처에 있는, 중국 제국의 수도 시안西安에서는 불교 승려, 법현法顯이 서기 400년경에 사막과 산악 지대를 넘어 인도 북부의 불교 사원을 방문했다. 그리고는 붓다의 신성한 치아를 직접 보기 위해 인도반도를 건너 실론섬까지 찾아갔다.

인도는 성지의 나라가 되었다. 붓다에 따르면 "모든 산과 강, 신성한 호수, 성지순례의 장소, 리시들rsis, 또는 rishis*의 거처, 소 외양간, 신들을 모신

• 힌두교에서 깨달은 자들을 가리킴

사원 등은 죄를 면하게 해 주는 장소이다." 카슈미르로 간 한 여행자가 말했듯이, 지방의 신령들을 섬기는 숭배자들과 지방의 승려들이 수없이 크게 늘었고, '성지순례의 장소가 아닌 곳은 깨알만큼의 공간도 없었다.'

루터교 개혁자들의 신앙 선언문인 아우크스부르크 신앙고백Augsburg Confession(1530년)에는 성지순례를 관습적인 단식, 성인 숭배, 염주 세기 등과 마찬가지로 '유치하고 쓸데없는 일'이라고 비난했다. 그러나 되돌아보면, 궁지에 몰렸던 순례자들의 십자군은 엄청난 깨달음을 주었다. 그들은 서양의 삶에서 새로운 활력, 새로운 호기심, 새로운 개방과 이동 등의 상징이면서 원인이 되었다. 수없이 많은 새로운 것들이 이동하는 인간의 부산물로 십자군을 통해 들어왔다. 지중해 동부의 십자군 국가들은 이슬람 세계와 교역을 촉진했다. 이탈리아의 은행들은 왕과 교황들에게 자금을 공급해 주고 신앙심이 깊은 여행자들에게 돈을 빌려주면서 번창했다. 고향으로 돌아온 십자군들은 무늬가 있는 다마스크 천, 비단, 향수, 향신료 등과 함께 동양의 화려한 이야기들도 가져왔다. 그로 인해 베네치아는 두칼레 궁전Doge's Palace과 산마르코 광장에서 볼 수 있는 이국적인 매력을 여전히 풍기고 있다.

십자군 원정은 실패했지만 여러 면에서 그리스도교 국가들에게 은총이었고 유럽인이 동양 세계를 발견하는 촉진제가 되었다. 매우 체계화된 이슬람의 국제 조직 기구는 여전히 성지순례를 진행시켰다. 이븐 바투타가 '이슬람 세계의 연례 대회'라고 부른 그 성지순례는 아랍 무슬림의 근거지인 메카에서 계속 집회가 이루어졌다. 그러나 모든 그리스도인들에게는 이제 예루살렘과 같은 의무적으로 되찾을 성지가 없었다. 예루살렘과 그곳을 가는 길을 탈환할 가망이 없어지자 서구의 그리스도교 국가들은 전도 활동에 관심을 돌렸다. 성지순례는 신도들을 모았지만 전도는 미지의 땅에 사는 이방인에게도 뻗어 나갔다. 확장하는 그리스도교의 역사는 바로 전도의 역사였다.

물론 이미 살펴보았듯이, 전도는 세계의 모든 종교를 위해 존재하는 아주 오래된 제도였다. 아소카왕은 기원전 2세기에 불교 포교사들을 해외로 보냈고 그 포교사들은 이후 수 세기 동안 중국 곳곳에서 활동했다. 그러나 전도는 다른 여러 종교들보다 그리스도교에서 더 큰 역할을 했다. 2세기에 이미 전도 학교가 알렉산드리아에 세워졌고, 404년에는 콘스탄티노플에도 전도 학교가 세워졌다. 아일랜드와 잉글랜드와 독일에 복음을 전파한 성 패트릭Saint Patrick과 캔터베리의 성 아우구스티누스와 성 보니파시오도 전도사였다. 그리고 소수의 전도사들이 복음을 대륙에 전파하기도 했다. 스위스의 고산지대, 라인강 계곡, 스웨덴의 산림지대, 몹시 추운 러시아 등지에서 수도원들은 문명과 그리스도교 전도의 중심이 되었다. 7세기에 유럽이 실질적으로 그리스도교 세계가 되면서 교황이 능숙한 전도사들과 수도사들을 조직하고 지원하여 대륙으로 보내고 있었을 무렵, 무함마드가 그리스도교와 맞서는 종교를 갖고 나타났다. 공격적인 이슬람교는 근동Near East, 아프리카 북부, 이베리아반도 등지에서 그리스도교를 몰아내고 그들만의 제국을 세웠다. 그곳에서 그리스도교가 허용되는 때도 있었으나 더 이상 진전은 없었다. 이슬람교는 다른 종교의 포교를 용납하지 않았고 배교자들을 사형에 처했다. 그러나 네스토리우스파 그리스도교 전도사들은 이슬람교도가 미치지 않는 범위에서 중국까지 전도하는 데 놀라운 성공을 거두었다. 7세기 중반에 그들은 중국의 황실 도서관에 기증하려고 성경을 중국어로 번역했고, 그 뒤 그리스도교는 중국 황제의 칙령으로 허용되는 종교로 인정받았다.

십자군 전쟁이 일어난 후 십자군의 열기는 전도에도 영향을 미쳤다. 전도 수도사들은 십자군을 따라 동쪽으로 갔다. 그리고 앞으로 언급하겠지만, 십자군 전쟁이 끝났어도 열성적인 프란체스코회와 도미니크회 수도사들은 거의 알려지지 않은 더욱 먼 동양으로 계속 진출했다. 교황들은 먼 지역으로 전도하는 일에 새로운 관심을 기울였다. 그들은 대담한 전도 수도사들을 보호하고 지원하는 교황의 칙서를 발행했고 그 수도사들의 길을 터 주기 위해 몽골 제국의 칸과 중국 황제에게 사절을 보냈다. 그리하여 전도 수도사들은 유럽이 육로로 아시아를 발견하는 선봉대가 되었다.

물론 이슬람교는 무함마드 자신으로 시작되었지만 맹렬하게 전도하는 종교였기 때문에 모든 이슬람교도가 전도사가 되었다. 그러나 이슬람교의 전도는 그리스도교에 비하면 거의 체계적이지 않거나 보급되어 있지도 않았다. 이슬람교는 이슬람교 율법학자 물라mullah들이 있었지만 이들은 사제라기보다 교사였고 그리스도교 세계의 전도 수도사들처럼 이슬람교 전도 단체도 없었다. 19세기 후반까지 이슬람교는 전도 조직이 없었다. 전쟁으로 이슬람교를 전파하는 종교적 의무인 지하드jihad*만이 오랫동안 무함마드의 제국을 확장하는 기본적인 방법으로 인정받았다. 전제군주의 영역과 신의 영역을 구별하기 힘든 이슬람교의 포괄적인 성격은 신앙의 범위와 칼의 범위가 거의 동일하다는 점이었다. 이슬람의 무사들이 이슬람교를 위해 정복을 하는 동안에 그리스도교 전도사들은 좀 더 많은 사람

• 성전(聖戰)

들을 전도하기를 바라면서 기꺼이 이슬람 제국의 경계 지역을 탐험하고 있었다.

이슬람교에서 순례자는 알려져 있는 신성한 목적지로 정해진 의례적인 여행을 하는 열성적인 신도로 남아 있었다. 하지만 근대적인 그리스도교 어조로 말하면, '순례자'는 예루살렘으로 가는 사람이 아니라, 천상의 기쁨이 가득한 신비한 곳으로 향하여 이 지상을 지나가는 '육체에 머물고 있는' 모든 사람이었다. 잘 알려진 미국의 관용 어법으로 말하면, 필그림 파더스Pilgrim Fathers도 순례자들이었다. 1630년에 윌리엄 브래드퍼드William Bradford의 글에 따르면 "그들은 자신들이 순례자라는 것만 알고 있었고, 그 외의 일들에 관심이 없었으며, 가장 사랑하는 나라인 천국만 올려다보았다." 그리스도교의 '순례자의 여정Pilgrim's Progress'은 지상의 목적지를 향하는 것이 아니었다. 서양에서 '십자군'도 이교도와 벌인 전쟁으로 끝났지만, 토머스 제퍼슨Thomas Jefferson이 자신의 친구에게 '무지를 없애기 위한 십자군 운동crusade*을 일으킬 것'을 충고했듯이, 십자군은 더욱 탐구할 여지가 있는 함축성을 안겨 주었다.

---

* 여기서는 '개혁 운동'을 의미

16

길을 열어 준 몽골족

13세기 중반에 동양으로 '발견의 시대'를 열기 시작한 유럽의 육로 개척자들은 이후 항해 시대의 개척자들과 전혀 다른 자원이 필요했다. 콜럼버스는 거액의 자금을 모으고, 배를 마련하고, 선원들을 모집하고, 보급품을 확보하고, 선원들을 기분 좋게 해 주어 폭동을 일으키지 않도록 하고, 길 없는 대양을 항해해야 했다. 초기의 육로 여행자들은 전혀 다른 재능이 필요했다. 육로 여행자는 1명이나 2명의 일행과 함께 유럽인들이 이전에 잘 다니지 않은 주요 여행 경로를 따라가야 했다. 그들은 여행 과정에서 땅에 의지하여 식량과 물을 구해야 했다. 그들은 자금을 모으거나 사람들을 모집할 필요가 없었지만 대신에 새로운 환경에 잘 적응하고 상냥한 성격이어야 했다. 콜럼버스의 선원들은 항해가 예상했던 것보다 몇 주만 늘어나도 폭동을 일으켰지만 육로 여행자들은 필요한 대로 1개월 뒤로, 또는 1년 뒤로, 아니면 10년 뒤로도 여행을 미룰 수 있었다. 항해자들은 오랫동안 문화생활을 누리지 못하고 바다에서 듣는 소식은 보통 좋지 않은 일들이었던 반면, 상인이나 전도사 같은 육로 여행자들은 여행을 하면서 직업을 활용하고 지식도 습득할 수 있었다. 외로운 육로 여행자가 여행을 하다가 강을 건너려고 배를 타면 그는 선객이 되었다. 배는 보통 그 지역의 사람이 관리하고 공급했다. 육로 여행자는 항해자들보다 더욱 외롭거나 덜 외로울 때도 있었다. 육로 여행자는 콜럼버스와 함께 '산타 마리아Santa María호'를 탄 선원들처럼 같은 고향 사람들의 동료애와 지지가 부족했지만 길을 가면서 낮이든 밤이든 많은 신기하고 훈훈하거나 뜻밖의 인연들이 생길 기회가 있었다.

바다에서 겪는 위험은 바람, 파도, 폭풍, 표류 등 어디를 가든 조금도 다르지 않지만 육지에서 겪는 위험은 풍경처럼 다양했고 놀라운 방식으로 여행을 흥미롭고 긴장감 넘치게 했다. 이를테면 강도들이 이 여관을 노리고 있는 것은 아닐까? 지역의 음식에 잘 적응할 수 있을까? 내 고향의 옷을 입어도 될까, 아니면 이 지역의 옷을 입어야 할까? 이 도시의 성문을 통과하도록 허락 받을 수 있을까? 언어의 장벽을 극복하여 내가 원하는 것을 설명하고 내 일이 해롭지 않다는 사실을 알려 줄 수 있을까? 하는 여러 문제가 생길 수 있다.

육로 여행은 여러 사람들이 함께 이겨 내는 모험이 아니라 많은 노력을 들이며 혼자 가야 하는 외롭고 힘든 여정이었다. 영어로 'travel'은 이 시대에서 나온 말로(원래 고통스럽거나 숨 막힐 듯한 성질의 고역을 의미하는 'travail'과 동의어였다) 정확히 표현하면, 먼 거리의 길을 가야 하는 고역을 의미했다. 소수의 개척자들이 이런 고역을 겪어 유럽에서 중국으로 가는 길을 열어 놓았다.

유럽인들은 여전히 독단적인 지리학의 암흑 속에 빠져서 신비스러운 동양의 전설에 오랫동안 매료되어 있었다. 소수의 남녀들은 지구의 반대쪽 끝에서 가져온 중국의 부드러운 비단과 골콘다Golconda*의 빛나는 다이아몬드 등의 이국적인 사치품을 즐겼다. 그들은 페르시아의 값비싼 융단을 깔아 놓은 방 안에서 실론섬과 자바에서 가져온 향료 음식을 먹고 시암Siam*에서 가져온 흑단 체스를 두면서 시간을 보냈다.

그렇지만 베네치아와 제노바나 피사의 상인들은 이런 이국적인 동양의 상품을 팔아 번영을 누렸어도 인도나 중국을 직접 가 본 적은 없었다. 그들이 동양 상품을 접하는 곳은 지중해 동부에 있는 레반트Levant의 항구들이었다. 그들은 귀중한 상품을 두 주요 통로를 통해 들여왔다. 하나는 그 유명한 실크로드Silk Road로, 중앙아시아를 거쳐 중국 동부에서 오는 육로였다. 이 육로로 들어오는 상품은 사마르칸트와 바그다드를 경유하여 최종적으로 흑해나 지중해 동부의 연안 도시로 들어왔다. 다른 통로는 남중국해와 인도양과 아라비아해였다. 이곳으로 들어오는 상품은 페르시아만을 거쳐 바스라Basra로 들어가거나 홍해를 거쳐 수에즈로 들어갔다. 이런 상품이 유럽 시장에 도달하기 위해서는 또 페르시아와 시리아나 이집트 등의 육로를 거쳐야 했다. 프랑크족Frankish과 이탈리아의 상인들이 지중해의 항구에서 아시아로 나가려고 했을 때 이 두 통로가 모두 막혀 있다는 사실을 알게 되었다. 이슬람교도들은 알렉산드리아와 알레포나 다마스쿠스에서 그 상인들과 기꺼이 교역을 했지만 터키족 이슬람교도들은 유럽인들을 한 걸음도 더 나가지 못하게 했다. 이것이 중세 후기의 철의 장막Iron Curtain이었다.

---

* 인도 남부의 고대 도시
* 타이 왕국의 옛 이름

그러더니 약 1250년부터 1350년까지 거의 100년 동안, 철의 장막은 다시 걷혀지고 유럽과 중국 사이에 직접 인적 교류가 이루어졌다. 그동안에 더욱 용감하고 진취력 있는 이탈리아 상인들은 이국적인 상품이 알레포와 다마스쿠스나 알렉산드리아에 도착하기를 더 이상 기다릴 수 없었다. 그들은 직접 대상caravan을 만들어 실크로드를 지나 인도와 중국의 여러 도시로 갔다. 그곳에서 상인들은 그리스도교 전도사들인, 프랑크족과 이탈리아의 수도사들이 미사를 올리는 소리를 들을 수 있었다. 철의 장막이 다시 걷혔을 때는 동양과 서양이 서로 풍요로움을 가져다주고 넓고 활기 넘치는 교류가 시작되었을 것이라고 여겨졌다. 하지만 그런 생각은 잠시의 모험적인 에피소드에 불과했고, 그 후 철의 장막은 다시 쿵 하고 내려졌다. 이런 상황은 다른 종류의 방해가 되었으며 대부분의 근대 역사에 걸쳐 동양으로 향하고 서양으로 향하는 시야를 뒤덮은 암흑 속에서 잠깐 동안의 빛이 되어 버렸다. 그 후 수십 년이 지나고 나서야 유럽인들은 대양의 탐험을 통해 또다시 인도와 동남아시아의 해안 지역과 접촉할 수 있었다. 그리고 몇 세기가 지나고 유럽인들은 다시 중국의 항구에 들어갈 수 있도록 허용되었다. 중앙아시아는 오랫동안 들어갈 수 없었고 중국의 내륙은 200년 동안의 막간이 지난 뒤에는 서양인들에게 불친절하거나 적대적인 태도를 보였다.

　철의 장막을 들어 올린 것은 그리스도교의 군사력도 아니고 유럽 정치가들의 책략도 아니었다. 세상을 일깨우는 여러 사건들처럼 그 계기도 하나의 부산물 때문이었다. 중국으로 가는 길을 열어 준 공을 돌린다면 그들은 놀랍게도, 그렇게 오랫동안 유럽인들을 못 오게 막은 터키족과 같은 혈통의 종족, 바로 중앙아시아의 몽골 부족인 타타르족Tartars 또는 Tatars이었다. 중세에 유럽의 위협이 되었던 타타르족은 매우 포악한 사람들이었다. 유럽의 역사적 관점에서 무모한 파괴자로 특별히 인식된 타타르족의 명칭은 영어로 야만인과 동의어가 되었다. 무질서한 큰 무리를 의미하는 'horde'라는 말은 단순히 'camp(막사)'를 의미하는 터키어 'ordū'에서 왔다. 타타르족의 명성은 그들이 최초로 서양을 맹공격한 공포를 알고 있거나 들은 적이 있는 유럽의 작가들을 통해 생겨났다. 그러나 이런 작가들은 타타르족을 본 적이 없었고 또 타타르족의 칸Khan들이 이루어 낸 놀라운 업적에 관해서도 전혀 알지 못했다.

몽골 제국은 로마 제국이 최대로 확장한 영토 크기의 2배나 되는 대륙의 제국이었다. 칭기즈 칸과 그의 몽골 군단hordes은 1214년에 몽골에서 북경으로 들어왔다. 그 후 반세기 만에 그들은 거의 모든 동아시아를 차지했고, 다음으로 러시아를 넘어 서쪽으로 뻗어가 폴란드와 헝가리까지 진격했다. 쿠빌라이 칸이 1259년에 몽골 제국의 왕위에 오르자 몽골 제국은 중국의 황허강에서 동유럽의 다뉴브강 연안까지, 그리고 시베리아에서 페르시아만까지 이르렀다. 칭기즈 칸에서 시작하여 그의 아들과 손자들(바투 칸, 몽케 칸, 쿠빌라이 칸, 훌라구 칸)에 이르기까지 몽골 제국의 칸들은 대제국을 지배한 어떤 왕들보다도 유능했다. 그들은 유럽의 어떤 세습 통치자들과도 비교가 안 될 정도로 군사 전략의 천재성, 개인 특유의 기개, 통치의 탁월한 능력, 문화적인 포용력을 모두 보여 주었다. 그들은 서양의 역사가들이 내린 평가보다 더욱 중요하고 매우 색다른 인물로서 주목 받을 가치가 있다.

이런 몽골 제국의 통치자들과 그 민족의 특이한 재능과 특별한 업적이 없었다면 중국으로 가는 길은 어쩌면 적당한 때에 열리지 않았을 것이다.

그랬다면 마르코 폴로가 언제 중국에 갈 수 있었을까? 중국으로 가고 싶어 하는 유럽인의 상상력을 불러일으킨 마르코 폴로와 그 외의 사람들이 없었다면 크리스토퍼 콜럼버스 같은 사람이 나타났을까?

1241년에 타타르족 기마병들은 폴란드와 헝가리를 약탈했다. 그들이 실레지아의 레그니차 전투Battle of Lignitz에서 폴란드인과 게르만족 군대를 물리치는 동안에 타타르족의 다른 군사들은 헝가리 군대를 격파했다. 타타르족의 침략으로 유럽은 공포에 떨었다. 북해에서는 고틀란드Gothland와 프리슬란트Friesland의 용감한 어부들도 겁에 질려 늘 다니던 청어 잡이 어장에서 도망쳐야 했다. 과학과 문학의 후원자인 박식한 신성 로마 제국의 황제 프리드리히 2세Frederick II(1194-1250년)는 6차 십자군 원정(1228-1229년)을 성공으로 이끌어 실제로 예루살렘을 탈환한 뒤에 이집트의 술탄과 10년의 휴전을 맺은 일이 있었다. 그랬던 프리드리히 2세도 이제는 타타르족이 몰려와 그리스도교 국가를 제압할까 봐 두려웠다. 그는 '이 타타르족을 완전히 타르타로스Tartarus(지옥)로 몰아내기를' 바라면서 잉글랜드의 헨리 3세와 다른 왕들을 불러 이 새로운 '신의 징벌Scourge of God'에 대항하여 협력하기로 했다. 교황 그레고리우스 9세도 이번에는 타타르족에 맞서는 새로운 십자군 창설을 선포했다. 그러나 2번이나 파문을 당한 프리드리히 2세와 교황 사이의 불화로 헝가리 왕의 도움 요청에 대한 해결책은 말로만 끝나버렸다. 결국 유럽은 불가항력으로 구원되었다. 타타르족 군단이 성공의 절정에 이르렀을 때 몽골 제국의 오고타이 칸Okkodai Khan이 아시아에서 죽었다는 소식을 듣고 고국으로 서둘러 돌아가야 했기 때문이었다.

그리스도교 통치자들의 경고와 폴란드와 헝가리인들에게 행한 타타르족의 대학살에도 불구하고 타타르족은 동양으로 가는 길을 봉쇄한 이슬람교도와 터키족에 맞서는 강력한 동맹군이 될 수도 있었다. 타타르족은 카스피해 남부 연안에서 아사신파Assassins, 즉 이스마일파Ismailians에 맞서 전투에 승리한 후 바그다드와 시리아의 칼리프를 굴복시키려고 쳐들어 갔다. 페르시아에서 정복 활동을 하던 타타르족의 장군이 당시에 십자군 을 이끌고 키프로스로 온 프랑스 왕 루이 9세Louis IX(성자왕)에게 사신을 보 내 동맹을 맺을 것을 제의하고 협력을 요구했다. 그때 만일 그리스도교 왕 들과 교황이 기꺼이 타타르족과 동맹을 맺었더라면 터키의 이슬람 세력 을 정복하는 영광과 혜택을 얻었을 것이고 결국은 이교도의 도움으로 그 리스도교 십자군의 목적을 달성했을 것이다. 그러나 그리스도교 왕들은 승리를 한 후 타타르족을 개종시키려는 계획을 추진하는 대신에, 그리스 도교 국가들만 동맹을 맺기로 하고 타타르족 칸들에게는 동맹을 맺기에 앞서 개종시키려는 헛된 노력을 했다. 이런 판단의 실수는 결정적으로 아 시아의 미래에 많은 영향을 주었다. 이슬람의 세력은 그때 쇠퇴하고 있었 다. 그리스도교의 왕들이 우선 타타르족과 공동의 적을 물리칠 동맹군이 되었더라면 교황 인노첸시오 4세Innocent IV와 그리스도교 왕들은 그 뒤 바로 타타르족을 그리스도교로 개종시킬 수 있었을 것이다.

서양의 그리스도교 국가들은 타타르족 칸들이 돌연 개종할 것이라는 소식을 헛되이 기다리고 있었다. 그러는 동안에 유럽인들은 타타르족의 종교적 모호함이나 무관심과 포용에서 무심코 이익을 얻었다. 타타르족 이 바그다드의 칼리프 지위를 없애고 시리아와 페르시아를 비롯한 철의 장막이었던 지역들을 점령한 후에 동양으로 향하는 길이 유럽 여행자들 에게 갑자기 열렸다. 타타르족 칸들의 사고방식은 중세 서양의 그리스도 교에게 전혀 이해가 되지 않았다. 1251년에 만리장성에서 훨씬 북쪽에 있는 카라코룸Karakorum(타타르족의 수도)의 몽케 칸 궁정에서 프란체스코회의 수도사 윌리엄 루브룩William of Rubruck은 세계 곳곳에서 온 온갖 종교(가톨릭교도, 네스토리우스교도, 아르메니아교도, 마니교도, 불교도, 이슬람교도)의 사제들이 칸의 지원을 받으려고 경쟁하며 평화롭게 토론하고 있는 모습을 보고 매우 놀랐다. 칸들도 여러 나라들과 자유 통상을 바라고 있었다. 그들은 통행세와 세금을 낮추고, 대상을 보호하고, 도둑을 막으려고 길을 지키면서 상인들을 기꺼이 받아들였다.

어떤 교리도 박해를 하지 않은 '야만인' 타타르족은 서양의 그리스도교에게 길을 열어 주었다. 타타르족은 페르시아 정복으로 낮은 관세, 치안이 잘 유지된 길, 누구에게나 자유로운 통행 등을 허용하는 일상적인 몽골의 정책을 펼쳤고, 또 그렇게 하여 인도로 가는 길도 열었다. 타타르족은 러시아를 정복하여 중국으로 가는 길도 열어 주었다. 아시아를 횡단하는 중요한 육로인 실크로드는 수 세기 동안 많은 사람들이 오고갔지만 타타르족이 정복하기 전까지는 유럽인들에게 거의 이용되지 못했다. 이슬람교의 지배를 받는 이집트의 길은 유럽인들에게 여전히 통행이 금지되었고, 또 그곳을 통과하는 상품들은 맘루크Mamluk 왕조의 술탄에게 과중한 세금이 매겨졌기 때문에, 인도의 상품이 이탈리아 상인에게 들어갔을 때는 값이 3배로 뛰어올랐다.

17

위험한 전도 외교

    13세기 중반에 칸을 비롯한 타타르족을 그리스도교로 개종하려는 희망은 당시의 최근 상황으로 가능성이 커졌다. 타타르족이 터키 이슬람교를 정복하면서 자신들도 모르게 서양의 그리스도교 국가들의 동맹군이 되었기 때문이었다. 이런 강한 희망으로 호전적인 그리스도교 신도들은 칭기즈 칸을 프레스터 존으로 혼동하는 열망을 갖게 되었다. 당시에 칭기즈 칸이 중국에서 그리스도교로 개종했다는 소문이 있었다. 그런 소문은 그의 어머니와 후궁들이 그리스도교를 받아들이기 시작했다는 소식과 또 몽골 제국 전체에 퍼져 있던 상당히 많은 네스토리우스파 그리스도교 신도들이 종교를 자유롭게 실천하도록 허용되었다는 사실 때문으로 보였다.

    프란체스코회의 수도사들은 지리학의 개척자가 되었다. 신앙심이 깊은 한 연대기 작가에 따르면 "신이 타타르족을 세상의 동방 지역에 보내어 그들이 전쟁에서 죽이고 죽임을 당하던 바로 그 시기에, 신은 또한 서양에 그의 충실하고 축복 받은 하인 도미니크와 프란체스코를 보내어 믿음을 일깨우고 가르치며 높이도록 했다." 활기 넘치는 교황 인노첸시오 4세는 1243년에 교황으로 선출되자마자 곧, 타타르족의 새로운 침략에 대비하여 그리스도교 국가들을 조직했다. 그는 '그리스도교를 경멸하고 박해하는 자들과 타타르족에 대한 해결책을 찾기 위해' 1245년에 리옹Lyons에서 교회 회의를 소집했다. 교회 회의는 폴란드와 러시아와 헝가리에서 최근에 일어난 타타르족의 잔혹 행위와 늘어나는 세력을 상기시켰다. 그리고 충실한 그리스도교 신도들에게 참호를 파고, 벽을 쌓고, 그 외의 여러 장벽을 세워 침략자들이 들어오는 길목을 모두 막아야 한다고 필사적으로 촉구했다. 교회는 이런 방어에 드는 비용을 기부했고 또 주변국의 모든 그리스도교 신도들에게 기부금을 낼 것을 강요했다.

그와 동시에 교황은 귀위크 칸Kuyuk Khan을 그리스도교로 개종시키려고 북부 몽골의 수도로 사신을 보내 문제의 근원을 해결하려고 했다. 그래서 교황 인노첸시오 4세는 유럽인이 타타르족 수도에 간 적도 없고 살아 돌아온 사람도 없다는 사실에도 굴하지 않고 교회 회의가 열리기 전인 1245년 4월 16일에 사절을 파견했다. 신의 섭리에 따라 사절로 선택된 사람은 프란체스코회의 수도사 조반니 다 피안 델 카르피네John of Pian de Carpine(1180?-1252년)이었다. 사실 그는 아시시의 성 프란체스코Saint Francis of Assisi(1182-1226년)의 친구이면서 제자이기도 했다. 아시시에서 몇 마일 떨어진 페루자Perugia 인근에서 태어난 수도사 조반니는 쾰른에 있는 프란체스코회의 책임자였다. 수도사 조반니는 사절로 완벽한 사람이었다. 2년 동안의 여정을 담은 그의 30페이지 분량의 기록은 비록 짧지만 중세 타타르족의 관습에 관해 가장 잘 기술한 보고문으로 지금까지 남아 있다. 수도사 조반니와 함께 몽골을 다녀온 또 다른 강인한 사람은 폴란드 출신의 프란체스코회 수도사 베네딕트Benedict였다.

이 두 개척자인 프란체스코회 수도사들은 동유럽과 중앙아시아를 거쳐 이동하면서 고지대 대초원의 세찬 바람과 살을 에는 듯한 추위, 알타이 산길의 깊이 쌓인 눈, 고비 사막의 뜨거운 열기 등을 겪었다.

그래서 신의 은총으로 그리스도의 적과 마주치지 않고 우리는 러시아의 수도 키예프에 다다랐다. 그리고 그곳에서 우리의 여정에 관해 의논을 했다. 그곳 사람들은 우리가 말을 타고 타타르에 간다면 말을 모두 죽일 것이라고 했다. 그곳에는 눈이 많이 쌓여 말들이 타타르의 말처럼 눈 속에서 풀을 찾아내는 법을 모르고 또 짚이나 건초나 사료가 없어서 말이 (도중에) 먹을 것을 전혀 찾아낼 수 없기 때문이라고 했다. 그래서 그들의 충고에 따라 우리는 이곳에 말을 두고 가기로 했다… 나는 병이 나서 죽을 고비를 맞았다. 하지만 마차에 몸을 싣고 많이 쌓인 눈과 혹독한 추위 속에서 출발했다. 그리스도교의 임무에 방해되지 않도록 하기 위해서였다.

수도사 조반니는 길을 가는 도중에 자신의 임무를 숨기지 않고 자신을 적대하는 주민들을 구슬려 새로운 안내자와 말을 얻어 서둘러 여정을 떠났다. 볼가강 연안에 있는 바투의 궁정을 떠나 3개월 반의 여정 끝에 수도사들은 몽골의 중심에 있는 카라코룸에 도착했다. 그곳에 몽골 제국의 황제인 귀위크 칸의 궁정이 있었다. 두 프란체스코회 수도사가 8월 중순에 그곳에 도착했을 때, '금으로 씌운 기둥을 세우고 금 못을 박아 붙인' 막사 안에서 타타르족의 족장들 2,000명이 모여 새 황제를 선출하여 왕좌에 앉히는 의식을 치르고 있었다. 새 왕위에 오른 귀위크 칸을 처음으로 알현한 프란체스코회 수도사는 유럽에서 이야기로만 전해지던 동양에 관한 상상을 직접 확인할 수 있었다. "그들은 우리에게 선물하고 싶은 것이 있느냐고 물었다. 하지만 우리는 가지고 있던 것을 거의 써 버렸기 때문에 그에게 줄 게 아무것도 없다고 대답했다. 그런데 막사에서 조금 떨어진 언덕 위에 500대가 넘는 마차가 있었다. 그 마차에는 금과 은과 비단옷이 가득 실려 있었는데, 그 모든 것은 황제와 족장들에게 나눠졌다. 그리고 여러 족장들은 그들의 몫을 다시 부하들에게 적절하게 나눠 주었다." 프란체스코회 수도사들은 교황이 보낸 메시지를 칸에게 바칠 기회가 주어졌다. 교황의 메시지에는 모든 그리스도인들이 타타르족의 친구가 되고 타타르족은 천국의 하느님을 통해 강해지기를 바란다는 의미가 담겨 있었다. 그러나 그렇게 되기 위해서는 타타르족이 주 예수 그리스도를 믿어야 한다고 했다. 교황은 그리스도인들은 타타르족을 전혀 해치지 않았는데 타타르족은 수많은 그리스도인들을 살해했다는 것을 슬퍼하며 그들이 저지른 일을 회개하고 이 모든 문제에 관해 어떤 생각을 하고 있는지를 교황에게 글로 써서 보내기를 촉구했다.

귀위크 칸은 어쩔 수 없이 교황에게 보내는 2통의 편지를 써서 수도사 조반니에게 건네주었다. 불행하게도 이 편지에는 핵심적인 내용은 전혀 들어 있지 않았다. 귀위크 칸은 예수 그리스도를 믿으려 하지 않았기 때문이었다. 그렇다고 해도 수도사 조반니는 실망하지 않았다. 칸의 궁정에 고용된 그리스도교 신도들이 칸이 곧 그리스도교가 되려고 한다는 사실을 존에게 알려 주었기 때문이다. 귀위크 칸이 교황에게 보내는 자신의 사절을 프란체스코회 수도사들이 돌아갈 때 동행하기를 제의했을 때 수도사 조반니는 거절했다. 수도사 조반니에 따르면 "우리는 그들이 우리가 분열하고 싸우는 것을 보고 그들에게 우리를 침략하도록 부추기는 일이 되지 않을까 우려스러웠다"라고 했다. 1246년 11월 13일에 귀위크 칸은 수도사 조반니가 돌아가도록 허락해 주었다.

수도사 조반니는 돌아가는 여정을 이렇게 기록했다. "우리는 겨울 내내 여행을 하고 있었다. 사막의 눈 속에서 대부분의 시간을 보냈다. 나무라곤 전혀 없는 평원을 제외하고 우리는 발로 눈을 걷어 내고 땅바닥에서 잠을 청했다. 바람이 불어 잠에서 깨어나면 우리의 몸은 온통 눈으로 덮여 있곤 했다." 프란체스코회 수도사들이 6월 초에 키예프에 도착하자 사람들은 마치 죽음에서 되살아난 듯 그들을 기쁘게 맞아 주었다. 이와 비슷한 기쁨으로 유럽 전역에서도 그들을 환영했다. 카라코룸을 떠나 1년이 지난 1247년 가을에, 수도사 조반니는 교황 인노첸시오 4세에게 귀위크 칸의 편지를 전달하고 직접 여정 보고를 했다.

동양과 서양의 만남은 수도사 조반니의 역할로 끝난 것이 아니었다. 프랑스 왕 루이 9세는 자신이 약속한 십자군(제7차 십자군, 1248-1254년)의 첫 단계로 키프로스를 향해 출발하려고 했다. 교황 인노첸시오 4세는 타타르족의 침략에 대비하고, 호엔슈타우펜 왕가Hohenstaufen의 '악마의 우두머리' 프리드리히 2세의 반란에 맞서 자신을 보호하기 위해 루이 9세를 프랑스에 남아 있는 것이 그리스도교 국가를 위한 길이라고 설득해야 했다. 그래서 교황은 2명의 처세에 능한 프란체스코회 수도사를 파리로 보냈다. 그러나 그들의 임무는 실패를 했다. 그런데 당시에 또 1명의 주목할 만한 프란체스코회 수도사가 있었다. 프랑스의 플랑드르 출신이며 루이 9세의 신뢰를 얻고 있었던 윌리엄 루브룩이었다. 이때 윌리엄 루브룩은 수도사 조반니가 몽골을 모험한 생생한 이야기를 듣고 감동을 받고 있었다. 루이 9

세는 십자군을 이끌고 진격했을 때 수도사 윌리엄도 함께 데리고 갔다. 루이 9세가 1248년 9월에 키프로스에 도착하고 얼마 지나지 않아, 타타르족의 귀위크 칸이 보낸 사신이라고 자신을 소개한 한 남자가 좋은 소식을 담은 서신을 가져왔다. 그는 귀위크 칸이 이슬람에 맞서는 동맹을 맺기를 열망하고 있다고 전했다. 그리고 귀위크 칸이 3년 전의 예수 공현제Epiphany 날에 그의 어머니의 개종을 뒤따라 그리스도인이 되었다고 했다. 또한 타타르족의 주요 영주들도 모두 귀위크 칸을 뒤따라 그리스도인이 되었고, 타타르족은 이제 그리스도교 사람들과 손을 잡고 사라센 사람들을 물리치기를 갈망하고 있다고 했다.

남의 말을 잘 믿는 루이 9세는 도미니크회 수도사 롱쥐모의 앤드루Andrew of Longumeau를 사절로 신속히 보냈다. 수도사 앤드루는 아랍어를 잘 알고 있었고 이미 바투의 궁정을 방문한 적도 있었다. 그 힘든 육로 여정 끝에 앤드루는 마침내 귀위크 칸의 궁정에 도착했지만 그의 사명은 드라마에나 나올 법한 실망스러운 결말이 되고 말았다. 그는 귀위크 칸으로부터 신앙을 함께하는 동료로 환영을 받고 동맹을 맺을 것이라는 기대를 했다. 그러나 귀위크 칸은 이미 죽었고, 이제 그리스도교가 아닌 몽골 제국은 귀위크 칸의 아내 오굴 가이미시Ogul Gaimish가 섭정으로 다스리고 있었다. 그녀는 앤드루를 공물을 바치러 온 사람처럼 취급하고 그의 군주에게 보내는 무례한 편지들과 함께 그를 돌려보냈다.

고국으로 돌아가는 육로 여정은 1년이 걸렸다. 수도사 앤드루의 사명은 실패했지만 앤드루는 돌아가서 세계의 동쪽 끝에 있는 머나먼 커다란 사막에서 온 타타르족은 오래전에 곡과 마곡을 막은 산들로 이루어진 장벽(중국의 만리장성이었을까?)에서 탈출한 족속이라고 보고했다. 또한 앤드루 일행은 귀위크 칸의 조부인 칭기즈 칸이 프레스터 존보다 높은 지위를 약속한 신의 계시를 받고 그리스도교로 개종했다고 이야기했다. 그리고 그들은 타타르족이 정복한 길에는 인간의 백골 더미가 쌓여 있었고, 하나의 막사 안에서 800개나 되는 그리스도교의 예배당이 마차들 위에 실려 있는 것을 보았다고 했다. 그들은 또 바투의 아들이면서 몽골의 한 족장인 사르타크Sartach가 그리스도교 신도가 되었다는 반가운 소문도 가져왔다.

루이 9세는 이런 낙관적인 보고를 받았을 때 성지에 있었다. 그때 윌리엄 루브룩도 루이 9세와 함께 있었는데, 그때의 상황으로 보아 칸을 만나러 긴 원정을 떠날 적임자는 윌리엄뿐이었다. 윌리엄은 약간의 아랍어도 알고 있었고, 언어에 소질이 있었으며, 타타르족의 말도 조금 할 줄 알았다. 루이 9세는 윌리엄에게 사르타크와 칸에게 보내는 서신과 함께 성서 1권과 약간의 경비를 주었다. 마거릿Margaret왕비는 윌리엄에게 채색된 예배용 시편과 성직자 예복 몇 벌을 주었다. 윌리엄도 자신이 사용하던 기도서와 좋아하는 종교 서적뿐만 아니라 또한 어떤 알 수 없는 이유로 희귀한 아랍 필사본도 들고 갔다. 루이 9세는 이번에는 타타르족의 칸에게 거절당할 치욕을 피하기 위해 수도사 윌리엄을 사신으로 임명하지 않았다. 수도사 윌리엄은 동료 수도사 크레모나의 바르톨로메오Bartholomew of Cremona와 알코올 중독자인 안내자 겸 통역관과 2명의 하인들을 데리고 1253년 5월 7일에 콘스탄티노플을 출발했다. 그들은 배로 흑해를 건너 크림반도로 가서, 다시 돈강을 건너 육로로 계속 여정을 이어 갔다. 윌리엄 일행이 친구라고 알려져 있는 사르타크에게 마침내 찾아가자, 사르타크는 자신은 그리스도교 신자가 아니라며 화를 내고 '오히려 그리스도교 신자들을 조롱했다.' 윌리엄 일행은 볼가강을 건너 계속 길을 갔다. 몸집이 뚱뚱한 윌리엄은 굶주림, 발가락 동상, 높은 산에서 불어오는 찬바람, 사막의 뜨거운 열기 등으로 고통을 겪었다. 그러던 일행은 마침내 1253년 12월 27일에 몽골의 중심에 있는 몽케 칸Mangu Khan의 궁정에 도착했다. '동정심'을 느낀 몽케 칸은 '혹독한 추위'가 사라질 때까지 윌리엄 일행에게 2개월 동안 머물도록 허락했다.

궁정에는 이단으로 여겨진 그리스도교의 일파인 네스토리우스파 신자들이 상당히 많이 있었다. 그런데 그들은 그리스도교를 평판이 나쁘도록 전하고 있었다. 몽케 칸은 윌리엄 일행을 관대하게 대해 주었지만 마지막 알현에서 전도 수도사 윌리엄에게 낙담을 안겨 주었다.

그는 자신의 신조를 내게 털어놓기 시작했다. "우리 몽골족은 오직 하나의 신만 믿는다. 그 신으로 우리는 살고, 그 신으로 우리는 죽고, 또 그 신을 위해 우리는 올바른 마음을 갖고 있다"라고 그는 말했다. 다음으로 내가 이렇게 말했다. "그런지도 모르지만, 신의 은총 없이는 그럴 수 없습니다."… 그러자 그는 다시 말을 이었다. "그러나 신은 우리에게 각각 다른 손가락을 준 것처럼 인간에게 각각 다른 길을 주었다. 신은 당신들에게 성경을 주었다. 그런데 당신 그리스도인들은 그 성경을 지키지 않는다. 당신들은(예컨대 성경 속에서) 서로 잘못을 알아야 한다고 생각하지 않는다. 그렇지 않은가?" "네, 전하. 하지만 저는 처음부터 말씀드렸듯이 누구와도 말다툼을 하고 싶지 않습니다"라고 나는 말했다.… "나는 당신에게 그것을 말하는 것이 아니다. 신은 그래서 당신들에게 성경을 주었지만 당신들은 성경을 지키지 않는다. 신은 우리에게 예언자를 주었고, 우리는 예언자의 말을 따르며 평화롭게 살고 있다"라고 그는 말했다.

수도사 윌리엄은 유감스러운 마음으로 이렇게 기록했다. "내가 모세처럼 기적을 행하는 능력이 있었더라면 어쩌면 그는 스스로 겸손해졌을 것이다."

조반니 다 피안 델 카르피네처럼, 윌리엄도 타타르족의 사신을 데려오는 것을 거절했다. 그러나 윌리엄은 루이 9세에게 보낸 몽케 칸의 서신을 가져왔다. 수도사 윌리엄 일행은 돌아올 때는 다른 길을 선택했지만 굶주림과 갈증과 추위와 더위에 시달리며 온갖 시련을 겪은 끝에 1255년 6월 중순에 키프로스로 돌아왔다. 그때 루이 9세는 프랑스로 돌아가고 있었고 프란체스코 수도회의 관구장은 수도사 윌리엄이 프랑스로 가는 것을 허락하지 않았다. 수도사 윌리엄은 아크레Acre에 있는 프란체스코 수도원으로 가라는 명령을 받았고 그곳에서 루이 9세에게 여행 보고서를 보내라는 지시도 받았다. 수도사 윌리엄은 루이 9세에게 직접 보고를 했더라면 지금도 우리에게 감명을 주는 그런 여행 기록문을 남기지 못했을 것이다.

수도사 윌리엄 루브룩은 지구의 반대편에 있는 나라에 관한 귀중한 사실들을 유럽에 가져왔다. 그는 돈강과 볼가강을 가는 길을 알려 주었고 카스피해는 만이 아니라 호수라는 사실도 확인해 주었다. 유럽의 문헌에서 최초로 수도사 윌리엄은 중국을 로마인들이 비단의 산지로 설명한 '세레스Seres'의 나라와 동일한 곳이라고 주장했다. 그는 "중국인들은 화가들이 그림을 그릴 때 사용하는 붓과 같은 도구로 글을 쓰고, 그들이 쓰는 글의 글자 하나에는 각각 낱말이 되는 여러 문자들로 이루어져 있다"라고 했다. 서양인으로서 중국 문자에 관해 최초로 언급한 윌리엄은 수 세기 동안 다른 사람들에게 이해되지 못한 지식을 보여 주었다. 그는 또한 북쪽의 불교 승려 라마lama의 종교의식과 그들의 기도문('옴마니밧메훔Om mani padme hum ^{'●})도 정확하게 기록해 놓았다.

수도사 윌리엄은 파리로 가는 것이 허락되었을 때 운 좋게도 영국의 과학자이면서 동료 프란체스코회 수도사인 로저 베이컨Roger Bacon(1220-1292년경)을 만났다. '경이로운 박사Doctor Mirabilis'로 유명한 수도사 베이컨은 프란체스코회의 최고 책임자들에게서 마법을 부리고 이단설을 주장한다는 의심을 받고 파리에 감금되어 그의 상관들의 감시를 받고 있었다. 윌리엄 루브릭의 여행 기록문을 검토한 베이컨은 수도사 윌리엄이 발견한 새로운 사실들을 교황 클레멘스 4세Clement IV(1268년)를 위해 편찬하고 있던 백과사전『위대한 작품Opus majus』에 수록했다. 베이컨의 저서를 통해 수도사 윌리엄의 새로운 발견들은 마침내 서양의 그리스도교 세계에 소개되었다. 수도사 윌리엄이 속한 프란체스코 수도회는 오랫동안 수도회의 연보에서 윌리엄의 새로운 발견을 무시했다. 그리고는 1600년이 되어서야 윌리엄의 재미있고 유익한 여행기의 일부가 리처드 해클루트Richard Hakluyt를 통해 발간되었다.

윌리엄 루브릭은 자신의 여행기의 마지막 페이지에 육로 개척자들의 최후의 업적을 기록했다. 반세기 전인 1201년에 베네치아의 총독은 십자군을 배편으로 성지까지 데려가려고 18만 파운드라는 천문학적인 비용을 지불할 것을 제4차 십자군 의회와 계약을 했다. 이런 낭비에 반대한 수도사 윌리엄은 육로 여행이 비용을 더 절감할 수 있다는 의견을 내세웠다. 그는 십자군이 쾰른에서 콘스탄티노플까지 육로로 가면, 그때부터는 성지까지 쉽게 갈 수 있을 것이라고 주장했다.

● 연꽃 속의 보배로운 신성함을 찬양하는 티베트 불교의 전형적인 경전 문구

과거에는 용맹한 사람들이 강력한 적이 있었지만 그 나라들을 거쳐 지나갔고, 또 성공했다. 이후 신은 그 적들을 지상에서 없애버렸다. 우리가 육로를 따른다면 바다의 위험에 처하지도 않고, 또 선원들에게 목숨을 맡기지 않아도 된다. 그리고 배를 이용하는 데 지불해야 할 비용은 육로 여행의 경비에 사용하고도 충분히 남을 것이다. 농민 여러분들(나는 영주나 귀족에게 말하는 것이 아니다)이 타타르족의 영주들처럼 여행을 하고 그들처럼 준비한 식량에 만족한다면 여러분은 전 세계를 정복할 수 있다고 나는 자신 있게 말한다.

18

아시아의 발견

마르코 폴로는 경험과 업적과 영향력이 다른 모든 그리스도교 여행자들보다 탁월했다. 프란체스코회 수도사들은 몽골에 갔지만 3년도 안 되어 돌아왔고 전도 외교가의 임무에만 머물러 있었다. 마르코 폴로는 24년 동안 여행을 계속했다. 그는 선임자들보다 훨씬 멀리 몽골을 지나 중국의 중심지까지 다다랐다. 마르코 폴로는 중국 전체를 횡단하여 대양까지 이르렀고, 쿠빌라이 칸의 친구가 되고, 중국 대도시의 총독이 되는 등 다양한 역할을 했다. 그는 중국어에 능숙했고 중국의 일상생활과 문화에도 푹 빠져 있었다. 유럽인들에게 마르코 폴로의 방대하고 생생하며 사실에 근거한 동양의 이야기는 곧 아시아의 발견이었다.

당시의 베네치아는 지중해와 그 너머의 지역에서 상업의 커다란 중심지가 되었다. 마르코 폴로는 아버지 니콜로Nicolò와 삼촌 마페오 폴로Maffeo Polo가 9년 동안 동양을 여행하고 베네치아로 돌아왔던 1269년에 겨우 15세였다. 마르코에게는 마르코 폴로라는 똑같은 이름을 지닌 또 다른 삼촌

이 있었다. 콘스탄티노플과 크림반도의 솔다이아Soldaia•에 무역 회사가 있었던 그 삼촌은 1260년에 니콜로와 마페오와 함께 무역 사업을 하기로 했다. 어린 마르코 폴로는 자신이 가 본 적 없는 초기의 여행 이야기를 써 놓고 그 책을 펼쳐 보곤 했다. 콘스탄티노플에서 보석을 사들인 니콜로와 마페오는 그 보석을 배편으로 솔다이아까지 가져간 다음, 다시 볼가강을 따라 북동쪽으로 올라가 칭기즈 칸의 증손인 바르카 칸Barka Khan의 화려한 궁정까지 가지고 갔다. 바르카 칸은 그들을 친절하고 정중하게 대우했을 뿐만 아니라 더욱 중요하게도 그들의 보석을 모두 사 주기까지 했다. 마르코 폴로에 따르면 "아버지와 삼촌들이 적어도 원가의 2배를 받을 수 있었다"라고 했다.

그런데 그때 바르카 칸과 적수였던 타타르족 영주 사이에 전쟁이 일어나서 폴로 형제는 콘스탄티노플로 돌아갈 수 없자 동쪽으로 더 멀리 가서 무역 사업을 벌이기로 했다. 사막을 건너 17일 동안 여행을 한 끝에 부하라Bokhara에 도착한 폴로 형제는 그곳에서 쿠빌라이 칸의 궁정으로 가는 도중에 있던 타타르족 사절단을 만났다. 이 사절단은 폴로 형제에게 라틴계 사람을 만난 적이 없는 쿠빌라이 칸이 그들을 매우 만나고 싶어 하고 영예롭고 후하게 대접을 할 것이니 쿠빌라이 칸을 만나 보기를 권했다. 그리고 사절단은 쿠빌라이 칸에게 가는 도중에 폴로 형제를 보호해 주겠다고 약속했다. 폴로 형제는 이 초대를 받아들였고 '수많은 온갖 경이로운 것들을 구경하며' 만 1년 동안의 여행을 끝낸 후, 쿠빌라이 칸의 궁정에 도착했다. 약속대로 우호적으로 대해 준 쿠빌라이 칸은 폭넓게 호기심이

• 현재 수닥(Sudak)

많았고, 기민한 지성을 지녔으며, 서양에 관한 모든 것을 알고 싶어 하는 사람이었다.

쿠빌라이 칸은 결국 두 형제에게 자신의 사절이 되어 달라고 청했다. 그래서 교황한테 가서 '자유칠과'라는 7개의 교양과목을 교육 받은 100명의 전도사를 보내어 자신의 백성들에게 그리스도교와 서양 과학을 가르치도록 요청해 주기를 부탁했다. 쿠빌라이 칸은 또한 예루살렘의 성묘에 있는 등불의 기름을 조금 가져다주기를 청했다. 니콜로와 마페오는 출발할 때 황제에게서 금으로 된 증표를 받았다. 그 증표는 안전하게 통행할 수 있으며 도중에 누구에게든 필요한 물품을 공급 받을 수 있는 황제의 허가증이었다. 1269년 4월에 아크레Acre에 도착한 두 형제는 교황이 죽었고 그의 후계자가 아직 결정되지 않았다는 사실을 알았다. 그래서 형제는 베네치아로 돌아가 다음 후계자가 선출되기를 기다렸다. 마침내 새 교황 그레고리우스 10세Gregory X가 임명되었지만 그는 쿠빌라이 칸이 요청한 100명의 전도사를 보내지 않았다. 대신에 겨우 2명의 도미니크회 수도사들을 폴로 형제와 함께 보냈다.

1271년에 니콜로와 마페오는 쿠빌라이 칸에게 다시 돌아가기 위해 베네치아에서 출발할 때 17세가 된 마르코 폴로도 함께 데려갔다. 이것이 그들의 여행을 역사적으로 만든 운명이 되었다. 지중해 동부에 있는 라자초Lajazzo에서 2명의 도미니크회 수도사들은 공포에 질려 떠나 버렸다. 이제 3명만 남은 폴로 일가는 바그다드로 간 뒤, 다시 페르시아만의 하구에 있는 호르무즈Ormuz로 갔다. 그곳에서 그들은 배를 타고 인도양을 건너는 긴 여행을 할 수 있었다. 그러나 폴로 일가는 배를 타는 대신에 케르만Kerman의 페르시아 사막을 지나 북동쪽의 육로를 택하여 바다흐

산Badakhshan으로 갔다. 몹시 추운 산악 지대로 이루어진 바다흐샨은 루비와 청금석과 명마로 유명한 곳이었다. 마르코에 따르면 "이곳의 말들은 알렉산더 대왕의 애마 부케팔로스Bucephalus에서 혈통을 이어 왔으며 부케팔로스처럼 이마에 뿔을 하나 달고 태어났다." 그곳에서 폴로 일가는 병에 걸린 마르코가 산의 신선한 공기를 마시며 건강을 되찾도록 1년을 머물렀다.

그 뒤, 폴로 일가는 2만 피트(약 6,096미터)가 넘는 많은 산봉우리들, 원주민들이 '세계의 지붕'이라고 부르는 파미르고원의 빙하 지대를 넘어 더욱 높은 지대로 계속 올라갔다. 마르코 폴로에 따르면 "온갖 종류의 야생 동물이 풍부하다. 그곳에는 거대한 몸집을 한 산양(이제 긴 뿔 양ovis Poli으로 알려져 있는데, 윌리엄 루브룩도 이미 이 동물들을 기록한 적이 있다)들이 엄청나게 많다. 산양의 뿔은 길이가 6뼘이나 되고 서너 개 이상 자란다. 양치기들은 이 산양의 뿔로 큰 그릇을 만들어 그곳에 음식을 담아 먹는다. 양치기들은 또 울타리를 만들어 산양을 그 안에 가두고 기른다." "이곳에는 지대가 높고 춥기 때문에 새들이 없다. 그리고 분명 이곳은 너무 추워서 불을 지펴도 불길이 약하고, 다른 곳의 불꽃의 색깔과 같지 않으며, 음식이 잘 익지도 않는다." 그 다음으로 폴로 일가는 북부 카슈미르를 지나는 옛 대상들의 남쪽 경로를 따라갔다. 이곳은 19세기가 될 때까지 유럽인들이 다시 간 적이 없었다. 폴로 일가는 그 길을 지나 동쪽으로 고비 사막의 가장자리를 향했다.

폴로 일가는 고비 사막의 서쪽 가장자리에 있는 롭Lop이라는 마을에서 쉬었다. 그곳에서 여행자들은 보통 쉬면서 고비 사막을 건널 때의 고난에 대비해 필요한 여러 보급품을 받았다.

이곳은 먹을 것이 없어서 짐승이나 새들이 살지 않는다. 그러나 이곳에는 1가지 매우 이상한 일이 일어나고 있는데, 그 이야기를 들려주려고 한다.

그 사실은 이러하다. 사람이 말을 타고 밤에 이 사막을 지나가고 있으면 어떤 까닭인지 그는 잠에 빠지거나 일행과 떨어져 혼자 돌아다니게 된다. 그러다가 나중에 일행을 따라가려고 하면 누군가 이야기하는 소리가 들리는데, 그는 그 소리가 일행의 목소리인 줄 착각한다. 때로는 그의 이름을 부르는 소리가 들리기도 한다. 그 목소리는 흔히 그를 길에서 벗어나게 하여 다시는 그 길을 찾지 못하게 한다. 그렇게 하여 많은 여행자들이 길을 잃고 죽었다.

폴로 일가는 사막을 지나 중국의 북서쪽 맨 끝에 있는 탕구트족Tangut 지역으로 들어갔다. 그런 다음 몽골의 대초원을 지나 3년 반의 여정 끝에 마침내 쿠빌라이 칸의 궁정에 도착했다.

쿠빌라이 칸은 이 베네치아 사람들을 크게 환영하며 맞이했다. 21세가 된 마르코 폴로의 재능을 알아본 쿠빌라이 칸은 즉시 그를 궁정에서 일하도록 요청했고 6개월 동안 한 지방의 사신으로 내보냈다. 오늘날 마르코 폴로의 여행기를 읽어 보면, 13세기의 몽골 제국 황제가 호기심이 얼마나 많았는지를 알 수 있다.

이제 그는, 황제의 사신들이 세계의 여러 곳에서 돌아오면 그들이 수행한 업무 외에는 어떤 보고도 할 줄 몰랐고, 그러면 황제는 그들을 바보와 다름이 없다고 여기며 "내가 듣고 싶은 말은 외국의 정세가 아니라 여러 나라의 신기한 일과 관습에 관한 것이다"라고 말하는 것을 자세히 적어 두었다. 그래서 그는 외국에서 돌아올 때마다 기록을 하고 황제에게 말해 줄 수 있도록 그가 방문한 나라들의 온갖 종류의 일들을 알아내려고 무척 애를 썼다… 그 이후 마르코 폴로 씨는 황제가 내린 임무를 수행하려고 계속 이곳저곳을 다니며 17년 동안 황제를 위해 일하며 살았다… 그리고 그는 황제의 뜻을 완전히 알고 있었으므로 분별 있는 사람처럼 늘 흥미로운 지식은 무엇이든 모으려고 많은 수고를 들였다. 그리고 그가 궁정으로 돌아오면 수집해 온 모든 지식을 순서대로 이야기해 주었기 때문에 황제는 그를 크게 아끼고 지지했다… 그래서 마르코 폴로 씨는 어느 누구보다도 세계의 수많은 나라에 관해 많은 지식이 있었거나 실제로 방문한 사람이었다. 그렇게 할수록 그는 늘 지식을 얻으려고 노력하고 모든 것을 알아내고 탐구해서 황제에게 알려 주려고 했다.

이처럼 쿠빌라이 칸은 마르코 폴로만이 세상을 제대로 관찰하는 능력이 있다고 몹시 감탄한 듯 보였다.

니콜로와 마페오 폴로는 17년 동안 '금과 보석으로 엄청난 부를 모았다'는 사실 외에 쿠빌라이 칸의 궁정에서 어떻게 지냈는지는 알 수 없다. 해를 거듭할수록 쿠빌라이 칸은 마르코 폴로가 자신의 측근으로 있어 주기를 더욱 바랐다. 그런데 1292년에 페르시아에 있는 일한국Ilkhan 통치자의 신부가 되기로 한 타타르족 공주를 호송하는 문제가 생겼다. 일한국의 사신들은 17세의 신부를 육로로 데리고 가려다가 실패한 적이 있었다. 쿠빌라이 칸의 궁정으로 돌아온 사신들은 공주를 배로 호송하기를 바랐다. 바로 그 무렵에 마르코 폴로가 인도로 긴 항해를 했던 임무에서 돌아왔다. 베네치아 사람들이 항해에 능숙하다는 사실을 알고 있던 페르시아 사신들은 폴로 일가가 배로 신부를 호송하는 데 함께해 주도록 쿠빌라이 칸에게 청했다. 결국 쿠빌라이 칸은 600명의 수행원과 2년 동안의 보급품과 함께 14척의 배를 준비시켰다. 남중국해를 거쳐 수마트라섬까지, 그리고 인도양을 거쳐 페르시아까지 위험한 항해 끝에 타타르족 공주는 무사히 페르시아 궁정에 도착했지만 그동안에 수행원 600명 중에 겨우 18명만이 살아남았다. 베네치아 사람들에게 매우 애착을 가진 타타르족 공주는 헤어질 때 눈물을 흘리며 슬퍼했다.

폴로 일가는 육로로 페르시아 북부의 타브리즈Tabriz와 흑해의 남쪽 연안에 있는 트라브존Trebizond을 거쳐 콘스탄티노플을 향하여 귀국길에 올랐다. 그리고 마침내 1295년 겨울에 베네치아에 도착했는데, 그들이 떠난 지 24년만이었다. 폴로의 가족들은 그동안 그들이 죽은 줄 알고 단념하고 있었다. 그럴듯하게 전해지는 이야기에 따르면, 베네치아 사람이라기보다 타타르족으로 보이는 행색이 초라한 3명의 이방인들이 나타나자 귀족 친척들은 그들을 전혀 알아보지 못했다고 한다. 그러나 너저분한 방랑자들이 더러운 옷 속에서 루비, 다이아몬드. 에메랄드 등의 많은 숨겨진 보물을 쏟아 내자 친척들은 재빨리 기억을 되살려 그들을 알아보았다. 돌아온 여행자들은 열렬히 환영을 받았고 호화로운 연회를 즐기면서 음악과 유쾌함 속에 외국에서 보낸 추억을 회상했다.

당시에 베네치아와 제노바는 지중해의 해상무역을 두고 수년 동안 치열한 경쟁을 벌이고 있었다. 1298년 9월 6일에 달마티아 연안의 코르출라Curzola에서 벌어진 베네치아와 제노바의 주요 해전은 7,000명의 포로를 잡은 제노바의 승리로 끝났다. 이 포로들 중에는 베네치아의 갤리선을 이끌었던 '특별 지휘관'인 마르코 폴로도 있었다. 쇠사슬로 묶여 제노바의 감옥으로 끌려간 마르코 폴로는 그 안에서 다른 포로와 친구가 되었다. 이전에 피사와 벌어진 전투에서 제노바의 승리로 포로가 된 그 친구는 루스티첼로Rustichello였다. 루스티첼로는 아서왕과 원탁에 관한 이야기를 고쳐써서 상당히 명성을 얻었던 모험 소설의 작가였다. 루스티첼로는 문학의 천재는 아니었지만 부지런하고 설득력 있는 사람으로 자신의 문학 장르에서는 대가였다. 마르코 폴로의 회고담을 들은 루스티첼로는 그 이야기에서 새로운 모험(『동방견문록A Description of the World』)의 소재를 발견하여 마르코 폴로에게 글을 쓰는 데 협력해 줄 것을 요청했다. 마르코 폴로는 분명 어떻게든 집에 있는 여행 기록들을 가까스로 확보했을 것이다. 그렇게 해서 두 사람은 갇힌 상황에서 여가 시간을 활용하여 마르코 폴로가 방대한 여행 이야기를 말해 주면 루스티첼로는 그 이야기를 받아 적었다.

마르코 폴로나 루스티첼로가 제노바와 벌인 전쟁에 참가하지 않았더라면 지금까지 마르코 폴로의 여행 기록은 남아 있지 않았을 것이고, 또 우리는 그의 이름도 알지 못했을 것이다. 다행히 루스티첼로는 그 위대한 베네치아 여행가와 마음이 잘 맞는 작가였고, 600년 동안 세상을 매료시킬 모험담을 만들어 낼 소질이 있었다. 물론 루스티첼로는 마르코 폴로의 사실적인 이야기들을 가끔 자신의 상상으로 꾸며 내어 쓰기도 했다. 이후의 더욱 다채로운 일부 이야기들은 루스티첼로나 다른 사람들이 쓴 초기의 작품에서 개작된 것이다. 예컨대 마르코 폴로가 쿠빌라이 칸의 궁정에 처음 도착했을 때 쿠빌라이 칸이 젊은 마르코 폴로에게 아낌없이 해 준 지나친 칭찬은 루스티첼로의 모험담을 보면, 아서왕이 카멜롯에서 젊은 트리스탄을 받아들이며 해 준 칭찬과 유사하다. 이런 경우는 작가가 모험가의 명성을 만들기 위해 흔히 사용하는 방법이었다. "담화에 의거하여 작가가 쓴as told to"이라는 형식적인 문구는 오늘날에는 거의 흔히 볼 수 없지만 예전에는 책의 속표지에서 당연히 볼 수 있었으며 놀라울 정도로 상당한 역사가 있다. 이 활력이 넘치는 베네치아인은 여러 언어를 사용할 줄 아는 지식이 있고, 쿠빌라이 칸을 매우 즐겁게 해 주는 글을 썼으며, 자신이 사용하려고 광범위하고 상세한 기록들을 가지고 있었는데도 왜 자신의 모험담을 직접 쓰지 않았을까? 어쩌면 1295년에 상업 도시 베네치아로 돌아와 즉시 출판업자의 권유로 계약이 성사되었다면 마르코 폴로는 자신의 책을 펴냈을 것이다. 그러나 그 후 200년이 지난 뒤에야 출판업이 번성하기 시작했다.

포르데노네의 오도릭Odoric of Pordenone, 니콜로 데 콘티Nicolo de'Conti, 이븐 바투타 등 다른 위대한 중세의 여행가들과 생루이의 유명한 프랑스 연대기 작가이면서 전기 작가인 장 데 주앵빌Jean de Joinville(1224?-1317?)도 자신들의 책을 구술했다. 그때에는 책을 쓰는 일에 돈이나 명성의 대가가 따라오지 않았고, 또 정치 권력을 차지하는 데 지식이 필요하지도 않았다. 마르코 폴로가 쓴 책의 머리말 첫 문장에는 이렇게 권고하고 있다. "황제나 왕, 공작, 후작, 백작, 기사, 도시 주민, 그리고 세계의 여러 인종과 여러 지역의 색다른 특성을 알고 싶은 모든 사람들은 이 책을 가져가 읽으시오."

루스티첼로는 마르코 폴로의 책을 프랑스어로 썼다. 이때의 서유럽에서는 프랑스어가 평신도 사이에 널리 사용되고 있었고 라틴어는 성직자들 사이에서 널리 사용되고 있었다. 머지않아 이 책은 대부분의 유럽 언어들로 번역되었고, 또한 수많은 사본이 지금까지 남아 있다. 그 이전이나 그 이후로도 이 책만큼 매우 정확한 새로운 정보를 전해 주거나 대륙에 관한 시각을 넓혀 준 단행본은 없었다.

19

장막이 걷힌 대륙

    수십 년 동안에 육로 개척자들이 활약하고 있는 동안에 유럽과 동쪽 끝의 아시아 사이에는 작은 규모의 전문화된 무역이 번창하고 있었다. 유럽의 많은 상인들이 분명 그 먼 지역까지 갔을 테지만 폴로 일가가 여행기를 남긴 때만 해도 상인들이 그리 많지는 않았다. 중국의 여러 도시에 있는 유럽인 공동체에 관한 항상 믿을 수는 없어도 생생한 기록은 그곳을 방문한 용감한 프란체스코회 수도사들 때문에 지금까지 전해져 올 수 있었다. 그중에서 가장 진취적인 기록을 남긴 사람은 이탈리아의 프란체스코회 수도사 조반니 다 본테코르비노John of Montecorvino였다. 1289년에 교황 니콜라오 4세Nicholas IV가 파견한 조반니는 1295년에 북경에 도착했다. 그곳에서 조반니는 '교황의 서신을 전했고, 주 예수 그리스도의 믿음을 따르도록 그〔몽골 제국의 황제〕를 초청했지만 황제는 우상숭배를 하며 너무 늙어 있었다. 그러나 황제는 그리스도인들에게 많은 친절을 베풀었고, 2년 동안 조반니는 황제와 함께 지냈다.' 조반니 다 본테코르비노는 황제의 궁전이 있는 거리 맞은편에 종이 3개 달린 종탑이 있는 성당을 세웠다. 그리고 조반니가 세례를 준 도시 주민들의 수가, 그가 직접 확인한 수에 따르면, 6,000명에 이르렀다. 또 그곳에서 조반니는 150명의 소년 합창단을 조직하고 훈련시켰다. 조반니의 기록에 따르면 "황제 폐하께서는 더욱이 소년 합창단의 노래를 듣는 것을 매우 즐기셨다. 나는 하루 7번의 기도 시간마다 종을 쳤고 풋내기 신도들과 함께 예배를 보았다. 그리고 악보 책이 없었으므로 우리는 악보 없이 성가를 불렀다." 수도사 조반니 다 본테코르비노는 1307년에 캄발루크Cambaluc (북경)의 대주교로 임명되었고 몇 년 뒤에는 3명의 부주교가 와서 그를 도왔다.

또 1명의 프란체스코회 수도사 포르데노네의 오도릭은 1330년에 중앙아시아를 거쳐 파도바Padua로 돌아가기 전, 3년 동안 중국에서 보낸 삶의 생생하고 방대한 기록들을 동료 수도사에게 구술했다. 그는 마르코 폴로가 전하지 못한 많은 사실들, 예컨대 가마우지로 물고기를 잡는 관습, 손톱을 길게 자라게 하는 습관, 여자의 발을 압박하여 자라지 못하게 하는 전통 등을 알려 주었다. 피렌체의 귀족인 수도사 조반니 마리뇰리John of Marignolli는 1342년에 북경에 갔을 때 북경의 대주교가 그 높은 지위에 어울리는 저택에 살고 있었고 모든 그리스도교 성직자들이 '황제에게서 가장 영예로운 대우로 생계비를 받고 있는' 것을 보았다. 또한 그는 항구도시 자이톤Zayton (취안저우)에서 3개의 큰 프란체스코 교회와 유럽 상인들이 사용하는 목욕탕이 있는 것을 보았다. 그러나 마리뇰리의 회상에서 대부분은 실론섬의 낙원과 아름다운 산과 샘과 강이 있는 에덴동산에 관해 상세히 설명되고 있다.

1340년에 은행을 운영하는 피렌체의 바르디Bardi 가문의 대리인이었던 프란체스코의 발두치 페골로티Balducci Pegolotti는 상인 여행자들을 위한 유용한 안내서를 썼는데, 그 안내서는 지금도 당시의 번창하는 무역에 관한 단서를 보여 준다. 그의 상업 여행 안내서는 육로를 이용하는 상인 여행자들에게 필요한 많은 정보들이 담겨 있다. 예컨대 지역 간의 거리, 해당 지역의 위험 요소, 도량형, 물가와 환율, 세관 규칙, 세관 규칙에 관한 유용한 조언, 먹어도 되는 음식, 먹으면 안 되는 음식, 숙박소 등에 관해 알려 준다.

먼저, 여러분은 면도를 하지 말고 수염을 길게 길러야 한다. 그리고 타나Tana에서 직접 통역을 구해야 한다. 통역을 구할 때는 비용을 아끼려고 유능한 사람 대신에 서투른 사람을 고용해서는 안 된다. 유능한 통역을 고용하려면 급료를 더 주어야 하지만 그만큼 더 많은 경비를 절약할 수 있다. 그리고 통역 외에 쿠마니아의 언어Cumanian tongue에 능숙한 선량한 남자 하인을 적어도 2명 고용하는 것이 좋다. 그리고 타나에서 여인을 얻고 싶다면 그렇게 할 수 있다. 하지만 여인을 얻고 싶지 않다면 그러지 않아도 된다. 다만 여인을 얻으면 얻지 않는 것보다 훨씬 편안하게 지낼 수 있다. 그런데 여인을 얻으려면 남자 하인을 고용할 때와 마찬가지로 쿠마니아 언어에 능숙한 여인을 구하면 좋을 것이다….

상인들이 먼 중국으로 갈 때 은을 들고 가면 중국의 영주는 그 은을 받아서 금고에 넣는다. 대신 상인들에게는 그들이 사용하는 지폐로 교환해 준다. 이 지폐는 황색 종이이며, 앞서 언급했듯이 영주의 도장이 찍혀 있다. 그리고 이 지폐는 상환할 수 있고 그 지폐로 사고 싶은 비단이나 다른 물품을 쉽게 살 수 있다. 또한 그 나라의 모든 백성들은 반드시 이 지폐를 받아야 한다. 그렇

지만 그 돈은 종이이기 때문에 물품을 살 때보다 더 많은 가격을 지불할 필요
는 없다….

(그리고 잊지 말아야 할 사실이 더 있다. 여러분은 세관 관리들을 공손히 대하고
그들의 직원과 통역들에게 물건이나 돈을 선물로 주면, 그들은 매우 정중하게
대해 줄 것이고 여러분의 물품을 실제 가치보다 낮게 평가하여 세금을 매길 것
이다.)

　지구의 양 끝 사이에서 이루어진 이런 활발한 육로 무역은 오래 지속되
지 못했다. 조반니 다 몬테코르비노가 최초이자 마지막으로 북경의 실질
적인 대주교가 되었다. 1333년에 교황 요한이 임명한 조반니의 후임자는
그의 근무지로 가지 못한 듯 보인다. 13세기 중반에 갑자기 열린 동양으
로 가는 육로는 100년이 지난 후에 또다시 갑자기 닫히고 말았다.

　광대한 몽골 제국은 그 세력과 통합으로 유럽인이 인도와 중국으로 가
는 육로를 열어 주고 보호해 주었다. 때로는 '몽골의 세기Mongol Century'라고
불리는 이 시기에 일부 유럽인들은 동양으로 갔고, 일부 중국인들은 또한
서양으로 갔다. 귀국길에 오르는 서양인들뿐만 아니라 여행하는 중국인
들도 예술의 주제나 가구의 양식에 관한 지식을 비롯해 놀이용 카드, 도자
기, 직물 등을 들고 갔다. 이런 지식과 물품들은 유럽의 상류계급에서 일
상생활에 이용되었다. 지폐, 인쇄술, 화약 등의 몇몇 물품들은 세계를 놀
라게 할 정도였다. 이런 신기한 물품들은 서아시아로 직접 들어왔고, 그
다음으로 유럽에는 아랍이나 다른 지역을 통해 간접적이거나 어쩌다 우
연히 들어왔다. 그런 중요한 물품들은 극히 소수의 사람들을 통해 들어온
것이다.

몽골족은 말을 타고 정복한 몽골 제국을 말을 타고 다스릴 수 없다는 사실을 깨달았다. 그들은 광대한 제국을 다스리기 위해 세심한 행정이 필요했다. 중국에서 몽골족은 이방인이며 침략자들이었기 때문에 몽골족이 정복한 중국인들을 통치하는 것은 쉬운 일이 아니었다. 몽골족은 자신들이나 마르코 폴로 같은 외국인들을 높은 관직에 올렸다. 한편, 고대 학문의 전통과 발전된 기술과 까다로운 의식 존중 주의 등으로 살고 있던 중국인들은 야만적인 몽골 정복자들을 비난할 이유가 많이 있었다. 북쪽의 건조한 초원 지대에서 온 몽골족은 목욕하는 습관이라곤 전혀 없었다. 한 중국인 여행자는 몽골족에 관해 이렇게 전했다. "그들한테는 아주 지독한 냄새가 나서 옆에 갈 수가 없다. 그들은 오줌으로 세수를 한다." 마르코 폴로도 몽골 병사들의 잔혹성과 대담성에 놀라워하며 이렇게 기록했다. 그들은 말 젖을 마시고, 개인 물품은 거의 들고 다니지 않았으며 "세상에서 힘든 일과 시련을 가장 잘 견뎌 내는 남자들이었고, 그들을 관리하는 데 거의 비용도 들지 않았다. 그러므로 그들은 영토를 정복하고 왕국을 무너뜨리는 데 가장 적합한 병사들이었다." 마르코 폴로는 중국에서 타락하고 방탕해진 몽골 병사들을 보았고, 중국 곳곳을 여행하면서 불안에 떠는 중국 주민들도 보았다. 몽골 통치자들의 모든 방식과 외래 종교의 포용력이 전통 유교를 믿는 사람들을 화나게 했다.

14세기 중반에 중국 북부 지역의 기근과 황허의 파괴적인 홍수로 몽골족의 통치 문제는 더욱 커졌다. 그리고 중국 곳곳에서는 반란이 일어났다. 몽골 제국의 마지막 황제가 되는, 방탕한 로마 황제 칼리굴라Caligula 같은 토곤 테무르 칸Toghon Temür Khan(1320-1370년)이 1333년에 불안한 왕위에 올랐다. 그는 10명의 가까운 친구들을 북경의 '구중궁궐'로 불러들였다. 그곳에서 그들은 티베트의 불교 탄트라tantra의 비밀 의식을 성적인 연회에 맞추어 바꾸었다. 그들은 여자들의 기운으로 남자들을 강하게 하여 생명을 연장시킬 수 있다고 여겨 몽골 제국 곳곳에서 여자들을 불러들여 이 의식에 참여시켰다. 이와 관련해 당시에 이런 소문이 돌았다. "남자와 성적 교합을 통해 최고의 쾌락을 느끼는 여자들을 선정하여 구중궁궐로 데려왔다. 며칠이 지난 뒤에 그 여자들은 밖으로 나가도록 허락되었다. 평민층의 가족들은 금과 은을 대가로 받아 기뻐했다. 귀족층은 '통치자가 그 여자들을 원해서 골랐는데 어떻게 반대할 수 있는가?'라고 말하면서 은근히 기뻐했다."

그러나 중국인들은 계속 저항했다. 이 저항이 절정에 이른 1368년에 대단한 재능이 있는 홍무(주원장, 1328-1398년)라는 자수성가한 인물이 중국인의 반란 지도자로 나타났다. 그가 이후에 명나라를 건국하게 된다. 중국인들은 몽골족의 눈앞에서 교묘하게 반란을 조직했다. 민중의 역사에 따르면, 몽골 통치의 마지막 시기에는 불안해하는 칸들이 거의 집집마다 밀고자를 배치했고 사람들이 많이 모이는 것을 금지시켰다고 한다. 무기를 들고 다니는 것이 금지된 중국인들은 10가구 가운데 1곳만 고기를 자르는 데 쓰는 주방용 칼을 소유할 수 있었다. 그러나 몽골족은 중국인들의 관습을 억압하는 것을 잊고 있었다. 중국인들은 음력 보름날이 되면 달의 토끼 모양을 장식한 작고 둥근 보름달 빵을 만들어 그 속에 종이 1장을 넣고 행운의 과자처럼 서로 주고받는 풍습이 있었다. 수완이 좋은 반란자들은 이 평범해 보이는 빵을 이용하여 정보를 전달했다고 한다. 중국인들에게 나눠 준 그 빵 안에는 1368년 8월 보름날에 봉기하여 몽골족을 학살하라는 지시 내용이 있었다.

방탕한 토곤 테무르 칸은 왕좌를 지키려고 싸우는 대신에 황후와 첩들을 데리고 도망을 갔다. 처음에는, 제너두Xanadu(도원경)라고도 하는 상도上都에 있는 유명한 여름 별궁으로 갔고, 그 이후에는 본래의 몽골 수도인 카라코룸으로 가서 그곳에서 최후를 마쳤다. 그 사이에 몽골의 영주들과 장군들은 서로 싸우고 있었고 그러던 몽골 제국은 결국 분열이 일어나고 말았다. 북경에서 반란이 일어난 그해에 서쪽으로 멀리 사마르칸트에 본영을 둔 티무르Tamerlane가 세계 정복을 위한 계획으로 첫 단계를 달성하고 있었다. 티무르의 제국은 다른 기준으로 평가한다면 광대하지만 칭기즈 칸 왕국의 서남쪽으로 4분의 1에 불과했다. 하지만 티무르는 동양으로 세력을 뻗어나가기 시작했다.

몽골 제국의 분열은 페골로티가 불과 몇십 년 전에 말했던 안전한 통행의 길을 막아 버렸다. 그런데 티무르는 유럽인들이 페르시아의 타브리즈Tabriz까지 갈 수 있도록 자신의 영토 내의 길을 열어 주었다. 티무르의 세력이 머무른 사마르칸트는 잠시 동안 아시아의 아테네가 되었다. 1405년에 티무르가 죽자, 한때 실크로드의 번화한 중심지였던 사마르칸트는 폐허로 변해 아시아의 유령 도시가 되어 버렸다. 그렇게 티무르의 제국은 사라지고 기억으로만 남게 되었다.

유럽인들을 위한 중국으로 가는 육로는 이제 닫히고 말았다. 중국에 관한 소식도 유럽에서는 이제 찾기 힘들었다. 대륙에 걸친 뛰어난 통신망이 있었던 교황도 북경에서 일어나는 소식을 들을 수 없었다. 교황은 북경의 관구에 갈 수 있는 희망이 없어진 이후에도 오랫동안 북경의 대주교나 주교를 계속 임명하고 있었다. 설령 유럽인이 중국의 국경까지 갈 수 있더라도 중국은 들어갈 수 없었다. 중국의 새 통치자들은 외국의 횡포에 관한 생생한 기억이 남아 있어서 오래전의 고립주의를 다시 지켰다.

첫 번째 몽골 제국의 붕괴 이후, 서유럽은 극동과 접촉이 끊어졌다. 다만 극소수의 여행자들의 보고로 티무르 시대와 두 번째 몽골 제국의 소식이 지금까지 남아 있다. 이런 자료들은 유럽인이 육로로 아시아와 접촉한 일이 거의 없거나 제한되었으며, 또 정말 미미했다는 사실을 잘 보여 준다.

1403년에 마드리드의 귀족 루이 곤살레스 데 클라비호Ruy González de Clavijo와 2명의 일행은 터키의 침략에 대비하여 티무르와 동맹을 요청하려고 카스티야 왕국의 헨리 3세의 지시로 사마르칸트에 파견되었다. 이 사절단은 흑해의 맨 구석진 곳의 트라브까지 배로 간 다음, 사마르칸트까지는 육로로 갔다. 그들은 티무르의 화려한 수도를 목격하고 또 정복한 도시에서 잡혀 포로가 된 장인들(비단 짜는 직공, 도공, 유리 세공인, 무기 제작자, 은 세공인)의 공동체도 보았다. 그곳에서 사절단은 캄발루크까지 가려면 6개월이 걸린다는 소문을 들었지만 그들에게는 소용이 없었다. 클라비호 일행이 사마르칸트에서 돌아가기 전에 티무르가 죽고 속령의 영주들이 반란을 일으켜 몽골은 또다시 무정부 상태가 되어 서양으로 통하는 육로를 막아 버렸다. 그 스페인 사절단은 강도를 피하고, 또 티무르의 영토 곳곳에서 생겨나는 수없이 많은 싸움터를 피해 이리저리 다니면서 귀국해야 했다.

이 육로 시대에 동양에 관해 잘 기록한 유럽인은 용감한 모험가나 전도사도 아니고, 또는 외교관이나 상인도 아닌 본의 아니게 떠난 여행자였다. 바바리아의 명문 출신인 한스 실트베르거Hans Schiltberger가 니코폴리스 전투 Battle of Nicopolis(1396년)에서 포로가 되었을 때는 겨우 15세였다. 그때 실트베르거는 헝가리의 지기스문트Sigismund왕의 지휘를 받으며 터키를 상대로 십자군에서 싸우고 있었다. 포로가 된 실트베르거는 이후 32년 동안 오스만 제국의 술탄 바자제트Bajazet의 노예가 되었고, 그 다음에는 타타르족의 티무르와 그의 계승자의 노예가 되었다. 그는 자유를 찾기 전까지는 목숨을 유지하기 위해 심부름꾼이나 여러 천한 일을 했다. 그리고 이리저리 전쟁에 끌려다닌 실트베르거는 터키족과 타타르족을 왔다 갔다 하며 노예의 시각에서 양측의 생활을 관찰할 수 있었다. 클라비호처럼 실트베르거도 사마르칸트보다 더 먼 동쪽으로는 도달하지 못했다. 실트베르거의 이야기에는 복수심에 불타는 여왕이 이끄는 타타르족의 아마존, 즉 거대한 여자 전사들이 이루어 낸 승리 같은 이야기들로 흥취를 더하고 있다. 그는 또한 1만 2,000개의 거리가 있고 각 거리마다 1만 2,000채의 집들이 있는 카이로에 관해서도 기록하고 있다. 그러나 실트베르거가 바바리아의 고향집으로 돌아온 후 구술한 『여행 안내서Reisebuch』는 그런 허황된 이야기도 들어 있지만 직접 보고 기록한 중세의 하류층의 생활도 전해 준다.

클라비호와 실트베르거의 여행 좌절은 육로 여행의 영웅 시대가 막을 내렸다는 사실을 입증했다. 몽골 제국의 황제에게 정중한 대접을 받으며 중국의 수도에서 생활을 한 유럽인들의 생생한 목격담 대신에 이제 유럽인들은 동양의 소식을 포로나 노예의 우연한 기록문이나 소문에 의존해야 했다.

6부

세계의 항해

세계의 숨겨진 절반이 밝혀지고 포르투갈 사람들이 날마다
적도를 넘어 아주 멀리 나아간다는 사실로 충분하다.
그렇게 하여 미지의 육지에 곧 도달할 것이다. 다른 것을 본보기로 삼아
새로운 것을 얻기 위해서는 노력과 엄청난 위험으로 시작해야 한다.
- 피터 마터 Peter Martyr (1493년)

20

프톨레마이오스 업적의
부활과 수정

육로가 차단된 상황은 뜻밖의 행운이 되었다. 유럽인들은 바다로 나가려는 새로운 자극을 받아 모든 곳을 갈 수 있는 해로를 발견하게 되었다. 지도 제작 분야는 바다에서 처음 번창했다. 바다에서 선원들에게 필요한 것 때문에 지리학자들과 지도 제작자들의 관심은 포괄적인 목표에서 구체적인 목표로 바뀌었다. 그리스도교 지리학은 구체적인 장소보다 포괄적인 장소에 더 많은 관심을 두고, 또 사실보다 신앙에 더 많은 관심을 둔 우주론 계획이 되었다. 그리스도교의 우주론자Cosmos-maker들은 그들의 도해로 성서에 대한 믿음을 더욱 분명히 해 주었지만 그 도해는 나폴리에서 알렉산드리아까지 올리브유의 화물을 운반해야 하는 선장들에게는 쓸모가 없었다.

선원들은 코스마스 인디코플레우스테스Cosmas Indicopleustes*의 간결한 사각

• 모세의 성궤를 우주의 모델로 본 6세기의 신학자이자 지리학자

형 모형의 우주론에서 별로 도움을 얻지 못했다. 대신 그들은 아테네나 로마를 먹여 살리는 항구들 밖의 암초나 모래톱의 정확한 위치를 알거나 아드리아해의 작은 섬들 사이의 정확한 해로를 찾아내는 법을 알아야 했다. 유럽의 지리학 발전을 막은 엄청난 방해의 시기에, 일을 계속해야 하는 선원들은 항해를 순조롭고 안전하며 더욱 빠르고 확실히 하기 위해 지중해에 관한 정보를 조금 알고 있었다. 그들은 이용할 수 있는 규모와 유형의 정보를 수집하여 철학가, 신학자, 우주론자들의 사색과 아무 관련이 없는 지식을 쌓았다. 세계 그리스도 교회의 웅장한 형태나 에덴동산의 정확한 위치를 비롯해 세상 끝에 있는 곡과 마곡이 어디에서 침략해 올 것인가 등에 상관없이 선원들은 자신들과 후임자들을 이끌어 줄 수없이 많은 해안들의 세부 사항을 기록하는 데 관심을 기울였다. 이미 기원전 5세기에, 지중해의 일부 선원들은 경험을 통해 주요 지형지물이나 해안의 특징을 비롯한 유용한 여러 사실들을 기록하고 있었다. 그런 기록은 '주항기periplus' ('여러 곳을 두루 항해하며 기록한다'는 뜻)라고 불렸고 지금은 '해안 항로지coast pilot'라고 칭할 것이다.

지금까지 존재하는 가장 오래된 주항기는 기원전 6세기에 페르시아의 왕 다리우스의 신하였던 스킬락스Scylax가 기록한 문서이다. 스킬락스의 상세한 항해 지침서는 지중해의 위험 지역과 통로를 기술하고 있다. 예컨대 이집트 나일강의 카노푸스 하구가 있는 동쪽 지점부터 헤라클레스의 기둥(지브롤터)까지 가장 안전한 항로뿐만 아니라, 빨리 갈 수 있는 항해까지 기술하고 있는데, 특히 각 항해에 걸리는 기간과 바람 방향이나 날씨 조건 등에 관해서도 설명하고 있다. 스킬락스의 설명에 따르면 "헤라클레스의 기둥에서 세르네Cerne섬까지 도착하는 데 12일이 걸린다. 세르네섬을 지나면 모래톱과 진흙과 해초 때문에 더 이상 항해를 할 수 없다. 특히 해초의 경우는 그 폭이 1뼘이나 되고 끝이 날카로워서 찔리기 쉽다." 스킬락스의 예리한 관찰력은 그가 바다를 떠났을 때 함께 사라졌다. 다행히도 그때에는 바다에 관한 허위나 과장된 진술로 배가 난파되거나 항구에 들어오는 시기가 지연되지는 않았다. 예컨대 다음과 같은 진술이 있었다. "이런 에티오피아인들은 우리가 아는 사람들 중에서 가장 키가 크다. 보통 4큐빗 이상이 많고 5큐빗[약 2.3미터에서 약 3미터] 되는 사람들도 있다. 수염을 기르고 긴 머리칼을 하고 있는 그들은 세상에서 가장 잘생긴 사람들이다. 그리고 그중에서 가장 키가 큰 사람이 그들을 다스린다." 물론 글로 표현된 기록들은 사실이든 허구이든, 글을 읽을 줄 아는 선원들한테만 쓸모가 있었다. 선원들이 글을 읽고 쓸 줄 알기까지는 수 세기가 지나야 했다. 그때까지도 글로 쓰인 책을 판매하는 시장은 넓지 않았다. 그리고 지도 제작 기술이 원시적인 단계였으므로 유용한 해안 도해를 만들기가 어려웠다. 한 항구에서 다른 항구로 가는 가장 짧고 안전한 길은 선원들 사이의 비밀이 되었고 또 국가의 귀중한 비밀이 되었다. 그것은 한 도시를 풍요롭게 하거나 한 제국의 발전을 촉진시키는 상업적인 기회를 가져다주었기 때문이다.

그때에는 '해안 항로지' 필사본이 거의 없었다는 사실이 놀랄 일은 아니다. 지리학 발전을 막은 엄청난 방해의 시기였던 4세기에서 14세기까지 해도는 전혀 존재하지도 않았다. 널리 퍼진 문맹의 시대에는 선원들이 구전으로 이어진 전통 지식으로 항해를 했다. 그러나 1300년경부터 지중해의 해도가 생겨났는데, 그 해도는 고대의 주항기에서 볼 수 있었던 해안의 유용한 세부 사항을 나타내고 있었다. 고대의 해안 항로지는 해안이나 항해 상황에 관해 알려 주는 글로 쓴 책이었지만, 후기에 나온 해안 항로지는 해도였다. 지도 제작의 역사가들에 따르면, 이런 지중해의 연안 해도는 '최초의 진짜 지도'가 되었다고 한다. 이 해도들은 '세밀하고 지속적이며 일종의 과학적인 관찰로 지구 표면의 중요한 부분이 처음으로 기록되었기' 때문이다. 이 해도들은 이탈리아어로 '포르톨라노portolano', 즉 '해안 안내서'로 알려져 있었다. 포르톨라노는 원래의 용도에 맞추어 '유용한 안내서'라고도 불렸다. 그리고 선원들은 포르톨라노를 휴대할 수 있어서 각 장소를 실제로 탐사하면서 그 안내서를 시험하고 수정할 수 있었다.

초라하면서도 원래의 실용적인 목적에도 불구하고(어쩌면 그렇기 때문에) 포르톨라노는 16세기 중반이 되어 화려하게 인쇄되어 나온 지도책에서 쓰는 가장 믿을 수 있는 정보의 원천이 되었다. 지구의 지도를 제작하는 데 새로운 시대를 열기 시작한 근대 지도 제작의 개척자인 메르카토르와 오르텔리우스Ortelius는 그리스도교 신학자이자 천지학자들의 사색에서 도움이 되는 요소를 거의 찾지 못했다. 그러나 그들은 선원들이 항해를 하면서 단편적으로 발견한 일상의 정보들은 기꺼이 모았다. 1595년이 되자 세계를 주도하는 해상 상인인 네덜란드 선원들은 200년 전에 해도를 편찬한 선원들의 해안 윤곽도, 항해 지침, 항해 주의 사항 등으로 항해를 하고 있었다.

스킬락스처럼, 이후의 관찰력이 뛰어난 해도 제작자들도 왜 그런지 육지로 들어오면 그 중요한 관찰력을 발휘하지 못했다. 해안 안내서도 내륙에서는 쓸모가 없었거나 신화나 소문으로 뒤섞여 버렸다. 근대의 지도 제작법이 진정으로 생겨난 곳은 지구의 윤곽을 일상 경험으로 확인할 수 있는 해안가에서였다.

또한 바다가 왜 과학적이고 정확하며 유용한 지도의 환경이 되었는지에 관해서는 다른 이유들이 있었다. 우주와 인간의 운명을 알아내는 것이 임무였던 그리스도교 신학자들은 지도를 만들면서 당연히 에덴동산을 지도의 맨 위쪽에 두었다. 경외 성서인 에스드라의 〈에스드라 2서 6장 42절〉에서는 "지구의 6부분이 말라 버렸다"라고 언급하고 있다. 따라서 지구는 7분의 6이 땅으로 덮여 있고, 겨우 7분의 1이 물로 덮여 있어서 그리스도교 세계에서 바다는 별로 중요하지 않은 요소일 뿐이었다. 땅에 대한 '사실'은 주로 문학적이고 종교적인 자료들에서 생겨났다. 중세 그리고 인쇄술이 나오기 전 오랜 세월 동안에, 그런 필사본 자료들이 축적되어 그럴듯한 설명을 하고 있었다.

글로 쓰인 종교 자료들은 변화가 느렸지만 반복을 통해 신뢰성을 얻었다. 그러나 해도는 문학이 아니라 경험을 통해 검증되었다. 아무리 많은 신학이라도 선원들에게 배를 침몰시킨 암초가 사실이 아니라는 것을 설득할 수는 없었다. 힘든 경험을 거쳐 나타낸 해안의 윤곽선은 세비야의 이시도루스나 성 아우구스티누스가 쓴 글을 통해 수정되거나 무시될 수는 없었다. 인간이 바다로 더 멀리 나갈수록 문학 자료를 통해 빠져들 기회나 유혹은 더욱 줄어들었다. 바다는 새로운 경험만 할 수 있는 곳이었기 때문이다. 육지의 지형학이 글로 쓰인 말, 소문, 신화, 전통 등의 노예로 계속 남아 있었을 때, 바다는 경험에서 배우고 사실을 통해 인도되고 지식을 늘리는 자유의 왕국으로 남아 있었다.

지중해 연안의 여러 나라에서 바다를 통해 아시아로 간다는 것은 물론 닫힌 길을 개방된 바다에서 찾는다는 의미였다. 지중해의 항해는 대부분 해안을 따라 항해하는 일이었다. 다시 말하면 국지풍, 해류, 익숙한 표지물, 잘 알려진 연안의 섬, 근처의 독특한 산의 윤곽 등 특정한 장소들에 관한 개인적인 경험에 의존한다는 의미였다. 헤라클레스의 기둥을 넘어서부터는 새로운 문제가 있었다. 포르투갈 선원들은 아프리카 해안을 떠나 남쪽으로 내려갔을 때 모든 익숙한 표지물을 뒤에 남겨 두었다. 그들은 더욱 먼 바다로 나갈수록 포르톨라노(해안 안내서)의 안심이 되는 상세한 설명에서 더욱 벗어났다. 그곳에는 어떤 축적된 경험도 없었고, 유용한 안내서도 없었다.

지중해는 남쪽 해안에서 가장 가까운 북쪽 해안까지 어느 곳에서도 500마일(약 805킬로미터)을 넘지 않았다. 이는 다시 말해, 위도 7도 정도의 차이밖에 나지 않는다는 의미였다. 따라서 지중해를 항해하는 선원들은 위도에 관해 조금도 걱정하지 않았는데, 특히 위도를 찾아내는 방식이 아직 너무 미숙했기 때문이었다. 그러나 아프리카 대륙은 북위 38도에서 남위 38도까지 뻗어 있었고, 그 길이가 지구 둘레의 5분의 1이나 되었다. 해안이 거의 알려져 있지 않거나 지역 거주민들이 매우 적대감을 보이거나, 또는 연안의 위험 요소가 지도에 표시되지 않았을 때는 위도가 배의 위치를 알려 주는 최고의 방법이면서 때로는 유일한 방법이기도 했다. 그래서 신중한 선원들은 위도를 기록하는 방법을 배워야 했다. 처음에 그들은 북극성의 고도로 위도를 추정할 수 있었다. 그러나 그들이 바다의 남쪽으로 더 내려가자 북극성이 보이지 않았다. 그래서 그들은 아스트롤라베astrolabe, 사분의quadrant, 직각기cross-staff 등으로 한낮의 태양의 고도를 측정하여 태양의 기울기를 나타내는 표를 만들어 사용해야 했다. 장거리 항해나 미지의 해역을 항해할 때 가장 중요한 이런 방법들은 포르투갈 사람들이 아프리카 해안을 장악한 15세기 후반에 발전했다. 16세기 초가 되자 해도에 위도의 축척scales이 나타나기 시작했고, 점차 아프리카 해안의 여러 장소에 위도가 정해졌다.

항해에 도움을 주는 이런 방법들은 사람들이 바다의 남쪽과 북쪽으로 더 멀리 항해할 수 있게 했다. 그러나 이미 살펴보았듯이 동서의 거리를 표시하고 측정하는 경도를 정하는 일은 훨씬 더 복잡했다. 선원들은 '추측항법dead reckoning'에 계속 의존했다. 추측항법은 천체관측 없이 이전의 위치에서 배가 항행하는 거리를 계산하거나 추측함으로써 현 위치를 추정하는 것을 의미했다. 앞서 확인했듯이, 18세기가 되어서야 선원들은 항해용 시계를 사용하여 경도를 정확히 알아내고, 그 경도를 이용하여 그들이 있던 곳으로 되돌아갈 수 있었으며, 또 그들을 따르고 싶어 하는 선원들을 인도할 수 있었다. 이런 모든 문제 외에도 지중해를 벗어난다는 것은 분명히 사람이 가지 않은 넓은 대양으로 항로를 이탈할지도 모른다는 위험이 따랐다.

그리스도교의 도해로 나타낸 T-O 지도는 인도로 가는 동쪽 항로를 찾는 유럽인들에게는 소용이 없었다. 장거리 항해를 지원하는 유럽의 군주들과 투자자들은 선원들의 견해를 따르기 위해 신학자들의 견해를 버려야 했다. 예루살렘은 더 이상 세상의 중심이 될 수 없었고 에덴동산은 다른 세계로 밀려나야 했다. 대신 그 자리에는 위도와 경도의 기하학이 생겨났다.

여기에 위대한 프톨레마이오스가 나타났다(더 정확히 말하면, 다시 나타났다). 유럽의 그리스도인들의 사고를 새롭게 하고 개선하기 위하여 프톨레마이오스의 지리학이 부활한 것은 유럽에서 동양으로 가는 육로에 장막이 쿵 하고 내려졌던 바로 그 시기였다. 이런 사건들 사이에 어떤 연관성이 있는지는 알지 못하지만 동시에 일어난 그 사건들은 세계의 미래를 위해 의미심장한 일이었다.

프톨레마이오스의 부활 이전, 마르코 폴로가 베네치아로 돌아왔을 시기에 신중한 선원들의 관찰로 만들어진 포르톨라노(해안 안내서)는 후세를 위해 더욱 큰 지도와 지도책에 수록되고 있었다. 그중 지금까지 존재하는 가장 인상적인 것은 1375년에 만들어진 이른바 카탈루냐 지도Catalan Atlas였다. 이 지도는 마요르카섬의 팔마 출신의 유대인으로, 왕의 지도와 도구 제작자인 아브라함 크레스케스Abraham Cresques(또는 유대인 크레스케스Cresques le Juif)가 아라곤의 왕을 위해 만들었다. 아브라함 크레스케스와 능력과 학식을 갖춘 다른 유대인들의 공로 때문에 아라곤의 왕들은 그 대가로 유대인들에게 관용을 베풀어 마요르카에 유대인 지도 제작 학교를 세우게 했다. 프랑스 왕 샤를 5세가 아라곤의 왕에게 보낸 자신이 소장하고 있던 최고의 세계지도 사본은 다행히 현재 파리의 국립도서관에 보존되어 있다.

14세기 후반에 아라곤에서 유대인을 박해하는 일이 다시 시작되자 아버지의 지도 제작업을 이어받고 있었던 아브라함 크레스케스의 아들 예후다Jehuda는 아라곤을 떠나라는 명령을 받았다. 항해자 엔리케 왕자의 초대를 받은 예후다는 포르투갈로 피신하여 그곳에서 포르투갈 사람들의 원대한 대양 모험을 위해 지도와 해도를 제작하는 일을 도왔다. 유럽인들을 그리스도교 지리학의 노예에서 자유롭게 해 주기 위해 유대인이 주도적인 역할을 했다는 사실은 우연이 아니었다. 이리저리 쫓겨 다니던 유대인들은 군주들과 고위 관료들의 특별한 보호를 받으며 종교에 상관없이 여러 나라에 똑같이 근거 있는 사실들을 제공하여 지도 제작법을 국제적인 과학으로 이끄는 데 기여를 했다. 그리스도교와 이슬람교 사이에서 유대인들은 아랍의 학문을 그리스도교 세계로 전하는 교사와 사절이 되었다.

카탈루냐 지도는 '마파문디mappamundi, 다시 말해서 세계와 지구의 여러 지역의 모습과 그 안에 살고 있는 여러 종류의 사람들의 모습'을 제공할 목적이었다. 그 지도는 거의 끝나가고 있던 육지 시대에서 유럽 선원들의 주요한 관심을 나타내 주었다. 카탈루냐 지도는 유럽 선원들의 동서로 펼쳐진 세계의 중심이 12장의 종이 위에 그려져 있었고, 12장은 각각 휘장처럼 접을 수 있는 판자 위에 붙여져 있었다. 또한 그 지도는 북유럽이나 북아시아, 또는 남아프리카를 나타내지 않고 동양과 북대서양으로 알려진 지역의 일부를 나타내고 있었다. 그리스도교의 지도와 대조적으로 카탈루냐 지도는 경험론의 승리라고 할 수 있었다. 그 지도는 아랍의 선원들과 최근 유럽의 세계 여행자들을 비롯한 수없이 많은 개개인들의 경험으로 얻을 수 있었던 지식을 보여 주었기 때문이다. 물론 카탈루냐 지도 제작자들은 필연적으로 자신들에게 익숙한 T-O 지도의 원형에서 출발해야 했다. 그래서 예루살렘은 여전히 지도의 중심 가까이에 있었고, '카스피'의 산속에 갇힌 곡과 마곡의 종족들이 있었으며, 또한 그리스도교의 지리적 관점의 흔적이 남아 있었다. 그러나 카탈루냐 지도는 본질적으로 포르톨라노 지도책이었다. 다시 말해, 흑해와 지중해나 서유럽의 해안들은 '일상적인' 포르톨라노에서 기술되고 있었고, 또 항해를 하는 선원들을 통해 정확히 묘사되고 기록되었다는 의미이다. 아브라함 크레스케스도 최근 아시아에 다녀온 여행자들의 보고를 통해 지도를 제작했던 것이다.

크레스케스의 후원자인 아라곤의 왕, 피터 4세와 그의 아들은 지도 제작에 이용하기 위해 마르코 폴로의 『동방견문록』, 수도사 포르데노네의 오도릭의 여행기, 그리고 출처가 불분명한 '존 맨더빌 경Sir John Mandeville'의 여행기 등의 필사본을 확보하려고 특별히 애를 썼다. 그 결과 크레스케스의 지도책에서 마침내 아시아 대륙의 위치를 알아볼 수 있게 되었다. 그 지도책에는 폴로 일가가 여행을 했으며 또한 마르코 폴로의 책에서 유익하게 설명이 된 대륙의 중심을 지나 길게 뻗은 지역이 가장 정확하게 표시되어 있었다. 이로써 크레스케스의 지도책에는 아시아의 남동쪽의 반도가 완전히 빠져 있지만 서양에서 처음으로 인도를 하나의 큰 반도로 적절하게 표시했다.

이런 카탈루냐 지도는 현대인의 시각으로 보면 원시적일 수 있지만 당시에 떠오르고 있던 경험주의 정신의 걸작이었다. 그리스도교가 세계를 지배했던 수 세기 동안 지도에 표시되었던 전설적인 자료들은 대부분 제거되었다. 지도 제작자들은 엄청난 자제력으로 지구의 알 수 없는 지역은 그대로 두고, 카탈루냐 지도에는 포르톨라노의 정신을 이어받아 사람들이 경험하지 못한 지구의 북부와 남부의 광대한 지역을 기술하지 않는다. 오랫동안 식인종이나 신화 속 괴물의 서식지로 알려진 남아프리카는 실리적인 선장을 만족시켜 줄 사실들이 밝혀질 때까지 빈 공간으로 남아 있게 된다.

역사의 대부분에 걸쳐 인간의 마음은 공백을 싫어했고 '미지의 영역Terra Incognita'에 신화나 꾸며 낸 이야기를 연결시키는 것을 좋아했다. 그렇다면 '학식이 있는 사람들'은 어떻게 무지를 기꺼이 인정하며 깨우칠 수 있었을까? 포르톨라노 지도책은 그런 깨우침으로 시작되었다.

그러나 지구의 발견과 지도 제작은 아무런 도움 없이 경험주의 정신만으로는 이루어질 수 없었다. 여기서 프톨레마이오스의 선천적인 미적 개념이 꼭 필요했다. 포르톨라노 제작자들처럼, 프톨레마이오스도 지구와 바다를 둘러싸고 있는 태고의 대해양oceanus이 있다는 호메로스의 개념을 받아들이지 않았다. 프톨레마이오스는 자신이 알고 있는 지도 속의 세계를 넘어 미지의 육지가 있을 것이라고 인정했다. 그러나 그는 그 외에 더 추가한 것이 있었다. 포르톨라노 해도는 투영법이 사용되지 않았다. 포르톨라노 해도는 측량과 세심한 계산을 근거로 만들어진 것처럼 보이지만 해도 제작자들은 해도마다 정확하게 똑같이 만들지는 못했다. 그들은 규칙적이고 일정하고 보편적인 좌표 체계, 즉 위도와 경도 같은 것이 전혀 없었기 때문이다. 포르톨라노 해도에는 어떤 기하학 형태의 특징으로 '바람장미wind rose'라는 그림이 있었다. 바람장미는 각 장미가 바람의 방사 모양 선들의 중심으로 표시되어 있었다. 각 해도에 그려진 바람장미의 수는 용지의 크기에 따라 달랐다. 바람장미의 1개의 원 속에는 보통 8개나 16개의 초점들이 그려져 있는 바람의 방사 중심점이 있었다. 장식으로 꾸민 장미는 바람의 방향을 가리켰고, 또한 수많은 방사 모양의 선들은 각각 특정한 항해의 진로를 가리켰는데, 이것이 선원들에게 도움을 주었다. 포르톨라노 해도는 북쪽을 지도 위쪽에 두었지만 위선이나 경선은 전혀 없었다. 16세기가 될 때까지는 해도에 위선을 사용하지 않았고 또 추측항법으로 한정된 해역에서 항해를 했으므로 위선을 파악할 필요도 없었다.

프톨레마이오스의 위대한 공헌은 과학적이며 양으로 계산하는 태도였다. 장식으로 꾸민 바람장미와 달리, 그의 위도와 경도의 체계는 변함이 없고 보편적이었다. 프톨레마이오스의 체계에 따라 만들어진 지도들은 모두 정확히 똑같았다. 그가 제시한 좌표들은 용지의 크기에 따라, 또는 지도에 표시된 특정 지역에 따라 달라지지 않았다. 지도 제작에 관한 설명을 하고 있는 최초의 지리학 책에서 프톨레마이오스는 구체의 지구 표면을 평평한 양피지 위에 옮겨 놓는 문제를 다루고 있다. 거기에서 그는 위선과 경선을 나타낼 필요성을 설명하고 있다. 그는 사람이 살 수 있는 지구의 사분원을 수정된 구체 투영법으로 옮겨 지도를 만드는 어려운 과정을 기술하고, 또 '게으름 때문에 옛 방식에 사로잡힌 사람들을 위해' 기하학적으로 정확한 단순 원뿔 투영법을 만드는 방법을 알려 준다. 독단적인 지나친 단순화에서 시작했고 또 그것에서 벗어나지 못하는 그리스도교의 천지학자cosmos-makers들과 달리, 프톨레마이오스는 지구의 표면에 관해 전체론적이고 수학적인 접근법을 옹호한다. 그는 이것을 자신이 연구한 지리학의 정의에서 다음과 같이 설명하고 있다.

지리학은 세계 속에 포함되어 있는 현상과 함께 알려져 있는 세계 전체의 모습을 표현하는 일이다.

지리학은 지방 지세도와 다르다. 지방 지세도는… 항구, 농장, 마을, 강줄기 등 아주 사소한 지방의 특징들을 더욱 상세히 다룬다.

지리학은 모든 곳의 거리 관계를 기록하고 일부의 주요 특징만 묘사하면서 질보다 위치를 중요하게 여긴다. 지방 지세도는 화가를 필요로 하고, 화가가 아니라면 지방 지세도를 정확하게 표현하지 못한다. 지리학은 누구나 선과 평범한 표기법으로 위치를 정하고 일반적인 윤곽선을 그릴 수 있어서 지방 지세도와 같은 요구 사항을 필요로 하지 않는다. 더욱이 지방 지세도는 수학이 필요 없지만, 지리학은 수학이 중요한 역할을 한다. 지리학에서는 사람들이 관여하는 지역의 특성과 크기를 정확하게 나타내고, 또한 그 지역이 천체 아래에 어디에 위치하고 있으며, 그 지역의 낮과 밤의 길이, 머리 위에 위치한 별, 지평선 위로 떠오르지 않는 별 등을 정확하게 나타내기 위해 지구의 형태와 위치와 함께 전체 지구의 크기를 고려해야 한다….

이런 모든 것들을 인간의 지성에 보여 주는 것은 위대하고 정교한 수학의 성과이다….

프톨레마이오스의 부활은 경험주의 정신을 일깨우거나, 다시 일깨우는 것을 의미했다. 이제 인간은 지구 전체를 측정하고, 아는 곳과 모르는 곳을 구분하고, 다시 돌아가려고 새로 발견된 장소를 지정하기 위해 경험을 사용했다. 프톨레마이오스의 재발견은 근대 세계의 서막인 르네상스 시대를 나타내는 학문의 부활을 알리는 일이었다.

그리스어로 된 프톨레마이오스의 지리학의 원본은 13세기 초에 나타났다. 그러나 유럽의 지식인들 사이에서도 그리스어를 읽을 줄 아는 사람들은 드물었기 때문에 프톨레마이오스의 저서들은 라틴어로 번역되기 전까지는 보급되지 않았다. 1400년에 팔라 스트로치Palla Strozzi(1373-1462년)가 그리스어로 된 프톨레마이오스의 저서들 중 하나의 사본을 콘스탄티노플에서 피렌체로 가져왔다. 그는 사업으로 획득한 부를 학문의 후원자가 되기 위해 사용한 가문의 한 사람이었다. 그곳에서 프톨레마이오스의 지리학은 유명한 마누엘 크리솔로라스Manuel Chrysoloras(1355-1415년)와 그의 제자들을 통해 그리스어에서 라틴어로 번역되었다. 15세기 초에는 프톨레마이오스의 지리학이 라틴어 번역본으로 여러 종류가 서유럽에서 유포되고 있었다. 이 시기부터 40가지 이상의 번역판이 지금까지 남아 있다. 이런 번역판들 중에 일부는 프톨레마이오스의 지도라고 알려진 것까지 함께 수록되어 있었는데, 그 지도 수는 보통 27개 정도였다. 이 라틴어 번역판(비첸차, 1475년)의 가장 초기의 인쇄본은 원문만 들어 있었다. 현대의 학자들은 지리학 발전을 막은 엄청난 방해 기간에 프톨레마이오스의 저서들이 어떻게 되었는지에 관해 여전히 골똘히 생각하고 있다. 프톨레마이오스가 죽고 그의 저서들이 부활되기까지 1,000년 동안 그의 원문과 지도들은 어디에 있었을까? 지금으로서는 최초의 『지리학』의 이론 부분만이 프톨레마이오스가 실질적으로 저술한 듯 보인다. 프톨레마이오스의 체계와 지도를 통해 위치가 알려진 도시 이름들을 비롯한 나머지 저서들은 몇 세기 동안 비잔틴과 아랍 학자들이 편찬하여 프톨레마이오스의 이름으로 알려지게 된 것 같다.

프톨레마이오스의 체계가 부활하면서 더 많은 사본들이 '프톨레마이오스'의 원본과 지도로 출간되었고 그 저서들은 전반적으로 최고의 명성을 얻고 있었다. 그중 제1권에서 설명되고 있는 지도 제작의 기술뿐만 아니라 전체 원문과 모든 지도들은 새로 발견된 고전으로 매우 가치가 있는 정확성을 띠고 있어서 복음으로 받아들여졌다. 프톨레마이오스의 지도 제작 이론은 흠잡을 데가 없었지만 그의 『지리학』에 첨부된 지도들은 미래의 세계 탐험에 영향을 미치는 몇 가지 중요한 결점이 있었다. 예컨대 프톨레마이오스의 지구 둘레에 관한 과소평가와 아시아의 동쪽 지역에 관한 과대평가는 북대서양을 통하여 실제보다 아시아가 유럽에 훨씬 더 가까이 있는 것처럼 보이게 했다. 프톨레마이오스의 이런 '사실들'은 결국 콜럼버스를 서쪽으로 항해하도록 유혹했다. 또한 '프톨레마이오스'의 고전적인 세계지도의 다른 실수는 아프리카를 돌아 동쪽으로 항해를 하면 인도와 중국에 다다를 수 있다고 주장한 일이었다. '미지의 영역'으로 알려진 적도 아래의 아프리카 지역은 북동쪽에 있는 북아시아 대륙으로 이어지는 하나의 거대한 남쪽 대륙으로 표시되어 있었다. 그 결과 인도양과 중국해를 육지에 둘러싸인 거대한 호수로 여겼고, 또 아시아로 가는 남쪽과 동쪽의 항로는 상상도 할 수 없는 일로 여겼다.

유럽의 항해자들이 아시아로 가는 육로가 닫혀 그 문제에 대처하기 전에 프톨레마이오스의 세계지도에서 이 남아프리카 지역이 수정되어야 했다. 사실, '대양Ocean'이라는 의미도 바뀌어야 했다. 그때까지도 유럽인들은 대양과 바다mare를 뚜렷이 구분하고 있었다. 당시에 사람들은 세계에 하나의 대양만 있다고 생각했다. 그리스 신화에는 대양을 오케아노스Oceanus, 즉 지구의 원반을 둘러싸고 있다고 알려진 거대한 원형의 해류라고 했다. 따라서 영국에서는 1650년까지 '육지에서 멀리 떨어진 끝없이 펼쳐진 대양'을 바다mare oceanum와 구별하여 대해Ocean Sea라고 불렀고, 그 대해를 지중해 같은 대륙의 바다들과 대조했다.

중세의 그리스도교 지도 제작자들은 일반적으로 고대의 그리스 전설을 따랐고, 세상에서 사람이 살 수 있는 지역은 대해로 둘러싸여 있는 것으로 묘사했다. 〈창세기 1장 9절〉에는 "하늘 아래 있는 물이 한곳으로 모여, 마른 땅이 드러나라!"라고 쓰여 있다. 그리스도인들은 세상을 둘러싸고 있는 대양의 특징에 관해 의견이 달랐지만, 대양은 항해를 할 수 있더라도 끝까지 갈 수 없다는 점에 관해서는 대체로 의견이 일치했다. 그들은 대양의 저편 어딘가에 낙원이 있는데, 그곳에는 살아 있는 사람이 갈 수 없다고 여겼다.

당시에는 대양이 어느 곳에도 이를 수 없는 곳이었다. 이후 수 세기가 지나 사람들은 대양이 모든 곳에 이를 수 있는 곳임을 알게 되었다. 15세기에 들어서자 점차적으로 '대양'은 이 획기적인 근대적 의미를 띠게 되었다. 그때까지도 대서양은 지구의 '바다들' 속에 끼지도 못했다. 인도로 가는 항로는 배로 횡단하기 전에 사람이 미리 항로를 계획하여 지도 위에 표시되어야 했다. 그렇게 인도를 향해 항해를 했다. 미리 항로를 계획하면 바다에서 항로를 개척하기 위해 전력을 다할 수 있었다. 이런 관점에서 인도로 가는 항로의 발견은 아메리카 대륙의 발견과 전혀 달랐다. 아메리카 대륙의 발견은 사람이 미리 머릿속으로 계획한 것이 아니고 이 세상에서 우연히 발견된 일이기 때문이다.

　15세기 중반에 유럽에서 만들어진 몇몇 세계지도는 아프리카를 독립되어 있는 반도로 여기고 인도양을 아프리카 대륙을 돌아 바다로 인도와 중국을 갈 수 있는 외해로 표시하고 있었다. 이런 생각으로 지도를 만들어 내는 일은 실제로 어떤 유럽인이 아프리카 최남단의 희망봉을 돌아서 새로 발견된 인도양으로 가기 수십 년 전에 이미 이루어지고 있었다. 예컨대 프라 마우로Fra Mauro가 만든 아름답고 유명한 세계의 '평면 구형도planisphere'(1459년)에서 그 사실을 확인할 수 있다. 구형으로 된 지구 전체를 평면 원형으로 투영해서 만든 이 세계지도는 가장 최신의 훌륭한 중세 지도였다. 어떤 의미에서는 프라 마우로의 지도가 최초의 근대 지도의 하나이기도 했다. 그는 지도에서 대양이 어느 곳에도 갈 수 없는 금지된 곳이 아니고 인도로 갈 수 있는 큰 항로라는 사실을 보여 준다. 프라 마우로는 프톨레마이오스의 업적을 존중하며 큰 영향을 받았다. 그러나 그는 프톨레마이오스의 위도와 경도의 체계를 따르면서 프톨레마이오스의 시대에는 알려지지 않은 장소들을 추가하여 프톨레마이오스의 지도를 조금 수정해야 했다고 설명하고 있다. 이와 같이 프라 마우로는 프톨레마이오스가 '미지의 영역'이라고 했던 일부 지역들을 타당하게 밝혀내고 있었다.

이렇게 대양이 알려지고 있어도(프라 마우로의 지도가 최초는 아니었다) 선원들의 실제 경험으로 아직 입증되지는 않았다. 이 시기의 지도는 여전히 육로 여행자들이 가져오는 소문과 보고에 근거하여 대체로 추론적으로 만들어졌다. 프톨레마이오스의 지도를 현대화하는 데 결정적인 주요 근원은 어떤 외로운 베네치아 상인이자 모험가였을 것이다. 몽골 제국이 무너지고 시리아에서 동쪽으로 곧장 아시아로 들어가는 육로가 유럽인들을 더 이상 보호해 주지 못한 뒤에도 베네치아 상인들은 동방 무역을 포기하지 않았다. 그들은 육로를 통해 남동쪽으로 이집트를 지난 다음, 홍해와 아덴만을 거쳐 아라비아해를 건너서 아시아에서 구입한 물품으로 번창하는 사업을 계속하려고 했다. 이 시기의 베네치아 상인들 가운데 1419년에 베네치아를 떠나 25년 동안 여행을 한 니콜로 데 콘티라는 사람이 있었다. 그는 보석을 찾으려고 아라비아 사막을 지나 인도의 서쪽 해안을 내려간 다음, 인도반도의 끝부분까지 갔다. 그런 다음, 인도의 마드라스 근처에 있는 성 토마스의 무덤을 거치고 실론섬의 계수나무 숲까지 갔다. 그리고 또 수마트라섬으로 간 그는 그곳에서 금, 장뇌, 후추, 식인 풍습 등을 보았다. 그러고는 버마*로 가서 온몸에 문신을 새긴 사람들, 코끼리, 코뿔소, 비단뱀 등을 보았고, 또 불탑이 많은 페구Pegu로 간 다음, 멀리 자바섬까지 가는 광범위한 모험을 했다. 니콜로 데 콘티는 이런 여행을 하는 동안 인도 여성과 결혼을 하여 4명의 자식을 두었다. 베네치아로 돌아오는 도중에 콘티는 성지에 머물러 그곳에서 한 스페인 여행가를 만났다. 그 여행가

* 미얀마의 전 이름

는 프레스터 존의 궁전에서 콘티의 상상이 들어간 과장된 모험담을 진지하게 기록했다.

이런 이야기들은 콘티의 여행기를 통해 지금까지 잘 알려져 있다. 그런데 콘티는 동양에 수십 년 동안 있는 동안 그리스도교를 버렸다. 그가 1444년에 베네치아로 돌아오자 교황 에우제니오 4세Eugenius IV는 콘티에게 모든 이야기를 교황의 비서 포기오 브라치올리니Poggio Bracciolini에게 받아쓰게 하여 속죄할 것을 명령했다. 이렇게 기록된 콘티의 여행기는 육로 상인 여행자들의 물결이 끊어진 이후와 항해자들이 아시아에서 아직 돌아오기 전의 시기에서 유럽인의 남아시아에 관한 가장 훌륭한 이야기가 되었다. 콘티의 여러 여행담은 매우 생생했을 테지만 가장 영향력이 있었던 이야기는 아프리카를 돌아서 항해를 하면 동양의 향료 섬들에 도달할 수 있다는 콘티의 추측이었다. 15세기 중반의 세계지도 제작자들은 콘티의 여행담을 낙관적으로 받아들였다. 그들은 콘티의 이런 최신 정보를 이용하여 인도로 가는 항로를 개척하려고 프톨레마이오스의 지도를 대담하게 수정했다.

아프리카를 돌아 인도로 가는 항로를 보여 주는 가장 아름답고 훌륭한 세계지도가 나타난 이후에도 프톨레마이오스의 오래된 아프리카 지도는 계속 보급되었다. 항해를 하며 위대한 발견을 하는 시대가 다가올 무렵에 프톨레마이오스의 낡은 지도는 아직도 표준이 되고 있었다. 최신 지도책들은 그 속표지에 "프톨레마이오스의 원본 지도를 따라" 만들었다는 글귀를 덧붙였다. 이후에 사전 제작자들이 사전의 신뢰성을 높이려고 웹스터Webster의 이름을 사용했던 것처럼, 지도 출판업자들도 프톨레마이오스의 명성에 의존했다.

앞으로 확인하겠지만 인쇄술의 발달로 지리학 지식의 내용뿐만 아니라 그 지식의 흐름과 활용까지 바뀌었다. 그 영향이 전적으로 진보적인 것은 아니었다. 인쇄된 이미지의 향상과 목판이나 금속판의 제판 기술의 발달로 독일 중부와 라인란트의 금속 세공인, 금세공인, 화가이자 금세공인 등이 동판 인쇄업으로 직업을 바꾸었다는 사실은 우연이 아니었다. 지도 인쇄판 제작에 많은 투자를 한 지도 출판업자들은 '프톨레마이오스'의 압도적인 명성 때문에 프톨레마이오스의 낡은 지도들도 함께 출판하여 보급시켰지만, 그 지도들은 항상 역사적인 복사물로만 남아 있지는 않았다. 그런 지도 인쇄판이 최근의 지리학 발견으로 쓸모가 없어진 후에도 내용이 모순되는 새로운 지도와 함께 가끔 사용되었다. 아프리카를 돌아 인도양으로 항해할 수 있다는 생각에 익숙해지기가 어려웠던 사람들은 그들에게 친숙한 프톨레마이오스의 지도에서 계속 위안을 찾았다. 15세기 중반에 프라 마우로를 비롯한 몇몇 사람들이 주장한 아프리카반도와 외해 인도양에 관한 설명은 당시에는 여전히 불완전하고 상상 속 이야기처럼 보였다. 포르투갈 사람들이 희망봉을 돌아 바다로 인도에 도달하고 오랜 뒤인 1570년까지도 '최고의' 지도는 여전히 재발행된 프톨레마이오스의 구식 지도였다. 15세기 말이 되면서 많은 인쇄된 지도책들이 보급되었는데, 이때의 지도 제작은 이미 큰 이익을 낳기 시작했다. 그러나 1508년이 되어서야 인쇄된 지도에는 아프리카의 남부 지역이 상당히 정확하게 묘사되었다.

인도양의 발견으로 유럽인들은 획기적으로 세계를 다시 형성하기 위해 프톨레마이오스의 지도를 최초로 수정했다. 상인들의 동양으로 가는 육로가 막힌 후 수 세기 동안 프톨레마이오스의 지리학은 수많은 여러 방법으로 수정되었다. 스칸디나비아반도의 중간 지점인 북위 63도에서 끝난 프톨레마이오스의 세계는 북쪽과 북서쪽으로 더욱 확장되어야 했다. 그리고 물론 유럽과 아시아 사이의 신세계도 결국 추가되어야 할 것이다. 프톨레마이오스의 과학 정신, 자신의 무지에 대한 인정, 위도와 경도에 관한 주장 등은 지도 제작자들과 선원들에게 격려가 되었다.

21

대양을 개척한
포르투갈인

대양의 항로 개척에서 가장 격려를 받은 사람들은 포르투갈의 선원들이었다. 그들이 역사에서 중요한 역할을 할 수 있었던 것은 지형의 영향이 컸다. 이베리아반도의 서쪽 끝에 있는 포르투갈은 13세기 중반에 이미 지금의 국경선을 갖추고 있었다. 포르투갈은 지중해('육지 한가운데 있는 바다')에서 거리가 멀었지만 항해할 수 있는 긴 강들과 바다로 연결된 깊은 항만들이 있어 유리한 위치에 있었다. 포르투갈의 도시들은 대서양으로 흘러 들어 가는 하구가 있는 해안가에서 주로 발달했다. 또 포르투갈 사람들은 선천적으로 전형적인 유럽 문명의 중심에서 벗어나 외부로 향한 성향을 갖고 있었다. 그래서 그들은 서쪽으로 깊이를 알 수 없는 대양으로 나아갔고, 남쪽으로는 유럽인으로서 또한 깊이를 알 수 없는 대륙으로 나아갔다.

체계적인 장기간의 모험으로 새로운 곳을 발견한 포르투갈인의 업적은 더 널리 알려진 콜럼버스의 위업보다 더 현대적이고 획기적이었다. 콜럼버스는 당대의 최고 정보였던 고대와 중세의 자료에서 제시된 항로를 따라갔다. 그리고 그가 공언한 목적대로 성공했다면 그 자료들을 확인한 일이 되었을 것이다. 콜럼버스는 아시아로 가는 조망이나 방향에 관해 불확실한 생각은 없었다. 오직 바다만이 미지의 세계였다. 콜럼버스는 그 항로가 얼마나 길 것인지를 정확히 알지 못했지만 알려진 방향으로 '알려진' 육지까지 곧장 항해를 하는 용기가 있었다.

그와 대조적으로 포르투갈 사람들은 위험한 추측과 소문과 암시를 근거로 아프리카를 돌아, 목적지에 도착하기를 바라며 인도로 가는 항해를 했다. 그들이 모르는 육지는 가장자리로 둘러 가면서 식량과 식수의 보급 기지로만 이용했다. 그들은 그리스도교 지리학에서 극도로 위험하다고 겁을 준 적도의 훨씬 아래쪽까지 내려갔다. 그때 포르투갈 사람들은 미지의 바다로 진출하여 발견의 성과를 이루기 위해 혁신적이고 체계적이며 단계적인 국가의 계획이 필요했다. 콜럼버스가 인도를 가기 위한 탐험은 즉시 이루어진 과감한 결단이었지만 그 탐험의 중요성은 수십 년 동안 알려지지 않았다. 그러나 포르투갈 항해자들이 한 세기 반 동안 계획한 탐험은 사실 오래전부터 상상해 온 일이라는 의미가 있었지만 그 성과는 즉시 알려졌다. 콜럼버스의 가장 큰 업적은 자신은 생각하지도 않았던 목적의 부산물이었으며, 기대하지 않았던 결과물이었다. 포르투갈 사람들의 업적은 엄청난 국가 지원이 필요한 분명한 목적이 성과로 이어진 일이었다. 포르투갈 사람들의 업적은 새로운 탐험의 훌륭한 본보기 같았다.

포르투갈 사람들은 국가와 협력하여 모험에 도전했기 때문에 장기간의 탐험 계획이 가능했다. 유럽인들의 초기의 대중 서사시에는 율리시스, 아이네이아스, 베어울프 등의 특별한 영웅들의 용기와 위업이 담겨 있었다. 그러나 포르투갈 사람들의 항해 서사시는 베르길리우스가 서사시 『무기와 사람Arms and the Man』에서 읊었듯이, 특별한 영웅을 찬미하지 않았다. 포르투갈 사람들에게 영웅은 특정 개인이 아니라 둘 이상의 복수의 사람들이었다. 카몽이스Camoens는 자신의 작품『루시아다스Lusiads』(바쿠스의 친구이면서 포르투갈의 신화 속 최초의 정착민인 루수스Lusus의 자식들 이름을 따서 붙인 제목)에서 이렇게 언급하고 있다. "이 이야기는 고향 포르투갈을 떠나 실론 섬으로 가는 항로를 개척하고 인간이 간 적이 없었던 멀고 먼 바다로 나간 영웅들의 이야기다." 삶의 범위는 넓어졌고 더욱 사회적이고 대중적으로 변해갔다. 고대의 서사시는 신과 같은 영웅을 찬양했지만 최근의 서사시는 영웅적인 대중을 찬양하고 있었다.

해양 탐험은 또한 더욱 많아지고 넓어졌다. 수로는 더 이상 내해, 지중해에서만 쉽게 식별되는 항로가 아니었다. 바다의 새로운 항로는 외해로 뻗어 나갔고 또 사방으로 이어졌다.

아주 작은 해협으로 아프리카와 분리된 포르투갈 사람들은 놀라울 정도로 인종 편견이나 지방적 편협이 없었다. 그들의 조상은 켈트와 이베리아와 잉글랜드 사람들이었다. 포르투갈 사람들은 아프리카인과 아시아인들과 결혼을 했다. 포르투갈은 그리스도인, 유대인, 이슬람교도 등의 사람들이 뒤섞인 작은 아메리카 같은 나라였다. 한때 이슬람에게 점령당했던 포르투갈은 여러 제도에서 이슬람의 흔적이 남아 있었다. 포르투갈인의 다양한 신체적, 정신적, 기질적, 전통적, 미학적, 문학적 소질은 서로 조화를 이루어 가치를 높여 주었고 포르투갈 사람들에게 외해로 나갔다가 돌아올 때 필요한 다양한 에너지와 여러 지식이 되었다.

사람들이 먼 곳에서 풍요롭고 화려하며 계몽된 삶을 살더라도 고국으로 다시 돌아올 수 있는 것은 매우 중요한 일이었다. 후대에서는 이런 일을 '귀환feedback'이라 불렀다. 왜 바다로 가야 하고 왜 대양을 개척하는지는 발견자에게 중요한 일이며, 또 인류를 위하여 위대한 시대를 보여 주는 일이라는 설명이 된다. 계속 이어지는 인간의 모험에서 '귀환'이 없는 행위는 거의 중요하지 않았다. 귀환에서 즐거움과 이익을 얻을 수 있는 능력은 인간의 최고의 특권이었다. 바다로 떠나는 여러 모험이나 편도 여행의 성공도 별로 중요하지 않았고 역사에서 거의 기록을 남기지 못했다. 떠나는 것만으로는 충분하지 못했다. 지구에 사는 인간들이 발달하려면 항해자들이 항해를 시작한 고국으로 돌아오고, 그들이 여행한 먼 곳에서 찾아낸 물품과 지식으로 국내에 머물러 있는 사람들을 변화시키는 능력이 필요했다. 카르타고에서 만들어진 4세기의 주화가 아조레스 제도에서 발견되었고 고대 로마의 주화가 베네수엘라에서 발견되었는데, 이 주화들은 바람에 실려 이리저리 떠돌아다니던 배들에 의해 전해진 것이다. 노르웨이나 아이슬란드의 바이킹들은 중세에 가끔씩 북아메리카에 도달했던 것으로 보인다. 1291년에 제노바 출신의 비발디Vivaldi 형제가 배로 아프리카를 돌아 항해를 시작했지만 돌아오지 못했다. 콜럼버스 이전의 시대에도 중국이나 일본의 쓰레기가 아메리카의 해안까지 떠내려갔을 수도 있다. 그러나 귀환하지 않는 이런 행위와 사건들은 아무런 의미가 없었다.

서유럽의 국가들에게 백년전쟁과 장미전쟁의 시대였던 15세기는 내란과 침략의 두려움으로 가득했던 시기였다. 1453년에 콘스탄티노플을 점령한 터키족은 레반트 전역과 발칸 지역의 여러 나라를 위협했다. 포르투갈과 함께 유일하게 반도의 이점이 있었던 스페인은(지중해 연안의 번창한 항구들의 경쟁으로 약화되었지만) 내란 때문에 분열이 되어 15세기 동안 내내 거의 무정부 상태에 있었다. 이런 여러 나라들과 뚜렷한 대조를 보이는 포르투갈은 15세기 전체를 통틀어 통일 왕국을 계속 이어 갔고 내란도 거의 일어나지 않았다.

그런데도 포르투갈은 많은 이점을 개발하기 위해 국민들을 단결시키고 자원을 체계화해서 방향을 제시할 지도자가 필요했다. 그런 지도자가 없으면 다른 모든 이점은 아무런 소용이 없었을 것이다. 항해자 엔리케 왕자는 대담한 영웅심과 멀리 뻗어 가려는 창의력과 금욕주의적 은둔 기질이 섞인 호기심 많은 사람이었다. 개개인에게는 냉정했던 엔리케 왕자는 원대한 이상에 열정적이었다. 그의 고집과 조직력은 새로운 발견을 위한 위대한 계획에 가장 적합한 요건임을 보여 주었다.

역사의 관점에서 보면, 근대적인 탐험 개척자가 탐험 원정에 나서지 않았다는 사실은 그리 놀랄 일이 아니다. 십자군 원정 같은 유럽의 위대한 중세 모험은 이교도에 대항하여 목숨을 바칠 각오를 요구했다. 근대적인 탐험은 세계적인 항해의 모험이 되기 전에 누군가의 상상력의 추진이라는 마음의 모험이 되어야 했다. 탐험 같은 위대한 근대적인 모험은 우선 머릿속에서 계획이 이루어져야 했다. 그래서 탐험 개척자는 사고하는 고독한 사람이었다.

이런 고독한 모험을 가능하게 한 사람들의 특징을 보면 모두가 매력적인 것은 아니었다. 항해자 엔리케 왕자는 자신을 성 루이Saint Louis에 비유를 했지만 전혀 매력 있는 사람은 아니었다. 엔리케의 전기 작가들은 엔리케가 수도사 같은 생활을 했고 동정으로 살다가 죽었다고 한다. 항해자 헨리는 죽을 때 헤어 셔츠hair shirt*를 입고 있었다. 그는 평생 동안 십자군 원

---

* 종교적인 고행을 하던 사람들이 입었던 말 꼬리털로 만든 셔츠

정과 탐험 사이에서 갈등하고 살았다. 엔리케의 아버지 주앙 1세John I는 '천한 자'와 '위대한 자'라는 2가지 별명을 지니고 있었던 아비즈 왕조Aviz dynasty의 설립자로 1385년에 포르투갈의 왕위에 올랐다. 주앙 1세는 알주바로타Aljubarrota의 결전에서 잉글랜드 궁수들의 도움으로 카스티야의 왕을 물리쳐 포르투갈의 독립과 통합을 이루었다. 주앙 1세는 곤트의 존John of Gaunt의 믿음이 깊고 의지가 강한 딸, 랭커스터의 필리파Philippa of Lancaster와 결혼하여 잉글랜드와 동맹을 강화했다. 그리고 늘 주앙 1세의 곁에 있던 필리파는 이후 포르투갈의 여왕이 되었다. 후대의 경건하고 낙관적인 한 포르투갈 역사가에 따르면 "그녀는 궁전이 부도덕 행위에 빠져 있는 것을 알고 수녀원처럼 정숙한 곳으로 만들었다"라고 전했다. 필리파는 6명의 아들을 낳았는데, 그중 셋째 아들 엔리케는 1394년에 태어났다.

주앙 1세는 1411년에 카스티야와 정식으로 맺은 우호 조약을 기념하기 위해 당시에 기사들의 관습이었던 마상 시합을 1년 동안 계속 열기로 계획했다. 유럽 곳곳에서 기사들이 초청되었고 막 성년이 된 왕의 세 아들도 마상 창 시합으로 기사도의 규율에 따라 기사 작위를 받을 기회가 주어졌다. 그러나 왕의 재무관 조언에 따라, 세 왕자들은 비용이 많은 드는 이 행사를 중지할 것을 왕에게 설득했다. 대신에 왕자들은 지브롤터 너머의 아프리카에 있는 이슬람의 근거지이면서 무역의 중심지인 세우타Ceuta에 십자군을 파견하여 그리스도교의 용맹스러운 행동을 보여 줄 기회를 달라고 청했다. 그렇게 하면 왕은 '이교도의 피로 자신의 손을 씻음으로써' 초기에 그가 치렀던 전쟁에서 피를 흘린 그리스도인들에게 속죄할 수 있는 일이었다. 이 원정 계획을 도운 젊은 엔리케 왕자는 그것을 계기로 많은 예기치 않은 길을 가며 삶이 바뀌게 되었다.

당시에 겨우 19세였던 엔리케 왕자는 북쪽의 오포르토Oporto에서 함대를 만드는 업무를 맡고 있었다. 2년의 준비 끝에 십자군은 여러 기적과 징조가 일어나는 분위기 속에서 세우타를 상대로 공격을 개시했다. 예컨대 오포르토 근처에 있는 한 수도사는 성모 마리아가 존왕에게 빛나는 검을 주는 환상을 보았다. 또한 일식 현상도 일어났다. 그때 필리파 여왕은 장기간의 무분별한 종교 단식으로 심각한 병에 걸려 있었다. 여왕은 왕과 세 아들을 불러 전쟁에 나갈 때 몸에 간직하라고 성 십자가True Cross의 조각을 나누어 주었다. 여왕은 또한 세 아들에게 기사의 검을 주고 세우타에 맞선 원정을 축복하면서 숨을 거두었다. 교황은 이때의 십자군 원정을 위해 칙서를 내려 전쟁에서 죽은 사람들에게 십자군의 영적인 은총을 베풀었다.

포르투갈 함대는 일방적인 전투에서 1415년 8월 24일에 세우타의 요새를 급습했다. 잘 무장되어 있었던 포르투갈 군사들은 잉글랜드 궁수대의 지원까지 받아 수세에 몰려 약해진 이슬람 군사들을 제압했다. 하루 만에 포르투갈 십자군은 이교도의 근거지를 차지했고 엔리케 왕자에게 승리의 순간을 안겨 주었다. 포르투갈 십자군은 8명만 사망했지만 세우타의 거리는 이슬람교도의 시신들로 쌓여 있었다. 오후가 되자 포르투갈 십자군은 세우타를 약탈하기 시작했고 이교도를 살해한 정신적 보상은 많은 세속적인 보물로 보충되었다. 이 사건으로 엔리케 왕자는 아프리카에 숨겨져 있는 눈부신 재물을 처음으로 접하게 되었다. 세우타의 전리품들은 대상들이 남쪽의 아프리카 사하라 사막과 동쪽의 인도에서 가져온 재물들이었다. 포르투갈 사람들은 밀, 쌀, 소금 등의 평범한 생활필수품 외에 후추, 계피, 정향, 생강, 여러 향신료 등 이국적인 물품들을 발견했다. 세우타 사람들의 집에는 다양한 태피스트리가 벽에 걸려 있었고, 바닥에는 동양의 양탄자가 깔려 있었다. 그 외에 금, 은, 보석 등의 전리품도 흔했다.

포르투갈 군사들은 소수의 수비대만 남겨 두고 나머지는 모두 고국으로 돌아갔다. 엔리케 왕자는 새로 무장한 이슬람 공격에 대비하여 세우타로 다시 파견되었을 때 수개월 동안 아프리카 대상 무역에 관한 지식을 습득했다. 이슬람 통치를 받았을 때 세우타는 대상들이 가져온 금, 은, 구리, 놋쇠, 비단, 향신료 등을 파는 점포들이 2만 4,000개나 되는 활기에 넘친 도시였다. 그러나 세우타가 그리스도교의 도시가 되자 대상들은 더 이상 오지 않았다. 포르투갈 사람들은 이익이 없는 죽음의 도시를 차지하고 있었다. 그들은 주변의 이교도 종족들과 교역을 하거나, 아니면 주변의 내륙 지역을 정복해야 했다.

엔리케 왕자는 세우타에 보물을 가져오는 아프리카의 내륙 지역에 관한 정보를 수집했다. 그는 '침묵의 교역'이라는 기이한 교역에 대한 이야기를 들었다. 그 교역은 서로 언어가 통하지 않는 사람들 사이에서 행해지는 방식이었다. 모로코에서 아틀라스산맥을 넘어 남쪽으로 향한 이슬람 대상들은 20일 후에는 세네갈강 기슭에 도착했다. 그곳에서 모로코 상인들은 소금, 세우타 산호로 만든 목걸이, 값싼 제품 등을 개별적으로 진열했다. 그러고는 눈에 띄지 않는 곳으로 물러갔다. 노천광에서 금을 캐며 사는 지역 원주민들은 강가로 와서 모로코 상인들이 진열해 놓은 물품들 옆에 금 더미를 두었다. 그리고 지역 원주민들도 눈에 띄지 않는 곳으로 물러가면 모로코 상인들은 자신의 물품과 가치가 맞으면 금을 가져가거나 물품 가치가 더 크면 금과 가치가 맞도록 물품의 양을 줄였다. 그리고 다시 모로코 상인들은 눈에 띄지 않는 곳으로 물러갔다. 그런 식으로 교역이 이루어지고 거래가 성사되었다. 이런 교역 방식으로 모로코 상인들은 금을 수집했다. 이런 기이한 교역 이야기는 엔리케 왕자의 호기심을 자극했다. 하지만 십자군 원정이 계속되면서 엔리케 왕자는 포르투갈 함대를 조직하여 이교도에게서 지브롤터를 빼앗을 의지를 분명히 밝혔다. 그러나 지브롤터를 공격할 준비가 다 되었을 때 존왕이 십자군 원정을 중지시키자, 엔리케 왕자는 실망을 감추지 못하며 고국으로 돌아갔다. 엔리케 왕자는 리스본의 궁전에서 왕을 도와 국사를 돌보는 대신에 알가르베Algarve를 지나 멀리 남쪽으로 가서 포르투갈의 땅끝인 유럽의 남서쪽 끝에 있는 세인트 빈센트곶Cape Saint Vincent으로 갔다.

고대 지리학자들은 알려지지 않은 바다의 국경 지대인 이 육지의 맨 끝부분에 신비스러운 의미를 부여했다. 마리누스와 프톨레마이오스는 이 지역을 '성스러운 곶Sacred Promontory(라틴어로 Promentorium Sacrum)'이라는 명칭을 붙였다. 이 명칭을 포르투갈어로 번역하면 '사그레스Sagres'가 되는데, 포르투갈 사람들은 그 근처의 마을 이름을 사그레스라고 불렀다. 오늘날 포르투갈을 방문하는 사람들은 폐허가 된 사그레스의 성채 위에 등대가 세워져 있는 것을 볼 수 있다. 그 성채는 엔리케 왕자가 본부로 만들어 40년 동안 이용한 곳이었다. 그곳에서 엔리케 왕자는 신비의 미개척지를 탐험하려고 탐험대를 창설하고 조직하고 지휘했다. 최초의 근대적인 탐험 계획으로 엔리케 왕자는 사그레스 성채에서 미지의 바다로 끊이지 않는 탐험대를 내보냈다. 오늘날 사그레스의 거칠고 험한 절벽을 찾는 방문객들은 무력해지는 궁전의 형식에서 벗어나기를 바란 금욕적인 엔리케 왕자에게 가장 알맞은 장소라는 사실을 느끼게 된다.

사그레스에서 엔리케 왕자는 항해자가 되었다. 그곳에서 엔리케 왕자는 십자군의 열정과 에너지를 근대적인 탐험 계획에 쏟아부었다. 엔리케 왕자의 궁전은 원시적인 연구와 개발 실험실이었다. 십자군의 세계에서 알려진 것은 교리였고 알려지지 않은 것은 인간이 알 수가 없는 일이었다. 그러나 탐험가의 세계는 알려지지 않은 것은 단순히 아직 발견되지 않은 것이었다. 그리고 사소한 일상적인 경험은 모두 이정표가 되었다.

엔리케 왕자는 점성술사에게서 자신의 운명을 알게 되었다. 동시대의 연대기 작가인 고메스 이아네스 데 주라라Gomes Eanes de Zurara에 따르면, '이 왕자는 위대하고 고귀한 정복에 몰두하게 되고 무엇보다 다른 사람들에게서 숨겨진 비밀을 알아내는 일을 할 것'이라고 별 속에 나타나 있었다고 한다. 엔리케 왕자는 새로 발견된 먼 육지에서 포르투갈의 상업을 풍요롭게 하기 위한 물품들을 가져왔다. 우연히 그는 이슬람 세력의 범위에 관한 유용한 정보를 모았고 이교도에 대비하여 새로운 그리스도교의 동맹국들을, 어쩌면 프레스터 존까지 찾기를 바랐다. 그 과정에서 엔리케 왕자는 물론 수많은 사람들을 예수 그리스도를 믿도록 개종시켰다.

이런 모든 이유로 엔리케 왕자는 사그레스를 지도 제작, 항해, 선박 건조의 중심지로 삼았다. 그는 알려지지 않은 것은 알려진 것의 경계를 명확하게 나타내야만 발견할 수 있다는 사실을 알고 있었다. 이것은 물론 그리스도교 지리학자들이 그린 우스꽝스럽게 묘사한 그림을 버리고 신중하게 단편적으로 맞추어 그린 지도로 대신해야 한다는 의미였다. 그리고 그렇게 하려면 단계적인 접근 방식이 필요했다.

포르톨라노, 즉 해안 안내서를 만드는 마음으로 엔리케 왕자는 알려지지 않은 해안을 알아내기 위해 수많은 선원들의 경험을 모았다. 유대인들은 그들이 어디에 있든 오래전부터 영향력 있는 문화 대사이면서 세계주의자들이었다. 마요르카섬에 사는 카탈루냐의 유대인 예후다 크레스케스

(앞에서 이미 살펴본 지도 제작자 아브라함 크레스케스의 아들)도 사그레스에 초청되어 엔리케 왕자의 항해 탐험가들이 바다에서 가져온 지리학적 사실들을 세부적으로 맞추어서 지도를 제작하는 일을 감독했다.

엔리케 왕자는 그의 선원들을 격려한 다음, 그들에게 정확한 항해일지와 해도를 작성하고 후임자들을 위하여 해안에 관해서 관찰한 모든 것을 기록할 것을 요구했다. 그때까지도 왕 알폰소 5세Alfonso V의 서신(1443년 10월 22일)에서 불평했듯이, '항해자들은 기분에 따라 하고 싶으면 항해일지나 해도를 기록하고 하기 싫으면 기록하지 않았기 때문에' 항해자들의 기록은 허술하고 계획성이 없었다. 그래서 엔리케 왕자는 선원들에게 항해할 때 해도에 모든 세부 사항을 정확히 기록하여 사그레스로 돌아올 것을 명령했고 그렇게 해서 제도 제작을 최신 정보가 누적되는 과학이 될 수 있게 했다. 사그레스에는 여러 곳에서 선원과 여행자와 학자들이 새로운 사실이나 새로운 사실을 알아낼 수 있는 방법을 가지고 들어왔다. 그곳에는 유대인 외에도 이슬람인, 아랍인, 제노바와 베네치아에서 온 이탈리아인, 독일인, 스칸디나비아인, 그리고 탐험이 확대되면서 아프리카의 서해안에서 온 원주민들도 있었다. 또한 사그레스에는 엔리케 왕자의 형 페드로Pedro가 유럽의 여러 궁전들을 여행하면서(1419-1428년) 수집한 위대한 여행가들의 필사본 기록들도 있었다. 베네치아에서 페드로는 지도 하나가 들어 있는 마르코 폴로의 여행기 사본을 얻었다. 그 지도는 '세계의 여러 지역이 표시되어 있어서 엔리케 왕자에게 큰 도움을 주었다.'

이런 사실들과 함께 최신 항해 도구와 항해 기술이 나타났다. 항해용 나침반은 이미 잘 알려져 있었지만 나침반의 신비로운 원리 때문에 사람들은 나침반을 일종의 마법이라고 믿고 사용하기를 꺼려했다. 100년 전만 해도 로저 베이컨이 천연 자석을 이용한 시험을 하다가 큰 곤란에 처한 일이 있었다. 사그레스에서 다른 도구들처럼 나침반은 선원들을 더 멀리 내보내고 다시 귀환할 수 있게 하는지를 시험할 때만 사용되었다.

엔리케 왕자의 선원들은 유럽인들이 한 번도 가 본 적이 없었던 먼 남쪽으로 갔을 때 오늘날에는 정오에 태양의 고도를 측정하여 정확하게 잴 수 있는 위도를 알아내야 하는 새로운 문제에 부딪혔다. 정교하고 값 비싸고 복잡한 천체관측기 대신에 엔리케 왕자의 선원들은 간단한 직각기를 사용했다. 눈금이 매겨진 막대기를 따라 수직으로 움직일 수 있는 가로대로 되어 있는 그 직각기로 수평선과 태양을 한 줄로 맞추어 태양의 고도 각도를 측정할 수 있었다. 사그레스로 모여든 세계의 사람들은 사분의와 새로운 수학 도표를 비롯한 여러 새로운 도구들을 만드는 일을 도왔고, 그 도구들은 엔리케 왕자의 탐험 장비의 일부가 되었다.

사그레스와 근처의 항구인 라고스에서는 새로운 선박 제작 기술로 새로운 유형의 배를 만들어 냈는데, 이런 배가 없었더라면 엔리케 왕자의 탐험 원정이나 다음 세기의 위대한 해양 모험은 불가능했을 것이다. 카라벨 caravel은 탐험가들을 귀환시킬 수 있도록 특별히 고안된 소형 범선이었다. 잘 알려진 무거운 가로돛이 달린 바르카barca, 즉 베네치아인들이 사용하던 대형 범선은 바람을 타고 항해하는 데 적합했다. 이런 배는 지중해 내에서 사용하기에 충분했다. 지중해에서는 무역선의 크기가 이익의 척도가 되었고 1450년에는 600톤 이상이 되는 베네치아의 대형 범선들도 있었다. 배가 클수록 짐을 많이 실어서 이익도 더 많이 생겼기 때문이다.

그런데 탐험선은 자체에 특별한 문제가 있었다. 탐험선은 화물선이 아니고, 미지의 바다로 멀리 가야 했으며, 필요하다면 바람을 뚫고 항해를 할 수 있어야 했다. 또한 탐험선은 목적지에 갔다가 돌아오지 않으면 소용이 없었다. 탐험선의 중요한 화물은 '새로운 정보'였다. '새로운 정보'는 작은 짐 속에 넣을 수 있고 또 사람의 마음속에 담을 수도 있지만, 분명히 돌아와서 사람들에게 전달해 주어야 하는 문제가 있었다. 탐험선은 클 필요가 없었지만, 기동성이 있고 돌아올 수 있어야 했다. 귀환은 탐험가에게 반드시 필요한 일이었다. 항해자들은 당연히 바람을 타고 항해를 하고 싶어 하지만, 이것은 분명 바람을 안고 돌아와야 한다는 의미이기도 했다. 육지로 둘러싸인 지중해에서 수익성이 있는 무역에 가장 적합한 배는 미지의 외해를 항해하는 탐험가에게는 쓸모가 없었다.

엔리케 왕자의 카라벨은 이런 탐험의 목적을 위해 특별히 고안된 배였다. 엔리케 왕자는 이 배를 설계할 때 고대부터 이집트와 튀니지 연안에서 아랍인들이 사용한 '카라보스caravos'라는 배에서 약간의 실마리를 얻었다. 그런데 '카라보스'는 더욱 먼 옛날의 그리스인들이 골풀과 짐승의 가죽으로 만든 어선을 아랍인들이 본떠서 만든 배였다. 비스듬히 기울어진 큰 삼각돛을 단 이 아랍의 배는 무려 30명의 선원들과 70마리의 말들을 태울 수 있었다. 이와 유사하지만 훨씬 작고 더욱 기동성 있는 '카라벨라caravela(-ela는 아주 작다는 의미)'라는 배가 포르투갈 북부의 도루강Douro River에서 사용되고 있었다. 엔리케 왕자의 선박 제조공들은 화물을 운반하는 데 사용하는 아랍의 카라보스의 특성과 도루강의 카라벨라의 기동성을 조합하여 유명한 카라벨을 만들어 냈다.

이런 뛰어난 작은 카라벨들은 약 20명의 탐험 선원들의 보급품을 실을 정도로 컸고 선원들은 보통 갑판 위에서 잠을 잤지만 날씨가 안 좋으면 갑판 아래로 내려갈 수 있었다. 카라벨은 배수량이 약 50톤이었고, 길이 약 70피트(약 21미터)에 선폭은 약 25피트(약 8미터)였으며, 2개나 3개의 삼각돛이 달려 있었다. 엔리케 왕자의 카라벨을 타고 아프리카를 항해한 적이 있는 베네치아의 노련한 선원, 알비세 다 카다모스토Alvise da Cadamosto(1432?-1511년)가 1456년에 언급했듯이, 이 배는 '바다를 항해하는 가장 훌륭한 배'였다. 카라벨은 탐험가들의 표준 선박이 되었다. 콜럼버스의 3척의 배(산타 마리아호, 핀타호, 니냐호)는 모두 카라벨 종류였고, 특히 산타 마리아호는 당시의 베네치아의 대형 범선들보다 크기가 5분의 1밖에 되지 않았다. 카라벨은 크다고 반드시 좋은 것은 아니라는 사실을 보여 주었다.

엔리케 왕자의 아프리카 해안 탐험은 카라벨이 귀항할 수 있는 중요하면서도 매우 놀라운 능력이 있다는 것을 입증했다. 카라벨은 물에 조금만 잠기게 되어 있어서 해안 가까운 수역을 탐험할 수 있었고, 또한 청소하거나 수리를 하기 위해 배를 해변으로 끌어올리기가 쉬웠다. 항해 표현으로, 귀항할 수 있는 능력은 바람 속에서 능숙하게 항해할 수 있는 능력을 의미했는데, 그런 점에서 카라벨은 능력이 뛰어났다. 구식의 대형 범선인 바르카는 바람 속에서 67도 이상 바다에 기울어서 항해할 수 없었지만, 큰 삼각돛이 있는 카라벨은 55도까지 기울어서 항해할 수 있었다. 이 말은 바르카가 바람을 받으며 나아가는데 5항정이 필요한 거리를 카라벨은 단 3항정으로 나아갈 수 있다는 의미였다. 이렇게 시간과 거리에서 약 3분의 1을 절약하면 바다에서는 몇 주를 단축할 수 있었다. 확실하고 신속한 귀환을 할 수 있도록 특별히 고안된 배를 타고 탐험을 하는 선원들은 더욱 격려가 되고, 자신감이 생기며, 기꺼이 더 오래 항해할 위험을 무릅쓸 수 있었다.

사그레스에서 몇 마일 떨어진 해안에 있는 라고스는 엔리케 왕자의 자극을 받아 카라벨을 만드는 중심지가 되었다. 배의 용골*에 쓰는 오크 나무는 알가르베에 인접한 알렌테주Alentejo에서 나온 것이다. 선체에 사용되는 소나무는 포르투갈의 대서양 연안에서 자라고 있었는데, 그곳에서 선박 제조용으로 법에 의해 보호를 받고 있었다. 또한 그 해안 소나무들의 수지는 배의 돛이나 밧줄을 방수하고 선체의 틈을 막는 데 이용되었다. 라고스 주변에는 곧 돛과 밧줄을 만드는 기술이 번창하기 시작했다.

엔리케 왕자는 사그레스에서 근대적인 연구 기관을 실제로 세우지는 않았지만 필수적인 요소들은 모두 갖추었다. 그는 항해에 관한 서적과 해도, 선장, 조타수, 선원, 지도 제작자, 도구 제작자, 나침반 제작자, 선박 제조자, 목공, 그리고 그 외의 여러 장인들을 모아 항해를 계획하고, 조사 결과를 평가하고, 미지의 바다로 더욱 멀리 원정할 준비를 했다. 엔리케 왕자가 시작한 대업은 끝이 없었다.

---

* 선박 바닥의 중심선을 따라 설치된 길고 큰 재목

22

위험한 곳을 지나

인도를 직접 목표로 삼았던 콜럼버스와 달리, 항해자 엔리케 왕자는 자신의 운명에 충실하게 더욱 넓고 포괄적이면서, 더욱 근대적인 목적이 있었다. 연대기 작가 고메스 이아네스 데 주라라의 찬미하는 설명에 따르면 "이 왕자의 숭고한 정신은 매우 훌륭한 행위를 시작하고 실천하도록 스스로 독려하고 있었다… 그는 또한 카나리아 제도와 보자도르곶Cape Bojador 너머에 있는 지역을 알고 싶어 했다. 그때까지 그 곶 너머에 있는 지역의 본질은 문서로나 인간의 기억으로나 전혀 알려져 있지 않았기 때문이다… 그는 자신이나 다른 군주가 그 지역에 관한 지식을 얻으려고 노력하지 않으면 어떤 선원이나 상인들도 그곳을 알아낼 엄두를 내지 못할 것이라고 생각했다. 확실한 이익이 보장되지 않는 곳에 항해에 나서며 위험을 무릅쓸 선원이나 상인들은 분명 없기 때문이다."

엔리케 왕자가 아프리카를 돌아 인도로 가는 항로를 개척하려는 특별한 목적을 마음에 두고 있었는지는 전혀 알 수 없다. 엔리케 왕자가 관심을 둔 곳은 암흑의 바다를 향해 서쪽과 남서쪽으로 뻗어 있고, 해도에 없는 아프리카 해안을 따라 남쪽으로 뻗어 있는 미지의 해역이었다. 아조레스 제도(대서양을 건너는 3분의 1에 해당하는 지점), 마데이라 제도, 카나리아 제도 등 대서양의 여러 섬들은 14세기 중반에 제노바의 선원들이 발견한 곳이었을 것이다. 엔리케 왕자는 이런 지역에 관해서는 탐험 계획보다 식민지 건설과 개발에 중점을 두었다. 그러나 그의 백성들이 1420년에 마데이라섬(madeira는 숲을 의미한다)에 상륙하여 우거진 숲을 없애려고 지핀 불이 7년 동안 계속 타올랐다. 그들은 그런 계획을 한 것은 아니었지만 숲이 타서 생긴 잿물이 크레타섬에서 수입한 맘지Malmsey 포도나무의 재배에 가장 좋은 비료가 되어 마데이라섬은 맘지 포도의 재배지가 되었다. 당연히 그 유명한 '마데이라' 와인은 그 섬의 특산품이 되었다. 그렇지만 엔리케 왕자는 점성술의 예언대로 선천적으로, 그리고 자신이 좋아서 선택한, 식민지 개척자가 아닌 위대한 발견자였다.

오늘날 아프리카의 현대 지도에서 보자도르곶(포르투갈어로 '볼록 튀어나온 곳'이라고 한다)을 찾으려고 하면 확대경으로 한참 들여다보아야 찾을 수 있는데, 그곳은 카나리아 제도의 바로 남쪽인 아프리카의 서해안에 있다. 아프리카 대륙의 가장 큰 서쪽의 튀어나온 부분에서 북쪽으로 몇천 마일 올라가면 해안에서 작은 돌기 부분을 볼 수 있는데, 그 돌기 부분은 너무 작아서 아프리카 전체의 지도에서는 거의 눈에 보이지 않는다. 보자도르곶은 해변이 너무 낮아서 가까이 가야 볼 수 있고 위험한 암초들과 거친 해류로 이루어져 있다. 보자도르곶은 항해에 능숙한 포르투갈 선원들이 통과하고 살아남은 많은 다른 해안보다 험악한 곳은 아니었다. 그러나 포르투갈 선원들은 이 특별한 보자도르곶을 넘을 수 없는 한계로 여겼다. 누구도 통과할 수 없는 곳이 되어 버렸다!

　유럽의 항해자들이 다음 세기가 되어야 돌아 들어갈 수 있었던 엄청나게 위험한 희망봉Cape of Good Hope이나 케이프 혼Cape Horn과 비교해 보면, 보자도르곶은 전혀 다른 문제가 있었다. 그 문제는 탐험가에게 원초적인 장애의 전형이라고 할 수 있는 마음의 장벽이었다. 표현이 풍부한 주라라는 '왜 배들이 지금까지 감히 보자도르곶을 통과하지 못했는가'에 관해 다음과 같이 알려 준다.

　　그런데 사실을 말하자면, 이 일은 비겁하거나 선의가 부족해서가 아니라 어떤 새로움에 대한 두려움과 스페인 선원들에게 대대로 전해져 내려온 오래전부터 널리 퍼진 소문 때문이었다⋯ 분명히 영광스러운 기억을 위해 그런 위대하고 고귀한 행위를 한 많은 숭고한 사람들 중에서 보자도르곶을 통과할 용기가 있는 사람이 없었다는 것은 생각할 수 없다. 그러나 위험을 인정하고 명예나 이익을 바라지도 않았으므로 그들은 시도하기를 포기했다. 선원들의 말에 따르면, 분명하게도 보자도르곶 너머에는 어떤 인종도 살지 않고 사람이 거주할 곳도 없다⋯ 그리고 바다가 너무 얕아서 육지에서 1리그league(약 5킬로미터) 거리의 바다 깊이가 겨우 1패덤fathom(약 2미터)밖에 되지 않지만 조류가 너무 빨라서 보자도르곶을 지나간 배는 다시 돌아올 수 없다⋯ 우리 선원들은⋯ 두려움 때문이 아니라 속임수로 엄청난 손실을 가한 실체가 없는 환영에서 위협을 받았던 것이다.

　사그레스의 본부에서 엔리케 왕자는 먼저 두려움의 장벽을 극복하지 않으면 물리적 장벽을 이겨 낼 수 없다고 생각했다.

엔리케 왕자는 선원들에게 보자도르곶을 넘을 수 있다고 설득하지 못하면 결코 미지의 바다로 멀리 나가지 못했을 것이다. 1424년과 1434년 사이에 엔리케 왕자는 대수롭지 않으면서도 위협적인 보자도르곶을 넘을 수 있도록 15차례나 원정대를 파견했다. 각 원정대는 아무도 간 적이 없는 곳에는 갈 수 없다는 구실을 대며 돌아왔다. 전설적인 곳이 있는 바다는 위로 솟아오른 절벽에서 폭포처럼 떨어지는 불길한 붉은 모래로 튀어 올랐고 얕은 물속에서 헤엄치는 정어리 떼들이 소용돌이치는 물살을 휘젓고 다니고 있었다. 황폐한 해안에는 생명의 흔적이라곤 전혀 없었다. 이것이 바로 세상의 끝을 나타내는 모습이 아니었을까?

1433년 탐험에서 돌아온 질 이아네스Gil Eannes가 엔리케 왕자에게 보자도르곶은 정말 통과할 수 없는 곳이라고 보고를 하자 엔리케 왕자는 불만스러웠다. 엔리케 왕자는 자신의 포르투갈 항해자들이 오직 익숙한 길로만 다니는 지중해나 플랑드르 선원들처럼 겁쟁이인가라는 생각이 들었다. 엔리케 왕자의 측근 부하였던 질 이아네스는 분명히 용감한 인물이었다. 엔리케 왕자는 새로운 보상을 약속하며 1434년에 질 이아네스를 다시 보자도르곶으로 보냈다. 보자도르곶에 접근한 질 이아네스는 이번에는 알려져 있는 곳의 위험한 해역이 아니라 알려지지 않은 대양 쪽으로 위험을 무릅쓰며 서쪽으로 배를 돌렸다. 그런 다음 남쪽으로 방향을 바꾸어 항해한 그는 보자도르곶을 이미 빠져나간 사실을 알게 되었다. 그리하여 아프리카 해안에 도달한 그는 그곳이 황량했지만 지옥의 문은 결코 아니란 것을 알았다. 이 사실에 관해 주라라는 이렇게 전했다. "그래서 그는 마음먹은 대로 성공했다. 그 항해에서 그는 모든 위험을 이겨 내어 보자도르곶을 지나갔고, 그 너머의 육지는 다른 이들처럼 그가 예상했던 것과 전혀 다르다는 것을 알았다. 그 일 자체는 작은 것이었지만, 그 모험의 결과는 위대하게 여겨졌다."

　공포의 장벽이면서 '두려움의 환영'을 극복한 엔리케 왕자는 계속 앞으로 나아갔다. 엔리케 왕자는 해마다 원정대를 미지의 바다로 조금씩 더 멀리 파견했다. 1435년에 질 이아네스를 다시 파견한 엔리케 왕자는 이번에는 왕실에서 술 따르는 일을 하던 아폰수 발다이아Afonso Baldaya를 함께 보냈다. 그 일행은 해안에서 50리그 떨어진 지역까지 도달했다. 그곳에서 그들은 사람과 낙타의 발자국을 발견했지만, 여전히 그곳의 사람들은 만나지 못했다. 1436년에 다시 파견된 발다이아는 사그레스에서 엔리케 왕자와 대면할 원주민을 데려오라는 명령을 받았다. 거대한 강의 하구로 보이는 곳에 도착한 발다이아는 그곳이 금으로 '침묵의 교역'이 이루어졌던 세네갈이기를 바랐다. 그들이 리우 데 오우로Rio de Ouro라고 칭한 그곳은 바다가 육지 안으로 휘어들어 간 커다란 만이었을 뿐 강은 아니었다. 그리고 세네갈은 그곳에서 남쪽으로 500마일(약 805킬로미터) 더 떨어진 곳에 있었다.

　서아프리카 해안의 끊임없는 단계적인 탐험은 상업적인 보상이 거의 없었지만 매년 이어졌다. 1441년에 엔리케 왕자는 동지인 누누 트리스탕Nuno Tristão과 안탕 곤살베스Antão Gonçalves를 탐험에 파견했는데 그들은 멀리 250마일(약 402킬로미터) 떨어진 브랑쿠곶Cape Branco, 또는 Blanco까지 가서 두 명의 원주민을 붙잡아 데려왔다. 1444년에는 질 이아네스가 이 지역에서 처음으로 사람을 가득 실은 화물, 즉 200명의 아프리카인들을 붙잡아 노예로 팔기 위해 라고스로 싣고 왔다. 아프리카의 노예무역에 관해 최초로 유럽인의 일화를 전한 주라라의 목격담은 앞으로 흑인들이 겪을 고통스러운 불행의 예견에 불과했다. "흑인 어머니들은 갓난아기들을 품에 안고 자신의 몸에 상처가 나는 것도 신경 쓰지 않고 바닥에 몸을 던져 자신의 몸으로 아기들을 보호했다. 그렇게 해서 아기들을 품에서 떼어 놓지 못하게 했다"라고 주라라는 전했다.

그러나 주라라는 "흑인 노예들은 친절한 대우를 받았고, 그들과 포르투갈의 자유인으로 태어난 하인들 사이에 차별을 두지 않았다"라고 주장했다. 흑인 노예들은 장사하는 법을 배웠고, 그리스도교로 개종되었으며, 또 결국에는 포르투갈인과 결혼을 했다고 전했다.

대중은 아프리카에서 사람을 가득 실은 화물이 도착한 일로 엔리케 왕자에 대한 생각을 바꾸었다. 그전에 사람들은 대부분 엔리케 왕자가 탐험에 취미를 갖고 공공 자산을 낭비한다고 비판했었다. '그러다가 불평에 앞장섰던 사람들은 조용해졌고 매우 소리를 높여 공개적으로 비난했던 사람을 이번에는 부드러운 목소리로 찬양하기 시작했다.' '그들은 비난을 사회적인 찬양으로 돌리지 않을 수 없었다. 그들은 풋내기가 결국 알렉산더 대왕 같은 국가의 영웅이 되었다고 생각했기 때문이다. 그리고 그들의 탐욕은 이제 점점 더 커지기 시작했다.' 누구든지 유망한 기니의 노예무역Guinea trade에서 한몫 챙기기를 원했다.

1445년에는 디니스 디아스Dinis Dias가 아프리카 서쪽 끝에 있는 베르데 곶Cape Verde을 지나가면서 가장 험한 해안을 통과했다. 그러고는 포르투갈과 서아프리카의 교역이 번창하기 시작하여 매년 25척이나 되는 카라벨이 교역에 이용되었다. 1457년에는 알비세 다 카다모스토Alvise da Cadamosto가 엔리케 왕자가 우연히 발견한 카보베르데 제도Cape Verde Islands 해안에서 아래로 내려와 바다에서 60마일(약 97킬로미터) 거리에 있는 세네갈강과 감비아강에 도달했다. 알비세 다 카다모스토는 콜럼버스와 베스푸치Vespucci

와 캐벗 일가Cabots처럼 베네치아 출신으로 외국의 군주를 섬긴 이탈리아 선장들의 선구자였다. 카다모스토는 엔리케 왕자의 탐험가들 중에서 가장 관찰력이 뛰어나고 용감한 사람이었다. 아프리카의 기이한 종족의 관습, 열대 식물, 코끼리, 하마 등에 관한 그의 흥미로운 일화는 사람들에게 자극을 주어 아프리카 탐험에 도전하게 했다.

1460년에 사그레스에서 엔리케 왕자가 죽었을 때에 서아프리카 해안의 발견은 겨우 시작이었지만 그 시작은 순조롭게 이어졌다. 근거 없는 두려움의 장벽은 무너졌고, 미지의 세계에 대한 탐험은 최초의 지속적이고 조직적인 계획이 되었다. 따라서 엔리케 왕자는 끊임없는 발견의 창설자라고 표현하는 것이 적절하다. 그에게 미지의 세계를 향해 한 걸음씩 나아가는 새로운 탐험은 계속 이어지는 도전이 되었다.

엔리케 왕자의 죽음으로 탐험의 대규모 계획은 잠깐 동안만 중지되었다. 그 뒤 엔리케 왕자의 조카인 포르투갈의 왕 알폰소 5세는 1469년에 재정적인 어려움으로 탐험 계획을 수익성 있는 사업으로 만드는 방법을 알아냈다. 이제까지 들어 본 적이 없는 왕과 신하 사이의 계약으로 리스본의 부유한 시민 페르낭 고메스Fernão Gomes는 해마다 적어도 아프리카 해안의 100리그, 즉 약 300마일(약 483킬로미터)의 지역을 5년 동안 탐험에 헌신하기로 했다. 그 대가로 고메스는 기니 무역의 독점권을 얻었고 왕은 거기에서 나오는 이익의 한몫을 받기로 했다. 이로써 탐험의 막은 서서히 걷혀 올라갔다. 포르투갈 사람들이 아프리카 해안 전역을 발견하는 일은 이제 '할 것인가 안 할 것인가'의 문제가 아니라 '언제 할 것인가'의 문제가 되었다.

포르투갈의 정책은 자체가 비밀로 유지한 것처럼 보이기 때문에 소위 포르투갈의 비밀 정책이라는 것은 역사가에게 애타게 하는 문제들을 제기한다. 그때까지 미지의 세계를 탐험한 포르투갈의 연대기를 살펴보면, '비밀 정책' 때문에 포르투갈인의 특별한 항해가 기록되지 않았는지, 아니면 단순히 그런 항해를 하지 않았기 때문에 기록이 없는 것인지 의문이 든다. 포르투갈의 역사가들은 콜럼버스 이전에 포르투갈인들이 아메리카로 항해했다는 기록을 남기지 않았다는 자체가 그런 항해가 실제로 있었다는 증거라고 당연히 여기고 싶어 했다. 포르투갈인은 아메리카 대륙의 발견을 선전하기 위해 어떤 외교적이고 강력한 이유를 내세웠다. 그러나 아프리카에 관해 그들은 아프리카 해안의 실제 형태나 그곳에서 획득한 보물에 관해서는 언급을 하지 않고 있었다. 이런 가장 이른 시기의 포르투갈인이 아프리카 탐험에 관해 남긴 기록들은 아마 그들의 위업을 알리는 최소한의 기록일 뿐이다.

고메스의 계약은 아프리카의 발견에서 해마다 큰 성과를 거두었다. 예컨대 그는 아프리카 대륙의 남서쪽 끝에 있는 팔마스곶Cape Palmas을 돌아 베냉만Bight of Benin으로 간 다음, 기니 해안의 동쪽 끝에 있는 페르난도포Fernando Po섬에 도착하고, 또 적도를 넘어 남쪽으로 내려갔다. 고메스가 왕과 계약하여 5년 동안 탐사한 해안선은 엔리케 왕자의 선원들이 30년 걸려 탐사한 것이었다. 고메스의 계약이 만기가 되자 왕은 자신의 아들 존에게 무역권을 넘겨주었다. 존은 1481년에 왕위를 물려받아 주앙 2세John II가 되어 포르투갈 항해의 새로운 위대한 시대를 열었다.

주앙 2세는 엔리케 왕자에게 부족했던 몇 가지 장점이 있었다. 왕실의 금고는 서아프리카 해안에서 들여온 수입품으로 이제 풍부해졌다. 후추, 상아, 금, 노예 등의 화물은 이미 상당한 부분을 차지해서 기니만을 마주

보고 있는 대륙의 일부 지역에 그 화물의 이름이 붙여졌다. 따라서 수 세기 동안 그 지역들은 곡물해안Grain Coast(기니 후추는 '낙원의 곡물'로 알려져 있었다), 상아해안Ivory Coast, 황금해안Gold Coast, 노예해안Slave Coast이라고 불렸다. 주앙 2세는 황금해안의 중심지에 '보물고'라고 부르는 엘미나 성채Fort Elmina를 세워 포르투갈 정착지를 보호했다. 그는 시에라리온Sierra Leone의 오지를 비롯해 멀리 팀북투Timbuktoo에 이르기까지 육지 원정대를 파견했다. 그리고 그는 해안 아래쪽으로도 계속 탐사했다.

앞에서 언급했듯이, 선원들은 적도 아래로 내려가면서 북극성을 볼 수 없었다. 그래서 그들은 위도를 알아내기 위해 다른 방법을 찾아야 했다. 이 문제를 해결하기 위해 주앙 2세는 엔리케 왕자처럼 모든 곳에서 전문가를 데려왔다. 그렇게 해서 2명의 박식한 유대인(스페인에서 박해를 받고 포르투갈로 온 사람들) 천문학자이자 수학자를 중심으로 조사단을 만들었다. 1492년에 스페인의 종교재판소 소장인 토르케마다Torquemada가 유대인들에게 3개월의 기간을 주어 그리스도교로 개종하거나 스페인을 떠나라고 명령했을 때 재능이 뛰어난 아브라함 자쿠토Abraham Zacuto는 살라망카 대학University of Salamanca의 교수직을 그만두고 주앙 2세의 환영을 받고 포르투갈에 오게 되었다. 살라망카 대학에서 자쿠토의 제자였던 요제프 비지뉴Joseph Vizinho는 이미 10년 전에 주앙 2세의 초청을 받았으며, 1485년에는 한낮의 태양의 높이를 측정하여 위도를 알아내는 기술을 개발하고 적용하기 위해 항해를 한 적도 있었다. 그는 기니 해안 전체를 따라 태양 기울기를 기록하여 그 일을 달성하려고 했다. 적도 아래쪽을 항해하는 데 필요한 것이기도 했지만 태양의 기울기로 바다에서 위치를 알아내기 위한 당대의 가장 진보한 저서는 자쿠토가 거의 20년 전에 히브리어로 쓴 『천측력Almanach Perpetuum』이었다. 비지뉴가 이 저서를 라틴어로 번역한 이후 『천측력』은 반세기 동안 포르투갈 탐험가들의 안내서가 되었다.

그 사이에 주앙 2세는 엔리케 왕자의 과업을 이어 서아프리카 해안 아래쪽으로 더 멀리 탐험대를 계속 파견했다. 디오고 캉Diogo Cão은 콩고의 해안에 도착했고(1480~1484년), 그리스도인이 최초로 발견했다는 증거와 신앙의 상징으로 '돌로 쌓아 올린 십자가padroes'를 표시하는 습관을 만들어내기 시작했다.

서아프리카 해안 아래로 향한 탐험은 아직도 확인되지 않은 그 유명한 프레스터 존의 새로운 소문을 가져왔다. 엔리케 왕자의 연대기 저자인 주라라에 따르면, 엔리케 왕자의 첫 목적은 미지의 세계를 탐험하는 일이었지만 또 다른 목적은 '그 지역에 그리스도의 자비와 사랑이 깊이 몸에 배어 이교도에 반항하여 그에게 가세할 그리스도교 통치자들이 살고 있는지를 확인하기 위해서였다'고 했다. 이렇게 추측되는 그리스도교 통치자는 앞에서 살펴보았듯이 2세기 동안 그의 '서신'이 유럽에 전파되고 있던 프레스터 존이 틀림없었다. 그 당시에 전설적인 성직자 왕, 프레스터 존의 활동 무대가 '먼 아시아'에서 에티오피아로 옮겨졌다고 전해지고 있었다. 엔리케 왕자의 항해자들이 아프리카의 서해안으로 흐르는 큰 강(세네갈강, 감비아강, 니제르강)을 발견했을 때마다 엔리케 왕자는 그 강이 프레스터 존의 에티오피아 왕국으로 이어지는 '나일강 서부'가 아닐까하는 새로운 희망을 걸었다. 주앙 2세는 자신의 탐험대가 기니만의 동쪽 끝부분에 있는 베냉에 도달했을 때 흥미로운 보고를 받았다. 동쪽 내륙으로 12개월의 여정 끝에 도착할 수 있는 영토를 다스리는 오가네Ogané라는 왕에게 베냉의 왕들이 선물을 보내고 작은 십자가를 새긴 선물을 답례로 받았다는 이야기였다. 엔리케 왕자는 이미 아프리카 내륙으로 탐험대를 보내 프레스터 존과 접촉하려고 했지만 성공하지 못했고 주앙 2세의 예루살렘 사절단도 프레스터 존을 찾는 데 실패했다.

1487년에 주앙 2세는 오랫동안 찾던 그리스도교 동맹국을 다시 찾으려고 2가지 커다란 전략을 세웠다. 그는 육지를 통해 남동쪽으로 원정대를 하나 파견했고, 또 다른 원정대는 아프리카 해안을 돌아 먼 바다로 파견했다. 인도로 가는 항로가 실제로 개척된다면 그리스도교 동맹국을 찾아내는 것은 어느 때보다도 더욱 가치 있고 더욱 필요했다. 그리스도교 전파뿐만 아니라 앞으로 교역 활동을 위해 그곳은 중간 기착지와 보급 기지로 이용할 수 있기 때문이었다.

1487년 5월 7일에 산타렘Santarém을 떠난 육로 원정대는 이전의 다른 원정대처럼 겨우 2명으로 구성된 작은 규모가 특징이었다. 주앙 2세는 신중하게 찾아본 끝에 이 위험한 임무를 맡길 사람으로 페로 다 코빌량Pero da Covilhã(1460?-1545?)과 아폰수 데 파이바afonso de Paiva를 골랐다. 20대에 결혼을 하여 자식이 있는 코빌량은 용감하고 다재다능한 모습이 이미 알려져 있었다. 그는 삶의 대부분을 해외에서 보냈고, 세비야의 거리에서 매복 공격에 가담한 일도 있었고, 페르디난드Ferdinand와 이사벨라Isabella의 궁정에서 왕의 비밀 정보원으로 일한 적도 있었으며, 또한 북아프리카의 바르바리 제국Barbary States의 외교 사절로 일하기도 했다. 코빌량은 '아프리카의 그라나다'로 유명한 틀렘센Tlemcen과 페즈Fez로 갔던 외교 사절의 경험으로 모로코에서 캘리컷Calicut에 이르기까지 거의 차이가 없는 이슬람 방식에 익숙해져 있었다. 그는 또한 아무런 의심도 받지 않고 이슬람 곳곳을 여행할 수 있도록 제대로 준비를 갖추었다. 그 당시에 아랍어에 관한 지식은 포르투갈에서 드문 것이 아니었지만 동시대 사람들은 코빌량을 '그리스도인과 무어인이나 이교도들이 사용하는 말을 모두 잘 알고 있는 사람'이라고 찬사했다. 용기와 결단력이 있는 매력적인 사람인 코빌량은 관찰력과 기억력도 뛰어났다. 코빌량의 동료인 파이바는 궁정의 신사이며, 또한 스페인어와 아랍어를 할 줄 아는 사람으로만 알려져 있다.

코빌량과 파이바는 주앙 2세를 알현한 다음, 비밀 회의에서 왕의 사제와 의사와 지리학자들에게서 관련 지시를 받았다. 크리스토퍼 콜럼버스보다 조금 앞선 시기에 포르투갈에서 제시된 계획에서 이 두 전문가는 유용하다고 예상되는 정보를 얻었다. 리스본의 한 피렌체 은행가에게서 신용장을 받은 코빌량과 파이바는 스페인과 이탈리아를 지나 동쪽으로 이동하면서 필요한 경비를 이용할 수 있었다. 그들은 바르셀로나에서 나폴리로 가는 배를 탄 다음, 로도스섬까지 항해했다. 그곳에서 코빌량과 파이바가 이슬람 영토로 들어가려고 했을 때 예루살렘의 박식한 호스피털 기사단Knights Hospitalers*이 두 사람에게 '기독교의 개'에 지나지 않는다고 경고를 했다. 두 사람이 만난 베네치아와 제노바의 부유한 중개 상인들은 포르투갈인을 경쟁 상대로 탐탁하지 않게 여겼다. 그래서 두 사람은 겉으로는 꿀을 거래하는 이슬람 상인들처럼 옷을 입고 행동을 해야 했다. 그렇게 변장하여 알렉산드리아로 간 두 사람은 열병에 걸려 거의 죽을 고비도 넘겼다. 그 다음에 카이로에 도착한 두 사람은 홍해의 입구에 있는 아덴으로 갔다.

그곳에서 코빌량과 파이바는 헤어졌다. 파이바는 곧장 에티오피아와

• 십자군 원정 때 순례자 보호를 목적으로 생긴 종교적이고 군사적인 결사

프레스터 존으로 향했고, 코빌량은 인도로 향했다. 파이바는 그 뒤로 실종되었지만, 코빌량은 마침내 캘리컷과 인도의 남서 해안에 있는 고아에 도착했다. 그곳에서 코빌량은 아라비아의 말, 향신료, 고급 면직물, 귀금속 등의 무역이 번창하고 있는 것을 목격했다. 1489년 2월에 코빌량은 배를 서쪽으로 돌려 페르시아만 입구의 호르무즈로 간 다음, 마다가스카르 맞은편에 있는 동아프리카의 소팔라Sofala 항구로 갔다가 다시 북쪽으로 카이로까지 갔다. 유럽의 인도 무역을 조사하는 임무를 완성한 코빌량은 귀국하려고 했다. 그러나 코빌량은 카이로에서 주앙 2세의 서신을 들고 온 유대인 사절 2명을 만났다. 주앙 2세의 서신에는 코빌량에게 아직 임무를 완수하지 않았다면 즉시 프레스터 존의 왕국으로 가서 정보를 모으고 동맹을 맺도록 추진하라는 지시가 담겨 있었다.

왕의 명령을 거역할 수 없었던 코빌량은 그 임무를 맡는 한편, 주앙 2세에게 아라비아의 항해와 인도의 무역에 관해 그가 알아낸 정보를 모두 담은 중요한 서신을 보냈다. 1493년에 메카를 잠시 여행한 후, 코빌량은 포르투갈을 떠난 지 6년 만에 마침내 에티오피아에 도착했다. '유다 지파의 사자이자 왕 중의 왕'인 알렉산더Alexander가 실제로 통치하고 있는 프레스터 존의 왕국에서 코빌량은 포르투갈의 마르코 폴로가 되었다. 코빌량은 궁정에서 매우 유능해서 알렉산더왕은 그를 놓아주지 않았다. 고국으로 돌아갈 수 없다고 확신한 코빌량은 그곳에서 에티오피아 여인을 아내로 맞아 7명의 자식을 두었다.

한편, 오늘날 남아 있지 않고 전해지는 정보로만 알려진 코빌량의 서신은 포르투갈과 아시아의 미래에 큰 영향을 미쳤다. 그 서신은 "육지 이곳저곳을 다니며 항해를 하고 이 섬[마다가스카르]과 소팔라의 해안을 찾으면서 기니에서 무역을 하는 그의〔왕의〕카라벨들은 바다가 사방으로 연결되어 있기 때문에 동양의 바다로 쉽게 나아가 캘리컷의 해안까지 도달할 수 있다"라고 코빌량이 아프리카 해안에서 들은 내용을 주앙 2세에게 알려준 듯 보이기 때문이다.

23

인도로 가는 항로의 개척

    포르투갈의 왕, 주앙 2세는 근대적인 항해 방식으로 막대한 자본 투자와 수많은 선원들을 갖추어 오랫동안 계획하고 신중하게 조직한 탐험대를 또 파견했다. 주앙 2세가 지휘관으로 선정한 바르톨로메우 디아스Bartholomeu Dias는 리스본에서 왕실 창고를 감독했고, 카라벨을 타고 아프리카 해안을 항해한 적도 있었다. 디아스의 원정대는 각각 50톤이 되는 카라벨 2척과 이전의 원정대에는 없었던 보급선 1척으로 이루어져 있었다. 보급선이 추가되어 탐험대는 더 멀리 나갈 수 있었고, 바다에 더 오래 머물 수 있었으며, 바다를 더 많이 탐험할 수 있었다. 디아스는 포르투갈인의 항해에 참가한 경험이 있었던 아프리카인 6명을 함께 데려갔다. 잘 먹고 유럽식 옷을 입은 아프리카인들은 금, 은, 향신료 등을 비롯한 아프리카의 여러 생산품의 견본과 함께 해안의 몇 군데에 배치되었다. 그렇게 해서 그들은 '침묵의 교역' 방식으로 포르투갈인이 어떤 물건을 원하는지를 원주민에게 알려 줄 수 있었다. 이 아프리카인 사절들을 마지막으로 상류시킨 디아스의 원정대는 강풍으로 돌변하는 폭풍을 만났다. 거의 모든 돛을 접은 채 13일 동안을 거친 바다에서 북풍에 시달리던 원정대는 해안에서 멀리 떨어져 떠다니다가 남쪽으로 밀려가 외해로 나가게 되었다. 적도에서 열대의 뜨거운 더위에 시달렸던 선원들은 겁에 질려 있었다. "배들은 작았고 바다는 더욱 차가워지고 기니에 있을 때와 상황이 전혀 달랐기 때문에… 선원들은 포기하고 죽음만 기다리고 있었다." 폭풍이 물러간 후, 디아스는 배의 모든 돛을 올리고 동쪽으로 방향을 돌렸다. 그러나 며칠 동안 항해를 해도 육지를 발견하지 못했다. 그래서 북쪽으로 방향을 돌려 150리그를 가다가 그는 갑자기 높은 산들을 보았다. 1488년 2월 3일에, 디아스는 오늘날의 케이프타운에서 동쪽으로 약 230마일(약 370킬로미터) 떨어진 모셀만Mossel Bay에 닻을 내렸다. 신의 섭리인 듯 폭풍이 디아스가 아직 성취하지 못한 계획을 이루어 주려고 그를 아프리카의 남쪽 끝부분으로 데려다 준 것이다. 선원들이 상륙하자 원주민들은 돌을 던지면서 그 선원들을 쫓아내려고 했다. 그때 디아스가 석궁으로 화살을 쏘아 원주민 1명을 죽이자 원주민들은 모두 도망가 버렸다. 디아스는 이제 해안을 따라 순조롭게 북동쪽으로 항해를 하다가 300마일(약 483킬로미터)을 가서 그레이트피시강Great Fish River의 하구에 이르렀고, 곧이어 알고아만Algoa Bay에 다다랐다.

디아스는 계속해서 인도양으로 나아가 여러 세기에 걸친 소망을 자신이 이루려고 했지만 선원들은 디아스를 따르려고 하지 않았다. "그들은 거대한 바다를 뚫고 오느라 지치고 겁에 질려서 모두가 일제히 불평을 하며 더 이상 갈 수 없다고 항의하기 시작했다." 식량도 얼마 남지 않았던 그들은 멀리 뒤에 남겨 두고 온 보급선으로 서둘러 돌아가고 싶을 뿐이었다. 한 번의 항해로 아프리카가 실제로 바다로 둘러싸여 있다는 소식을 가져가기에는 충분하지 않았을 것이다. 디아스와 선장들이 회의를 한 끝에 선장들은 모두 돌아가기로 한 서약 문서에 서명을 했기 때문에 디아스도 동의했다. 배가 돌아가려고 했을 때 디아스는 그들이 다시 돌아올 때 알아보기 위해 세워 둔 돌 표식을 보았다. 그때 디아스는 '하나의 목적으로 이런 먼 바다에 나와 자신과 부하들이 겪은 위험과 신이 그의 목적을 달성하도록 허락하지 않음을 떠올리며, 마치 영원히 추방 선고를 받은 아들과 최후의 이별을 하는 것처럼 매우 슬픈 감정을 느꼈다.'

디아스 원정대는 고국으로 돌아가는 중에 9개월 전에 9명의 선원을 남기고 떠났던 보급선으로 먼저 돌아왔다. 보급선에는 겨우 3명이 살아남아 있었고 그중 1명은 '동료들이 돌아온 것을 보고 너무 기뻐하다가 갑자기 죽고 말았다. 그는 병으로 매우 약해져 있었기 때문이었다.' 그들은 너무 부식된 보급선을 짐을 옮겨 실은 다음 불태워 버리고, 그들이 출발한 지 16개월 17일 만인 1488년 12월에 카라벨 2척으로 포르투갈로 귀항했다.

디아스의 풍파를 다 겪은 카라벨이 리스본 항구에 들어오고 있었을 때 그곳에서 기다리고 있던 사람들 중에는 그때까지 잘 알려지지 않았던 크리스토퍼 콜럼버스도 있었다. 디아스의 항해 결과는 콜럼버스에게 중요한 관심거리였다. 그때 콜럼버스는 대서양을 횡단하여 서쪽으로 항해를 하여 인도로 갈 수 있다는 자신의 원정 계획을 지원 받으려고 리스본에서 주앙 2세를 다시 설득하려고 노력하고 있었기 때문이다. 1484년에, 콜럼버스가 처음으로 그의 계획을 왕에게 제의했을 때, 주앙 2세는 콜럼버스의 계획을 전문가들에게 맡겨 확인하게 했고, 전문가들은 콜럼버스가 서쪽으로 인도를 가는 항해 거리를 지나치게 과소평가하여 콜럼버스의 계획을 인정하지 않은 상태였다. 그러나 콜럼버스는 '근면성과 좋은 재능'으로 왕의 인정을 받았기 때문에 이제 자신의 요구를 왕에게 거듭 강조하려고 온 것이다. 그런데 디아스가 승리한 순간은 콜럼버스에게는 실망의 순간이었다. 아프리카를 돌아 인도로 가는 동쪽 항로가 이제 실현 가능한 일이 되었고, 그에 따라 콜럼버스의 계획은 불필요한 일이 되어 버렸기 때문이다. 콜럼버스는 디아스가 주앙 2세에게 획기적인 보고를 할 때 함께 있었기 때문에 피에르 다이Pierre d'Ailly의 『세계의 형상Imago mundi』의 사본이 한계에 왔음을 깨달았다. 콜럼버스는 아프리카를 돌아 인도로 가는 길을 아직 발견하지 못하고 있는 다른 나라에서 지원을 구해야 했다.

디아스는 왕에게서 제대로 보상을 받지 못했고 포르투갈의 발견의 시대에서 잊힌 존재가 되어 버렸다. 그는 바스코 다 가마Vasco da Gama가 타고 갈 배를 만들 때 감독을 했지만 가마의 중요한 인도 항해에는 함께 가지 못했다. 디아스는 카브랄Cabral이 지휘하는 13척의 선단에서 대수롭지 않은 일을 맡다가 1500년에 브라질 해안에서 멀리 떨어진 바다에서 조난을 당하여 사망했다. 그때 태풍이 카브랄의 배 4척을 침몰시켰는데, 그중 하나가 디아스가 지휘하던 배였다. "태풍으로 선원들은 거대한 바다의 심연으로 빠졌고… 시신들은 바다 고기의 먹이가 되었다. 이 사고는 미지의 지역으로 항해를 한 이후로 처음 겪는 일이었다."

디아스의 발견에 관한 신속한 후속 조치가 있으리라 예상되었다. 그러나 포르투갈의 국내 문제, 혼란스러운 왕위 계승, 그리고 특히 전쟁 직전까지 몰아간 포르투갈과 스페인의 분쟁 등으로 그 후속 조치는 지연되었다. 얄궂게도 콜럼버스가 직접 발견한 일들이 이런 문제의 주요 원인이 되어, 디아스의 케이프타운(희망봉) 발견에 대한 후속 조치는 10년 동안 연기되었다.

주앙 2세는 콜럼버스가 대서양에서 새로운 섬들을 발견했다는 소식을 듣자 1493년 3월에 그 섬들이 아조레스 제도에 가까이 있고 또 다른 이유들로 당연히 포르투갈에 속한다고 선언했다. 그렇게 해서 포르투갈의 주앙 2세와 카스티야*의 페르디난드왕 사이에서 분쟁이 일어났다. 또한 두 나라는 지구에서 새로 발견된 육지의 통치권 결정에 관해 가톨릭 국가의 왕들에게 큰 영향력을 미치는 교황의 지지를 얻으려는 경쟁을 벌였다. 그 결과 두 나라는 그 유명한 토르데시야스 조약Treaty of Tordesillas(1494년 6월 7일)을 맺었다. 스페인과 포르투갈은 카보베르데 제도Cape Verde Islands에서 서쪽으로 370리그(약 1,200해리) 떨어진 지점에서 북과 남으로 나누라는 교황이 지정한 경계선에 순순히 따랐다. 그 경계선의 서쪽 땅은 스페인에 속했고 남쪽 땅은 포르투갈에 속했다. 당장 일어날 뻔했던 전쟁을 모면한 토르데시야스 조약은 오늘날 유럽 역사에서 가장 유명한 조약의 하나로 알려져 있다. 그러나 그 조약은 너무 모호해서 실제로 실효성이 있었는지는 아무도 모른다. 카보베르데 제도의 어느 지점에서 경계선이 측정되어야 했을까? 정확하게 1리그는 어느 정도의 길이였을까? 필요한 정확한 경선을 그을 수 있는 기술이 생기기 전까지는 몇 세기가 더 지나야 했다. 아무튼, 토르데시야스 조약은 포르투갈이 브라질 영유권을 확보하는 사실 외에도 인도로 가는 동쪽 항로를 차지하는 권리도 인정했다.

1495년에 포르투갈의 왕위에 오른 26세의 용감한 마누엘 1세는 매우 많은 위대한 사업을 이어받았기 때문에 '행운왕The Fortunate'이라는 별명이

• 스페인 중부의 옛 왕국

있었다. 마누엘 1세는 디아스의 발견을 뒤따르면서 인도로 가는 항로를 개척하고, 무역의 길을 열어 놓고, 어쩌면 또한 정복을 위한 목적으로 새로운 발견의 항해를 시작할 계획을 세웠다. 젊은 왕의 신중한 신하들은 왕의 계획에 반대를 했다. 포르투갈 같은 작은 나라가 어떻게 매우 먼 곳의 나라를 정복하여 성공할 수 있을까? 그리고 이 계획은 당연히 이슬람 국가를 비롯한 스페인, 제노바, 베네치아 등 모든 강국들에게 그들의 교역 이익에 위협을 받을 수 있으므로 포르투갈을 향한 적대감을 불러일으키지 않을까? 그런 신하들의 반대에도 불구하고 마누엘 1세는 원정대의 지휘관으로 궁정의 신사 바스코 다 가마(1460-1524년경)를 선택했다. 바스코 다 가마는 남부 해안 출신의 하급 관리의 아들이었다. 가마는 항해자이면서 외교관으로서 능력이 있음을 이미 보여 주었다. 마누엘 1세가 예측한 대로, 인적이 드문 서아프리카 해안을 따라 능숙하게 항해를 하더라도 선원이라는 기술만으로는 냉소적인 인도의 통치자들을 다룰 수 없었다. 그런 모든 일에 가장 알맞은 적임자는 바스코 다 가마라는 사실이 입증되었다. 그는 냉혹하고 폭력적인 성격이었지만 미천한 선원들과 오만한 군주들을 다루는 데 필요한 용기와 결단성과 넓은 시각을 갖고 있었다.

바스코 다 가마의 선단은 2년의 준비 끝에 1497년 7월 8일에 리스본 항구를 출발했다. 4척의 배로 이루어진 선단은 얕은 물에도 갈 수 있는, 가로돛 장치가 달린 100톤 무게의 배 2척과 큰 삼각돛이 달린 50톤 무게의 카라벨 1척, 그리고 약 200톤 무게의 보급선 1척으로 구성되어 있었다. 그리고 선단은 3년 동안의 식량을 싣고 있었다. 그들은 또한 지도, 천체관측 도구, 자쿠토가 만든 태양의 적위를 계산해 놓은 표 등이 잘 갖춰져 있었고, 그 외에도 포르투갈 영유권을 표시할 돌기둥들도 가지고 갔다. 거기에는 물론 성직자 1명과 또한 선원들의 목숨이 위험할 상황에 대비하여 인질로 제공될 죄수들도 데려갔다. 그렇게 해서 인원은 모두 약 170명이었다.

　적어도 아메리카 대륙의 발견이라는 관점에서 콜럼버스의 눈부신 명성은 최초의 바다의 시대Age of the Sea에 위대하거나 더욱 위대한 항해의 다른 업적들을 평가할 우리의 분별력을 잃게 했다. 바스코 다 가마의 항해가 보여 준 직접적인 결과는 콜럼버스의 항해보다 비교가 안 될 정도로 높은 성과를 보였다. 콜럼버스는 전설로 전해지는 일본과 인도의 도시에 도달하겠다고 약속했지만 잘 모르는 황량한 해안에만 도달했다. 수십 년이 지난 후 콜럼버스의 탐험이 최종적으로 끝났을 때 대부분은 예기치 않은 결과로 이루어져 있었다. 가마는 인도의 무역 도시에 도달하여 수익성 있는 무역을 개시하겠다고 제의했고, 또 실제로 그렇게 했다. 또한 가마는 레반트의 이슬람 사람들과 제노바와 베네치아의 상인들이 차지한 아시아 무역 독점을 막겠다고 약속했고, 또 실제로 그렇게 했다.

　콜럼버스는 주도권을 쥐고 금광을 찾아내기로 약속했지만 황무지만 발견했을 뿐이다. 바스코 다 가마는 항해 주도권이 자신에게 있었던 것이 아니라 왕에게 있었다. 항해의 업적에 대한 성격의 특성이 아니라 중요성에서 바스코 다 가마는 콜럼버스보다 틀림없이 월등했을 것이다. 콜럼버스는 첫 항해로 카나리아 제도의 라고메라La Gomera섬에서 바하마 제도까지 2,600마일(약 4,184킬로미터)을 순풍을 맞으며 서쪽으로 곧장 항해를 하면서 36일 동안 바다에 머물렀다. 섬세한 항해가 필요했던 가마의 항로는 거의 남대서양을 가로지르는 광활한 바다였으며, 또한 반대로 흐르는 해류와 맞바람과 싸워야 했다. 가마는 아프리카 해안을 따라 항해한 것이 아

니라 오늘날의 케이프타운 바로 위쪽에 있는 세인트 헬레나만Bay of St.Helena
에 도달하기 전에, 카보베르데 제도에서 희망봉까지 3,700마일(약 5,955킬
로미터) 이상이 되는 거리를 위험을 감수하며 항해를 한 것이다. 그리고 그
동안에 그가 바다에 머물렀던 기간은 93일이었다. 이곳에서 가마는 항해
에 능숙하고 선원들을 잘 다루었을 뿐만 아니라 또한 모잠비크Mozambique,
몸바사Mombasa, 말린디Malindi 등에서 적대적인 이슬람 통치자들을 능숙하
게 상대했다. 그리하여 마침내 그의 선단은 아라비아해와 인도양을 지나
1498년 5월 22일 인도반도의 남서 해안에 있는 최종 목적지인 캘리컷에
도착했다. 그때까지 그와 같은 범위를 항해하는 업적을 이룬 사람은 바스
코 다 가마 밖에는 없었다.

안타깝게도 가마는 콜럼버스와 달리 자신의 기록을 남기지 않았다. 그
러나 다행히도 가마의 선원들 중 1명이 도중에 일어난 여러 문제들을 어
느 정도 생생하게 보여 주는 일기를 기록했다. 자연과 바다의 위험은 거의
위협이 되지 않는 듯했다. 그 먼 곳의 바다는 인간에게 평온했고 자연도
인간을 무시하지 않았기 때문이다. 그러나 가마는 유럽인들이 1번도 온
적이 없으며 지도도 이용할 수 없는 아프리카의 동쪽 해안으로 들어서면
서 광활한 아라비아해를 안내해 줄 아랍인 수로 안내인을 구하는 데 온갖
수단을 써야 했다. 모잠비크나 몸바사의 각 지역에서 가마가 직접 구하거
나 지역의 통치자들에게 소개 받은 수로 안내인은 무식하거나 신뢰할 수
없었다. 마침내 말린디에서 가마는 아라비아해를 건너 캘리컷까지 23일
동안 자신의 선단을 안내해 줄 아랍인 수로 안내인을 구했다.

인도의 남서 해안에 있는 캘리컷에 도착한 다음날 아침, 가마의 선단을
처음으로 환영해 주는 광경이 선원의 생생한 일기에 기록되었다. 원주민

들의 환영은 포르투갈 왕이 꼭 알맞은 때에 행동을 취했다는 사실을 입증했다.

원정 대장[바스코 다 가마]이 캘리컷으로 죄수 1명을 보내자 다음 날에 사람들이 같은 배를 타고 다시 찾아왔다. 그들은 튀니스에서 온 무어인 2명에게 원정 대장을 데리고 갔다. 이 무어인들은 카스티야 말과 제노바 말을 할 줄 알았다. 원정 대장이 처음으로 들은 환영 인사는 이런 말이었다. "빌어먹을! 당신들은 무슨 일로 이곳에 왔소?" 그들은 무엇을 찾으려고 고국에서 이렇게 먼 곳까지 왔느냐고 물었다. 원정 대장은 그들에게 우리는 그리스도교 신도들과 향신료를 찾으려고 왔다고 대답했다. 그들은 "왜 카스티야 왕과 프랑스 왕이나 베네치아의 영주는 사람들을 이곳에 보내지 않았느냐?"라고 물었다. 원정 대장은 포르투갈 왕이 그들이 그렇게 하는 것에 동의하지 않았기 때문이라고 대답했다. 그러자 그들은 옳은 일을 한 것이라고 말했다. 대화가 끝난 뒤에 그들은 원정 대장을 그들의 숙소로 데려가 밀로 만든 빵과 꿀을 대접했다. 그것을 먹은 후 원정 대장은 무어인 1명과 배로 돌아왔다. 그 무어인은 배에 오르자마자 이렇게 말했다. "행운의 모험이오, 행운의 모험! 이곳은 루비와 에메랄드가 풍부하오! 여러분은 이런 부유한 나라에 데려온 신에게 감사해야 하오!" 우리는 포르투갈에서 이렇게 멀리 떨어진 나라에서 뜻밖에도 우리 언어로 말하는 것을 듣고 매우 놀랐다.

기민한 바스코 다 가마는 캘리컷의 왕을 지칭하는 사무리Samuri와 교섭을 하느라 3개월을 보냈다. 가마는 포르투갈인은 이 지역을 다스린다고 알려진 그리스도교 왕들을 찾으려고 온 것이지 '금이나 은을 찾는 것이 아니다. 왜냐하면 그런 것들은 포르투갈에도 풍부하기 때문에 이 나라에 있는 금이나 은은 필요하지 않다'라는 것을 사무리에게 설득하려고 했다. 그러나 캘리컷의 사무리는 가마가 값진 선물을 가져오지 않은 사실에 모욕감을 느꼈고 기니 해안에서는 제법 통했던 값싼 교역품에 퇴짜를 놓았다. 가마는 자신의 선단은 "단순히 발견을 위해 이곳으로 왔다고 설명하려고 했다… 그러자 왕은 그렇다면 그가 발견하려는 것이 보석이냐 사람이냐고 물었다. 그리고 그가 말한 대로 사람을 발견하려고 왔다면 왜 아무것도 가져오지 않았느냐고 했다."

가마의 선단은 "이런 위대한 발견을 할 수 있었던 행운을 크게 기뻐하고… 또 찾으려고 했던 나라와 함께 향신료와 보석도 발견할 수 있었지만 이 나라 사람들과 좋은 관계를 맺기는 불가능한 것 같아서 이 나라를 떠나는 것이 좋을 것이라는 의견에 동의했기 때문에" 1498년 8월 말에 캘리컷을 떠났다. 역풍을 맞고, 도중에 이슬람 통치자들의 방해를 받고, 또 괴혈병으로 많은 선원들을 잃은 가마의 선단은 배 4척 중에 가로돛이 달린 산 가브리엘San Gabriel호와 카라벨 베리오Berrio호 2척만 1499년 9월 중순에 리스본에 승리의 입성을 했다. 선원들은 170명 중 55명만 살아서 돌아왔다.

발견의 영웅들이 대부분 발견의 결실을 즐길 행운이 있는 것은 아니었다. 바스코 다 가마도 그런 사람에 속했다. 서양에서 동양으로 가는 항로가 실현 가능하다는 사실을 마침내 입증한 가마의 항해는 이후 서양과 동양의 역사 흐름을 바꾸어 놓았다. 1502년 2월에 다시 리스본을 출발한 가마는 이번에는 캘리컷을 포르투갈의 식민지로 만들기 위해 포르투갈의 함대를 이끌고 갔다. 가마는 말라바르Malabar 해안에서 떨어진 곳에 도착하여 큰 삼각돛을 단 배를 보았다. 그 배는 메카에서 고향으로 돌아가는 이슬람 순례자들을 싣고 가는 메리Meri호였다. 그 배를 정지시킨 가마는 배 안의 모든 귀중품을 내놓으라고 요구했다. 메리호 안의 사람들이 귀중품을 내놓지 않으려고 머뭇거리자 가마의 선원 1명이 그 결과를 이렇게 기록했다. "우리가 사로잡은 메카에서 고향으로 가는 배 안에는 380명의 남자들을 비롯해 많은 여자들과 아이들이 타고 있었다. 우리는 그들에게서 1만 2,000다카트ducat•와 적어도 1만 다카트에 해당하는 재화를 빼앗았다. 그리고 10월 1일에 화약으로 그 배와 안에 있던 모든 사람들을 불태웠다." 10월 30일에 캘리컷에 도착한 가마는 사무리에게 항복할 것을 명령했고 캘리컷 도시의 모든 이슬람 사람들을 추방할 것을 요구했다. 사무리가 시간을 끌면서 사절을 보내어 평화 협상을 제의하자 가마는 그 제의를 단호하게 거절했다. 가마는 캘리컷 항구에서 많은 상인과 어부들을 닥치는 대로 잡았다. 그는 즉시 그들의 목을 매달고 시신을 잘라 손과 발과 머리를 배에 실어 사무리에게 그 시신들을 카레 요리로 만들어 먹으라는 아랍어 서신과 함께 해안으로 보냈다. 가마는 보물을 싣고 리스본으로 출발할 때 그의 외삼촌이 지휘하는 함선 5척을 인도 해역에 남겨 두었다. 이것이 유럽인들이 아시아 해역에 늘 배치한 최초의 해군이 되었다.

인도에 제국을 세우려는 다음 순서는 서아프리카 해안 지역에서 시행한 단계들과 거의 같았다. 포르투갈의 초대 인도 총독, 프란시스쿠 드 알메이다Francisco de Almeida는 1509년에 이슬람 함대를 파괴했다. 포르투갈의 제2대 인도 총독, 아폰수 드 알부케르크Afonso de Albuquerque는 1507년에 페르시아만의 관문, 호르무즈를 정복했고, 1510년에 고아를 포르투갈 영토로

• 12~16세기에 유럽 대륙에서 사용하던 화폐의 단위

만들었으며, 1511년에는 말라카Malacca를 점령했다. 그러고는 시암, 몰루카 제도Moluccas(또는 향료 제도Spice Islands), 중국 등과 해상무역을 개시했다. 따라서 포르투갈은 이제 인도양을 지배하게 되었다.

그 결과는 전 세계로 영향을 미쳤다. 이탈리아의 호화로움은 대부분 베네치아와 제노바를 통해 들어오는 동양의 부에 바탕을 두고 있었다. 이제 아시아의 보물(향신료, 의약품, 보석, 비단)은 더 이상 페르시아만과 홍해와 레반트를 거쳐서 오지 않고 포르투갈의 배를 통해 희망봉을 돌아서 대서양 쪽의 유럽으로 직접 들어왔다. 이집트의 통치자들은 후추의 운송량을 1년에 약 210톤으로 낮추어 후추의 가격을 비싸게 유지할 수 있었다. 포르투갈의 항로 개척의 영향력은 매우 빨라서 1503년의 리스본의 후추 가격은 베네치아보다 5분의 1밖에 되지 않았다. 그로 인해 이집트와 베네치아 사이의 무역은 쇠퇴했다. 아시아의 부, 즉 전설로 전해지던 동양의 보물은 서양으로 흘러들어 오고 있었다. 새로운 '바다의 시대'는 상업과 문명의 중심을, 한정된 중심부인 '육지 가운데에 있는 바다'라는 닫힌 지중해 해안에서 열린 대서양과 끝없는 세계로 뻗은 대양의 해안으로 옮겨 놓았다.

24

아랍인들의 개척

나중에 밝혀졌지만, 만일 아프리카가 반도이고 또 많이 언급되었듯이, 대서양에서 인도양으로 가는 항로가 실제로 있다면 분명 인도양에서 대서양으로 가는 항로도 있을 것이다. 인도양의 서쪽과 북서쪽 가장자리에 살고 있는 아랍인들은 항해 과학(천문학, 지리학, 수학, 항해술)에서 적어도 유럽의 동시대인들보다 훨씬 발전하고 있었다. 그렇다면 왜 아랍인들은 서쪽으로 가는 항로를 개척하지 않았을까?

그 질문에 대한 대답은 왜 한 번도 여행을 가지 않았느냐의 질문에 뉴잉글랜드의 오랜 가문 출신으로 보스턴에 사는 한 부인이 이렇게 대답한 말과 같을 것이다. "왜 내가 여행을 할 필요가 있겠어요? 나는 이미 그곳에 있는데요!" 앞서 살펴보았듯이, 바스코 다 가마는 말라바르 해안에 마침내 도착했을 때 튀니스에서 온 아랍인들에게 환영을 받았다. 그 사람들은 상인과 선주들로 이루어진 중요한 아랍 공동체의 일원이었으며, 이미 캘리컷에서 외국 무역을 지배하고 있었다. 서양과 동양 사이의 항로가 발견되기 오래전에 북아프리카와 서아시아 일대의 아랍인들은 인도에서 확고하게 뿌리를 내리고 있었다.

힌두교도들은 카스트의 금기 사항으로 자유롭게 해외 무역에 참여할 수 없었다. 어떤 힌두교도들은 종교 때문에 소금물, 즉 바닷물 위를 지나가는 것도 금지되었다. 그 사이에 무함마드 이후 여러 세대를 거치면서 놀라울 정도로 세력이 확장된 이슬람교는 8세기 중반 이전에 인더스강을 지나 인도로 이슬람 제국과 함께 퍼져 나갔다. 그리고 아랍 상인들도 말라바르해안의 여러 도시로 밀려들었다.

어느 곳에 있는 이슬람교도라도 알라신의 세계 안으로 들어가면 놀라울 정도로 잘 적응했다. 이미 살펴보았듯이, 탕헤르에서 태어난 아랍 세계의 마르코 폴로로 알려진 이븐 바투타는 널리 여행하는 도중에 델리와 몰디브 제도에서 재판관으로 편안하게 일했고, 또 인도의 이슬람 통치자의 대사로 중국에 파견되기도 했다. 가마가 본 캘리컷에는 번성하고 있는 아랍인들의 거주 지역이 있었다. 캘리컷 도시 곳곳에는 아랍인이 운영하는 창고와 가게들이 있었고 아랍인 공동체는 카디cadi*를 통해 재판이 이루어졌다. 힌두교 통치자들은 도시의 상업을 번성하게 하는 아랍 상인들의 종교를 관대하게 받아들이고 있었다. 많은 힌두교도들은 자신의 딸이 부유한 아랍 상인의 아내가 되기를 바랐다. 따라서 캘리컷의 아랍인들이 포르투갈의 침입자들을 환영하지 않았다는 사실은 거의 놀랄 일이 아니었다.

아랍인들의 인도양 항해는 예언자 무함마드가 태어나기 오랜 전부터 활발하게 이루어지고 있었다. 처음에는 이집트와 홍해에서 인도로 가는

---

* 이슬람법에 기초해 판결을 내리는 이슬람 세계의 재판관

여정이 해안을 따라 가는 항해였다. 사람들이 계절풍을 발견하고 이용하면서 항해는 엄청나게 증가했다. 인도양의 특징인 계절풍monsoon(아랍어로는 'mausim'으로 계절을 의미한다)은 계절에 따라 방향이 반대로 바뀌는 바람이다. 지구 전체의 관점에서 보면, 계절풍은 육지와 바다와 대기가 서로 특별한 영향을 주어 생겨난 현상이다. 즉 육지와 바다 사이의 열과 냉각의 차이에서 생기는 바람이다. 인도와 동남아시아에서 계절풍은 한 계절에 일정한 방향으로 불고 다른 계절에는 반대 방향으로 분다. 그래서 이 계절풍은 인도양에서 동쪽으로 길 때와 반대 방향으로 돌아올 때 편리한 동력 역할을 한다. 『인도양 여행 안내서The Periplus of the Erythraean [Indian] Sea』(서기 80년경)에서는 기원전 1세기에 이집트의 마지막 프톨레마이오스 왕조 때에 살았던 그리스 항해자 히팔루스Hippalus를 '항구의 위치와 바다의 상황을 관찰하여 대양을 곧장 뚫고 나가도록 배의 진로를 잡는 방법을 처음 발견한 수로 안내인'으로서 높이 인정하고 있었다. 히팔루스가 홍해에서 인도 해안으로 배를 몰기 위해 6월부터 10월까지 인도양을 넘어 남서쪽으로 불어오는 계절풍을 이용하는 법을 보여 준 이후부터 사람들은 이 계절풍을 히팔루스라고 불렀다.

아우구스투스 황제가 통치하던 로마 제국 시대에는 홍해와 인도 사이의 해상무역이 번창하여 1년에 120척의 배가 지나다녔다. 플리니우스는 네로의 통치 기간에 로마 제국이 인도의 시시한 물건을 사느라고 화폐를 많이 써 버렸다고 불평했다. 꽤 많은 로마의 주화가 인도에서 발견된 것을 보면 그때의 무역이 얼마나 광범위하게 이루어졌는지를 분명히 알 수 있다.

이슬람교가 인도 내륙으로 확산되기 오래전에 아랍 상인들은 인도에서 흔히 볼 수 있었다. 그러나 예언자 무함마드 이후로는 십자군이 아랍 상인들에게 더욱 영향을 미쳤다. 14세기 중반에 이븐 바투타는 아랍 상인들이 말라바르해안에서 중국 배를 타고 중국까지 갔다고 기록했다. 광둥에서는 9세기에 이미 자체의 카디가 있는 이슬람 공동체가 있었고, 또한 이슬람교도들은 멀리 북쪽으로 한국까지 갔었다는 초기의 기록이 남아 있다.

유럽인의 관점에서는 아랍인들이 열광적이거나 성공적인 항해자들이 아니었다는 고정관념이 있었다. 그리고 지중해 주변의 아랍인들에 관한 이야기도 이런 개념에 어느 정도 신빙성을 더해 준다. 이슬람 세력을 조직하고 페르시아와 이집트까지 내륙으로 이슬람 제국을 엄청나게 확장한 칼리프 우마르 1세Omar I(581-644년)는 바다에 대해서는 경계를 했다. 한번은 그의 시리아 총독이 키프로스를 공격하는 것을 허락해 달라고 요청한 일이 있었다. "레반트의 섬들은 시리아 해안과 가깝습니다. 개 짖는 소리와 암탉이 꼬꼬댁하는 소리도 들을 수 있습니다. 그 섬들을 공격하도록 허락해 주십시오" 하고 총독이 청했다. 그때 우마르는 가장 현명한 장군에게 조언을 구했다. 그러자 장군 아므르 이븐 알아스Amr ibn al-As는 이런 충고를 했다. "바다는 한없이 펼쳐져 있습니다. 그곳은 커다란 배도 작은 점으로 보이고 위로는 하늘과 아래로는 물밖에 보이지 않습니다. 바다가 고요하면 선원들은 우울해지고 폭풍이 닥치면 선원들은 혼란스러워 합니다. 바다를 믿지 말고 두려워해야 합니다. 바다에 나가면 인간은 부서진 조각 위에 있는 벌레와 같습니다. 곧 물에 빠져 죽을까 봐 두려워하는 존재일 뿐입니다." 결국 우마르는 원정을 금지시키면서 아랍인의 바다에 대한 전형적인 불신을 나타냈다. 아랍어에는 "낙타를 타는 것처럼 배를 탄다rakaba markab"라는 말이 있다. 그리고 이슬람 사람들은 아라비아반도의 해안에 도착했을 때 바다를, 침략하거나 교역하기 위해 도중에 건너야 할 사막으로 여겼다. 그곳에서 북부 아랍인들은 거의 편안함을 느끼지 못했다. 지중해에서 고대 아랍인들의 항해 모험은 상업이나 해적 행위를 목적으로 했지만 그 목적이 뚜렷이 구별되지는 않았다. 아랍인들은 결국 항해 제국을 세우지는 못했다.

그러나 지중해에서도 아랍인들은 바다로 갈 수밖에 없었다. 비잔틴 함대가 알렉산드리아(서기 645년)를 탈환한 후 이슬람 제국은 해군 없이는 아무것도 할 수 없다는 사실을 알게 되었다. 알렉산드리아는 이슬람 사람들의 해양 중심지가 되었고, 해군의 훈련과 시리아에서 가져온 목재로 배를 만들기 위한 새로운 본부가 되었다. 655년에 아랍 함대는 다트 알사와리Dhat al-Sawari에서 500척의 비잔틴 함대를 물리쳤다. 아랍의 전통에 따르면, 아랍인들은 육지에서 적과 싸우기를 더 좋아했지만, 비잔틴 사람들은 바다에서 싸우기를 더 좋아했다. 그런데 아랍인들은 육지에서 싸우는 방식을 해상 전투에 적용했다. 그래서 양측의 함선들이 뒤섞인 상태에서 아랍인들은 칼과 화살로 비잔틴 군을 학살했다.

아랍의 이슬람 제국은 지중해 주변의 육지로 세력을 확장했다. 유럽의 땅이 아프리카의 땅과 만나는 이베리아반도는 서유럽 본토의 일부에 속했는데, 그곳은 이슬람 제국의 지배를 받고 있었다. 앙리 피렌Henri Pirenne에게 특히 영향을 받은 역사가들은 지중해가 사실은 이슬람의 호수가 아니었을까 하고 여전히 논쟁을 하고 있다. 지중해 내륙의 교역을 지배했건 안 했건, 지중해의 양쪽 끝부분까지 통치하고 있는 아랍의 세력은 유럽에서 항해의 미래를 결정하는 요인이 되었다.

키프로스, 크레타, 시칠리아섬의 사소한 예외는 있었지만 아랍인들은 그들의 제국에서 한 쪽에서 다른 쪽을 건너기 위해 바다로 갈 필요는 없었다. 지중해의 남부 해안에 정착하고 확장한 북부 아랍인들이 로마인 같은 성격을 지니고 바다에 더욱 능숙하고 편안해 하고 광활한 바다를 덜 두려워했다면, 이후의 역사와 유럽의 종교는 아주 달라졌을 것이다. 그리고 알렉산드리아는 이슬람의 베네치아가 되었을 수도 있다. 그러나 초기의 전성기에 60만의 인구가 있었던 그 한때의 대도시가 9세기 말에는 10만의 인구로 줄어들었다. 9세기와 10세기의 칼리프들은 알렉산드리아를 쇠퇴하도록 방치해 버렸다. 알렉산드리아 항구를 밝혀 주고, 고대 세계의 7대 불가사의의 하나인 그 유명한 파로스Pharos 등대는 폐허가 되었다. 게다가 그 폐허는 14세기에 일어난 지진으로 더욱 파괴되었다. 그렇게 아랍의 사상과 학문은 육지를 향하고 있었다.

그러나 지중해에서는 많은 제국들이 바다에서 성공과 실패를 거듭했다. 이곳에서는 배가 제국을 세우는 자들에게 칼이 되었다. 수 세기 동안 알라의 제국이 서양에서 물러나고 있었을 때 자연의 거친 혼란 지대인 인도양은 놀라울 정도로 계속 평온했다. 인도양이야말로 아랍의 항해 기량이 자유롭게 발전할 수 있는 곳이었다. 항해 기량의 뛰어난 본보기였던 이븐 마지드Ibn Majid는 뛰어난 아랍 항해자 집안에서 태어났으며, 자신을 '분노한 바다의 사자'라고 칭했다. 또한 그는 험한 홍해와 인도양의 항해에서 가장 많은 지식이 있는 사람이라는 명성을 얻었다. 이븐 마지드는 이슬람 선원들의 수호성인이 되었고 진부한 선원들은 위험한 바다로 모험을 떠나기 전에 그를 기리며 코란의 제1장인 파티하Fatiha를 낭송했다. 산문과 시로 된 38권의 책을 저술하기도 한 이븐 마지드는 당대의 해상에 관한 모든 문제를 다루었다. 그가 저술한 『항해 안내서Kitab al-Fawaïd, 즉 Nautical Directory』(1490년)는 홍해와 인도양을 지나는 선원들을 안내하는 여러 정보를 비롯하여 당시에 알려진 모든 해상 과학을 담은 개론으로 아랍 항해자들에게 가장 유익한 지침서가 되었다. 오늘날에도 일부 해역에 관해서는 그의 저서를 따를 만한 작품이 없다고 알려져 있다.

바스코 다 가마가 첫 항해를 했을 때는 분명 신의 섭리가 있었을 것이다. 믿기 힘든 우연의 일치로 가마는 말린디에 도착해 자신의 함대를 인도양으로 안내해 줄 유능하고 신뢰할 수 있는 아랍의 수로 안내인을 구했는데, 그가 바로 이븐 마지드였다. 포르투갈의 선장 바스코 다 가마는 자신이 얼마나 운이 좋았는지를 알지 못했다. 또한 이븐 마지드도 그들이 캘리컷 항구로 항해를 할 때 역사적으로 장엄한 역설적인 상황을 만들어 내고 있음을 깨닫지 못했다. 아랍의 위대한 항해의 대가, 이븐 마지드는 자신도 모르게 인도양에서 아랍의 항해에 패배를 초래하고 유럽의 위대한 선장에게 승리를 가져다주게 되는 안내를 하고 있었던 것이다. 이후의 아랍 역사가들은 이븐 마지드가 분명 술에 취해 있었기 때문에 무사히 인도의 목적지까지 갈 수 있는 정보를 바스코 다 가마에게 털어놓았을 것이라고 주장하여 이븐 마지드의 역할을 변명하려고 했다.

인도양에 들어서자 포르투갈인들과 유럽의 후계자들은 인도양에서 물러서지 않았다. 19세기 후반에 수에즈 운하가 건설되면서 유럽의 선원들은 인도양으로 그 어느 때보다 더 쉽게 갈 수 있었다. 20세기 중반에도 쿠웨이트와 아덴에서 동아프리카나 인도로 항해하는 아랍인들은 이븐 마지드가 알아낸 정보를 거의 잊어버린 듯 보인다. 그들은 또다시 해안에 근접하여 항해를 하고 있었기 때문이다.

항해자 엔리케 왕자가 아프리카 서해안에 도달하기 훨씬 이전에 아랍인들은 마다가스카르섬의 맞은편에 있으며, 희망봉에서 1,000마일(약

1,609킬로미터) 안 되는 북쪽에 있는 소팔라까지의 아프리카 동해안을 알고 있었다. 그곳의 모잠비크 해협에서 아랍인들은 보자도르곶을 발견했다. 그곳을 넘어서 가지 말라! 이처럼 코란에서는 신은 인간이 극복할 수 없는 장벽으로 '2개의 바다'를 떼어 놓았다고 2번 선언하고 있었다. 학자들은 이 2개의 바다가 홍해를 포함한 지중해와 인도양이라고 설명했다. 그러나 예언자 무함마드는 또한 "지식을 구하라, 중국에 가서라도"라고 했다. 중세 후반에 유럽의 학자들이 그리스도교의 교리에 사로잡혀 있었던 것에 비하면 아랍의 학자들은 이슬람교 교리에 거의 사로잡혀 있지 않았다. 아랍 학자들은 존경 받는 고전 저서들을 기꺼이 비판하고 프톨레마이오스의 『지리학』을 비롯한 일부 고전 저서들을 고치려고도 했다.

이미 살펴보았듯이, 이슬람의 독특한 폭넓은 전망은 모든 남녀 이슬람교도들이 어디에 살고 있든 죽기 전에 한 번은 메카를 방문하는 것이 의무인 성지순례에 있었다. 그에 비해, 당시의 스코틀랜드나 노르웨이, 또는 프랑스의 농민들은 가장 가까운 축제 행사 이상의 여행은 가 보지 않았을 좁은 삶의 영향권에서만 살고 있었다. 그러나 성지순례의 전통은 아랍의 이슬람교도들에게 여행에 관심을 갖도록 해 주었지만 해양 탐험을 촉진시키지는 않았다.

그러나 아랍의 지리학은 번성했다. 중세 유럽의 천지학자들이 독단적인 평온 속에 빠져 있을 때 아랍 지리학자들은 서양이 1,000년 동안 계속 묻어 두었던 프톨레마이오스의 이론들에 관해 깊고 자세하게 알고 있었다. 더욱이 아랍인들은 인도양이 프톨레마이오스가 주장한 육지로 둘러싸인 바다가 아니고 대서양으로 흘러들어 가는 바다라는 사실을 제시하면서 프톨레마이오스의 이론들을 수정하기 시작했다. 이런 선구적인 아랍 지리학자들 중에서 가장 영향력 있는 사람은 알비루니Al-Biruni(973-1050?)였다. 다재다능한 알비루니는 중세의 가장 위대한 이슬람 과학자들 중 한 사람이었다. 그는 정확한 관찰력과 두루 관심을 갖는 호기심을 모두 갖추었고 17세가 되기 전에 위도를 알아내는 개량된 장치를 만들어 냈다. 알비루니는 중앙아시아에서 태어났지만 당시에 경쟁 관계에 있었던 페르시아, 터키, 이라크 왕조 사이의 광범위한 정치적 음모에 휘말렸다. 이에 관해 알비루니는 이렇게 기록했다. "나는 몇 년 동안 거의 편안히 지낸 적이 없었던 이후, 이제 때가 되어 고향에 돌아갈 수 있게 되었다. 하지만 나는 부득이 세속적인 일에 참여해야 했는데, 어리석은 사람들은 나를 부러워했지만 현명한 사람들은 나를 동정했다." 그는 아프리카의 형태에 관해 더욱 발전한 아랍인의 추론을 다음과 같이 표현했다.

남쪽 바다는 중국에서 시작하여 인도의 해안을 따라 젠지Zendj[잔지바르]라는 나라로 흘러들어 간다… 항해자들은 이 경계 지역을 넘어가지 못했다. 그 이유는 북동쪽의 바다가 육지로 흘러들어 가고… 남서쪽은 그 반대로 육지가 바다로 튀어나와 있기 때문이다… 이 경계 지역 너머로 바다는 서로 번갈아 나타나는 산과 계곡 사이로 흘러들어 가고 있다. 바다는 계속 썰물과 밀물로 세차게 일렁이고 있고, 파도는 이리저리 거세게 밀려오기 때문에 배들은 산산조각으로 부서졌다. 그런 이유로 이 바다는 항해할 수 없다. 그러나 남쪽 바다와 대양은 [아프리카] 남쪽 해안을 따라 산 사이로 흐르는 물줄기로 서로 만날 수 있다. 아무도 눈으로 직접 확인할 수는 없지만 그런 증거는 확실히 있다. 사람이 살 수 있는 지역이 바다로 사방이 둘러싸인 광활한 육지의 중심에 있다는 것이 바로 남쪽 바다와 대양이 서로 만나기 때문이다.

이 논란이 많은 대양의 연결 이론을 알게 된 이븐 마지드는 이 주장을 분명히 지지했다. 그리고 그는 말린디에서 바스코 다 가마의 함대를 만난 것에 쓸데없이 놀라고만 있을 수는 없었을 것이다. 이븐 마지드는 알비루니의 주장과 자신의 견해가 '경험자들'인 포르투갈인들을 통해 이제 입증되었다는 것을 언급할 수 있어서 기뻤다. 이런 '프랑크인들'(동양에서 모든 유럽인들을 부른 호칭)이 '알마드칼al-madkhal(관문)', 즉 마다가스카르섬과 아프리카의 모잠비크 해안 사이의 위험한 해협을 지나 인도양으로 들어갔기 때문에 이븐 마지드는 그 항로를 '프랑크인의 항로'라고 칭했다.

아랍인들에게 보자도르곶처럼 모잠비크 해협에 관해서도 지난 수 세기 동안 무서운 전설이 많았다. 예컨대 『아라비안 나이트The Arabian Nights』는 거대한 새 루크ruc나 그리핀gryphon의 무서운 이야기로 그 전설을 더욱 실감나게 꾸몄다. 마르코 폴로는 믿을 만한 정보를 통해 들은 마다가스카르에 관해 이렇게 전했다.

당신은 이 섬이 멀리 남쪽에 있어서 이 섬과 또 우리가 알려 주는 잔히바르Zanghibar[잔지바르]라는 섬을 제외하고는 배들이 더 멀리 남쪽으로 가거나 다른 섬들을 방문할 수 없다는 사실을 알아야 한다. 왜냐하면 해류가 남쪽으로 매우 강하게 흘러서 남쪽으로 가는 배들이 다시는 돌아올 수 없기 때문이다…

이 강한 해류가 배들을 돌아올 수 없게 하기 때문에 배들이 갈 수 없는 남쪽의 다른 섬들에는 특정 계절에만 나타나는 그리핀이라는 새를 볼 수 있다고 한다. 그러나 그리핀의 생김새는 우리가 이야기로 듣거나 그림으로 본 새들과 전혀 다르다. 그곳에 갔다가 그리핀을 본 사람들은 마르코 폴로 씨에게 그 새는 꼭 독수리와 닮았지만 굉장히 크고, 날개는 30보폭pace*이 되고, 깃털은 길이가 12보폭이나 되며 매우 두꺼웠다고 말했다. 그리고 그리핀은 힘이 매우 강해서 발톱으로 코끼리를 낚아채어 하늘 높이 올라가 땅에 떨어뜨려 죽인다고 한다. 그러고는 그 위에 내려앉아 코끼리를 천천히 뜯어먹는다고 한다. 그 섬에 사는 사람들은 그 새를 루크라고 부르고 다른 이름은 없다. 나는 이 새가 진짜 그리핀인지 아니면 또 다른 거대한 새인지는 모른다. 그러나 그 새는 우리가 이야기로 들은 것처럼 몸의 절반은 사자이고 나머지 절반은 새라고 하는 그런 종류는 분명 아니라고 말할 수 있다. 하지만 그 새는 몸집이 거대하고 꼭 독수리와 같은 생김새를 하고 있다.

마르코 폴로는 쿠빌라이 칸도 '길이가 90스팬span*이고 깃촉 둘레가 두 뼘이나 되는 경탄할 만한' 루크의 깃털을 선물로 받았다고 덧붙여 말했다. 아주 묘하게도 체스에서 루크rook의 명칭은 오늘날에도 확실한 단서는 없지만 그 기원이 루크 새의 이름에서 나온 듯 보인다.

포르투갈인이 인도양에 도달하기 이전에, 인도양에서 아랍의 선박을 만드는 기술은 특이하게도 강점과 약점을 모두 가지고 있었다. 아랍인들이 지중해로 가져온 대형 삼각돛은 바람에 잘 적응했기 때문에 포르투갈인의 항해 탐험을 가능하게 했다. 아랍인들은 또한 어떤 배도 더욱 잘 나가도록 하는 선미의 키를 처음으로 개발했다. 그리고 그들은 별을 이용하여 항해를 하는 것도 능숙했다. 이와 관련하여 코란에는 이렇게 언급하고 있다. "신은 그대들에게 암흑의 육지와 바다에서 스스로를 인도하도록 별

---

* 1보폭은 약 76센티미터
* 1스팬은 약 23센티미터

을 주었다. 지식 있는 자들은 그 표시를 분명하게 확인할 수 있다.”

이유는 아직도 알 수 없지만 아랍인들은 배를 만들 때 배에 못을 사용하지 않고 코코넛 껍질로 만든 노끈으로 널판자를 서로 꿰매어 붙였다. 이런 방식으로 만든 배들은 거센 바람을 맞거나 바위에 긁혔을 때 오래 견디지 못했다. 그런데 왜 아랍인들은 그런 방식으로 배를 만들었을까? 당시에 널리 퍼진 전설에 따르면, 바닷속에는 자기를 띤 바위나 천연 자석이 있어서 쇠붙이들을 모두 물속으로 끌어당겨 못을 박은 배들은 산산조각 나버렸다고 했다. 그리고 당시에 못이 매우 비싸고 부족해서 아랍인들은 대신에 노끈을 사용했을 수도 있다. 특색 있는 방식이 한번 채택이 되면 자연스럽게 보수적인 선원들은 그 방식을 변치 않는 전통으로 계속 사용했다.

아랍인들과 이슬람교도들의 고국인 아라비아반도의 특별한 지형은 아랍 선원들에게 역경을 초래했던 것으로 보인다. 아라비아는 나무, 수지, 철, 직물 등 선박을 만드는 데 필요한 자원이 거의 없다. 바다의 사나이에게 아라비아의 지형은 거의 기질에 맞지도 않았다. 그곳에는 배가 다닐 수 있는 강도 없고, 좋은 항구도 없었으며, 또한 인구가 많거나 선원들을 환대해 주는 내륙 지역도 없었다. 아라비아반도의 해안을 둘러싸고 있는 산호초들 때문에 배가 잘 난파되어 해적들을 늘어나게 했고, 또 해적들로부터 피할 곳도 없었다. 또한 그곳에는 담수를 쉽게 구할 수도 없었고, 위협적인 북풍이 1년 내내 끊임없이 불어왔다.

아랍의 육지와 아랍 문명의 이런 모든 특징을 보면 그들이 왜 아프리카를 돌아 유럽의 서부 해안까지 항해를 하지 않으려고 했는지 이해할 수 있다. 어쩌면 가장 좋은 설명은 가장 명백한 사실을 알려 준다. 왜 미지의 세계로 계속 모험을 계획할까? 항해자 엔리케 왕자에게서 시작된 근대적으로 조직된 탐험 계획은 아랍인들에게는 전례 없는 일이었다. 매우 실리적인 선원들은 특별한 목적지를 향해 화물이나 여행자들을 실어 주었기 때문에 습관적으로 항해를 했다. 또는 그들은 특정 화물을 싣기 위해 목적지까지 갔다. 육지 사람들처럼 선원들도 미지의 세계를 탐색하려고 바다에 가는 것이 아니고, 또한 지구나 대양에 관한 어떤 개념을 확인하려고 바다에 가는 것도 아니다. E. G. R. 테일러Taylor가 설명했듯이 "선원들은 정해진 목적, 즉 생계를 위해 정해진 항로를 따라 사람들이 사무실로 가듯이 바다로 가는 것이다." 마치 육지 사람들이 산꼭대기를 두려워하고 익숙한 길을 선호하듯이, 선원들도 바다 위의 익숙한 길을 선호했다.

인도양의 아랍인들은 '이미 그곳에 자리 잡고' 있었다. 동양과 서양에서도 그랬다. 무엇 때문에 그들은 배로 포르투갈이나 북유럽으로 가기를 원했겠는가? 이슬람교도들은 그리스도교 세계에서 지브롤터 해협을 건너 이미 이곳에 와 있었다. 그들의 영역은 이미 풍부한 열대의 다양한 식물, 동물, 광물, 향료 등을 운반하는 길이 포함되어 있었다. 아랍 세계가 유럽인들에게서 얻어야 했던 것은 이베리아반도에서 이미 시험되고 시도되었다. 서아시아에서 아랍인들이 십자군과 맞닥뜨린 일은 방대한 불신자들을 개종하려는 필요성으로만 기대하는 듯 보였다.

25

중국인들의 대양 탐험

항해자 엔리케 왕자가 아프리카의 서해안 아래로 배를 보내고 있었을 때 지구의 다른 편에 있는 중국 항해자들은 수와 능력과 기술에서 견줄 데 없는 해군을 갖추고 있었다. 중국의 웅장한 함대는 이미 중국해를 넘어 인도양을 돌아 암흑 대륙Dark Continent의 맨 끝부분에 있는 아프리카의 동해안까지 다다랐다. 그러나 엔리케 왕자의 해양 탐험은 신세계를 발견하고 지구를 일주하는 항해의 서막이었지만 같은 시대의 더욱 웅장한 중국의 원정은 막다른 골목에 이르렀다. 오늘날에도 그 결과를 알 수 있듯이, 중국인들은 그들만의 경계 안으로 격변하는 후퇴를 시작했다.

1433년에 중국의 대양 모험의 엄청난 퇴보Great Withdrawal가 매우 극적인 이유는 그전까지 중국의 항해가 매우 눈부신 성과를 거두고 있었기 때문이었다. 중국에서 항해 능력의 대명사가 된 영웅이며, 광범위한 대양 모험의 가장 놀라운 계획자이자 지휘관은 정화鄭和라는 인물이었다. '3가지 보물의 제독'으로 불린 정화는 환관의 최고위직으로 태감이 되어 흔히 '삼보

태감三寶太監'으로 알려져 있었다. 그런데 이 삼보라는 별명은 어쩌면 불교의 3가지 보물인 불佛, Buddha, 법法, Dharma, 승僧, Sangha에서 비롯되었거나, 또는 정화가 해외에서 선물로 주고 조공으로 받은 보물에서 비롯되었을 수도 있다. 앞으로 살펴보겠지만, 정화가 환관이었다는 사실은 그가 어떻게 이 웅대한 대양 모험을 시작할 수 있었고, 또 이 대양 모험이 왜 갑자기 끝나버렸는지를 설명해 줄 것이다.

서양에서 거세한 남성 가수를 일컫는 '카스트라토castrato'(복수형은 castrati)는 정치적 영향 때문이 아니라 주로 음성의 특이성 때문에 역사에서 알려져 있다. 거세 수술은 자식을 생기게 할 수 있는 남자의 능력을 제거할 뿐만 아니라 남자의 목소리를 굵어지지 못하게 하여 소프라노로 만든다. 동로마 제국 시대부터 콘스탄티노플에서는 거세를 당한 남자들을 성가대로 쓰는 관습이 퍼져 있었다. 18세기에 헨델의 오페라에서는 카스트라토가 특별히 포함되어 있었다. 그때 카스트라토는 오페라 무대를 지배하기 시작했고, 때로는 작곡가들이 카스트라토를 위해 특별히 작곡을 해야 했다. 19세기 초반까지 카스트라토는 로마의 교황청 성가대에서 노래를 불렀다. 이탈리아에서는 성인 남성 소프라노를 만들기 위해 소년들을 거세하는 관습이 19세기 후반의 교황 레오 13세Leo XIII의 시대까지 계속 이어졌다.

어떤 신앙심이 깊은 남자들은 종교적 신조 때문에 성적 타락이나 유혹에서 벗어나려고 스스로를 거세하기도 했다. 〈마태오의 복음서 19장 12절〉에 따르면 "사람의 손으로 그렇게 된 사람도 있고 또 하늘나라를 위하여 스스로 결혼하지 않는 사람도 있다. 이 말을 받아들일 만한 사람은 받아들여라"라고 전하고 있다. 교부 오리게네스Origen(서기 185?-254년)는 이 조언을 따라 거세를 했고 또 오리게네스 이후로는 천국에 가려고 스스로 거세를 하는 종파도 생겨났다. 그런 종파는 20세기의 러시아에서도 계속 남아 있었다. 거세된 남자들이 정치적 영향력을 행사할 수 있게 되자, 이는 여성의 격리된 지위와 전제 국가를 초래할 상징이 되었다. 외과 수술로 성적 능력을 상실한 거세된 남자는 '잠자리 지킴이'(거세된 남자를 의미하는 'eunuch'라는 말은 그리스어의 '침실을 지키는 자'에서 비롯되었다)라는 말이 가장 어울리게 되었다. 군주가 정실과 첩을 거느리는 궁궐에서는 오직 직계 가족만이 궁궐 안에서 살 수 있도록 허락되었다. 왕의 여인들을 시중하는 임무를 맡은 환관들은 왕실 혈통의 순수성이나 왕실 배우자들의 정절에 위협적인 존재가 아니므로 예외적으로 궁궐 안에서 지낼 수 있었다. 환관들은 특권 계급이 되었다. 군주의 일상 습관과 개인적인 취향을 잘 아는 환관들은 군주의 변덕을 예상하고 잘 맞추어 주는 능력까지 있었다. 이런 능력이 동양의 전제 국가에서는 권력을 장악하는 기회가 되었다. 환관의 권력은 비잔틴 제국의 황제들 통치 시기에, 특히 로마법을 편찬하고 보호한 총명한 유스티니아누스 1세Justinian I가 환관 나르세스Narses(478?-573?)를 장군으로 임명했을 때 더욱 두드러졌다. 이런 선택은 나르세스가 비잔틴 제국의 군대를 이끌고 이탈리아로 쳐들어가 고트족, 알라만족, 프랑크족 등을 쫓아내면서(553년) 정당화되었다. 오스만 제국의 군주들도 환관들을 중요한 직위에 올렸다. 이집트에서는 왕실에 대한 환관들의 영향력이 제도화되어 대중에게 익숙해져 있었기 때문에 '환관eunuch'이라는 말은 거세된 사람이든 아니든, 왕실의 모든 관료들을 나타내는 말이 되었다. 때로는 이집트 백성들은 자신들의 나라를 '환관의 통치 체제Eunarchy'라고 칭하기까지 했다.

중국의 황실 제도도 환관의 권력에 특히 유리한 요소가 되었다. 순제順帝 (126-144년 재위)가 통치하던 후한 시대까지 거슬러 올라가면, 그때부터 중국에서는 황제를 궁궐과 궁궐 정원에만 있도록 제한을 두어 그 안에서 천문시계 같은 상징으로 내세우는 엄격한 궁정 예법이 생겼다. 드문 경우지만 황제가 궁궐에서 벗어나 밖으로 나올 때는 미리 그 길목에 백성들이 나오지 못하게 하여 대중의 시선을 받지 않도록 황제를 보호했다. 나라의 대신들도 황제와 친숙하게 대화를 할 수 없었다. 그들은 공식적으로 알현할 때만 황제를 볼 수 있었고, 또한 황제의 높은 왕좌에 가까이 서 있는 '계단 아래의' 관료를 통해 황제에게 말을 전할 수 있었다. 중국어로 황제를 부를 때 쓰는 존칭어 '전하殿下'는 서양말로 '폐하Your Majesty'와 같은 뜻으로, '계단 아래에서 뵈어야 하는 분'을 의미했다. 이와 대조적으로 궁궐 안에 살며 황제의 신임을 받는 환관들은 매일 황제와 대화를 할 수 있었다. 나라의 대신들은 공식적인 보고와 청원서만 올릴 수 있었지만 환관들은 황제의 귀에 대고 속삭일 수 있었다.

황제가 궁궐 밖에서 성장하고 성인이 되어 왕좌에 올랐다면 환관들은 정치적 권력을 행사하기가 어려웠을 것이다. 그러나 이후의 중국의 역사를 보면, 왕위 계승자들은 계속해서 궁궐에서 태어나 환관들의 보호를 받고 자랐다. 그런 황제가 어린 나이로 왕위에 오르면 환관들은 어린 황제의 결정이나 섭정 황후의 결정을 좌우했다. 후한 시대의 황제들이 다스리던 시기에 처음으로 영향력을 행사하기 시작한 이런 환관들은 대체로 사회의 최하층 출신이었다. 궁궐 밖에서는 미래가 없었던 환관들은 황실의 지위를 이용하여 서슴지 않고 부도덕하게 돈을 벌어들였다. 그들은 뇌물을 모았고, 명예를 나누어 주었으며, 또한 형벌까지 내렸다.

그러나 서서히 공자의 제자들이고 해설자들인 새로운 학자 계층이 문관으로 체계화되기 시작했다. 그들도 가난한 계층 출신에서 등용되었다. 이제 환관을 지지하는 세력과 반대하는 세력들이 분명히 구분되었다. 학자 관료들은 경학의 한 구절도 외우지 못하면서도 권력에서 자신들보다 뛰어난 환관들을 두려워하고 시기하고 경멸했다. 자신의 능력으로 출세한 장군들이 이끄는 무관 계급도 전투를 해 본 적도 없으면서 황제의 신임을 받는 나약한 환관들을 나름대로 경멸할 이유가 있었다. 그렇지만 학자와 장군들은 적들이 침투할 수 없는 곳에 살고 있는 환관들에 맞서기 위해 전혀 연합하지 못했다.

이런 환관들 중에 정치적으로 중요한 지위에 있던 사람이 정화였다. 사람들은 정화와 대등하게 비교할 수 있는 유럽의 항해자 엔리케 왕자, 바스코 다 가마, 콜럼버스, 베스푸치, 마젤란 등은 잘 알지만 정화에 관해서는 잘 모른다. 정화는 이슬람교도 집안에서 태어났다는 사실과 중국 남부의 윈난성 출신의 미천한 집안이었을 것이라는 추측 외에는 잘 알려져 있지 않다.

정화의 해양 탐험은 마지막 몽골 황제가 '중국의 나폴레옹'이라는 주원장에게 북경에서 추방된 한 세기 전부터 준비되었다. 가난한 농민의 아들로 태어난 영리한 주원장은 안후이성의 동부 지방에서 태어났다. 그곳에서 주원장이 17세였을 때 그의 가족은 모두 전염병으로 죽었다. 주원장은 불교 사원에 들어갔지만 25세가 되었을 때 황색 승복을 벗고 몽골 침략자들에게 대항하기 위해 고향으로 돌아갔다. 13년 동안 투쟁을 한 후 그의 군사들은 1368년에 마침내 북경을 점령했다. 아직 40세에 지나지 않았던 주원장은 새로 건국한 명나라의 첫 황제임을 스스로 선포했다. 그는 중국의 남부 수도인 난징에 명나라 수도를 세우고, 백성들을 단결시키기 위해 북부 지방의 관리들을 남부 지방으로, 남부 지방의 관리들을 북부 지방으로 보내어 행정을 맡겼다. 주원장은 30년 동안 나라를 다스리면서 북부의 몽골 지배로 분열된 나라를 통합하려고 노력했다.

황제 주원장은 자신이 하층 계급 출신인 점이나 초기에 불교 승려로 지낸 일을 계속 원망하며 지냈다. 운이 나쁜 두 유학자는 축하문에서 '승려 僧, seng'로 잘못 해석될 '탄생生, sheng'이라는 글자를 잘못 사용해서 사형선고를 받았다. 그는 종교 개혁가는 아니었지만 불교를 받아들이면서 동시에 유학과 유교 의식을 장려했다.

주원장은 점점 늙어가면서 모든 곳에 음모가 숨어 있다고 의심했다. 그는 자신의 정책에 반대하는 청원이라도 나오면 중죄로 다스렸다. 그리고 난징에서 반란 세력이 있다고 생각했던 그는 1만 5,000명의 사람들을 단번에 처형했다.

재상의 직위에 있던 사람은 황제에게 임명되었더라도 보통은 관료 제도에서 승진한 사람이었다. 재상은 궁궐 외부의 사람들, 때로는 서민 계층에서 입신해서 올라온 사람들이었기 때문에 학문적인 업적과 개인 능력이 있어야 했다. 따라서 그런 재상은 황제의 기분과 궁궐 파벌들의 영향력에 따라 신중히 관리되었다. 그러나 주원장은 재상 직위를 없애고 개인적인 통치를 강화했다. 주원장은 재상의 반역을 의심했을 때 즉석에서 재상의 자리를 폐지하고 "재상의 자리를 다시 복위시키라고 감히 청원하는 사람은 누구든 그와 그의 가족 모두 죽음을 면치 못할 것"이라고 명했다. 이런 조치로 불가피하게도 황제와 가까이 있는 자들, 당연히 환관들의 권력은 더욱 커졌다.

이 최초의 명나라 황제는 관료의 권력을 줄이기 위한 조치를 취하는 동시에, 정식으로 임명된 문관들이 오랫동안 환관들에게 품었던 증오심을 확고하게 하는 다른 정책들을 펴 나가기 시작했다. 유별나게 경멸적인 태도로 주원장은 군자나 학자는 체면을 잃지 말아야 한다는 공자의 가르침으로 강화된, 고대부터 전해 오는 중국 전통을 무시했다. 만일 학자가 자신의 의무를 다하지 못하면 죽기를 각오하고 스스로 목숨을 끊을 수 있지만 그것이 공적으로 품위를 떨어뜨리는 일은 아니었다. 그러나 벼락출세한 주원장은 자신보다 학식이 월등한 학자들에게 굴욕감을 주는 것을 즐기는 듯 보였다. 그는 궁궐에서 독립심이 강하거나 아첨을 잘 하지 않는 고관들에게 태형을 내리는 공식적인 의식을 치렀다. 관료들은 모두 예복을 입고 궁정에 나와 동료가 옷이 벗겨지고 나무 몽둥이로 죽도록 맞는 광경을 지켜보도록 명령을 받았다. 황제의 측근들은 이런 의식이 관료들 사이의 뇌물 관행을 실제로 낮출 수 있다고 주장했다. 이런 공식적인 태형을 꾸미고 조종하는 자들은 황제에게 친밀히 접근할 수 있는 환관들이었다.

주원장이 30년 동안 통치를 한 후, 유교를 옹호한 개혁주의자인 그의 아들이 짧은 기간 동안 통치를 이어 가다가 숙부인 영락제永樂帝(1359-1424년)가 궁정 환관들의 지원을 받아 궁중 반란을 일으켰다. 쿠빌라이 칸이 몽골을 위하여 중국 제국을 세우려고 했던 것처럼, 영락제는 중국을 위하여 몽골 제국을 정벌하기 시작했다. 1409년에 영락제는 활동의 본거지를 남부 수도인 난징에서 북부 수도인 북경으로 과감하게 옮겼다. 북경은 만리장성을 위협하며 인접해 있는 몽골 세력의 바로 경계선에 있었다. 영락제는 북경을 장방형의 수도로 재형성하였고 도시의 중심에는 왕의 거처인 '자금성'을 지어 궁궐, 난간뜰, 인공 호수와 언덕, 정원, 관목 숲, 제국의 변방에서 가져온 화초 등으로 화려하게 꾸몄다.

과대망상증이 있던 영락제는 곧 자신의 위엄을 알리는 메시지를 주변 국들에게 전달하기 위해 해군 원정대를 파견하기로 했다. 그리고 지휘관으로 정화를 선택했다. 그때까지 지구상에서 가장 큰 규모였던 그 원정대 (1405-1433)는 3만 7,000명의 선원들과 무려 317척의 선단으로 이루어져 있었다. 배들은 가장 큰 규모부터 크기별로 있었다. 예컨대 가장 큰 '보물선'은 9개의 돛대가 달렸고, 길이는 444피트(약 135미터), 최대 폭은 180피트(약 55미터)에 이르렀고, 그 다음으로 말 운송선, 보급선, 선원용 침실선 등이 있었으며, 소형 전투선은 5개의 돛대에, 길이 180피트(약 55미터), 폭 68피트(약 21미터)로 이루어져 있었다. 한 세기 전의 이븐 바투타나, 이 시기에 중국 배를 탄 적이 있었던 니콜로 데 콘티는 이런 중국 배들이 서양에서 본 배들보다 훨씬 큰 것을 보고 깜짝 놀랐다.

서양인들은 또한 선체의 각 부분마다 물이 들어오는 것을 막아 배 전체가 침수되지 않도록 만든 놀라운 구조에 주목했다. 침수나 화재의 확산을 막기 위해 배의 짐칸을 여러 부분으로 나눈 칸막이는 유럽인들에게 신기한 것이었지만, 중국에서는 오래전부터 이어 온 방식이었다. 중국인들은 대나무 줄기 속의 격벽이라는 가로막에서 그런 방식을 생각해 냈을 수도 있다. 중국은 이미 고대의 전한 시대에 이런 방식으로 설계하여 강하고 탄력 있는 특성을 갖춘 여러 층으로 된 배들이 있었다. 450제곱피트(약 42제곱미터)의 날을 가진 거대한 키가 배의 후미의 튀어나온 전망대에서 바다로 내려져 있는 것을 보고 외국의 방문객들은 놀라워했다. 정화의 배들도 이런 놀라운 특징들을 갖추고 있었다. 물론 정화는 나침반을 사용했고 어쩌면 상세한 방위를 나타내는 정밀한 해도와 함께 여러 방향 측정 도구들도 있었을 것이다. 중국인들은 육지를 도표로 나타내는 격자선 체계를 오랫동안 사용해 왔지만 정화가 사용한 지도에는 바다에서 위선과 경선을 사용했다는 증거가 나오지 않는다.

정화는 해군(전투용으로 만들어진 것이 아니므로 함대라고 부르면 안 된다)을 이끌고 중국해와 인도양에 인접하는 사람이 살 수 있는 거의 모든 육지에 다다랐다. 당나라의 찬란한 문예 부흥기 이후, 적어도 500년 동안 중국인들은 이슬람 세계와 해외 무역을 해 왔다. 중국인들은 독자적인 지도에 나일 강, 수단, 잔지바르, 그리고 지중해 남부의 여러 지역들까지 표기하고 있었다. 어쩌면 이런 지식은 아랍 상인들을 통하여 간접적으로 얻었을 테지만, 최근 소말리아에서 잔지바르에 이르는 아프리카 해안 지역에서 발견된 당나라와 송나라의 주화나 도자기를 보면 중국인들이 이미 그곳에 갔었다는 사실을 암시하고 있다. 정화의 원정대에는 이런 지역의 언어를 할 줄 아는 중국인들이 있었는데, 그들은 분명 해외에서 오랫동안 교역 활동을 했을 것이다.

7차례 이루어진 원정은 서쪽으로 계속 멀리 나아갔다. 1405년에 시작된 첫 번째 원정은 자바, 수마트라, 실론섬, 캘리컷 등을 방문했다. 다음 원정은 시암을 방문한 뒤, 동인도 제도를 방문하기 위해 말라카를 근거지로 삼은 다음, 벵골과 몰디브 제도를 비롯해 멀리 서쪽으로 페르시아만 입구에 있는 호르무즈의 페르시아 군주의 영지까지 방문했다. 태평양을 향한 선단은 류큐Ryukyu와 브루나이Brunei까지 갔고, 또 다른 선단은 더 멀리 서쪽으로 호르무즈에서 홍해의 입구에 있는 아덴까지 간 다음, 아프리카 해안을 돌아 남서쪽으로 소말릴란드Somaliland의 모가디슈Mogadishu, 몸바사의 북쪽에 있는 말린디, 그리고 잔지바르 해안까지 갔다. 2년이 걸린 여섯 번째 원정(1421-1422년)은 보르네오에서 잔지바르에 이르는 인도양 전역의 36개국을 방문했다. 이 웅장한 원정 계획은 1424년에 정화의 후원자인 영락제가 죽으면서 불운을 겪었다. 영락제의 후계자는 해양 원정에 반대하는 무리의 주장을 옹호하며 그해에 계획되었던 항해를 중단시켰다.

정화의 항해 계획은 잠시 왕위 계승의 볼모가 되었다. 그러나 해양 원정의 반대파 황제의 짧은 통치 기간이 끝나자, 새 왕위에 오른 황제는 해양 원정의 열렬한 지지자로서 일곱 번째이자 가장 광범위한 해양 원정을 지원했다. 27,550명의 관료와 선원들로 이루어진 일곱 번째 원정은 2년 동안 전례 없이 먼 곳까지 가는 광범위한 규모였다. 1433년에 돌아온 원정대는 결과적으로 니코르바 제도Nicobar Islands를 거쳐 자바에서부터 북서쪽으로 메카, 그리고 아래쪽으로 아프리카 동해안에 이르기까지 무려 20개의 왕국과 이슬람 나라들과 외교 관계나 조공 관계를 맺는 성과를 얻었다. 이 먼 지역의 거주민들은 거의 1,000년 동안 해안에 나타나곤 했던 중국의 조그만 정크junk* 정도만 알고 있다가 이제 중국의 여러 층으로 된 거대한 배들을 보고 압도되었다. 이전에 본 그 어떤 배들이나 포르투갈인들이 타고 온 배보다 훨씬 컸기 때문이었다. 그리고 그들은 이처럼 강력한 해군이 전쟁을 하지 않고 평화적인 외교를 취하는 모습에 매우 당혹스러워했을 것이다.

서양인들은 자신들의 사고방식으로 이런 '웅장한 보물 선단'의 목적을 파악하기가 어려웠다. 정화의 관심과 목적은 '발견의 시대'에 해양 탐험을 한 유럽 선단의 관심이나 목적과 완전히 달랐다. 서아프리카로 내려가 희

• 사각형 돛을 달고 바닥이 평평한 중국의 범선

망봉을 돌아 인도로 향한 포르투갈인들의 항해는 국가의 부를 늘리고, 동양의 주요 특산품과 사치품을 확보하고, 이교도를 그리스도교로 개종시키려는 목적이 있었다. 앞에서 확인했듯이, 바스코 다 가마는 교역 물품으로 줄무늬 직물, 세숫대야, 구슬 목걸이, 각설탕 등을 가져갔다. 그런 모습을 보고 캘리컷의 왕은 비웃기도 했다. 그런 물건의 대가로 포르투갈인이 뜯어낸 물품들 중에는 수천 명의 노예가 포함되어 있었다. 17세기 중반 이전에 앙골라에서 데려온 노예들만 해도 이미 약 130만 명에 달했다. 전투 준비를 위해 배에 무기를 가득 싣고 온 포르투갈인들은 거리낌 없이 폭력을 사용했다. 앞서 보았듯이, 바스코 다 가마는 단순히 캘리컷 왕에게 신속한 항복을 받아내려고 우연히 붙잡은 상인이나 어부들을 죽여 사지를 잘라 보냈다. 무력으로 장악하기 시작하자 포르투갈인들은 인도를 무력으로 통치했다. 포르투갈의 초대 인도 총독 알메이다는 안전을 보장 받고 온 상대편의 사자가 의심스러워 그의 눈을 도려냈다. 포르투갈의 제2대 인도 총독, 알부케르크는 아라비아 해안에 사는 원주민들을 진압하려고 여자들의 코를 자르고 남자들의 손목을 잘랐다. 처음으로 외딴 항구로 들어온 포르투갈의 배들은 그곳에서 붙잡은 원주민들을 돛의 활대 끝에 목을 매달아 시신을 보여 주어 위협을 하고 통상을 강요했다.

　그러나 정화의 해군은 전혀 다른 세상에서 온 사람들이었다. 정화의 거대하고 비용이 많이 들며 광범위한 원정대는 보물을 모으거나, 교역을 하거나, 개종을 시키거나, 정복을 하거나, 또는 과학 정보를 수집하려는 목적이 아니었다. 최근의 역사에서 그런 목적이 없는 해군 원정대는 거의 없었다. 중국의 연대기 작가들은 영락제에게서 왕위를 빼앗기고 난징으로 도망을 가서 해외에서 방랑하고 있다는 영락제의 조카를 찾아내려고 정화가 파견된 것이라고 되풀이해서 기록했다. 그러나 정화의 원정이 계속되면서 다른 커다란 동기가 있었다는 사실이 알려졌다.

정화의 항해는 그 자체가 새로운 명나라의 영예와 힘을 과시하기 위해 계획된 하나의 의식이었다. 그리고 그 항해는 폭력이 없고 의례적인 설득 방식으로 외진 나라들에서 조공을 받아낼 수 있었다는 것을 입증했다. 중국인들은 조공을 바치는 나라 안에 독자적인 영구 기지를 세우지 않았다. 대신에 그들은 '온 세상'을 자발적으로 중국을 찬양하는 나라들로 만들고 중국이 오로지 문명의 중심이 되기를 바랐다.

이런 생각으로 중국의 해양 원정대는 그들이 방문하는 나라들을 약탈하지 않았다. 정화는 노예나 금은이나 향신료도 요구하지 않았다. 중국인들이 다른 나라의 산물을 필요로 한다고 내비치는 일은 전혀 없었다. 포르투갈인들은 힘으로 빼앗으려고 하여 아시아 원주민들에게 두려움을 주었지만 중국인들은 힘으로 주려고 하여 그들에게 감동을 주었다. 중국인들은 받는 것보다 주는 것이 더욱 숭고하다는 그리스도교의 자명한 이치를 자신들도 모르게 극적으로 보여 주었다. 중국인들은 조악한 장신구나 유치한 싸구려 물건 대신에 가장 훌륭한 장인의 기술이라는 보물을 제공했다. 아시아로 간 유럽 원정대는 유럽인들이 얼마나 간절하게 동양의 특산물을 원했는지를 드러냈지만 중국 원정대는 자신들이 이미 지니고 있는 것에 얼마나 만족하는지를 대범한 태도로 보여 주었다. 당시에 중국인들이 여러 아시아 국가들과 맺은 관계에서 우위를 차지한 '조공' 제도는 서양인들이 익숙해져 있는 방식과 전혀 달랐다. 중국에 조공을 바치는 나라는 정복자에게 복종한 것이 아니었다. 오히려 중국을 당연히 유일하게 진정한 문명국으로 여기고 도움을 받을 필요가 없는 나라로 인정한 것이다.

그러므로 조공은 경제적인 의미가 아니라 상징적인 의미였다. 조공을 바치는 나라는 스스로 중국 문화의 혜택을 받는 것을 즐기고 있었고, 그 대가로 중국은 '가장 중심이 되는 왕국의 너그러움과 풍요로움'을 확실히 보여 주었다. 중국인들이 주권 국가들의 세계를 인정하지 않았다는 사실은 놀랄 일이 아니다. 중국만이 주권의 가치가 있었기 때문에 진정한 주권국이라고 여겼다. 이런 중국인의 유해한 사고방식은 20세기까지 계속 이어졌다.

정화의 해양 탐험 시기에 중국인들은 자신들이 다른 이들에게 설파하는 대로 직접 실천으로 옮겼지만 비용이 많이 드는 결과를 초래했다. 조공 제도의 한쪽으로 치우친 논리로 중국은 받은 것보다 더 많은 대가를 치러야 했다. 새로운 속국마다 중국 무역의 불균형을 더욱 악화시켰다. 중국의 공공 관계를 이런 기이한 틀 속으로 내던진 역사의 우연들은 앞으로 수 세기 동안 중국의 대외 교류를 무능력하게 만드는 원인이 되었다. 한편, 조공 제도는 다른 나라들의 점점 늘어나는 상업적인 요구 사항을 막는 눈가림 역할을 했다. 외국의 주권국들은 중국 황제에게서 '선물'을 받는 것에 말이 많아졌다. 그 선물은 사실 폭력으로 빼앗은 것들을 외국 주권국들에게 위로하려고 평화적으로 주는 뇌물이었다. 중국 정부는 외국 열강들의 앞잡이가 되었다. 몇 세기 동안 점점 약화된 중국은 외국의 교역 나라들을 아첨하는 '조공을 바치는 속국'으로 계속 받아들였다. 그러나 정화의 해양 탐험 시기에는 중국 황제가, 적어도 한동안은 가장 중심이 되는 왕국은 누구에게든 아무것도 필요로 하지 않고, 또 누구에게든 아무것도 배울 필요가 없다는 주장을 그대로 실천하려고 했다.

중국인들은 무역상이나 정복자가 아니었던 것처럼, 십자군도 아니었다. 포르투갈인들은 이교도를 개종시키려는 무자비한 투지와 서양인의 심한 편협성으로 아시아로 갔다. 이슬람교, 불교, 힌두교, 이단 그리스도교 등이 포르투갈인의 개종과 박해의 표적이 되었다. 1560년에 실제로 인도의 고아에 종교재판소를 세운 포르투갈인들은 고문실을 갖추어 강제적으로 사람들을 그리스도교로 개종시키려는 공포정치를 실시했다.

중국인들은 전혀 다른 종교관, 즉 자신도 살고 다른 사람도 스스로 살도록 내버려 두라는 공존의 전통 관념이 있었다. 관용은 중국인들의 공손한 다원주의에 비하면 매우 약한 말이다. 정화의 세력은 신을 위해 박해하는 것을 꺼렸을 뿐만 아니라, 어디를 가든 그곳의 사람들이 믿는 종교에 상관없이 오히려 자원을 사용하여 지원해 주었다.

이런 관대한 정신을 보여 주는 생생한 증거는 인도양의 실론섬에 있는 남서 해안의 도시 갈레Galle에 여전히 남아 있다. 그곳에는 비석 하나가 곧게 세워져 있는데, 거기에는 중국어와 타밀어와 페르시아어로 된 비문과 1409년이라는 날짜가 새겨져 있다. 그 비문은 정화의 선단이 그곳에 방문했을 때 남긴 기록이었다. 그곳의 중국어로 된 비문을 번역하면 다음과 같다.

위대한 명나라 황제께서는 세상에서 가장 존경하는 부처님 앞에서 다음과 같은 말을 전하려고 위엄 있는 환관 정화와 왕칭린을 비롯한 여러 사람들을 파견했습니다.

우리는 밝게 빛나는 완전함을 지니고, 모든 것을 감싸는 포용이 넘치는, 자비롭고 영광스러운 부처님을 깊이 존경합니다. 부처님의 뜻과 선행은 도저히 헤아릴 수 없고, 부처님의 율법은 모든 인간관계에 스며들며, 부처님의 위대한 겁의 세월은 모두 강의 모래알에 비할 만합니다. 부처님의 큰 영향력은 세상 사람들을 고귀하게 만들고 귀의시키며, 사랑을 고취하고 (이 현실의 고통을) 깨닫는 지성을 주십니다. 부처님의 신비로운 계시는 끝이 없습니다. 남쪽 대양의 실론섬의 산 위에 있는 사원과 수도원들은 부처님의 기적적인 감응력으로 충만해지고 깨달음을 얻고 있습니다.

최근에 우리는 황제의 칙령을 외국의 백성들에게 전달하기 위하여 사절을 파견했고 그들이 대양을 건너 여행을 하는 동안 부처님의 자비로운 보호를 받았습니다. 그들은 부처님의 위대한 덕행으로 재앙과 불행에서 벗어나 안전하게 여행을 다녔습니다.

그런 까닭으로 의례에 따라 우리는 그 보답으로 선물을 바치고 세상의 존경하는 부처님 앞에 금과 은의 봉헌물, 다양한 비단에 금과 보석으로 수놓은 깃발, 향로와 꽃병, 겉과 속이 여러 색깔로 된 비단, 등과 초를 비롯한 그 외의 여러 선물들을 경건하게 바칩니다. 부처님의 빛나는 거룩함이 봉헌자 위에 빛나기를 기원합니다.

정화의 조공이 사실임을 증명하려고 그 비문에는 당시에 정화가 부처님에게 바친 선물을 상세하게 다음과 같이 기록하고 있다. 금 1,000개, 은 5,000개, 비단 100필, 향유 2,500캐티catty(1캐티는 1⅓파운드와 같음), 사원에 장식할 도금하거나 옻칠한 청동 장식품 등이다.

그 비석에는 또한 남부 인도와 실론섬의 사람들이 사용하는 언어인 타밀어와 페르시아어의 비문도 새겨져 있었으므로 역사가들은 로제타석

Rosetta Stone*에 새겨진 것처럼 모두 같은 의미의 내용으로 오랫동안 생각해왔다. 그런데 놀랍게도 그런 생각은 서양인의 편협한 추정일 뿐이라는 사실이 밝혀졌다. 타밀어로 된 비문은 부처를 찬미하는 화려한 구절과 마찬가지로 힌두교의 신 비슈누Vishnu의 화신, 테나바라이-나야나르Tenavarai-nayanar 신에게 중국 황제가 찬미하는 글로 되어 있었다. 또 마찬가지로 페르시아로 된 비문은 알라신과 이슬람 성자들을 찬미하는 글이었다. 이런 차별을 두지 않는 각각의 찬사에는 그들이 지정한 신에게 바치는 풍성한 선물 목록이 추가되어 있었다. 그리고 선물 목록은 모두 부처에게 바친 선물과 똑같았다. 정화의 선단은 그 비문을 새긴 비석을 중국에서 가져와서 실론섬에서 경쟁하고 있는 세 종교를 향해 동등하게 지나친 관용을 베풀도록 잘 준비해 놓았던 것이다.

---

* 1799년 이집트 로제타에서 발견된 석판으로 3개 언어로 쓰인 글이 적혀 있어서 고대 이집트의 상형문자 해독의 실마리가 됨

26

세상의 중심 왕국

서양의 항해자들은 단순한 의례적인 인정에 전혀 만족하지 않았다. 옛날부터 그들은 부족한 것은 무엇이든 찾으려고 항해를 했다. 아라비아의 향수, 중국의 비단, 인도의 향신료 등을 구하려고 고대의 로마 제국의 배들은 인도양을 다녔다. 가장 훌륭한 로마의 요리책은 거의 모든 요리에 후추를 사용하도록 권하고 있었다. 이에 대해 로마의 풍자시인 페르시우스Persius(서기 34-62년)는 다음과 같이 읊었다.

> 욕심 많은 상인들은 돈에 이끌려
> 뜨거운 해가 떠오르는 인도로 향한다,
> 그곳에서 향신료와 이탈리아 물품을 물물교환하고,
> 매운 후추와 풍부한 약재들을 구해 온다…

로마의 주화는 아시아에 뿌려졌고, 한나라의 금화는 로마에서 발견되었다.

  15세기 말에 포르투갈인들이 아시아의 바다를 개척했을 때 후추는 유럽인들에게 더 이상 사치스러운 식탁의 조미료가 아니라 주방의 기본 식료품이 되었다. 후추는 유럽인들의 축산업 체계의 부산물로 필요했다. 수세기 동안 아직 개발되지 못한 겨울용 사료가 부족해서 유럽 농민들은 겨울에는 짐수레 끌기와 번식에 필요한 약간의 가축만 기를 수 있었다. 그 외의 가축들은 모두 죽여서 고기를 대체로 '소금에 절여' 보존했다. 그런데 이 과정에서 소금만으로는 고기 맛을 좋게 하기가 부족했기 때문에 소금 외에 다량의 후추가 필요했다.

  19세기 초에 비단, 차, 나전칠기 등을 수입하여 대가를 지불할 대영제국의 은화가 고갈되자 영국의 동인도 회사는 약삭빠르게 아편을 도입했다. 그들은 인도나 다른 지역에서 아편을 수집하여 새로운 교환 수단으로 중국에 팔기 시작했던 것이다. 영국은 외환 문제를 해결하려고 아편전쟁 Opium War(1839~1842년)을 일으켰는데, 이 계기로 중국은 외국 세력에게 결정적으로 지배를 당하게 되었다. 그러나 초기 명나라 때 정화의 대탐험 시대에는 중국이 이런 욕구가 없었다. 모직물과 포도주 같은 유럽의 특징적인 생산물에 관해서도 중국인들은 거의 흥미를 느끼지 못했다. 정화가 외국 통치자들에게 전해 준 선언문은 세계의 나머지 국가들이 중국에 대한 경외심과 우호적인 동맹을 맺는 일 외에는 중국에게 줄 것이 없음을 자랑하고 있었다.

  중국의 원정을 무능하게 만든 것은 금욕주의가 아니라 자기만족이었다. 중국인들은 외국의 생산물에 손을 뻗는 것을 하나의 죄악으로 여기면서 큰 욕심을 갖지 않는 것을 최고의 신뢰라고 표현했다. 17세기에 중국의 항해에 관한 보고에는 다음과 같이 자랑하고 있었다.

미개인들과 접촉할 때는 달팽이의 왼쪽 뿔을 만지는 것처럼 두려워할 것이 전혀 없다. 오로지 정말 걱정해야 할 것은 바다의 파도를 정복하는 방법이다. 그리고 모든 위험 중에서 가장 나쁜 것은 이익을 갈망하는 욕심 많은 자들의 마음이다.

오랜 몇 세기 동안 중국인들은 서양에서 확산되고 있는 풍조인 외국과 교류하는 일을 완강하게 거부했다. 최초의 영국 외교 사절인 매카트니 경Lord Macartney이 중국과 교역을 시작하려고 북경에 왔을 때 청나라 황제 건륭제乾隆帝의 반응은 거의 냉담했다. 1793년에 황제는 이렇게 말했다. "여러분 사절단이 보셨겠지만 우리는 부족한 것이 없습니다. 우리는 특이하거나 이곳에서 생산되는 물건들을 전혀 모아 두고 있지 않습니다. 또 여러분 나라들의 물건들이 필요하지도 않습니다."

세상의 중심 왕국인 중국은 당연히 외국의 특산물에 관심이 없다고 했지만 희귀하거나 진기한 물건에는 큰 관심이 있었다. 그런 물건들은 경제에 도움을 주진 않았지만 왕실의 장식장이나 동물원에 활력을 불어넣어 주었다. 중국 신나라 황제 왕망王莽(서기 8-23년)의 통치 기간에 조공을 바치는 나라에서 살아 있는 코뿔소를 가져왔을 때 수도 전체는 기쁨에 들떠 있었다. 중국인들은 마다가스카르에서 전설로 전해져 오는, 마르코 폴로가 코끼리도 잡아먹는다고 한 거대한 새 '그리핀'에 관한 이야기를 더욱 정교하게 꾸몄다. 그리고 이제 정화의 원정대의 결과로 사자, 호랑이, 아프리카산 영양인 오릭스, 인도산 영양인 닐가이, 얼룩말, 타조 등이 외국의 대사들을 통해 왕실 동물원에 전해졌다.

정화가 이루어 낸 원정의 정신은 수입된 진기한 동물들 가운데 가장 흥미로운 광경의 하나를 받아들이는 태도에서 더욱 잘 요약되어 있었다. 1414년 9월 20일에 벵골에서 중국 황제에게 보내온 조공은 중국에서 결코 볼 수 없었던 동물인 기린이었다. 그때까지 동물, 식물, 광물 등 다른 외국의 특산물은 큰 관심거리가 되지 않았다. 기린을 받은 궁정에서 즉시 보인 반응은 그런 기이한 동물이 자라는 나라에 대한 경탄이 아니었다. 대신에 그 일은 중국이라는 거울로 세상을 보는 중국인들의 수용력을 보여주었다. 기린은 중국인들에게 중국의 전통 문화, 종교, 시, 맹목적인 애국주의 등을 통해 독창적으로 키운 자기만족의 열광을 불러일으켰다.

모두가 잘 알듯이, 기린은 특이하고 매력 있는 모습을 한 동물이다. 서양인들은 16세기에도 그런 동물의 서식지를 낭만적인 곳으로 여겼다. 그러나 명나라 시대의 중국인들, 의례 담당 기관, 황실 학회, 그리고 여러 조신들은 그런 생각을 하지 않았다. 그들의 결론은 흥미로운 우연의 일치로 확인되었다. 기린이 살고 있는 동아프리카의 소말리아에서는 이 동물이 동양에서처럼 그대로 'girin(기린)'이라고 불린다. 중국인들에게는 이 말이 서양의 일각수를 닮은 전설 속 동물의 이름인 키린k'i-lin(현대의 발음은 치린, ch'i-lin)과 매우 유사하게 들렸다. 처녀성을 상징하고 때로는 성모 마리아와 관련이 있는 우아하고 새하얀 일각수는 중세 말과 르네상스 시대의 벽걸이 장식물인 태피스트리의 사냥 장면에 잘 나타나 있었다.

중국의 민간전승에 따르면, 광범위한 의미를 지닌 일각수는 우주의 중요성까지 담겨 있었다. 키린의 출현은 길조 이상의 의미가 있었다. 그 의미는 하늘의 은총을 나타내고 황제의 미덕을 입증했다. 완벽한 정권의 통치에는 우주가 경이롭고 자비로운 능력으로 용과 키린 같은 특이한 동물을 출현시켜 능력을 과시했다. '사슴의 몸과 황소의 꼬리'를 지니고, 약초만 먹으며, 살아 있는 생명을 해치지 않는 키린ki-lin이라고 알려진 생물과 기린giraffe이라고 알려진 동물 사이에는 놀라운 유사성이 있는 듯 보였다. 정화와 다른 환관들은 기린을 보았을 때 틀림없이 키린일 것이라고 여겼을 것이다. 그리고 그것으로 황제를 기쁘게 하여 잘 보일 절호의 기회라고 생각했다. 그들은 벵골의 군주가 기린을 조공으로 보내어 벵골에 서식하는 줄 알았으나 그렇지 않다는 사실을 알고 기린의 원산지인 아프리카의 말린디를 가까스로 조공을 바치는 나라로 만들었다. 말린디 왕은 또 다른 기린을 보냈는데, 그 기린은 다음 해에 중국에 도착했다. 이후에 정화의 원정대가 말린디와 아프리카 동해안의 먼 지역까지 간 이유는 노예나 금이나 은을 찾기 위해서가 아니라 기린의 매력 때문이었다.

기린이 궁정에 도착하기 바로 전 해에는 많은 길조가 있었다. 처음으로 기린이 벵골에서 궁정에 도착했을 때 환관들과 궁정의 여러 아첨꾼들은 기린을 황제의 무한한 완벽의 증거와 상징으로 만들기를 주장했다. 그러나 황제는 겸손을 가장하며 그들의 아첨을 무시했다. 의례 담당 기관에서 가져온 축하문을 받기를 거절한 황제는 "키린이 없어도 올바르게 다스리는 정치를 방해하는 것은 있을 수 없다"라고 말했다. 그러나 결국 굴복한 황제는 말린디에서 두 번째 기린이 왔을 때, 훌륭한 차림새를 갖추고 성문까지 나가 그 길조를 맞이했다. 그곳에서 황제는 키린이 황제의 아버지가 갖춘 '풍부한 미덕'과 대신들의 헌신을 증명하는 것이라고 겸손하게 인정하고 대신들에게 '덕행'을 계속할 것을 천명했다.

이 일은 매우 경이로운 일이었기 때문에 황실 학회에게는 황제에게 아첨을 할 기회였다. 그들의 축하문 하나를 살펴보면 다음과 같다.

충심으로 저는 폐하께서 태조 황제의 위대한 유산을 이어받으시고, 폐하의 덕행은 〔세상〕을 완전히 바꾸고, 3개의 천체가 규칙적인 방향을 따르게 하고, 모든 살아 있는 인간들이 그들의 의무를 실천하도록 이끌어 주신다고 생각합니다. 그 결과로 '채식 호랑이Tsou-yü'가 나타나고 신기한 곡물이 자라고, 하늘에서 단 이슬이 내리고, 황허가 맑아지고, 맛이 좋은 샘들이 솟아 나왔습니다. 영락제 12년(1414년) 9개월째 키린이 벵골에서 와서 공식적으로 궁정에 조공으로 바쳐졌습니다. 대신들과 백성들이 모두 키린을 보았고 그들의 기쁨은 한없이 컸습니다. 폐하의 종인 저는 현자가 최고의 자애로운 덕을 지니고 가장 어두운 곳을 비출 때 키린이 나타난다는 말을 들었습니다. 이는 폐하의 덕이 하늘의 덕과 같다는 것을 보여 주고 있습니다. 폐하의 자비로운 은총은 멀리 퍼져 나가 조화로운 기운이 되어 키린을 생겨나게 했고 그것은 천년만년 이 나라의 영원한 축복이 될 것입니다. 폐하의 종인 저는 군중 속에서 이 행운의 징조에 경의를 표하며 바라봅니다. 그리고 수백 번 무릎을 꿇고 땅에 엎드려 절을 하여 다음과 같이 찬양의 글을 바칩니다.
문식과 무략에 걸쳐 덕행이 뛰어난 신성한 황제께 영광이 있기를 기원합니다. 고귀한 왕위를 계승하고, 완벽하게 나라를 잘 다스리고, 고대의 위대함을 본보기로 삼으신 신성한 황제께 영광이 있기를 기원합니다.

황제의 완벽함에 대한 장황한 찬사가 끝난 다음, 이번에는 기린에 대한 찬사가 이어졌다.

몸의 길이가 15피트(약 4.6미터)가 되는 키린이 진정으로 태어났다.

몸은 사슴과 같고, 꼬리는 황소와 같으며, 뿔은 뼈가 없는 살과 같고,

빛나는 얼룩들은 붉은 구름이나 자줏빛 안개와 같다.

발굽은 살아 있는 생물을 밟지 않고, 키린이 걸어 다닐 때는 땅을 조심스럽게
골라 밟는다.

키린은 위풍당당하게 걸으며 움직일 때마다 몸은 율동에 흔들리고

조화를 이루며 내는 소리는 종소리나 악기 소리처럼 은은하게 들린다.

온화한 이 동물은 옛날부터 단 한 번만 볼 수 있고,

그 모습은 신성한 기운으로 바뀌어 하늘나라로 올라간다.

세상에 대한 호기심은 중국의 덕행을 나타내는 단순한 징조가 되었다.
또한 중국인의 '지성의 벽'은 세계의 다른 나라들의 교훈과 반대로 나타났
다. 황제 영락제는 키린의 출현으로 중국 역사상 어느 황제들보다 더욱 많
은 외국 사신들을 맞이하여 기념했다고 한다. 그러나 중국인들은 세계의
경험에 영향을 받지 않은 전통을 만들어 냈다. 유교는 가장 놀라운 진기물
을 받아들이게 했고 또 빼앗아 버렸다.

정화의 광범위한 해양 원정보다 더 놀라운 일은 그 원정이 갑자기 끝나
버렸다는 사실이었다. 이 중국의 콜럼버스가 중국의 베스푸치, 발보아, 마
젤란, 캐벗, 코르테스, 그리고 피사로 같은 사람들로 계속 이어졌다면 세
계의 역사는 매우 달라졌을 것이다. 그러나 정화는 후계자가 없었고 중국
의 해외에서 이루어지는 항해 활동은 갑자기 중단되고 말았다. 원정대를
파견하는 데 쏟은 예전의 활력은 갑자기 후퇴를 강요하는 데 쓰였다. 근대
의 중국 역사에는 유럽인들의 식민지 획득을 위한 경쟁과 '미지의 영역'에

대한 탐구에 필적할 만한 대상이 없었다. 그리고 탐험 정신은 중국에서 생소한 느낌이 되어 버렸다.

중국의 은둔 성향은 옛날부터 있었다. 고대로 거슬러 올라가, 기원전 3세기에 세워진 만리장성은 명나라 정화 시대에 현재의 모습으로 재건된 것이었다. 세계에는 어느 곳에도 만리장성만큼 규모가 크거나 연대학적 지속성을 띤 사례도 없다. 만리장성의 정신은 수없이 많은 여러 의미로 표현되었다. 그중 하나는 황제가 백성들에게 해외로 나가는 것을 금지한 '엄청난 퇴보'였다. 외국에 나가 있는 중국인들은 불법이었고 경솔하게 해외로 나간 여행자들은 참수형에 처해졌다. 정화의 웅장한 일곱 번째 원정은 중국의 마지막 항해였다. 1433년에 정화가 고국으로 돌아온 뒤에 중국의 조직적인 대양 모험은 막을 내렸다. 그해에 발표한 황제의 칙령과 그 후 계속된 칙령(1449년, 1452년)은 해외로 나간 중국인들에게 더욱 심한 처벌을 부과했다.

물론 '엄청난 퇴보'는 실질적인 이유가 있었다. 조공을 바치는 나라들을 늘리고 유지하는 일이 비용이 많이 들었다. 앞서 살펴보았듯이, 중국의 조공 제도는 대부분 '조공을 받는 나라'에 부담이 더 컸다. 먼 거리에 있는 많은 나라들에게 조공을 강요하는 것은 큰 비용이 들면서 경제적 대가는 매우 빈약했다. 나라를 위해, 황제를 위해, 그리고 환관들을 위해 비용을 많이 들여서 하는 자기도취 행동이 과연 필요한 일이었을까? 중국이 정말 세상의 완벽한 중심 왕국이었다면 그런 비용을 많이 들여 재확인하는 행동은 필요 없는 일이 아니었을까?

정화의 탐험에 관한 반대는 궁정의 환관들에 대항하는 유교 관료들의 해묵은 싸움에서 또 다른 충돌로 생긴 일이었다. 유교의 전통을 지키는 학자들이 지배하는 중앙 집권화된 관료주의는 중국인들의 가장 조숙한 업적의 하나였다. 중앙 관료들은 황실의 재산이 농민들을 돕기 위한 용수 보존 사업, 기근에 대비한 곡물 저장, 국내 수송 수단을 개선하기 위한 운하 건설 등에 사용되어야 하지만 호화롭고 무모한 해양 모험에 사용되어서는 안 된다고 합리적인 주장을 폈다. 또 그들은 약간의 귀중한 보석은 제외하더라도 이런 항해 탐험이 무슨 이익을 가져왔으며, 또 코뿔소나 기린 같은 쓸모없는 진기한 동물이 무슨 필요가 있느냐는 의문을 제기했다.

중국은 인도양과 중국해 주변의 모든 나라들과 교류를 시작하면서 부수적인 이점도 있었다. 그러나 중국의 무역은 수입이 더 많아진 역효과를 초래했고 화폐의 가치가 급격히 하락하여 지폐가 액면 가치의 0.1퍼센트로 떨어지자 중국의 대외 무역은 금과 은을 수출하여 겨우 기본 수준을 유지할 수 있었다. 한편 2,000년 전부터 건설이 시작되어 북쪽의 톈진에서 남쪽의 항저우에 이르는 수천 마일 길이의 대운하가 완성되었다. 이 대운하는 계절에 상관없이 제 기능을 할 수 있는 항로가 되었다. 그로 인해 이전에 중국에서 다른 나라로 식량을 운반하는 데 쓰인 선박들은 대운하에 사용되었고 해상무역의 곡물 수송은 폐지되었다.

그와 동시에 북서쪽 국경 지역에서는 몽골족과 타타르족의 위협으로 엄청난 군사비 지출이 필요했다. 1,500마일(약 2,414킬로미터) 길이의 만리장성도 수리가 필요하여 오늘날의 형태로 재건되었다. 정화가 마지막 항해에서 돌아온 지 15년도 안 되어, 정화의 그 '웅장한 보물 선단'을 폐지했던 바로 그 중국의 황제는 몽골족과 타타르족 군대에 잡혀 포로가 되었다. 1474년에는 400척의 군함으로 이루어진 주요 함대가 140척으로 줄어들었다. 조선소는 해체되고, 선원들은 떠나고, 항해 죄의 공범자가 될까 봐 두려워한 조선공들은 어디론가 숨어 버렸다. 해외 항해의 금지령은 연안 항해까지 그 범위가 확대되었다. 몇 년도 지나지 않아 '바다에는 널판자 하나 찾아보기 힘들었다.' 한 세기 동안(유럽의 정복자와 세계 일주 항해자들이 대양을 건너고 세계를 돌며 항해를 하던 항해자 엔리케의 시대에) 중국인들은 항해를 모두 금지시키는 법을 만들고 이를 집행하는 관리들을 조직하고 있었다. 1500년에 돛대 2개 이상 달린 원양 항해용 정크를 만들어도 사형에 처할 죄가 되었다. 1525년에는 해안 관리들이 그런 배는 모두 파괴하고 또 그런 배를 타고 항해하는 선원들을 체포하라는 명령을 받았다. 1551년에는 돛대 여러 개가 달린 배를 타고 바다에 나가는 사람들을 모두 첩자 활동의 죄로 체포하도록 법이 다시 수정되었다. 항해를 반대하는 관료들의 승리였다. 그렇게 중국은 다시 예전의 모습으로 되돌아갔다.

중국인들은 오래전부터 자신들을 중심에 둔, 그들 고유의 오이쿠메네 oikoumene (사람이 사는 세계)라는 생각을 발전시켜 왔다. 중국인들은 바로 그들 자신의 예루살렘이었다. 명나라 황제들은 하늘의 아들이었기 때문에 지구의 모든 인간들을 다스리는 최고 통치자이자 최고 권력자였다. 다른 나라 사람들이 외국인을 자신들의 종족이 아니므로 배척하고 있었을 때 중국인들은 무의식적으로 세상 사람들을 미개한 시종으로 여기며 자신들 속에 포함시키고 있었다. 그들은 중국인이 아닌 사람들은 당연히 중국에 조공을 바쳐야 한다고 생각했다. 또한 중국인들은 당연히 외국의 소유물을 획득해서는 안 된다고 여겼다. 외국과 교역하는 것은 하늘의 아들에게 어울리지 않는 일이었다.

유럽인들이 열정과 큰 희망으로 항해를 하고 있었을 때 항해를 금한 중국은 국경을 봉쇄하고 있었다. 물리적이고 지능적인 만리장성 안에서 중국은 예기치 않은 상황과 마주치기를 피했다. 중국인들이 지형을 기술하는 단위는 하나의 확립된 통치 체제 지배에 있는, 사람이 거주하는 지역인 '국國'이었다. 그리고 이런 통치 체제만이 황제에게 조공을 바칠 수 있었다. 따라서 중국인들은 사람이 살지 않거나 도달할 수 없는 땅에 관해서는 관심이 없었다. 2세기 이후로 유교의 정통적 신념은 인간의 내부를 향한 중요성을 확인하고 있었다. 유학자들은 외부 세계의 단순한 물리적 형세에 관심을 가질 이유가 없었다. 그들은 지구의 구형에 관해서는 지리적 현상이 아닌 천문학적 사실로 관심을 두었다. 지구를 둘러싸고 있는 5개의 클리마타 지대에 관한 그리스인의 개념이나 각 지대에 자라고 있는 동식물을 특징짓는 이론은 중국인들의 성향에 맞지 않았다. 대신에 중국인들은 지구의 모든 지역의 문화적 특성을 자신들의 중심 왕국과 관련시켜 해석했고, 이국적인 나라로 가는 항로를 찾거나 미지의 세계를 탐색하는 데 흥미가 전혀 없었다. 발견자가 될 수 있는 기술과 지성과 국가 자원을 충분히 갖추고 있었지만, 중국인들은 외부에서 발견되는 운명을 스스로 선택했다.

7부

아메리카의 경이로움

천재는 실수를 하지 않는다.
발견을 위해 의도적으로 저지를 뿐이다.
실수는 새로운 발견으로 가는 관문이기 때문이다.
– 제임스 조이스 James Joyce, 『율리시스 Ulysses』(1922년)

27

떠돌아다니는 바이킹

앞서 살펴보았듯이, 중국인들은 갑자기 그리고 의도적으로 세계의 문턱에서 후퇴를 하고 예전의 모습으로 돌아갔다. 중국인들은 후퇴를 하려고 노력을 하고 정책도 세워야 했다. 그러나 바다로 나가 세계를 발견하려고 조직을 하거나 준비를 하지 않은 사람들은 그런 선택에 전혀 부딪히지 않았다. 이런 상황은 중세에 유럽의 여러 나라에서 흔한 일이었다. 바이킹(780-1070년경)의 해상 대모험 시대에 유럽의 그리스도교 나라들은 거의 해외로 향하지 않았다. 지중해를 차지한 이슬람 제국은 북아프리카의 마그레브Maghreb를 돌아 지브롤터를 건너 피레네산맥에서부터 서아시아 일대를 지나 인더스강 유역에 이르는 광범위한 지역까지 뻗어 나갔다. 서유럽에서는 상인, 순례자, 침략자, 도적 등이 대부분 육로로 이동하고 있었다.

8세기 말에, 갑자기 고대 스칸디나비아인들은 발트해와 북해 주변의 사람들을 습격하여 깜짝 놀라게 했다. 수 세기 전부터, 게르만어를 하는 고대 스칸디나비아인들은 유럽의 북쪽 반도와 그 주변의 섬들에 정착했다가 서서히 덴마크인, 스웨덴인, 노르웨이인 등으로 분류되었다. 그들은 아무런 이유도, 경고도 없이 평화로운 정착지를 습격하여 혼란과 공포를 초래했다. 스칸디나비아인들이 가끔씩 유럽을 공격하는 일은 1,000년 전부터 일어나고 있었다. 그런데 이제 그들의 공격은 살인과 강간과 약탈로 확산되었다.

　오늘날까지 그 스칸디나비아인들을 '바이킹'이라 부른다. 그런데 그 말의 기원은 매우 애매모호하다. 고대 노르웨이와 아이슬란드에서는 '바이킹viking'이 해적의 습격이나 약탈 행위를 의미했기 때문에 바이킹은 해적이나 침략자를 의미하게 되었다. 이 말은 또 약탈하는 바이킹들이 숨어 있는 작은 만을 뜻하는 고대 노르웨이 말 '비크vík'에서 유래되었다고 한다. 그리고 이 말은 바이킹들이 약탈하러 가기 전에 임시 야영지에서 살았기 때문에 고대 영어로 '막사' 또는 '임시 거처'를 뜻하는 'wīc' 또는 'wīcing'과도 관련이 있다. 이 말은 또한 전사나 병사를 의미하기도 했다. 어쩌면 '바이킹'은 도시wīc (라틴어로는 vicus)에 사는 사람이라는 말과도 관련이 있어서 이후에는 선원이나 상인을 의미하게 되었다고 한다. 그리고 또 이 말은 '빨리 움직이다'라는 고대 노르웨이 말의 동사 'víkja'와 관련 있다고 해서 바이킹을 먼 곳으로 빨리 물러나는 사람, 또는 집에서 오랫동안 멀리 나와 있는 사람을 가리킨다고 한다.

　초기에 바이킹의 습격 대상이 된 곳은 거의 무방비 상태이면서 보물이 많았던 서유럽의 수도원과 교회들이었다. 그리스도교 유럽에서는 교회에 보관된 보물들을 신앙심이 깊은 지방 신도들이나 신앙심이 없는 사람들에게서 보호할 필요가 거의 없었다. 교회의 물건을 훔치면 특히 극악무도한 죄를 짓는 일이기 때문이었다. 샤를마뉴 대제의 조부 샤를 마르텔Charles

Martel이나 머시아의 애설볼드Aethelbald of Mercia와 같은 통치자들도 특별한 교회의 물건은 훔치지 않았고 대신에 간접적으로 교회의 토지를 몰수하거나 성직자의 특권을 줄여 대규모로 교회 재산을 빼앗았다. 따라서 주변의 그리스도교 신도들이 감히 침해하려고 하지 않았던 신성한 보물은 특히 이교도 약탈자들 위해 남겨 둔 듯 보였다.

바이킹들은 이런 행운의 기회를 알자 주저하지 않았다. 외진 곳에 있는 수도원들은 바이킹들의 첫 번째 쉬운 희생물이 되었다. 수도사들이 세속의 유혹에서 안전하다고 느낀 아일랜드의 대서양 연안에서 멀리 떨어진 외딴 섬들은 바이킹들의 공격에 무방비로 노출되어 있었다. 오늘날 아일랜드를 여행하면 볼 수 있듯이, 수도원 자리 옆의 빈터에 홀로 우뚝 서 있는 돌탑은 당시에 수도사들이 처했던 상황을 알려 주고 있었다. 150피트(약 46미터) 높이로 공중에 굴뚝 모양으로 솟은 이 구조물을 수도사들은 임시 피난처로 삼았다. 바이킹이 공격하는 첫 소리에 서둘러 돌탑 안으로 들어간 수도사들은 맨 아래 입구에서 15피트(약 4.6미터) 높이로 서 있는 사다리를 기어 올라가 위에서 사다리를 걷어 올렸다. 그렇게 하여 수도사들은 바로 학살당하는 것을 모면할 수 있었으나 물론 바이킹의 포위에는 속수무책이었다. 수도사들은 약탈자들이 떠날 때까지 그 돌탑 안에 의례용 은그릇, 주교의 홀장, 보석이 박힌 성유물함 등을 옮겨 놓았다. 그러나 바이킹들은 수도사들이 돌탑에서 나올 때까지 기다리는 법을 터득하고는 유예 기간을 정해 '보호금'을 요구했다.

바이킹의 서양 습격에 관해 최초로 기록된 사건은 잉글랜드 노섬벌랜드Northumberland의 북부 해안에서 떨어져 있는 무방비 상태의 린디스판Lindisfarne섬(길이 약 5킬로미터에 폭 약 3킬로미터의 크기)을 공격한 일이었다.

린디스파른섬은 성스러운 섬Holy Island이라고도 불렸다. 635년에 유명한 아일랜드의 수도사이면서 린디스파른의 첫 주교인 성 아이다노Saint Aidan이 수도원을 설립했고, 성 커스버트Saint Cuthbert가 676년에 인근의 판섬Farne Island에 있는 은둔자의 수도실에 은거했기 때문이다. 성 커스버트의 유해를 통해 일어난 기적들로 이 섬들은 순례자가 좋아하는 목적지가 되었다. 앵글로 색슨 연대기에는 793년 초에 불길한 번개, 하늘을 나는 용, 지독한 기근 등이 생긴 뒤 7월에 이교도들이 갑자기 바다에서 나타났다는 기록이 있다. 이 노르웨이의 바이킹들은 교회와 수도원을 약탈하고, 수도사들을 학살하고, 물건을 훔친 뒤 건물들을 불태웠다. 자연스럽게 바이킹의 습격은 사람들이 저지른 죄에 대한 신의 분노라고 해석되었다. 그렇지 않으면 왜 신이 성 커스버트 교회의 신성 모독을 허락했겠느냐고 생각했던 것이다.

그러나 인간의 죄는 분명 널리 퍼졌던 것으로 보인다. 다음 세기에 바이킹의 습격이 발트해와 북해를 지나 스코틀랜드, 북부 잉글랜드, 아일랜드, 맨섬, 그리고 더 멀리 오크니 제도, 셰틀랜드 제도, 헤브리디스 제도까지 이어졌기 때문이다. 300년 동안 바이킹들은 서유럽을 휩쓸었다. 호전적인 샤를마뉴 대제도 위협을 느꼈다. 연대기 작가들에 따르면, 한번은 샤를마뉴 대제가 한 항구도시에서 식사를 하고 있었을 때, 스칸디나비아 해적들이 이 항구도시를 약탈하려고 습격했다. "그러다가 해적들은 그들을 붙잡으려고 하는 사람들의 칼과 눈앞에서 매우 재빠르게 도망을 쳤다." 샤를마뉴는 눈물을 흘리면서 해적들이 온 동쪽 바다를 창 너머로 한참 동안 바라보고 있었다. 그는 후손들이 이 스칸디나비아 해적들에게 고통을 받을 것이라는 두려움으로 슬픔에 사로잡혀 있었다.

9세기에 걸쳐 스칸디나비아인들은 항구, 강변, 섬, 반도 등 바이킹의 배가 갈 수 있는 범위 내에 사는 사람들에게 공포를 안겨 주었다. 10세기에 들어서자 바이킹들의 습격이 정기적으로 이루어졌기 때문에 영국인들은 바이킹에게 일정하게 '데인겔드Danegeld'라고 불리는 세금을 바치도록 제도화할 정도로 신중해졌다. 바이킹들은 호색하고 난폭하다는 평판을 충분히 얻을 만했다. 예컨대 1012년에 바이킹들은 캔터베리 대주교를 포로로 잡아 비싼 몸값을 요구하며 축제를 벌이다가 분위기가 과도해지자 축제에서 먹고 남은 동물 뼈를 마구 던져 대주교를 죽였다. 또 바이킹들은 포로로 잡은 아이들을 창끝에 꽂아 놓는 습관이 있었는데, 그런 습관을 따르지 않아 동료들에게 '아이들의 친구'라는 별명을 얻은 온순한 바이킹도 있었다. 그래서 북유럽과 서유럽의 교회들이 탄원 기도문을 "주여, 스칸디나비아인의 광포에서 우리를 구원 하소서"라고 수정한 것도 놀랄 일은 아니었다.

습격하고 재빨리 도망치는 방법을 쓰는 바이킹들에게 바다는 가장 좋은 수단이었다. 그 약탈자들은 바다에서 나타나 예고 없이 희생자들을 습격하여 많은 노획물을 들고 추적자들을 피해 재빨리 도망갈 수 있었다. 침입자들이 육지로 들어올 때는 그들의 침입 정보를 미리 알 수 있기 때문에 희생자들은 재물을 숨기고 도망갈 시간이 있었다. 그러나 텅 빈 바다는 바이킹의 가장 좋은 방어막이 되었다. 그리고 바이킹은 바다에서 사방 어디로든 도망갈 수 있었으므로 희생자들은 그들을 어디로 추적해야 할지 알 수 없었다.

8세기 중반까지만 해도 바이킹들은 약탈 행위에 사용할 배를 완전하게 만들지 못하고 있었다. 영국의 학자 앨퀸Alcuin은 바이킹이 린디스파른을 습격한 793년에 이렇게 기록했다. "우리와 선조들은 가장 외로운 이 땅에 살아 온 지 거의 350년이 지났는데, 우리는 지금 이교도 민족에게서 영국에서 이전까지 한 번도 겪은 적이 없었던 공포를 느끼고 또 그들이 바다에서 쳐들어올 줄은 생각지도 못했다." 바이킹은 자신들의 본토에서 노르웨이의 피오르 해안, 덴마크반도의 모래가 많은 해안, 스웨덴의 강 상류 등을 따라 이미 오랫동안 항해를 했던 경험이 있었다. 해적 행위를 위해 배를 만드는 기술은 그런 경험에서 비롯되었다. 바이킹이 800년 직후부터 만들기 시작한 노르knorr라는 멋진 배들은 최근에 고크스타트Gökstad에서 발굴되어 확인되었듯이, 습격하는 용도에 놀라울 정도로 적합하게 만들어졌다. 이물에서 고물까지의 길이가 76피트(약 23미터), 뱃전의 폭이 17피트(약 5미터), 용골 바닥에서 뱃전까지의 높이가 6피트(약 2미터)가 되는 이 배는 바이킹의 우두머리가 지휘했다. 길이 57피트(약 17미터) 넘는 용골이 한 장의 오크 목재로 이루어져 있고 다른 여러 특징이 갖춰진 배는 놀라울 정도로 융통성 있게 만들어져 있었다. 그리고 여러 두께의 뱃전 판 16장을 덧붙여 만든 그 배는 타르를 칠한 동물의 털이나 양털로 물이 새어 들어오지 않도록 틈이 메워져 있었다. 또한 그 배는 속력을 높이는 보조 역할로 노를 사용했지만 기본적으로는 범선이었고 밤에는 35명의 선원들이 잠을 잘 수 있도록 배 위에 천막을 칠 수 있었다. 그렇지만 총 적재량인 10톤의 짐을 실으면 배는 흘수draft*가 3피트(약 1미터)에 불과했고, 바닥짐을 1톤 추가로 실을 때마다 흘수가 1인치(약 2.5센티미터)씩 늘어났다.

그런 배들은 바이킹의 습격 목적에 맞추어서 만들어진 듯 보였다. 바이킹은 배의 낮은 흘수 때문에 희생자들이 그들을 기다리고 있을 지도 모를

• 배가 물 위에 떠 있을 때, 물에 잠겨 있는 부분의 깊이

수심이 깊은 항구에 도달하는 대신에 수심이 얕은 해변을 거쳐 강 상류로 빠져나갈 수 있었다. 배는 '키가 달린 우현steerboard'(여기에서 우현을 뜻하는 'starboard'라는 말이 나왔다) 즉, 배의 우현 측면에 키를 고정시켰기 때문에 그 정도로 기동성이 좋았다. 프랑스에 소장되어 있는 바이외 태피스트리Bayeux tapestry에서 볼 수 있듯이, 노르망디의 윌리엄William of Normandy(윌리엄 1세)은 1066년에 잉글랜드를 침략했을 때, 바이킹의 전형적인 배 형태로 만든 배들을 이용하여 돛대를 내리고 재빨리 말들을 육지에 내릴 수 있었다. 예고 없이 침략하고 재빨리 떠날 수 있는 데 매우 적합한 배들이 없었다면 바이킹의 습격은 거의 성공하지 못했을 것이다. 11세기에는 바이킹이 많은 물품을 교역하기 시작하면서 무거운 짐을 실을 수 있는 더 큰 배가 필요했다. 더 이상 약탈을 목적으로 이용되지 않았던 배들은 이제 곡물, 목재, 옷감, 어류, 건축용 석재 등을 교역의 중심지로 정착된 항구에 운반했다.

약탈자 바이킹은 서서히 정착민이 되어 갔다. 그들은 매우 추운 스칸디나비아에서 겨울을 보내기 위해 가을마다 집으로 돌아가는 대신에, 약탈한 해안에 설치한 주둔지를 마을로 바꾸어 이듬해 봄에 다시 약탈을 시작할 때까지 그 마을에서 지내는 것이 편리하다는 것을 알게 되었다. 노르인Norsemen과 고대 스칸디나비아인Northmen은 '노르만인Normans'이 되었고, 또한 그들의 명칭을 붙여 정착지는 노르망디Normandy가 되었다. 911년에 프랑크의 왕, 단순왕 샤를Charles the Simple은 20년 전에 침략자들을 거느리고 온 바이킹의 우두머리 롤로Rollo the Ganger(860?-931?)에게 루앙Rouen 주변의 지역인 오트노르망디를 봉토로 제공했다. 전설에 따르면, 롤로가 충성을 맹세하는 봉건 의식을 치르고 있었을 때 자신의 양손을 자발적으로 왕의 손 사이에 놓았다. 그런 행동은 '왕의 아버지나 할아버지, 또는 증조부

때에도 왕과 신하 사이에 행한 적이 없던 일이었다.' 또한 롤로는 왕에게 무릎을 꿇고 왕의 발에 입맞춤하라는 명령을 받자 "신에게 맹세코, 그런 행동은 못하겠습니다!"라고 소리쳤다. 그런 다음, 롤로는 자신의 부관에게 그 굴욕적인 행동을 대신하라고 지시했다. 부관이 매우 어색해하며 공격적인 태도로 행동을 대신하자 왕은 매우 놀라고 말았다. 롤로가 힘으로 스칸디나비아인들을 프랑스로 이끌고 온 지 한 세기 반 만에, 노르망디의 윌리엄은 자신의 노르만족을 이끌고 영국 해협을 건너 영국 제도를 침략했다.

노르만족은 유럽의 어느 곳을 가든 매우 잘 적응했다. 그들은 프랑스와 독일에서 봉건사회의 계급제도에 잘 어울렸다. 또 영국에서는 나라를 하나로 통합하는 데 촉매 역할을 했다. 그리고 키예프 대공국에서는 해상무역으로 나라를 강화하는 데 도움을 주었다. 시칠리아에서는 노르만족이 매우 특이한 역할을 했다. 그들은 시칠리아가 이슬람교, 그리스도교, 유대교 등 여러 종교가 존재하며 아랍어, 그리스어, 이탈리아어 등 다양한 언어를 사용하는 공동체 사회라는 사실을 알고 중재인이 되었다. 노르만족 출신의 시칠리아 왕 로제르 2세Roger II의 관대한 보호 정책으로, 팔레르모Palermo의 화려한 궁정은 사상과 예술이 한데 어우러져 발전하는 남부 유럽의 활발한 중심지가 되었다. 또 1명의 노르만족, 탕크레드Tancred(1078?-1112년)는 제1차 십자군을 이끌고 예루살렘을 탈환한(타소Tasso의 '해방된 예루살렘Jerusalem Delivered'이라는 시에서 찬미되고 있다) 다음, 시리아에 또 하나의 노르만 왕국을 세웠다.

노르만족은 사람들과 동화하고 단합하는 측면에서 이주에 잘 적응했지만 탐험의 소질이나 욕구는 없었다. 바이킹의 배들은 오랜 항해나 넓은 대양을 건너 먼 곳에 식민지를 세우는 목적에 적합하지 않았다. 그 배의 화물 적재량은 바다에서 몇 주 동안 수많은 선원들이나 선객들을 먹여 살리는 데 충분하지 않았다. 9세기에 만들어진 바이킹의 고크스타트 배는 선원들 약 35명을 태우고 겨우 화물 10톤을 실을 수 있었다. 그에 비해 콜럼버스의 산타 마리아호는 선원 약 40명을 태우고 화물 약 100톤을 실을 수 있었고, 청교도의 메이플라워호는 선객과 선원을 합쳐서 약 100명을 태우고 화물 약 180톤을 실을 수 있었다. 용골을 한 장의 오크 목재로 이어 붙여 융통성 있게 만든 바이킹의 배는 길이에 제한이 있었지만 해적 시대에는 놀라울 정도로 항해에 적합했다. 바이킹의 배가 항해에 적합한 지는 1893년에 입증되었다. 마그누스 안데르센Magnus Andersen 선장이 고크스타트 배와 정확히 똑같이 만든 배로 베르겐에서 뉴펀들랜드까지 28일 동안(4월 30일-5월 27일) 폭풍이 치는 바다를 항해했던 것이다. 그때 안데르센은 배의 용골 길이에 충분히 맞도록 하려고 캐나다의 오크 목재를 노르웨이까지 가져와야 했다.

바이킹의 배들이 스칸디나비아인들을 태우고 습격하고 도망가는 방식으로 교회와 수도원의 보물을 약탈하고 있을 때, 다른 바이킹의 배들은 스칸디나비아 정착민들을 태우고 정착할 땅을 찾고 있었다. 이 배들은 정착민들이 찾는 땅이 있는 근처의 섬들을 찾아 험한 북해를 지나갈 수 있도록 잘 설계되어 있었다. 스칸디나비아 정착민들은 '인구가 급속히 늘어나는' 민족으로서 이미 전설적인 명성이 있었다. 통계를 근거로 하지는 않았지만 전해지는 말로는, 스칸디나비아 사람들은 "왕성한 번식력과 좋은 기후 조건으로 인구를 급속히 증가시켜 새로운 거주지를 찾아 이전의 거주민들을 쫓아내거나 굴복시킨 다음, 그 자리를 차지하고 사는 강력한 벌떼

같은 무리였다"라고 한다. 서양의 관찰자들은 스칸디나비아인들의 이런 번식력에 놀라 인구가 그렇게 급속히 증가하는 이유를 해석하려고 어쩌면 일부다처제 같은 어떤 특별한 제도가 있을 것이라고 추측했다. 스칸디나비아의 일부 지도자들은 놀라울 정도로 자식을 많이 낳았다는 사실도 있다. 노르웨이에 강력한 왕국을 세우고 나약한 족장들을 쫓아낸 해럴드 페어헤어Harold Fairhair(850?-933년)는 9명의 아들을 두었고 모두 건강하게 자랐다. 그의 아들이자 후계자인 에이리크 블로뒥스Eric Bloodaxe는 8명의 아들을 두었다. 따라서 그들이 더 많은 땅을 원했다는 사실은 놀랄 일이 아니다.

이런 아들 중 일부는 자리에서 물러난 족장들을 비롯한 여러 사람들과 함께 북해와 인근 대서양의 섬들에 정착하려고 떠났다. 그들이 정착한 오크니 제도, 셰틀랜드 제도, 페로스 제도, 헤브리디스 제도, 아이슬란드 등은 외진 곳을 뜻하는 상투어가 되었고 유럽 역사에서 별로 중요하지 않은 곳이 되었다. 한편, 여러 강과 만들이 동쪽으로 발트해를 향해 있는 스웨덴의 사람들은 이슬람 사람들과 교역을 하고, 키예프와 노브고로드의 삶을 지배하며 드비나강, 드네프르강, 볼가강 등 러시아의 강을 마음대로 오르내리며 다녔다. '러시아Russia'라는 말은 항해자를 뜻하는 고대 스칸디나비아 말의 '로스맨Rothsmenn'에서 유래된 것처럼 보이는데, 여기서 로더röthr라는 말이 '배를 젓다row'를 의미했다. 이후의 관점에서 보면, 세계적인 교역을 번성시킨 것은 동양이나 열대지방의 비단과 향신료와 보석뿐만이 아니었다는 사실을 쉽게 잊고 있다. 이슬람 사람들은 스웨덴 사람들이 북부 러시아의 숲에서 잡은 노예들을 거래했다. 당시에 유럽에서 상아의 주요 공급원이었던 바다코끼리의 어금니, 모피 등 북극의 일부 특산품들은 남쪽과 동쪽의 상인들이 많이 요구하던 물품이었다. 콘스탄티누스 황제의 시대부터 십자군 시대에 이르기까지 700년 동안, 스칸디나비아인들은 남쪽과 동쪽, 그리고 서쪽으로 유럽이 확장하는 데 중요한 매개 역할을 했다.

28

빈랜드의 난관

서쪽으로 향하는 바이킹들은 끊임없이 섬에서 섬으로 떠돌아다니는 방랑자들이었다. 이후 역사에서 거의 관심을 끌 수 없었던 북극권 바로 아래의 북반구 지역의 지도를 보면 고대 스칸디나비아인들이 서쪽으로 향한 길을 알 수 있다. 베르겐Bergen에서 아메리카 해안에 이르는 대양을 넘어 북위 60도와 북극권 사이의 바다에는 약 500마일(약 805킬로미터) 거리 간격으로 육지를 만나게 된다. 콜럼버스와 베스푸치의 활동 영역이었던 남위 해역의 광대하고 단조로운 대양과는 정말 차이가 많이 난다. 700년경에 바이킹들은 스코틀랜드에서 북으로 약 200마일(약 322킬로미터) 정도에 위치한 페로스 제도Faeroe Islands에 도달했다. 그 뒤 770년경에는 다시 북으로 올라가 아이슬란드에 정착하기 시작했다. 그리고 스코틀랜드의 북서 해안에서 떨어져 있는 헤브리디스Hebrides 제도에서 스칸디나비아 사람들은 아일랜드로 내려와 841년에는 더블린Dublin을 발견했다.

유럽의 그리스도교 세계의 학자들은 바이킹이 아이슬란드에 정착했다는 말을 들었을 때 그곳을 툴레Thule(극북極北의 땅)라고 칭했다. 폴리비오스와 프톨레마이오스가 세계의 북쪽 끝에 사용한 이 명칭은 인간의 노력으로 이루어 낸 가장 먼 목적지를 말하는 울티마 툴레Ultima Thule가 되었다. 그러나 박식한 유럽의 울티마 툴레는 무식한 바이킹들에게는 울티마 툴레가 아니었다. 바이킹들은 고대의 학문이나 그리스도교의 교리에 신경을 쓰지 않고 한 울티마 툴레에서 다른 울티마 툴레로 옮겨 다녔다. 930년경에는 아이슬란드에서 사람이 살 수 있는 지역은 대부분 점령된 듯 보인다. 노르웨이를 통일한 해랄드 페어헤어왕의 '폭정'으로 많은 나약한 족장들이 쫓겨났다. 그들은 친숙한 땅이 부족하여 더 좋은 것을 바라는 막연한 희망으로 또 다른 '떼 지어 다니는 무리'가 되었다. 그 결과 아이슬란드는 곧 사람들로 가득 채워졌다. 그리고 40년 뒤 기근이 발생하여 아이슬란드에 정착한 스칸디나비아인들은 다시 이동해야 하는 압박감이 늘어났다.

바이킹의 다음 울티마 툴레가 된 그린란드에 정착하기 위한 이동은 붉은 에이리크Eric the Red라는 상습적인 범죄자를 통해 이루어졌다. 982년에 에이리크는 고향 노르웨이에서 살인으로 범법자가 되자, 아이슬란드로 도망가 서부에 있는 하우카달Haukadal에 정착했다. 그곳에서 그는 또 살인을 저지른 범법자가 되어 아이슬란드 서해안의 반도 브레이다 피오르드Breida Fjord에 있는 한 마을로 옮겨갔다. 그곳에서 다시 살인을 저질러 3년 동안 추방 선고를 받은 에이리크는 더욱 멀리 서쪽으로 가기로 했다. 이번에 에이리크는 반세기 전에 폭풍에 표류되었던 군비요른Gunnbjörn이라는 노르웨이 선원이 목격했다고 하는, 소문으로만 전해지는 육지를 향해 배를 타고 떠났다.

에이리크는 서쪽으로 약 500마일(약 805킬로미터)을 항해했을 때 기쁘게도 소문이 거짓이 아니라는 사실을 알게 되었다. 광대한 아대륙*을 발견한 에이리크는 그린란드의 동해안에 있는 페어웰곶 Cape Farewell에 정박했다. 그곳에서 에이리크는 서해안으로 올라가면서 인상적인 풀이 우거진 경사지와 피오르드, 그리고 고향 노르웨이를 생각나게 하는 해안의 곶들을 발견했다. 추방 선고를 받은 3년 동안 에이리크와 그의 선원들은 농사를 지을 땅을 개간하고 농가를 지었다. 그곳은 곰, 여우, 순록 등 사냥할 여러 동물들이 풍부했다. 바다에는 어류뿐만 아니라 물개, 바다코끼리 등 해양 포유동물도 많았다. 기후가 좋아서 수확하기도 좋았고, 하늘에는 새들이 많고 사냥꾼에게 전혀 물들지 않았던 곳이어서 언제든 사냥을 할 수 있었다. 무엇보다도 그곳에는 이전에 사람들이 살았던 흔적이 없어서 좋았다.

정착민들을 모이게 할 매력 있는 명칭을 원했던 에이리크는 이 새로운 나라를 그린란드라고 이름을 붙였다. 3년 동안의 추방 기한이 끝나자 에이리크는 정착민들을 모으려고 인구가 넘치는 아이슬란드로 돌아갔다. 986년에 다시 아이슬란드를 떠난 그는 이번에는 25척의 이주민 선단에 남자와 여자와 가축들을 싣고 출발했다. 도중에 폭풍을 만나 겨우 14척의 배들이 도착했는데, 이것이 약 450명의 바이킹이 그린란드에 정착한 최초의 이주였다. 에이리크의 일행 일부는 그린란드 남부 끝의 서쪽에 있는 작은 만에 머물렀다. 나머지 일행은 서해안을 따라 멀리 북쪽으로 갔다. 그린란드의 기후는 아이슬란드와 마찬가지로 농사에는 그리 적합하지 않았지만 사람들은 소, 말, 양, 돼지, 염소 등을 길렀고 그 가축에서 버터, 우유, 고기, 치즈 등을 얻어 잘 지낼 수 있었다. 이후 발굴된 에이리크의

---

* 대륙보다는 작지만 섬보다는 큰 땅

농장 유적은 얼어붙는 듯 매서운 바람과 폭설을 대비해 지은 두꺼운 석벽과 흙더미로 이루어진 놀라울 정도로 넓고 안락한 주택이었음을 보여 주었다.

육지를 찾아 바다를 떠돌아다닌 바이킹들의 이야기는 오늘날에도 몇 번이고 들어 보게 된다. 그들은 우연히 육지 하나를 발견하면 그곳의 정착민이 되었다. 아이슬란드도 바이킹이 처음으로 발견한 곳이었다. 그곳을 최초로 발견한 사람은 가르다르 스바바르손Gardar Svavarsson이라는 스웨덴 사람이었다. 가르다르 스바바르손은 예언자인 어머니의 말을 듣고 또 헤브리디스 제도에 있는 아내의 유산을 찾으려고 스칸디나비아에서 여정을 시작했다가 도중에 길을 잃고 표류했다. 그러다가 우연히 그는 동부 아이슬란드에 도착했다. 그리고 앞서 확인했듯이, 이후에는 또 다른 표류했던 선원이 뜻밖에 아이슬란드의 남서쪽 땅에 도착했고 붉은 에이리크가 그 후에 이 선원이 전한 소문을 듣고 그린란드를 찾아 떠났던 것이다. 바이킹이 빈랜드Vinland를 발견하게 된 일도 육지를 찾기 위한 좀 더 큰 모험이었다.

바이킹이 우연히 아메리카에 정착한 이야기는 비야르니 헤르욜프손Bjarni Herjolfsson에서 시작된다. 그는 배 1척으로 노르웨이와 아이슬란드 사이를 오가며 교역을 하고 있었다. 986년 여름에 비야르니는 평소처럼 아이슬란드에 사는 아버지 헤리울프Heriulf와 함께 겨울을 보내려고 배에 짐을 가득 싣고 아이슬란드로 향했다. 그런데 이번에는 아버지 헤리울프가 아이슬란드에 있는 재산을 모두 팔아 붉은 에이리크의 일행에 합류해 그린란드로 이미 떠나 버리고 없었다. 그 사실을 알고 깜짝 놀란 비야르니는 자신의 선원들을 데리고 아버지 뒤를 따라가기로 했다. 그들은 그린란드의 남서쪽 피오르드로 가는 항로가 위험하다는 사실을 분명 알고 있었을 것이다. 물론 비야르니 일행은 이전에 그곳을 한 번도 가 본 적이 없었고 또 해도나 나침반도 없었다. 그들은 결국 안개에 휩싸여 방향을 잃었지만 놀라지는 않았다. 그리고 마침내 비야르니 일행은 '평평하고 숲으로 덮인' 육지를 발견했지만 그곳이 그린란드가 아니라는 것을 알았다. 해안을 따라가던 그들은 그곳이 더욱 '평평하고 나무가 우거진 지역'이라는 사실을 처음으로 알았고 더 북쪽으로 가다가 빙하로 덮인 산들도 보았다. 현실적이고 호기심이 없었던 비야르니는 더욱이 그린란드로 간 아버지를 찾고 있었으므로 그저 당황스럽고 불안하기만 했다. 그는 선원들에게 뭍에 오르지 못하게 하고 뱃머리를 바다로 돌렸다. 그리고 4일 동안 항해한 끝에 찾으려고 했던 그린란드의 남서쪽 끝에 있는 헤르욜프스네스Herjolfsnes에 정확하게 도착했다.

그린란드 사람들의 전설에는 비야르니가 지금의 아메리카로 밝혀진 서쪽의 그 찾지도 않고 확인도 되지 않은 육지를 잠깐 본 사실이 기록으로 남아 있다. 그 후 15년 동안 다른 그린란드 사람들이 폭풍에 표류된 비야르니가 목격한 그 육지를 발견했다는 기록은 없다. 그러나 그린란드 사람들은 정착지 뒤에 있는 높은 산에 올라가 서쪽 바다를 보면 수평선 너머로 육지처럼 보이거나, 또는 적어도 육지 위에서 볼 수 있는 구름 같은 것이 떠 있는 광경을 볼 수 있었다.

그린란드의 전설에 따르면, 붉은 에이리크와 함께 그린란드로 온 아들 레이프 에릭손Leif Ericsson이 비야르니의 배를 샀다고 한다. 레이프 에릭손은 '체격이 크고 힘이 세며 아주 눈에 잘 띄는 외모를 지녔고, 또한 기민하고 모든 면에서 온화하고 공정한 사람'이었다. 1001년에, 레이프는 35명의 선원들을 모아 비야르니가 목격했지만 용기나 호기심이 없어서 탐험을 하지 않은 그 육지를 향하여 떠났다. 레이프가 아버지 에이리크를 책임자로 내세웠지만 발을 헛디딘 말에서 배로 떨어진 에이리크는 이 여정이 자신의 운명에 맞지 않는다는 예감이 들어 탐험에 나서지 않았다. 그래서 '그들의 모든 가족들 중에서 레이프가 행운의 지휘를 맡았다.'

정확하게 서쪽으로 항해를 시작한 레이프와 선원들은 '비야르니와 그의 선원들이 맨 마지막에 발견한 육지를 맨 처음에 발견했다. 육지의 배경은 온통 빙하로 되어 있었고 바다로 연결된 빙하 바로 위쪽에는 커다란 바위 평판 하나가 자리 잡고 있었다. 그 육지는 그들에게 척박하고 쓸모없이 보였다.' 그곳은 허드슨 해협의 바로 북쪽에 있는 배핀섬Baffin Island이었는데, 그들은 그 섬을 '평평한 바위들의 땅Flat-stone Land'이라는 의미의 헬루랜드Helluland라고 불렀다. 남동쪽으로 해안을 따라 올라간 그들은 이번에는 평평한 육지를 보았다. 지금은 래브라도Labrador로 알려진 그곳은 숲으로 덮여 있어서 그들이 마크랜드Markland나 우드랜드Woodland라고 불렀다. 그들은 좀 더 나아가자 겨울을 나기에 매우 좋은 장소를 발견했다. 그 지역에는 포도가 풍부했기 때문에 그들은 그곳을 빈랜드Vinland 또는 와인랜드Wineland라고 불렀다. 그러나 전설에 나오는 말을 보면, 그 포도는 '야생 포도'로 투박하게 번역되어 있었는데, 어쩌면 그 말은 '붉은가시딸기wineberry'나 야생 까치밥나무의 붉은 열매, 구스베리 열매, 또는 월귤나무의 붉은 열매 등을 뜻했을 수도 있다. 이런 식물들은 최북단 지역에서 풍부하게 자란다. 레이프 일행이 살던 집터는 최근에 뉴펀들랜드의 북동쪽 끝에 있는 랑스 오 메도우즈L'Anse aux Meadows라고 불리는 지역에서 발굴된 적이 있었다. 예상외로 그 육지가 마음에 든 레이프 일행은 배를 강 상류로 이

동시켜 강이 흐르는 호수로 들어갔다. '그들은 닻을 내리고 가죽으로 만든 침낭〔바이킹이 만든 발명품〕을 들고 배에서 내렸다. 그러고는 작은 공간〔오두막〕을 지었다. 이후에 그들은 그곳에서 겨울을 나기로 하고 더 큰 집을 지었다.' 그들이 막 떠나 온 그린란드는 더 이상 에덴동산이 아니었다. 새로운 육지에 매료된 그들의 모습을 그린란드 전설에는 이렇게 전하고 있다.

강이나 호수에는 연어가 풍부했고 그 연어는 그들이 이전에 본 것보다 더욱 컸다. 땅은 매우 비옥했고, 가축들은 겨울에도 사료 걱정을 할 필요가 없었다. 겨울에 서리가 내리지 않았기 때문에 풀들은 거의 시들지 않았다. 이곳의 낮과 밤은 그린란드나 아이슬란드보다 더욱 길었다. 겨울의 가장 짧은 날에도 태양은 아침 식사 때와 마찬가지로 오후의 한창 때에도 볼 수 있었다.

이듬해 여름에 레이프와 일행은 그린란드로 돌아갔다. 레이프는 아버지 붉은 에이리크가 죽자 가족을 부양할 책임을 져야 했기 때문에 고향 근처에 머무를 수밖에 없었다. 레이프는 자신이 극찬한 빈랜드의 말을 듣고 그곳에 가 보고 싶어 하는 동생 토르발드Thorvald에게 배를 빌려 주었다. 토르발드와 30명의 선원들은 어렵지 않게 레이프가 살던 곳을 찾아냈다. 그들은 해안을 탐험하며 여름을 보냈고, 레이프스부디르Leifsbudir(레이프의 오두막이라는 의미)에서 겨울을 보냈다. 이듬해 여름에 처음으로 원주민을 만난 그들은 8명의 원주민을 죽였다. 토르발드는 화살을 맞아 치명적인 부상을 입었고, 토르발드 일행은 그린란드로 돌아갔다.

바이킹들은 빈랜드에 아직 영구적인 식민지를 만들려고 하지 않았다. 다음 단계는 레이프 에릭손의 인척인 토르핀 카를세프니Thorfinn Karlsefni라는 아이슬란드인이 착수했다. 그는 교역 물품을 싣고 그린란드로 항해를 다니던 사람이었다. 바이킹의 빈랜드 탐험은 왜 그런지 한 가족의 일이 된 것처럼 보였는데, 이것이 치명적인 약점이 되었다. 그린란드의 전설에 따르면, '토르핀 카를세프니는 매우 부유한 사람이었고, 레이프 에릭손과 함께 브라타홀리드Brattahlid에서 겨울을 보냈다. 그는 오래지 않아 구드리드Gudrid〔레이프 동생의 매력 있는 미망인〕에게 마음이 끌렸다. 카를세프니는 그녀에게 청혼을 했고 그녀는 그것에 대한 답을 레이프에게 맡겼다. 그렇게 해서 그녀는 카를세프니와 약혼을 하고 그해 겨울에 결혼을 했다.' 그러나 구드리드는 집에만 있는 여성이 아니었고 자신이 원하는 것을 잘 알고 있었다. 빈랜드에 정착민을 데려가라는 구드리드의 청에 카를세프니는 마침내 동의를 하여 3척의 배에 약 250명의 남녀와 온갖 종류의 가축을 실은 원정대를 조직했다. 그들은 가을이 오기 전에 빈랜드에 도착했고 레이프 에릭손이 살던 집터에서 멀지 않은 아늑한 작은 만에 정착을 했다. 그해 겨울은 매우 따뜻해서 가축을 야외에서 방목할 수 있었다. 그러다가 안 좋은 문제가 생겼다고 전설에는 다음과 같이 전하고 있다.

첫 번째 겨울이 지나고 여름이 왔다. 그들이 스크라엘링Skraelings〔원주민: 인디언 또는 에스키모〕과 알게 된 것은 그 큰 무리의 사람들이 숲에서 나타났을 때였다. 가까이 있던 소 떼에서 갑자기 황소가 큰 소리로 울어 댔다. 그 소리에 겁을 먹은 스크라엘링은 회색 모피, 흑담비 모피, 온갖 종류의 가죽 등을 넣은 짐을 들고 도망을 가다가 카를세프니의 집으로 와서 안으로 들어가려고 했다. 그러나 카를세프니는 모든 문을 지키고 있었다. 양측은 서로의 말을 알아듣지 못했다. 스크라엘링은 짐짝을 풀어 자신들의 물건을 내놓았고 무엇보다도 무기를 교환하고 싶어 했다. 그러나 카를세프니는 그들에게 무기를 파는 것을 금지했다. 그때 카를세프니에게 한 가지 생각이 떠올랐다. 그는 여자들을 시켜 스크라엘링에게 우유를 주도록 했다. 스크라엘링은 우유를 본 순간 우유를 가장 사고 싶어 했다. 그렇게 해서 스크라엘링과 거래가 시작되었다. 스크라엘링은 그들이 산 것을 모두 배 속에 집어넣었고, 카를세프니와 동료들은 스크라엘링의 모피를 얻었다. 그러고는 스크라엘링은 돌아갔다.

스크라엘링이 돌아간 후 바이킹들은 그들과 교역을 할 것인지, 그들을 정복할 것인지 결정을 내리지 못했다. 바이킹의 붉은 옷감을 보고 탐을 낸 스크라엘링은 그 옷감과 교환하려고 최고로 좋은 가죽과 회색 모피 생가죽을 내놓았다. '옷감이 점점 부족해지자 그들〔바이킹〕은 옷감을 손가락 넓이만큼의 크기로 잘랐지만 스크라엘링은 그래도 좋아하며 그 대가로 많은 모피를 주었다.'

그러던 어느 날, '많은 수의 스크라엘링들이 배를 타고 와서' 갑자기 공격을 했다. 스크라엘링들은 전투용 막대를 '태양의 운행과 반대 방향으로'(이때는 '시곗바늘 반대 방향'이라는 개념이 없었다) 휘두르고 또 전투용 투석기로 돌멩이를 마구 던지며 바이킹의 야영지를 습격했다. 용감한 바이킹을 가장 두렵게 한 일은 스크라엘링들의 원시적인 폭명탄buzz bomb*이었다. 스크라엘링들이 이 둥근 모양의 물체(어쩌면 북미산 사슴의 부풀린 방광일 수도 있었다)를 날려 보냈을 때 붉은 에이리크의 딸이자 레이크 에릭손의 여동생이었던 용감한 프레이디스Freydis가 밖으로 나와 바이킹들이 도망가는

---

* 제2차세계대전에 독일군이 사용하던 윙윙거리는 소리를 내며 떨어지는 로켓 폭탄

광경을 보았다. 그녀는 바이킹들에게 이렇게 소리쳤다. "당신들은 왜 저런 비열한 인간들한테서 도망을 치는 거예요? 난 용감한 당신들이 저 인간들을 소처럼 들이받을 줄 알았어요. 나한테 무기가 있다면 당신들보다더 잘 싸울 수 있을 거예요!"

그들은 프레이디스의 말을 듣지 못한 듯했다. 프레이디스는 그들의 뒤를 쫓아가려고 했으나 임신을 했기 때문에 빨리 갈 수가 없었다. 프레이디스가 그들을 뒤따라 숲으로 들어갔을 때 스크라엘링들이 그녀를 공격하려고 했다. 그녀는 길에 한 사람이 죽어 있는 것을 보았다. 그는 토르브란드 스노라손Thorbrand Snorrason으로, 머리에 돌을 맞고 죽어 있었다. 그 옆에는 그의 칼이 놓여 있었다. 그녀는 재빨리 그 칼을 집어 들고 방어를 하려고 했다. 스크라엘링들은 점점 그녀에게 가까이 다가가고 있었다. 그녀는 속옷을 벗어 가슴을 드러내 놓고 그 위에 칼을 갖다 대며 물러서지 않았다. 그 모습에 겁을 먹은 스크라엘링들은 배가 있는 곳으로 달아나 노를 저어 도망쳤다. 카를세프니의 부하들은 프레이디스에게 다가와 그녀의 용기를 찬양했다.

바이킹들이 '한 발로' 깡충깡충 뛰면서 독화살을 쏘는 사람이라고 묘사한 덕분에 스크라엘링의 위협은 더 커져서 이 바이킹들이 뉴펀들랜드를 떠나 그린란드로 돌아가게 만들었다. 그린란드에서 프레이디스는 빈랜드로 갈 마지막 바이킹 원정대를 꾸렸다. 프레이디스가 빈랜드에 도착하기 얼마 전에 헬기Helgi와 핀보기Finnbogi라고 하는 아이슬란드 출신의 두 형제가 재빨리 레이프의 집을 차지하고 있었다. 프레이디스가 빈랜드에 도착하자 두 형제는 그 집을 프레이디스 선원들과 나누어 쓰려고 했다고 해명했다. 그러나 프레이디스는 두 형제에게서 집을 몰수하고 자신의 남편을 비겁자라고 비난했다.

그는 그녀의 비난을 참을 수가 없었다. 그래서 그는 부하들에게 즉시 나와서 무기를 들라고 명령했다. 그리고 곧장 두 형제가 있는 집으로 가서 잠자고 있는 사람들을 모두 잡아서 묶어 밖으로 끌어냈다. 그때 프레이디스가 밖으로 나온 사람들을 차례로 죽였다.
남자들을 모두 죽였지만 여자들은 아직 살아남아 있었다. 그리고 아무도 여자들을 죽이려고 하지 않았다.
그러자 프레이디스는 "도끼를 가져오라"라고 말했다.
도끼를 건네받은 프레이디스는 그곳에 있는 5명의 여자들에게 다가가 모두 죽여 버렸다.

프레이디스는 두 형제의 재산을 모두 압수하여 자신의 선원들에게 나누어 주며 자신의 살인을 아무에게도 알리지 말라고 설득했다.
이듬해 이른 봄에, 프레이디스와 일행은 두 형제의 배로 그린란드로 돌아갔다. 그들은 두 형제는 빈랜드에 남기로 했다는 거짓말로 둘러댔다. 레이프는 그녀의 선원 3명을 고문하여 사실을 알아냈다. 그러나 레이프는 자신의 여동생을 처벌할 생각은 없었지만 그녀와 그녀의 후손을 저주했는데, 그 저주의 효과가 조금 있었던 듯 보인다. 최초로 기록된 유럽인의 아메리카 정착이었던 바이킹의 정착이 1020년경부터는 역사에서 벗어나 고고학자들의 영역으로 넘어갔다.
1200년 이후부터, 그린란드의 기후는 더욱 추워지고, 빙하는 남쪽으로 이동하였으며, 수목한계선은 산 아래쪽으로 더욱 낮아졌다. 바다 온도가 내려가면서 아이슬란드의 북쪽 해안에서 멀리 떠다니던 얼음은 그린란드의 끝부분에 있는 페어웰곶까지 내려와 주변을 떠다녔다. 그 때문에 바이킹 정착지는 그린란드의 서해안 위쪽으로 올라갔다. 확산하는 북극 얼음은 아이슬란드와 노르웨이에서 그린란드로 가는 익숙한 항로를 위태롭게 했다. 한편, 그린란드의 특산물도 교역의 기회를 잃기 시작했다. 모피는 이제 북부 러시아에서 들어왔고, 더 좋은 품질의 모직물은 다량으로 영국과 네덜란드에서 들어왔으며, 또한 그린란드의 특산물인 바다코끼리의 어금니는 프랑스의 장인들이 아프리카와 먼 동양에서 온 코끼리의 상아를 알면서 그 품질이 낮게 평가되었다. 이제는 먼 그린란드의 항구로 가는 배들은 거의 없어졌고, 또한 노르웨이에서 그린란드로 일정하게 다니던 수송선은 1369년에 운항이 중단되었다. 그린란드의 무역은 베르겐 도시에 속하는 노르웨이의 왕립 전유물이었다. 1349년에 흑사병이 베르겐을 휩쓸었을 때 노르웨이의 인구는 3명 중에 1명 정도 죽어나갔다. 베르겐 도시는 화재와 약탈이 일어났고, 또한 그린란드는 모국에 대한 생명선이 끊어지고 말았다. 그리고 그린란드, 에스키모, 그린란드의 스크라엘링 등을 휩쓸어 많은 사망자를 낸 흑사병은 남쪽으로 바이킹 정착지까지 퍼져 나갔다. 그리스도교의 연대기 작가들은 그린란드가 진정한 믿음을 버렸기 때문에 벌을 받은 것이라고 여겼지만, 그런 배교의 증거는 조금도 없었다. 14세기 말이 되기 전에, 그린란드의 바이킹 정착지들은 빈랜드와 마찬가지로 하나의 기억으로만 남게 되었다.

바이킹들은 어쩌면 최초로 아메리카에 정착한 유럽인이었을 수도 있다. 그렇다고 그들이 아메리카를 '발견했다고' 말할 수도 없다. 험악한 대양을 건너 이루어 낸 그들의 정착은 육체적인 용감한 행동이었지 정신적인 용기는 아니었다. 그들이 아메리카에서 행한 일들은 자신이나 다른 사람들의 세계관을 변화시키지 않았다. 과거의 그렇게 긴 항해(랑스 오 메도우즈는 베르겐에서 직선거리로 약 7,242킬로미터이다) 중에 중요한 영향을 미치지 않았던 항해가 있었던가? 그런데 빈랜드 항해에는 사실, 귀환 평가가 없었다. 가장 주목할 만한 사실은 바이킹들이 실제로 아메리카에 도달했다는 것이 아니라, 그들이 아메리카를 '발견하지' 않고 잠시 동안 그곳에 정착했다는 점이다.

바이킹의 아메리카는 새로운 뜻밖의 만남이라는 의미가 없었다. 사실, 바이킹들의 항해는 뜻밖의 만남이 거의 될 수 없었다. '뜻밖의 만남 encounter'(라틴어로 'incontra'인데, in은 영어의 in이고, contra는 영어로 opposite나 against와 같다)이라는 말은 맞닥뜨리는 것, 즉 익숙하거나 이미 알려진 것과 상반되는 만남을 의미한다. 그런데 베르겐에서 북대서양을 지나 서쪽으로 향한 바이킹의 이동을 보면 동일한 기후대에서 머물렀음을 알 수 있다. 베르겐에서 아이슬란드로 간 선원들은 북쪽으로 위도 몇 도만 이동했다. 그린란드의 바이킹 정착지들은 베르겐과 동일한 위도에 있었고, 빈랜드의 남쪽 지역은 겨우 10도밖에 차이가 나지 않았다. 빈랜드의 기후는 약간 온화했지만, 그린란드 사람들에게 빈랜드의 동식물은 이국적인 느낌을 주지 않았다. 그린란드 전설에는 스크라엘링들을 단조롭게 이렇게 표현했다. "그들은 키가 작고 호감이 가지 않으며 추한 머리칼을 지닌 사람들이었다. 그들은 눈이 컸고 볼이 넓은 얼굴이었다." 빈랜드의 2가지 진기한 것들은 스크라엘링의 사슴 방광 폭명탄과 그들이 때로는 깡충깡충

뛰며 '한 발로 서 있는' 모습이었다.

빈랜드에서 만난 두 문화 사이에는 별 차이가 없었다. 바이킹들은 스크라엘링들을 지배하거나 노예로 만들 기술이나 의지, 또는 인력이 없었다. 또 그들은 바이킹과 스크라엘링의 교역을 발전시킬 원료나 의지나 조직도 없었다. 붉은 옷감을 갖고 싶어 하던 스크라엘링들의 욕구는 순전히 우연한 일이었다. 아메리카에서 스페인과 포르투갈의 후계자들처럼 바이킹도 총기를 가지고 있었다면 스크라엘링들을 겁을 주어 쫓아 버리고 계속 정착했을 것이다. 또한 바이킹들은 76피트(약 23미터) 크기의 노르 선보다 더 큰 배가 있었다면 더욱 많은 정착민들을 데려와 인력 자원도 많이 생겼을 것이다. 그러나 바이킹 배의 설계에 가장 중요한 기여를 했던 '우현에 키를 고정시킨 기술'은 더 큰 배에 적용하기가 어려웠다.

바이킹들은 아메리카에 도달했을 때 해도나 나침반도 없었다. 그들이 항해할 때 흔히 사용하는 방식은 건너야 할 바다에 관한 익숙한 지식에 의존했다. 그러나 그런 지식이 먼 대양에서는 그리 도움을 주지 않았으며, 낯선 해역에서는 거의 통하지 않았다. 더욱 긴 항해에서는 바이킹들이 위도를 측정하는 방법을 고안하지는 못했지만 목표 지점에 도달할 때까지 그 목표 지점과 동일한 고도를 따라 항해하는 일종의 '위도 항해latitude sailing' 방식을 이용했다. 예컨대 베르겐에서 아이슬란드로 가는 스칸디나비아 선원은 수평선 위에서 북극성의 각을 이룬 높이와 정오의 태양 기울기를 보고 아이슬란드로 가는 목적지라고 여긴 지점에 이를 때까지 노르웨이의 해안을 따라 항해를 했다. 물론 이런 방식이 위도를 측정하는 일이었지만 바이킹은 그런 식으로 생각하지 않았다. 바다에서 그들은 항로를 일정한 각도로 계속 유지하려고 여러 투박한 방식(눈금을 새긴 막대기도 사용했을 것이고, 또 팔이나 손의 길이, 또는 엄지손가락 길이도 도움을 주었을 것이다)을 이용했다. 물론 바이킹들은 간혹 목적지를 빗나갈 때도 있었지만 그 때문에 아이슬란드, 그린란드, 빈랜드 등을 우연히 만나게 되었다.

이런 원시적인 '위도 항해' 방식은 항해를 하면서 생긴 익숙한 지식으로 보강되었다. 바이킹 선장은 오로지 북극성이나 태양의 관찰에만 의존할 수 없었다. 북쪽 바다는 간혹 구름이나 안개로 하늘이 가려졌기 때문이다. 바이킹 선장은 새, 어류, 해류, 표류목, 바다의 해초, 바닷물 색깔, 빙영iceblink(대형 빙상 표면에서 태양빛이 반사되어 하늘에 보이는 노르스름한 빛), 구름, 바람 등에 관해서도 지식이 있어야 했다. 9세기에, 위대한 바이킹 선원인 플로키Floki는 자신의 배에서 하늘로 날려 보낸 갈까마귀를 따라가서 아이슬란드를 발견했다. 바이킹 선원들은 선조들이 자주 항해하던 인근 지역에 대해 신비한 감각을 지니고 있었다. 그들이 사실 아메리카 해안에 도달한 것은 섬에서 섬으로 옮겨 다녔기 때문이었다. 그린란드에서 북아메리카까지 항해 거리는 아이슬란드와 그린란드 사이의 거리나 바이킹이 오랫동안 횡단하며 항해한 노르웨이와 아이슬란드 사이의 거리에서 겨우 절반에 지나지 않았다.

29

바람의 위력

장소와 계절에 따라 달라지는 일출과 일몰의 방향 외에, 당연히 선원에게 도움을 주는 가장 뚜렷한 방향은 바람의 방향이었다. 적어도 기원전 1세기에 이미 중국인들은 '바람의 계절'에 관해 기록을 했다. 그들은 바람을 24종류의 계절풍으로 세밀하게 분류했고, 연을 사용하여 그 계절풍의 여러 상태를 시험했다. 옛날부터 중국인들이 나중에 자연과학에 기여한 모든 지침 장치의 선구가 되었을 풍향계를 만들었다는 사실은 놀랄 일이 아니다. 고대 그리스인들은 바람이 불어오는 방향을 가리키기 위해 여러 바람의 이름을 사용하는 데 매우 익숙해져 있어서 그들에게 '바람'은 방향과 같은 의미가 되었다. 초기의 지도에서 볼 수 있는 사람의 불룩한 볼과 상징적인 바람을 내뿜는 강한 숨결은 단순한 장식이 아니라 주요한 방향 표시였다. 콜럼버스의 스페인 선원들은 방향을 나침반의 방향 지침이 아니라 바람los vientos으로 생각했다. 포르투갈 선원들은 나침반의 지침면을 바람장미wind rose라고 계속 불렀다. 그리스도교 선원들이 코르도바Cordova에 있는 교회에 성모 마리아를 의뢰하여 들여놓았을 때 그 성모 마리아가 '좋은 바람의 성모 마리아Nuestra Señora del Buen Aire'가 된 것도 우연이 아니었다. 자석 나침반의 시대가 되기 전에 유럽의 선원들은 모두 '방향'을 바람과 동일하게 여겼다.

사람을 바다 너머로 옮겨 주는 힘을 지닌 바람은 당연히 큰 관심과 많은 낭만적인 신화와 과학적 탐구의 주제가 되었다. 바람에 관한 문헌에 중요한 영향을 미친 사람은 유명한 로마의 문인, 루카누스 안나에우스 세네카Lucius Annaeus Seneca(기원전 4세기경-기원후 65년)였다. 그는 네로 황제의 가정교사였고, 잠시 동안 네로의 궁정을 지배했다가 네로의 명령으로 자살했다. 당시에 세네카는 바람을 '한쪽 방향으로 흘러가는 공기'라고 정의를 내렸고, 이 정의가 반복해서 널리 알려졌다. 힐데가르트 폰 빙겐Hildegard of Bingen과 같은 일부 그리스도교의 신비주의자들은 하늘을 동쪽에서 서쪽으로 옮기고 지구의 다른 요소들을 질서 있게 유지하는 것이 바람이라고 했다. 그들에 따르면, 바람이 계속 이동하지 않으면 남쪽의 불, 서쪽의 물, 그리고 북쪽의 검은 그림자가 지구 전체를 덮어 버릴 것이다. 신의 '날개'인 4개의 바람이 지구의 요소들을 분리시켜 적절히 균형을 이루게 했다. 영혼의 숨결이 인간의 신체를 유지하는 것처럼, 바람의 숨결은 하늘을 유지하고 하늘의 오염을 막아 주었다. 영혼처럼, 바람도 눈에 보이지 않으며, 모두 신의 신비를 공유하고 있었다.

12세기에, 기욤 드 콩슈William of Conches이 주장한 것과 같은 정교한 이론들은 기후의 형성, 대양의 이동, 지진의 발생 등에 바람이 주요한 역할을 한다고 했다. 예컨대 북쪽에서 불어오는 북풍Boreas은 차갑게 불고, 남쪽에서 불어오는 남풍Auster은 따뜻하게 분다고 설명했다. 프란체스코회 수도사인 영국인 바솔로뮤Bartholomew the Englishman(1230-1250년 활약)가 저술한 가장 영향력 있는 중세의 백과사전 하나는 콜럼버스의 첫 항해의 해에 출간되어 바람을 중심으로 한 인류학을 널리 알렸다. 그 백과사전에 따르면 "북풍은 땅을 건조하고 차갑게 하지만 맑기 때문에 깨끗하고 엷게 퍼진다." 그런 이유로 북풍의 서늘함은 인체의 털구멍을 막아 인체 내에 열을 더 잘 보존시킨다. 결과적으로 '북쪽에 사는 사람들은 키가 크고 좋은 체격을 지녔다.' 덥고 습한 남풍은 자연히 반대의 효과가 있다. '따라서 남쪽 땅에 사는 사람들은 키와 외모가 북쪽에 사는 사람들과 다르다. 남쪽에 사는 사람들은 그리 용감하지도 않고 잘 격분하지도 않는다.'

틸버리의 저베이스Gervase of Tilbury가 들려준 한 재미있는 전설은 때로는 버건디Burgundy라고 불리는 아를Arles에 있는 고대 왕국의 한 골짜기에 관한 이야기를 이렇게 전하고 있다. 그 골짜기는 사방이 산으로 둘러싸여 있어서 바람이 들어올 수 없었기 때문에 오랫동안 불모지로 남아 있었다. 샤를마뉴 시대에 한 자애로운 대주교 케사리우스Caesarius는 마침내 그곳의 사람들을 돕기로 결심했다. 그곳 사람들에게 무엇이 가장 필요한지를 안 케사리우스는 단순히 자신의 장갑에 바다의 산들바람을 가득 채워 그 골짜기에 풀어 놓았다. 그것은 폰티아눔pontianum으로 알려진 바람을 만들어 갑자기 불모의 계곡을 비옥한 땅으로 바꿔 놓았다.

중세 유럽의 지도나 해도 제작자들은 바람에 고전적인 명칭을 붙였다. 고대 그리스 선원들은 4개의 주요 바람 방향에 이름을 붙였고, 또 그 사이에 4개의 다른 방향점을 표기했다. 아테네에 있는 우아한 8각형의 바람탑(기원전 2세기)은 오늘날에도 그곳의 방문객에게 8개의 바람에 각각 표시된 생생한 상징들을 보여 주고 있다. 게르만 사람들 사이에서처럼 바람이 거의 규정되어 있지 않은 곳에는 4개의 중요한 바람에만 이름이 붙여져 있었다. 일반 사람들은 여전히 태양의 일상적인 경로와 관련하여 하늘의 4방위를 말하고 싶어 했다.

아랍 세계는 이슬람교가 사원이 메카를 향하여 세워지도록 요구했기 때문에 완벽한 방향 탐구에 특별한 이점이 있었다. 그들은 지리적인 좌표를 알아내기만 하여 멀리 떨어진 장소를 향해 적절하게 방향을 맞추고 있다는 사실을 확신할 수 있었다. 그리스도교 유럽이 실용적인 지리학을 방해하고 독단적인 종교 지리학에 사로잡혀 있던 시기에도 수학적인 방식을 이용한 이슬람 과학자들은 위도와 경도에 관한 프톨레마이오스의 계산법을 개선하기 위해 최초의 천문학으로 점성술을 사용하고 있었다.

실용적인 지리학을 방해한 이후, 그리스도교 유럽은 방향에 명칭을 붙이고 방향을 알아내는 새로운 세계를 열기 위해 자기나침반magnetic compass을 사용했다. 방향은 더 이상 특별한 지역의 바람으로 표시되는 지역적이고 상대적인 것만은 아니었다. 자기나침반은 선원들이 복잡한 천문학 계산을 하지 않고 세계 어디에서나 방향을 정확하게 찾아낼 수 있게 해 주었다. 콜럼버스는 자기나침반을 이용하여 천문항법celestial navigation의 도움 없이 지팡구Cipangu(일본)로 가는 방향을 찾을 수 있었으며, 또한 늘 같은 위도 위에 머무를 수 있었다.

12세기가 되어 방향을 탐지하는 자기 바늘이 도입된 후, 바람장미(4개나 8개, 또는 12개의 '풍향'으로 표시된 그림)는 점차 16개나 32개의 방위점이 있는 더욱 명확한 자기나침반으로 대체되었다. 낡은 나침반과 새 나침반이 결합되기 전까지는 시간이 조금 걸렸다. 처음에 선원들의 '나침반지침면

compass card'은 원형이었고, 바람 방향이 새겨져 있었으며, 탁자 위에 평평하게 놓여졌다. 그리고 바로 옆에는 자침magnetic needle이 코르크나 밀짚 위에 떠 있도록 접시 안에 놓여 있었다. 이때 선원은 자침이 가리키는 방향으로 나침반지침면을 맞추면 되었다. 14세기에는 자침이 나침반지침면 아래쪽에 붙어 있어서 자침과 나침반지침면이 모두 떠 있도록 개발되었고, 나침반지침면은 자석으로 항상 정확한 방향을 가리킬 수 있게 되었다.

자기나침반은 당연히 탐험의 촉매 역할을 했고, 미지의 세계를 향한 새로운 유혹이 되었다. 선원들은 조악한 기록 도면과 익숙한 장소의 서툰 도해를 버리고, 그들을 전 세계로 향하게 하는 진정한 지도를 이제 사용할 수 있었다. 지구의 특징인 자극magnetic pole은 지구가 회전하는 지리적인 극과 다르다. 자극의 위치에 관한 원인은 아직 수수께끼로 남아 있으며, 고지자기학paleomagnetism* 역사가들은 지구의 자기장이 과거의 지질 시대에도 여러 번 양극의 방향이 바뀌었다고 언급하고 있다.

기계시계와 일정한 시간이 인간에게 시간 개념을 제공한 것과 마찬가지로 나침반은 사실상 전 세계의 절대적인 공간 개념을 제공했다. 이 획기적인 두 발견은 모두 유럽에서 같은 세기에 일어났다. 구형의 지구가 회전하는 특성 때문에 시간의 표시와 공간의 표시는 분리할 수 없다. 예컨대 우리가 집에서 나와 해도에도 나오지 않는 먼 대양으로 나갔을 때 '언제' 도착했는지를 정확하게 알 방법이 없다면, 우리는 '어디에' 있는지를 정확하게 알 수 없다.

이 지구 전체에서 자신의 위치를 찾는다는 것은 위도와 경도의 격자선

• 과거 지질 시대의 지구 자장의 형태와 변화를 연구하는 학문

위에서 자신의 위치를 찾는다는 것을 의미했다. 프톨레마이오스는 그 근원을 만들어 냈지만 중세 유럽의 그리스도교 지리학은 1,000년 동안 개혁을 반대해 왔다. 탐험의 새 시대를 위해서는 자기나침반이 필요했다. 천문 항법의 도구와 기술은 콜럼버스 이후 2세기 동안은 필요하지 않았다. 그러는 동안, 놀라울 정도로 간단하고 저렴한 자기나침반은 선원들에게 목적지에 갔다가 다시 돌아가는 길을 찾도록 새로운 자신감을 주었다. 자기나침반은 누구나 만들 수 있었고, 또 문맹자들도 사용할 수 있었다. 그리고 나침반으로 선원들은 미지의 바다로 기꺼이 더 멀리 갈 수 있었다.

자기를 띠는 바늘을 항해에 응용한 일은 서기 1000년경에 중국에서 시작되었다. 그러나 유럽인의 글에서 나침반에 관해 최초로 언급한 사례는 그 후 200년이 지나, 파리 대학에서 강의를 하던 영국인 수도사 알렉산더 네캄Alexander Neckam(1157~1217년)의 저서였다. 나침반이 유럽으로 어떻게 들어왔는지 알 수 없고, 더욱이 언제, 어떻게, 누구를 통해 나침반이 유럽에서 독립적으로 개발되었는지도 알 수 없다. 17세기까지 유럽의 측량사와 천문학자들이 사용한 자기나침반은 선원들이 사용한 나침반과 달리 '바늘'이 남쪽을 가리키고 있었다. 중국에서 사용한 자침도 수 세기 동안 남쪽을 가리키고 있었다. 이런 사실로 보면, 조지프 니덤이 암시를 하고 하듯이, 어쩌면 자기나침반은 처음에 중국에서 육로를 통해 서양으로 들어왔고, 그 후에 유럽 선원들이 그 자기나침반을 사용하다가 '자침'이 북쪽을 가리키도록 개조를 했을 수도 있다.

사람들은 천연 자석('끌어당기는' 돌)의 이상한 힘을 알게 되었을 때 그것이 어두운 마법의 힘과 관련이 있다고 생각하려고 했다. 예컨대 중국에서는 처음에 천연 자석의 힘을 점술의 보조 수단으로 사용했을 것이다. 원래 장기 놀이는 음과 양의 보편적인 세력 사이의 충돌에서 비롯되는 결과를 입증하여 점을 치는 기술로 사용되었던 것 같다. 초기에 중국의 장기는 큰 곰자리(또는 북두칠성)가 장기판 위를 마음대로 움직일 수 있는 국자 모양으로 되어 있었다. 이 국자 모양의 말은 자석의 마법 같은 특징이 발견된 이후에 자철석으로 만들어졌고, 또한 장기 놀이의 복잡한 규칙에 따라 장기판 위를 움직이면서 점을 치는 장치의 역할을 했다.

성 아우구스티누스는 자철석이 쇠를 끌어당길 뿐만 아니라 쇠에 또 다른 쇠를 끌어당기게 하는 힘을 제공하여 눈에 보이지 않는 힘으로 쇠를 모두 연결시키는 것을 보고 놀라워했다. 서양에서는 자석이 마술사의 도구에 속했다는 사실은 놀랄 일이 아니다. 중세 유럽의 가장 뛰어난 주술사이자 과학자인 로저 베이컨은 나침반의 역사와 전설에 관해 주도적인 역할을 했다. 'magnet(자석)'와 'magnetism(자기)'이라는 말을 파생시킨 'magnetite(자철석)'라는 말의 기원은 아직 밝혀져 있지 않다. 자철석은 세상의 여러 곳에 흔히 있는 광물이지만 에게해로 둘러싸인 고대 테살리아Thessaly에 있는 마그네시아Magnesia에서 그 명칭이 비롯된 듯 보인다. 그곳의 널리 알려진 전설에 따르면, 마그네스Magnes라는 한 양치기가 쇠를 입힌 지팡이와 쇠못을 박은 구두가 땅에서 떨어지지 않았기 때문에 그곳에서 이 마법 같은 광물을 발견했다고 한다. 그 천연 자석은 바람을 피우는 아내의 베개 밑에 두면, 아내의 죄를 자백하게 할 수 있었다고 한다. 또한 이 광물은 매우 효능이 강해서 조그만 덩어리로 모든 종류의 병을 고칠 수 있었고, 피임에도 사용되었다고 한다. 그러나 자철석은 또한 양파나 마늘의 향에 노출되면 그 효력이 없어진다고 전해졌다. 따라서 나침반의 바늘이 자력을 잃을까 봐 두려워 배에서는 선원들에게 그런 음식을 주지 않왔다고 한다.

자기를 띠는 바늘이 항상 북쪽을 '가리키는' 그 설명할 수 없는 힘이 혹 마술일 것이라고 생각한 일반 선원들은 그 힘을 경계했다. 수십 년 동안 신중한 선장은 나침반을 은밀히 다루었다. 그런 이유로 유럽에서 나침반의 기원을 찾고 그 역사를 탐구하는 일은 매우 어렵다. 그러나 나침반을 비밀스럽게 다룬 일은, 반면에 나침반이 보관되어 있는 나침함binnacle(나침반을 보관하는 '작은 저장소' 또는 '상자')의 기원을 해석하는 데 도움이 된다. 나침반이 여전히 신비스러운 도구로 여겨졌던 수 세기 동안 선장들은 분명 나침반의 그 마법 같은 자침을 대중의 눈에 띄지 않도록 보관하기를 바랐을 것이다. 선장의 '항해하는 갑판실' 또는 '나침함'은 나침반을 보관하는 '작은 저장소'가 되었을 것이다. 나침반은 신비스러운 느낌을 잃고 모든 선원들의 일상 도구가 된 후 공개된 갑판 위에 나타났다. 그러나 콜럼버스 시대에는 자기나침반을 사용하는 선장이 악마와 밀거래를 한다는 비난을 받기도 했다. 자기나침반을 사용하는 일부 신앙심이 깊은 항해자들은 나침반의 자침이 직각을 이룬 밀짚에 받쳐져 떠 있어서 그것이 그리스도의 십자가를 형성하므로 악마의 도구가 될 수 없다고 해명했다. 사그레스에서 항해자 엔리케 왕자는 선장들에게 나침반을 일상에 사용하도록 가르쳐 그런 미신을 극복했다. 콜럼버스의 시대에는 자기나침반이 필수품이 되었으므로 만일의 상황에 대비하여 선장들이 여분의 자침을 들고 다녔다. 마젤란은 나침반의 자침이 북쪽을 가리키지 못할까 봐 새것으로 교체하려고 기함에 35개의 자침을 보관하고 있었다. 간혹 선장들은 자력이 떨어진 자침에 소중한 천연 자석으로 자력을 채우기도 했다.

시계가 태양과 별들로 시간을 측정해야 하는 일상에서 인류를 해방했 듯이, 나침반은 인류에게 방향을 새롭게 맞추게 했고, 항해할 수 있는 시 간과 계절의 범위를 넓혀 주었다. 1180년에 알렉산더 네캄의 글에 따르 면 "선원들은 흐린 날씨나 밤에 태양을 분명히 볼 수 없거나 뱃머리가 어 느 쪽을 향하는지 알 수 없을 때 바늘을 자석 위에 올려놓는다. 그러면 자 석은 회전하다가 바늘 한쪽 끝을 북쪽으로 향하게 하고 가만히 정지시킨 다." 따라서 나침반은 바다를 편안하게 건너게 해 주는 안내자가 되었고, 날씨가 좋지 않거나 선원들이 태양으로 방향을 찾을 수 없을 때는 그들의 조력자가 되었다.

날씨가 흐린 지중해에서는 나침반 없이 노련한 선원들도 방향을 잃을 위험이 컸다. 그런 이유로 13세기까지는 지중해에서 먼 지역 간의 해상무 역이 겨울에는 중단되었다. 이탈리아 도시의 방대한 기록들을 보면 10월 에서 이듬해 3월까지 계속되는 '좋지 않은 날씨'에는 배들이 항구에 계속 머물렀다는 사실을 보여 준다. 베네치아의 상인들이 먼 동양에서 온 상품 들을 쌓아 놓은, 레반트로 왕복하는 선단들은 해마다 겨우 한 번의 왕복만 할 수 있었다. 한 선단은 부활절에 베네치아를 출발하고 흐린 날씨의 계절 이 시작되기 전, 9월에 돌아왔다. 다른 '겨울 선단'은 8월에 베네치아를 출 발하여 날씨가 나빠지기 전에 목적지에 도착한 다음, 겨울의 몇 개월을 해 외에서 보내고 이듬해 5월에 베네치아로 돌아왔다. 실제로 1년의 절반 동 안은 이런 무역 선단들이 움직이지 않고 있었다.

14세기는 나침반이 지중해에 들어와 해상무역이 활기를 띠었다. 베네 치아 선단은 흐린 날씨에도 더 이상 항구에 머무르지 않았고 해마다 레반 트로 2번의 왕복 항해를 할 수 있었다.

지중해에서는 그곳의 자주 부는 바람으로 인해 구름이 많은 달에 바람을 타고 항해하는 것이 유리했다. 5월에서 10월까지 날씨가 맑은 달에는 이집트에서 베네치아로 돌아가는 배들이 북쪽과 북서쪽으로 부는 바람을 맞고 키프로스섬을 돌아 서쪽으로 나가야 했다. 그러나 '안 좋은 날씨'가 계속되는 달에는 순풍을 타고 곧바로 이어지는 항로를 이용할 수 있었다. 나침반은 지중해를 겨울에도 열어 주어 1,000년 동안의 전통을 깨뜨렸다. 또다시, 시간과 공간의 정복은 하나가 되었다.

그와 대조적으로, 인도양의 계절풍은 계절에 따라 규칙적으로 불었기 때문에 일종의 나침반 역할을 했다. 선원들은 바람 자체를 따라 방향을 잡았다. 맑은 열대지방의 하늘 아래에서는 구름이 많은 흐린 날씨에도 문제가 없었다. 선원들은 바람이라는 나침반 덕분에 다른 도구는 거의 필요가 없었다.

전혀 다른 이유로, 북해와 발트해의 선원들은 자기나침반의 필요성에 별로 조급해하지 않았다. 선원들은 대부분 얕은 바다 위를 항해하고 있었기 때문에 오랜 경험으로 바다의 수심을 파악하여 진로를 찾을 수 있었다. 지중해의 깊은 수심의 내만과 달리 북서 유럽의 바다는 대륙붕이 뻗어 있었기 때문에 바다 수심이 얕았다. 이곳의 조류는 빠르고 널리 퍼져 있어서 수심을 안다는 것은 생사가 걸린 문제였다. 프라 마우로는 자신의 고전 지도(1459년)에서 이렇게 설명했다. "이곳 바다에서는 선원들이 나침반이나 해도로 항해하지 않고 대신에 수심 측정을 한다." 그 수심 측정은 '납덩어리를 매단 줄'을 바닷속에 집어넣어 해저의 형태와 특징을 알아내는 일이었다. 수지를 바른 무거운 납덩어리를 바다 밑바닥에 내려놓고 바다의 깊이를 알아내어 그곳의 모래나 진흙을 끌어올렸다. 노련한 북쪽의 선장들은 자신들이 다니는 바다의 밑바닥을 잘 알고 있었다. 나침반이 들어온 후에도, 북유럽 해안의 선장들은 그 새로운 장치를 자신들이 믿을 수 있는 납과 줄로 된 오랜 도구와 함께 사용하여 더욱 안심할 수 있었다. 다음은 15세기 중반에, 현존하는 가장 오래된 영국의 항해 안내서가 스페인의 북서쪽 끝에 있는 피니스테레곶Cape Finisterre에서 영국으로 가는 선원들에게 전하는 지침이다.

> 여러분이 스페인에서 출발해 피니스테레곶으로 갈 때, 진로를 북동쪽으로 정하시오. 여러분이 3분의 2정도 바다를 지나왔다고 생각하는 곳에서 세번Severn 강으로 가려면, 동쪽으로 치우친 북쪽으로 가면 수심 측정을 할 수 있는 곳까지 나옵니다. 만일 그곳에서 수심이 100패덤fathom이나 90패덤이 되면, 다시 북쪽으로 가서 수심이 72패덤으로 깨끗한 회색빛 모래가 나오는 곳까지 가시오. 그곳은 클리어곶(아일랜드)과 실리 제도 사이에 놓여 있는 바다 능선이 있습니다. 그곳에서 더 북쪽으로 가서 부드러운 진흙이 나오는 수심까지 간 다음, 그곳에서 다시 진로를 동북동이나 북쪽으로 치우친 동쪽으로 정하시오.

조류, 수심, 해저 등에 중점을 둔 영국 선원의 책들은 거리를 강조한 같은 시대의 이탈리아 선원의 책들과 놀라울 정도로 달랐다. 헤로도토스가 주장했듯이, 고대의 선원들도 납과 줄로 항해를 하려고 했지만, 지중해는 대부분 수심이 매우 깊었다. 바다로 나간 즉시 선원들은 '수심 측정이 불가능하다'는 것을 깨달았다. 그들은 바다 밑바닥을 측정할 수 없었다.

당연히 자기나침반을 가장 환영했던 사람은 지중해의 선원들이었다. 15세기 초에 이르자, 지중해에 사용하던 포르톨라노portolano는 매우 개선되고 간략하게 바뀌었다. 이전에 방향이 지그재그로 복잡하게 그려졌던 해도는 이제는 간단히 나침반의 방위로 진로가 표시되었다. 지중해에 사용하던 포르톨라노는 대서양과 북해 해안이 아직 모호했지만 놀라울 정도로 새로운 정확성을 보여 주고 있었다. 나침반은 고대의 추측항법에 새로운 정밀성을 추가하여 중요하거나 필수적인 항해 도구가 되었다.

나침반을 사용하기 위한 지중해의 특징적인 동기가 없었다면 콜럼버스도 '인도 대륙'으로 갔다가 돌아오는 데 필요했던 그 유일한 도구를 지니지 못했을 것이다. 완강한 유럽이 결국 배우게 된 '북쪽을 가리키는' 바늘은 상상하지 못한 새로운 세계를 가리키는 바늘이 되었다. 콜럼버스가 죽은 지 한 세기 후에 새뮤얼 퍼처스Samuel Purchas(1575?-1626년)는 이렇게 말했다. "자철석은 세상을 안내해 주는 돌이고, 근원이 되어 발명을 불러일으키는 돌이며, 아무리 쾌활한 천재라도 처음으로 지혜의 미네르바 여신을 떠올리게 하는 돌이다."

30

'인도 대륙의 대탐험'

콜럼버스가 처음 22년 동안 살아온 '웅장하고 강력한 바다의 도시', 제노바는 오랫동안 지중해 동부 지역의 해상권을 두고 베네치아와 싸움을 벌였다. 베네치아 출신의 마르코 폴로는 제노바의 감옥에서 자신의 여행기를 구술해서 받아쓰게 한 적이 있었다. 콜럼버스가 어렸을 때 제노바는 배를 만드는 일과 항해 모험으로 번창하는 중심지였고, 그곳의 지도 제작자들은 지중해 서부 지역에서 포르톨라노 해도charts의 시장을 지배하고 있었다. 또한 그들은 항해자 엔리케 왕자의 포르투갈인 제자들에 의해 새로 발견된 아프리카 해안 지역의 지도까지 만들고 있었다. 콜럼버스가 지도 제작법을 배우기 시작한 곳은 제노바였을 것이고, 그와 그의 동생은 나중에 리스본에서 지도 제작 사업을 했다. 제노바는 콜럼버스(1451?-1506년)와 존 캐벗John Cabot(1450-1498년)과 같은 개인적인 탐험가들을 배출하고 키운 곳이었지만, 웅장한 항해 사업에는 자원이나 항구의 배후지를 더 많이 확보해야 했고, 이슬람 사람들이 지중해 동부 지역을 대부분 장악하고 있었을 때는 지중해 서부 지역을 개척해야 했다.

1476년에, 콜럼버스는 지브롤터 해협을 거쳐 북유럽으로 가는 제노바 화물 수송대의 플랑드르인 선박을 타고 일하고 있었을 때 프랑스 함대에게 공격을 받아 배가 침몰하는 일을 겪었다. 다행히 그 일은 항해자 엔리케 왕자가 자신의 본부로 만들었던 곳에서 불과 몇 마일 떨어지지 않은 포르투갈 해안의 라고스 근처에서 일어났다. 그때 25세였던 콜럼버스는 근처에 떠 있는 긴 노를 붙잡아 간신히 목숨을 유지하며 해안가로 헤엄쳐 나왔다.

당시에 그 야심 찬 젊은 항해자에게 그보다 더 행복하거나 더 운이 좋은 상륙지는 없었을 것이다. 라고스의 친절한 사람이 콜럼버스를 데려가 잘 보살핀 후, 리스본에 사는 그의 동생 바르톨로메오Bartholomew에게 보냈다. 항해자 엔리케는 포르투갈을 유럽의 탐험 중심지, 어쩌면 세계의 탐험 중심지로 만들고 있었다. 1476년에는 탐험의 결과로 얻은 많은 흑인 노예, 상아, 말라게타 후추, 사금 등으로 큰 수익을 올렸다. 항해의 대가는 모든 측면에서 뚜렷하게 나타나고 있었다. 콜럼버스 형제, 크리스토퍼와 바르톨로메오는 선원들의 해도를 제작하고 판매하는 새로 번창하는 사업을 시작했다. 그들은 리스본에서 포르투갈의 탐험선들이 가져온 최신 정보를 추가하여 낡은 해도를 최신 해도로 바꿀 수 있었다. 이 해도 제작자들은 매달 들어오는 새로운 해안 정보들을 자세히 알게 되면서, 일종의 항해 기자가 되었다.

콜럼버스와 그의 동생이 리스본에서 해도 제작업을 시작했을 때 포르투갈의 배들은 여전히 아프리카의 서해안을 조금씩 내려가 겨우 기니만까지 도달한 상황이었다. 그러나 프톨레마이오스가 인도양을 닫힌 바다로 여기고 그 주위에서 동남아시아와 연결되어 있다고 한 아프리카의 전체 모습은 아직 선원들에게 밝혀지지 않았다. 1484년 말에, 콜럼버스가 스스로 칭한 '인도 대륙의 대탐험'을 포르투갈 왕, 주앙 2세에게 제의했을 때에도 서쪽으로 가는 항로는 더욱 짧을 뿐만 아니라 어쩌면 인도 대륙으로 가는 유일한 항로로 여겨진 듯 보였다.

그로부터 10년 전에 인도로 가는 서쪽 항로는 주앙 2세의 전임자인 알폰소 5세가 계획했던 것으로 보인다. 알폰소 5세가 유명한 피렌체의 의사이자 점성가이며 천지학자인 파올로 달 포초 토스카넬리Paolo dal Pozzo Toscanelli(1397-1482년)에게 의견을 물었을 때 그는 '기니를 돌아서 가는 것보다 향신료의 나라까지 바다로 갈 수 있는 더욱 가까운 길이 있다'고 제의했었다. 토스카넬리는 자신의 주장을, 동쪽으로 방대하게 뻗은 아시아와 중국 해안에서 1,500마일(약 2,414킬로미터) 떨어져 있는 일본을 가리키는 '지팡구의 웅장한 섬'('금, 진주, 귀중한 보석 등이 풍부하고 사원과 궁전이 순금으로 뒤덮인')의 위치에 관한 마르코 폴로의 보고에 주로 근거를 두었다. 그리고 그 근거로 서쪽으로 가는 항로를 시도해 볼 것을 자신 있게 권고했다. '따라서 알려지지 않은 길로는, 바다에는 지나갈 수 있는 거대한 공간들이 전혀 없다'는 것이다. 토스카넬리는 당대의 매우 진보적인 지도 제작자에 속했고, 실제로 대서양의 항해 지도를 그려서 그 사본 한 장을 서신과 함께 리스본에 보낸 일도 있었다.

1481년 말이나 1482년 초에, 콜럼버스는 이 서신의 이야기를 듣고 몹시 흥분하여 토스카넬리에게 서신을 보내어 더 많은 정보를 요청했다. 회답으로 격려의 서신과 함께 또 다른 해도를 받은 콜럼버스는 토스카넬리가 옳다는 것을 입증하려고 항해에 나갈 때 그 해도를 들고 갔다.

콜럼버스는 이미 확신이 들었으므로 이제는 시도해 보지 않은 이 웅장한 기회를 실현하려는 열망만 가득했다. 그는 자신에게 자금을 대 줄 사람들을 설득하기가 어려웠다. 그런 새로운 계획에 자신들의 재물을 내어 줄 투자자들을 설득하기 위해 콜럼버스는 여행자, 천지학자, 신학자, 철학자 등의 저서들에 조예가 깊어야 했다. 앞서 살펴보았듯이, 지리학은 별개의 학문이 되어 중세의 3학과나 4학과에도 들어가지 못했으므로 여전히 중세 그리스도교 지식의 영역 밖에 있었다. 콜럼버스가 태어날 때부터 배운 제노바 말은 글말written language이 아닌 방언이어서 콜럼버스가 인도 대륙의 탐험을 기록하는 데 아무런 도움을 주지 못했다. 그러나 글말이었고 콜럼버스를 도와주었을 지도 모를 이탈리아 말은 콜럼버스가 말을 할 줄도, 글을 쓸 줄도 모르는 언어였다. 콜럼버스는 이탈리아 말을 배울 수 있는 정식 교육을 받지 못했다. 그래서 그는 독학을 해서 카스티야 말을 글로 쓸 줄 알게 되었다. 카스티야 말은 당시에 포르투갈을 비롯한 이베리아반도에서 지식 계급이 즐겨 사용하던 언어였다. 콜럼버스는 카스티야 말로 글을 썼을 때 포르투갈 말의 철자를 사용했는데, 이는 그가 처음부터 포르투갈 말을 쓸 줄 알았다는 의미였다. 콜럼버스는 포르투갈 말로 편지를 썼을 수도 있었지만 그런 그의 편지는 지금까지 남아 있지 않다. 콜럼버스는 학식 있는 사람들을 설득하는 데 꼭 필요한 라틴어도 알고 있었던 것으로 보인다.

1484년에, 콜럼버스는 주앙 2세에게 인도 대륙의 대탐험 계획을 처음으로 공식 제의했다. 처음에 주앙 2세는 젊은 제노바인의 열정에 무척 이끌렸다. 콜럼버스는 "마르코 폴로에 관한 많은 정보를 읽고… 이 북대서양을 건너 지팡구섬과 다른 미지의 육지에 갈 수 있다는 생각에 도달했다." 그래서 그 목적을 위하여 콜럼버스는 왕에게 선원들과 3척의 카라벨을 지원해 줄 것을 요청했다. 그러나 왕은 콜럼버스가 "허풍을 떨고, 그의 계획을 너무 자랑하고, 또 지팡구섬이 지나치게 공상으로 가득 한 곳으로 보여 별로 신뢰를 하지 않았다."

왕은 의심이 들었어도 콜럼버스의 유창한 말솜씨에 설득되어 그 계획을 전문가로 구성된 위원회에 검토하게 했다. 천문항법의 지식에 뛰어난 1명의 고위 성직자와 2명의 유대인 의사들로 구성된 그 위원회는 콜럼버스의 제의를 거절했다. 널리 알려진 이야기와 반대로 그들의 거절은 지구의 형태에 관한 의견의 충돌 때문은 아니었다. 그 당시에 교육을 받은 유럽인들은 지구의 구형에 관해 의심을 하지 않았다. 그러나 위원회는 서쪽의 아시아로 가는 항해 거리를 지나치게 과소평가하는 콜럼버스의 의견을 문제 삼은 듯 보인다. 그리고 결국 그들의 의혹은 콜럼버스의 생각보다 훨씬 근거 있는 판단이었음이 입증되었다.

물론 유럽인들은 유럽과 아시아 사이에 2개의 광대한 대륙의 형태로 하나의 육지 장애물이 있을 것이라는 개념은 없었다. 기껏해야 그들 중 일부는 북대서양에 7개의 도시가 있는 신화의 섬, 안틸리아Antillia 같은 섬이 있고, 또한 그 섬으로 가는 중간 기착지의 역할을 하는 섬들도 있을 것이라고 생각했다. 콜럼버스는 카나리아 제도에서 일본까지 곧바로 서쪽으로 향하는 항해 거리는 2,400해리밖에 되지 않을 것이라고 낙관적으로 계산했다. 정말 솔깃한 전망이 아닐 수 없다! 그리고 당시의 포르투갈의 항해 능력으로는 불가능한 일이 아니었다. 바로 같은 해인 1484년에 디오고 캉이 콩고강을 발견했고, 포르투갈인이 시도한 아프리카 서해안의 가장 먼 탐험 거리는 리스본에서 5,000해리를 넘었다. 그리고 인도 대륙으로 가려면 배로 아프리카 대륙을 정말 돌아서 가야 하는지, 또는 어디로 돌아가야 하는지 등에 관한 정보도 여전히 없었다. 포르투갈의 배들이 위험한 모래톱과 적대적인 원주민들을 거쳐 5,000마일(약 8,047킬로미터)이나 되는 거리를 나갔다가 무사히 목적지로 돌아올 수 있는 데 비하면, 콜럼버스는 분명 익숙한 대양을 건너 곧바로 서쪽을 향해 5,000마일의 절반밖에 되지 않는 거리로 목적지에 도달할 수 있을 것이다.

주앙 2세의 위원회는 콜럼버스의 이런 생각에 설득되지 않았다. 그런데 1485년에, 위원회 전문가의 의견 일치가 있었겠지만 주앙 2세는 2명의 포르투갈인 페르낭 둘모Fernão Dulmo와 주앙 에스트레이토João Estreito에게 북대서양에 있는 안틸리아섬을 찾아낼 권한을 부여했다. 두 사람은 탐험에 들어가는 경비를 스스로 부담했고 대신에 그들이 발견한 섬을 세습적인 재산으로 갖기로 했다. 그러나 그들이 서쪽으로 항해를 떠나 40일 후에는 섬을 발견하든 못하든 돌아온다는 약속을 했다. 이 불운한 원정대는 1487년에 출항했다는 사실과 콜럼버스와 달리 그들이 서쪽에서 불어오는 강한 바람 때문에 거의 탐험을 불가능하게 한 높은 위도에 있는 아조레스 제도에서 출항한 실수를 했다는 사실 외에는 알려진 것이 없다. 40일 동안에 안틸리아섬을 찾는다는 것과 먼 아시아를 찾아 간다는 것은 전혀 다른 문제였다. 주앙 2세의 위원회는 열광적인 콜럼버스보다 훨씬 진리에 가까웠다. 카나리아 제도에서 일본까지 실제적인 직선거리는 10,600해리였으며 위원회의 추정치도 거의 이와 비슷했다. 위원회는 왕에게 그런 불확실한 탐험 계획에 투자하지 말 것을 강력히 권고했다.

1485년은 콜럼버스에게 그 어느 때보다 불운한 해였다. 그해에 콜럼버스는 아내와 사별을 했고, 어른이 되어 대부분의 삶을 보낸 이 나라를 5살 난 아들 디에고Diego를 데리고 떠났다. 그는 오직 한 가지에만 집착하고 있는 자신의 계획을 추진하기 위해 더 좋은 행운을 찾기를 바라며 스페인으로 갔다.

콜럼버스가 계획을 성공시킨 일은 선박 조종술 못지않은 유능한 외교적 수완 때문이었다. 콜럼버스는 동생 바르톨로메오의 도움을 받아 그때부터 7년 동안 서유럽의 왕실에서 인도 대륙의 대탐험 계획을 소문으로 퍼뜨리면서 지냈다. 스페인에서 콜럼버스는 처음에 카디스Cádiz의 부유한 선주인 메디나 셀리Medina Celi 백작의 관심을 끌었다. 셀리 백작은 여왕이 거절을 하지 않았더라면 콜럼버스의 항해를 위해 3척의 카라벨을 지원했을 것이다. 그런 원정이 추진된다면 분명 왕실의 계획으로 이루어져야 할 것이다. 여왕은 1년이 지나서야 콜럼버스의 알현을 허락했다. 그 후 여왕은 또한 자신의 고해 신부인 에르난도 데 탈라베라Hernando de Talavera를 중심으로 위원회를 구성하여 콜럼버스의 제의를 상세히 듣고 추천할 수 있게 했다.

콜럼버스는 이제 여왕 이사벨라와 스페인 신하들의 학술적이고 관료적인 장시간의 협의로 지루한 몇 년을 기다렸다. 그러는 동안에 위원회는 콜럼버스의 탐험 계획에 찬성도 반대도 아닌 탁상공론의 태도만 보였다. 그 위원들은 학구적으로 북대서양의 폭에만 논쟁을 하고 있었고 그동안에 콜럼버스는 매달 왕실에서 주는 얼마 안 되는 보조금으로 생계를 유지하고 있었다.

스페인에서 협상이 지연되면서 콜럼버스는 포르투갈의 주앙 2세가 1484-1485년에 자신과 개인적인 친분이 있었다는 사실을 떠올리며 리스본으로 돌아가 주앙 2세와 다시 협상을 해 보기로 했다. 세비야에서 콜럼버스는 포르투갈의 왕에게 자신의 뜻을 서신으로 전했다. 그러나 콜럼버스는 많은 빚을 지고 심각한 재정적 궁핍 상태로 포르투갈을 떠났었다. 콜럼버스는 자신에게 행동의 자유를 보장하고 빚 때문에 체포되는 것을 막아 주지 않으면 리스본에 돌아갈 수 없다는 서신을 주앙 2세에게 보냈다. 주앙 2세는 '콜럼버스의 근면성과 뛰어난 재능'을 칭찬하고 그의 서신에 동의하며 '우리의 특별한 친구'가 빨리 돌아오기를 재촉했다. 주앙 2세가 콜럼버스에게 새로운 관심을 보인 이유는 분명 둘모와 에스트레이토의 항해가 실패로 돌아갔기 때문이었다. 그리고 또 하나의 이유는 포르투갈의 이십 번째 탐험인 인도의 동쪽 항로 발견을 위해 7개월 전에 떠난 바르톨로메오 디아스가 여전히 소식이 없었기 때문이었다.

그러나 콜럼버스는 다시 불운한 순간을 맞아야 했다. 앞서 살펴보았듯이, 크리스토퍼 콜럼버스와 동생 바르톨로메오는 1488년 포르투갈에 도착했을 때 바르톨로메우 디아스와 그의 카라벨 3척이 의기양양하게 타구스강Tagus에 들어와서 디아스가 희망봉을 돌아 인도로 가는 동쪽 항로가 있다는 사실을 발견했다는 희소식을 전하는 것을 목격했기 때문이었다. 디아스의 성공과 그에 관한 모든 소식은 자연스럽게 콜럼버스에 대한 주앙 2세의 관심을 완전히 지워버렸다. 만일 동쪽으로 가는 항로가 분명이 열렸다면 무엇 때문에 다른 방향으로 항로를 개척하겠는가?

콜럼버스 형제는 포르투갈이 동쪽 항로 개척을 성공한 일로 경쟁국들이 다른 방향의 항로 개척에 관심을 갖는 계기가 되기를 간절히 바랐다. 그래서 동생 바르톨로메오는 영국으로 가서 영국 왕, 헨리 7세의 관심을 불러일으키려고 했으나 실패한 듯 보인다. 그 뒤에 프랑스로 간 바르톨로메오는 프랑스 왕 샤를 8세에게 간청을 했지만 처음에는 받아들여지지 않았다. 그러나 바르톨로메오는 샤를 8세의 큰누이에게 친절한 대우와 지원을 받아 프랑스에 머물렀고, 이후에 지도 제작에 몰두하며 생계를 유지하다가 마침내 콜럼버스가 위대한 발견을 했다는 소식을 들었다.

그 사이에 리스본에서 세비야로 돌아간 크리스토퍼 콜럼버스는 그곳에서 페르디난드왕과 이사벨라 여왕이 여전히 자신의 계획에 대해 망설이고 있다는 사실을 알았다. 이제 싫증이 난 콜럼버스는 바르톨로메오를 도와 샤를 8세를 설득하려고 프랑스로 가는 배를 타려고 했다. 그런데 그때 이사벨라 여왕은 자신의 내탕금* 관리인의 권유로 갑자기 콜럼버스에게 지원을 하기로 결정했다. 콜럼버스의 지지자들이 콜럼버스의 대탐험 지원금은 이 나라를 방문하는 고위 관리를 대접하는 1주일분의 왕실 비용을 넘지 않을 것이라고 주장한 일도 있었다. 어쩌면 이사벨라 여왕은 콜럼버스가 이웃의 경쟁 상대국보다 유리한 조건으로 자신의 뜻을 제의했다는 사실에 설득되었을 것이다. 그녀는 탐험에 드는 자금을 위해 필요하다면 왕관의 보석을 담보로 제시했을 것이다. 다행히 그럴 필요는 없었다.

이사벨라 여왕은 마지막까지 극적인 순간을 거치면서 콜럼버스를 프랑스로 떠나기 직전에 데려오라는 전령을 보냈다. 그렇게 해서 콜럼버스가 포르투갈 왕에게 처음으로 자신의 탐험 계획을 제의한 지 8년 후인 1492년 4월, 콜럼버스와 스페인 왕실 사이의 이른바 합의 각서에 서명이 이루어졌다. 여러 해가 걸린 설득과 제의는 끝이 났다. 이제 콜럼버스의 고유한 활동 영역은 바다일 것이고, 것이고, 바다의 신 넵튠Neptune의 왕국에는 친구가 없었기 때문에 인간적인 매력은 아무런 소용이 없을 것이다.

콜럼버스는 서쪽으로 항해하여 인도 대륙에 도착할 가능성의 증거나 '전문가들의 목격담'을 모으느라 수년을 보냈다. 이 계획은 분명히 신중했지만 또한 확실히 이론적이기도 했다. 그럼에도 불구하고 그 계획의 실현

---

* 왕이 개인적인 용도로 쓸 수 있는 돈

가능성은 정통적인 2개의 단순한 명제에 달려 있었다.

첫째, 그리스도교의 지리학 교리는 지구의 표면이 대부분 육지로 덮여 있다는 점이었다. 경외 성서인 에스드라의 〈에스드라 2서 6장 42절〉에는 "지구의 여섯 부분이 말라버렸다"라고 전하고 있다. 그리스도교의 정통파에서는 지구의 표면이 7분의 6이 육지이고 7분의 1만 물이라는 사실을 자명한 이치로 여겼다. 이에 관한 신의 근거는 신이 모든 창조물보다 먼저 인간을 만들었기 때문에 명백한 듯 보였다. 또한 "자연은 생명과 영혼을 창조하는 기반이 되는 육지보다 물에 우월성을 갖도록 지구를 그렇게 무질서하게 만들지는 않았다"라고 포르투갈의 역사학자 주앙 드 바로스João de Barros는 단언했다. 그는 포르투갈의 왕에게 자신의 탐험 계획을 팔려고 한 콜럼버스의 노력을 높이 평가한 사람이다. 만일 모든 대양이 지구 표면의 7분의 1밖에 되지 않고, 또 모든 지식인들이 믿었듯이 지구가 구형이라면 스페인을 서쪽으로 인도 대륙과 갈라놓을 수 있는 바다가 많지 않고 북대서양도 넓지 않으므로, 콜럼버스의 탐험 계획은 실현 가능한 일이었다. 이상이 증명하려는 내용이었다.

두 번째 명제는 동쪽으로 향한 아시아 대륙의 크기와 지구 전체의 크기에 관한 것이었다. 분명히 아시아 대륙이 더욱 크고 동쪽으로 뻗어 있다고 생각될수록 콜럼버스가 생각한 바다 항로는 더욱 좁아졌다. 이 문제에 관해서는 가장 유명한 권위자들의 의견도 몹시 달랐다. 그들은 지구가 경도 360도로 둘러싸인 구형이라는 사실을 인정하면서도, 포르투갈의 세인트 빈센트곶Cape St.Vincent과 중국의 동해안 사이에 있는 경도의 수를 나름대로 추산했다. 그들의 계산은 116도(1375년의 카탈루냐 지도)나 125도(1459년의 프라 마우로), 또는 177도(서기 150년의 프톨레마이오스)부터 최고 225도(서기

100년의 티레의 마리누스)나 234도(1492년의 마르틴 베하임)에 이르기까지 다양했다. 오늘날 이 계산의 정확한 수치는 131도라는 사실을 알 수 있다.

서쪽으로 항해하는 선원들의 경우에는, 해리로 나타낸 이런 계산의 실질적인 의미가 훨씬 더 중요한 견해 차이였던 지구 둘레와 관련 있었다. 적도에서 경도 1도의 길이, 즉 지구 둘레의 360분의 1은 지구 전체에 주어지는 크기에 따라 분명 달랐다. 여기서도 가장 유명한 권위자들은 크게(매우 큰 차이는 아니었지만) 의견이 일치하지 않았다. 카탈루냐 지도는 지구 둘레를 2만 마일(약 3만 2,187킬로미터)로 계산했고, 프라 마우로는 지구 둘레를 약 2만 4,000마일(3만 8,624킬로미터)로 계산하는 등 지구 둘레의 계산은 약 25퍼센트의 차이를 보였다. 이 수치들은 적도의 1도 길이로 환산하면 56마일(약 90킬로미터)에서 66마일(약 106킬로미터)에 이르는 추정치가 되었다. 오늘날의 정확한 수치는 69마일이다.

이제 콜럼버스의 인도 대륙 대탐험이 실현될 수 있느냐의 문제는 어느 숫자의 조합을 선택하느냐에 달려 있었음을 알 수 있다. 만일 유라시아 대륙이 세인트 빈센트곶에서 중국 해안까지 동쪽으로 경도 약 116도로 뻗었다고 믿는다면, 포르투갈과 중국 사이의 서쪽 바다의 거리에 244도에 이르는 광대한 범위를 남겨 놓게 된다. 그리고 그 범위는 1만 4,000마일(약 2만 2,531킬로미터)의 항해 거리가 된다. 여기서 콜럼버스가 다른 수치를 선택한 일은 놀라운 일이 아니다.

콜럼버스는 평소에 많은 책을 읽었다고 알려져 있다. 콜럼버스는 자신이 읽은 책에 적어도 2,125개의 '주석'을 달아 놓았고, 또한 권위 있는 서적들의 여백에 직접 논평까지 써 두는 일도 있었다. 이런 책들은 유라시아가 동쪽으로 뻗은 규모, 북대서양의 폭, 지구의 크기 등의 문제를 다루고 있었다. 콜럼버스가 소유한 서적 중에는 『플루타르크 영웅전Plutarch's Lives』과 프톨레마이오스의 『지리학』(1479년)이 있었는데, 그 안에는 콜럼버스의 서명 외에는 아무것도 쓰여 있지 않았다. 그리고 그 외에 지리학 서적 3권이 있었는데, 거기에는 모두 콜럼버스가 자필로 주석을 많이 달아 놓았다.

가장 상세하게 주석을 달아 놓은 서적은 『세계의 형상』이었다. 이 책은 그리스도교 유럽에 프톨레마이오스의 이론이 널리 부활되기 전, 1410년경에 저술된 세계 지리학이었다. 프랑스의 신학자이며 점성가인 피에르 다이가 저술한 그 책은 아시아 대륙의 동쪽의 범위와 북대서양의 폭 등의 중요한 문제에 관해 콜럼버스의 의문을 풀어 주고 있었다. 콜럼버스는 수년 동안 『세계의 형상』을 들고 다니며 여러 펜을 사용하여 밑줄을 치고, 주석을 달고, 요약을 써 넣고, 중요한 문장에 찾아보기 표시도 해 두었다. 또한 동생 바르톨로메오가 그 책에 직접 의견을 적어 넣기도 했다. 다일리는 유라시아의 동쪽 범위가 길게 뻗어 있다는(225도) 티레의 마리누스Marinus of Tyre의 이론을 채택했을 뿐만 아니라, 북대서양을 편리하게 좁은 곳으로 보았기 때문에 콜럼버스에게 도움을 주었다. 더 나아가 다이는 유라시아가 약 177도 된다는 프톨레마이오스의 짧은 추정치를 분명히 반박했다. 그 프톨레마이오스의 이론은 콜럼버스에게도 매우 불리한 주장이었다. 다이의 『세계의 형상』에 따르면 "동양으로 향한 [유라시아] 대륙의 길이는 프톨레마이오스가 인정한 것보다 훨씬 크다… 왜냐하면 동양에서 사람이 거주할 수 있는 육지의 길이는 지구의 절반보다 크기 때문이다. 그리고 철학자들이나 플리니우스에 따르면, 스페인의 맨 끝부분(오늘날의 모로코)과 인도의 동쪽 끝 사이에 뻗어 있는 대양은 전혀 넓지가 않다. 이 바다는 바람만 좋으면 분명 며칠 내로 항해할 수 있다〔콜럼버스는 이 내용에 굵은 밑줄을 쳤다〕. 그러므로 이 바다는 그리 크지 않기 때문에 지구의 4분의 3을 차지한다고 어떤 사람들은 생각하고 있다."

콜럼버스가 주석을 많이 달아 놓은 또 다른 서적으로는 아이네아스 실비우스Aeneas Sylvius(교황 비오 2세, 또는 본명은 피콜로미니)의 『세계 모험사Historia rerum ubique gestarum』(1477년)를 비롯해 마르코 폴로와 포르데노네의 오도릭과 그 외의 사람들에게서 얻은 흥미로운 정보, 중국의 위대한 칸이나 황제에 관한 특별한 정보, 아마존과 식인종의 이야기 등에 관한 자료들이 있었다. 물론 콜럼버스는 마르코 폴로의 여행기를 소장하여 폭넓게 살펴보았고, 이후 광대한 동쪽의 중국으로 떠날 때 그 거리를 계산하는 기반으로 사용했다.

콜럼버스를 사로잡은 동양의 매력은 마르코 폴로의 유창한 회상담, 존 맨더빌 경의 화려한 상상의 세계, 그리고 그들에게 영향을 받은 다른 이들의 저작물, 아시아 보물에 관한 신화, 환상적인 동물과 특이한 인종 이야기 등에서 생겨났다. 이제 선교 활동의 노력을 아시아의 이교도를 향해 바꾼 계기는 성묘에서 이단자들을 축출하려던 그리스도교의 실패에 대한 절망 때문이었다. 콜럼버스는 또한 스페인에서 인도 대륙으로 며칠 내로 건너갈 수 있다고 주장한 아리스토텔레스의 원리에 설득되었을 것이다. 그리고 "많은 세월이 지나면 대양이 사물의 사슬을 풀 때가 올 것이다. 그러면 거대한 육지는 그대로 드러날 것이다. 티피스Tiphys*는 새로운 세계를 밝혀낼 것이고, 툴레는 더 이상 세상의 끝이 되지 않을 것이다"라는 자주 되풀이되는 세네카의 격언으로 설득되었을 수도 있다.

• 그리스 신화에 나오는 아르고호의 키잡이

31

순풍과 회유와 행운

크리스토퍼 콜럼버스가 순풍을 만나지 못하고 또 그를 목적지까지 데려갔다가 다시 돌아오게 하는 바람을 이용할 줄 몰랐다면, 오직 인도 대륙의 탐험에만 몰두하는 콜럼버스의 집념과 페르디난드왕과 이사벨라 여왕의 모든 재화는 헛되고 말았을 것이다. 오늘날 우리는 그 옛날의 '범선의 시대'에 콜럼버스가 바람을 능숙하게 이용하는 능력이 있었다는 놀라운 사실은 잘 모른다. 물론 콜럼버스는 대륙에 관해 굉장한 실수를 했다. 그는 정말 육지를 몰랐지만 바다는 잘 알고 있었다. 그의 시대에 바다를 잘 안다는 것은 특히 바람을 잘 안다는 의미였다.

콜럼버스는 41세의 나이에 대사업의 기회를 얻었을 때 이미 광범위한 항해 경험을 쌓아 놓았다. 포르투갈의 깃발을 단 배를 타고 북극권에서 거의 적도 부근까지 갔고, 또 에게해에서 아조레스 제도까지 간 적도 있었다. 한때는 양털과 말린 생선과 포도주를 실은 배를 타고 먼 북쪽 지역인 아이슬란드와 아일랜드, 아조레스 제도, 리스본 사이에서 무역에 종사한 일도 있었다. 그 후 당분간 콜럼버스는 마데이라 제도Madeira Islands의 포르토 산토Porto Santo섬에서 살았는데, 그곳에서 아들 1명이 태어났다. 그는 그곳에서 또 항해를 했고, 한때 기니만의 황금 해안에 있는 번창하는 포르투갈의 무역항인 상 호르헤 다 미나São Jorge da Mina로 가는 배를 지휘하기도 했다. 북쪽 위도를 항해한 그의 다양한 경험과 많은 해상 위험은 이제 마침내 하나의 위대한 목적에 집중되었다.

콜럼버스는 인도 대륙을 향한 첫 탐험을 위해 대서양에 있는 스페인의 주요 항구인 카디스에서 출항할 수도 있었다. 하지만 카디스는 스페인을 떠나는 유대인들의 출항지로 지정되어 있었으므로 콜럼버스가 출항하는 날은 혼잡을 이루고 있었다. 콜럼버스는 출항 날짜를 1492년 8월 2일로 다시 잡았지만 또 그날은 스페인의 가톨릭 군주인 페르디난드왕과 이사벨라 여왕의 명령으로 스페인을 떠나는 유대인의 추방 마감일로 정해져 있었다. 그날 이후로 스페인에 남아 있는 유대인들은 그리스도교로 개종하지 않는 한 모두 처형당할 예정이었다. 자신들의 신을 믿기 때문에 죄인이 된 수천 명의 유대인들은 바로 그날 떠나기 위해 배 안 짐칸에 꽉 낄 정도로 들어가야 했으므로 협소한 리우 살테스Rio Saltés 항구는 사람들로 혼잡했다. 유대인들은 잘 알려져 있으면서도 우호적이지 않은 옛 그리스도교 세계를 향하여 카디스만을 떠나야 했다. 어떤 유대인들은 네덜란드에서 안식처를 구했고, 또 어떤 유대인들은 훨씬 관대한 이슬람 세계에서 피난처를 찾았다.

8월 3일 이른 아침에 그 불운한 유대인들을 오래전 박해를 받았던 세계로 실어 준 바로 그 조류는 콜럼버스의 3척의 배를 그 유대인들의 새로운 피난처가 된 곳으로 보냈다. 그 배들은 리우 틴투Rio Tinto의 하구 근처에 있는 팔로스 데 라 프론테라Palos de la Frontera에서 출항하여 무의식적으로 그 피난처를 발견했던 것이다.

콜럼버스가 직접 기록한 일기에는 유대인들이 모두 스페인에서 추방된 후에 출항 명령을 받았다고 쓰여 있었다. 가톨릭 군주들은 콜럼버스에게 그리스도교의 더욱 높은 사명을 부여하여 그를 인도의 이교도들에게 파견했다. 당시의 콜럼버스에 따르면 "나는 그들을 우리의 그리스도교로 개종시키는 사명을 받았다. 그리고 (보통 다니던) 육로로 동양을 가지 않고 아무도 간 적이 없는 서양의 길을 통해 동양에 가도록 명령을 받았다"라고 했다. 앞서 살펴보았듯이, 콜럼버스는 대서양을 지나 서쪽으로 가려고 이베리아반도에서 출항한 최초의 항해자는 아니었다. 1487년에 전설 속의 안틸리아섬을 찾으려고 떠난 둘모와 에스트레이토는 고위도에 있는 아조레스 제도에서 직접 서쪽으로 항해하는 그릇된 판단으로 이후 소식이 끊어지고 말았다. 그들은 바람을 잘 다루지 못했던 것이다.

콜럼버스는 스페인에서 곧바로 서쪽을 향하는 대신에, 신중하게 북대서양의 강한 서풍을 피하려고 먼저 카나리아 제도를 향해 남쪽으로 갔다. 카나리아 제도에서 일주일 동안 '환경에 적응하는 순항'을 한 뒤, 콜럼버스는 목적지까지 직접 실어 줄, 북동쪽에서 불어오는 무역풍의 이점을 이용하여 정확히 서쪽으로 향했다. 콜럼버스의 견해에 따르면, 이 진로에서 자연스럽게 생긴 또 다른 이점은 카나리아 제도가 우연하게도 콜럼버스가 마르코 폴로의 책에서 보고 특별한 목적지로 선택한 지팡구(일본)와 동일한 위도에 있다는 사실이었다. 그는 인도 대륙의 목적지에 도착할 때까지 자신의 위도를 따라 '서쪽으로' 곧장 항해할 수 있었다. 동양과 서양이 가장 가까이 만난다고 하는 지점은 카나리아 제도의 위도선이었다. 마르코 폴로에 따르면, 그 위도선에서 일본 섬은 중국의 동해안에서 1,500마일 떨어져 있었기 때문이었다.

콜럼버스는 진로를 잡은 다음, 순조롭게 출항할 수 있었다. 콜럼버스의 배는 순풍을 맞으며 앞으로 나아갔다. 강한 순풍이 계속 끊임없이 불었기 때문에 콜럼버스의 선원들도 그 지역에는 그들이 귀항할 때 필요한 서풍이 불지 않을까 봐 두려워지기 시작했다. 선원들은 9월 19일 콜럼버스가 수심을 측정하는 납덩어리를 끌어올려 200패덤에서 해저에 닿지 않은 것을 보고 일정하지 않은 바람 지대를 일시적으로 지나간다는 생각에 어느 정도 안도를 했을 것이다. 10월 5일이 되었을 때 불안해진 선원들은 앞에서 날아가는 새 떼를 보고 용기가 생겼다. 그러다가 그들이 출항한 지 33일이 지난 10월 12일 새벽 2시에 핀타Pinta호에서 망보던 선원이 5,000마라베디maravedi*의 상금을 요구했다. 그가 "육지, 육지다!" 하고 최초로 소리쳤기 때문이었다.

귀항하고 있었을 때 콜럼버스는 '무풍대'를 넘어 위도 35도 근처까지 북쪽으로 올라가기로 했다. 그곳에서는 서쪽에서 불어오는 무역풍을 만날 수 있었기 때문이다. 바람을 이용하는 콜럼버스의 방식은 매우 정확했지만 귀항 길은 폭풍에 시달려야 했다.

그 당시에는 선원들이 '돛을 다루는 사람'이라고 불리는 데는 충분한 이유가 있었다. 그들은 원하는 곳으로 가기 위해 돛에 바람을 채워야 했다. 성 요한은 세상에 부는 바람의 신비를 이렇게 표현했다. "바람은 제가 불고 싶은 대로 분다. 너는 그 소리를 듣고도 어디서 불어와서 어디로 가는

---

* 스페인의 옛 동전

지를 모른다. 성령으로 난 사람은 누구든지 이와 마찬가지다. 〈요한의 복음서 3장 8절〉" 콜럼버스와 같은 능숙한 선원들도 증기선의 선장이 원양 정기선의 기계를 완전히 알아야 했던 것처럼, 바람의 신비를 완전히 알아내야 했다. 지난 500년 동안 사람들이 배의 돛을 다루는 법을 익혀 왔지만 현대의 요트 경기 선수들도 오늘날 어떤 범선도 콜럼버스의 항로를 따르는 것이 제일 좋다는 사실에 동의한다.

콜럼버스의 항로는 바람에 관한 확고한 지식의 성과였을까, 아니면 흠잡을 데 없는 선원의 본능에 따른 결과였을까? 콜럼버스는 출항하기 전에 이미 인도 대륙으로 가는 항해를 이끌어 줄 바람의 방향을 여러 위도에서 직접 탐구하여 인도 대륙으로 갔다가 돌아오는 가장 좋은 항로를 찾도록 잘 준비하고 있었다. 콜럼버스의 선원들은 (새뮤얼 엘리엇 모리슨Samuel Eliot Morison이 자신의 저서 『대양의 제독Admiral of the Ocean Sea』에서 콜럼버스의 선박 조종술의 신비를 찬미하고 있는 것처럼) 콜럼버스의 직관력을 신뢰했다.

콜럼버스의 다른 발견들은 아메리카의 '발견' 때문에 빛을 잃었고 범선의 시대가 지나가면서 그 진가를 인정받지 못했다. 또 다른 항해 역사가인 조지 E. 넌George E.Nunn이 언급했듯이, 콜럼버스는 첫 항해에서 '3가지' 중요한 발견을 했다. 그는 유럽인들이 이전에 발견하지 못한 육지를 발견한 일 외에, 유럽에서 북아메리카로 가는 가장 좋은 서쪽 항로와 귀항할 때 가장 좋은 동쪽 항로를 발견했다. 콜럼버스는 바람을 동력으로 사용하는 배가 필요한 통로를 발견했다. 그는 어디로 가고 있는지, 또는 어디에 도착했는지를 알지 못했을지라도 바람을 매우 잘 알고 능숙하게 다루었다. 그리고 그런 콜럼버스의 능력은 그를 따르는 사람들에게 전수되었다.

물론 콜럼버스는 부하들도 잘 다루어야 했고, 미지의 세계를 항해하는 선원들의 사기를 유지하는 일도 쉽지 않았다. 33일 동안 항해를 하던 중에는 여러 차례 선원들의 반란도 있었다. 선원들의 인내심이 약해지기 전에는 인도 대륙까지 가야 했다. 처음부터 콜럼버스는 부하들에게 카나리아 제도에서 서쪽으로 750리그league 또는 2,250법정 마일(약 3,621킬로미터)을 가면 육지를 발견할 것이라고 약속했다. 그리고 돌아갈 수 없는 곳으로는 가지 않는다고 부하들을 안심시켜야 했다.

콜럼버스는 선원들을 기분 좋게 해 주고 공동의 목적을 이루기 위해 속임수를 쓰거나 거짓말을 할 때도 있었다. 그는 선원들이 적절한 시기에 집으로 돌아가려는 마음이 있다는 것을 잊지 않았다. 콜럼버스는 부하들을 실망시키지 않으려고 항해일지를 거짓으로 기록하기까지 했다. 그는 항해한 거리를 기록할 때 '항해 거리가 길면 선원들이 겁에 질리고 실망할까 봐 실제 항해 거리보다 짧게 기록을 하기로 했다.' 예컨대 9월 25일 콜럼버스는 정확히 21리그를 항해한 사실을 알고 있었지만 '선원들에게는 13리그의 거리를 항해했다고 알려 주었다. 선원들에게는 늘 짧은 항해 거리를 거짓으로 알려 주어야만 항해가 매우 길다고 느끼지 않을 수 있었기 때문이다.' 나중에 밝혀졌듯이, 콜럼버스는 자신이 의도했던 것보다 선원들을 덜 속이고 있었다. 그는 자신이 늘 거리를 과대하게 어림잡는 습관이 있다는 것을 깨닫지 못하고 있었다. 따라서 결과적으로 콜럼버스가 선원들에게 알려 주었다고 여긴 '거짓 정보'는 그의 '진짜' 항해 일지보다 더욱 사실에 가까웠다.

먼 바다로 항해를 할 때 콜럼버스는 종잡을 수 없는 모습을 보일 때도 있었다. 예컨대 9월 21~23일에 남대서양 한가운데의 광대한 타원형 해역인 사르가소해Sargasso Sea를 항해하고 있을 때 그 해역은 선원들이 이전에는 한 번도 본 적이 없었던 밝은 녹황색 해조류로 가득 뒤덮여 있었다. 그 광경을 보고 놀란 선원들은 배가 해조류에 감겨 꼼짝도 못하게 될까 봐 두려워 선장에게 해조류가 없는 바다로 진로를 바꿀 것을 요청했다. 그러나 콜럼버스는 계속 앞으로 나아갔다. 오늘날에도 선원들은 사르가소해를 지나면 해조류에 꼼짝 못하게 된다는 미신 같은 두려움이 남아 있다.

날씨가 온화하거나, 비가 오지 않거나, 바다가 잔잔해도 모두 불평의 원인이 되었다. 비가 오지 않으면 이 짠 바다에서 어떻게 먹을 수 있는 물을 공급 받을 수 있을까? 선원들 일부가 우려했듯이, 콜럼버스가 선원들을 끝없이 서쪽으로 데려갔다면 어쩌면 선원들은 가족이 보고 싶어서 콜럼버스를 바다로 던져 넣고 돌아갔을 수도 있었다. 그래서 콜럼버스는 '부드러운 말'과 인도 대륙의 보물을 모두가 나누어 가질 수 있다는 희망으로 선원들의 불평을 달래 주었다. 그러면서 그는 또한 선원들이 자신을 버리고 스페인으로 돌아간다면 모두에게 끔찍한 처벌이 기다리고 있을 것이라고 위협을 하기도 했다. 콜럼버스는 처음으로 대양을 항해하기 시작하면서 가장 소중한 별도의 행운이 따랐다. 날씨는 비할 데 없이 좋았으므로 (콜럼버스의 말에 따르면) "아침마다 느끼는 정취는 큰 즐거움이었다. 날씨는 안달루시아Andalusia의 4월과 같았으며, 하나의 바람이 있다면 나이팅게일의 지저귀는 소리를 듣는 일이었다."

가장 알려지지 않았으면서 가장 주목할 만한 콜럼버스의 업적은 우연히 그리고 자신도 모르게 만난 육지들을 나중에 다시 찾아 갈 수 있었던 콜럼버스의 항해 능력이었다. 또한 더욱 주목되는 이유는 콜럼버스의 항해 기술이 매우 기초적인 방식이었기 때문이다. 콜럼버스의 시대에는 천문 항법이 전혀 발달되어 있지 않았다. 그는 아스트롤라베 같은 기본적인 천문 관측 도구도 사용할 줄 몰랐다. 실물과 다르게 근사한 그림도 있었겠지만 그는 어쩌면 직각기도 본 적이 없었을 것이다. 그는 간단한 사분의만으로는 만 1년에 걸쳐 자메이카 해안에 도착할 때까지 어떤 유용한 관측도 할 수 없었다. 콜럼버스가 죽은 뒤 수년이 지나서야 천문항법은 유럽의 전문 항해자들에게 널리 사용되기 시작했다.

콜럼버스는 바다에서 방향을 잡고 방위를 찾아내기 위해 추측항법에 의존했다. 추측항법은 실용적인 기술이 되지 못하는 과학적 방법이었다. 그는 나침반을 사용하여 방향을 잡은 다음, 배의 속도를 추측하고, 물거품이나 해초, 또는 그 외의 부유물 등을 관찰하여 거리를 측정했다. 16세기가 될 때까지 배의 속도를 측정하는 수동 측정기가 발명되지 않았기 때문에 당시의 콜럼버스의 측정은 수준이 매우 낮은 방법이었다.

추측항법은 풍경, 모래톱, 조류 등이 익숙한 해역 사이를 항해하는 데 아주 유용했다. 하지만 추측항법으로 미지의 바다에서는 방향을 알 수가 없었다. 그런데 콜럼버스는 미지의 바다에서도 자신이 잘 아는 목적지를 향하여 항해를 하고 있다고 생각했다는 점을 주목할 필요가 있다.

32

지상낙원의 환상

콜럼버스는 1493년 2월 중순에 첫 항해에서 돌아와 아조레스 제도 근처까지 왔을 즈음에 자신이 이루어 낸 업적에 관해 자신이 생각하고 또 다른 사람들이 생각해 주기를 바라는 보고서를 썼다. 그는 페르디난드왕과 이사벨라 여왕에게 그 보고서를 직접 보내는 것은 무례한 일이라고 생각하여 '서신'으로 써서 산탄겔Santangel에게 보냈다. 산타겔은 콜럼버스의 인도 대륙 대탐험을 지원하도록 최후의 순간에 이사벨라 여왕을 설득했던 왕실 관리인이었다. 스페인어로 쓰인 콜럼버스의 서신은 1493년 4월 1일에 바르셀로나에서 출판된 후, 4월 29일 날짜가 적힌 라틴어로 번역되었고, 또 『발견된 섬들에 관하여De Insulis Inuentis』라는 제목이 붙여져 8페이지의 소책자로 5월에 로마에서 다시 출판되었다. 그 책은 빈번하고 신속하게 다시 발행되었으므로 그때의 기준으로 베스트셀러가 되었다. 로마에서는 1493년에 3가지 판으로 발행되었고, 1493년에서 1494년까지 파리, 바젤, 앤트워프 등에서 6가지 다른 판으로 발행되었다. 1493년 6월 중순에는 그

라틴어 서신이 피렌체의 방언인 토스카나 말로 68연의 시로 번역되었다 (1493년에 로마에서 출판되고 피렌체에서 2번 출판되었다).

북유럽에서는 콜럼버스가 이루어 낸 탐험 소식이 매우 느리게 전해졌다. 천지 창조의 시기부터 현대에 이르기까지 삽화로 이루어진 세계 역사 책인 유명한 『뉘른베르크 연대기Nuremberg Chronicle』(1493년 7월 12일 출간)에는 콜럼버스의 항해에 관한 언급이 없었다. 1496년 3월 하순까지도 영국에서는 콜럼버스에 관한 소식이 없었고, 독일에서는 1497년에 최초로 독일어로 번역된 콜럼버스의 서신이 스트라스부르Strasbourg에서 출판되었다.

콜럼버스가 가져온 소식은 무엇이었을까? 콜럼버스의 보고서에 삽화까지 넣어 출간한 라틴어 판(바젤, 1493년)에는 콜럼버스나 인도 대륙이나 신세계와 관련 없는 초기 스위스 책들에 이미 사용되었던 투박한 목판화들이 실려 있었다. 한 목판화에는 40개의 노가 달린 지중해의 갤리선에서 인도 대륙에 상륙하는 콜럼버스의 모습을 보여 주려고 했다. 바하마 제도를 표현하려고 했던 또 다른 목판화에는 어느 남부 유럽의 해안 마을을 묘사하고 있었다.

콜럼버스는 자신이 북대서양을 지나 항해를 한 곳이 분명 인도 대륙이었다고 확신했으므로 이제 그 사실을 많은 청중들에게 설득하기 시작했다. 그는 실제로 인도 대륙이라는 목적지에 대한 중요한 기득권이 있었다. 콜럼버스는 자신의 중요한 항해를 처음으로 대중에게 발표했을 때 자신이 겪은 재난이나 재난에 가까운 일은 조심스럽게 언급을 피했다. 예컨대 산타 마리아호의 침몰, 핀타호의 선장 마르틴 알론소 핀손Martín Alonso Pinzón의 반란, 또는 선원들의 폭동 분위기 등은 거론하지 않았다. 당시의 국가 안전 규정에 따라 콜럼버스는 또한 경쟁 상대들이 자신이 갔던 항로를 따라오지 못하도록 배의 진로나 정확한 거리 등에 관한 정보를 알려 주지 않았다. 콜럼버스는 위대한 칸이나 금이 풍부한 지팡구의 궁궐을 실제로 본적이 없다는 사실을 인정했지만 바로 중국의 해안 가까이 갔다는 믿음을 뒷받침하는 수많은 단서들을 상세히 설명했다. 그는 위대한 칸의 화려한 제국은 다음의 항해에서 조금 더 멀리 가면 분명 만날 것이라고 확신했다.

콜럼버스는 바람과 파도에 관해서는 빈틈없는 관찰자였지만 그가 도착한 곳의 중요한 문제에 관해서는 자신의 희망 사항에서 벗어나지 못하는 노예가 되었다. 그는 도착하는 곳마다 아시아 지역에 왔다는 흔적을 찾으려고 했다. 식물학은 체계적으로 분류되어 책으로 나오기까지는 여전히 먼 미개척 영역이었지만 콜럼버스가 원하는 모든 것을 얻을 수 있는 분야였다. 콜럼버스는 첫 항해에서 쿠바의 북쪽 해안에 처음으로 발을 내딛는 순간부터 어렵지 않게 아시아 식물을 발견할 수 있었다. 그는 계피 같은 향이 나는 관목을 간절한 마음에 육계나무라 불렀고 그것을 알려지지 않은 향신료 보물이 있다는 흔적이라고 여겼다. 콜럼버스는 서인도 제도의 향기로운 검보림보gumbo-limbo* 나무를 보고 지중해 지역에서 수지를 채취할 때 사용하는 유향 나무의 아시아산 일종이라고 주장했다. 또 그는 먹을 수 없는 작은 열매인 '노갈 데 파이스nogal de pais'를 보고 마르코 폴로가 설명한 아시아의 코코넛 열매로 성급하게 잘못 판단했다. 선박의 의사는 선원들이 캐낸 나무뿌리를 살펴보고 그것을 강력한 설사제로 쓰이는 중국의 귀중한 약제용 대황大黃이라고 친절하게 설명했다. 그러나 사실 그 나무뿌리는 약제용 대황, '룸 오피키날레Rheum officinale'가 아니라 오늘날 파이나 타르

---

* 향기롭고 달콤한 수지가 채취되는 감람과 나무

트를 만드는 데 사용하는 흔한 식용 대황, '룸 라폰티쿰Rheum rhaponticum(루바브)'이었다. 그러나 동양의 향기를 풍기는 듯 보이는 잘못 판단되는 식물들이 너무 많았다.

콜럼버스는 이런 단서들이 인도 대륙 탐험을 확실히 뒷받침해 주는 증거라고 마음속으로 확신하고 있었다. 콜럼버스의 사고방식과 탐험 기술은 쿠바로 간 첫 번째 원정에서 잘 드러났다. 1492년 10월 28일에 콜럼버스의 카라벨들은 동양의 분위기를 풍기는 쿠바의 아름다운 항구인 바이아 바리아이Bahía Bariay로 들어갔다. 그곳에서 콜럼버스는 통역으로 이용하려고 붙잡아 온 산살바도르San Salvador섬의 원주민들을 이곳 원주민들과 면담을 하게 했다. 그 결과 그들은 이곳에서 내륙으로 조금만 들어가면 나오는 쿠바나칸Cubanacan(쿠바의 중앙이라는 의미)에 금이 있다고 콜럼버스에게 말했다. 콜럼버스는 그들이 말한 '엘 그란 칸El Gran Can'의 의미를 중국의 위대한 칸이라는 뜻으로 이해하여 즉시 동양의 통치자를 만나러 그곳에 사절을 보냈다. 콜럼버스는 이런 일을 위해 함께 데려온 아랍어를 할 줄 아는 학자를 사절의 책임자로 임명하고, 또 수년 전에 기니에서 아프리카 왕을 만난 일이 있어서 이국의 왕들을 잘 다룬다고 여긴 유능한 선원도 학자와 함께 보냈다. 사절들은 외교용 물품(라틴어로 된 통행권, 가톨릭 군주가 중국의 군주에게 보내는 신임장, 칸에게 보내는 풍부한 선물 등)과 도중에 식량을 구입할 유리구슬과 값싼 장신구도 함께 들고 갔다. 사절들은 마르코 폴로가 칸이 화려한 궁궐을 짓고 사는 중국의 몽골 수도라고 말한 캄발루크Cambaluc(북경)를 향하여 코카유긴강Cocayuguin River의 골짜기를 넘어갔다. 사절들이 찾아간 곳은 종려나무 잎으로 지붕을 덮은 오두막이 약 50채로 이루어진 부락이었다. 그곳 추장은 사절들을 하늘에서 보낸 사자로 여겨 잘 대접하고 주민들은 그들의 발에 입을 맞추었다. 그러나 사절들은 위대한 칸에 관해서는 아무런 말도 듣지 못했다.

콜럼버스의 두 사절은 항구로 돌아오는 길에 획기적인 일을 목격했다. 그들은 길을 걸어가고 있는 타이노 인디언 부족Taino Indians을 만났다. '마을로 돌아가고 있었던 그 인디언들은 손에 불이 붙은 나무토막을 들고, 또 풀에서 나는 연기를 들이마시고 있었는데, 그런 행동이 익숙한 듯 보였다.' 그들이 길을 가다가 잠시 멈추어 긴 담배를 꺼내면 불이 붙은 나무토막을 들고 있는 작은 소년들이 거기에 불을 붙여 주었다. 그러면 그들은 그 담배를 몇 모금 빨고 다른 사람들에게 차례로 돌렸다. 그렇게 타이노 인디언들은 담배를 몇 모금씩 빨며 잠시 쉰 다음 다시 길을 걸어갔다. 이것이 최초로 기록된 유럽인이 담배를 만난 일이었다. 중국의 금을 보려는 환상에 사로잡혀 있던 콜럼버스의 사절단은 결국 원시적인 관습만 보았다. 몇 년 후, 신대륙을 식민지화하고 담배를 즐기기 시작한 스페인 사람들이 유럽과 아시아와 아프리카에 소개한 담배는 그곳에서 부와 즐거움과 놀라움의 원천이 되었다.

한편, 콜럼버스는 쿠바가 사실 마르코 폴로가 말한 중국의 만지Mangi*라는 자신의 믿음을 추측항법으로 확인하는 작업을 하며 항구에 머물러 있었다. 그는 여가를 이용하여 아시아 외에는 어느 곳에서도 찾아볼 수 없다고 여긴 식물 표본들을 채집했다.

산살바도르, 나비다드Navidad, 산타 마리아 데 구아달루페Santa María de Guadalupe, S. M. 데 몬세라테S.M.de Monserrate, S. M. 라 안티구아S.M.la Antígua, S.

• 지금의 중국 남부

M. 라 레돈다S.M.la Redonda, 산마르틴San Martín, 산 호르헤San Jorge, 산타 아나 스타시아Santa Anastasia, 산크리스토발San Cristóbal, 산타 쿠르스Santa Cruz, 산타 우르술라 이 라시 밀 비르헤네스Santa Ursula y las xi mil Virgenes, 산후안 바우티스타San Juan Bautista 등 콜럼버스가 처음 방문한 육지에 붙인 매우 경건하게 보이는 그리스도교의 명칭들은 그의 깊은 신앙심을 잘 나타내고 있었다. 수많은 이교도들의 영혼에 진정한 신앙의 영역을 넓히는 일이 그에게 주어진 신성한 사명이었다. 콜럼버스는 자신이 신의 사자라는 믿음으로 수년 동안 받은 조롱을 참아 내고, 반란을 이겨 내는 힘을 얻었으며, 또한 세계 지리에 관한 자신의 관점을 지켜 나갈 수 있었다.

콜럼버스의 첫 항해는 카리브해 주변의 여러 특징들을 살펴보는 일이었다. 가끔 잠깐 동안만 내륙을 탐색하고 주로 해안을 통해 그 지역의 풍경, 소리, 진기한 것들을 즐겼기 때문이다. 콜럼버스는 신속하게 바하마제도를 둘러본 다음에, 쿠바 동부와 히스파니올라Hispaniola섬의 북쪽 해안을 살펴보았다. 콜럼버스가 처음으로 '인도 대륙'의 육지, 산살바도르섬을 본 지 3개월 후인 1493년 1월 16일에 그의 카라벨들은 히스파니올라섬의 동쪽 끝에 있는 사마나만Samaná Bay에서 귀항하기 위해 출발했다.

내륙은 거의 탐색하지 않고 육지가 동양적인 특징이 있다는 매우 애매한 단서들만 가지고 섬들 주변만 항해를 한 짧은 여정이었지만 콜럼버스는 자신의 신념에 흔들림이 없었다. 그는 '인도 대륙'에 도착했다는 사실을 보고로 분명히 밝혔다. 그리고 콜럼버스는 매우 급하게 여행을 다녀온 여행자의 허울뿐인 확신으로 탐험을 막연하게 설명했다. 콜럼버스의 주장에 따르면, 원주민들은 "믿을 수 없을 정도로 매우 순진하고 물건에 욕심이 없었다. 소유하고 있는 물건을 요구하면 그들은 거부하지 않았다. 오히려 그들은 우리를 초청하여 자신들이 가지고 있는 것을 나눠 주고 진심인 듯 많은 호의를 베풀었다. 그리고 그들에게 물건을 주면 값진 것이든 하찮은 것이든 모두 만족스러워했다." "이 모든 섬에서 나는 원주민들의 외모나 관습과 언어에서 큰 차이를 느끼지 못했다. 또 그들은 모두 서로를 이해한다는 것이 매우 특이한 점이었다. 그 때문에 나는 그들의 군주가 우리의 성스러운 신앙으로 개종하는 문제를 서로 의논하여 결정할 것 같았고, 또 그들은 우리의 신앙에 관심이 많다는 생각이 들었다." 콜럼버스가 라 빌라 데 나비다드La Villa de Navidad로 칭한 장소는 '금광이 있는 가장 좋은 지역이었고, 또한 교역이 활발하고 많은 이익이 있는 그랜 칸[Gran Can, Grand Khan(위대한 칸)을 지칭]에 속하는 여러 지역들과 무역을 하기에도 가장 좋은 지역'이었다. 콜럼버스는 원주민들의 군주에게 이런 약속을 했다. "군주께서 나를 조금만 도와주신다면 원하는 대로 금을 보내 줄 수 있고, 군주께서 명령하는 대로 많은 향신료와 목화를 보내 줄 수 있고, 군주께서 선적을 지시하는 대로 많은 고무나무의 수지를 보내 줄 수 있습니다… 그리고 군주께서 선적을 지시하는 대로 많은 알로에 나무를 보낼 수 있고, 군주께서 명령하시는 대로 숭배자가 될 노예들을 보낼 수 있습니다. 그리고 나는 대황과 계피를 그곳에서 발견했고, 또 다른 여러 귀중한 물건들을 발견할 수 있었는데, 그곳에 내가 남겨 두고 온 사람들이 그것들을 찾아낼 것입니다. 나는 바람이 좋아서 출항할 수만 있다면 지체 없이 어느 곳이든 갈 수 있습니다…."

그 후 12년 동안 콜럼버스는 세 차례 더 '인도 대륙'으로 항해를 계속했다. 이런 항해들을 발견의 항해라고 불렀지만 더 정확하게 표현하면 확인의 항해라고 불렀어야 했다. 콜럼버스에게 거의 지지를 하지 않는 사람들은 이해가 가지 않는 혼란스러움으로 의문의 씨앗을 품었을 것이다. 콜럼버스는 계속된 항해에도 위대한 칸을 찾지 못하거나 화려한 동양을 발견하는 데 실패하자 본국에 있는 사람들을 설득하기가 더욱 어려워졌다. 콜럼버스는 새로운 전략으로 설명을 만들어 내는 재능이 있었지만, 그의 설명이 차츰 사실에서 빗나가자 또다시 웃음거리가 되었고, 자신의 신념에 희생자가 되었다.

콜럼버스는 첫 항해에서 돌아온 지 6개월 후에 다시 탐험에 나섰다. 이번에는 그의 원정이 훨씬 더 규모가 컸다. 콜럼버스는 3척의 작은 카라벨 대신에 17척의 배와 적어도 1,200명의 인원(여전히 여자는 없었다)으로 이루어진 함대를 이끌었다. 그 인원에는 원주민들의 개종을 맡은 6명의 성직자들, 질서와 장부를 책임지는 수많은 관리들, 인도 대륙에서 많은 돈을 벌려는 이주민들, 그리고 물론 선원들이 있었다. 콜럼버스의 첫 번째 항해는 단순히 탐험을 위해서였지만 이 두 번째 항해는 돈을 벌기 위한 목적이 있었다. 그래서 콜럼버스는 이번에 히스파니올라에 교역소를 설치하는 임무도 맡았다. 더욱이 그는 인도 대륙의 전설 속 보물을 발견했다는 사실을 입증해야 하는 큰 부담이 있었다. 이번에 콜럼버스의 뛰어난 선박 조종술은 훨씬 더 인상적이었다. 그는 대양을 횡단하면서 17척의 배를 질서 정연하게 잘 다루며 지휘했다. 새뮤얼 엘리엇 모리슨은 그런 콜럼버스에 관해 이렇게 자랑했다. "콜럼버스는 이후 400년을 위한 항해 지침서가 제시한 바로 그 정확한 지점에서 소小앤틸리스 제도Lesser Antilles를 발견했다!" 콜럼버스가 실제로 여러 육지를 발견한 일들은 또한 중요했다. 그는 소앤틸리스 제도, 자메이카, 푸에르토리코 등을 발견했고, 쿠바의 남해안을 탐험했으며, 또한 이런 대서양 지역에 최초로 유럽인의 영구 정착지를 세웠기 때문이다. 그러나 콜럼버스는 이 정도로 만족할 수 없었다. 그는 아시아의 해안이 필요했다.

이 두 번째 탐험에서 콜럼버스는 소앤틸리스 제도의 수많은 작은 섬들을 뚫고 지나갔을 때 인도 대륙에는 5,000개의 섬들이 있다고 한 존 맨더빌 경의 논평을 떠올리며 용기를 얻었다. 콜럼버스는 쿠바의 남쪽 끝에 도달했을 때 아시아의 본토에 이르렀다고 확신했다. 그는 과카나야보만Gulf of Guacanayabo에서 서쪽으로 쿠바 해안을 따라 항해를 했을 때 마르코 폴로가 말한 중국 남부의 만지 해안을 항해하고 있다고 확신했다. 콜럼버스는 해안이 남쪽으로 급격히 휘어진 지점인 바이아 코르테스Bahía Cortés에 다다랐을 때 황금반도Golden Chersonese(말레이반도)의 동쪽 해안의 출발점에 왔다고 생각했다. 그는 마르코 폴로가 말한 인도양으로 가는 항로를 아직 발견하지 못했더라도 그 끝에 가면 분명 항로가 나타날 반도를 발견했던 것이다. 그러나 이 지점에서 그의 카라벨들은 물이 스며들고, 돛이나 돛대는 낡고 망가지기 시작했고, 보급품도 줄어들었으며, 또 승무원들이 반란의 기미를 보이기 시작했다. 콜럼버스는 결국 귀항하기로 결심했다. 정말 안타까운 일이었다. 만일 콜럼버스가 50마일(약 80킬로미터)만 더 멀리 나갔더라면 쿠바가 섬이라는 것을 알아냈을 것이다.

콜럼버스는 자신이 겁이 많거나 비겁하다는 비난을 받지 않고 또 자신의 지리학적 견해가 사실임을 보여 주려고 그가 이 탐험에 파견한 배 3척의 관리들과 선원들에게서 선서 증언을 받았다. 콜럼버스도 분명 알고 있었을 테지만 이런 일은 전례가 없던 일은 아니었다. 겨우 6년 전인 1488년에 디아스가 항해에서 돌아와, 인도 항로를 발견한 결정적인 순간에 진로를 바꾸어 돌아온 일을 해명하고 있었을 때 콜럼버스는 리스본에 있었다. 앞서 살펴보았듯이, 바르톨로메우 디아스는 자신이 돌아오게 된 것이 선원들 때문이었음을 입증하려고 콜럼버스처럼 선서 증언을 받아 냈었다. 그러나 디아스의 선원들은 오직 디아스의 용기와 선박 조종술을 입증하도록 요청 받았지만, 콜럼버스의 선원들은 콜럼버스의 지리학을 입증하도록 요청 받았다. 모든 선원들에게 서명하도록 요구된 선서 증언의 내용은 선원들이 동쪽에서 서쪽으로 335리그의 거리를 항해한 해안은 그들이 이전에 보았던 섬들보다 더욱 길었고, 따라서 이 해안은 분명 아시아 대륙의 일부이고, 또 그들은 더 멀리 항해를 했더라면 '이 세계를 아는 지성을 지닌 문명인들'을 만났을 것이라는 점이었다. 콜럼버스는 지구를 일주할 때까지 항해를 계속하여 그것을 입증하려고 선원들을 위협했다. 콜럼버스는 증언에 서명을 거부하는 자는 누구든 1만 마라베디의 벌금을 물어야 하고, 또 그들의 혓바닥을 잘라 낸다고 덧붙여 설명했다. 만일 거부하는 선원이 소년이라면 그의 옷을 벗긴 등에 100번의 채찍을 맞을 것이라고 했다.

콜럼버스는 1496년 3월에 스페인으로 돌아왔지만 성공의 기쁨은 맛보지 못했다. 왕실에서는 그를 따뜻하게 맞아 주었지만 북대서양에서 인도 대륙의 여러 섬들을 발견한 일은 더 이상 사람들의 이목을 끌지 못했다. 두 번째 달 착륙처럼, 콜럼버스의 위업은 되풀이 될 수 있다는 사실을 보여 주면서 어느 정도 과소평가되었다. 몇몇 학식 있는 사람들을 제외하고 대부분은 이 항해에 관한 소식을 거의 무관심으로 받아들였다. 분명 그런 이유 중의 하나는 엄청난 투자에 비해 상업적인 대가가 너무 보잘것없었기 때문이었다. 콜럼버스의 가장 가까운 협력자들 중 일부는 콜럼버스가 발견한 '인도 대륙'이 정말 아시아가 맞는지 의심을 하기 시작했다. 콜럼버스의 첫 항해 때 산타 마리아호의 선장이었으며 두 번째 항해 때에도 콜럼버스와 함께 갔던 후안 데 라 코사Juan de la Cosa는 콜럼버스가 요구한 '쿠바는 섬이 아니다'라는 선서 증언에 실제로 서명을 한 사람이었다. 그러나 라 코사는 1500년에 유명한 지도를 만들었을 때 쿠바를 섬으로 나타냈다. 의심스러워하는 유럽의 지도 제작자들은 수년 동안 2개의 쿠바, 즉 하나는 섬이고 다른 하나는 마르코 폴로의 만지라고 여기고 중국의 남부 본토로 표시했다.

다른 사람들의 점점 커지는 의심은 콜럼버스의 고집을 더욱 확고하게 했다. 1501년에 연대기 작가 피터 마터는 이렇게 전했다. "제독은… 그가 〔쿠바에서〕 최초로 발견한 해안을 '처음과 끝Alpha and Omega'이라고 이름을 붙였다. 왜냐하면 그는 그곳에서 태양이 그 섬 안으로 지면 우리의 동양은 끝이 나고 태양이 떠오르면 우리의 서양이 시작된다고 생각했기 때문이다… 그는 페르시아의 동쪽에 위치한 황금반도 근처에 있는, 우리의 아래쪽 세계의 일부 지역에 도달하리라 예상했다. 사실, 그는 우리는 전혀 모르는 태양의 방향으로 12시간 걸리는 곳을 겨우 2시간이면 갈 수 있다고 생각했다."

콜럼버스는 2년 동안 계획을 홍보하고 추진한 끝에 6척의 배로 이루어진 선단을 꾸려 1498년 5월 30일 간신히 세 번째 항해에 나섰다. 그때에 어쩌면 아시아가 아닌 거대한 대륙이 콜럼버스가 발견한 섬들의 서쪽 어딘가에 있을 수 있다는 새로운 소문과 보고가 이미 알려지고 있었다. 그러나 콜럼버스는 전혀 흔들리지 않았다. 대신에 그는 황금반도를 돌아 인도양으로 들어가는 항로를 신속히 찾아 자신의 바람이 정당하다는 것을 입증하고 싶어 했다. 이 세 번째 항해에서 몇 가지 지리적인 난문제에 봉착한 콜럼버스는 그 문제로 환상에 사로잡혀 당시의 유명한 지도 제작자들에게서 나쁜 평판을 얻었다. 중세 그리스도교 지리학자들의 신념은 크리스토퍼 콜럼버스의 사고에도 여전히 그대로 살아 있었다.

세 번째 항해에서 콜럼버스가 최초로 발견한 것은 섬이었다. 그는 그 섬을 성 삼위일체Holy Trinity를 기념하여 트리니다드Trinidad라고 이름을 붙였다. 또한 콜럼버스는 큰 오리노코Orinoco강의 삼각주로 생겨난 파리아만Gulf of Paria으로 우연히 들어갔다. 물론 그때까지도 콜럼버스는 그 길을 따라 내려가면 큰 대륙이 있을 것이라고는 전혀 생각하지 않았다. 그렇다면 이 거대한 민물 바다와 그 안으로 흘러들어 가는 거대한 민물 강은 어떻게 설명해야 할까? 결국 그곳에 프톨레마이오스도 발견하지 못한, 그런 많은 양의 민물이 모이는 거대한 대륙이 있는 것은 아닐까? 콜럼버스는 놀라움과 함께 일지에 이렇게 기록했다. "나는 이것이 오늘날까지 알려지지 않은 매우 큰 대륙이라고 생각한다. 그리고 그 이유는 그렇게 큰 강과 민물 바다가 있다는 것과 또 그 다음으로, 에스드라서의 가르침에 따라, 세상의 여섯 부분은 땅이고 한 부분이 물이기 때문이다… 프란시스코 데 마요네세Francisco de Mayrones가 주장했듯이, 성 암브로시우스St.Ambrose는 『성찰Examenon』에서 에스드라서의 가르침을 인정했고 성 아우구스티누스도 자신의 글 '나의 아들 그리스도의 죽음morietur filius meus Christus'에서 똑같이 인정했다. 게다가 나는 이전에 만난 카리브 원주민들의 말을 듣고 인정하게 되었다. 그들은 남쪽으로 가면 본토가 있고… 또 그곳에는 많은 금이 있다고 했다… 그리고 만일 그곳에 대륙이 있다면 큰 강물이 흐르고 그 강물이 48리그나 되는 민물 바다를 이루기 때문에 정말 놀랍고 감탄할 수밖에 없을 것이다."

광신자 콜럼버스는 지구의 형태에 관하여 매우 야심 찬 새로운 계시를 내세울 준비가 되어 있었다. "신은 이사야Isaiah의 입을 통해 말씀하신 후, 요한계시록에서 말씀하신 새 천국과 새 땅의 사자로 나를 삼으셨다. 그리고 신은 그 장소를 찾도록 내게 알려 주셨다." 이러한 계시는 지구에 관한 정통 신조를 수정할 필요가 있었다.

나는 육지와 바다로 이루어진 세계는 구형이라고 늘 읽었다. 그리고 프톨레마이오스와 다른 학자들의 이론도 월식과 그 외에 남쪽과 북쪽의 극의 높이뿐 아니라 동쪽에서 서쪽까지 여러 관측으로 지구가 구형이라는 것을 입증했다. 그러나 나는 매우 불규칙한 점을 보았으므로 지구에 관한 다른 결론을 내렸다. 즉 그것은 학자들이 주장한 것처럼 지구는 둥근 것이 아니고 배와 같은 모양이다… 또는 한쪽 위가 여자의 유두처럼 튀어나온 둥근 공과 같다. 이런 돌출부는 하늘에 가장 높고 가장 가까이 있으며, 또 천구 적도의 아래에 위치하고 또 육지와 섬들이 끝나는 바다의 맨 동쪽 끝부분에 있다…〔고대인들은〕 지구의 반구에 관해 확실한 지식이 없었고 모호한 추측만 했다. 왜냐하면 아무도 그 사실을 알아보려고 하지 않았기 때문이다. 그러나 우리의 전하께서는 지금 나를 바다와 육지를 탐험하라고 보내셨다.

이 시기에 이르러 결국, 중세의 그리스도교 천지학자들이 지도의 위쪽에 오랫동안 배치한 성경의 지형이 현실적인 지상의 위치로 바뀌었다.

나는 그곳을 신의 허락 없이는 아무도 갈 수 없는 지상의 낙원이라고 확신한다… 그 지상의 낙원은 분명히 표현되어 있듯이 험한 산이 아니고 내가 설명한 지점의 정상에 있다고 생각한다… 나는 또한 내가 설명한 강[즉 오리노코 강]은 멀지만 그곳에서 흘러나오며 내가 떠난 장소에서 멈추어 호수[파리아 만]를 이룬다고 생각한다. 그곳이 지상낙원이라는 커다란 징조들이 있다. 그 위치가 성스럽고 현명한 신학자들의 의견과 일치하고 게다가 오래된 증거들이 추측과 들어맞기 때문이다. 나는 민물이 그렇게 큰 강을 이루어 바다로 흘러간다는 사실을 읽어 보거나 들어 본 적도 없다. 낙원이라는 생각은 또한 온화한 기후로 입증되고 있다. 그리고 내가 말한 강이 지상의 낙원에서 흘러나오지 않는다면 그것은 더욱 경이로운 일인 듯 보인다. 이 세상에는 그렇게 크고 깊은 강은 있을 수 없다고 믿기 때문이다.

이런 예기치 않은 남쪽의 본토에 지상낙원이 있다는 콜럼버스의 주장은 제멋대로의 환상이 아니라 유일한 합리적인 설명이었다. 그는 민물 강의 어떤 광대한 원천이 존재한다는 것을 자신의 그리스도교 교리, 프톨레마이오스의 지리학, 쿠바를 아시아로 여기는 관점, 황금반도를 돌아 인도양으로 가는 항로의 존재 등의 생각들과 조화시키려는 설명을 했던 것이다.

콜럼버스의 문제를 이해하고, 또 그가 왜 지상낙원이라고 합리화시키려고 했는지를 이해하기 위해서는 지구의 육지에 관한 그리스도교 지형의 관점을 떠올려야 한다. 그 관점으로 보면, 사람이 살 수 있는 지구는 유럽, 아시아, 아프리카 등을 포함한 하나의 대륙, 즉 지구라는 하나의 섬 또는 하나의 세계Orbis Terrarum이며 비교적 적은 양의 바다로 둘러싸여 있다고 여겨졌다. 에스드라서에는 바다가 포함되어 있지 않은 육지들이 모두 하나로 되어 있다고 했다. 지구라는 섬 양쪽에 있는 바다로 분리된 아메리카와 같은 또 다른 거대한 대륙이 있다는 것은 그리스도교의 지형에 전혀 부합되지 않았다. 또 다른 거대한 대륙이 있다는 가능성은 지구에 있을 수 있는 바다 즉, 지구의 7분의 1만 바다로 되어 있다는 가설보다 더 큰 바다가 있다는 사실을 암시했다. 더욱이, 그런 육지의 존재는 콜럼버스가 곧바로 인도로 가는 바다의 항로를 찾겠다는 큰 꿈을 실현하는 데 방해가 되었다.

콜럼버스의 정통적인 관점에서 보면, 신대륙의 존재를 반대한 또 다른 중요한 이유는 앞서 살펴보았듯이, 그리스도교 교리가 적도 아래에는 사람이 살 수 있는 육지가 존재하지 않는다고 여겼기 때문이다. 3개의 대륙 (유럽, 아시아, 아프리카)과 연결되지 않은 따로 떨어진 대륙이 있다는 사실은 이교도 학자들은 인정했지만, 그리스도교 교부들은 분명히 반대했다. 그리스도교 교리는 있을 수 없다고 주장한 거대한 새 대륙이 존재할 가능성에 부딪치자, 독실한 그리스도교 신자인 콜럼버스는 그 가능성을 지상의 낙원이라는 믿음으로 만들어 버렸다. 그리스도교의 가장 좋은 의미로 보면, 그곳은 콜럼버스의 말대로 '다른 세계 또는 다른 지구의 섬orbis alterius 또는 otro mundo'이었다.

그래도 여전히 콜럼버스는 자신의 주장을 실천하고, 그리스도교의 믿음을 확인하고, 마르코 폴로의 황금반도를 돌아 새 항로를 발견하여 인도 대륙으로 가겠다는 집착을 완수하려고 했다. 콜럼버스는 10년 전 첫 항해에 나섰을 때와 똑같은 특수한 목적으로 네 번째이자 마지막 항해를 시작했다. 콜럼버스는 1502년 4월 3일에 카라벨 4척으로 세비야 항구를 떠났다. 콜럼버스는 아직도 중국이라고 믿고 있던 쿠바와 남쪽의 지상낙원 사이 어딘가에 마르코 폴로가 중국에서 인도양으로 항해할 때 지나간 해협을 발견하려고 했다. 이번에는 콜럼버스가 인도에서 만날 것으로 생각한 바스코 다 가마에게 주려고 가톨릭 군주에게서 받은 소개장을 들고 갔다. 물론 유럽에 아직 알려지지 않은 태평양은 어느 누구도 예상하지 못하고 있었다.

콜럼버스의 카라벨 4척은 순풍을 타고 대서양을 건너 겨우 21일 만에 카나리아 제도에서 마르티니크Martinique섬까지 갔다. 출항할 때 51세였던 콜럼버스는 이 네 번째 항해를 '가장 중요한 항해El Alto Viaje'라고 칭했다.

여전히 쿠바가 섬이라는 사실을 몰랐던 콜럼버스는 쿠바에서 남서쪽으로 항해를 하여 지금의 온두라스 공화국의 대서양 연안에 다다랐다. 그는 이런 착각 속의 황금반도를 돌아 인도양으로 나가는 통로를 찾으며 동쪽과 남쪽 해안을 따라 항해를 했다. 콜럼버스는 마르코 폴로가 말한 정보와 같은 식물 표본과 소문난 금광들을 중심으로 이 육지가 아시아라는 것을 가리키는 단서들을 계속 재확인하려고 했다. 환멸을 느끼며 몇 번의 확인을 한 후, 예컨대 파나마와 코스타리카 경계 근처에 있는 바이아 알미란테Bahía Almirante를 탐험한 콜럼버스는 이 지역에 바다의 통로가 없다는 결론을 내렸다.

콜럼버스는 아시아의 가설을 포기하는 대신에, 그곳에는 실제로 아시아의 황금반도가 2개 있으며, 그중 하나는 생각했던 것보다 훨씬 길다는 결론을 내린 듯 보인다. 콜럼버스는 해안을 따라 남쪽으로 더 멀리 갔다면, 결국은 인도양으로 나가는 통로를 발견할 수 있었을 것이라고 여전히 고집했다. 그는 어쩌면 파리아만은 외딴 대륙Orbis Terrarum의 일부가 아니고, 단순히 아시아의 한 연장 지역이 아닐까라는 생각을 했다. 콜럼버스는 아직 지도에 등장하지 않은 아시아의 섬과 반도들을 우연히 발견했던 동안

에도 자신은 아시아의 동쪽 해안을 계속 항해하고 있었다고 믿으며 세상
을 떠났다.

33

신대륙에 이름을 붙이다

유럽인이 신세계를 마주친 일은 매우 뜻밖에 이루어졌기 때문에 그 신
세계에 아메리카라는 이름이 뜻하지 않은 방식으로 붙여진 것도 적절한
일이었다. 크리스토퍼 콜럼버스라는 인물과 이름은 아메리카 전체에 널
리 알려졌고 또 그의 생일은 공휴일이 되었지만, 아메리고 베스푸치Amerigo
Vespucci는 거의 알려지지 않았고 분명 민중의 영웅도 되지 못했다. 한 유명
한 라틴 아메리카의 역사가는 "알래스카부터 티에라델푸에고Tierra del Fuego
에 이르기까지 이 전체 반구에 아메리고 베스푸치의 동상은 하나도 세워
져 있지 않다"라고 불평했다. '바다의 시대'를 개척하고 근대적 사고를 시
작한 사람으로 명성을 얻을 만한 아메리고 베스푸치는 맹목적인 애국주
의자, 학자인 체하는 사람, 무지하지만 열성적인 문인들 사이에서 곤경
에 처하게 되었다. 미국의 권위자 랠프 월도 에머슨Ralph Waldo Emerson은 사실
에 개의치 않고 유창하게 이렇게 외쳤다. "넓은 아메리카가 한 도둑의 이
름을 하고 있다는 것은… 이상한 일이다. 세비야의 피클 장사이고… 그의

최고의 지위는 한 번도 항해를 해 보지 못한 원정대의 갑판장 부관이었던 아메리고 베스푸치는 이런 거짓 세상에서 콜럼버스를 대신해서 지구의 절반을 자기 자신의 부정직한 이름으로 세례를 했다." 이런 거침없는 외침에는 진실이 전혀 없었다. 더욱 정확한 사실을 살펴보면, 18세기 초에 베스푸치가의 저택에 피렌체의 동료 시민들이 세운 명문에는 '아메리카를 발견하여 자신의 이름과 조국의 이름을 빛나게 한 숭고한 피렌체인, 세계를 넓힌 인물'이라고 아메리고 베스푸치를 기념하는 글귀가 새겨져 있었다.

아메리고 베스푸치는 이탈리아의 문예 부흥이 싹이 트고 자라는 1454년에 피렌체의 한 영향력 있는 가문에서 태어났다. 그곳에서 그는 38년 동안 살면서 자신의 삶을 좌우한 열정적인 호기심과 지적인 야심을 키웠다. 미켈란젤로와 함께 피렌체에서 공부했던 바사리Vasari가 아메리고의 삼촌 집에 지낸 적이 있었고, 또 시인 루도비코 아리오스토Ludovico Ariosto도 아메리고의 삼촌 집에 머문 적이 있었다. 또한 베스푸치의 가족은 보티첼리Botticelli와 피에로 디 코시모Piero di Cosimo와도 친한 사이였다. 레오나르도 다 빈치는 아메리고의 할아버지 얼굴에 매우 감탄하여 할아버지를 이리저리 따라다니며 얼굴의 특징을 새겨 두었다가 이후에 크레용을 사용한 독특한 초상화를 그렸다. 기를란다요Ghirlandaio는 오그니산티Ognissanti 교회에서 프레스코 화법으로 아메리고를 포함한 베스푸치 가족의 초상화를 그렸다. 아메리고는 젊었을 때 메디치가에 들어가 그들의 광범위한 업무를 관리하는 일을 도왔다. 아메리고는 후원자인 '위대한 자 로렌초Lorenzo the Magnificent'처럼 폭넓게 독서를 하고, 책과 지도를 수집했으며, 또한 천지학과 천문학에 특별한 관심을 발전시켰다. 아메리고는 1492년에 스페인에 파견되어 메디치가의 사업을 맡았다. 그러다가 그는 세비야에서 자립하여 선박 용품 상점을 차렸고, 항해 모험에 관해 직접 보고 많은 것을 배우면서 활동 범위를 상업에서 탐험으로 옮겨갔다.

1499년에, 아메리고 베스푸치는 상업적이고 지리학적 관심으로 단호하게 이 새로운 분야로 뛰어들었다. 당시에 동양에 대한 스페인 무역의 장래는 명백하게 북대서양을 통해서만 가능한 일이었다. 포르투갈이 아프리카를 돌아가는 항로를 이미 선점하고 있었지만 콜럼버스는 서쪽으로 항해하여 동양으로 갈 수 있다는 가능성을 보여 주려고 했었다. 베스푸치는 아시아에 도달하려고 한 콜럼버스의 바람을 실현하려고 했다. 콜럼버스의 세 번째 항해는 지상낙원에 대한 무모한 환상만 확인했을 뿐, 여전히 인도로 가는 항로는 알아내지 못했다. "나는 프톨레마이오스가 카티가라곶Cape of Catigara이라고 말한 곳을 찾아보기로 결심했다. 카티가라곶은 시누스 마그누스Sinus Magnus와 연결되어 있는 곳이다"라고 베스푸치는 설명했다. 카티가라곶은 프톨레마이오스의 지도에는 아시아 대륙의 남동쪽 끝부분으로 표시되어 있었다. 하지만 마르코 폴로에 따르면, 카티가라곶은 중국의 귀중품 선박들이 도중에 인도양의 2개의 커다란 만인 시누스 마그누스와 시누스 간게티쿠스Sinus Gangeticus로 들어오는 지점으로 표시되어 있었다. 프톨레마이오스는 카티가라곶을 적도의 남쪽 8.5도의 위치로 표시했기 때문에 베스푸치는 그곳에서 콜럼버스가 찾지 못한 항로를 찾으려고 했다.

베스푸치는 2척의 배를 이끌고 알론소 데 오헤다Alonso de Ojeda가 책임자로 있는 원정대에 참가하여 1499년 5월 18일에 카디스를 출항했다. 원정대는 콜럼버스가 세 번째 항해 때 도달한 곳에서 남쪽에 있는 육지를 발견했다. 오헤다의 배들은 '진주 해안Coast of Pearls'의 보물을 찾으려고 북쪽으로 갔지만, 베스푸치는 카티가라 주변의 항로를 찾으며 남동쪽으로 향했다. 그에 따르면 "우리는 한 해안을 따라 약 400리그를 계속 항해한 후, 이곳이 대륙이라고 결론을 내렸다. 이 대륙은 동쪽에 아시아의 끝부분이 있고, 서쪽에 아시아의 시작점이 있다"라고 했다. 베스푸치는 계속 탐색을 하려고 했지만 좀조개들이 배의 몸체에 상처를 내기 시작했고, 식량도 줄어들었으며, 또 바람과 조류가 역류했다. 그래서 베스푸치는 하는 수없이 스페인으로 돌아갔다.

세비아에 돌아온 직후, 베스푸치는 '다시 발견을 향해 나설 새로운 결심'을 했다. 베스푸치는 '때가 되면 나는 대단한 소식을 가져오고 인도양과 갠지스Ganges만이나 바다 사이에 있는 타브로바나Tabrobana섬〔실론섬〕을 발견하고 싶다'고 피렌체의 한 친구에게 글을 써 보냈다. 베스푸치가 그 피레체의 친구이자 후원자에게 써 보낸 최초의 항해 보고는 생각과 감정 속의 새로운 세계를 표현한 것이다. 콜럼버스처럼, 베스푸치도 대양을 건널 때는 프톨레마이오스의 세계를 생각하고 있었다. 그러나 이제 베스푸치는 새로운 관점에서 말을 하고 있었다.

존경하는 로렌초, 나는 이번의 항해로 많은 철학자들의 의견이 잘못된 듯 보입니다. 그들은 엄청난 열 때문에 열대지방에서는 아무도 살 수 없다고 주장했지만 나는 이 항해로 그 반대라는 사실을 알게 되었습니다. 공기는 이 지역보다 더 맑고 온화하고, 또 그곳에는 매우 많은 사람들이 살고 있는데 그 수는 외부에 사는 사람들보다 더 많습니다. 경험은 분명히 이론보다 가치가 있다는 것이 합리적이라고 조심스럽게 말하고 싶습니다.

베스푸치는 어림짐작의 세부 사항을 전체로 일반화하지 않았다. "우리는 해안을 따라 항해를 하면서 매일 여러 언어를 하는 수많은 사람들을 보았다." "나는 다른 반구의 북극성을 구별할 수 있는 학자가 되기를 매우 바라면서, 남극에 있는 별들 중에 어떤 것이 가장 움직이지 않고 극에 가장 가까운가를 기록하기 위해 그 별들의 움직임을 살펴보면서 수많은 밤을 지새웠다." 베스푸치는 교회 교부의 구절을 인용하는 대신에 남극의 광경을 보는 듯한 단테의 『신곡』 가운데 「연옥편Purgatorio」 1권의 구절을 인용했다.

베스푸치는 대양을 건너 서쪽으로 항해하는 데 중요한, 경도를 결정하는 문제에 오랫동안 혼란스러워했다. 그 문제를 해결하기 위한 새로운 방법으로 그는 항해할 때 달과 행성들에 관한 여러 천문학 계산표를 들고 갔다. 1499년 8월 17일부터 9월 5일까지 선원들이 인디언들과 싸우기 위해 나갔다가 돌아오는 20일 동안의 강요된 여가 시간에 베스푸치는 그 문제를 풀려고 했다.

경도에 관해서는 나는 결정에 많은 어려움이 있었기 때문에 내가 지나온 동서 거리를 확인하는 데 매우 큰 고생을 해야 했다. 나는 노력을 한 끝에 결국 밤에 한 행성이 다른 행성과 합이 일어나는 것을 지켜보고 관찰하는 것, 특히 달은 다른 행성보다 더 빨리 움직이므로 달이 다른 행성들과 합이 일어나는 것을 관찰하는 것보다 더 나은 방법은 없다는 사실을 알았다….

여러 날 밤을 관찰한 끝에, 1499년 8월 23일 밤에 달과 화성이 합을 이루었다. 이 합은 [페라라Ferrara 도시를 위한] 역서에 따라 자정이나 반 시간 전에 일어났다. 나는 달이 해가 지고 1시간 30분 뒤에 뜨고 동쪽으로 지나가는 것을 알게 되었다.

베스푸치는 이 자료를 사용하면서 자신이 얼마나 서쪽으로 왔는지를 계산했다. 그의 천체관측 방법은 콜럼버스나 다른 사람들이 당시에 사용한 추측항법보다 훨씬 정확한 결과가 나왔지만, 정밀한 도구가 없었으므로 아직 실용적이지는 못했다. 그렇지만 베스푸치의 경도 길이의 계산으로 그때의 경도 길이가 개선되었고, 당시에 가장 정확한 지구 적도의 둘레를 측정할 수 있게 되었다. 그리고 그의 계산은 오늘날의 실제 측정값보다 겨우 50마일(약 80킬로미터)의 차이가 났다.

베스푸치는 프톨레마이오스의 이론에 의문이 있음을 알리고, 그때에도 신성하게 여겼던 천지학의 전통을 깨뜨리고 신세계를 분명히 알리게 되는 다음 항해에 나섰다. 그런데 그가 이번에는 다른 나라의 국기를 달고 떠났다. 스페인의 페르디난드와 이사벨라를 위해서가 아니라 포르투갈의 왕 마누엘 1세Manuel I를 위해서였다.

베스푸치의 탐험에 깃발이 자주 바뀌는 배경에는 해상 발견의 개척 시대에 해상을 장악하려는 두 강력한 경쟁 국가인 스페인과 포르투갈이 이상한 협력과 상호 견제를 하고 있는 사실이 드러나 있다. 콜럼버스의 첫 항해 이후 25년 이상을 스페인과 포르투갈은 대서양에서 신세계를 발견하려고 각각 노력하면서도 또한 평화적이고 협력적인 관계를 유지했다. 포르투갈이 카스티야와 아라곤의 왕실과 혼인 관계를 맺었다고 해서 반드시 우호 관계만은 아니었다. 그들은 경쟁자이면서도 동료 탐색자들이었다. 그들은 알 수 없는 크기와 자원을 가진 신세계를 미리 서로 나누는 협정을 맺었다. 스페인과 포르투갈은 미리 그리스도교 세계가 아닌 모든 곳을 서로 나누었다.

스페인과 포르투갈의 협정을 가능하게 하고 그 협정이 영향력이 있는 이유는 외부의 권위, 즉 육군이나 해군은 없어도 엄청난 정신적인 권력을 행사하는 교황의 존재를 그들이 모두 인정하기 때문이었다. 교황의 높아진 권한은 당시에 콜럼버스가 첫 항해를 떠날 때 성 베드로 교황 자리를 방탕하기로 악명 높은 보르지아Borgia(1431?-1503년)가 교황 알렉산데르 6세Alexander VI(교황 재위 1492-1503년)가 되어 차지하면서 더욱 두드러졌다. 보르지아는 신부이면서 추기경이었지만 많은 아내가 있었고 수많은 자식들의 아버지가 되었다. 아라곤의 발렌시아에서 태어난 보르지아는 뇌물 수수와 페르디난드와 이사벨라의 개입으로 선거에서 교황으로 당선되었다.

유럽의 그리스도교 나라들은 그리스도교 군주가 소유하지 않은 땅에 대해 교황이 임시적인 주권을 할당할 수 있는 권한을 오랫동안 인정해 왔다. 13세기의 교회 교서에는 이렇게 선언되어 있었다. "예수 그리스도의 대리자인 교황은 그리스도 신도들뿐만 아니라 이교도들에 대해서도 권력을 지닌다… 그리스도 신도이든 이교도이든 그리스도교를 믿지 않더라도 모두가 천지창조를 통해 생겨난 그리스도의 양이다." 콜럼버스 시대 이전부터 포르투갈의 왕들은 아프리카 해안에서 프레스터 존의 왕국에 이르기까지, 그리고 '그리스도를 숭배하는 인도인들까지' 그들의 통치권을 인정하는 교황의 칙서를 확보하여 이런 교황의 권력을 지지했다. 그러고는 콜럼버스가 항해를 시작하고 '인도 대륙'의 여러 놀라운 섬들이 발견되어 새로운 가능성을 불러일으키자 스페인 왕실은 재빨리 해결 방안을 제시했다.

1493년 4월 중순, 콜럼버스가 항해에서 돌아온 지 한 달 내에 탐험 보고를 담은 그의 서신이 로마에 알려졌고, 그 내용으로 인해 교황 알렉산데르 6세는 5월 3일에 발행한 교황 칙서에서 새로 발견된 육지의 소유권 문제를 제시했다. 마키아벨리는 이 알렉산데르 6세를 '지금까지 통치해 온 교황들 중에서 돈과 권력을 모두 가장 잘 다룰 줄 아는 교황'이라고 평했다.

교활한 교황은 스페인의 적과 음모를 꾸미는 중에도 4차례의 교서를 통해 새로 탐험한 '인도 대륙'에서 발견된 모든 육지를 스페인에게 주었다. 이런 교서에서 교황은 '아조레스 제도와 카보베르데 제도로 널리 알려진 섬들에서 서쪽과 남쪽으로 100리그 떨어져' 북극에서 남극으로 똑바르게 그은 경계선을 정했다. 따라서 이 유명한 경계선의 서쪽에서 발견된 육지와 그리스도교 군주가 소유하지 않은 육지는 모두 스페인에 속했다.

이 경계선은 콜럼버스가 직접 제안한 듯 보인다. 그 근거는 순전히 비과학적인 터무니없는 말로 옹호되었다. 콜럼버스는 이 100리그의 선을 넘으면 '마치 산등성이를 수평선 아래로 넣은 것처럼' 기후가 갑자기 변하여 날씨가 온화하고, '또 겨울과 여름의 구분이 없고', 바다는 갑자기 해초로 가득하다고 주장했다. 또한 '카나리아 제도 위쪽으로 100리그 넘어가거나 아조레스 제도 주변에는 생물의 기생충이 많이 자라지만, 그 너머에는 기생충이 모두 죽고, [인도 대륙의] 첫 번째 섬을 넘어가면 사람도 번식하지 못하고, 식물도 싹이 트지 못한다'고 했다. 교황은 네 번째 칙서에서 인도 대륙으로 가는 동쪽 항로와 그곳에서 발견된 육지들을 사실상 스페인에게 넘겨주었다.

우수한 해군력의 강점이 있는 포르투갈의 주앙 2세는 교황이 포르투갈 땅을 넘겨주는 것을 잠자코 보고만 있지 않았다. 해군력을 내세운 주앙 2세는 교황이 경계선을 정한 결과를 무시하고 페르디난드와 이사벨라와 협상을 했다. 1494년 6월 7일에, 스페인 북부의 토르데시야스Tordesillas에서 획기적인 조약이 체결되어 교황이 정한 경계선은 카보베르데 제도의 서쪽으로 370리그의 경선으로 더 멀리 옮겨졌다.

당시의 기술로는 규정된 경선의 위치를 정확하게 정할 수 없었지만, 스페인과 포르투갈은 조약의 조항을 따르는 노력에 놀라울 정도로 호의를 보였다. 이 조약의 지속적인 결과로, 포르투갈은 브라질에 포르투갈어를 사용하는 포르투갈 식민지를 세웠고, 스페인은 그 외의 남아메리카의 여러 지역에 스페인 사람들과 언어를 널리 정착시켰다. 해상 제국으로 경쟁 관계에 있는 두 강국의 우호는 스페인과 포르투갈이 교황의 권한을 따르며 지배 세력을 유지하고 있는 동안에만 지속되었다. 종교 개혁이 일어난 후, 유럽의 통치자들이 교황의 권한을 거스르면서 그런 평화로운 조약은 어렵거나 불가능하게 되었다. 영국과 네덜란드를 비롯한 여러 나라들이 무한 경쟁으로 개입하면서 발견의 영역은 경쟁국들의 무력으로만 정해졌다.

첫 항해 때 스페인의 국기를 달고 간 베스푸치는 프톨레마이오스의 '카티가라 해협'을 돌아 인도 대륙으로 가는 항로에 이르기 위해 당시에 포르투갈의 영역이었던 지역을 거쳐 동쪽과 남쪽의 해안을 따라 항해를 해야 했다. 따라서 베스푸치가 '인도 대륙'으로 가는 두 번째 항해에서는 스페인이 아니고 포르투갈의 후원으로 간 사실은 놀랄 일이 아니었다. 베스푸치가 국기를 바꾼 정황에는 또 다른 이유가 있었을 것이다. 스페인 왕실은 남아메리카의 동부 지역이 합의된 경계선에 따라 실제로 포르투갈의 땅이 되었다는 사실을 몰랐기 때문에 어쩌면 앞으로 스페인의 영토가 될 그 지역을 스페인 사람들이 탐험하기를 바라고 원정대에서 피렌체 사람인 베스푸치를 일부러 제외시켰을 수도 있었다.

콜럼버스가 첫 항해를 시도한 지 10년이 지난 1501년 5월 13일에, 아메리고 베스푸치는 3척의 카라벨을 이끌고 콜럼버스가 뿌려 놓은 씨앗을 수확할 16개월에 걸친 중요한 항해에 나서기 위해 리스본을 출발했다. 무풍대로 들어서서 항해가 지연되는 바람에 '새로운 육지를 찾아 바다를 많이 돌아다닌' 베스푸치의 항해는 64일이나 걸렸다. 베스푸치에 따르면 "우리는 새로운 육지에 도달했는데, 여러 이유들을 나중에 자세하게 설명하겠지만 우리는 그 육지가 대륙이라는 사실을 알게 되었다"라고 했다.

베스푸치는 남아메리카 해안을 따라 '항상 남서쪽 방향으로 그리고 4분의 1은 서쪽 방향으로' 약 800리그, 영국 마일로는 약 2,400마일(약 3,862킬로미터)을 항해하여 티에라델푸에고Tierra del Fuego의 남쪽 끝에서 북쪽으로 약 400마일(약 644킬로미터) 정도 올라가 현재의 산훌리안San Julián 근처의 파타고니아까지 갔다. 베스푸치는 1502년 9월에 리스본으로 돌아와 다시 피렌체의 친구이자 후원자에게 편지를 썼다.

우리는 먼 바다까지 항해를 하여 열대에 들어간 다음에, 적도와 남회귀선을 지나 수평선 위에 남극이 50도로 나타나 있는 곳까지 왔는데, 그 50도는 적도에서 계산한 나의 위도였습니다. 우리는 9개월 27일 동안[약 8월 1일부터 5월 27일까지] 항해하여 남반구로 왔는데, 도중에 북극이나 큰곰자리와 작은곰자리도 보지 못했습니다. 그와 반대로 수많은 밝고 아름다운 별자리들이 내 앞에 나타났습니다. 이런 별들은 북반구에서는 늘 보이지 않았습니다. 이곳에서 나는 그 별들의 놀랄 만한 움직임과 광도를 관찰하고, 별들의 직경을 측정하여 그 상대적 위치를 기하학적 모형으로 지도를 그렸습니다⋯ 나는 지구의 정반대되는 위치에 있었고, 나의 항해는 세상의 4분의 1을 넘고 있었습니다….

그곳에는 수많은 사람들이 살았고, 또 끝없이 다양한 나무들, 향기 좋은 과일과 꽃들, 찬란한 깃털이 있는 새들 등은 지상낙원의 '환상'을 불러일으켰다. "그곳에 있는 퓨마, 표범, 살쾡이 등 수많은 야생동물은 스페인에 있는 동물들과 다르고 지구의 정반대에 사는 동물들이었다. 그곳에는 또 많은 늑대, 붉은 사슴, 원숭이, 고양잇과 동물, 여러 종류의 마모셋원숭이, 수많은 커다란 뱀 등이 있었다." 또한 베스푸치는 "그렇게 많은 종들이 노아의 방주에 모두 들어갈 수는 없었을 것이다"라며 이단적인 결론까지 내렸다.

두루 관심을 갖는 호기심과 문예 부흥기의 박식한 피렌체인의 우아함으로 베스푸치는 원주민들의 얼굴과 모습, 결혼 풍습, 아기 낳는 방식, 종교, 식습관, 주거용 건물 등을 기술했다. 이곳 원주민들은 활과 화살, 던지는 작은 화살, 돌 등을 사용했으므로, 페트라르카Petrarch의 말을 빌리면, 그들의 던지는 실력은 "바람을 가르고 날아가는 듯"했다. 원주민들의 개종에 대한 비현실적인 희망을 과시하지 않은 베스푸치는 딱 한번 그리스도교 작가의 말을 인용했다. "원주민들은 우리에게 금이나 다른 금속들과 기적을 행하는 많은 약물에 관해 알려 주었지만 나는 성 토마스를 따르는 사람들 중 1명이므로 바로 믿으려 하지는 않았다. 시간이 지나면 모든 것이 밝혀질 것이다." 그리고 프톨레마이오스에 관해서는 더 이상 언급이 없었다.

이런 매력적인 신세계의 모든 진기한 것들에도 불구하고 인도로 가는 서쪽 항로를 찾으려는 바람은 여전히 우세했다. 뜻밖에 발견된 대륙도 새로운 희망을 위한 자원이라기보다는 오래된 희망에 대한 방해 요인에 가까운 듯 보였다. 베스푸치도 세상의 네 번째 대륙을 탐험하는 것보다 새로운 항로를 찾아 진짜 아시아의 인도 대륙에서 보물을 찾는 일에 더 관심이 있었다. 베스푸치는 중요한 항해를 마치고 리스본으로 돌아온 지 1개월도 안 되어 다시 깃발을 바꾸어 스페인의 세비야로 옮겨갔다. 베스푸치는 대서양 서쪽의 지도를 수정하게 만든 항해와 업적으로 프톨레마이오스의 카티가라 해협을 뜻밖에 발견된 네 번째 대륙에서는 발견할 수 없다고 확신했다. 그는 포르투갈에 속하는 해안 전체를 확인했지만 인도 대륙으로 가는 항로를 찾지 못했다. 따라서 베스푸치는 인도로 가는 항로가 있다면 더 멀리 서쪽으로, 합의된 경계선의 스페인 영토 내에 있을 것이라고 생각했다. 그때 포르투갈은 인도로 가는 동쪽 항로를 독점하여 이미 동양에서 가져온 보물을 축적하고 있었지만, 스페인 왕실은 더 좋은 서쪽 항로를 찾아내기 위해 스페인의 선박 조종술을 발전시키려는 조직적인 노력을 쏟고 있었다. 그래서 스페인 왕실은 외국 학자들을 맞아들이고, 살라망카 대학을 다시 지원했고, 이사벨라 여왕은 지식의 새로운 자원인 인쇄된 책들을 모으고 있었다.

스페인 왕실은 베스푸치를 환영하여, 즉시 '콜럼버스가 찾지 못한 해협을 발견하기 위해 적도의 북서쪽으로' 항해할 원정대에 사용될 카라벨을 만드는 업무를 그에게 맡겼다. 그 후 1508년에, 베스푸치의 능력이 높이 인정되어, 이사벨라의 왕위를 계승한 카스티야의 후아나 여왕Queen Joanna은 아메리고 베스푸치를 새로 생긴 직위인 '스페인의 수석 수로 안내인'으로 임명했다. 베스푸치는 수로 안내인을 위한 학교를 세우고 '발견되었거나 앞으로 발견될 인도 대륙의 육지를 앞으로 항해할 스페인 왕국과 영지의 모든 수로 안내인들의 자격을' 심사하고 면허를 내 주는 독점 권한을 부여 받았다. 항해에서 돌아온 수로 안내인들은 스페인의 지도를 최신식으로 만들기 위해 그들이 발견한 육지에 관해 베스푸치에게 보고하도록 명령을 받았다. 무식하고 실리주의 사고를 지닌 수로 안내인들의 반대를 극복하려고 베스푸치는 경도를 발견하는 복잡한 방법을 널리 보급하려고 했다. 그는 직접 또 다른 항해를 계획하여 선체를 좀조개에서 지키기 위해 배를 납으로 씌우고 '포르투갈이 동쪽으로 항해를 해서 발견한 육지들을 서쪽으로 항해를 해서 찾으려고' 했다. 그러나 마지막 항해 때 걸린 말라리아를 앓고 있었던 베스푸치는 당시에 알려진 치료법이 없었기 때문에 1512년에 세상을 떠났다.

상상할 수 없는 모든 기회가 될 신세계의 새로움이 유럽을 매료시키지는 못했다는 사실은 놀라운 일이 아니다. 서적상이나 지도 제작자들은 책장에 꽂힌 책이나 목판과 금속판으로 인쇄한 지도의 기존의 지식에만 편파적인 흥미가 있었다. 가장 훌륭한 지도와 지구의나 평면 천체도는 4번째 대륙이 들어갈 자리를 전혀 내주지 않고 있었다. 교황 칙서의 어휘와 정부의 행정 양식은 모두 사람들에게 틀에 박힌 언어를 쓰도록 권장했다. 콜럼버스가 '인도 대륙'에서 육지를 '발견한' 이후, 그 새로운 해외의 제국을 계속 인도 대륙이라고 생각하는 것이 신중하고 편리한 듯 보였다. 그리고 거기에 새로운 이름을 붙여 강제적으로 위태로운 영향을 주지 않는 것이 현명한 것 같았다. 스페인 정부는 계속 '인도대륙의회'라는 명칭으로 회의를 소집했고, '인도대륙법'을 공포했으며, 또 신세계의 원주민들을 계속 인디언*이라고 불렀다. 스페인 사람들에게 신세계의 역사는 '인도 대류'의 역사로 확대되었다. 신세계가 아시아 대륙의 일부라 아니라는 사실이 밝혀진 후에도 잠깐 동안은 아시아의 전초 기지로 여기는 것이 더욱 편리했다.

그러나 베스푸치의 항해로 격앙된 일부 사람들은 뜻밖에 발견된 지구의 일부에 기운을 돋우는 변덕스러움을 즐겼다. 신세계에 이름을 붙이는 일은 군주국들을 통해 형식적으로 이루어지거나 학자들의 권위 있는 회의를 통해 이루어진 것이 아니라 베스푸치가 한 번도 간 적이 없고 어쩌면 한 번도 들어 보지 못했을 장소에서 우연히 그리고 비공식적으로 이루어졌다. 베스푸치는 그 신세계에 스스로 자신의 이름을 붙인 적이 없었다. 그런데도 그런 독단적인 행동을 했다고 종종 비난을 받았다. '아메리고 베스푸치는 신대륙의 이름을 짓는 데 아무런 관계가 없었고, 아메리카라는 이름은 보주산맥Vosges Mountains의 어떤 알려지지 않은 장소에서 유래되었다고 입증하여 겸손한 공적을 얻은' 사람은 위대한 독일 탐험가이면서 박물학자인 알렉산더 폰 훔볼트Alexander von Humboldt (1769~1859년)였다.

아메리카라는 명칭을 붙인 일은 프라이부르크 대학교에서 수학한, 잘 알려져 있지 않은 성직자 마르틴 발트제뮐러Martin Waldseemüller (1470?~1518년)의 업적이었다. 발트제뮐러는 언어의 시적 감각이 풍부하고 지리학에 대한 열정이 넘치는 사람이었다. 그는 생디에Saint-Dié라는 작은 마을의 성당 참사 회원canon이 되었을 때 그 직위가 마음에 들었다. 생디에라는 작은 마을은 북동부 프랑스에 있는 로렌 공국 내의 보주 산지에 7세기 때 성 데오다투스Saint Deodatus가 세운 수도원 근처에 있었다. 그 지역을 다스리는 로

• 스페인어로 인도인이라는 뜻에서 비롯됨

렌 공작, 보데몽의 르노 2세Renaud II of Vaudemon는 예술을 장려하려고 일종의 사교 모임인 지역의 학회를 조직했고 발트제뮐러도 짐나스 보스젠Gymnase Vosgien이라는 그 학회의 회원이 되었다. 이 학회의 부유한 회원인 카논 발터 루드Canon Walter Ludd는 1500년에 인쇄기를 설치하여 자기의 작품과 다른 회원들의 작품을 발행하여 허영심을 채웠다.

발트제뮐러는 특이하게도 이름을 짓는 취미가 있었다. 그는 자신의 인상적인 라틴어 필명을 짓고 싶어서 '나무'를 가리키는 그리스어, '호수'를 가리키는 라틴어, 그리고 '방앗간'을 가리키는 그리스어를 조합하여 '힐라코밀루스Hylacomylus'라는 이름을 지어 자신의 학술 작품에 사용하려고 했다. 그 이름을 독일어로 다시 번역하면 그의 '발트제뮐러'라는 성이 되었다. 발트제뮐러가 이끄는 이 작은 집단은 그들의 인쇄기로 인쇄할 첫 작품으로 프톨레마이오스의 지리학을 신판으로 인쇄할 야심 찬 계획을 세웠다. 그러던 중에, 회원 1명이 자신이 읽은 '네 번의 항해Four Voyages'라는 제목의 프랑스어 서신 인쇄본을 알려 주었다. 그 내용은 다음과 같았다.

… 경험은 적지만 용감하고 위대한 사람, 아메리쿠스 베스푸치우스Americus Vespucius는 거의 남극에 가까운 남쪽 지역에 사는 사람들에 관해 과장하지 않고 처음으로 이야기했다. 그곳에 사는 사람들은… 완전히 벌거벗고 살고 있고, 그들이 죽인 적의 머리를 왕에게 바칠 뿐만 아니라(인도의 어떤 종족도 그렇게 하지만) 그들이 정복한 적의 시신도 먹는다. 우연히 손에 넣은 아메리쿠스 베스푸치우스의 저서를 신속히 읽고 나서 우리는 그 내용을 프톨레마이오스의 저서와 비교해 보았다. 여러분도 알겠지만 우리는 현재 프톨레마이오스의 지도를 큰 관심을 갖고 살펴보고 있다. 그리고 우리는 새로 발견된 지역에

관한 이 작은 서적이 시적일 뿐만 아니라 지리학적 특징을 갖추고 있다는 결론을 내렸다.

그 생디에의 모임은 갑자기 프톨레마이오스의 저서를 발행할 큰 계획을 취소했다. 그 대신 그들은 『천지학 입문Cosmographiae Introductio』이라는 103페이지로 된 소책자를 발행했다. 이 소책자는 지축과 클리마타의 정의, 지구의 구분, 바람, 지역 간의 거리 등을 포함한 천지학의 전통 원리를 요약한 것이다. 또한 이 소책자는 세상을 떠들썩하게 하고 있는 새로운 사실, 즉 아메리고 베스푸치의 항해에서 밝혀진 네 번째 대륙에 관한 이야기도 담겨 있었다. 소책자의 요약 부분에는 발트제뮐러가 무심코 이렇게 평했다.

> 이제 지구의 이 대륙들(유럽, 아프리카, 아시아)은 더욱 광범위하게 탐험되었고, 네 번째 대륙은 아메리고 베스푸치가 발견했다(뒤에 상세하게 설명하겠지만). 유럽과 아시아의 명칭이 여자에서 비롯된 점을 고려해 보면, 나는 네 번째 대륙을 아메리게Amerige(그리스어로 'ge'는 '~의 땅'을 의미한다), 즉 네 번째 대륙의 발견자이면서 위대한 능력자인 아메리고의 이름을 따서 아메리고의 땅, 또는 아메리카America라고 부르는데 누구도 마땅히 반대할 이유는 없다고 생각한다.

발트제뮐러는 소책자의 2곳의 다른 부분에서 이런 주장을 보강했다. 그는 『천지학 입문』의 3부에 덧붙이려고 스트라스부르에서 만든 12개의 목판으로 인상 깊은 큰 지도를 인쇄했다. 지도는 각각 가로 세로 18인치(약

46센티미터), 24.5인치(약 62센티미터)였고, 이 지도들을 하나로 연결하면 전체 크기가 36제곱피트(약 3제곱미터)가 되었다. 발트제뮐러는 지도 맨 위쪽에 2명의 뛰어난 초상화를 올려 자신이 전달하려는 새로운 의미를 강조했다. 1명은 동쪽을 향하고 있는 클라우디오스 프톨레마이오스이고, 다른 1명은 서쪽을 향하고 있는 아메리쿠스 베스푸치우스Americus Vespucius였다. 이 놀랄만한 지도에서 '아메리카'라는 글자가 새겨진 남아메리카 대륙은 실제 모양과 놀라울 정도로 유사한 윤곽으로 표시되어 있었다. 큰 지도에 끼어 넣는 지도에는 두 아메리카 대륙이 실제로 연결되어 있었다. 멀리 서쪽으로는 신대륙과 아시아를 갈라놓은, 대서양보다 더 넓은 새로운 대양이 있었다.

용감하고 유명한 탐험가들이 무엇을 했든, 이름이 알려지지 않은 마르틴 발트제뮐러는 지도에 아메리카를 표시해 놓았다. 1507년 4월에 생디에의 인쇄기에서 처음으로 찍어 낸 이 책은 인기가 많아서 8월에 제2판을 인쇄했다. 다음 해에 발트제뮐러는 동료에게 그들의 지도가 세계 곳곳에 알려지고 인정을 받았다고 자랑했다. 곧 발트제뮐러는 그 책이 일천 부 팔렸다고 발표했다.

인쇄기는 인쇄물을 널리 전파할 수 있지만 회수할 수는 없었다. 곤란하게도 발트제뮐러는 환상적이고 되돌릴 수 없는 이 새로운 기술의 영향력을 알게 되었다. 발트제뮐러는 생각이 바뀌어 결국 아메리고 베스푸치가 신세계의 진정한 발견자로 인정받을 수 없다는 판단을 했지만 때는 이미 늦었다. 그는 이후에 신세계를 보여 주려고 인쇄한 3개의 지도에서 '아메리카'라는 이름을 삭제했다. 그러나 아메리카를 알리는 인쇄된 책자는 이미 수많은 지역으로 널리 퍼져서 회수할 수가 없었고, '아메리카'는 세계의 지도 위에 계속 찍혀 나왔다. 발트제뮐러는 아메리카라는 명칭을 남쪽 대륙에만 적용했지만 그 명칭이 너무 매력적이어서 헤라르뒤스 메르카토르Gerardus Mercator(1512-1594년)는 1538년에 자신이 제작한 대형 세계지도를 발행했을 때 아메리카라는 명칭을 두 대륙에 모두 사용했다. 메르카토르의 지도에는 '북아메리카Americae pars septentrionalis'와 '남아메리카Americae pars meridionalis'라고 나타냈다.

인쇄기는 발명된 지 반세기밖에 되지 않았지만 정보(잘못된 정보도 포함)를 보급하는 데 전례 없는 위력을 드러냈다. 이 새로운 기술로 그리고 그 기술에 위해 창조된 폭넓은 독자층이라는 새로운 독서 시장은 이미 그 기호에 맞는 인쇄물을 만들어 내고 있었다. 1493년의 콜럼버스의 서신은 수 없이 다시 인쇄되었지만, 1502년에 발행된 베스푸치의 세상을 놀라게 하는 모험담인 『신대륙Mundus Novus』만큼 큰 인기를 얻지 못했다. 독자들은 물론 콜럼버스가 어떻게 전설 속 이야기에 나오는 '인도 대륙'에 도착했는 가에 호기심이 있었지만, 이 놀라운 '세계의 네 번째 대륙'에 더 많은 관심을 보였다. 베스푸치의 항해에 관한 초판이 나온 후 25년 동안 베스푸치의 탐험 서적들은 콜럼버스의 탐험 서적들보다 3배나 더 많았다. 그 당시에 신세계 발견에 관한 유럽에서 출판된 모든 서적들 중에서 약 절반이 아메리고 베스푸치와 관련된 서적이었다. 많은 독자들은 이제 신세계에 대한 소식을 받을 준비가 되어 있었다.

8부

모든 곳으로 이어지는 바닷길

많은 세월이 지나면 대양이 사물의 사슬을 풀 때가 올 것이고,
거대한 육지는 모습을 드러내리라.
티피스Tiphys는 새로운 세계를 밝혀낼 것이고,
툴레는 더 이상 세상의 끝이 되지 않으리라.
- 세네카Seneca, 『메데아Medea』

그리고 더 많은 세계가 있었다면, 그들은 그곳에도 다다랐으리라.
- 카몽이스Camoens, 『루시아다스The Lusiads』〈7곡, 14절〉

34

대양의 세계

수십 년이 지나면서 유럽인들의 세계 관념은 바뀌었다. 지구 표면의 7분의 6이 육지로 모두 연결되었다는 지배적인 생각이 지구 표면의 3분의 2가 바다로 모두 연결되었다는 지배적인 관념으로 바뀌었다. 이전까지는 인간의 경험 무대가 이렇게 갑자기, 또는 급격하게 바뀐 적이 없었다. 그리고 지구는 그 전보다 광범위하게 탐험할 수 있게 되었다.

탐험의 선도자인 2명의 영웅, 발보아Balboa와 마젤란은 그런 대양을 발견한 위업을 이루었고 그 사실은 잘 기록되어 있는 연대기를 보면 확인할 수 있다. 두 사람은 모두 이베리아반도 출신으로 기질과 재능은 서로 뚜렷한 차이를 보였다.

바스코 누녜스 데 발보아Vasco Núñez de Balboa(1474-1517년)는 스페인 남서부에 있는 한 마을의 이름 없는 집안에서 태어난 탐험가였다. 그는 25세 때 바다로 나갔지만 육지에서 역사적인 업적을 이룰 운명이었다. 1500년에 발보아는 남미 북부 카리브해 연안 지방을 탐험하는 원정대에 들어갔고, 이후에는 산토도밍고에서 농장주가 되었다. 한곳에 머무는 삶에 분명히 맞지 않았던 발보아는 그동안 빚이 쌓여 채권자들을 피해 다리엔만Gulf of Darien의 동해안으로 가는 배에 몰래 탔다. 그가 도착한 곳은 파나마 지협이 남아메리카 본토와 만나는 다리엔만 동해안의 스페인 정착지였다. 그곳의 스페인 정착민들은 많은 사람들이 굶어 죽거나 인디언들에게 독화살을 맞고 죽어 갔다. 새로 온 지휘관 마르틴 페르난데스 데 엔시소Martín Fernández de Enciso(1470?-1528년)는 법학사이며 부유한 사람이었지만 새 식민지를 조직하는 데 무능하다는 사실이 드러나자 최근에 나타난 발보아가 지휘관이 되었다. 발보아는 식량도 얻을 수 있고 인디언들이 독화살을 쏘지 않는 더 좋은 곳으로 장소를 옮겼다. 그리고 그곳을 산타 마리아 데 란티구아 델 다리엔Santa María de l'Antigua del Darién이라고 칭했는데, 그곳은 오늘날 다리엔으로 알려져 있다. 산토도밍고에 있는 한 중심지를 다스리고 있는 콜럼버스의 아들 디에고Diego는 발보아가 계속 지휘관을 맡는 것을 승인했으나 엔시소를 비롯한 원래 있던 다른 장교들은 반대했다. 그래서 발보아는 그 경쟁자들을 배에 태워 스페인으로 돌려보냈다. 그 후 발보아는 현지의 인디언들을 회유하려고 추장 코마코Comaco의 전쟁을 도와주고 코마코의 딸들 중 1명과 결혼도 했다.

코마코는 새로운 협력자들에게 감사의 뜻으로 4,000온스의 금을 선물로 주었다. 그러나 스페인 사람들이 군주의 몫을 따로 챙기려고 금을 저울에 달고 있었을 때 '말다툼과 언쟁이 벌어졌다.' 그 광경에 매우 혐오감을 느낀 추장의 아들이 저울을 뒤엎어 금을 땅바닥에 내던지고는 그들의 탐욕을 잠시 훈계하기도 했다. 동시대의 연대기 작가 피터 마터에 따르면, 그와 동시에 추장의 아들은 서인도 제도의 금보다 가치가 더 많은 귀중한 지리학적 정보를 자발적으로 제공했다.

그리스도교를 믿는 당신들이 매우 적은 양의 금을 당신들의 평정심보다 더 소중히 여기다니 어찌된 일이오… 만일 당신들이 만족할 줄 모르고 금을 그렇게 갖고 싶고 또 그 때문에 여러 나라들을 혼란스럽게 할 정도라면… 내가 당신들에게 금이 넘치는 지역을 알려 주겠소. 그곳에 가면 당신들의 탐욕을 채울 수 있을 것이오… 당신들은 이 산맥을(손가락으로 남쪽 산맥을 가리키며) 넘어가면… 또 다른 바다가 나올 것이오. 그곳 사람들은 우리처럼 옷을 입지 않고 지내지만 당신들의 배처럼 큰 배에 돛을 달고 광석을 싣고 항해를 하오.

기민한 발보아는 즉시 부하 190명과 길잡이와 짐꾼이 될 원주민 수백 명을 골라 추장 아들이 알려 준 대로 산이 많은 파나마 지협을 지나기 위한 여정을 시작했다. 발보아는 뒤쪽을 공격하지 않도록 인디언들을 무마하려고 그들을 '길잡이와 짐꾼으로 고용했고 또 그들을 행렬 앞에 세워 길을 개척하게 했다. 발보아 일행은 사나운 짐승들이 서식하여 접근하기 어려운 좁은 골짜기를 통과하고 가파른 산맥을 올랐다.'

발보아 일행은 열대다우림 지역의 어두운 깊숙한 곳을 난생 처음으로 보았다. 그 후 발보아가 지나간 길을 탐색한 탐험가들은 여전히 용기와 인내의 한계를 겪지 않고서는 그 길을 지나갈 수 없다는 사실을 알았다. 19세기 중반에 프랑스의 한 탐험가는 11일 동안 하늘을 볼 수가 없었다고 보고한 반면, 어느 독일 탐험대는 식물 탐구를 위해 그 열대다우림 지역을 헤치고 나아가는 동안 대원을 모두 잃었다. 발보아 일행은 수많은 늪과 호수를 건널 때는 옷을 다 벗어 머리에 이고 가야 했고, 또 독사를 마주치거나 알려지지 않은 부족의 독화살을 맞을 위험도 무릅쓰며 나아가야 했다. 발보아 일행은 활과 화살과 양손을 쓰는 목검으로 무장한 콰레콰Quarequa 원시 부족의 방해를 받았을 때 '푸줏간 주인이 쇠고기와 양고기를 잘게 썰듯이' 그들을 잔인하게 살해했다. 추장을 비롯한 600명의 원주민들이 그렇게 짐승처럼 학살당했다. 그에 관해 피터 마터는 이렇게 보고했다.

> 발보아는 콰레콰 마을이 가장 더러운 악으로 오염되었음을 발견했다. 왕의 남동생과 많은 조신들은 여자 옷차림을 하고 있었고, 이웃의 이야기에 따르면 그들은 같은 연정을 공유했다고 한다. 발보아는 개들을 앞세워 콰레콰 사람들 중 40명을 갈기갈기 찢어 죽이도록 시켰다. 스페인 사람들은 벌거벗고 사는 콰레콰 사람들과 싸울 때는 주로 개들을 이용했고 개들은 그 사람들을 멧돼지나 겁에 질린 사슴인 것처럼 공격했다. 스페인 사람들은 콜로폰Colophon이나 바스타바라Bastabara 사람들이 그랬듯이, 개들이 위험을 나눌 준비가 되어 있는 동물임을 알았다. 콜로폰이나 바스타바라 사람들은 많은 개들을 전쟁에 이용하려고 훈련시켰다. 개들은 늘 선두에 나서며 싸움을 피한 적이 없었기 때문이다.

발보아 일행은 25일 동안 '많은 모험과 엄청난 궁핍'을 겪은 후 마침내 대산맥을 넘었다.

1513년 9월 25일, 발보아 일행은 콰레콰 부족 사람인 길잡이의 안내로 근처에 있는 산꼭대기로 향했다. 그러다가 발보아는 부하들을 잠시 멈추게 하고 혼자 산꼭대기로 올라가 멀리 바라보았다. 멀리서 대양이 발보아의 시야에 들어왔다. '그는 땅 위에 무릎을 꿇고 양손을 하늘로 높이 들더니 남쪽에 보이는 바다를 향해 절을 했다. 그의 말에 따르면, 경험도 권위도 없는 평범한 인간인 자신에게 이런 영광을 주어 신과 모든 성자들에게 감사를 드렸다고 했다.' 그런 다음에 발보아는 부하들에게 손짓하여 산꼭대기로 올라오라고 했다. 그들은 모두 함께 무릎을 꿇고 감사의 기도를 올렸다. 발보아는 또 이렇게 외쳤다. "그렇게 갈망하던 대양을 보라! 그렇게 함께 노력해 온 여러분들 모두 저 대양을 보라! 코모그레Comogre의 아들들과 나머지 원주민들이 우리에게 알려 준 매우 경이로운 나라를 보라!" 발보아는 돌을 쌓아 제단을 만들었고, 그의 부하들은 비탈 주변에 있는 여러 나무들의 줄기에 왕의 이름을 새겼다. 스페인 관습에 따라 발보아 일행이 함께 데려온 공증인은 선언서를 작성했고, 발보아가 먼저 그 선언서에 직접 서명을 한 다음에 다른 모든 사람들이 서명을 했다.

발보아 일행은 다시 4일 동안 여행을 한 끝에 이 새로 발견된 대양의 해안에 다다랐다. 절정에 이른 흥분의 표시로 발보아는 갑옷을 입고 칼집에서 칼을 뽑아 들고는 파도 속으로 걸어 들어가 카스티야의 깃발을 들어 올렸다. 그리고 그는 가톨릭 군주를 대신하여 이 '남쪽 바다Mar del Sur'를 점령했다. 발보아는 어떤 분명한 이유로 이곳을 '남쪽' 바다라고 불렀다. 그가 막 건너온 다리엔 지협은 동서로 이어져 있었다. 카리브해에서 출발한 발보아는 남쪽으로 와서 남쪽 방향으로 처음 태평양을 보았던 것이다. 발보아는 또한 현지의 인디언들에게서 빌린 통나무배를 타고 잠깐 가는 간단한 점유 의식으로 '그 바다와 그 바다가 접한 나라들을 모두' 점령했다.

이때가 발보아가 최고로 운이 좋았던 시기였다. 우연하게도, 발보아가 파나마 지협을 가로질러 돌아가는 도중에 우호적이거나 겁을 먹은 인디언 부족들은 발보아에게 엄선된 진주 240개와 그보다 질이 낮은 진주 4파운드와 금화 614페소를 선물로 바쳤다. 스페인에서는 발보아의 발견 소식이 스페인에 도달하기도 전에 발보아가 쿠데타를 일으킬 것이라는 엔시소의 끔찍한 보고가 그늘을 드리우고 있었다. 발보아가 쫓겨나고 새로운 지휘관이 된 페드라리아스 다빌라Pedrárias Dávila는 이사벨라 여왕의 시녀와 결혼한 사실 외에는 어떤 특별한 자격이 없는 사람이었다. 배 20척과 부하 1,500명을 거느린 페드라리아스는 원주민들을 노예로 만들 계획을 세웠다. 발보아에 따르면, 그 계획은 양처럼 순한 원주민들을 '사나운 사자들'로 돌변하게 만들었다. 한편, 남쪽 바다의 해안을 탐험할 계획이었던 발보아는 파나마 지협을 통해 선박 건조용 자재들을 수송하고 있었다. 1517년에 발보아가 4척의 배를 거의 완성했을 때, 프란시스코 피사로Francisco Pizarro를 비롯한 페드라리아스의 부하들이 발보아를 체포하여 파나마 지협을 거쳐 다리엔으로 데려갔다. 그곳에서 페드라리아스는 발보아가 스페인 군주를 버리고 자신이 페루의 황제가 되려는 계획을 했다는 거짓 고발을 했다. 발보아의 지지자들이 변호를 하기도 전에 발보아와 동료 4명은 공공 광장에서 참수형을 당했고 시신들은 독수리의 밥이 되었다.

스페인 모험가들은 이제 서인도 제도에 확고히 자리를 잡았다. 그러나 그들은 서인도 제도가 아시아로 향하는 전초 기지에 불과하다고 계속 믿었다. 그 영토를 더 서쪽에 있는 귀중한 향료 제도Spice Islands(몰루카 제도)로 확대하는 것은 타당하지 않은 생각이었을까?

앞서 살펴보았듯이, 토르데시야스 조약으로 아조레스 제도와 카보베르데에서 서쪽으로 370리그 떨어진 곳에 남북으로 경계선이 정해지고 남아메리카의 동쪽 지역을 지나가는 서경 46도선이 신세계의 경계선으로 확정되었다. 교황의 지배권은 지구 전체에 영향을 미쳤기 때문에 이 경선은 남극과 북극을 모두 지나서 지구의 반대편까지 완전히 확대되었다. 따라서 이 경선은 지구의 절반을 차지하는 아시아에서 스페인의 지배권과 포르투갈의 지배권을 구분하는 역할도 했다. 아시아에서는 동경 134도의 경선이 이 두 강대국의 지배권을 나누는 선이 되었다. 그러나 이 경선을 정확히 측정하여 나눌 수 있는 과학 도구는 없었다. 실제로 이 구획선은 다음과 같은 의미가 있었다. 포르투갈은 브라질의 서쪽 경계선부터 동쪽으로 대서양, 아프리카, 인도양을 거쳐 동인도 제도에 이르는, 이교도들이 살거나 아직 발견되지 않은 모든 지역을 지배할 수 있었다. 반면에 스페인은 브라질의 서쪽 경계선부터 서쪽으로 태평양을 거쳐 동인도 제도에 이르는 지역을 지배할 수 있었다.

그러나 이 새로운 네 번째 대륙과 아시아 사이에는 무엇이 있는지 아무도 몰랐다. 스페인 사람들은 아시아 대륙이 먼 동쪽으로 뻗어 있다고 주장한 프톨레마이오스와 마르코 폴로와 콜럼버스의 말이 옳았을 것이라는 큰 기대를 계속 품고 있었다. 그들은 아메리카 대륙에서 동인도 제도까지 아직 발견되지 않은 아시아의 섬들을 따라 항해하면 그리 멀지 않은 곳에 아시아 대륙이 있으리라 생각했을 것이다. 스페인 황제 카를 5세는 동경 134도 구획선을 지구의 절반을 차지하고 있는 아시아 지역으로 연장시킬 때 향료 제도가 이 구획선의 동쪽인 스페인 지배권에 위치하고 있다고 입증되기를 바랐다. 그래서 그 구획선을 확인한 다음에 향료 제도가 스페인의 지배권에 있다는 것을 주장하기 위해 당연히 탐험대를 보내지 않았을 리가 없었다. 바로 이때 마젤란에게 탐험 기회가 왔다.

페르디난드 마젤란Ferdinand Magellan(1480?-1521년)은 포르투갈의 산이 많은 북부 지역에 사는 한 귀족 집안에서 태어났다. 그가 태어난 지역은 포르투갈에서는 '9개월 동안의 겨울과 3개월 동안의 지옥'과 같은 기후로 잘 알려져 있었다. 그는 이런 혹독한 기후를 피해 주앙 2세의 배우자 레오노르 왕비Queen Leonor의 궁전에 가서 따뜻하게 지내며 아이 종으로 생활했다. 25세가 되었을 때 마젤란은 포르투갈의 초대 인도 총독(1505-1509년), 프란시스쿠 드 알메이다Francisco de Almeida의 함대에 들어갔다. 그 뒤, 마젤란은 아시아에서 포르투갈 제국을 세운 아폰수 드 알부케르크Afonso de Albuquerque를 위해 일했고, 향료 제도인 몰루카 제도를 탐험하여 그곳에서 점유한 보물들의 가치를 검토 평가하는 일도 했다. 마젤란은 1512년에 포르투갈로 돌아갔을 때 이미 함장의 지위에 올라 있었고, 이어 귀족의 높은 지위인 '피달구 에스쿠데이루fidalgo escudeiro'*까지 올라갔다. 마젤란은 북아프리카에서 포르투갈 군대와 함께 무어인들을 상대로 싸우다가 입은 부상으로 평생 다리를 절뚝거리며 지냈다. 그 뒤, 마젤란은 적과 거래를 했다는 비난을 받아 마누엘왕의 총애를 잃었고, 그로 인해 포르투갈에서 쌓은 그의 경력은 끝이 나고 말았다.

마젤란은 더 이상 포르투갈에 충성을 하지 않겠다고 공언하고는 스페인의 황제 카를 5세의 궁전으로 향했다. 마젤란은 과대망상증이 있는 수학자이면서 점성가인 루이 팔레이루Rui Faleiro라는 오랜 친구도 데려갔다. 팔레이루는 경도를 결정하는 문제를 해결했다고 잘못 생각하고 있었지만 천지학자로서 큰 명성이 있었고 아시아로 가는 남서쪽 항로를 열렬히 지지하는 사람이었다. 마젤란은 서쪽으로 세계의 절반을 돌아 인도 대륙으로 가려는 웅대한 탐험을 추진하기 위해 빈틈없이 준비를 했다. 마젤란은

• 포르투갈의 귀족 기사 계급의 일종

포르투갈에서 망명하여 스페인의 인도 대륙 항해를 지배하고 있던 한 세력가의 딸과 결혼했다. 또 인도대륙의회의 창설자이며 영향력 있는 부르고스의 주교인 후안 로드리게스 데 폰세카Juan Rodríguez de Fonseca(1451~1524년)에게서 열광적인 지지를 받았다. 이 주교는 콜럼버스의 주된 적이었다. 마젤란은 자금을 마련하려고 포르투갈 왕에 원한을 품고 있었던 푸거Fugger의 국제 금융 회사의 한 대표자와 친분을 쌓았다. 1518년 3월 22일에 카를 5세는 마젤란의 탐험을 지지한다고 발표했다. 이 탐험의 잘 알려진 목적은 서쪽으로 항해를 하여 향료 제도에 도달하는 일이었다. 더욱 세밀한 이번 계획은 남아프리카의 맨 끝에 있는 해협 하나를 찾는 일이었다. 마젤란과 팔레이루는 이익의 20분의 1을 받기로 했으며, 또한 그들과 그들의 상속자들은 스페인 식민지의 총독이라는 직위로 앞으로 발견되는 육지를 모두 통치하는 권리도 부여 받기로 했다.

포르투갈은 마젤란의 항해를 멈추려고 했지만 소용이 없었다. 1년 반 동안 탐험을 준비한 끝에 단단히 결심한 마젤란은 마침내 1519년 9월 20일 항해에 나섰다. 마젤란은 세계 일주 항해를 위해 75톤에서 125톤에 이르는 짐을 싣고 간신히 항해를 견딜 수 있는 배 5척을 이끌고 출발했다. 배는 모두 중무장되어 있었고 거래할 물건들이 가득 실려 있었다. 그 물건들 중에는 조그마한 종과 황동으로 만든 팔찌 외에 거울 500개, 벨벳, 수은 2,000파운드 등이 포함되어 있었는데, 모두 아시아의 세련된 군주들의 호감을 사기 위해 선별된 것이다. 약 250명의 선원들 중에는 여러 포르투갈인, 이탈리아인, 프랑스인, 그리스인들이 있었고 영국인 1명도 포함되어 있었다. 외국인 탐험가의 지휘로 시도되는 이런 위험한 항해에 스페인 사람들을 구하기가 쉽지 않았기 때문이다. 마젤란의 오랜 친구인 허세가 심한 팔레이루는 자신이 이 항해에 살아남지 못할 것이라는 별점이 나왔다고 마지막 순간에 함께 가지 않기로 했다.

그때에는 위험한 항해를 하면 선장이 배의 모든 관리들과 선원들까지 포함된 회의에서 중요한 결정을 제안하는 것이 관례였다. 선원들과 결정을 함께 내리기를 싫어하는 마젤란에게는 이런 관례가 분명 골칫거리였다. 또한 마젤란의 참모들인 스페인 선장 3명은 처음부터 마젤란을 죽이려는 계획을 하고 있었던 것으로 보인다.

마젤란이 항해를 시작하면서 우연히 운이 좋았던 일 중에는 안토니오 피가페타Antonio Pigafetta(1491-1534?년)가 항해에 함께 참여한 일이 무엇보다 다행스러운 일이었다. 이탈리아의 비첸차 출신이었던 피가페타는 로도스의 기사로 신분이 높은 모험가였다. 용모가 단정하고 진리를 탐구하는 욕구가 강하며 마젤란을 끝없이 존경하는 피가페타는 상세하게 기록한 항해일지를 토대로 이후에 『최초의 세계 일주 항해Primo Viaggio Intorno al Mondo』를 저술했다. 이 책은 당시의 위대한 항해들을 목격자의 가장 생생한 이야기로 기술해 놓았다. 마젤란은 피가페타가 상냥하고 언어에 재능이 있어서 원주민들을 회유하려고 그를 자주 해안가로 보내곤 했다. 피가페타는 살아남기 위해 천재성을 몇 번이고 발휘하여 운 좋게도 세계 일주 항해를 끝낸 18명 중의 한 사람이었다.

마젤란의 업적은 정신적, 물질적, 지적인 면에서 아무리 따져 보아도 가마나 콜럼버스나 베스푸치의 업적을 능가했다. 마젤란은 더욱 거친 바다를 만나고, 더욱 위험한 항로를 뚫고 나가고, 더 넓은 대양을 건넜다. 또한 그는 더욱 반항이 심한 선원들을 지휘했지만 더욱 어려운 지휘를 단호하게 그리고 인도적으로 능숙하게 해냈다. 마젤란은 심한 구개병과 위통을 견뎌 냈다. 피가페타는 마젤란에 관해 이렇게 말했다. "마젤란은 여러 장점이 있었는데, 그중에 특히 커다란 역경에 처했을 때 늘 변함없이 이겨 내는 끈기가 있었다. 그는 다른 모든 사람들보다, 더 정확하게 말하면 세상의 어떤 사람들보다 굶주림을 잘 참았고 추측항법과 천문항법을 잘 알고 있었다. 세계 일주 항해를 거의 이루어 낸 마젤란만큼 세계 일주 항해 방법을 알려는 열정이 있거나 재능이 있는 사람은 없었다."

마젤란의 배들은 2개월 동안 카나리아 제도에서 브라질의 동쪽 끝부분까지 항해를 했다. 그곳에서 그들은 해안을 따라 남서쪽으로 항해를 하면서 발보아의 남해로 들어가는 통로가 있는지 주의 깊게 살펴보았다. 그들은 리우데자네이루와 더 멀리 남쪽에 있는 산마티아스만Gulf of San Matías에서, 서쪽으로 이어졌을 것이라고 생각되는 항로를 몇 번이고 찾아보면서 이전의 탐험가들의 생각이 틀렸기를 바랐다. 하지만 이 항로들은 막다른 길이었다. 배들이 파타고니아의 해안의 중간에 있는 산훌리안San Julián 항에 도달했을 때는 3월말이어서 남쪽의 겨울이 시작되고 있었다. 마젤란은 식량이 부족해질 수 있어서 봄이 올 때까지 그곳에서 비바람과 추위를 견뎌 내기로 결정했다. 부하들이 북쪽에 있는 열대지방으로 돌아가서 겨울을 지낼 것을 요구하며 불평을 하기 시작하자, 마젤란은 돌아가느니 차라리 죽는 것이 낫다고 말했다.

마젤란은 태평양에 들어가기도 전에 통솔력과 선박 조종술에서 커다란 시험대에 직면했다. 산훌리안항에서 콘셉시온Concepción호, 산안토니오San Antonio호, 빅토리아Victoria호 등 마젤란의 배 3척이 밤중에 반란을 일으켰을 때, 마젤란을 지지하는 배는 그 자신이 타고 있던 트리니다드Trinidad호와 5척 중에 가장 작은 75톤의 산티아고Santiago호뿐이었다. 마젤란은 배 2척으로 반란자들의 배 3척에 맞서야 했다. 마젤란은 반란자들이 그들의 배를 타고 귀국하는 것을 절대 허용하지 않았다. 제국을 확장할 목적을 위한 항해를 위해서는 배와 선원들이 모두 필요했기 때문이다. 마젤란은 빅토리아호에는 자신을 지지하는 선원들이 많다는 사실을 알고 충실한 부하들을 보트 1척에 가득 태워 빅토리아호에 보냈다. 반란자들과 귀국 조건으로 협상을 하려는 표면상의 목적이었다. 그러나 여러 지시를 받은 마젤란의 밀사들은 반란을 일으킨 빅토리아호의 선장을 죽인 다음, 마음이 흔들리는 선원들을 설득하여 다시 임무를 하게 했다. 마젤란은 자신에게 충실한 배 3척으로 산훌리안만의 입구를 차단했다. 산 안토니오호는 도망치려고 했지만 제지되었고, 반란을 일으켰던 남은 유일한 콘셉시온호는 항복했다. 마지막으로 마젤란은 단 1명을 처형했는데, 그는 충성스러운 장교를 살해한 주모자였다. 그리고 마젤란은 반란을 일으키도록 도운 성직자와 반란 우두머리를 무인도에 고립시켰다. 마젤란은 그 외의 몇몇 반란자들에게 사형을 시키라는 명령을 했으나 이후 그들을 모두 용서했다.

산티아고호는 산훌리안항에서 남은 겨울을 보내는 동안 해안을 탐험하다가 난파되었고, 선원들은 항구의 배로 돌아가기 위해 고통스럽게 육지로 걸어가야 했다. 그들은 사람이 살지 않는다고 생각한 지역에서 실제로 살고 있는 파타고니아 사람들과 마주쳤다. 그래서 거인 종족이 있다는 전설을 입증하게 되었다. 피가페타는 그 사람들에 관해 이렇게 전했다. "이 사람은 키가 매우 커서 우리의 키는 그의 허리까지만 닿았다. 그는 괜찮은 생김새를 하고 있었고 넓적한 얼굴에 붉은 색이 칠해져 있었다… 또 머리는 짧고 하얗게 염색되어 있었다. 그리고 그는 짐승 가죽을 입고 있었다."

1520년 8월 말에 마젤란의 남은 배 4척은 더 남쪽에 있는 산타크루스강Santa Cruz River 어귀로 이동했다. 그들은 그곳에서 10월까지 머물렀다가 곧 남쪽의 봄을 맞았다. 이제 마젤란은 두 번째 큰 시험대에 부딪혔다. 『오디세이Odyssey』를 제외하고는 어디에도 볼 수 없는 선박 조종술에 관한 시련이었다. 마젤란은 폭을 전혀 알 수 없는 대륙 하나를 뚫고 지나는 통로를 찾아야 했다. 그런 다음에 그 통로가 아무리 복잡하고 구불구불하더라도 헤쳐 나가야 했다. 마젤란은 어떤 입구는 막다른 길이 아니라는 사실을 어떻게 확신했을까? 또 마젤란은 대륙의 중심으로 더 깊이 들어가더라도 길을 잃지 않고 있다는 사실을 어떻게 알 수 있었을까?

마젤란 탐험대는 산타크루스강을 지나 4일 동안 항해를 한 뒤 10월 21일에 남위 52도를 막 지나 버진스곶Cape Virgins(또는 비르헤네스곶)을 돌았을 때 또다시 '어떤 만으로 들어가는 것 같은 통로를 보았다.' 이번에는 이 만이 그들이 찾는 중요한 해협으로 이어져 있을까? 선원들은 '사방이 막힌 듯' 보였기 때문에 그렇지 않으리라 생각했다. 그들은 찾고 있는 해협도 지브롤터 해협처럼 틀림없이 단순히 훤히 트인 통로로 되어 있을 것이라고 천진스레 생각했다. 그러나 마젤란은 어떻게든 '잘 숨겨진 해협'을 찾아내리라는 각오를 하고 있었다. 피가페타가 말했듯이, 어쩌면 마젤란은 '포르투갈 왕의 보물 저장고에서' 하나의 구불구불한 해로가 표시된 비밀 지도를 실제로 보았을 것이다.

그러나 마젤란은 마르틴 베하임이나 요하네스 쇠너Johan Schöner가 만든 것과 같은 지도나 지구의를 보았을 가능성이 컸다. 그 지도나 지구의에는, 남위 약 45도에서 '아메리카'의 최남단과 추측되는 커다란 남극 대륙 사이로 좁지만 직선으로 트인 해로가 하나 표시되어 있었다. 이런 지도들과 마젤란의 머릿속에 들어 있는 지도는 여전히 프톨레마이오스의 이론에 상당히 근거를 두고 있었고, 다만 한 가지 다른 부분은 새로운 대륙에 북대서양에 있는 아직도 규모를 알 수 없는 여러 큰 섬들이 삽입되어 수정된 점이었다. 프톨레마이오스가 주장한 지팡구와 카티가라곶과 황금반도(말레이반도)는 여전히 북대서양에 있는 것으로 여겨졌다. 찾고 있는 숨겨진 해협은 북대서양을 지나 카티가라곶과 황금반도 사이에 있는 프톨레마이오스의 커다란 만으로 이어져 있고 그곳에 향료 제도가 있을 것이라고 여겨졌다. 또 프톨레마이오스의 주장에 따르면, 새로 발견된 아메리카의 '섬들' 서쪽에 있는 바다는 좁고 큰 섬들이 많이 흩어져 있을 것이라고 했다. 그렇다면 일본과 아메리카는 좁은 해협 하나를 사이에 두고 떨어져 있을 것이다. 마젤란에게 큰 용기를 북돋워 줄 이런 지리적 견해로 보면, 구획선의 연장선은 향료 제도에서 서쪽으로 멀리 떨어진 곳에 위치하여 확보하고 싶은 제국 영토의 보물들은 스페인 지역에 있게 된다.

남아메리카의 육지 장벽을 뚫고 바다로 나가는 해협이 '잘 숨겨져' 있었다는 말은 수 세기 동안 절제된 표현이 되었다. 이 마젤란 해협Strait of Magellan은 2개의 큰 바다를 연결하는 모든 해협 중에서 가장 좁고 가장 구불구불하며 가장 빙 둘러서 가는 해협이었다. 마치 주인공들이 항해를 하다가 엄청난 시련을 겪은 끝에 뜻밖의 행복한 결말을 맞는 멜로드라마의 멋진 배경 무대 같았다. 구불구불한 좁은 길이 마치 미로처럼 보이는 이 해협은 그 끝에 다다르면 뜻밖에도 모든 바다 중에서 가장 훤히 트이고 가장 광대한 바다가 나왔다. 이 해협을 찾으려고 얼마나 많은 전문 지식, 인내, 용기, 행운 등이 필요했는지를 충분히 파악하기 위해서는 해협에 나타나는 구불구불한 항로, 여기저기 흩어져 있는 작은 섬들, 예상 밖의 수많은 물길 등을 현대 지도에서 살펴보아야 한다. 대서양 해안에 있는 버진스곶에서 이 해협으로 들어가는 입구는 풀로 덮인 낮은 둑들이 있고 온화하고 쾌적한 곳이지만, 태평양 연안의 필러곶Cape Pillar에서 해협을 나오는 출구는 바위가 많고 얼음으로 뒤덮인 산맥 사이로 거대한 피오르가 있다. 마젤란은 두 대양을 연결하는 334마일(약 538킬로미터)의 이 해협을 항해하는 데 38일이 걸렸다. 이후에 드레이크Drake는 이 해협을 항해하는 데 16세기에서 가장 짧은 기록을 낸 16일이 걸렸다. 다른 사람들은 3개월 이상 걸렸고, 그냥 포기하는 사람들도 많았다.

마젤란은 여러 위험 요소에 맞서는 강철 같은 용기와 부하들을 능숙하게 다루는 통솔력으로 계속 항해를 할 수 있었다. 그는 반란 외에 또 다른 뜻밖의 불쾌한 일을 겪었다. 버진스곶에 오기 전 파타고니아 해안의 산 홀리안 항에 있었을 때, 마젤란의 부하들이 배를 수리하려고 배에서 짐을 내려놓자 마젤란은 매우 충격을 받았다. 세비야에서 물자 공급업자들이 계약한 1년 반 분량이 아닌 6개월 분량의 식량만 배에 실어 마젤란을 속이고 허위로 기록을 했기 때문이었다. 그 물자 공급업자들은 포르투갈의 방해자들에게 고용된 사람들이 아니었을까? 마젤란의 선원들은 이제 물고기와 바닷새와 야생 라마를 잡아서 식량을 보충하려고 했지만 그것으로 충분하지 않았다. 산홀리안항 주변의 척박한 해안에는 숲이 없었고 담수도 거의 없었다. 그곳 원주민들은 항해자들이 아니어서 수로 안내인으로도 쓸 수 없었다.

마젤란은 산홀리안항에서 산티아고호를 잃었기 때문에 배 4척으로 마젤란 해협으로 들어갔다. 마젤란은 처음에는 더듬어 나아가다가 가장 큰 산안토니오호(120톤)를 골라 바다로 빠져나갈 통로 하나를 조사하기 위해 보냈지만 그 통로는 막다른 길이란 것을 알게 되었다. 산안토니오호를 볼 수 없었던 마젤란은 그 배를 찾으려고 적어도 250마일(약 402킬로미터)을 되돌아가 항해를 했지만 아무런 흔적도 찾을 수 없었다. 산안토니오호의 수로 안내인 에스테반 고메즈Esteban Gómez가 총지휘관인 마젤란이 자신에게 어떤 지휘권도 주지 않은 것에 분노하여 마젤란 몰래 반란을 일으켜 선장을 가두고는 배를 돌려 스페인으로 돌아갔던 것이다. 마젤란이 타고 있는 배의 점성가는 요청에 따라 산안토니오호의 행방에 대해 점을 쳤다. 점성가는 마젤란에게 그 배가 스페인으로 돌아간 정황을 명확하게 얘기했고, 그 내용은 이후 사실임이 드러났다.

그 뒤로 더 이상 반란이 일어나지 않고 마젤란이 나머지 배 3척을 잘 통제했다는 사실은 놀랄만한 일이다. 마젤란 해협의 좁은 통로 중 일부는 폭이 2마일(약 3킬로미터)도 되지 않았다. 그 통로는 너무 구불구불했고 길을 잘못 들어설 만과 강들이 수없이 많아서 끝까지 항해하지 않고는 외해가 나오는지 알 수 없었다. 해협의 끝자락에 가까이 왔다고 생각한 마젤란은 좋은 장비를 갖춘 보트 하나를 선발대로 먼저 출발시켰다. 피가페타에 따르면 "그 부하들은 3일 내에 돌아와 곶과 외해를 보았다고 보고했다. 총지휘관 마젤란은 너무 기뻐서 울었으며, 그 곳을 희망곶Cape Dezeado이라고 칭했다. 그 이유는 우리가 그 곳을 만나기를 오랫동안 희망하고 있었기 때문이었다."

마젤란 해협의 서쪽 절반 지점에는 기이한 차가운 돌풍이 불고 있었다. 1900년에 조슈아 슬로컴Joshua Slocum 선장은 이렇게 말했다. "이 돌풍은 강풍이 압축되어 부는 바람이었다. 북풍의 신 보레아스Boreas가 언덕 아래로 보내는 거대한 바람이었다. 이 돌풍이 완전히 발달하면 배는 돛을 달지 않아도 완전 뒤집힐 것이다." 미로 같은 통로를 이리저리 빠져나가고 갑자기 보이는 땅과 바위를 겨우 피하여 살아남은 마젤란은 이제 확 트인 광대한 바다로 나왔다. 마젤란과 선원들은 100일 이상을 항해하는 동안 보기에는 끝이 없고 육지도 없는 물의 세계에서 온갖 시련을 겪었다.

마젤란은 활용할 수 있는 가장 좋은 증거에 근거하여 프톨레마이오스의 '거대한 만Great Gulf'으로 잘 알려진 이 해역을 횡단하려면 몇 주일만 걸릴 것으로 예상했다. 여전히 경도를 정확히 표시하는 방법이 없었으므로 지구상에서 어떤 두 지점 사이의 거리도 정확하게 알 수 없었다. 새뮤얼 엘리엇 모리슨의 결론에 따르면, 마젤란이 보았거나 알고 있었을 수도 있는 모든 권위 있는 추정치들은 태평양의 실제 넓이보다 적어도 80퍼센트가 부족한 수치였다. 마젤란 시대 이후 1세기가 지났어도 '믿을 만한' 지도들은 여전히 태평양의 크기를 40퍼센트나 과소평가했다. 마젤란에게는 태평양의 규모가 몹시 고통스러운 놀라움이었다. 물론 태평양의 규모는 또한 마젤란의 가장 위대하면서도 가장 내키지 않은 발견이었을 것이다.

마젤란 탐험대는 예상보다 3배나 더 많은 시간이 걸린 여정에서 이제 처음에 계획한 식량의 3분의 1밖에 남지 않았다. 그 여정을 함께 했던 피가페타는 다음과 같이 말했다.

1520년 11월 28일 수요일, 우리는 해협에서 벗어나 온통 우리를 에워싸는 태평양으로 나왔다. 우리는 3개월 20일 동안 신선한 음식이라곤 전혀 먹지 못했다. 우리는 더 이상 비스킷이라 할 수 없는 벌레가 가득한 비스킷 가루를 먹었다. 비스킷의 좋은 부분은 벌레가 다 먹었기 때문이다. 또 비스킷에는 쥐의 오줌 냄새도 심하게 났다. 우리는 여러 날 동안 부패된 노란 물을 마셨다. 우리는 또 큰 돛대의 활대가 쓸리는 것을 방지하려고 윗부분을 씌운 소가죽도 먹

있는데, 그 소가죽은 햇빛과 비와 바람 때문에 매우 딱딱해져 있었다. 우리는 소가죽을 바다에 4, 5일 동안 담갔다가 타다 남은 불씨 위에 잠깐 올려놓은 후에 먹었다. 그리고 우리는 널판자에서 나온 톱밥도 자주 먹었다. 쥐는 1마리에 반 두카도ducado[금화로 약 1달러 16센트]씩 팔렸지만 그것마저 살 수가 없었다. 선원들 중에는 아랫잇몸과 윗잇몸이 모두 부어올라 아무리 애써도 먹을 수가 없어서 결국 죽은 사람들도 있었다. 19명의 선원들이 그 병으로 죽었고 [파타고니아] 거인도 베르진Verzin 지역에서 온 인디언 한 사람과 함께 죽었다.

그러나 마젤란 탐험대는 날씨에 관해서는 운이 좋았다. 그들은 외해를 3개월 20일 동안 약 1만 2,000마일(약 1만 9,312킬로미터)을 항해하면서 단 한 번도 폭풍을 만나지 않았다. 그래서 그들은 평온한 바다로 오해하여 태평양이라는 이름을 붙였다.

마젤란 탐험대는 몇 주 동안 태평양을 항해하면서 2개의 작은 무인도 외에는 어떤 육지도 만날 수 없었다. "우리는 2개의 작은 무인도에서 새와 나무 외에는 아무것도 발견하지 못했는데, 그래서 두 무인도를 '불행한 섬 Ysolle Infortunate'이라고 불렀다… 그곳에는 정박할 곳이 없었고 [그렇지만] 근처에는 상어들이 많았다… 하나님과 성모 마리아가 우리에게 그토록 좋은 날씨를 주지 않았더라면 우리는 모두 매우 광활한 바다에서 굶어 죽었을 것이다. 정말로 나는 이런 항해는 [다시는] 하지 않을 것이라고 믿는다."

마젤란은 바람을 잘 알지 못했더라면 태평양을 횡단하지 못했을 것이다. 그는 마젤란 해협을 나온 후 자신이 바라던 향료 제도로 가기 위해 바로 북서쪽으로 가지 않고 먼저 남아메리카의 서해안을 따라 북쪽으로 항해를 했다. 마젤란은 틀림없이 그 지역에서 주로 부는 무역풍인 북동풍을 받아 항해를 하려는 목적이 있었을 것이다. 북동풍을 받아 항해를 하면 포르투갈이 통제하고 있다고 소문난 몰루카 제도로 가지 않고, 여전히 스페인이 차지할 기회가 있는 다른 향료 제도에 다다를 수 있기 때문이었다. 당시에 마젤란의 동기가 무엇이었든, 그가 선택한 항로는 그때의 계절에 케이프 혼에서 호놀룰루까지 항해를 하기에 적합했으며, 오늘날에도 미국 정부의 항해도에서 여전히 그렇게 권장하고 있는 해로이다.

1521년 3월 6일, 마침내 마젤란 탐험대는 피로를 풀고 물자를 공급 받도록 괌에 정박했다. 그곳에서 그들은 온순하면서도 욕심이 많은 원주민의 환영을 받았다. 원주민들은 배 3척에 몰려와 갑판 위와 아래에서 도자기류, 끈, 밧줄걸이 등과 대형 보트까지 움직일 수 있는 모든 것을 즉시 가져가 버렸다. 마젤란이 '도둑의 섬Islas de Ladrones'이라고 이름 붙인 이 섬은 오늘날 마리아나Marianas 제도로 알려져 있다. 마젤란 탐험대는 쌀, 과일, 담수 등을 싣기 위해 3일만 머물렀다. 일주일 뒤에 그들은 레이테만Leyte Gulf 근처의 필리핀 제도에 속하는 사마르섬Samar island 동해안에 도착했다. 레이테만 인근은 이후 약 400년이 지나서 역사상 가장 큰 해전이 벌어지는 곳이 된다.

마젤란이 이제 다가가고 있는 지역들은 중국이나 포르투갈 등의 여러 나라들이 항해를 하며 경쟁적으로 분주히 교역을 하는 곳이었고, 그곳의 큰 이권은 기민한 상인과 약삭빠른 외교관들에게 돌아갔다. 마젤란은 가장 혹독한 자연의 고난에서도 살아남았지만, 단 한 번의 경솔한 행동으로 결국 목숨을 잃었다. 그 배경을 살펴보면 다음과 같았다. 세부Cebu섬의 왕이 그리스도교에 개종한 척하면서 마젤란을 설득시켜 자기편으로 만들었다. 말하자면, '세부섬의 왕은 막탄Mactan 왕을 자기 손에 입맞춤을 하도록 복종시키고 막탄 부족과 싸워 그 거주지를 불태우도록 마젤란을 설득시켰다. 그 이유는 막탄왕이 쌀 1부셸과 염소 1마리를 공물로 바치지 않았기 때문이었다.' 마젤란의 장교들과 부하들은 마젤란에게 가지 말 것을 청했다. '그러나 그는 마치 선한 양치기가 자신의 양들을 버리지 못하듯 부하들을 버리기를 거부했다.' 1521년 4월 27일에 작은 막탄섬의 해변에서 마젤란은 막탄 부족 전사들의 독화살과 투창과 초승달 모양의 칼에 맞아 많은 상처를 입었다. 그러고는 해변 모래 위에서 앞으로 쓰러져 죽고 말았다.

마젤란은 더 신속하게 후퇴하여 자신의 목숨을 구할 수 있었지만 부하들의 후퇴를 엄호하기로 택했다. 피가페타는 슬퍼하며 이렇게 말했다. "그리하여 그들은 우리의 거울이고 빛이고 위안이며 우리의 진정한 지도자인 마젤란을 죽였다. 마젤란은 상처를 입고도 우리가 모두 배에 탔는지 확인하려고 여러 번이나 되돌아왔다. 그러고는 부상을 입은 우리는 마젤란이 죽은 것을 확인하고 이미 후퇴하고 있는 배들을 향해 필사적으로 달렸다. 배에 올라탄 우리는 마젤란이 아니었다면 누구도 살아남지 못했을 것이다. 마젤란이 적과 싸우는 동안 나머지 사람들은 후퇴할 수 있었기 때문이었다."

어떤 의미에서는 마젤란이 세계 일주 항해를 완전히 성공했다. 마젤란은 이전에 포르투갈을 위해 아프리카를 돌아 이런 섬들까지 도달했을 때 어쩌면 세부섬보다 더 동쪽까지 이미 도달했을 수도 있었기 때문이다.

나머지 원정대는 포기하지 않고 탐험을 계속했다. 콘셉시온호는 더 이상 항해하기가 어려워 불태워 버려야 했다. 트리니다드호도 서쪽 항로를 따라 스페인으로 돌아가는 여정에 견딜 수 없다는 판단으로 태평양을 건너 파나마로 가려고 했다. 그러나 그것도 힘들어 동인도 제도로 돌아와야 했다. 어느 정도 항해에 견딜 수 있었던 빅토리아호는 후안 세바스티안 델 카노Juan Sebastián del Cano의 지휘로 희망봉을 돌아 서쪽 항로를 택했다. 굶주림, 갈증, 괴혈병 등의 이미 익숙해진 시련에 이제는 포르투갈의 적대감까지 겹치는 바람에 델 카노의 선원들은 대서양의 카보베르데 제도에 도착하자 거의 절반이 투옥되었다. 마젤란 탐험대가 출발한 날에서 거의 3년 (겨우 12일 모자라는)이 되는 1522년 9월 8일, 처음에 250명이었다가 이제는 18명으로 줄어든 선원들은 지친 모습으로 세비야에 도착했다. 다음날, 선원 18명은 모두 셔츠만 입고 촛불을 든 채 세비야 부둣가에서 1마일(약 1.6킬로미터) 떨어진 산타 마리아 데 란티구아Santa María de l'Antigua 성당까지 맨발로 걸어가서 참회의 맹세를 했다.

35

비밀주의 세상

    디아스와 가마와 함께 항해했던 포르투갈의 수로 안내인, 페로 달렘케르Péro d'Alemquer는 귀국하여 궁정에서 자기는 카라벨뿐만 아니라 어떤 배를 몰고도 기니 해안을 갔다 올 수 있다고 자랑했다. 포르투갈의 왕, 주앙 2세는 그를 공개적으로 꾸짖고는 따로 불러서 자신은 외국의 불법 상인들이 포르투갈 사람들의 경험으로 이익을 얻지 못하게 하려는 의도였을 뿐이라고 은밀히 설명했다. 항해자 엔리케 왕자와 그의 후계자들은 새로 발견한 아프리카 해안 지역들과 교역을 하는 것을 독점하고 계속 유지하기 위해 자신들의 힘으로 할 수 있는 최선을 다했다. 다시 말해, 그 해안 지역이 어디에 있으며, 어떻게 그곳에 도달할 수 있는지에 관한 정보를 외부에 알려 주지 않는다는 의미였다. 마누엘왕은 1504년에 후추를 독점하기 위한 계획을 세웠을 때 모든 항해 정보를 비밀로 유지하라는 명령을 내렸다. 카브랄Cabral이 인도에서 돌아온 후, 한 이탈리아 중개상은 "왕이 항해 지도를 외국으로 유출하는 자는 누구든 사형에 처하라고 명령을 했기 때문에 항해 지도를 구할 수가 없다"라고 불평했다.

이런 비밀주의 정책은 시행하기가 쉽지 않았다. 포르투갈 왕들은 발견의 사업을 하려면 베스푸치와 같은 외국인들에게 의존해야 했기 때문이다. 1481년에 포르투갈 의회는 주앙 2세에게 외국인들, 특히 제노바나 피렌체 사람을 국내에 정착하지 못하도록 청원했다. 이런 외국인들이 왕의 보호를 받는 '아프리카와 여러 섬들에 관한 비밀'을 상습적으로 훔쳤기 때문이었다. 그러나 몇 년 후 젊은 제노바 사람인 크리스토퍼 콜럼버스가 기니 해안의 상 호르헤 다 미나São Jorge da Mina에 포르투갈의 교역 시장을 세우도록 돕기 위해 항해를 시작했다. 그리고 콜럼버스 이전에 주앙 2세가 이미 에스트레이토와 함께 북대서양에서 섬들을 찾도록 파견한 사람은 플랑드르 사람인 페르낭 둘모Fernão Dulmo였다.

그런데도 포르투갈의 비밀주의 음모는 적어도 얼마 동안은 효과가 있었다. 16세기 중반까지 다른 여러 나라들은 아시아로 항해를 하며 교역을 하는 포르투갈의 정보를 구하려고 아주 오래된 작가, 뜻밖의 육지 여행자, 가끔 있는 변절한 선원, 첩자들 등에서 모은 단편적인 정보에 의존해야 했다. 정보의 비밀주의 정책에도 불구하고 아시아에 관한 지도들은 유럽의 나머지 나라들로 누설되었다.

이와 비슷한 정책을 실시하려는 스페인도 공식 해도를 자물쇠 2개와 열쇠 2개를 사용하여 열 수 있는 상자 속에 보관하고, 열쇠 하나는 수석 수로 안내인(아메리고 베스푸치가 첫 번째 수석 수로 안내인이었다)에게 맡기고, 다른 열쇠는 수석 천지학자에게 맡겼다. 1508년에 스페인 정부는 공식 지도가 고의적으로 손상되거나 최신의 진짜 정보가 들어 있지 않을 수도 있다는 우려 때문에 파드론 레알Padron Real이라는 종합 지도를 새로 만들어 가장 유능한 수로 안내인들로 구성된 위원회가 감독하게 했다. 그러나 이 모든 예방 조치도 충분하지 않았다. 베네치아에서 태어난 세바스티안 캐벗 Sebastian Cabot(1476?-1557년)은 카를 5세 황제의 수석 수로 안내인으로 일하면서 베네치아와 영국에 '해협의 비밀'을 팔려고 했다.

탐험 국가로 성공한 포르투갈과 스페인은 국내 경쟁자들에게 흥미를 불러일으킬까 봐 우려하여 정부가 지원하는 장대한 모험으로 애국적인 이익을 내려는 일을 하지 않았다. 앞서 살펴보았듯이, 스페인과 포르투갈 외의 나라에서는 콜럼버스가 처음 서쪽으로 항해한 후 35년 동안 신세계로 향한 모든 항해 중에 베스푸치의 항해 보고가 가장 널리 발간되었다. 베스푸치의 항해 보고는 60판이나 발간되어 라틴어뿐만 아니라 체코어까지 포함한 여러 나라 말로 유럽 곳곳에 등장했다. 그러나 그 사이에 스페인이나 포르투갈에서는 이런 발간물이 전혀 나오지 않았다. 이런 기이한 사실은 이베리아 반도의 통치자들이 자국의 민간 경쟁자들의 관심도 불러일으키지 않게 하여 정부의 항해 독점을 지키겠다는 것을 의미한다.

"비밀이 독점을 낳듯이 독점도 비밀을 낳는다"는 흥미로운 말이 있다. 이런 경험과 유사한 기이한 일이 이때보다 조금 전의 일이지만 지구의 다른 편에서도 일어난 적이 있었다. 앞서 살펴보았듯이, 환관 정화가 중국의 배들을 이끌고 동양 곳곳을 항해하여 업적을 이룬 후 1433년에 중국은 대양 탐험을 철회하고 이후로 금지시켰다. 그 뒤, 1480년에는 큰 권력에 오른 중국의 또 다른 환관이 안남*으로 해상 탐험을 시작하고 싶어 했다. 그러나 중국의 군사 기관의 고위 관료들은 그 환관이 금지된 탐험을 못 하도

---

* 현재 베트남의 일부

록 이전의 탐험 기록들을 없애버렸다.

프랜시스 드레이크 경Sir Francis Drake의 세계 일주 항해(1577-1580년)와 같은 국가적 자부심을 고취시키는 항해조차 진짜 기록 원본은 이상하게 사라지고 없었다. 항해에서 영국으로 돌아온 드레이크와 사촌은 도해를 넣은 자신들의 항해일지를 엘리자베스 여왕에게 제출했다. 외국 경쟁자들에게 유용한 매우 많은 정보가 담긴 이 최고의 비밀문서는 틀림없이 안전한 곳에 넣어 자물쇠로 잠가 두었을 테지만 그 뒤로 나타난 적은 없었다. 이 위대한 항해에 관해서는 그 밖의 다른 이야기도 못하도록 금지령이 내려진 듯 보인다. 그런 위대한 모험이 10년 이상이나 발행되어 알려지지 않은 사실을 달리 어떻게 설명할 수 있을까? 1589년 리처드 해클루트Richard Hakluyt가 『세계의 가장 먼 지역까지 바다와 육지를 통한 영국 국민의 항해와 발견Voiages and Discoveries of the English Nation made by sea or over land to the most remote and farthest distant quarters of the earth』이라는 유명한 개론을 발행했을 때도 여전히 드레이크의 세계 일주 항해에 관한 이야기는 전혀 담겨 있지 않았다. 그러나 그 발행 금지령은 향후 10년이 안 되어 해제되었던 것 같다. 드레이크의 유명한 항해를 상세히 이야기한 페이지들이 이 개론에 추가로 들어갔기 때문이다.

비밀주의는 불확실한 목적지를 향해 긴 항해를 할 경우에 선원들을 모집하고 선원들의 사기를 유지하는 데에도 여러 문제를 생기게 했다. 탐험되지 않은 바다를 항해할 선원들을 구하려는 선장들은 그들을 겁을 주어 쫓아 버리지 않도록 신중했으며 항해 중에는 위험한 일들이 반란을 유발할 수 있다고 우려했다. 드레이크는 미리 선원들에게 목적지를 충분히 밝히지 않았으며 함께 있는 동료 장교들에게는 배를 다음 항구까지 이끄는 데 필요한 정보만 겨우 알려 주었다.

사람들은 제국을 확장하려고 비밀을 유지하는 데 집착했다. 로마의 역사가 수에토니우스Suetonius에 따르면, 로마 제국에서는 세계지도가 오로지 정부를 위해서만 사용되었으며, 개인이 세계지도를 소유하면 범죄였다고 한다. 어쩌면 이런 사실로 왜 프톨레마이오스의 지도 원본이 지금까지 남아 있지 않으며 프톨레마이오스의 가장 오래된 원고도 13세기의 날짜로 되어 있는지를 이해하는 데 도움이 될 것이다.

위대한 발견의 시대에 항해 강국들의 비밀주의는 그 자체가 터무니없는 권리 주장의 근거가 되었다. 포르투갈 항해자들이 경쟁 상대인 스페인 항해자들보다 먼저 실제로 아메리카를 '발견'했음을 암시하려는 의도에서 포르투갈의 역사가들은 그런 항해들이 기록되지 않은 것은 당연했을 것이라고 주장한다. 새뮤얼 엘리엇 모리슨은 "그러나 포르투갈이 아메리카 발견에 관해 비밀주의 정책을 썼다는 것을 입증하는 유일한 증거는 포르투갈이 아메리카를 발견했다는 증거가 없다는 사실이다"라고 결론을 내렸다. 포르투갈인의 항해에 관한 15세기와 16세기의 해도, 지도, 연대기 등이 충분히 남아 있지 않다는 사실에서 비밀주의 음모의 단서가 있을 수 있다. 포르투갈 사람들은 비밀주의 정책에 관해 얼마나 비밀로 하기를 원했을까? 과거의 통치자들은 "비밀은 때로는 그 비밀을 비밀로 지키고 있다는 사실도 비밀로 할 때 가장 잘 지켜질 수 있다"는 격언을 무시하지 않았다. 선원들과 마찬가지로 역사가들도 통치권자들이 비밀을 숨기려는 분투에 고통을 겪고 음모에 빠지기도 했다. 대부분의 시대에서 국가의 기록 보관소들은 문헌의 묘지 같은 곳이 되어 버렸다. 역사 유물들이 더 이상 쓸모가 없거나 위험하지 않은 뒤에야 보존되고 가치를 인정받았기 때문이다.

    비밀주의 정책은 전혀 예상하지 못한 곳에서 깨졌다. 첩자나 세바스티안 캐벗 같은 수석 수로 안내인들의 배반으로 깨진 것이 아니라 새로운 종류의 상품이 된 새로운 기술로 깨진 것이다. 인쇄기가 나타난 이후 지리학 지식은 편리하게 포장되어 유익하게 팔릴 수 있었다.

    물론 오래전부터 선원들은 생계를 유지하려고 해도를 거래해 왔다. 13세기에는 손으로 베낀 포르톨라노(해안 안내서)가 실리적인 지중해 선원들에게 도움을 주었고, 14세기에는 해도 제작자들이 번창하는 상점들을 운영하고 있었다. 15세기 중반까지 유럽에서는 해도 제작자들이 유일한 전문 지도 제작자들이었다. 그들이 만든 해도는 각각 손으로 그려지고 여러 전문 장인들이 만들었는데도 매우 똑같은 형태를 띠는 경향이 있었다. 그러나 비밀주의와 독점으로 암시장이 생겼고 훔친 원본이라면서 위조 지도를 판매하는 일이 성행했다. 아시아와 서인도 제도를 항해하면서 해상 무역의 경쟁이 더욱 치열해지자 항해자들은 비밀 급수지, 아늑한 항구, 빨리 갈 수 있는 해로 등의 지리학 정보를 얻으려면 많은 웃돈을 지불해야 했다.

    민간 무역 회사들은 독자적인 '비밀' 지도를 만들었다. 예컨대 가장 뛰어난 지도 제작자들을 고용하고 있는 네덜란드의 동인도 회사는 아프리카를 비롯해 인도, 중국, 일본에 이르는 가장 좋은 항로가 그려져 있는 약 180가지의 지도, 해도, 풍경 등을 모아 독점적으로 자회사만이 사용할 지도책을 만들었다. 그런 지도책은 오래전부터 존재해 왔다고 여겨졌지만 세상에 알려진 것은 몇 년 후 빈에 있는 사보이의 외젠 대공Prince Eugene of

Savoy의 도서관에서였다. 일반적으로 말하면, 정부의 공식 해도들은 그 속에 들어 있는 내용이 이미 세상에 알려진 지식이 되고 난 뒤에야 일반 사람들이 사용할 수 있었다.

프톨레마이오스의 『지리학』을 재발견하고 비잔틴 필사본과 함께 지도들이 발견된 일은 어쩌면 그 어떤 사건보다도 지도 제작자를 전문 직업인으로 만드는 데 큰 역할을 했을 것이다. 해도는 선원들에게 일상에 필요한 요소가 되었지만 지도는 더 큰 목적이 있었다. 지도는 장식의 용도 외에도 집에 틀어박혀 있는 학자뿐만 아니라 성직자와 상인이 전체 세계에서 자신의 위치를 알아내는 데 도움을 주었다. 앞서 살펴보았듯이, 지도 제작자들의 불안정한 직업은 중세의 3학과 4학에 근거를 하지 않았다. 그런데 프톨레마이오스가 이제 지도 제작자들에게 지도 제작을 진지하고 존경을 받을 만한 업무로 만드는 성스러운 교과서를 제공하게 된 것이다. 그는 전체 세계를 이해하고 묘사하고, 수학적 지도 제작법의 길을 열어 준 셈이었다. 그리고 세계가 위도와 경도로 표시되자, 전 세계가 사용할 수 있는 하나의 도표 위에서 모든 곳의 위치를 알아낼 수 있었다.

가동 활자로 인쇄된 구텐베르크의 성서는 1454년에 마인츠에서 인쇄되어 나왔다. 성직자들은 기계로 만들어 낸 성서에 대해 경계를 했지만 이 초기 단계의 인쇄업은 교회들에게서 큰 지지를 받았다. 유럽에서는 1480년경에 이미 111개의 소도시에 인쇄기들이 있었고, 1500년에는 그 수가 238개를 넘었다. 이런 인쇄소들로 인해 교회에서 보통 찾을 수 없는 서적들이 세상에 나왔다. 예컨대 아리스토텔레스, 플루타르크, 키케로, 카이사르, 이솝 이야기 등의 고전과 보카치오의 연애소설들이 출간되었다. 이런 서적들을 시장에서 구입할 수 있자 사람들은 독서하고 싶은 새로운 자극을 받았다.

구텐베르크의 성서가 나오기 한 세기 전에 목판과 금속판의 조판공들은 손으로 쓴 책들의 삽화를 '인쇄하고' 있었다. 금세공인과 은세공인들은 처음에는 독자적인 기록을 위해서였지만, 이후에는 팔기 위해서 자신들의 장식 도안에 잉크를 칠하여 종이에 옮기는 기술을 개발했다. 긴 내용을 읽는 것에 익숙하지 않은 사람들은 지도나 지도책, 또는 생생하고도 기발한 삽화들을 제공하는 여행자들의 이야기를 즐길 수 있었다. 이국적인 곳을 향한 항해나 온갖 종류의 '발견'에 관한 호기심이 늘어나고 있는 시대에 그런 지도나 이야기는 놀라울 정도로 잘 팔렸다.

프톨레마이오스의 『지리학』을 인쇄할 수 있게 된 일은 정말 다행한 일이었다. 『지리학』은 훌륭한 책을 만들거나 잘 팔리는 작품들을 만드는 데 필요한 모든 것이 들어 있었으며, 또한 부수적으로 지구에 관한 정확한 사실을 외국에 전파하기도 했다. 1501년 이전, 인쇄술이 아직 초기 단계에 있던 '인큐내뷸라incunabula'•(요람cunae을 나타내는 라틴어에서 유래) 시대에도 프톨레마이오스의 『지리학』은 2절판으로 7판이 발행되었다. 다음 세기에는 이 책이 적어도 33판이나 발행되었다. 프톨레마이오스의 『지리학』은 고전으로 인정 받게 되었다. 프톨레마이오스『지리학』의 초판이 나온 후 100여 년이 지난 1570년까지, 유럽의 지리학 책이나 지도, 또는 지도책은 프톨레마이오스의 주제나 생각들을 아주 약간 변경했을 뿐이었다. 웹스터의 이름이 이후 미국의 사전들에 도움을 주었듯이, 속표지에 프톨레마이오스의 이름이 있으면 그 책은 상당히 가치 있는 서적이 되었다. 저작

• 유럽에서 인쇄 기술이 발명된 1450년대부터 15세기말까지의 인쇄 서적을 가리킴

권 개념이 도입되기 전이었던 당시에는 인쇄기들이 프톨레마이오스의 이론들을 대부분이 틀렸다고 밝혀졌을 때에도 쉽게 널리 보급시켰다. 예컨대 디아스와 가마의 원정대가 아프리카를 돌아서 항해할 수 있었고 또 인도양이 외해라는 사실을 입증한 후에도 프톨레마이오스의 지도에는 계속 인도양이 육지에 둘러싸인 호수, 즉 아시아의 지중해 같은 형태로 묘사되어 있었다. 디아스와 가마의 업적을 묘사한 지도들도 때로는 인도양을 그와 같이 나타냈다.

이렇게 인쇄의 영향력은 심할 정도로 보수적이었다. '모든 기술 중에서 보수적인 기술Ars artium omnium conservatrix'은 16세기 중반에 라우렌스 얀스존 코스테르Laurens Janszoon Coster(1441년 사망)의 집에 새겨진 말이었다. 일부 네덜란드 학자들은 코스테르가 인쇄술을 발명했다고 믿고 있다. 그리고 인쇄술은 시대에 뒤떨어진 생각들을 보존하는 새로운 힘이 있었다.

36

지식의 상품화, 지도책

인쇄술은 세계를 개방하고 발견에 관한 지식을 간편하게 포장하여 보급시키는 마력을 지닌 힘도 있었다. 셀 수 없이 많이 인쇄된 지도들은 닥치는 대로 해외로 퍼져 나갔다. 인쇄술은 생산물을 늘리는 힘으로 자유의 옹호자 같은 역할을 했다. 위험한 사실과 생각들을 퍼지게 하려고 무수한 막을 수 없는 통로를 제공하고, 추적되거나 취소될 수 없는 무수한 정보들을 외부로 나가게 했기 때문이다. 인쇄기가 메시지를 인쇄하여 세상으로 보내면 세상의 어떤 힘이나 법률, 또는 칙령도 그 메시지를 회수할 수는 없었다. 발트제뮐러도 매우 놀랐지만, 이후에 인쇄된 책의 내용이 이전에 인쇄된 내용과 모순이 되더라도 그 내용은 삭제되거나 파기될 수 없었다. 책을 분서하거나 검열하거나 또는 금서 목록을 작성하는 자들도 늘 승산 없는 싸움을 하고 있었다.

펜과 잉크와 종이와 필경사의 능력만 있으면 되는 필사본과 달리, 서적을 인쇄하기 위해서는 엄청난 투자가 필요했다. 서적을 대량으로 인쇄하려면 많은 양의 잉크와 종이 외에도 필요한 활자가 모두 있어야 하고 인쇄기도 설치해야 했다. 지도를 인쇄하기 위해 목판이나 동판을 준비하려면 비용이 많이 들었다. 서적 인쇄업자나 지도 인쇄업자는 앞을 내다보고 투자하고 있었다. 그들은 서적에 담긴 관념들이 이미 시대에 뒤졌거나 지도의 내용이 새 발견으로 이미 수정되었다 하더라도 인쇄물을 쉽게 버리려 하지 않았다. 한번 출간된 인쇄물은 무엇이든 팔려고 했다. 사람들에게 잘 팔리는 작품들은 내용의 사실 여부와 상관없이 몇 세기 동안 잘 읽혀지는 그윽한 멋이 있었다. 1530년에는 존 맨더빌 경의 작품이라고 하지만 출처가 불분명한 『여행기Travels』가 세 종류로 재출간되었다. 사람들은 대부분 이 저서를 콜럼버스가 사실임을 확인해 주었다고 생각했다. 동은 값이 비쌌고 동판의 수명은 보통 그 속에 새겨진 '진리'의 수명보다 훨씬 길었다. 지도를 판매하는 상인들은 쓸모가 없어지고 있는 정보에 기득권을 갖고 있었다. 유럽의 지도 제작 본부는 기술이 가장 발달된 곳으로 이전되었다. 가장 뛰어난 지도들이 목판 대신에 동판으로 인쇄되기 시작한 1550년 이후에는 유럽의 지도 제작 중심지가 최고의 조판공들이 있는 네덜란드로 옮겨졌다.

선원들도 태어날 때부터 보수적이어서 새로운 관념을 쉽게 받아들이려 하지 않았다. 메르카토르가 항정선*을 직선으로 지도에 표시할 수 있게 한 편리한 새로운 투영법을 제공한 이후에도 거의 두 세기가 지나서야 선원들은 옛 방식을 포기했다. 물론 그들은 새로운 대륙이나 새로운 대양도 받아들이려 하지 않았다. 한편 항해용 해도, 포르톨라노는 뒤늦게야 인쇄

---

* 배의 항로가 각 자오선과 동일한 각도로 교차하는 선

되어 나왔다. 17세기가 되어서도 유럽의 수로 안내인들은 익숙해져 있는, 손으로 그린 해도를 선호했고 인쇄된 해도를 여전히 신뢰하지 못했다. 손으로 그린 해도는 쉽게 수정되고 더욱 최신으로 바뀌었을 가능성이 있었기 때문에 인쇄된 해도보다 더욱 신뢰할 수 있었을 것이다.

선원들의 꺼리는 태도에도 불구하고 당시에 지도 제작은 곧 큰 사업이 되었다. 앞서 살펴보았듯이, 구텐베르크의 성서가 나온 지 20년도 채 안 되어 프톨레마이오스가 저술한 방대한 『지리학』의 초판이 발행되었고, 또한 수많은 인쇄판들이 이어졌다. 1500년 이후에는 지도들이 정기적이고 대량으로 인쇄되어 나왔다. 콜럼버스가 의존했던 프톨레마이오스의 최신판을 낸 헨리쿠스 마르텔루스Henricus Martellus는 피렌체의 프란체스코 로셀리Francesco Rosselli라는 사람과 함께 일했다. 프란체스코 로셀리는 맨 처음 지도를 인쇄하여 지도 장사를 전문으로 했다고 알려진 상인이었다. 1507년경에는 먼 곳에 있는 조그만 인쇄기 하나라도 얼마나 큰 영향을 미칠 수 있었는지를 발트제뮐러의 글을 통해 알 수 있었다.

헤라르뒤스 메르카토르(1512-1594년)는 기회를 잡은 사람들 중에서 가장 독창적이고 가장 많은 영향을 미친 인물이었다. 예루살렘을 세상의 중심이라고 여긴 그리스도교 지리학자들은 선원들을 다음 항구에 도착하도록 돕거나 탐험가들을 대양을 건너 미지의 대륙으로 이끄는 것보다 신도들을 구원으로 인도하는 데 더 관심이 있었다. 메르카토르는 지도의 세계를 새로운 세속 시대에 알맞게 완전히 바꿔 놓았다. 천지학은 지리학이 되었고, 해안에 관한 해도가 아닌 전체 지구에 관한 새로운 견해가 상인, 군인, 선원들에게 편리를 제공했다.

메르카토르는 '메르카토르 투영법Mercator projection'으로 선원들에게 획기적인 도움을 주었다. 선원들은 사용하는 해도가 지구의 구형을 고려하지 않고 만들어졌기 때문에 해도에 자신들의 항로를 그려 넣기가 어려웠다. 구형의 지구 표면에서 경선들은 북극과 남극에서 하나의 점으로 모였다. 선원이 자신의 나침반이 가리키는 방향을 직선으로 그려 넣으려면 이 구형의 부분들을 어떻게 하면 평평한 종이 위에 나타낼 수 있을까? 메르카토르는 하나의 방법을 알아냈다. 그는 오렌지의 껍질 조각들 같은 경선들을 상상했고, 그 다음에 오렌지 껍질 조각들을 벗겨 내어 탁자 위에 나란히 배열했다. 메르카토르는 이 조각들을 탄력성 있는 것처럼 다루어 좁은 끝을 늘여서 위에서 맨 아래까지 각 조각들이 서로 닿아 이어지는 장방형이 되도록 했다. 그리하여 지구의 표면을 나타내는 오렌지의 둥근 껍질은 1개의 커다란 장방형이 되었고 이때의 경선들은 북극에서 남극까지 서로 평행선을 이루었다. 오렌지 껍질을 조심스럽게 늘여 표면의 조각들은 크게 늘어났지만 표면의 모양은 그대로 유지될 수 있었다. 이것이 메르카토르 투영법으로, 이로 인해 둥근 지구 표면은 이제 하나의 평평한 장방형으로 편리하게 표현되었고, 이 장방형은 다시 평행의 위선과 경선들에 의해 격자 모양으로 세분되었다. 또 항해자는 간단한 제도용 도구로 같은 각도에서 모든 경선을 가로지르는 하나의 직선으로 자신이 사용하는 나침반의 일정한 방향을 표시할 수 있었다. 20세기 말에 원양 항해자들은 메르카토르 투영법으로 일의 90퍼센트 이상을 처리하고 있다.

활동적이고 진취적인 메르카토르는 가장 훌륭한 학문 교육을 받은 이점이 있었다. 플랑드르에서 태어난 그는 루뱅 대학University of Louvain에서 철학과 신학을 공부한 다음, 수학과 천문학을 선택하여 공부했으며, 우연히 조판, 도구 제작, 측량 등의 기술을 배웠다. 메르카토르는 1537년에 첫 작품으로 팔레스타인에 관한 소축척 지도를 만들었다. 다음에 그는 3년 동안 측량부터 도안, 조판에 이르기까지 온갖 일을 하면서 '가장 정확한 플랑드르 묘사도Exactissima Flandriae Descriptio'를 완성했다. 이 지도는 이전의 어떤 작품보다 매우 잘 만들어졌기 때문에 그는 카를 5세 황제를 위해 지구의를 하나 만들어 달라는 의뢰를 받았다. 메르카토르가 1541년에 이 지구의를 바쳤을 때 황제에게서 해시계를 포함한 도안과 측량 도구 한 세트를 군사 작전에 사용할 수 있도록 만들어 달라는 주문을 받았다.

메르카토르가 살면서 일한 루뱅은 광신적인 행동과 박해의 온상지였다. 그는 순전히 운이 좋아서 종교재판소의 화형auto-da-fé을 모면할 수 있었다. 당시에 플랑드르를 통치하던 헝가리의 황태후, 가톨릭교 섭정 메리는 모든 이교도들을 처형하라고 명령하면서 다만 "그 지역의 주민들이 완전히 없어지지 않도록 주의는 해야 한다"는 조건을 붙였다. 1544년에 메르카토르는 루터교도로 의심을 받고 체포되었다. 메르카토르와 함께 체포된 이교도라고 혐의를 받은 42명 중에 2명은 화형에 처해지고, 2명은 산 채로 매장되었으며, 1명은 참수형을 받았다. 회개하지 않는 이교도들은 모두 화형에 처해지기로 되어 있었지만 인정이 많은 섭정 메리는 자신의 신앙을 버리는 사람들은 화형을 면해 주라고 지시했다. 대신 남자들은 참수형을 받았고 여자들은 산 채로 매장되었다. 메르카토르는 몇 달 동안 감옥에 갇혔지만 그의 교구 사제의 노력으로 마침내 풀려났다.

메르카토르는 1552년에 더 좋은 분위기의 지역으로 옮겼고 라인강 변에 있는 프로이센의 소도시 뒤스부르크Duisburg의 새 대학에서 천지학 교수를 맡아 달라는 초청을 받았다. 그러나 이 교수직은 실현되지 않았고 그는 클레베 공작Duke of Cleves의 천지학자가 되어 뒤스부르크에 계속 정착했다. 그곳에서 메르카토르는 유럽과 영국에 관한 최초의 근대 지도를 발행했으며 1569년에는 자신이 발명한 메르카토르 투영법에 따라 획기적인 최초의 세계지도를 출간했다.

메르카토르의 투영법은 경선과 위선으로 된 격자 모양의 프톨레마이오스 방식을 따랐지만 항해자들이 편리하게 사용할 수 있도록 새롭게 만들어 낸 것이다. '북아메리카'와 '남아메리카'를 모두 처음으로 나타낸 메르카토르의 최초의 세계지도(1538년)는 여전히 프톨레마이오스의 영향을 많이 받고 있다는 사실을 알 수 있었다. 그러나 메르카토르는 프톨레마이오스 방식을 따랐어도 맹종하는 신봉자는 아니었다. 그의 유럽 대지도(1554년)에는 지중해가 전통적인 프톨레마이오스의 방식으로 길게 연장된 모습으로 나타나 있지 않았고, 대신에 52도 긴 바다로 나타내어 지중해의 실제 크기에 훨씬 가깝게 묘사되어 있었다. 그는 또한 지도 조판의 새로운 표준을 정하고 지도에 들어가는 글자로 이탤릭체를 사용하도록 확립했다.

우연하게도 메르카토르는 프톨레마이오스 지도들 중에서 가장 진본으로 존재하는 지도를 오늘날까지 남겨 주었다. 프톨레마이오스의 이전의 수많은 간행물들은 각 편집자의 독자적인 '개량 자료들'을 우연히 결합한 것들이었다. 메르카토르는 프톨레마이오스가 직접 실제로 지도를 어떻게 그렸는지를 분명히 밝혀내어 그중에 고쳐야 할 부분을 확실히 입증할 수 있었다. 메르카토르는 프톨레마이오스의 『지리학』 원문의 더욱 정확한 번역판과 함께 프톨레마이오스가 직접 그린 순수하고 원본 그대로인 27개의 지도가 들어 있는 1578년판 간행물을 발행했을 때 놀라울 정도로 역사의 근대 감각을 발휘했다.

메르카토르는 2절판으로 된 450페이지에 이르는 역사적 작품에서 당대의 일식과 월식을 참고하여 역사적 사건들의 날짜를 바로잡는 선구적인 업적을 이뤘다. 메르카토르의 『일식과 월식, 그리고 천문학 관찰로 작성한 세계의 시초에서 1568년까지의 연대기Chronologia, hoc est temporum demonstratio... ab initio mundi usque ad annum domini 1568, ex eclipsibus et observationibus astronomicis』는 아시리아인, 페르시아인, 그리스인, 로마인 등의 서로 다른 체계에 따른 사건별 날짜 표기를 비교하고 있었다.

메르카토르의 진취력이 있는 젊은 친구, 아브라함 오르텔리우스Abraham Ortelius(1527-1598년)는 대학에 다닌 적은 없었지만 사업에 큰 재능이 있었다. 오르텔리우스도 종교재판소 때문에 늘 불안에 시달렸다. 가톨릭 집안에 태어난 오르텔리우스의 고향인 네덜란드 남부 지역은 여전히 가톨릭 신자들이 지배적으로 많았지만 네덜란드 북부 지역은 칼뱅주의Calvinism가 늘어나고 있었다. 스페인의 왕이며 네덜란드를 정복한 펠리페 2세Philip II는 이사벨라의 광신적인 정책을 계속 이어 갔다. 알바 공작Duke of Alva이 1567년에 업무를 개시한 피의 의회Council of Blood는 이교도의 혐의가 있는 사람은 모두 소환하여 조사할 수 있었고, 또한 스페인 군주에게 충성을 하지 않거나 피의 의회에 나오지 않는 피고인은 재산을 모두 몰수당했다. 인쇄업자나 출판업자들은 인쇄물이 이교를 전파하는 악명 높은 수단이었기 때문에 늘 혐의를 받았다.

종교재판소가 무엇을 이단이나 외설로 판단하는지를 누가 알 수 있었을까? 에라스뮈스Erasmus와 같은 이단자로 혐의를 받은 사람의 조각상을 팔기만 해도 그 자체로 중죄였다. 장식에 활용하는 주제나 상징적인 표지, 또는 정치적이고 종교적인 경계가 그려진 큰 지도는 종교재판소가 의심하기에 좋은 대상이었다. 당시에 앤트워프Antwerp에서 뭔가를 인쇄하거나 출판하려면 용기가 있어야 했다.

메르카토르와 달리 오르텔리우스는 수학과 천문학을 배워 지도 제작을 한 것이 아니라 지도를 판매하다가 지도 제작에 몰두하게 되었다. 그는 20세에 이미 지도를 채색이나 금박으로 꾸몄고 이런 일을 하는 장인들의 길드에도 정식으로 가입했다. 오르텔리우스는 아버지가 세상을 떠난 후 어머니와 누이 2명을 부양하기 위해 상인이 되었다. 오르텔리우스가 지도를 사면 누이들은 리넨으로 꾸민 다음, 그는 지도에 채색을 해서 그 지도를 프랑크푸르트나 다른 몇몇 시장에서 팔곤 했다. 오르텔리우스는 장사가 점점 잘되면서 영국 제도, 독일, 이탈리아, 프랑스 등을 정기적으로 순회하여 지역별로 나오는 지도들을 구매하고 자신이 채색하고 장식한 지도들을 팔곤 했다. 이런 방식으로 오르텔리우스는 유럽의 모든 지역에서 당시의 가장 좋은 지도를 수집하여 앤트워프에 있는 본거지로 돌아갔다.

격동의 시대에 앤트워프의 상인들은 최근에 일어난 종교 문제와 왕조들 사이에 벌어진 전쟁의 상황들을 알려 주는 최신 지도들을 긴급하게 구해야 했다. 이런 지도들이 없었다면 가장 빠르고 위험이 적은 상품의 판로를 계획할 수가 없었기 때문이다. 그들 중 더욱 진취력 있는 아에기디우스 호프트만Aegidius Hooftman은 정보를 잘 입수하고 당시 유행하는 온갖 모양과 크기의 가장 좋은 해도와 지도들을 사무실에 수집하여 사업이 번창했다. 대형 지도들은 둥글게 말려 있어서 펼쳐야 사용할 수 있었고, 간편한 도시

계획도에 표시되어 있는 작은 활자의 지명은 거의 읽을 수가 없었다. 이런 잡다한 지도가 골칫거리라고 생각한 호프트만과 또 다른 상인 친구 1명은 오르텔리우스를 설득하여 일정한 크기의 가장 믿을 만한 지도들을 만들어 보게 했다. 그래서 선별된 지도는 모두 당시에 제지업자들이 가장 크게 만든, 약 28인치(약 72센티미터) 길이에 24인치(약 61센티미터) 폭으로 된 한 장의 종이 위에 인쇄되어야 했다. 그리고 또 이런 지도 30장은 한데 묶어 보관하고 사용하기 편리한 하나의 책처럼 만들 수 있었다.

오르텔리우스는 호프트만을 위해 이런 일을 했을 때 자신도 모르게 새로운 종류의 책, 최초의 근대식 지리학 지도책을 만들어 냈다. 이 일은 매우 좋은 발상이라고 여겼기 때문에 오르텔리우스는 일반 시장에 팔려고 이런 종류의 책들을 더 많이 모았다. 그는 친구 메르카토르의 도움으로 가장 좋은 지도들을 수집하고, 대축척 지도들을 자신의 표준 크기로 줄이고, 또 다른 친구인 크리스토프 플랑탱Christophe Plantin의 협력도 얻었다. 앤트워프에 있는 플랑탱의 인쇄소는 유럽에서 최상의 일을 하고 있었다. 오르텔리우스의 최초의 근대식 지도책 『세계의 무대Theatrum Orbis Terrarum』는 10년 동안의 노력 끝에 1570년 5월 20일 앤트워프에 있는 플랑탱의 인쇄소에서 출판되었다. 호프트만의 지도책보다 상당히 큰 『세계의 무대』는 이제 해설과 함께 53개의 동판 지도가 들어 있었다. 이 지도책의 새로운 특징은 편집자가 참고를 했거나 베낀 지도들의 저자 87명에게 감사의 뜻으로 그들의 이름 목록을 함께 실었다는 점이었다. 오르텔리우스는 어느 누구든 축적된 지식에 새로운 지식을 더할 수 있는 증보의 새로운 시대를 예고했다. 지도 제작자들은 자신들의 작품을 인정받기 위해 더 이상 프톨레마이오스의 작품이라고 할 필요가 없었다.

오르텔리우스의 지도책은 즉시 상업적인 성공을 거두었다. 3개월 후에 제2판이 출판되었고, 그런 다음 라틴어 원문이 네덜란드어, 독일어, 프랑스어, 스페인어, 이탈리아어, 영어 등으로 번역되었다. 오르텔리우스가 1598년에 세상을 떠났을 무렵에 그 지도책은 이미 28판이 출판되었으며, 1612년경에는 41판이 출판되었다. 명성과 부를 얻은 오르텔리우스는 유럽 곳곳을 다니며 당대의 주요 지리학자들에게 조언도 했다. 또한 그는 가톨릭 정통파로 증명된 후 스페인 왕 펠리페 2세의 지리학자로 임명되었다.

오르텔리우스는 팬들에게서 편지도 많이 받았다. 한 독자는 이렇게 심정을 토로했다. "오르텔리우스님, 나라와 민족과 우주에 영원한 빛을 더해 주는 당신은 미네르바의 가르침을 받았습니다… 당신은 미네르바가 가르쳐 준 지혜로 자연의 비밀을 밝혀내고, 또 어떻게 세상의 거대한 틀이 인간의 손과 노동으로, 그리고 왕들의 명령으로 무수한 소도시와 대도시로 장식되었는지를 알려 주었습니다… 이런 이유로 모든 사람들은 당신이 만든 『세계의 무대』를 하늘 높이 격찬하고 당신이 행복하기를 바랍니다." 메르카토르는 이렇게 직접 찬사를 보냈다. "자네는 저자들의 수고를 세심하고 우아하게 꾸며 주었으며, 지도 제작자들이 너무 변질시킨 지리학적 진리를 충실하게 만들어 내놓았네." 마침내 메르카토르는 오르텔리우스가 편리한 휴대용 책 1권에 지구 전체에 관한 최신의 가장 좋은 정보를 담아 적절한 가격으로 세상에 내놓았다고 표명했다. 오르텔리우스는 중개상과 찬미자들이 보낸 지도들을 추가하여 자신의 지도책을 늘 최신으로 유지했다.

오르텔리우스의 지도책 속표지에는 최초로 4개의 상징적인 인간의 형상이 나타나 있었는데, 각각은 이제 아메리카가 포함된 4개의 대륙을 하나씩 가리켰다. 프톨레마이오스 책의 속표지에는 물론 유럽과 아시아와 아프리카를 각각 상징하는 3개의 인간의 형상만 나타나 있었다. 이 책의 일반적인 배열을 보면, 맨 먼저 '세계의 형상Typus Orbis Terrarum'이라는 세계 지도, 다음에는 세상에 알려진 각각의 대륙에 관한 지도, 그 다음에는 여러 나라들과 지역들에 관한 특수한 지도들이 순서대로 실려 있었다. 프톨레마이오스나 민간전승에서 완전히 벗어나지 못한 오르텔리우스는 남극에서 뻗어 있는 프톨레마이오스의 전설 속의 남쪽 대륙과 물론 억제할 수 없는 프레스터 존의 왕국을 여전히 지도에 나타냈다. 그래도 오르텔리우스는 지도 제작자들과 모든 교양 있는 유럽인들을 프톨레마이오스 이론의 심한 오류에서 벗어나게 하는 데 큰 기여를 했다. 오르텔리우스는 독일에 있는 메르카토르에게 서신을 보내 프랜시스 드레이크 경이 탐험에 나섰다는 소식을 알려 주었고, 여기에 대한 답장으로 메르카토르는 영국도 아서 피트Arthur Pitt 선장을 파견하여 아시아의 북부 해안을 탐험하게 했다는 소식을 보내 주었다. 이렇듯 지도책은 지식의 추구를 점점 더 협력 사업으로 만들고 있었다.

이런 선도적인 지도 제작자, 지도 인쇄업자, 상인 등을 통해 콜럼버스, 베스푸치, 발보아, 마젤란 등의 발견이 일반 사람들에게 알려졌으며, 또 그런 발견으로 사람들의 삶이 바뀌게 되었다. 인쇄기가 등장하기 전 유럽에서는 지도 제작에 2가지 큰 전통이 있었다. 천지학자들은 궁전이나 도서관을 장식하려고 웅장한 작품을 만들었고, 해도 제작자들은 수로 안내인들에게 항해할 때 필요한 해안 안내서, 포르톨라노를 제공했다. 이제는 여러 크기와 가격으로 새로운 형식의 지도책이 출판되어 알고 싶어 하는 사람들 모두에게 지식을 제공할 수 있었다.

메르카토르는 가장 좋은 세계지도를 포함한 3권으로 된 지도책을 만들 계획을 했다. 그는 그중 2권을 출간하는 데 성공하고 1594년 세상을 떠났다. 그리고 마침내 1595년에 메르카토르의 아들 루몰드Rumold가 그 계획을 완성했다. 루몰드는 메르카토르가 이미 선정한 구식의 화려한 제목으로 『지도책, 또는 우주의 창조와 창조된 우주에 관한 천지학적 명상Atlas sive Cosmographicae meditationes de fabrica mundi et fabricati figura』이라는 책을 출간했다. 그리고 수년 내에 2절판으로 된 31판이 출판되었다. 오르텔리우스가 이미 지도책을 냈지만 이런 책이 '지도책Atlas'이라는 제목으로 출판되는 일은 처음이었다.

휴대용 시계가 나와서 누구든 세계의 시간을 알 수 있었듯이, 휴대용 지도책이 나와 수많은 사람들이 세계의 공간을 볼 수 있었다. 18세기 초반에 프랑스 왕 루이 15세Louis XV의 지리학자는 『여행자와 관리가 사용하기 위한 포켓형 지도책Atlas de Poche, à l'usage des voyageurs et des officiers』(암스테르담, 1734-1738년)의 서문에서 이렇게 불평했다. 2절판 지도책들은 "값이 비싸서 학자들은 대부분 구매할 수가 없다. 그 지도책들은 웅장하기 때문에… 말하자면 책장에 못으로 고정되어 대개는 매우 특이하게 제본되어 있다… 이런 지도책들은 유용한 도구로서가 아니라 장식물로서 도서관에 자리 잡고 있다… 그리고 이런 지도책들을 돈을 들여 사 놓고 그만한 가치의 이익을 얻지 못하는 개인들을 나는 잘 알고 있다." 2절판으로 된 세계지도책이 입증되자 비싸지 않은 휴대용 지도책들이 나타나기 시작했다. 메르카토르의 대형 지도책들은 '소형 지도책Atlas Minor'이라는 더 작은 형식으로 적어도 27판이 출판되었으며, 그중에는 터키어로 번역된 지도책도 있었다. 오르텔리우스의 『세계의 무대』는 얼마 후에 여러 언어로 30여 종류의 '축소형Epitomes'으로 출판되었다. 이에 관심을 둔 유럽인들은 이제 최신 세계지도책을 주머니에 넣고 다닐 수 있었다.

37

존재의 부정을 위한 발견

선원들이 손으로 그린 해도 대신에 인쇄된 해도를 쉽게 받아들이지 못하거나 새로운 대륙이 존재한다는 가능성을 쉽게 인정하지 못하는 선천적인 보수주의는 마찬가지로 선원들이 오랫동안 품었던 환상을 쉽게 버리지 못하게 했다. 아마도 그중에서 가장 흥미롭고 분명히 가장 오래 지속되고 있는 환상은 거대한 남부 대륙이 존재한다는 믿음이었다. 그런 믿음은 거대한 남부 대륙이 아직 발견되지 않았기 때문에 미화되고 있었으며, 또한 균형의 보편적인 애착에 부합했다. 지구가 구형이고 적도의 북쪽에 커다란 육지가 있다는 사실을 알고 있던 고대 그리스인들은 지구가 균형을 이루기 위해 남쪽에도 비슷한 규모의 육지가 있을 것이라고 확신했다. 서기 43년경에 라틴어로 쓰인 가장 오래된 지리학 책에서 폼포니우스 멜라Pomponius Mela는 남쪽 대륙이 매우 커서 실론섬이 그 북쪽 끝에 있다고 생각했다. 프톨레마이오스의 이론을 따른다고 알려진 지도들은 광대한 남극 대륙은 '프톨레마이오스의 주장에 따라 미지의 대륙'이라고 표시했다.

15세기 말에는 이 전설 속의 대륙이 아프리카에 붙어 있고 인도양을 큰 호수로 만들기 때문에 유럽에서 바다를 통해서는 전혀 도달할 수 없는 곳이라고 생각했다.

디아스가 희망봉을 돌아 인도양으로 가는 항로가 있다고 입증했을 때 남쪽 대륙은 지구의 일부에서 소외되어 있어야 했다. 그리고 마젤란이 그의 이름을 딴 마젤란 해협을 지나 마침내 태평양으로 나가는 길을 찾아냈을 때, 지도 제작자들은 여전히 남쪽에 있는 티에라델푸에고Tierra del Fuego가 전설 속 대륙의 북쪽 해안에 있다고 믿었다. 최초의 근대 지도책, 오르텔리우스의 『세계의 무대』에서도 남극 지역 전체는 '아직 발견되지 않은 남쪽 대륙Terra Australis nondum cognita'으로 덮여 있었다. 17세기의 유럽 지도들은 이 대륙을 다소 모호하게 정의하면서 적도 쪽으로 북쪽에 있다고 표시했다. 네덜란드 항해자, 빌렘 쇼우텐Willem Schouten(1580~1625년경)이 1616년에 케이프 혼을 돌아 항해를 한 후, 지도 제작자들은 다시 남쪽 대륙의 북부 지역을 탐험되지 않은 땅으로 바꿔 놓았다.

유럽의 태평양 탐험가들은 마르코 폴로가 로카치Lokach라고 칭한 먼 남쪽의 엘도라도Eldorado에 관한 이야기에 계속 기대를 품었다. 마르코 폴로는 그곳에 '금이 매우 풍부해서 직접 보지 못하면 아무도 믿지 못할 것이기' 때문에 만일 그곳이 더욱 가까운 곳에 있었더라면 쿠빌라이 칸이 그곳을 바로 정복했을 것이라고 말했다. 아메리카 대륙의 모습이 점점 드러나고 아프리카와 아시아의 윤곽이 더욱 뚜렷해지자, 서양의 지도 제작자들은 지구의 텅 빈 남극의 공간을 채울 상상력을 발휘했다.

유럽인들이 오스트레일리아와 뉴질랜드의 일부를 발견한 일은 그들이 찾으려는 대륙을 더 멀리 남쪽으로 밀어 놓았을 뿐이었다. 아마도 가장 위대한 네덜란드 항해자일 아벨 타스만Abel Tasman(1603-1659년)은 1642년에 네덜란드령 동인도 제도의 총독이었던 안톤 반 디멘Anton van Diemen에게 북부와 서부 해안은 이미 도달한 적이 있던 '커다란 남부 대륙'(오스트레일리아)을 탐험하라는 위임을 받았다. 타스만은 '좋은 기후와 맑은 하늘 아래 수많은 사람들이 살고 있는 지구에서 아직까지 알려지지 않은 부분'을 발견해야 했다. 그리고 '세상의 그 넓은 지역을 결국 발견하면… 물질적 이익과 영원한 명성이라는 결실로 보상을 받을 수 있었다.' 타스만은 이번 항해와 다음 항해로 오스트레일리아를 일주하고 그곳이 신화 속 남쪽 대륙의 일부가 아니라는 사실을 입증했다.

다음 세기에 영국 동인도 회사에 일하고 있던 한 스코틀랜드인 지리학자는 추측되고 있는 거대한 남쪽 대륙에 관해 집착을 보이고 최초로 가장 방대하고 상세한 이론을 펼쳤다. 성격이 침울하고 화를 잘 내는 알렉산더 댈림플Alexander Dalrymple(1737-1808년)은 바다와 조류의 해도를 작성하는 일을 했으며, 또한 1795년에 해군의 최초 수로 측량사가 되었다. 젊었을 때부터 콜럼버스와 마젤란을 영웅으로 여긴 알렉산더 댈림플은 그들 못지않게 자신도 대륙을 발견하려는 포부가 있었다. 그의 논문 "1764년 이전에 남태평양에서 이루어진 여러 발견에 관한 설명 Account of the Discoveries made in the South Pacifick Ocean, Previous to 1764"(1767년)은 '자연의 유사성과 과거의 발견에 관한 추론'을 논하면서 그 남쪽 대륙의 광대한 지역은 '북쪽의 육지와 균형을 이루기 위해 적도의 남쪽에 있으며, 또한 지구의 운동에 필요한 균형을 유지시키고 있다'고 설명했다. 적도에서 북위 50도까지는 대략 같은 크기의 육지와 바다 표면이 있지만 적도에서 남쪽으로 바라보면 그곳에서 발견되는 육지는 바다 표면의 8분의 1밖에 되지 않았다. 최남단 태평양을 항해한 과거의 탐험가들에 따르면, 그곳에는 일정하지 않은 바람이 불고 있는데, 그 의미는 근처에 커다란 육지가 있다는 징조였다. 따라서 알렉산 더 댈림플은 광대한 대륙이 그곳에 분명 있을 것이라고 자신 있게 결론을 내렸다. 그리고 적도에서 남쪽으로 50도까지 거의 해도에 표시되지 않은 지역은 분명 '동쪽의 터키에서 중국의 끝부분에 이르기까지 아시아의 모든 문명 지역보다 훨씬 큰' 육지일 것이라고 단언했다. 또한 이 육지는 겨우 200만 명의 거주민이 있어도 다루기 힘든 아메리카 식민지를 충분히 대신 할 수 있었다. 이 신대륙은 언젠가 5,000만 명의 거주민이 생길 것이고 '이 런 조사 목록을 세밀하게 살펴보면, 영국의 모든 제조업자와 배들을 이용 하여 영국의 힘과 영유권과 통치권을 유지하기에 충분하기 때문이었다.'

당시에 금성이 태양을 통과하는 현상이 1769년 6월 3일에 일어날 것이 라는 계산 결과가 있었다. (다른 세기에는 다시 일어나지 않는) 이런 현상을 지 구의 여러 지점에서 관찰한다면 지구와 태양 사이의 거리를 더욱 정확히 알아낼 수 있고, 또한 천문항법에도 더욱 개선된 자료를 얻을 수 있을 것 이라고 여겼다. 그래서 런던의 왕립학회는 타히티섬Tahiti에 원정대를 보낼 계획을 하고 있었다. 영국 정부는 이 계획이 아직 탐험되지 않은 태평양의 최남단 가장자리를 탐험할 새로운 노력이 되며, 또한 전설로 전해지는 커 다란 남쪽 대륙의 경계도 찾을 수 있는 기회로 보았다. 만일 그 남쪽 대륙 이 존재하지 않는다면 이번 원정은 전설 속의 커다란 남쪽 대륙을 완전히 떨쳐 버리게 할 것이다.

알렉산더 댈림플은 해도에 없는 남쪽 대륙에 관해 살아 있는 주요 권위 자라고 자부했기 때문에 이 원정대를 지휘하기를 바랐다. 그는 아직 30대 였지만 유능한 수학자였고 이미 왕립학회의 회원이었으며, 또한 스테어

Stair의 백작인 영향력 있는 스코틀랜드 가문의 후손이었다. 알렉산더 댈림플의 형, 헤일스 경Lord Hailes은 저명한 판사였고 존슨 박사Dr. Johnson의 친구였다. 해도에 없는 해역을 거쳐 '야만인들'이 사는 곳을 2년 동안 모험하는 여정은 주로 앉아서 지내는 학자들이나 야심찬 선장들에게는 해적의 시대에 근사한 일이 아닌 듯 보였다.

댈림플에게는 불행하게도, 당시의 영국 해군은 조지 앤슨 제독Lord George Anson(1697-1762년)의 광범위한 개혁으로 최근에 많이 개선되고 있었다. 앤슨 제독은 최근의 영국 해군의 승리에 많은 공을 세운 인물이었다. 또한 그는 민간 무장선을 지휘하며 4년 동안 역사적인 세계 일주 항해를 하다가 태평양으로 들어와 스페인의 재물이 실린 선박을 포획하여 40만 파운드의 이익을 올린 일도 있었다. 그리고 앤슨 제독은 해군의 지휘에 관한 새로운 전문 기준을 정해 놓았기 때문에 집안이 좋은 귀족을 임명하는 일은 더 이상 쉽지 않았다. 당시에 댈림플은 기질이나 체격으로도 지휘관 같은 매우 힘든 임무에는 부적합했다. 또한 댈림플은 태평양 제도와 관련된 문제를 서투르게 처리한 일로 영국 동인도 회사에서 해고당한 적이 있었고, 그 외에도 통풍이 심해 고통을 겪고 있었다. 영국 해군성의 에드워드 호크 경Lord Edward Hawke(1705-1781년)은 댈림플에게 민간인 관측자로 원정대에 참여하도록 기꺼이 허락해 주었다. 그러나 원정대의 지휘관이 되려면 해군 장교가 되어야 했다. 이에 댈림플은 혐오감을 느끼며 원정대에서 완전히 물러났다.

호크 경은 직위가 좋거나 부유하고 학식이 있는 사람들을 배제하고 통찰력 있게 제임스 쿡James Cook(1728-1779년)이라는 거의 알려지지 않은 하사관을 원정대 지휘관으로 선택했다. 스코틀랜드에서 요크셔로 정착한 이민 농장 노동자의 영리한 아들이었던 쿡은 '여성이 경영하는 사립 초급 학교dame school'에서 읽기, 쓰기, 산술 등의 기본 교육만 받았다. 그는 잡화점에서 일을 하면서 동해안을 오고 가는 선원들이나 선주들과 친분을 쌓았다. 쿡은 18세에 거친 북해에서 튼튼한 석탄 운반선인, 컬리어 바크collier-bark를 운영하는 한 지역 선주의 견습 선원으로 고용되었다. 쿡은 9년 동안 조악하게 그려진 해도를 보면서 예측할 수 없는 바람이 부는 해안을 다니며 일을 했다. 그는 수학에 타고난 소질이 있었기 때문에 여가 시간에 수학을 공부했다. 그러던 쿡은 숙련된 선원이 되었고 곧 석탄 운반선의 항해사가 되었다. 그는 북해에서 개인 선박을 운영하는 안전한 직업을 선택했을 수 있지만 모험을 선택했다. 처음으로 석탄 운반선을 지휘할 기회가 주어진 쿡은 그 일을 거절하고 대신에 1755년에 영국 해군에 전문 자격 갑판원으로 자원입대했다. 키가 크고 활력이 넘치는 쿡은 당당한 모습, 상냥한 성격, 해도에도 없는 해역을 헤쳐 나가는 기량 등으로 주목을 받았다. 7년 전쟁이 일어났을 때 쿡은 하사관으로 승진했다. 그는 세인트 로렌스St.Lawrence만의 까다로운 수로를 능숙한 솜씨로 측량하여 영국군이 퀘벡을 점령하여 최후의 승리를 거두는 데 기여했다.

전쟁이 끝나자 쿡은 뉴펀들랜드로 돌아가 해안을 측량하는 스쿠너schooner*를 지휘했고, 겨울에는 영국에서 자신의 해도를 개선하면서 지냈다. 그러던 쿡은 뉴펀들랜드에서 1766년에 있었던 일식을 관측하고 그 관측 결과로 런던의 왕립학회에 탐험 지원을 하여 신분 제한의 선례를 깨뜨렸다.

---

* 돛대가 2개 이상인 범선

영국의 해군성이 쿡을 타히티섬으로 향하는 원정대의 지휘관으로 임명한 사실은 놀랄 일이 아니다. 쿡은 아직 하사관이었지만 전투와 거친 바다에서 능력을 입증했고, 변덕스러운 해안을 능숙하게 측정했으며, 또한 천문 현상의 관측자로 능력과 호기심을 모두 갖추고 있었다. 쿡의 선택은, 나중에 밝혀졌듯이 선박의 선택이기도 했다. 해군성이 쿡의 조언에 따라 쿡이 북해에서 견습 선원으로 일했을 때 탔던 종류와 똑같은 땅딸막한 캣형cat-built*의 '휘트비 석탄 운반선Whitby collier'을 건조하도록 주문했기 때문이었다. 무게가 368톤, 길이 98피트(약 30미터), 선폭 29피트(9미터)로 이루어진 이 배는 수명이 4년으로 튼튼했으며, 선체의 우아함보다 선내의 넓고 견고한 특징을 위해 설계되었다. 까다로운 선원들은 이 배가 장식물이 없다고 계속 불평을 했다. 당시에 널리 유행하던 뱃머리에 부착되는 장식용 조각상이 없었기 때문이었다. 영국 해군의 원정대가 세계의 절반을 항해하게 될 배로는 너무 볼품없이 보였다!

1768년 5월에 제임스 쿡은 해군 대위로 진급했다. 그 석탄 운반선은 인데버Endeavour호라는 이름을 붙였고, 배 밑바닥의 외장 널판자에는 열대지방의 좀조개가 달라붙지 못하도록 못을 가득 박았으며, 또한 18개월 분량의 식량도 실었다. 린네Linnaeus와 서신으로 정보를 주고받는 존 엘리스John Ellis는 린네에게 조지프 뱅크스에 관해 이렇게 보고한 적이 있었다. "박물학을 연구할 목적으로 그렇게 물품을 잘 갖추거나 우아하게 바다에 나간 사람은 없었다." 조지프 뱅크스Joseph Banks(1743~1820년)는 이 항해에서 식물학과 동물학의 연구를 위해 상당한 기여를 한 사람이었다. 박물학을 후

• 배의 앞부분에 장식이 없고, 폭넓고 뭉툭한 선수를 가졌으며, 선미는 수직으로 절단된 모양

원하는 가장 저명한 영국인이었던 조지프 뱅크스는 이후 왕립학회의 회장(1778년)이 되었고, 과학자들의 새로운 공동체를 촉진시킬 여러 방법에 자신의 부를 사용했다. 그는 이후에 큐Kew에서 왕립식물원을 세웠고 세계 곳곳에 식물 탐험가들을 파견했다. 뱅크스가 원정대에 함께 데려간 주요 박물학자 다니엘 솔란데르Daniel Solander는 스웨덴의 박물학자 린네의 제자였다. 왕립학회는 타히티섬에서 관측할 때 필요한 과학 기구들을 공급했지만 배에는 아직 크로노미터chronometer*가 없었다. 앞서 살펴보았듯이, 영국의 해군성은 경도를 알아내는 항해용 시계를 1765년에 존 해리슨John Harrison에게 상으로 주었지만, 이번 원정대에는 아무것도 주지 않았다. 다시 말하면, 경도를 알아내기 위해서는 쿡이 그리니치 천문대에서 온 천문학자의 도움을 받아 복잡한 달 관측으로 계산하여 위치를 알아내야 한다는 의미였다. 쿡이 신중하게 함께 가져온 도표와 초기 탐험가들의 보고 자료 등의 도움으로 원정대는 놀라울 정도로 정확한 경도 위치를 계산 해 냈다.

인데버호는 1768년 8월 26일에 영국의 플리머스에서 출항했다. 전체 인원이 94명이었던 원정대는 마지막 순간에 조지프 뱅크스의 요청으로 '수행원 8명과 그들의 짐들'이 추가되었다. 그 수행원으로는 솔란데르를 제외하고 사무원 1명, 식물 학자이자 데생 화가 2명, 뱅크스 집안에서 보낸 하인 2명, 흑인 노예 2명으로 이루어져 있었고, 그 외에 그림 도구, 어망, '야만인들'에게 선물할 값싼 장신구, 표본을 보존할 화학 약품과 용기, 큰 사냥개 그레이하운드 2마리 등이 있었다. 좋은 날씨에 남서쪽으로 항

---

* 항해에서 배의 위치를 계산할 때 사용하는 정밀한 시계

해를 해서 마데이라섬을 지나 리우데자네이루를 거쳐 케이프 혼을 돌아간 쿡은 1769년 4월 10일에 타히티섬에 도착했고, 6월 3일에 있을 관측까지는 시간이 넉넉했다. 천체관측을 완수한 쿡은 이제 거대한 남쪽 대륙을 찾고, 어쩌면 존재하지 않는다는 사실을 확인하는 큰 비밀 임무에 착수했다.

부정적 발견에 성공한다는 것은, 다시 말해 신화 속의 실체가 존재하지 않는다는 사실을 확인하는 것은 알려져 있는 목표물을 찾는 데 성공하는 것보다 더욱 까다롭고 힘든 일이었다. 콜럼버스가 찾은 유럽에서 아시아로 가는 서쪽 항로는 알려져 있는 목표로 향하는 길이었다. 일본의 위도를 따라 서쪽으로 간 콜럼버스는 목적지에 도달했다고 계속 확신했다. 콜럼버스가 실패한 이유는 예상치 못한 대륙이 항해 도중에 나타났기 때문이었다. 그리고 결국 콜럼버스는 아시아로 향하는 우회의 서쪽 항로를 열어놓은 셈이었다. 거대한 남쪽 대륙의 존재와 정확한 위치가 전설 속에 존재하는 한, 쿡은 전혀 발견될 수 없다는 사실을 단언하기 전까지 존재할 가능성이 있는 모든 장소들을 샅샅이 찾아야 하고, 사실 지구를 일주하는 항해를 해야 했다.

제임스 쿡 선장은 끊임없는 활력, 조직 능력, 해도와 바다에 관한 방대한 지식, 다른 이들은 추구하려 하지 않는 용기와 정신력을 발휘하려는 인내심 등으로 세계의 가장 위대한 부정적 발견자가 될 자격이 있는 존재였다. 이 웅대하고 걷잡을 수 없는 탐험은 타히티섬에서 출발하면서 시작되었다. 쿡 이전에 그 지역을 항해한 탐험가들은 늘 순풍을 타고 서쪽과 서북서로 항해를 했지만 쿡은 남위 40도까지 전설 속의 남쪽 대륙을 찾아서 남쪽과 남서쪽으로 내려갔다. 그 지점에서도 육지를 찾지 못했던 쿡은 다시 서쪽으로 가다가 뉴질랜드를 만났고, 그 뒤 6개월 동안 북쪽과 남쪽의 여러 섬들의 해안을 2,400마일(약 3,862킬로미터)이나 항해를 하면서 해도를 작성했다. 부수적으로 쿡은 이곳에는 정말 섬들뿐이었고 남쪽 대륙과 전혀 연결되어 있지 않다는 사실을 확인했다. 이런 확인은 첫 단계였으나 댈림플의 단서들이 잘못되었다는 것을 입증하는 하나의 작은 일이기도 했다.

쿡은 자신이 왔던 동쪽으로 귀항할 것인지, 아니면 희망봉을 돌아 서쪽으로 귀항할 것인지를 선택해야 했다. 남쪽의 여름이 끝나가고 있었던 1770년 3월 말경에, 남극의 위도를 따라 동쪽으로 항해를 하는 것은 매우 힘들 듯 보였다. 그래서 쿡은 서쪽으로 가서 뉴홀랜드New Holland(오스트레일리아)의 동해안을 탐험한 다음, 동인도 제도로 가서 희망봉을 돌아 귀국하기로 결정했다. 이런 결정으로 쿡은 거대한 남쪽 대륙에 관한 더 많은 사실을 알아낼 기회를 잃었지만 뜻밖의 과학적인 성과를 올렸다. 쿡의 원정대는 오스트레일리아의 남동부 해안에서 스팅레이 항만Stingray Harbor를 발견했지만 뱅크스와 솔란데르와 그 외의 화가들은 그곳에서 유럽에 알려지지 않는 수많은 식물들을 보고 너무 기뻐서 그곳을 보터니만Botany Bay이라고 다시 이름을 붙였다. 그리하여 그곳은 박물학자들의 탐구가 전 세계에 대한 유럽의 전망을 얼마나 풍요롭게 하고 있었는지를 이 남태평양에서 생생하게 일깨워 주는 곳으로 남아 있다.

쿡의 원정대는 다음으로 발견한 해역을 그리 달가워하지 않았다. 그러나 오스트레일리아의 북동 해안을 따라 발달한 그레이트배리어리프Great Barrier Reef(세계 최대의 산호초)는 살아 있는 생물에 의해 만들어진 가장 커다란 생물 체계이다. 해안에서 10마일(약 16킬로미터) 내지 100마일(약 161킬로미터)까지 떨어진 거리에서 1,250마일(약 2,012킬로미터)의 길이로 뻗어 있는 이 산호초는 넓이가 8만 제곱마일(약 20만 7,199제곱킬로미터)에 이르며, 여러 색상의 산호충과 산호 조류로 가득하다. 그리고 적어도 350종류의 산호들은 2,500만 년 전에 만들어진 것이다. 20세기가 되면서 그레이트배리어리프는 매우 유명한 관광 명소가 되어 지금은 생존의 위협을 받고 있다. 쿡이 최초로 항해를 하기 전까지 그레이트배리어리프는 유럽인들에게 전혀 알려져 있지 않은 곳이었다.

옛 해도에는 오스트레일리아의 북동 해안이 해저의 융기나 모래톱이 많아서 위험한 곳으로 표시되어 있었지만 쿡은 이 해안을 잘 헤치고 나아갔다. 해안을 측량하면서 항해를 한 쿡은 해안이 보이는 거리 안에서 머물러야 했다. 그는 이곳을 알지 못했지만 6월에 그레이트배리어리프 안쪽에서 항해를 하고 있었다. 달빛이 비치는 어느 날 밤에, 쿡은 이 열대를 떠나기 전에 수심을 측정하는 측연수leadsman에서 바다의 깊이가 17패덤, 즉 100피트(약 30미터) 이상이라는 보고를 재확인했다. 그런데 갑자기 배의 용골이 산호초 위에서 날카로운 소리를 냈고, 결국 인데버호는 암초에 좌초되고 말았다. 침실에 있었던 쿡은 그대로 '속옷 차림으로' 서둘러 갑판 위로 올라왔다. 바닷물이 배의 짐칸으로 들어오기 시작하더니 곧 4피트(약 1미터)의 높이까지 차올랐다. 선원들은 배를 자유롭게 움직이게 하려고 닻을 끌어올리기 시작했고, 몇 개의 귀중한 대포를 포함하여 약 50톤이나 되는 바닥짐을 배 밖으로 던졌다. 배에 있던 귀족들도 배가 침몰되지 않도록 물을 퍼내야 했다. 만일 이 배가 튼튼한 휘트비 석탄 운반선이 아니었다면 틀림없이 침몰되고 말았을 것이다.

운과 용기와 기량과 함께 밀물이라는 행운 덕분에, 인데버호는 마침내 암초에서 빠져나왔다. 그러나 배가 해안에 도달하기 전에 침몰하지 않으려면 배의 용골에 뚫린 구멍을 막아야 했다. 한 선원이 예전에 탔던 배가 버지니아 해안에서 난파되었을 때 '돛에 뱃밥이나 낡은 밧줄을 채워 넣어 선체의 물이 새는 부분을 막는 방식'으로 구조된 일을 떠올렸다. 그런 방식을 시도하기로 결정한 쿡은 물이 차 있는 배의 밑바닥에 돛을 펼쳤다. 돛 위에는 양털이나 뱃밥oakum*으로 배의 틈을 메우고, 그 위를 밧줄 조각들이나 배에 실은 가축의 똥으로 덮었다. 그러고는 용골 주위로 펼쳐진 돛을 끈으로 묶어 사방으로 당겼을 때 표류물이 이음매로 빨려 들어올 수 있기를 바랐다. 다행히도, 암초의 커다란 산호초 조각들이 큰 구멍을 막아주었다. 이 방식은 그런 대로 효과가 있어서 인데버호는 물 위에 뜰 수 있었다. 그리고 근처의 강 하구까지 몰고 가서 해변으로 끌어올린 배는 거의 한 달 동안 수리되었다. 그 사이에 쿡과 선원들은 캥거루, 새, 거북, 조개, 물고기 등을 잡아먹으면서 열대에서 살아가는 법도 익혔다. 식량은 부족했지만 쿡은 계급과 상관없이 모든 사람들에게 평등하게 식량을 나눠 주었다.

쿡은 그곳에서 출발해 위험한 항해를 계속하여 오스트레일리아가 북쪽에서 뉴기니와 분리되어 있다는 사실을 확인했다. 그는 동인도 제도의 자바섬에 있는 바타비아Batavia로 간 다음, 희망봉을 돌아 1771년 7월 12일에 영국으로 돌아왔다. 쿡이 영국을 출발한 지 3년에서 한 달이 모자라는 기간이었다.

쿡이 자신의 업적을 실제적으로 평가를 한 능력은 위대한 항해자들 사

• 낡은 밧줄을 푼 것으로 배의 틈을 메우는 데 사용

이에 드문 일이었다. 그는 해군성에 이렇게 보고했다. "이번 항해의 발견은 성과가 크지 않지만 각하의 관심을 끌 가치는 클 것이라고 저는 생각합니다. 그리고 그렇게 말이 많던(어쩌면 존재하지 않을 수도 있는) 남쪽 대륙을 발견하는 데 실패했고, 또 발견하기를 간절히 바랐지만 이번 발견의 실패는 저의 책임이라고 생각하지 않습니다… 우리가 좌초하지 않는 행운이 있다면 다음 항해에서는 더 많은 성과를 거두리라 생각합니다. 어쨌든 이번 항해는 과거에 같은 이유로 남쪽 대양을 탐험한 항해들과 마찬가지로 완수되었다고 생각합니다." 쿡은 귀국하자마자 영국 왕 조지 3세George III를 알현하고 해군 중령으로 진급되었다.

쿡의 첫 항해에서 가장 큰 관심은 박물학자들이 수집한 풍부한 표본들이었다. 그래서 뱅크스는 또 다른 발견을 위해 항해를 나서야 한다고 강력히 권고하는 사람들 중 하나가 되었다. 그러나 안타깝게도 뱅크스는 다음 항해에는 동행에 제외되었다. 그가 솔란데르와 초상화가뿐만 아니라 데생화가 몇 명, 추가의 하인 몇 명, 호른 연주자 1명 등을 포함시켜 '수행원'을 8명에서 15명으로 늘리려고 했기 때문이었다. 그 외에도 뱅크스는 대형 동인도 무역선을 이용하기를 원했지만 쿡은 뱅크스의 과도한 요구를 충족시키지 않고 자신이 믿는 휘트비 석탄 운반선을 이용하기로 했다. 이에 화가 난 뱅크스는 자신의 수행원들을 데리고 아이슬란드로 떠나고 말았다.

쿡은 탐사선으로 새 휘트비 석탄 운반선 2척을 확보했다. 1척은 462톤의 레졸루션Resolution호이고 다른 1척은 340톤의 어드벤처Adventure호였는데, 모두 장비가 잘 갖춰졌고 유능한 선원들이 배치되었다. 쿡은 명성이 있고 박물학에 관한 저서도 출간한 독일인 학자 요한 라인홀트 포르스터Johann

Reinhold Forster(1729-1798년)와 그의 아들 게오르크Georg를 동행할 박물학자로 고용하고, 또 린네의 제자인 스웨덴인 안데르스 스파르만Anders Sparrman을 그 조수로 고용했다. 그리고 추가로 각 배에는 경도위원회Board of Longitude 소속의 천문학자가 1명씩 탑승했다. 이번 항해의 새로운 측면으로 경도를 측정하는 크로노미터 4개가 배에 설치되었다. 그중 존 해리슨John Harrison이 상으로 받은 견본을 본떠서 만든 크로노미터만 제대로 기능을 발휘했다. 쿡은 그 크로노미터를 '결코 실패하지 않는 우리의 안내자' 또는 '믿을 수 있는 친구'라고 칭했다.

이번 항해에서 쿡의 계획은 커다란 남쪽 대륙의 문제를 해결하는 데 완전히 집중되었다. 이 목적을 위해 항해는 지구를 완전히 일주하여 최남단의 갈 수 있는 위도까지 가야 했다. 그의 첫 항해 때는 케이프 혼을 경유하여 태평양으로 나왔다. 이번에 쿡은 방향을 바꾸어 희망봉을 지나 대서양으로 내려와 그가 갈 수 있는 최남단 위도까지 간 다음, 동쪽으로 남극 지역까지 가기로 했다. 만일 사람이 거주할 수 있는 지대로 연결되어 있는 남쪽 대륙이 실제로 있다면 쿡은 그곳을 놓칠 수 없을 것이다. 이 계획은 쿡이 10월 초까지 희망봉에 도달해야 했다. "이때가 한여름이었고…, 우세하게 부는 서풍을 타고 우리가 갈 수 있는 만큼 고위도 지역으로 동진할 수 있으며, 그 사이에 육지를 발견하지 못하면 여름이 다 가기 전에 케이프 혼으로 돌아 올 수 있는 충분한 시간이 있기 때문이었다." 그리고 태평양의 최남단 끝을 지나 남극 지역까지 이른 후 "만일 우리가 육지를 발견하지 못하면 북쪽으로 가서 이미 발견된 섬들을 찾아본 뒤…" 추측되고 있는 다른 섬들을 탐험하기 위하여 "무역풍을 타고 서쪽으로 다시 나갈" 시간이 있을 것이다. "그리하여 남쪽 바다에 관한 탐험은 끝이 날 것이다"

라고 그 계획은 결론을 맺었다. 쿡의 조언으로 작성된 이 항해에 관한 명령서는 커다란 남쪽 대륙이 존재하느냐, 존재하지 않느냐라는 2가지 가능성을 고려했다. 만일 쿡이 이 전설 속 남쪽 대륙의 일부분이라도 발견하면 그곳을 측량하여 영국의 영토라고 주장하고 거주민들에게 증표를 나누어 줄 예정이었다. 새로 발견된 섬들도 측량을 하고 영국의 영토로 내세울 예정이었다. 그러나 어쨌든 관리들이나 선원들은 이 항해에 관해 엄격히 비밀을 지키고 탐사선이 귀국하기 전에 모든 항해일지나 일기장은 압수되어야 했다.

1772년 7월 13일에 휘트비 석탄 운반선 2척을 이끌고 플리머스를 출항한 쿡의 원정대는 범선을 이용한 발견의 항해에서 역사상 가장 위대하고 분명히 가장 오랜 기간이 걸린 탐험을 했다. 쿡은 7만 마일(약 11만 2,654킬로미터) 이상을 항해했다. 그러나 이 항해는 또한 다른 의미에서 이전에 볼 수 없던 새로운 일이었다. 근대에 들어와 한 가지 탐색 목적으로 그처럼 긴 항해를 한 일은 없었다. 엘도라도를 찾으려는 것도 아니고, 금이나 은, 또는 귀중한 보석을 찾으려는 것도 아니며, 또 노예를 잡으려는 목적도 아니었다. 쿡의 첫 항해처럼, 초기의 원정대들은 먼 곳에서 천문 관측을 하려는 목적이 있었다. 디아스나 가마, 콜럼버스, 마젤란, 드레이크 등은 원하는 목적지로 가기 위한 가장 안전하거나 가장 빠른 항로를 찾거나, 또는 외국의 보물을 차지하기 위한 전략적 요충지를 찾기를 바랐다. 그러나 쿡은 근대의 회의적인 정신으로 주로 의문의 답을 찾으려고 탐험에 나섰다. 소문으로 전해지는 남쪽 대륙이 실제로 존재하는지를 확인하기 위해서였다.

쿡은 이 의문으로 우연히 사람이 가장 살기 힘든 지역으로 갔고, 이전까지 본 적이 없는 바다 풍경을 보았다. 남극은 북극에 비해 위험할 정도로 달랐기 때문이다. 쿡은 과도한 선천적인 추측이 수 세기 동안 이어져온 지역에서, 따뜻한 유럽에 사는 사람들은 믿을 수 없는 영원한 빙산의 새로운 모습을 밝혀냈다. 중세의 한 작품(중세에 아리스토텔레스에게 잘못된 책임을 돌리고 있는) 『식물에 관하여De vegetabilibus』에는 극지에서 태양이 1년의 절반을 계속해서 내리쬐고 태양이 절대로 수평선 아래로 넘어가지 않기 때문에 너무 뜨거워서 어떤 식물이나 동물도 생존할 수 없다고 주장했다.

그러나 실제로 남극의 여름은 4개월뿐이었으므로 쿡은 서둘러 그 기간을 최대한 활용했다. 레졸루션호와 어드벤처호는 1772년 11월 23일에 케이프타운을 떠나 남쪽으로 향하여 2주 내에 남극권(남위 66도 33분) 안에 들어갔다. 물론 북극의 바다는 자크 카르티에Jacques Cartier, 마틴 프로비셔Martin Frobisher, 헨리 허드슨Henry Hudson 등의 시대 이래로 2세기 동안 북서 항로를 찾고 있었던 유럽 선원들에게 잘 알려져 있었다. 북극 지대는 육지로 둘러싸인 얼어붙은 광대한 바다였다. 배는 얼음덩어리를 피하거나 헤쳐서 어떻게든 나아갈 수 있었다. 북극권 내의 극 주변에는 라플란드인Lapps, 그린란드인, 에스키모인 등이 살고 있는 넓은 지역이 있었다. 빌호잘무르 스테판슨Vilhjalmur Stefansson이 '친숙한 북극Friendly Arctic'이라고 칭한 곳은 오리, 거위, 연어, 게, 많은 물고기 등 먹을 수 있는 동물이 가득했다. 그러나 남극에는 먹을 수 있는 동물이 거의 없었고 에스키모인도 살지 않았다. 낭만적으로 묘사된 거대한 남쪽 대륙의 서투른 모방에 불과한 남극은 어떤 것은 산더미 같고, 또 어떤 것은 매우 작은 빙산으로 이루어진 얼어붙은 대륙이었다. 그리고 주변에는 거센 바람과 예측할 수 없는 거친 파도로 떠돌아다니는 작은 빙산들도 많았다. 쿡은 예기치 않은 일에 많이 단련되었지만 자신이 찾아낸 발견에 실망할 수밖에 없었다.

남극의 여름인 1월에 도착한 쿡과 선원들은 눈앞에 펼쳐진, 푸른빛이 도는 하얀색의 거대한 빙산의 아름다움에 압도되었다. 그들은 얼음덩어리 때문에 이동할 수 없을 때까지 계속 남쪽으로 갔다. 뚫고 들어갈 수 없는 빙산들이 쿡의 원정대를 향해 우두둑 우두둑 요란하게 울리며 굴러 떨어지고 있었다. 다행히 빙산의 충돌을 피했지만 지독한 강풍과 거센 파도를 만난 그들은 더 이상 안개를 헤치고 계속 나아갈 수 없었다. 어느 한 지점에서 쿡은 남극대륙의 75마일(약 121킬로미터) 이내까지 왔다고 생각했지만 확인할 수가 없었다. 그리고 해안이 있었을지라도 그 해안을 해도에 기록하기는 어려웠다. 그래서 쿡은 필사적으로 얼음덩어리에서 벗어나 북쪽으로 방향을 돌리고 다시 동쪽으로 향했다. 쿡의 배 2척은 안개 때문에 서로 헤어졌지만, 계획에 따라 남서부 뉴질랜드의 더스키만Dusky Bay에서 만나 그곳에서 남쪽의 겨울을 보냈다. 두 번째 남극해의 일주를 시도한 쿡의 원정대는 때로는 남극권의 아래쪽으로 내려가 동쪽과 남쪽 바다를 탐험했다. 그러나 달라진 일은 전혀 없었다. 1774년 1월 30일에 쿡의 원정대가 길을 막고 있는 얼음덩어리를 헤치고 멀리 빙산만 드러내는 안개 속을 뚫고 처음으로 가장 먼 남쪽까지 도달했을 때, 쿡은 그때의 일을 다음과 같이 일지에 기록했다.

이 빙원에서 우리는 97개의 크고 작은 빙산을 세었는데, 그 대부분이 엄청나게 거대했다… 나는 이 빙산 사이를 헤쳐 나가는 일이 불가능하다는 것이 아니라, 무작정 시도하는 것은 매우 위험한 일이라고 확실히 말하려는 것이다.

그리고 내 입장에 처하지 않으면 아무도 그 상황을 이해하지 못할 것이라고 확신한다. 내 포부는 이전의 다른 어떤 사람들보다 더 멀리 탐험을 하는 일이고, 또 그렇게 하는 일이 가능하다고 생각하지만, 이런 장애물에 부닥치는 일이 비통하다고 생각하지는 않는다. 그런 마음이 남극 지역의 항해에서 벗어날 수 없는 위험과 시련을 어느 정도 덜어 주었기 때문이다. 그래서 우리는 더 멀리 남쪽으로 1인치(약 2.5센티미터)도 갈 수 없었으므로 북쪽으로 방향을 바꾸어 앞으로 나갈 수밖에 없었다. 그때 우리가 있던 위치는 남위 71도 10분, 서경 106도 54분이었다.

쿡은 이듬해 겨울을 남태평양을 탐험하며 보냈고, 그곳에서 이스터섬 Easter Islands과 통가Tonga를 해도에 기록했고, 다시 남쪽의 고위도 지대로 동쪽을 향하기 전에 뉴칼레도니아New Caledonia를 발견했다. 쿡은 대서양의 희망봉으로 돌아가던 중에 사우스샌드위치 제도South Sandwich Islands와 사우스조지아South Georgia섬을 발견했다. 그는 출발한 지 3년 17일이 되던 1775년 7월 30일에 영국으로 돌아왔다.

쿡은 다시 일지에서 자신의 성과를 다음과 같이 요약했다.

이제 나는 고위도 지대의 남쪽 대양을 일주하면서 극지 주변과 항해를 할 수 없는 곳을 제외하고는 육지가 있을 만한 곳을 구석구석 다니며 항해를 했다. 나는 태평양의 열대 바다를 두 번 방문하여 예전에 발견한 섬들의 위치를 확정했을 뿐만 아니라 많은 새로운 섬들도 발견했다. 그리고 이 해역에서는 더 찾아볼 것이 없다는 생각이 든다. 따라서 나는 이 항해의 목적은 모든 면에서 거의 완수했고, 남반구는 충분히 탐험되었으며, 때로는 거의 2세기 동안 해양 강국들과 모든 시대의 지리학자들의 관심을 끌었던 남쪽 대륙을 찾는 일은 끝이 났다고 자부한다.

이 위대한 부정적 발견자는 아직도 발견되지 않은 탐색을 위해 아무 소득 없이 힘을 쏟아부었다.

영국의 해군성은 신화와 기대와 지리학이 관련된 미개척 분야에서 또 다른 관심이 집중된 임무를 쿡에게 맡겼다. 북서쪽의 항로는 실제로 있을까? 대서양에서 태평양으로 이어진 북쪽 항로에 관한 탐구는 아메리카 발견 이후 항해자들의 관심을 끌었다. 신화에 사로잡힌 태평양을 탐색한 쿡의 업적으로 왕립학회는 쿡이 태평양에서 이 문제를 해결할 사람이라는 사실을 인정했다. 쿡은 두 번째 항해에서 돌아온 지 1년도 안 되어 있을지(또는 없을지도) 모르는 북서쪽의 항로를 탐색하기 위해 다시 항해에 나섰다. 레졸루션호는 수리되었고 또 다른 휘트비 석탄 운반선인 디스커버리 Discovery호가 건조되었다. 쿡은 이 2척의 배를 이끌고 희망봉을 돌아 동쪽으로 항해하여 인도양을 횡단하고, 뉴질랜드의 두 섬 사이에 있는 쿡 해협 Cook Strait을 지나 아메리카의 북서 해안으로 갔다. 쿡은 베링해 Bering Sea를 지나 주변의 해안을 따라 탐색하고, 북극해의 얼음으로 뒤덮인 남쪽 경계 지역까지 살펴보았지만 성과가 없었다. 적어도 범선이 갈 수 있는 북서쪽 항로는 없었다. 쿡은 매우 힘든 탐색을 마치고 잠시 쉬려고 하와이로 돌아갔다. 그런데 남극의 얼음, 산호로 가득한 암초, 열대 폭풍 등을 이겨 내고 지난 몇 년 동안 계속된 항해에서 선원들을 잘 다뤄 온 용감한 쿡은 바로 250년 전에 마젤란이 필리핀 제도에서 안타깝게 사망한 것처럼, 하와이에서 영웅답지 못한 싸움을 한 끝에 최후를 맞았다. 쿡이 우호적인 관계를 유지하려고 매우 노력했던 폴리네시아인들이 배에서 떼어 낼 수 있는 물건은 무엇이든, 특히 쇠붙이에 대해 사람의 분노를 일으킬 정도로 지나친 욕심이 있었다. 그들은 단단한 돌을 단 막대기를 들고 물속으로 들어가서는 배 밑바닥의 널판자에 박아 넣은 긴 못들을 뽑아내기까지 했다. 그러다가 쿡의 큰 보트 1척이 도난당하자 쿡은 더 이상 참을 수가 없었다. 쿡은 그 보트를 되찾거나 인질을 잡으려고 무장한 경호원을 1명 데리고 육지로 들어갔다. 그러자 격분한 하와이 원주민들은 칼과 몽둥이를 들고 그를 공격하고는 바닷속으로 던져 버렸다.

쿡이 전성기에 훌륭하다고 인정받는 이유는 그가 항해하면서 이루어 낸 공적이 아니라 바다에서 선원들의 건강을 향상시키고 그들의 생명을 구하려고 했던 노력 때문이었다. 쿡은 오랜 대양 항해로 다른 어떤 탐험가들보다 선원들의 무서운 병이었던 괴혈병을 고치려고 무척 애를 썼다. 무기력과 빈혈, 잇몸의 출혈, 치아의 흔들림, 관절의 경직, 상처가 잘 아물지 않는 증상 등은 새뮤얼 테일러 콜리지Samuel Taylor Coleridge의 『늙은 선원의 노래The Rime of the Ancient Mariner』에 생생하게 묘사되어 있었다. 희망봉을 발견한 바스코 다 가마의 항해에서는 선원들 170명 중에서 100명이 괴혈병으로 죽었다고 한다. 스코틀랜드 출신의 해군 군의관, 제임스 린드James Lind (1716-1794년)는 감귤류의 과일이 괴혈병을 예방하고 치료할 수 있다는 사실을 입증했고, 1753년에 그 사실을 책으로 출간했다. 그러자 제임스 린드는 해군 인사 문제의 개혁으로 쿡의 항해를 가능하게 하는 데 도움을 주었던 앤슨 제독의 주목을 끌었다. 그러나 영국의 해군성은 제임스 린드의 입증을 실천으로 옮기는 일을 오랫동안 지연시켰기 때문에 사회학자들이 비판하는 관료주의적 무관심의 전형적인 사례가 되었다.

쿡은 분명 린드의 업적을 알지 못했지만 감귤류의 과일 등이 괴혈병을 예방하는 데 도움이 된다는 말을 들은 적이 있었다. 그래서 그는 신선한 과일과 야채 등으로 일부러 시험을 했다. 쿡은 규칙적으로 선원들의 손을 검사하여 배 안의 청결을 강요했고, 손이 더러운 선원들에게는 매일 먹는 그로그grog주(물 탄 럼주)를 주지 않는 벌을 주었다. 그러나 쿡은 아주 엄격한 사람은 아니었고 드물게 매질을 하는 정도의 행동만 보였다. 쿡은 사우어크라우트sauerkraut(소금에 절인 양배추), 마데이라 산의 양파와 같은 여러 야채, 야생 셀러리, 티에라델푸에고 산의 '양고추냉이속의 풀' 등을 비롯해 오렌지와 레몬과 그 즙으로 실험을 한 결과, 이 재료들이 괴혈병에 매우 효과가 있다는 사실을 알았다. 쿡은 첫 항해에서 사고와 여러 질병으로 선원들을 잃었지만 괴혈병으로 죽은 선원은 단 1명도 없었다. 그리고 두 번째 항해에도 마찬가지로 괴혈병으로 죽은 선원이 없다는 기록은 흥미롭게 남아 있었다. 두 번째 항해에서 돌아온 쿡은 1776년 2월 말에 왕립학회의 회원으로 선출되었고, 학회의 가장 영광스러운 코플리 메달Copley Medal을 받았다. 이 메달을 수여한 이유는 오랜 항해에서 선원들의 건강을 지켜준 쿡의 방식을 공로하기 위해서였다. 쿡은 일지에서 자신의 지도력에 관한 비유를 다음과 같이 기록했다.

처음에 선원들은 사우어크라우트를 먹으려 하지 않아서 내가 먼저 먹어 보았다. 나는 선원들이 먹지 않으려 한다는 사실을 전혀 알지 못했다. 그래서 이것을 매일 선실의 식탁에 놓아두게 하여 관리들에게 모두 예외 없이 먹게 하고, 선원들에게는 먹고 싶으면 먹고 그렇지 않으면 먹지 말도록 선택하게 했다.

그러나 이런 실천도 1주일을 넘기지 못했기 때문에 나는 그것을 먹는 사람에게 수당까지 주어야 한다고 생각했다. 선원들의 기질이나 성향은 일반적으로 그러하듯, 평소와 다른 색다른 것을 주면 그것이 아무리 그들을 위해 좋은 것이라 해도 그들에게 통하지 않고 그런 것을 처음 만든 사람에 관해 오히려 불평만 늘어놓으려고 한다. 그러나 상관들이 사우어크라우트를 가치 있게 여기자 그것은 즉시 세계에서 가장 훌륭한 음식이 되었고, 선원들은 그 음식의 발명자를 가장 정직한 사람이라고 여겼다.

참고 문헌

참고 문헌들은 내가 가장 가치 있다고 생각한 발견의 여러 길을 독자들이 살펴보는 데 도움이 될 것이다. 그와 동시에 나는 다른 학자들에게 큰 신세를 졌다는 사실을 밝혀두려고 한다. 이곳에 선별된 참고 문헌들은 대부분 도서가 잘 갖춰진 공공 도서관이나 대학 도서관에서 찾아볼 수 있는 저서들이다. 학술지의 전문적인 논문과 논설 중에는 상당수가 제외되었다. 워싱턴 D.C.의 미국 의회 도서관에 보관되어있는 원고 사본에는 내가 직접 인용한 주요 내용의 상세한 참고 문헌과 출처 자료 목록이 들어 있다. 다음에 나오는 참고 문헌들은 일반 참고 문헌을 제외하고 이 책의 장별 순서에 따라 나열되어 있다.

일반 참고 문헌

이 책을 저술하는 동안 내가 활용했던 백과사전을 비롯한 여러 사전은 선택한 주제들을 풀어 나갈 때 도움을 주었고 그와 동시에 탐구할 계획이 전혀 없었던 주제와 인물들까지 깊이 연구하게 했다. 집필 작업 후반에 내 손에 들어온 새로운 『브리태니커 백과사전』(*Encyclopaedia Britannica*, 15th ed., 1980)은 그 안에 실린 최신 참고 문헌들이 매우 유용했기 때문에 내게 눈이 휘둥그레질 정도로 기쁨이며 축복이었다. 나는 사전, 참고 도서, 일반 논문 등을 오랫동안 이용했지만 『브리태니커 백과사전』만 한 자료가 없다는 사실을 깨달았다. 따라서 변하기 쉬운 사상이나 난해하고 불확실한 사실을 추구하거나 확인하지 않아도 될 변명은 절대 있을 수 없다. 필수적이면서 더욱 전문적인 참고 문헌들 가운데 특히 다음 자료들이 큰 도움을 주었다. 획기적인 저서 『과학 전기 사전』(C. C. Gillispie, ed., *Dictionary of Scientific Biography*, 16 vols., 1970-

80), 『기술의 역사』(Charles Singer & others, eds., *History of Technology*, 5 vols., 1967; and Trevor L. Williams, ed., on the twentieth century, 2 vols., 1978), 『국제 사회과학 백과사전』(David L. Sills, ed., *The International Encyclopedia of the Social Sciences*, 17 vols., 1968), 이에 앞서 나왔으나 여전히 유용한 『사회과학 백과사전』(Edwin R. A. Seligman, ed., *The Encyclopaedia of the Social Sciences*, 15 vols., 1930–34), 『종교와 윤리학 백과사전』(James Hastings, ed., *Encyclopaedia of Religion and Ethics*, 12 vols., n.d.) 등이 있다. 미국과 영국 독자들을 위해서는 『옥스퍼드 영어사전』(James A. H. Murray & others, eds., *Oxford English Dictionary*, 13 vols., 1930)과 그 증보판(R. W. Burchfield, ed., 1972–)이 지식의 무한한 보고의 역할을 한다.

나는 경탄스러운 조지프 니덤의 모든 저서에서 큰 도움을 받았다. 특히 그의 최고의 저서 『중국의 과학과 문명』(Joseph Needham, *Science and Civilisation in China*, 8 vols., and more in progress, 1954–)뿐만 아니라 앞으로 제시할 보다 짧은 저작물들도 주목할 필요가 있다. 역사나 중국에 조금이라고 관심이 있는 사람들이라면 니덤이 현대에서 위대한 지성의 대사 역할을 해낸 학자라는 사실을 잊어서는 안 된다.

내가 다루고 있는 위대한 발견자들을 통해 밝혀진 주요 원전들은 대부분 훌륭하게 꾸며지고 편리하게 편집이 된 『서양의 위대한 저서들』(an Encyclopaedia Britannica publication, Robert Maynard Hutchins, ed., *Great Books of the Western World*, 54 vols., 1952)에서 찾아볼 수 있다.

유용한 연대기로는, 『세계사 백과사전』(William L. Langer, ed., *An Encyclopedia of World History*, 5th ed., 1968), 『현대 세계의 연대기』(Neville Williams, ed., *Chronology of the Modern World*, 1967), 『역사의 시간표』(Bernard Grun, ed., *The Timetables of History*, 1975) 등이 있다. 지리학에 관한 자료에는, 『타임스 세계사 지도』(Geoffrey Barraclough, ed., *The Times Atlas of World History*, 1978), 『새로운 케임브리지 현대사 지도』(H. C. Darby & others, eds., *The New Cambridge Modern History Atlas*, 1970), 그리고 간결하고 비싸지 않은 저서인 『펭귄 세계사 지도』(Hermann kinder & others, eds., *Penguin Atlas of World History*, 2 vols., 1974-78) 등이 있다.

역사학 학술지 『아이시스』(*Isis*), 중세 학술지 『스페쿨룸』(*Speculum*), 『사상사 저널』(*Journal of the History of Ideas*), 『미국 역사 비평』(*American Historical Review*)과 같은 학술지들은 수많은 공공 도서관과 교육기관의 도서관에서 찾아볼 수 있으며, 물론 특정 인물과 주제들을 연구할 때 탐구할 가치가 있다.

1편 시간

철학자들은 늘 시간 때문에 애를 태우며 신비롭고 이해하기 힘든 저작물을 만들어 내기도 했다. 하지만 위대한 역사가들은 시간을 하나의 개념으로 관심을 두지 않고 그 징후들을 이야기하는 데 만족해 왔다. 매우 흥미롭고 이해하기 쉬운 저서들은 다음과 같다. 여러 학문에서 시간의 의미를 살펴보고 있는, 프레이저의 『시간의 목소리들』(James T. Fraser, ed., *The Voices of Time*, 1966), 그리고 같은 저자의 『시간과 열정과 지식』(James T. Fraser, *Of Time, Passion and Knowledge*, 1975), 역사가의 견해를 담고 있는, 이니스의 『시간의 변화하는 개념들』(Harold A. Innis, *Changing Concepts of Time*, 1952), 문학의 관점에서 함축성이 있는, 루이스의 『시간과 서구인』(Wyndham Lewis, *Time and Western Man*, 1957), 게일의 『시간의 철학』(Richard M. Gale, *The Philosophy of Time*, 1968), 철학적 시간과 역사적 시간 사이의 출발점에 있는, 콜링우드의 『역사 이념』(R. G. Collingwood, *The Idea of History*, 1946) 등이 있다.

1부 하늘의 왕국

흥미로운 출발점으로 참고할 저서로는, 노이게바우어의 『고대의 정확한 과학』(O. Neugebauer, *The Exact Sciences in Antiquity*, 2d ed., 1969)과 사턴의 활기에 넘치는 비평서 『고대 과학과 현대 문명』(George Sarton, *Ancient Science and Modern Civilization*, 1954)이 있다. 조지 사턴의 뛰어나고 포괄적인 2권으로 된 연구서 『과학사』(*A History of Science*, 1952; 1959)는 고대 이집트와 메소포타미아에서 서력 기원의 초기까지 이르는 이야기를 담고 있다. 그 외 더욱 중요한 연구로 활용된 문헌으로는 콜슨의 『주일』(F. H. Colson, *The Week*, 1974), 닐슨의 『원시적 시간 계산』(Martin P. Nilsson, *Primitive Time-Reckoning*, 1920), 워드의 『시간 측정』(F. A. B. Ward, *Time Measurement*, 1958), 라이트의 『시계 인간』(Lawrence Wright, *Clockwork Man*, 1969), 후드의 『시간 측정 방법』(Peter Hood, *How Time Is Measured*, 1969), 어윈의 『365일』(Kenneth G. Irwin, *The 365 Days*, 1963) 등이 있다.

점성술에 관해서는 점성가들의 저술과 역사가들의 저술을 구별하기가 쉽지 않다. 유용한 일반적인 저서로는, 린지의 『점성술의 기원』(Jack Lindsay, *Origins of Astrology*, 1971), 매카프리의 『서양의 점성술과 그 역사와 영향』(Ellen McCaffery, *Astrology, Its History and Influence in the Western World*, 1970), 매킨토시의 『점성가들과 그들의 신조, 역사적 개요』(Christopher McIntosh, *The Astrologers and Their Creed, an Historical Outline*, 1969), 러셀의 『점성술과 예언』(Eric Russell, *Astrology and Prediction*, 1972), 그라우바드의 『점성술과 연금술』(Mark Graubard, *Astrology and Alchemy*, 1953) 등이 있다. 더 나은 접근 방법은 특정한 시간과 장소에서 확인되는 점성술의 놀라운 힘을 살펴보는 일이 될 것이다. 예컨대 커몬트의 작은 고전서 『그리스인과 로마인들의 점성술과 종교』(Franz Cumont, *Astrology and Religion among the Greeks and Romans*, 1912), 웨든의 『특히 영국의 점성술에 대한 중세의 사고방식』(Theodore O. Weden, *The Medieval Attitude toward Astrology, Particularly in England*, 1974), 보산켓의 『영국의 인쇄된 연감과 예언들』(Eustace F. Bosanquet, *English Printed Almanacks and Prognostications*, 1917), 앨런의 『불운한 르네상스』(Don Cameron Allen, *The Star-Crossed Renaissance*, 1966) 등이 있다. 믿기는 어렵지만 문서로 된 관련 증거가 많은 노스트라다무스 현상을 추적할 수 있는 자료로는, 레오니의 『노스트라다무스: 생애와 문학』(Edgar Leoni, *Nostradamus: Life and Literature*, 1961), 히틀러를 비롯한 나치 당원에 미친 노스트라다무스의 영향력을 나타낸 저서, 울의 『나는 나의 별들을 따른다』(Louis de Wohl, *I Follow my Stars*, 1937), 그리고 같은 저자의 『별과 전쟁과 평화』(Louis de Wohl, *Sterne, Krieg und Frieden*, 1951)가 있다. 그 외에도 울프의 『황도십이궁과 나치스의 만자 십자장』(Wilhelm Wulff, *Zodiac and Swastika*, 1973), 하우의 『제2차세계대전의 점성술과 심리전』(Ellic Howe, *Astrology and Psychologic Warfare During*

World War II, 1972) 등이 있다. 1947년 8월에 인도의 독립기념일과 시간을 정할 때 점성술이 미친 영향력은 『한밤의 자유』(Larry Collins & Dominique La Pierre, *Freedom at Midnight*, 1975)의 181, 196, 228, 341페이지에 잘 설명되어 있다. 지상에서 일어나는 사건들과 천문학의 관계를 다른 측면에서 담아낸 저서로는 스펜서 존스의 『시계의 역할을 하는 지구』(Harold Spencer Jones, *The Earth as a Clock*, 1939), 개스터의 『새해: 그 역사와 관습과 미신』(Theodor Gaster, *New Year: Its History, Customs, and Superstitions*, 1955), 프레이태그의 『베들레헴의 별: 참고 문헌 목록』(Ruth S. Freitag, *The Star of Bethlehem: A List of References*, Library of Congress, 1979) 등이 있다.

2부 태양에서 시계 안으로 들어온 시간

해시계는 과학적인 저작물보다 감성적인 저작물에 더 많은 영감을 주었지만, 근거가 확실한 사실들도 일부 찾아볼 수 있다. 예컨대 얼의 『어제의 해시계와 장미』(Alice Morse Earle, *Sun Dials and Roses of Yesterday*, 1902), 돌런의 『해시계의 선택』(Winthrop W. Dolan, *A Choice of Sundials*. 1975), 마셜의 『해시계』(Roy K. Marshall, *Sundials*, 1963) 등이 있다.

시계와 시계 제조에 관한 이야기는 시계 애호가와 수집가들의 흥미를 자극했을 뿐만 아니라 일부 훌륭한 과학 역사가들에게 도전 의식과 영감을 불어넣었다. 치폴라의 『시계와 문화: 1300~1700년』(Carlo M. Cipolla, *Clocks and Culture: 1300-1700*, 1967)를 읽고 나면 다른 서적에도 흥미를 가졌는데, 예컨대 로이드의 『수집가의 시계 사전』(H. Alan Lloyd, *The Collector's Dictionary of Clocks*, 1964), 벌린게임의 『독재자 시계: 시계의 5,000년 역사』(Roger Burlingame, *Dictator Clock: 5,000 Years of Telling Time*, 1966), 타일러의 『시계 제조공의 기술』(E. J. Tyler, *The Craft of the Clockmaker*, 1972), 모르푸르고의 『시계』(Enrico Morpurgo, *Gli Orologi*, 1966), 그리고 같은 저자의 『회중시계의 기원』(*L'Origine dell'Orologio Tascabile*, 1954)이 있다. 세밀한 내용으로 끝없는 즐거움을 안겨 주는 서적으로는, 베일리의 『괘종시계와 휴대용 시계, 역사적인 참고 문헌』(G. H. Baillie, *Clocks and Watches, An Historical Bibliography*, 1951), 브루턴의 『괘종시계와 휴대용 시계:1400~1900년』(Eric Bruton,

Clocks and Watches, 1400–1900, 1967), 칼의 『영국 시간』(Donald de Carle, *British Time*, 1947), 세신스키의 『옛 영국의 시계 제조 거장들과 시계, 1670–1820 년』(Herbert Cescinsky, *The Old English Master Clockmakers and their Clocks, 1670–1820*, 1938), 다우마스의 『17세기와 18세기의 과학 기구들』(Maurice Daumas, *Scientific Instruments of the Seventeenth and Eighteenth Centuries*, 1972), 에드 워즈의 『중세와 르네상스의 추동식 시계 장치』(Ernest L. Edwardes, *Weight-driven Chamber Clocks of the Middle Ages and Renaissance*, 1965), 실버버그의 『여러 시대별 시계 장치들: 과학자들은 과거의 날짜를 어떻게 매기는가?』(Robert Silverberg, *Clocks for the Ages: How Scientists Date the Past*, 1971), 우드버리의 『기어 절삭기의 역사』(Robert S. Woodbury, *History of the Gear-Cutting Machine*, 1958) 등 이 있다. 실비오 A. 베디니가 미국 철학학회의 간행물에 발표한 학술 논문과 논설들 이 시간 기록의 역사에서 소홀했던 일화들을 알려 주는 역할을 하고 있다. 예컨대 "시간의 향기: 동양 각국의 시간 측정을 위한 불과 향료의 사용법에 관한 연구"(Silvio A. Bedini, "The Scent of Time: A Study of the Use of Fire and Incense for Time Measurement in Oriental Countries", 1963)와 프랜시스 매디슨과 함께 저술한 "기계적인 우주: 지오반니 데 돈디의 천문시계"(Silvio A. Bedini & Francis Maddison, "Mechanical Universe: The Astrarium of Giovanni de' Dondi", 1966)가 있다.

이전 시대의 시간 측정법에 관해서는 최근 수십 년 동안 가장 활발하게 연구한 학자들이 마련해 놓은 즐거움을 마음껏 누릴 수 있다. 예컨대 헨리 프랭크포트의 『근동 문명의 탄생』(Henri Frankfort, *The Birth of Civilization in the Near East*, 1956)과 그가 다른 사람들과 함께 저술한 『고대인의 지적 모험』(Henri Frankfort & others, *The Intellectual Adventure of Ancient Man*, 1946)이 있다. 그 외에도 크레이머의 『수메르에서 역사가 시작된다』(Samuel N. Kramer, *History Begins at Sumer*, 1981), 콩트노의 『바빌로니아와 아시리아의 일상생활』(Georges Contenau, *Everyday Life in Babylon and Assyria*, 1954), 팔리스의 『바빌로니아의 아키투 축제』(Svend Pallis, *The Babylonian Akitu Festival*, 1926), 브리스테드의 『고대 이집트에서 이루어진 종교와 사상의 발달』(James H. Breasted, *Development of Religion and Thought in Ancient Egypt*, 1912), 윌슨의 『고대 이집트의 문화』(John A. Wilson, *The Culture of Ancient Egypt*, 1951)와 같은 저자의 『이집트의 짐』(John A. Wilson, *The Burden of Egypt*, 1951), 화이트의 『고대 이집트의 일상생활』(Jon M. White, *Everyday Life in Ancient Egypt*, 1973), 보우라의 『그리스의 경험』(C. M. Bowra, *The Greek Experience*, 1957), 카르코피노의 『고대 로마의 일상생활』(Jerome Carcopino, *Daily Life in Ancient Rome*, 1940), 나스르의 『이슬람교의 우주론 입문』(Seyyed Hossein Nasr, *An Introduction to Islamic Cosmological Doctrines*, 1978), 고프의 『중세의 시간과 노동과 문화』(Jacques Le Goff, *Time, Work, and Culture in the Middle Ages*, 1980), 베넷의 『영국 영주의 영지 생활』(H. S. Bennett, *Life on the English Manor*, 1974), 폰 하겐의 『고대의 태양 왕국들』(Victor W. von Hagen, *The Ancient Sun Kingdoms*, 1973), 포르티야의 『마야 사상의 시간과 현실』(Miguel Leon-Portilla, *Time and Reality in the Thought of the Maya*, 1973) 등이 있다.

전체적으로 역서와 역법에 관해서는, 맥도널드의 『연대기와 역법』(James C. MacDonald, *Chronologies and Calendars*, 1897), 리치먼드의 『시간 측정과 역서 제작』(Broughton Richmond, *Time Measurement and Calendar Construction*, 1956), 오닐의 『시간과 역서들』(W. M. O'Neil, *Time and the Calendars*, 1975), 윌슨의 『역법의 모험담』(P. W. Wilson, *The Romance of the Calendar*, 1937) 등이 있다. 구체적인 시기를 담고 있는 저서로는, 파커의 『고대 이집트의 역법들』(Richard A. Parker, *The Calendars of Ancient Egypt*, 1950), 메릿의 『아테네의 1년』(Benjamin D. Meritt, *The Athenian Year*, 1961), 미셸의 『로마 공화국의 역법』(Agnes K. Michels, *The Calendar of the Roman Republic*, 1967)이 있다.

휴대용 시계의 출현과 해상의 시간 측정에 관한 저서로는, 하우즈의 『그리니치 표준시와 경도의 발견』(Derek Howse, *Greenwich Time and the Discovery of the Longitude*, 1980)이 좋은 출발점이 될 것이다. 쿡 선장이 해리슨의 시계를 어떻게 활용했는지를 알고 싶다면 긴장감이 넘치는 비글홀의 저서 『제임스 쿡 선장의 생애』(J. C. Beaglehole, *Life of Captain James Cook*, 1974)와 8부에 나오는 다른 참고 문헌을 살펴보면 된다.

3부 선교사의 시계

유명한 선교사 마테오 리치에 관한 영문 저서 가운데 가장 이용하기 쉬운 문헌으로는 갤러거가 번역한 마테오 리치의 일기 『16세기의 중국: 마테오 리치의 일기 1583-1610년』(Louis L. Gallagher, *China in the Sixteenth Century: The Journals of Matthew Ricci: 1583-1610*, 1961)과 크로닌의 『서양에서 온 현자』(Vincent Cronin, *The Wise Man from the West*, 1961)가 있다. 마테오 리치에 관한 현대의 권위 있는 참고 문헌으로는 드엘리아의 『마테오 리치에 관한 원전 및 유럽과 중국 관계의 기원』(Pasquale d'Elia, *Documenti Originali Concernanti Matteo Ricci e la Storia delle Prime Relazioni tra l'Europa e la Cina*, 1949)과 『중국에서 이루어진 기독교 전파』(Pasquale d'Elia, *Storia dell'Introduzione del Cristianesimo in Cina*, 3 vols., 1949)가 있다. 마테오 리치가 활동했던 동방 세계에 관한 읽기 쉬운 입문서로는, 캐머런의 『야만인과 중국 고관』(Nigel Cameron, *Barbarians and Mandarins*, 1976)이 있다. 구체적으로 중국 배경을 담고 있는 저서로는, 니덤의 『하늘의 시계: 중세 중국의 위대한 천문시계-시계 역사의 잃어버린 고리』(Joseph Needham, Wang Ling, and Derek J. Price, *Heavenly Clockwork: the Great Astronomical Clocks of Medieval China—a Missing Link in Horological History*, 1960), 『중국과 서양의 관리와 장인』(Joseph Needham, *Clerks and Craftsmen in China and the West*, 1970), 『위대한 적정: 동양과 서양의 과학과 사회』(Joseph Needham, *The Grand Titration: Science and Society in East and West*, 1969), 블러드워스의 『거울에 비친 중국인의 모습』(Dennis Bloodworth, *The Chinese Looking Glass*, 1980), 보드의 『중국 문명론』(Derek Bodde, *Essays on Chinese Civilization*, 1981), 캐머런과 브레이크의 『북경: 세 도시 이야기』(Nigel Cameron & and Brian Brake, *Peking: A Tale of Three Cities*, 1965), 피츠제럴드의 『중국: 간략하게 기록한 문화사』(C. P. Fitzgerald, *China: A Short Cultural History*, 1976), 제르네의 『1250-1276년 몽골 침략 직전 중국의 일상생활』(Jacques Gernet, *Daily Life in China on the Eve of the Mongol Invasion, 1250-1276*, 1962), 리의 『늙지 않는 중국인들』(Dun J. Li, *The Ageless Chinese*, 1965), 나카야마와 시빈의 『중국 과학』(Shigeru Nakayama & Nathan Sivin, eds., *Chinese Science*, 1973), 스펜스의 『중국을 변화시키다: 1620

년에서 1960년까지 중국에서 활동한 서양의 고문들』(Jonathan Spence, *To Change China: Western Advisers in China 1620-1960*, 1969) 등이 있다. 기독교 선교사들에 관한 저서로는, 라토레트의 『중국의 기독교 선교의 역사』(Kenneth Scott Latourette, *A History of Christian Missions in China*, 1929)와 캐리 엘위스의 『중국과 십자가』(Columba Cary-Elwes, *China and the Cross*, 1956)가 있다. 더욱 넓은 아시아 맥락에서 다룬 저서로는, 나카무라의 『동방 사람들의 사고방식: 인도-중국-티베트-일본』(Hajime Nakamura, *Ways of Thinking of Eastern Peoples: India-China-Tibet-Japan*, 1964)과 라흐의 『유럽 확장 직전의 아시아』(Donald F. Lach & Carol Flaumenhaft, eds., *Asia on the Eve of Europe's Expansion*, 1965)가 있다.

2편 지구와 바다

4부 상상의 지리학

지리학자들은 매우 읽기 쉬운 일반적인 지리학 역사서를 저술해 왔다. 그 가운데 특히 주목할 만한 저서들로는 브라운의 『지도 이야기』(Lloyd A. Brown, *The Story of Maps*, 1949), 배그로의 『지도 제작의 역사』(Leo Bagrow, *History of Cartography*, 1964), 라이트의 『지리학 속 인간의 본성』(John Kirtland Wright, *Human Nature in Geography*, 1966), 그리고 테일러의 『지구의 형태와 크기와 운동에 관한 개념』(E. G. R. Taylor, *Ideas on the Shape, Size and Movements of the Earth*, 1943)이 있다. 4부의 주제와 뒤이어 나오는 주제들에 관한 저서로는 운 좋게도 생생한 일화와 원전의 방대한 인용을 담고 있는 비즐리의 『현대 지리학의 시작』(C. Raymond Beazley, *Dawn of Modern Geography*, 3 vols., 1949)이 있다. 고대의 지리학 신념과 신화에 관해 알고 싶다면 천문학의 보급에 힘쓴 프랑스 천문학자 카미유 플라마리옹(Camille Flammarion, 1842-1925)의 저서 『천체의 역사』(*History of the Heavens*)를 근거로 저술한 블레이크의 『천문학의 신화』(John F. Blake, *Astronomical Myths*, 1877)을 우선 읽어 보면 좋다. 다음으로 블리커의 『이집트의 축제: 종교 축제의 실행』(C. J. Bleeker, *Egyptian Festivals: Enactments of Religious Festivals*, 1967), 바바르의 『지

하 세계의 상징』(Jean Pierre Babard, *La Symbolique du monde souterrain*, 1973),
번버리의 『고대 지리학의 역사』(E. H. Bunbury, *A History of Ancient Geography*, 2
vols., 1879), 클리퍼드의 『가나안과 구약에 있는 우주의 산』(Richard J. Clifford, *The
Cosmic Mountain in Canaan and the Old Testament*, 1972), 커몬트의 『로마 이
교도의 내세』(Franz Cumont, *After Life in Roman Paganism*, 1922), 프레이저의 『황
금 가지』(Sir James G. Frazer, *The Golden Bough*, 1922년의 단권 간행물을 비롯한
이후의 수많은 판), 하이델의 『고대 그리스 지도의 틀』(William A. Heidel, *The Frame
of Ancient Greek Maps*, 1976), 지구에 관한 여러 견해를 유용하게 모아 놓은 켄튼의
『지구의 책』(Edna Kenton, *The Book of Earths*, 1928), 로즈의 『고대 세계의 지중해』
(John H. Rose, *The Mediterranean in the Ancient World*, 1969), 톰슨의 『고대 지
리학의 역사』(J. Oliver Thomson, *History of Ancient Geography*, 1965), 워밍턴의
『그리스의 지리학』(E. H. Warmington, *Greek Geography*, 1973) 등이 있다. 중세와
근대 초기의 지리학에 관한 저서로는, 브레하웁트의 『암흑시대의 백과사전 편집자, 세
비야의 이시도르』(Ernest Brehaupt, *An Encyclopedist of the Dark Ages, Isidore of
Seville*, 1964), 뒤비의 『대성당과 예술과 사회의 시대 980-1420년』(Georges Duby,
The Age of the Cathedrals, Art and Society 980-1420, 1981), 킴블의 『중세의 지리
학』(George H. T. Kimble, *Geography in the Middle Ages*, 1938), 린드버그의 『중
세의 과학』(David C. Lindberg. ed., *Science in the Middle Ages*, 1978), 테일러의 『중
세의 정신』(Henry Osborn Taylor, *The Mediaeval Mind*, 2 vols., 1930), 토인비의
『단테 알리기에리』(Paget Toynbee, *Dante Alighieri*, 1924), 라이트의 『십자군 원정
시대의 지리적 전설』(John Kirtland Wright, *The Geographical Lore of the Time of
the Crusades*, 1965) 등이 있다. 앞에서 언급한 조지프 니덤의 저서 이외에 중국을 더
알고 싶다면, 비트포겔의 『동양의 전제정치』(Karl A. Wittfogel, *Oriental Despotism*,
1957)와 리브레히트의 『13세기의 중국 수학』(Ulrich Librecht, *Chinese Mathematics
in the Thirteenth Century*, 1973)을 보면 된다. 4부의 주제에 관한 논문을 찾으려
면, 평론지 『세계의 모습: 초기 지도 제작에 관한 평론』(*Imago Mundi: A Review of
Early Cartography*, 1935년 네덜란드의 헤이그에서 Leo Bagrow가 창간)의 색인을
참고하면 된다.

신성한 산과 하늘로 올라가는 계단에 관해서는, 패럿의 『바벨탑』(Andre Parrot, *The Tower of Babel*, 1955), 파타이의 『고대 유대교의 신화와 의식에 나오는 인간과 신전』(Raphael Patai, *Man and Temple in Ancient Jewish Myth and Ritual*, 1967), 에드워즈의 『이집트의 피라미드』(I. E. S. Edwards, *The Pyramids of Egypt*, 1972), 미트라의 『불교의 기념물』(Debala Mitra, *Buddhist Monuments*, 1971), 모이니한의 『정원 같은 낙원: 페르시아와 무굴 인도에서』(Elizabeth B. Moynihan, *Paradise as a Garden: In Persia and Mughal India*, 1979), 루브리의 『거대한 성소』(Evrard de Rouvre, *Grands Sanctuaires*, 1960) 등이 있다.

5부 동양으로 향한 길

인간의 보편적인 현상인 순례를 가장 잘 보여 주는 입문서는 에크의 훌륭하고 멋진 『바라나시: 빛의 도시』(Diana L. Eck, *Banaras: City of Light*, 1982)이다. 유럽의 순례자와 순례 여행에 관한 저서로는 바크의 『중세의 기원』(William C. Bark, *Origins of the Medieval World*, 1960), 볼팅의 『네 명의 순례자들』(William Boulting, *Four Pilgrims*, 1920), 가드너의 『초서의 생애와 시대』(John Gardner, *The Life and Times of Chaucer*, 1977), 베라 및 헬무트 홀의 『중세의 위대한 순례: 콤포스텔라의 성 야곱으로 가는 길』(Vera & Hellmut Hall, *The Great Pilgrimage of the Middle Ages: The Road to St. James of Compostela*, 1966), 쥐스랑의 『중세 영국의 유랑 생활』(J. J. Jusserand, *English Wayfaring Life in the Middle Ages*, 1950), 켄달의 『중세의 순례자들』(Alan Kendall, *Medieval Pilgrims*, 1970), 켄드릭의 『스페인의 성 야곱』(Thomas D. Kendrick, *St. James in Spain*, 1960), 웨더레드의 『순례 여행의 네 가지 길』(Herbert N. Wethered, *The Four Paths of Pilgrimage*, 1947) 등이 있다.

순례자들의 여정을 담은 원전을 살펴보려면, 아서 뉴턴의 『중세의 여행과 여행자들』(Arthur P. Newton, ed., *Travel and Travellers of the Middle Ages*, 1968)과 팔레스타인 순례자들의 원전 협회의 출판물(Publications of the Palestine Pilgrims' Text Society)을 읽어 보면 된다. 다른 지역 순례자들의 사례를 확인할 수 있는 저서로는 앞에서 언급한 에크의 『바라나시: 빛의 도시』 외에도 『오랜 여정: 모든 시대, 모든 종교의 순례자들』(Pierre Cabanne, *Les longs cheminements: les pèlerinages de tous les temps et de toutes les croyances*, 1958), 『서기 400년과 518년, 중국에서 인도로 간 불교 순례자 법현과 송운의 여행기』(Samuel Beal. trans., *Travels of Fah-hian and Sung-yun, Buddhist Pilgrims from China to India A.D. 400 and A.D. 518*, 1964), 『메카를 향한 순례』(Maurice Gaudefroy-Demombynes, *Le Pèlerinage à la Mekke*, 1923), 『일본의 순례』(Oliver Statler, *Japanese Pilgrimage*, 1983) 등이 있다.

십자군 원정은 현대 사학자들의 서술과 분석 재능을 불러일으켰다. 예컨대 완전히 마음을 사로잡는 저서 런시먼의 『십자군 원정의 역사』(Steven Runciman, *History of the Crusades*, 3 vols., 1971)는 낭만적으로 묘사하지 않고도 십자군 원정을 극적으로 잘 표현하고 있다. 십자군 원정에 대한 여러 태도를 간결하게 조사한 저서는 브런디지의 『십자군 원정: 동기와 업적』(James A. Brundage, ed., *The Crusades: Motives and Achievements*, 1964)이며, 좀 더 깊이 탐구한 저서는 바커의 『십자군 원정』(Ernest Barker, *The Crusades*, 1971)이며, 흥미를 불러일으키는 저서로는 아티야의 『십자군 원정과 상업과 문화』(Aziz S. Atiya, *Crusades, Commerce and Culture*, 1962)와 『중세 후기의 십자군 원정』(The Crusade in the Later Middle Ages, 1970), 그리고 세턴의 여러 권으로 된 『십자군 원정의 역사』(Kenneth M. Setton, ed., *History of the Crusades*, 1969-)가 있다. 쉽게 읽을 수 있는 십자군의 회고록은 프랭크 마르치알레 경(Sir Frank Marziale)의 서문이 붙어 있는 빌아르두앵과 드 주앵빌의 『십자군 원정의 회고록』(Villehardouin & De Joinville, *Memoirs of the Crusades*, 1955)이다. 먼 과거의 구어체를 그대로 살리려고 애쓴 고전적인 사례 연구는 먼로의 "1095년 클레르몽에서 이루어진 교황 우르바누스 2세의 연설"(Dana C. Munro, "The Speech of Pope Urban II at Clermont," 1095, *The American Historical Review*, vol. II, 1906, pp. 231-42)이 있다.

몽골족에 관한 이야기를 다룬 영어 저서들은 드물지만 생동감이 있고 전반적으로 호의적이지 않은 문헌들이다. 예컨대 피셸의 『이븐 할둔과 티무르』(Walter J. Fischel, Ibn Khaldun & Tamerlane, 1952), 그루세의 『세계의 정복자』(René Grousset, *Conqueror of the World*, 1966), 하이시히의 『잃어버린 문명: 몽골족의 발견』(Walther Heissig, *A Lost Civilization: The Mongols Discovered*, 1966), 램의 『티무르』(Harold Lamb, *Tamerlane*, 1928), 스풀러의 『13세기와 14세기의 동서양 기록을 바탕으로 한

몽골족의 역사』(Bertold Spuler, *History of the Mongols: Based on Eastern and Western Accounts of the Thirteenth and Fourteenth Centuries*, 1972), 올슈키의 『기욤 부셰: 몽골의 궁정에서 활약한 프랑스 화가』(Leonardo Olschki, *Guillaume Boucher: A French Artist at the Court of the Khans*, 1946), 우레의 『티무르의 흔적』 (John Ure, *The Trail of Tamerlane*, 1980) 등이 있다.

동방으로 떠난 여행자들의 흔적을 확인해 보면 정확한 사실보다 상상으로 그려낸 기록들이 더 많을 것이다. 윌리엄 루브릭의 이야기는 해클루트 협회(Hakluyt Society) 에서 발행된 책(두 번째 시리즈, 4호, 1900년)에서 볼 수 있고, 크라우스(Kraus)가 다시 출판했다(1967). 크라우스는 또한 해클루트 협회에서 발행(두 번째 시리즈, 1호, 1953년)된 『맨더빌 여행기』(Mandeville's Travels)를 다시 출판(1967)하기도 했다. 그리고 맨너빌의 『사제 오도리쿠스의 일기와 기사 존 맨더빌 경의 항해 및 육상 여행기』 (Sir John Mandeville, *The Voiage and Travayle of Syr John Mandeville Knight, with The Journall of Frier Odoricus*, Dutton, 1928)도 있다. 다음으로, 불가사의한 위조자들과 사기꾼들에 관한 이야기를 알아보려면, 베넷의 『존 맨더빌 경의 재발견』 (Josephine W. Bennett, *The Rediscovery of Sir John Mandeville*, 1954), 실버버그 의 『프레스터 존의 왕국』(Robert Silverberg, *The Realm of Prester John*, 1972), 슬레사레프의 『프레스터 존: 그의 서신과 전설』(Vsevolod Slessarev, *Prester John: The Letter and the Legend*, 1959)을 읽어 보면 된다.

마르코 폴로의 여행기는 다행히 비싸지 않은 수많은 출판물이 나와 있어서 누구나 그 여행기의 즐거움을 맛볼 수 있다. 영어 저서의 표준판은 율의 『마르코 폴로의 책』(Col. Sir Henry Yule, *The Book of Ser Marco Polo*, 2 vols., 3d ed., 1903)이지만, 코르디에의 『마르코 폴로』(Henri Cordier, *Ser Marco Polo*)와 『여행기』(Henri Cordier, *The Travels*, Penguin Books, 1967)도 읽어 보면 좋다. 율은 또한 해클루트 협회를 위한 다른 관련 있는 문서들을 "중국과 그곳으로 향하는 길"(Cathay and the Way Thither)이라는 제목으로 편집해 왔고, 그 협회의 간행물 제1권(1866)에 실은 그의 글 '희망봉 항로를 발견하기 이전의 중국과 서양 제국의 교류에 관한 소론 (Preliminary Essay on the Intercourse between China and the Western Nations previous to the Discovery of the Cape Route)'은 찾아서 읽어 볼 만한 가치가 있다.

마르코 폴로의 여정을 따라 20세기에 여행한 사람들의 생생한 이야기로는 쇼어의『마르코 폴로의 뒤를 따라서』(Jean Bowie Shor, *After You Marco Polo*, 1955)가 있다.

더 넓은 범위의 이야기를 원한다면 역사적으로 대단하고 의미가 있는 라흐의『유럽 형성 과정의 아시아』(Donald F. Lach, *Asia in the Making of Europe*, 5 vols., 1965-77)를 읽어야 한다.

6부 세계의 항해

해양사 역사가들은 흔히 열렬한 선원들이었으며, 항해 역사에 관한 문헌에 특별한 생기를 불어넣어 왔다. 이러한 근거로 또한 그들의 저술은 해양의 우위를 위한 세계적인 투쟁에서 강력한 무기가 되었다. 예컨대 벡의『선원 역사가: 새뮤얼 엘리엇 모리슨의 걸작』(Emily M. Beck, *Sailor Historian: The Best of Samuel Eliot Morison*, 1977)이 있다. 모리슨이 콜럼버스와 스페인 선원들을 찬미하는 유창한 표현을 사용했듯이 아르만도 코르테상은 유창하고 뛰어난 식견으로『바스코 다 가마의 신비』(Armando Cortesão, *The Mystery of Vasco da Gama*, 1973)에서 포르투갈인 바스코 다 가마를 옹호한다. 더욱 긴 안목으로 살펴볼 수 있는 저서로는, 캐슨의『고대 세계의 배와 선원 생활』(Lionel Casson, *Ships and Seamanship in the Ancient World*, 1971)과 캐시디의『그들을 둘러싼 바다: 서기 1250년의 대서양』(Vincent H. Cassidy, *The Sea Around Them: The Atlantic Ocean, A.D. 1250*, 1968)이 있다. 충분한 삽화까지 포함된 선박 건조물의 입문서로는, 랜드스트롬의『배』(Björn Landström, *The Ship*, 1961)가 있다. 감사하게도 도버 출판사(Dover Publications)는 중요한 문헌을 비싸지 않은 출판물로 제공하고 있는데, 예컨대 노르덴스키욀드의『복사판 지도: 15세기와 16세기에 인쇄된 가장 중요한 지도의 복사본을 비롯한 지도 제작의 초기 역사에 이르기까지』(A. E. Nordenskiöld, *Facsimile-Atlas: to the Early History of Cartography with Reproductions of the Most Important Maps Printed in the XV and XVI Centuries*, 1973)가 있다.

프톨레마이오스에 관해서는 거의 알려지지 않았으므로 그의 전기가 없지만, 스티븐슨의『클라우디오스 프톨레마이오스의 지리학』(E. L. Stevenson, ed. & trans., *The Geography of Claudius Ptolemy*, 1932)을 읽어 보면 된다. 프톨레마이오스의 사상과 그가 만든 지도의 운명에 관한 원천을 살펴보려면, 프레이저의 『프톨레마이오스의 알렉산드리아』(Peter M. Fraser, *Ptolemaic Alexandria*, 1972)와 왈저의 『중세 유럽에서 이루어진 아랍인들의 그리스 사상 전파』(R. Walzer, *Arabic Transmission of Greek Thought in Medieval Europe*, 1945)가 있다.

포르투갈을 더욱 넓은 맥락에서 살펴보려면, 복서의 간결하고 읽기 쉬운 『포르투갈 해상 제국, 1415-1825년』(C. R. Boxer, *The Portuguese Seaborne Empire, 1415-1825*, Penguin Books, 1969), 코르테상의 『엔리케 시대의 포르투갈 팽창』(Jaime Cortesão, *A Expansão Dos Portugueses No Periodo Henriquino*, n.d.), 리버모어의 『새로운 포르투갈 역사』(H. V. Livermore, *A New History of Portugal*, 1969), 프레스티지의 『포르투갈의 개척자들』(Edgar Prestage, *The Portuguese Pioneers*, 1967) 등이 있다. 엔리케 왕자에 관한 저서로는, 비즐리의 『항해자 엔리케 왕자』(C. Raymond Beazley, *Prince Henry the Navigator*, 1895), 브래드퍼드의 『북쪽에서 불어오는 바람: 항해자 엔리케의 생애』(E. D. S. Bradford, *A Wind from the North : The Life of Henry the Navigator*, 1960), 메이저의 『포르투갈의 엔리케 왕자의 생애』(Richard H. Major, *The Life of Prince Henry of Portugal*, 1868; 1967) 등이 있다. 6부의 표준 자료가 되는 저서는 주라라의 『기니의 발견과 정복에 관한 연대기』(Gomes Eannes de Zurara, *The Chronicles of the Discovery and Conquest of Guinea*)이며 해클루트 협회가 발행한 출판물(C. Raymond Beazley & Edgar Prestage, eds. & trans., 1896)로 이용할 수 있다. 바스코 다 가마에 관한 저서로는, 하트의 『인도로 향하는 해로』(Henry H. Hart, *Sea Route to the Indies*, 1950), 제인의 『바스코 다 가마와 후계자들, 1460-1580년』(K. G. Jayne, *Vasco da Gama and his Successors, 1460-1580*, 1910), 해클루트 협회가 발행한 출판물인 『바스코 다 가마의 첫 번째 항해, 1497-1499년의 일지』(E. G. Ravenstein, ed. & trans., *A Journal of the First Voyage of Vasco da Gama, 1497-1499*, n.d.), 코레이아의 『바스코 다 가마의 세 차례 항해와 통치령』(Gaspar Correa, *The Three Voyages of Vasco da Gama and his Viceroyalty*, Henry D. J. Stanley, ed. & trans., 1869) 등이 있다.

포르투갈인들은 위대한 발견의 시대에서 그들의 자부심과 영광을 포르투갈의 호메로스, 루이스 데 카모앙스(Luis de Camoëns, 1524?-1580)의 시집 『루시아즈』

(*The Lusiads*)의 시구로 들려준다. 카모앙스의 시집은 윌리엄 C. 앳킨슨(William C. Atkinson)의 훌륭한 번역본(펭귄판, 1973)으로 나와 있고, 하트의 『루이스 데 카모앙스와 루시아즈의 서사시』(Henry H. Hart, *Luis de Camoëns and the Epic of the Lusiads*, 1962)로 더욱 빛을 발하고 있다. 이런 이야기와 관련하여 아랍인들의 역할 (긍정적이고 부정적인 측면 모두)을 흥미롭게 소개한 저서는, 피렌의 『무함마드와 샤를마뉴』(Henri Pirenne's *Mohammed and Charlemagne*, 1956)이다. 이 저서는 지중해를 둘러싼 이슬람 세력권에 초기 근대 역사의 결정적인 역할을 부여하면서 폭넓은 논란을 불러일으키고 있다. 그 외에도 후라니의 뛰어난 저서 『고대와 중세 초기에 이루어진 아랍인들의 인도양 항해 생활』(George F. Hourani, *Arab Seafaring in the Indian Ocean in Ancient and Early Medieval Times*, 1951)이 있다. 더욱 넓은 맥락으로 살펴보려면, 베르케의 『아랍인들』(Jacques Berque, *The Arabs*, 1964), 루이스의 『역사 속의 아랍인들』(Bernard Lewis, *The Arabs in History*, 1964), 메이어의 『이슬람의 천문관측기 사용자들과 그 저작물』(I. A. Mayer, *Islamic Astrolabists and Their Works*, 1956) 등을 참고하면 좋다.

해상 활동에서 중국의 역할을 살펴보려면, 조지프 니덤의 앞서 언급한 저서 이외에도 『전통 중국의 과학』(Joseph Needham, *Science in Traditional China*, 1981), 『위대한 적정: 동양과 서양의 과학과 사회』(Joseph Needham, *The Grand Titration: Science and Society in East and West*, 1969), 『사면의 바다에 둘러싸여: 동양과 서양의 대화』(Joseph Needham, *Within the Four Seas: The Dialogue of East and West*, 1969)가 있다. 그 외에도 나카무라의 『동방 사람들의 사고방식: 인도-중국-티베트-일본』, 피츠제럴드의 『중국: 간략하게 기록한 문화사』와 『중국인의 세계에 대한 위상 의식』(*The Chinese View of Their Place in the World*, 1971), 굿리치의 『중국인들에 관한 간략한 역사』(L. Carrington Goodrich, *A Short History of the Chinese People*, 1958), 그라넷의 『중국의 문명』(Marcel Granet, *Chinese Civilization*, 1951), 그루세의 『중국 제국의 발흥과 웅장함』(Rene Grousset, *The Rise and Splendour of the Chinese Empire*, 1958), 허드슨의 『초기에서 1800년까지의 유럽과 중국의 관계 연구』(G. F. Hudson, *Europe and China: A Survey of their Relations from the Earliest Times to 1800*, 1931), 그리고 레벤슨의 훌륭한 자료집 『유럽 팽창과 아시아

의 반대 사례, 1300-1600년』(Joseph R. Levenson, ed., *European Expansion and the Counter-Example of Asia, 1300-1600*, 1967)을 참고하면 된다.

6부의 장별 주제와 관련하여 특별히 관심을 끄는 저서는 뒤벤다크의 『중국의 아프리카 발견』(J. J. L. Duyvendak, *China's Discovery of Africa*, 1949)이다.

중국 역사에서 환관의 역할을 알고 싶다면, 그라넷의 『중국의 사회학 연구』(Marcel Granet, *Etudes sociologiques sur la Chine*, 1953)와 미타무라의 『중국의 환관들』(Taisuke Mitamura, *Chinese Eunuchs*, 1970)을 참고하면 된다.

7부 아메리카의 경이로움

참고 문헌으로 우선, 엘리엇의 간결한 『구세계와 신세계, 1492-1650년』(J. H. Elliott, *The Old World and the New, 1492-1650*, 1970), 또는 모리슨의 홍미로운 저서 『유럽의 아메리카 발견: 북쪽의 항해, 서기 500-1600년』(Samuel Eliot Morison, *The European Discovery of America: The Northern Voyages, A.D. 500-1600*, 1971), 그리고 소여의 『바이킹 시대』(P. H. Sawyer, *The Age of the Vikings*, 2d ed., 1972)로 시작하면 좋다. 아메리카의 바이킹에 관해서는, 엔터라인의 『바이킹의 아메리카』(James R. Enterline, *Viking America*, 1974), 피셔의 『고대 스칸디나비아인들의 아메리카 발견… 그들의 초기 지도 제작법』(Joseph Fischer, *The Discoveries of the Norsemen in America . . . their Early Cartographical Representation*, 1970), 개손 하디의 『고대 스칸디나비아의 아메리카 발견자들: 와인랜드의 전설』(G. M. Gathorne-Hardy, *The Norse Discoverers of America: The Wineland Sagas*, 1921), 존스의 『고대 스칸디나비아인들의 대서양 전설… 아이슬란드 발견 항해와 정착』(Gwyn Jones, *The Norse Atlantic Saga . . . the Norse Voyages of Discovery and Settlement to Iceland*, 1964) 등이 있다. 바이킹에 관해서는, 브룀스테드의 『바이킹족』(Johannes Brøndsted, *The Vikings*, 1973), 존스의 『바이킹족의 역사』(Gwyn Jones, *A History of the Vikings*, 1973), 클린트 옌센의 『바이킹족의 세계』(Ole Klindt-Jensen, *The World of the Vikings*, 1970), 레스브리지의 『목동과 은둔자들; 북극해의 켈트족 항해자들』(T. C. Lethbridge, *Herdsmen and Hermits: Celtic Seafarers in the Northern Sea*, 1950), 윌슨과 푸트의 『바이킹의 업적』(David M.

Wilson and Peter G. Foote, *The Viking Achievement*, 1970), 올슨의 『고대 스칸디나비아인들과 콜럼버스와 캐벗, 985-1503년』(Julius E. Olson, ed., *The Northmen, Columbus and Cabot, 985-1503*, 1906)(이 저서는 원문 14-66페이지의 '붉은 에이리크'와 특별히 관련이 있다), 그리고 시외볼의 『오세베르크의 발견과 다른 바이킹 선박 발견』(Thorleif Sjøvold, *The Oseberg Find, and other Viking Ship Finds*, 1976)을 참고하면 된다. 그 외에도 관련 있는 논문들은 대부분 『항해자의 거울: 해양연구학회 계간지』(*The Mariner's Mirror: The Quarterly Journal of the Society for Nautical Research*)의 색인에서 찾을 수 있다.

고대 스칸디나비아인들의 전설은, 스투를루손의 『헤임스크링글라: 고대 스칸디나비아 왕들의 전설』(Snorri Sturluson, *Heimskringla: Sagas of the Norse Kings*, Samuel Lang trans., 1961), 비그푸손과 포웰의 『코르푸스 포에티쿰 보레알레: 고대 스칸디나비아어 시집』(Gudbrund Vigfusson & F. York Powell, *Corpus Poeticum Boreale: the Poetry of the Old Northern Tongue*, 2 vols., 1883), 그리고 특별한 즐거움을 주는 『운문 에다』(Paul Taylor & W. H. Auden, trans., *The Elder Edda*, 1969)에서 확인할 수 있다. 구대륙에서 노르만족이 이루어 낸 역할은, 하스킨스의 두 편의 훌륭한 소론 『노르만족의 제도』(Charles Homer Haskins, *Norman Institutions*, 1967)와 『유럽 역사 속의 노르만족』(Charles Homer Haskins, *The Normans in European History*, 1959)에 잘 나타나 있다.

일반 독자들이 항해 기술 및 과학의 역사를 읽기 쉽도록 소개하는 저서는 테일러의 『안식처를 찾는 기술: 오디세우스에서 쿡 선장에 이르는 항해의 역사』(E. G. R. Taylor, *The Haven-Finding Art: A History of Navigation from Odysseus to Captain Cook*, 1956)이고, 여기에 지식이 더욱 보충되는 저서로는 워터스의 『엘리자베스 시대와 초기 스튜어트 시대의 영국 항해술』(David W. Waters, *The Art of Navigation in England in Elizabethan and Early Stuart Times*, 1958), 히친스와 메이의 『천연 자석에서 자이로컴퍼스까지』(H. L. Hitchins & W. E. May, *From Lodestone to Gyro-Compass*, 1953), 그리고 레인의 매우 귀중한 논문 "나침반 발명의 경제적 의미"(Frederic C. Lane, "The Economic Meaning of the Invention of the Compass," *American Historical Review*, vol. 68 (1963), pp. 605-17)가 있다.

글래드윈의 『동양은 한 마리 큰 새: 풀루와트 환상 산호섬의 항해와 논리』(Thomas Gladwin, *East Is a Big Bird: Navigation and Logic on Puluwat Atoll*, 1970)는 일부 항해자들이 나침반 없이 대양에서 길을 찾는 방법을 잠시 경험할 수 있는 흥미를 선사하고 있다.

콜럼버스의 생애는 제2차세계대전의 해군 역사가 새뮤얼 엘리엇 모리슨(1887-1976)을 통해 생생한 이야기로 만들어졌다. 그는 콜럼버스의 대양 횡단 경험을 재현하기 위해 당시의 배와 똑같이 만들고, 장비와 인원을 그대로 배치하여 항해하는 수고를 들였다. 모리슨은 평생 바다에 큰 애착을 두었기 때문에 그의 저작물은 세부 사항까지 정확했고 콜럼버스를 옹호하는 태도는 과학적이라는 느낌이 들었다. 관련 저서로는 모리슨의 『대양의 제독』(Samuel Eliot Morison, *Admiral of the Ocean Sea*, 2 vols., 1942)과 이 저서를 1권으로 줄여 놓은 요약본(1942), 그리고 그 저서를 더욱 요약한 『항해자, 크리스토퍼 콜럼버스』(*Christopher Columbus, Mariner*, 1955)가 있다. 또한 모리슨의 『유럽의 아메리카 발견』(Samuel Eliot Morison, *European Discovery of America*, 2 vols., 1971; 1974)은 추가로 보아야 할 흥미로운 보고와 같고, 『15세기 포르투갈인의 아메리카 항해』(*Portuguese Voyages to America in the Fifteenth Century*, 1965)도 읽어 보면 좋다. 콜럼버스에 관한 다른 견해들(유럽의 거의 모든 국가와 종교에서 내세우는 주장들)을 알 수 있는 본보기로는 마다리아가의 『크리스토퍼 콜럼버스』(Salvador de Madariaga, *Christopher Columbus*, 1967)와 『아들 페르디난드가 말하는 크리스토퍼 콜럼버스 제독의 일생』(Fernando Colón, *The Life of the Admiral Christopher Columbus by His Son Ferdinand*, Benjamin Keen, trans., 1959)이 있다. 더 넓은 맥락에서 살펴보고 싶으면, 카스트로의 『스페인 역사의 구조』(Américo Castro, *The Structure of Spanish History*, 1954)가 유용하다. 콜럼버스의 지리학 지식에 관해서는, 넌의 『콜럼버스의 지리학 개념들』(George E. Nunn, *The Geographical Conceptions of Columbus*, 1977), 다이의 『세계의 모습』(Pierre d'Ailly, *Ymago Mundi*, 3 vols., 1930), 앙히에라의 『신세계에 관하여』(Peter Martyr D'Anghera, *De Orbe Novo*, Francis A. MacNutt, trans., 2 vols., 1912) 등을 참고하면 된다.

베스푸치와 신대륙의 명명에 관해서는, 아르시니에가스의 『아메리고와 신세계:

아메리고 베스푸치의 생애와 시대』(Germán Arciniegas, *Amerigo and the New World: The Life and Times of Amerigo Vespucci*, 1955), 폴의 『수석 수로 안내인: 아메리고 베스푸치』(Frederick J. Pohl, *Amerigo Vespucci, Pilot Major*, 1966), 대처의 『아메리카 대륙: 그 발견과 세례』(John B. Thacher, *The Continent of America: Its Discovery and Baptism*, 1896), 비네라스의 『남아메리카의 발견과 안달루시아로 가는 항해』(Louis-André Vigneras, *The Discovery of South America and the Andalusian Voyages*, 1976), 휘태커의 『서반구 개념: 그 흥망성쇠』(Arthur P. Whitaker, *The Western Hemisphere Idea: Its Rise and Decline*, 1954), 『세계 지도 입문: 아메리고 베스푸치의 네 차례 항해와 그 자료의 영문 번역과 발트제뮐러가 1507년에 작성한 2개의 세계지도』(Martin Waldseemüller, *The Cosmographiae Introductio: Followed by the Four Voyages of Amerigo Vespucci, and their translation into English: to which are added Waldseemüller's Two World Maps of 1507*, U.S. Catholic Historical Society, 1907) 등이 있다. 베스푸치와 그 외의 사람들이 목격한 사실(혹은 목격했다고 전해지는 사실)과 그 결과에 관해서는, 키아펠리의 『아메리카의 첫인상들: 구세계에 대한 신세계의 영향』(Fredi Chiappelli, ed., *First Images of America: The Impact of the New World on the Old*, 2 vols., 1976), 아렌스의 『식인 신화』(W. Arens, *The Man-Eating Myth*, 1979), 엥스트랜드의 『18세기 신세계 원정의 스페인 과학자들』(Iris H. W. Engstrand, *Spanish Scientists in the New World, the Eighteenth-Century Expeditions*, 1981) 등이 도움이 된다.

8부 모든 곳으로 이어지는 바닷길

이 주제의 가장 좋은 입문서는 패리의 『바다의 발견』(J. H. Parry, *The Discovery of the Sea*, 1974)이고, 다음으로 피가페타의 『마젤란의 항해, 첫 번째 세계 일주의 서사적 기록』(Antonio Pigafetta, *Magellan's Voyage, a Narrative Account of the First Circumnavigation*, R. A. Skelton, trans., & ed., 2 vols., 1969)이 있다. 마젤란에 관해서는, 길레마드의 『페르디난드 마젤란의 생애와 첫 번째 세계 일주』(F. H. H. Guillemard, *The Life of Ferdinand Magellan, and the First Circumnavigation of the Globe*, 1890; 1971), 벤슨의 『페르디난드 마젤란』(E. F. Benson, *Ferdinand*

Magellan, 1929), 파르의 『페르디난드 마젤란, 세계 일주 항해자』(Charles McK. Parr, *Ferdinand Magellan, Circumnavigator*, 1964) 등을 읽어 보면 좋다.

발견의 시대와 그 영향에서 오늘날 우리의 위치를 확인하게 해 주는 저서들은 많이 있다. 그 읽기 쉬운 저서들로는, 패리의 『유럽의 정찰: 선별된 문서』(J. H. Parry, ed., *The European Reconnaissance: Selected Documents*, 1968)와 『무역과 지배: 18세기의 유럽 해외 제국들』(*Trade and Dominion: The European Overseas Empires in the Eighteenth Century*, 1971), 치폴라의 함축성을 담고 있는 저서 『1400-1700년 유럽 팽창 초반의 대포와 범선들』(Carlo M. Cipolla, *Guns and Sails in the Early Phase of European Expansion, 1400-1700*, 1965), 메이그스의 『선원 이야기』(John F. Meigs, *The Story of the Seaman*, 1924), 아서 뉴턴의 『위대한 발견의 시대』(Arthur P. Newton, ed., *The Great Age of Discovery*, 1932), 펜로즈의 『1420-1620년의 르네상스 시대에 이루어진 여행과 발견』(Boies Penrose, *Travel and Discovery in the Renaissance 1420-1620*, 1962), 퀸의 『1000-1612년경의 북아메리카 발견』(David B. Quinn, ed., *North American Discovery, circa 1000-1612*, 1971), 스카멜의 『포위된 세계: 800-1650년경의 유럽 최초의 해상 제국들』(G. V. Scammell, *The World Encompassed: The First European Maritime Empires, c. 800-1650*, 1981), 사이크스의 『탐험의 역사』(Sir Percy Sykes, *A History of Exploration*, 1961), 라이트의 『황금과 영광과 복음: 르네상스 탐험가들의 모험이 가득한 생애와 시대』(Louis B. Wright, *Gold, Glory, and the Gospel: The Adventurous Lives and Times of the Renaissance Explorers*, 1970) 등이 있다. 당대에 풍부했던 영국의 해양 문헌들을 소개하는 저서로는 파크스의 『리처드 해클루트와 영국의 항해』(George B. Parks, *Richard Hakluyt and the English Voyages*, 1930)가 있다.

프랜시스 드레이크 경의 최신 자료를 이용한 생생한 전기는 윌슨의 『포위된 세계: 프랜시스 드레이크와 위대한 항해』(Derek Wilson, *The World Encompassed: Francis Drake and His Great Voyage*, 1977)로 확인할 수 있다. 그 외에도 프랜시스 드레이크 경의 『포위된 세계와 당대의 상황과 유사한 문서들』(Sir Francis Drake, *The World Encompassed, and analogous contemporary documents*, Richard C. Temple, ed., 1969), 로이드의 『프랜시스 드레이크 경』(Christopher Lloyd, *Sir*

Francis Drake, 1957), 윌리엄슨의 『드레이크의 시대』(James A. Williamson, *The Age of Drake*, 1960)를 참고하면 된다. 드레이크의 생애가 밝혀 주듯이, 그 시대에는 교역과 해적 행위와 탐험 사이의 경계가 거의 분명하지 않았다. 관련 저서로는, 오메로드의 『고대 세계의 해적 행위』(Henry A. Ormerod, *Piracy in the Ancient World*, 1967), 카스의 『해적의 시대』(Robert Carse, *The Age of Piracy*, 1965), 고스의 『해적의 역사』(Philip Gosse, *The History of Piracy*, 1968), 포터의 『역사와 법률과 정치 분야에서 살펴본 해상의 자유』(Pitman B. Potter, *The Freedom of the Seas in History, Law, and Politics*, 1924) 등이 있다.

지도 제작의 역사는 과학과 예술의 갈림길에 있는 분야로 일반 독자들을 유혹할 정도로 문헌의 분량이 방대하다. 먼저 입문서로 보면 좋을 저서로는, 윌포드의 『지도 제작자들』(John N. Wilford, *The Mapmakers*, 1981), 크론의 『지도와 지도 제작자들』(J. C. C. Crone, *Maps and Their Makers*, 1968), 또는 스로어의 『문화와 문명과 관련된 지도와 인간과… 지도 제작』(Norman J. W. Thrower, *Maps and Man . . . Cartography in Relation to Culture and Civilization*, 1972)가 있고, 다음으로 리스토우의 훌륭한 저서 『지도 제작의 역사 안내서』(Walter W. Ristow, *Guide to the History of Cartography*, 1973)를 읽어 보면 좋다. 그 외에도 지도 제작 기술에 관해서는, 그린후드의 『지도 제작』(David Greenhood, *Mapping*, 1951), 리스토우의 『지도와 지도책에 관한 논문집』(Walter W. Ristow, *A la Carte: Selected Papers on Maps and Atlases*, 1972), 스켈턴의 『지도: 그 연구와 수집에 관한 역사적인 조사』(R. A. Skelton, *Maps: A Historical Survey of their Study and Collecting*, 1975), 우드워드의 『지도 인쇄의 500년 기간』(David Woodward, ed., *Five Centuries of Map Printing*, 1975), 스티븐슨의 『포르톨라노 해도』(Edward L. Stevenson, *Portolan Charts*, 1911), 노르덴스키월드의 『주항기』(A. E. Nordenskiöld, *Periplus*, 1897) 등의 문헌이 있다. 비행기가 지도 제작자의 관점을 어떻게 바꾸었으며, 또한 이 사실이 제2차세계대전에 어떤 의미를 부여했는가를 살펴보려면, 해리슨의 『세계를 살펴보라』(Richard Edes Harrison, *Look at the World*, 1944)를 읽어 보면 좋다. 특별히 관련 있는 저서로는, 노르덴스키월드의 『복사판 지도』(Nordenskiöld, *Facsimile Atlas*, Dover reprint, 1973) 이외에도 로버츠의 『발견의 지도책』(Gail Roberts, *Atlas of Discovery*, 1973), 레이츠의 『세계 지리의 지도책』(Erwin Raisz, *Atlas of Global Geography*, 1944), 그리고 스티븐슨의 없어서는 안 될 『지구와 천구들』(Edward L. Stevenson, *Terrestrial and Celestial Globes*, 2 vols., 1921)이 있다. 그 외에도 관련된 무수한 논문들은 발견의 역사 국제회의(Congresso Internacional de Historia dos Descobrimentos)의 회보뿐만 아니라 발견의 역사학회(Society for the History of Discoveries)의 연보 『미지의 영역』(*Terrae Incognitae*)의 색인에서 찾아볼 수 있다.

뉴질랜드의 역사가 비글홀은 전기 문학이나 해상 모험을 좋아하는 사람이라면 꼭 읽어 보아야 할 대작 『제임스 쿡 선장의 생애』를 선사했다. 그는 또한 해클루트 협회를 위해 『발견의 항해 중에 쓴 제임스 쿡 선장의 일기』(*The Journals of Captain James Cook on His Voyages of Discovery*, 4 vols., 1955-1967)와 『조지프 뱅크스의 인데버호 일기, 1768년에서 1771년까지』(*The Endeavour Journal of Joseph Banks*, 1768-1771, 2 vols., 1962)를 편집했다. 읽기 쉽고 짧은 전기는 빌리어스의 『제임스 쿡 선장』(Alan J. Villiers, *Captain James Cook*, 1967)이 있는데, 저자는 "인데버호와 크게 다르지 않은 완전 장비를 갖춘 배를 타고 가능한 범위 안에서 쿡 선장의 항로를 그대로 따라 세계 일주를 한 인물이었다." 태평양 탐험과 서양의 정착지에 관한 웅장한 사건에서 쿡의 위상을 알고 싶다면, 『태평양 탐험』(J. C. Beaglehole, *The Exploration of the Pacific*, 3d ed., 1966), 무어헤드의 짧고 극적인 『치명적인 영향: 남태평양 침략 1767-1840년』(Alan Moorehead, *The Fatal Impact: The Invasion of the South Pacific, 1767-1840*, 1966), 코너와 밀러의 『뛰어난 항해자: 제임스 쿡 선장과 태평양의 원주민들』(Daniel Conner and Lorainne Miller, *Master Mariner: Capt. James Cook and the Peoples of the Pacific*, 1978) 등을 참고하면 된다. 피셔와 존스턴의 『제임스 쿡 선장과 그 시대』(Robin Fisher & Hugh Johnston, eds., *Captain James Cook and His Times*, 1979)는 쿡이 행한 여러 나쁜 일 가운데에도 '제국주의'의 선발대였다고 주장하는 수정론자들의 소론을 종합하고 있다. 또한 '남쪽의 땅(Terra Australis)'과 그 범위와 이동에 관한 환상을 지도로 그려 놓은 유용한 자료는 로버츠의 『발견의 지도책』 제10장에서 확인할 수 있다.

감사의 말

    이 책을 집필하게 된 계기는 내 기억으로, 적어도 50여 년 전 내가 처음으로 피렌체를 방문했을 때와 처음으로 오스발트 슈펭글러와 에드워드 기번의 저서를 읽었을 때까지 거슬러 올라간다. 지난 15년 동안 이 책을 집필해 온 개인적인 시간은 내게 기쁨이었다. 내가 이전에 저술한 책들과 달리 이 책은 동료, 학생, 연구 조수, 또는 강연 청중들의 평가나 조언을 받지 않았다. 그러나 많은 친구들이 내게 그들의 통찰력을 보여 주거나 의견을 제시하거나 원고의 일부를 교정해 주었다. 그 친구들은 내가 잘못 판단한 사실들을 올바르게 고쳐 주었고 나의 해석이나 주안점에 다른 의견을 제시하기도 했다. 나는 기쁜 마음으로 그들에게 감사를 전한다. 워싱턴 D.C.의 스미스소니언 협회가 관리하는 국립 미국사 박물관의 실비오 A. 베드니, 하퍼 앤드 로우 출판사의 시몬 마이클 베시, 노스캐롤라이나 리서치 트라이앵글 파크의 국립 인문학 센터의 대표이자 책임자인 찰스 A. 블리처 박사, 시카고 대학의 천체물리학과 모턴 D. 헐 석좌교수인 수브라마니안 찬드라세카르, 미시간 대학의 역사학과 앨리스 프리먼 팔머 석좌교수인 엘리자베스 아이젠슈타인, 도쿄의 일본-미국 친선위원회의 이반 P. 홀 박사, 워싱턴 D.C.의 폴저 셰익스피어 도서관 관장인 O. B. 하디슨 박사, 시카고 대학의 지리학과 사무엘 N. 하퍼 석좌교수인 천시 D. 해리스, 존스 홉킨스 대학의 미술사학과 산드라 하인드먼 교수, 하버드 대학의 과학사와 물리학 맬린크롯 석좌교수인 제럴드 홀턴 박사, 워싱턴 D.C.의 솔 리노위츠, 예일 대학의 미국사 스털링 석좌교수인 에드먼드 S. 모건 박사, 예일 대학의 역사와 종교학 스털링 석좌교수인 야로슬라프 펠리컨 박사, 조지타운 대학의 의학 및 의료 인문학과 존 캐롤 석좌교수인 에드먼드 D. 펠레그리노 박사,『뉴욕 타임스』의 윌리엄 새파이어, 하버드 대학의 제머레이-스톤-래드클리프 석좌교수인 에밀리 베르뮬 박사, 이집트의 미국 연구 센터 상임이사인 폴 E. 워커 박사, 그리고 나의 세 아들 폴 부어스틴, 조너선 부어스틴, 데이비드 부어스틴 모두에게 감사한다. 이 책의 제목을 지을 때는 아들 폴 부어스틴의 도움을 받았다.

원고를 작성하는 단계마다 제네비브 그레밀리언의 도움과 세심한 정확성과 분별력이 중요한 역할을 했다. 그녀의 깊은 우정과 헌신은 내게는 극히 드문 행운이었고 이 책을 완성하는 데 무한한 큰 도움을 주었다.

랜덤하우스 출판사의 부사장이며 편집장인 로버트 D. 루미스는 처음부터 이 책에 대한 나의 바람을 직관적으로 완전히 이해하고 있었다. 그의 인내력, 비판적인 식견, 이 책이 향하는 방향의 옳고 그름을 판단하는 감각, 열정과 격려 등이 여러 해에 걸쳐 큰 힘이 되었다. 내게 루미스는 출판사의 편집인이 저자를 이끌어 줄 수 있는 이상적인 모습이었다.

그러나 기분 좋게 늘 함께 있어 주고, 진심으로 협력하고, 지적인 자극을 주고, 꼼꼼하게 편집을 해 주며, 창조적인 관점을 제시해 준 아내 루스 F. 부어스틴의 헌신이 없었다면 이 책은 완성되지 못했을 것이다. 늘 그랬듯이, 루스는 내게 가장 주요하고 통찰력 있는 편집인이다. 이전의 저술과 달리 더욱 개인적으로 몰두했던 이 책은 루스의 창의적이고 격려를 북돋우며 영감을 불러일으킨 역할이 매우 소중하게 담겨 있다. 이 책을 그녀에게 헌정한다는 표현은 너무나 부족하기만 하다. 루스에 대한 고마움은 말로 다 표현할 수가 없다. 루스는 다시 한번 내게 없어서는 안 될 발견의 동반자가 되었고, 내게 가장 기쁜 발견의 존재로 남아 있다.

이전에 출판된 다음과 같은 자료를 발췌할 수 있도록 허락해 준 점에 감사를 드린다.

에드워드 아널드 출판사(Edward Arnold Publishers Ltd): 피터 버크의 "근대사 문헌" 시리즈 중 『르네상스의 과거 의식』에서 발췌("Documents of Modern History," *The Renaissance Sense of the Past*, by Peter Burke. Edward Arnold, London, 1969).

베이직 출판사(Basic Books, Inc.): 어니스트 존스의 『지그문트 프로이트의 생애와 업적』에서 발췌(*Life and Work of Sigmund Freud*, by Ernest Jones. Originally published by Doubleday-Anchor Books, Copyright © 1963 by Ernest Jones.).

블랙웰 사이언티픽 출판사(Blackwell Scientific Publications Ltd): 윌리엄 하비의 『혈액의 순환』에서 발췌(*The Circulation of the Blood*, by William Harvey, Kenneth J. Franklin, ed. Everyman's Library Edition, 1963).

케임브리지 대학 출판부: 조지프 니덤의 『하늘의 시계: 중세 중국의 위대한 천문시계』와 C. E. 레이븐이 번역한 『존 레이의 생애와 업적』과 조지프 니덤의 『중국의 과학과 문명』에서 발췌(*Heavenly Clockwork; The Great Astronomical Clocks of Medieval China*, Joseph Needham, Cambridge, 1960. *John Ray, His Life and Works*, second edition, quoted and translated by C. E. Raven, Cambridge, 1950. *Science and Civilization in China*, volume III, by Joseph Needham, Cambridge, 1959).

코넬 대학 출판부: 『마르첼로 말피기와 발생학의 발달』에서 발췌(*Marcello Malpighi and the Evolution of Embryology*, 5 volumes, Cornell University Press, 1966).

도드, 미드 앤드 컴퍼니(Dodd, Mead & Company, Inc.): 앨프리드 러셀 월리스의 『나의 삶』에서 발췌(*My Life*, by Alfred Russel Wallace, 2 volumes, Dodd, Mead & Company.).

해클루트 협회(Hakluyt Society): 헨리 율의 『중국과 그곳으로 향하는 길』에서 발쉐(*Cathay and the Way Thither*, Henry Yule, ed., revised by Henri Cordier. Copyright © The Hakluyt Society, London).

G. K. 홀 앤드 컴퍼니(G. K. Hall & Co.): 뷔퐁의 『자연사』에서 발췌(Buffon, *Histoire Naturelle*, translated by Fellows and Milliken, Copyright © 1972 by Twayne Publishers, Inc., and reprinted with the permission of Twayne Publishers, a division of G. K. Hall & Co., Boston).

루이스 행크의 『아메리카 정복에서 스페인의 정의를 위한 투쟁』에서 발췌(*The Spanish Struggle for Justice in the Conquest of America*, by Lewis Hanke. Little Brown, 1965, pp. 17, 21, 80, 121, 123, 129, 131).

하코트 출판사와 맥밀런 앤드 컴퍼니(Harcourt Brace Jovanovich, Inc., and Macmillan and Company Ltd, London): 존 메이너드 케인스의 『평화의 경제적 결과』에서 발췌(*Economic Consequences of the Peace*, by John Maynard Keynes. Harcourt, Brace & Howe, 1920).

하코트 출판사: 클리퍼드 도벨의 『안토니 반 레벤후크와 '작은 동물들'』에서 발췌 (*Antony Van Leeuwenhoek and His 'Little Animals,'* by Clifford Dobell, from Translations of the Philosophical Society, Harcourt, Brace, 1932).

하퍼 앤드 로우 출판사(Harper & Row): 『의학 역사의 연대기』에서 랠프 메이저가 번역한 "산토리오 산토리오"에서 발췌(an article translated by Ralph Major, "Santorio Santorio," in *Annals of Medical History*, volume 10, New York, Paul B. Hoeber, publisher, 1938).

하버드 대학 출판부: 헨리 오스본 테일러의 『중세의 사고』에서 발췌(*The Medieval Mind*, by Henry Osborn Taylor, Fourth Edition).

호더 앤드 스토턴 출판사(Hodder & Stoughton Ltd): 아서 P. 뉴턴의 『위대한 발견의 시대』에서 발췌(*The Great Age of Discovery*, Arthur P. Newton, ed., University of London Press, 1932).

리틀, 브라운 앤드 컴퍼니(Little, Brown & Company): 새뮤얼 엘리엇 모리슨의 『항해자, 크리스토퍼 콜럼버스』에서 발췌(*Christopher Columbus, Mariner*, by Samuel Eliot Morison. Copyright © 1955 by Samuel Eliot Morison. Reprinted by

534

용어, '언어학, 언어' 참조 language of, see
linguistics, languages
관용 toleration 139-40, 247-48, 254, 271, 286,
301, 319, 321-22, 365-68, 435
'박해와 편견' 참조 see also persecution and
prejudice
괴혈병 scurvy 337, 496, 541-42
교역 commerce 129-31, 246, 258, 267-70, 281,
310, 321, 362-63, 369-70, 389, 405
결과로서 as feedback 321
이탈리아의 in Italy 235, 241, 264, 295, 334,
339
지중해의 in Mediterranean Sea 264, 280, 418
'침묵의 교역' 'silent trade' in 306, 318, 328
교육 education:
중세의 medieval 196-97
직업을 위한 as profession 78
교황 그레고리우스 13세 Gregory XIII, Pope 32-
33
교황 보니파시오 8세 Boniface VIII, Pope 231
교황 알렉산데르 6세 Alexander VI, Pope 466
교황 에우제니오 4세 Eugenius IV, Pope 296
교황 우르바노 2세 Urban II, Pope 227
교황 인노첸시오 4세 Innocent IV, Pope 245,
248, 251
교황 클레멘스 4세 Clement IV, Pope 256
교황(교황의 권한) papacy:
교황에 의해 시작된 십자군 원정 Crusades
begun by 229-30
교황에 의해 촉진된 선교 활동 missionaries
encouraged by 248-52, 260, 273
성가대 choirs of 354
역법 개정 calendar reform by 37
지배권 jurisdiction of 332, 464-67, 485
구약성서 Old Testament 40, 48, 60, 91, 165,
198, 293

귀위크 칸 Kuyuk Khan 248-53
귀환 feedback:
교역의 결과로 commerce as 321
정의 defined 301-302
중요성 importance of 301, 406
탐험에서 in exploration 302, 310, 321
균력 윈뿔 활차 fusee 109, 135
균형의 매력 symmetry, appeal of 181-95, 212
그노시스주의자 Gnostics 181
그레이트배리어리프 Great Barrier Reef 531-32
『그리스도교 지형학』(코스마스) Topographia
Christiana (Cosmas) 211
그리스어 Greek language 24, 44, 67, 73, 104,
186, 213
그리스어에서 유래된 영어 단어 English words
derived from 355
그린란드 Greenland 395-98, 405-408, 537
글을 읽고 쓰는 능력 literacy 281, 291
금성 Venus 42, 47, 93, 103
기독교 Christianity 178-80, 236-37
기독교의 유대인 관점 Jews viewed by 286-87
몽골 제국의 개종 conversion of Mongol
empires sought by 245-54
분열 schisms in 30-34, 139-43
순례 pilgrimages in 223-32, 386
십자가 cross in 201, 223, 228, 305, 323, 416
안식일 Sabbath in 40-41
역법(달력) calendar of 24-27
'이동 축제일' 'movable feasts' of 30-34
점성술 반대 astrology opposed by 50, 58-61
중세의 medieval 40-41, 196-99
지리학 geography of 196-99, 279-80, 283,
285, 293, 430, 453-56
기린 giraffes 372-74
기술 technology:
공작기계의 of machine tools 132-38
기압계 barometers 142

형태, 지구에 관한 추측 form of, speculations
about 181-86, 211-14
지구라트 ziggurats 166-69
지도 제작 cartography 196-200, 453, 471-76,
491-95, 500-21
경험적인 empirical 283-84, 287-91, 308-309,
349
그리스의 Greek 181-86, 217, 292-93, 379,
411, 522
기독교의, '기독교의 지리학' 참조 Christian, see
Christianity, geography of
'바퀴 지도' 'wheel-maps' in 198, 213
발달 development of 56-57, 279-98, 308-
309, 510-21
세계지도, '지구의 지도' 참조, '지리학' 참조
world maps in, see earth, maps of see
also geography
이론적인 theoretical 181-220, 430-33
중국의 Chinese 119, 216-20, 360-61
지도 방위 측정 map orientation in 193, 198,
213, 220, 409-11
지리학 대 지방 지세도 geography vs.
chorography in 193, 290
해양의 marine 279-98, 341-43, 419, 421-33,
494-95
T-O 지도 T-O maps in 198, 285, 287
지도의 방향 'orienting' 193
지롤라모 카르다노 Cardano, Girolamo 81
지리학 geography 159-543
기독교, '기독교의 지리학' 참조 Christian, see
Christianity, geography of
단어로서 as word 196
상상의 imaginary 162-220
육지 지배론 land-dominant theory of 53,
283, 430, 453, 456
정의 defined 152
종교 religion and 162-80, 196-216, 430, 453-

56
중세의 medieval 163-216, 283
'지도 제작' 참조 see also cartography
지리학에 대한 엄청난 방해 Great Interruption
of 199-200, 214, 217, 219-20
지방 지세도 대 지리학 chorography vs. 193,
290
프톨레마이오스의 이론, '프톨레마이오스' 참조
Ptolemy's theories of, see Ptolemy
『지리학』(에라토스테네스) Geography
(Eratosthenes) 188
『지리학』(프톨레마이오스) Geography
(Ptolemy) 54-57, 192, 290, 292, 347, 432,
432, 474, 506-507, 511, 514
지방 지세도 chorography 193, 290
지브롤터 Gibraltar 280
지식 knowledge:
상품화 as commodity 509-21
점진주의 incrementalism of 517-19
지중해 Mediterranean Sea:
교역 commerce in 241, 306, 417
명칭 name of 215-16
항해 navigation of 280-84, 287, 344, 418,
419, 514
지팡구, '일본' 참조 Cipangu, see Japan
지하드 jihad 237
직각기 cross-staff 104, 284, 310
진자 pendulums 71, 90, 101, 105, 109, 132
진자의 등시성 isochronism 101
질 이아네스 Gil Eannes 317-18
『천구의 회전에 관하여』(코페르니쿠스) De
Revolutionibus Orbium Caelestium
(Copernicus) 56
천문학 astronomy:
바빌로니아의 Babylonian 93
연대학 chronology and 514-15
'점성술' 특정한 천체 참조 see also astrology;

찾아보기 **591**

세계적으로 유명한 역사학자인 대니얼 J. 부어스틴은 미국 의회 도서관 명예관장이었으며 1979년부터 1987년까지 의회 도서관 운영 책임을 맡았다. 이전에는 미국 국립 역사·기술 박물관 관장과 워싱턴 스미스소니언 박물관 수석 역사 연구원을 역임했다. 그는 또한 시카고 대학에서 '프레스턴 및 스털링 모턴 석좌교수'로 25년 동안 역사학 강의를 했다.

부어스틴은 미국 조지아주의 애틀랜타에서 태어나 오클라호마주에서 자랐고, 하버드 대학에서 최우수 학생으로 졸업했으며, 예일 대학에서 박사 학위를 받았다. 그는 또한 옥스퍼드 대학 베일리얼 칼리지(Balliol College)의 로즈 장학생으로 졸업 시험에서 '두 과목 최우등생'의 명예를 얻었고, 런던의 이너 템플(Inner Temple) 변호사협회 회원 자격을 획득했으며, 미국의 매사추세츠주 변호사협회 회원이 되기도 했다. 그리고 소르본 대학 미국사 최초의 재직 교수와 케임브리지 대학 트리니티 칼리지 미국사 교수를 비롯해 로마 대학, 교토 대학, 푸에르토리코 대학, 제네바 대학의 객원 교수로 활동하는 등 미국과 세계 전역에서 널리 강의를 해 왔다. 그는 책을 저술할 때마다 편집인 역할로 늘 도움을 주는 루스 프랭클과 결혼하여 세 아들을 두었다.

부어스틴의 주요 저서로는 미국 문화의 특징을 과거의 이야기를 통해 밝혀내면서 미국 역사의 새롭고도 광범위한 관점을 담은 3부작이 대표적이다. 첫째는 밴크로프트 상(Bancroft Prize)을 받은 『미국인들: 식민지 경험The Americans: The Colonial Experience』(1958), 둘째는 프랜시스 파크먼 상(Francis Parkman Prize)을 받은 『미국인들: 국민적 경험The Americans: The National Experience』(1965)이며, 셋째는 역사학 분야의 퓰리처상과 '이달의 북 클럽(Book-of-the-Month Club)'의 주요 저서로 뽑힌 『미국인들: 민주적 경험The Americans: The Democratic Experience』(1973)이다. 그 외에도 미국 고등학교 역사 교과서로 채택된 『미합중국의 역사A History of the United States』(1980), 『창조자들The Creators』(1993), 『탐구자들The Seekers』(1998) 등이 있으며, 그의 저서들은 모두 전 세계 20개 언어로 번역되어 널리 읽히고 있다.

발견자들 1

세계를 발견하고 인류를 발전시킨 탐구와 창조의 역사
[1편 시간, 2편 지구와 바다]

1판 1쇄 발행 2022년 3월 20일

지은이 I 대니얼 J. 부어스틴
옮긴이 I 이경희

펴낸이 I 김유열
콘텐츠기획센터장 류재호 I 북&렉처프로젝트팀장 유규오
북팀 박혜숙, 여운성, 장효순, 최재진 I 마케팅 김효정, 최은영
책임편집 I 도서출판 혜화동

펴낸곳 I 한국교육방송공사(EBS)
출판신고 I 2001년 1월 8일 제2017-000193호
주소 I 경기도 고양시 일산동구 한류월드로 281
대표전화 I 1588-1580 홈페이지 I www.ebs.co.kr
전자우편 I ebs_books@ebs.co.kr

ISBN 978-89-547-6396-7 04300
      978-89-547-6391-2 (세트)